LIBRO DE RÉQUIEMS

MAURICIO WIESENTHAL

LIBRO DE RÉQUIEMS

Consulte nuestra página web: www.edhasa.es
En ella encontrará el catálogo completo de Edhasa comentado.

Diseño de la colección: Jordi Salvany

Diseño de la Cubierta: Edhasa

Primera edición: marzo de 2009
Segunda reimpresión: junio de 2016

© Mauricio Wiesenthal, 2003 y 2005 (ed. revisada)
© de la presente edición: Edhasa, 2005, 2009
Avda. Diagonal, 519-521
08029 Barcelona
Tel. 93 494 97 20
España
E-mail: info@edhasa.es

ISBN: 978-84-350-1824-1

Quedan rigurosamente prohibidas, sin la autorización escrita de los titulares
del *Copyright*, bajo la sanción establecida en las leyes, la reproducción parcial o total
de esta obra por cualquier medio o procedimiento, comprendidos la reprografía
y el tratamiento informático, y la distribución de ejemplares de ella mediante alquiler
o préstamo público.
Diríjase a CEDRO (Centro Español de Derechos Reprográficos, www.cedro.org)
si necesita fotocopiar o escanear algún fragmento de esta obra
o entre en la web www.conlicencia.com.

Impreso por Liberdúplex

Depósito legal: B-16.247-2011

Impreso en España

Entre todos los personajes apasionantes que conocí en mi vida hay dos seres que me fueron siempre leales: mi hermano Luis y mi mujer, María Rosa, a los que dedico esta obra.

M.W.

ORACIÓN

En el cementerio protestante de Capri hay una sepultura con un reloj de sol y una cita de Mazzini, escrita en inglés: THERE IS NO DEATH IN THIS WORLD, ONLY FORGETFULNES (no existe la muerte, sino sólo el olvido).

Este *Libro de réquiems* es también, en cierta manera, un libro de memorias; porque, en sus páginas, he reunido a grandes y pequeños personajes que forman parte de mi vida. Y no se puede rendir homenaje a los maestros, a los amigos y a los recuerdos sin recurrir a las confesiones personales.

Después de muchos años de ejercer el oficio de escritor, he llegado a la conclusión de que un libro no tiene interés si no lleva dentro una buena parte del corazón de su autor. Por eso, en los últimos años de mi vida, me dediqué a recuperar los recuerdos que no había llevado a mis libros o que había ido dejando dispersos en artículos, en charlas, en citas... Tengo la idea de que el mundo ha caído en un preocupante estado de amnesia. A los malos políticos y a los grandes productores de basura les conviene que no haya referencias de calidad. Así puede venderse todo en una oferta de «novedad». Y las referencias del buen gusto y de la cultura (maestros y artistas, genios e ingenios) desaparecen devoradas por un torrente de vulgaridades que hoy se promocionan en el negocio, se enaltecen en la propaganda y se estudian en las escuelas.

Tuve la suerte de vivir en una época que, culturalmente, era más rica, más exigente, más intensa. Y, guiado por mis maestros, llegué a conocer algunos personajes interesantes. Pero nunca consideré que la cultura pudiera ser un adorno ni una renta útil, esas apariencias que tanto seducen a los burgueses. Aprendí lo mejor en los viajes y en las aventuras, devorando libros que transformaron mi vida, dejándome llevar por los sueños y los deseos, cometiendo y pagando mis propios errores. Por eso creo que tengo una deuda con los jóvenes que hoy se educan, desgraciadamente, en manos de una poderosa industria que les vende lo que quiere: en los libros, en la música, en la televisión, en el cine...

Durante muchos años me negué a dar a la imprenta este libro, porque pienso que el mundo sagrado de la edición se ha profanado con la educación de los escritores en la cultura del premio y del best séller. La literatura es justamente lo contrario: el sueño de dar vida a un libro único, a un libro buscado, a un libro irrepetible, no tanto por su valor —cualidad que siempre es relativa— sino porque lleva la traza personal del ser humano que lo escribió. Todo artesano ama sus herramientas. Y el papel, la pluma y la tinta son los fetiches del escritor. Por eso, no hay página tan disfrutada como la que se escribe a mano, en papel limpio, con pluma de tinta y primorosa letra; aunque luego vaya a la papelera.

Pero, al final, después de haber sufrido un accidente grave de salud pensé que debía renunciar al sueño de mis manuscritos, porque iba a morirme cualquier día sin que nadie viniese a buscarlos. Por eso llamé a mi buen amigo Francesc Navarro, cómplice en tantas aventuras y tan buenos vinos, y le pedí que me recomendase un editor, explicándole que buscaba más un artesano que una poderosa industria. Como me conoce bien, no se extrañó de que yo quisiera editar sólo cincuenta ejemplares.

—Numerados —le advertí, haciéndole sonreír.

Así llegué hasta Josep Molí. Y, para mí, fue un disfrute inolvidable acudir cada día a la pequeña imprenta donde Josep trabaja, como un mago, eligiendo papeles según su aspecto, su peso y su tacto, buscando letras, componiendo cajas, corrigiendo acentos.

Pienso que Aldo Manucio debía de parecerse a Josep Molí. Se desespera cuando no encuentra el tipo de letra perfecto para un título, o cuando un guión de medio cuadratín no está en su sitio, o cuando la cifra de un siglo no aparece en versalitas. Desde jovencito quiso dedicarse al libro y, sin haber tenido la posibilidad de realizar estudios superiores, comenzó a leerlo todo. Sus ojos miopes dan fe de esta hermosa locura. Pero, así, fue forjando su carácter de hombre honesto, sabio, sencillo y entregado a su oficio. A veces me reñía, porque a mí, cuando escribo, se me olvida que hay dos signos distintos para el principio y el final de una admiración, o porque me descuido de cerrar comillas o acabo un párrafo sin poner el punto final. Soy, además, un desastre, porque pertenezco al género maldito de escritores que introducen correcciones y cambios en las pruebas, hasta el último momento. Nunca doy por acabado un libro hasta que no comienza a convertirse en otro. Pero debo confesar que, a veces, dejé algún signo de admiración invertido porque así tenía la oportunidad de volver a su imprenta y salir de ella, oliendo a sabiduría y a tinta.

Mi hermano Luis me dio buen consejo, siempre que se lo pedí, porque sabe cuánta vida puse en este libro, que él –con el estilo romántico y sereno que busca en sus canciones– llama «un paseo enamorado». Envié los ejemplares numerados a mis mejores amigos, tan contados que me sobraron la mitad. Y, de repente, comenzaron a llegarme noticias de personas que habían leído estas páginas, gracias a que alguna gente tiene la generosa costumbre de prestar los libros que le han gustado. El gran actor Emilio Gutiérrez Caba me escribía: «Lo voy a dar a leer a todos mis amigos». Mi querido Jean Claude du Barry, con sus modos de aristócrata del «grand siècle», me envió una carta con su papel timbrado, que comenzaba: «*Carissimo,* finalmente un poco de alimento para nuestras golosas almas de estetas». Manuel Ramos, escritor delicado y profundo conocedor de la literatura, me llamó un día y consiguió emocionarme hablando de los personajes de este libro, porque me comprendía mejor después de conocer mis sombras. No olvido tampoco la llamada de Emilio Manzano, un crítico de literatura que sabe descubrir autores, arte aún más difícil que el de comentar libros. «Tres personas hemos leído tu libro y nos ha encantado», me dijo por teléfono. Ése era mi sueño: llegar, en silencio, a tres seres humanos que habían amado mi libro. Siempre me ha gustado imaginarme a mis lectores bajo el rayo de luz que ilumina las páginas en la hora solitaria de la lectura, como si formasen parte de mi libro, de mi noche oscura, de las ansias de mi alma. Un libro sólo existe verdaderamente cuando ha sido bien leído.

Y así recibí la llamada inesperada de Daniel Fernández, que había seguido, con la discreción de un cazador de libros —es el director de la editorial Edhasa—, el vuelo clandestino de estas páginas. Cuando me dijo que quería editar el libro, dudé un instante, porque tenía miedo de traicionar mis sueños de clandestinidad. Pero me acordé de mi viejo amigo Marshall A. Best, editor de Viking Press, con el que compartimos tantos recuerdos de la vieja Europa, especialmente de la casa de Stefan Zweig en Salzburgo. Y recordé a Anna Freud, en su jardín de Londres, cuando hablábamos de su padre y de su amiga Lou Andreas Salomé. Y me vino a la memoria el pan duro que me regaló Eugen Relgis, exiliado romántico, y que había sido amasado en la casa de Tolstoi. Y me volvieron a rodear las sombras de este libro: las góndolas delante de mi casa en Venecia; las conversaciones de Lady Melbourne recitando bajo la lluvia a D.H. Lawrence; la mirada cegata del loco profesor alemán que quemaba hojarasca en homenaje a Zaratustra; la bañera de aquel palacio romano donde podía bañarme contemplando la Piazza Navona; la imagen de Claire Bloom interpretando a Ofelia, como yo la veía en mi teatrillo de cartón donde representábamos a Shakespeare y le dábamos a beber a Julieta un perfume de violeta, en vez de veneno; mis paseos por San Petersburgo tras las huellas de Esénin y de Isadora Duncan, de Anna Ajmátova y de Dostoievski; los bastones de Liszt que quería regalarme una vieja abuela en Weimar; las historias que me contaba Carmelina en Capri cuando me llevaba a ver la villa Lysis, donde murió el conde Fersen, vestido y maquillado de rosa. «Amori et dolori sacrum.»

Decidí que todos estos recuerdos no eran ya míos y, por eso, accedí a la propuesta de Daniel Fernández de editar este libro en Edhasa. Josep Mengual realizó esta vez el trabajo editorial, aceptando mis continuos arrepentimientos y correcciones, con inteligencia, paciencia y simpatía. Y debo confesar que, a pesar de mis manías y mis temores, me gusta la idea de encontrarme entre autores que admiro y aprecio, en colecciones que tienen una exigencia literaria.

Pienso también que los encuentros y los azares van dando contenido y forma a nuestra vida, más allá de nuestra propia voluntad y de nuestros deseos. No fui yo, probablemente, quien eligió a los personajes de este libro. A unos, contemporáneos míos, los conocí de cerca o llegué a tratarlos personalmente. Otros llegaron a formar parte de mi vida por misterioso azar. Para mí son un *culto*, aunque para la mayoría de la gente sean *cultura*.

A diferencia de un libro de crítica o de un ensayo, que reúne biografías o nombres ilustres con una perspectiva objetiva y distante, estos personajes tienen esa proximidad personal. Llegaron a mí por caminos mágicos, en el azar de una amistad, con un manuscrito olvidado en un viejo libro, en un encuentro fortuito en un café, entre los recuerdos de familia, entre los amores de la juventud.

Muchas veces las vidas se cruzan en este libro, como se cruzaron en el misterioso tapiz del tiempo. A menudo estos cometas luminosos se encuentran y se reconocen. Pero otras veces pasan sin saludarse, porque el azar los acerca pero no los une. Le he dado siempre mucha importancia a estas coincidencias del destino, que reúnen el mismo día a Balzac y a Dostoievski en San Petersburgo, a Liszt y a Nietzsche en Tautenburgo, a Mozart y a Goethe en Frankfurt. Yo mismo no sé cómo se encontraron un día en mi corazón. Pero los he buscado en las calles donde vivieron, en los lugares donde se amaron, en los vinos que bebieron, en los cementerios donde los enterraron...

Cada persona tiene, probablemente, un don especial que le otorgaron los dioses al nacer; aunque algunos individuos pasan más tiempo envidiando las virtudes ajenas que descubriendo las propias. Quizá yo tengo instinto para relacionar y reunir a los seres humanos, conservando en mi memoria sus nombres, los lugares donde vivieron, los lazos que les ligaron. No me preocupa la muerte. Pero he recorrido medio mundo buscando a los seres que me interesaban, para redimirlos del olvido.

En un libro de ensayo importan los datos eruditos: la fecha, el suceso, la historia prosaica. En este *Libro de réquiems* esos datos están a menudo velados o reforzados por el recuerdo personal, por la memoria confusa del tiempo, por las circunstancias de la vida. Los nombres de personajes célebres se mezclan con otros menos ilustres, alumbrando la pequeña anécdota. Es una investigación diferente: «En busca de las vidas perdidas». Pero su resultado me parece apasionante, porque mezcla a personajes que vivieron en épocas distintas, reúne vidas divergentes, conjura espíritus, descubre azares y revela simbolismos inesperados.

A pesar de que he vivido una época voluntariosa, dominada por la industria y la política, no soy un entusiasta de las epopeyas burguesas de nuestro tiempo. Comprendo que la técnica ha sido la base del progreso. Pero me doy cuenta de que hoy va surgiendo también una idolatría de la técnica, puramente suntuaria y exhibicionista. Se levantan edificios que no son más que un alarde del cálculo de resistencia de los materiales. Se promocionan escritores que no son más que redactores de complicados textos que exigen un gran dominio léxico o gramatical. Y, en la música, cada día encuentro menos artistas y más virtuosos. Por eso, llegados a este exceso, debo confesar que prefiero el barroco en la estética y en la poesía.

El mundo de mi infancia y de mi juventud estaba lleno de personajes pintorescos. Los seres humanos tenían personalidad, estilo, carácter. Poco tiempo después de nacer ya tenían cara de lo que eran o iban a ser: militares, bailarinas, contables, violinistas, cocineras, médicos. Ahora, quizás arrastrados por la estética de las rebajas, el mundo se ha llenado de clones anónimos, reproducidos en serie, multiplicados en masa. Y cuando conoces a un individuo que demuestra ser absolutamente un paleto, te da una tarjeta de visita que dice: Máster por la Universidad de Cincinatti.

Pero no culpemos al atuendo, porque falta algo más importante: el espíritu, el empaque, la personalidad individual. Preocupados sólo por el atuendo están todos estos narcisos posmodernos que se presentan hoy en sociedad como profesores de estética, diseñadores de sillas, poetas terribles, figurines tristes o filósofos del tercer milenio... ¡Qué estupidez gastar tanto dinero en adornar tanto hueco y en peinar tanta muñeca!

Por eso este libro es también una protesta contra la clonación, contra la corriente, contra las series. Renacen en él —a veces convertidos en fragmentos— muchos personajes del pasado. Aparecen entre las ruinas del siglo XX y de sus holocaustos, como una rebelión de las estatuas. A muchos de estos seres, ayer llamados maestros, los encontré vendidos a saldo en salas de antigüedades y subastas. Visité sus casas, a menudo olvidadas o derribadas. Busqué a sus hijos, a sus nietos y a sus discípulos. No siempre fueron pesquisas fáciles, porque algunos de estos profetas ya no quieren saber nada del mundo. Pero no quise retroceder ante su mirada doliente, que Anna Freud —en el lenguaje de su padre— llamaba *Unheimliche,* clandestina, esquiva, lúgubre. «Todo ángel es terrible», escribió Rilke. Y, de la misma forma que Gaudí levantaba delirios arquitectónicos con trozos de vidrio y cerámica, fui recogiendo el material de desecho de aquellas grandes vidas humanas para escribir mi *Libro de réquiems.*

Recuerdo que Henry Miller tenía un amigo que saludaba siempre al pasar delante de una estatua de Shakespeare. Y el propio Miller se acercaba una y otra vez a la misma librería de Nueva York para ver un retrato de Dostoievski que estaba expuesto en el escaparate. Era una época en que los hombres apreciábamos todavía las cosas insignificantes y sabíamos coleccionar objetos viejos, recomponerlos, cuidarlos, acariciarlos y hablarles como si fuesen gatos. El amor de los objetos rotos es el amor de la diáspora: los emigrantes, los gitanos, los judíos, que aprovechan las cosas que los otros ya no quieren. Y el viejo Dostoievski estaba tan vivo como aquellos amigos locos del East Side —alimentados con pan de canela y vino, iluminados a la luz de un quinqué—, que vendían verduras y Biblias, y que daban discursos apocalípticos en mitad de la calle con un látigo en las manos, asustando a la gente que no sabía que habían dejado el carro en la esquina, mientras hablaban de los mansos y los humildes, o de los siete truenos y las rameras de Babilonia. Justo el tiempo que necesitaban los golfillos para subirse al carro, repartirse las frutas y salir corriendo, a veces después de arrojarle al profeta unas bolas de nieve. «Bienaventurados los mansos y los humildes, y los que tienen hambre de espíritu»...

Lo último que va quedando vivo en las ciudades son sus muertos: los pobres, los marginados, los emigrantes, los mendigos. Todavía encuentro, de tarde en tarde, un loco que parece pintado por el Greco, una vieja que podría freír huevos en un bodegón de Velázquez, un borracho que canta con buena voz de bajo, un negro elegante que parece salido de un figurín *art déco*, una gitanilla angelical que me recuerda a las vírgenes de Andalucía, un dandi que pasea con bastón y sombrero; o un perro vagabundo que lleva la cola en alto, como si fuese a citarse con una dama. Debe de ser que el alma es cosa de pobres muy pobres, o locos muy locos. Hay que nacer con ella, o inventarse una. Los ricos se compran, a veces, un sucedáneo; aunque se les ve la trampa.

MAURICIO WIESENTHAL

Estos son los últimos restos de un libro que comencé en Capri, hace cuarenta años, y que no pude acabar en París. Durante muchos años no quise enseñarlo a ningún editor. Las mudanzas, los olvidos, las ausencias y los extravíos fueron acabándolo, llevándose de mi memoria algunas páginas que no volveré a escribir.

Y lo publico ahora, cuando comienzo a preguntarme si es verdad que murieron todos aquellos a los que todavía sigo esperando, sigo amando y que ya no están.

Una pluma perdida en San Petersburgo

CITA CON UN CONDENADO A MUERTE

San Petersburgo me pareció siempre una ciudad mágica, pintada de colores ingenuos. A veces, es brillante y pura; pero puede ser también amarga, cruel, melancólica y triste. Quizá por eso, Dostoievski dibujaba caras asustadas en los márgenes de sus manuscritos. Y Pushkin, mientras escribía versos, pintaba ahorcados.

San Petersburgo ha dejado una huella en mi vida. La he vivido en todas las estaciones, a todas las horas. Y cuando paseo por sus calles o me aventuro en sus canales, llevo siempre el corazón lleno de vagos recuerdos de familia: los fantasmas de mi tía Lola, que perdió la razón, joven y enamorada, en uno de estos palacios. En *Llegar cuando las luces se apagan* –el primer volumen de mis memorias– he contado la historia de este amor desgraciado. Fue ella quien primero me habló de Anna Virubova, la amiga de la zarina Alexandra, que se convirtió en cómplice de Rasputin. Ella tocaba el piano para que yo cantase a Tchaikovski. Y fue ella quien me enseñó a pronunciar en ruso la palabra *amor,* buscándola en los versos de Pushkin, en las páginas de Dostoievski, en *Anna Karénina* de Tolstoi y en las cartas de su juventud. Me acuerdo bien: *liúbav, liúbov*, porque ella cerraba siempre el sonido de la *o* no acentuada, considerándolo más elegante. Así aprendí que el amor, en ruso, es femenino, igual que el alma, el minuto, el dolor, el papel de escribir y el abedul. Todas las cosas importantes o bellas son femeninas en Rusia.

¡San Petersburgo! Magia de las noches blancas de junio, cuando se puede leer a Pushkin sin encender la lámpara, porque el sol nunca se oculta en el claro horizonte. Milagro de las noches de invierno, cuando las luces de gas se reflejan sobre las calles heladas, cuando se pueden seguir las huellas de Raskólnikov por los alrededores del viejo Mercado del Heno. Alegría de la primavera, cuando las aguas del Neva se rompen, como flores de nieve en un cuadro de Iliá Répin. Silencio sagrado del otoño, cuando los primeros aires tímidos se pasean por la fachada de los palacios, por los canales dormidos, por las mansiones barrocas de la Moika, donde vivieron Pushkin y Esénin.

Me apasionan los rincones geográficos que tienen alma; los lugares que esconden una conciencia oculta, como esta ciudad de duelos y domingos sangrientos, de crímenes y revoluciones, de ahorcados y fuegos artificiales, de canales nevados y gritos nocturnos, de noches blancas y cristal de roca, de poetas suicidas y mujeres bellísimas. Dostoievski encontró aquí el escenario perfecto para *Crimen y castigo*. Pushkin, el más apasionado de los poetas rusos, murió en esta ciudad después de batirse en duelo con un francés que presumía de haberle robado la mujer. El petimetre Georges d'Anthés no merecía la sangre pura del poeta. Quizá por eso Esénin –aquel joven rubio que componía también rituales de muerte– se ahorcó en la habitación de un hotel, abriéndose primero las venas, para escribir en rojo sus últimos versos. La elegantísima poetisa Anna Ajmátova escribió aquí su *réquiem* contra los verdugos soviéticos. Llevó una vida desgraciada y perseguida, encerrada en las habitaciones de servicio del palacio Sheremétev, confinada como una criada fantasma en estos salones que habían sido despojados de estatuas y de cuadros, de tapices y alfombras. Stalin asesinó a su amante y fusiló a su hijo. Me la figuro pasando el plumero sobre las notas fugitivas de Liszt que se habían quedado en las paredes empolvadas, esperando cada noche a su amante entre las fuentes secas del jardín, sacudiendo cada día las sábanas de su hijo, como si hubiese dormido en ellas, y escribiendo versos en los posos del té, para que no cayeran en manos de la policía. Y, como no podía publicar sus versos, tuvo que distribuirlos a trozos entre sus amigos, para que intentasen memorizarlos.

Entre los poetas locos, los muertos de las revoluciones y las víctimas del asedio nazi podría llenarse de estrellas el cielo de San

Petersburgo. El joyero Fabergé lo convirtió todo en esmaltes y perlas.

La primera vez que desembarqué en el puerto, un policía me advirtió que siguiese a mi guía y no me apartase de las rutas permitidas. Pero yo venía buscando a un amigo, sin saber si los verdugos del Gulag lo habían matado.

Me había comprado un gorro de astracán y debía parecer un ruso de Gógol, porque me perdí en los canales sin que nadie se fijara en mí. Tampoco se fijaban en Ibrahim Gannibal, el bisabuelo de Pushkin, que era un príncipe negro que hizo carrera en el ejército de Pedro el Grande.

Me perdí por los puentes de piedra, por las pasarelas de hierro. Una brisa fresca acariciaba las farolas, arrancando un misterioso silbido. Y me iba acercando a los dioses, adentrándome en un mundo mitológico de grifos alados, de cenefas y verjas, entre palacios barrocos, frías fachadas de granito y elegantes miradores modernistas. Desde una ventana abierta me llegaban las canciones de Tchaikovski: «Niet tolko tot to zhnal...». Y pintaba en mi imaginación los esplendores de la época dorada de San Petersburgo, como aquellos cuadros de Premazzi en los que se ven habitaciones alegres cubiertas de flores.

Llevaba en mi agenda muchas direcciones: la casa a orillas del canal Moika en la que murió Pushkin, desangrándose entre sus libros, tendido en un sofá de cuero que nunca podré borrar de mi memoria; el Castillo Miguel, a orillas del Fontanka, donde estaba la escuela de ingenieros en la que estudió Dostoievski; la casa Kutaizoff, que fue donde Evelina Hanska recibió a Balzac, y una vivienda del antiguo Ministerio de la Guerra, donde nació Lou Salomé (en ruso la llamaban Ljola), aquella *femme fatale* que fue la pasión imposible de Nietzsche y la amante de Rilke...

No sé por qué un azar caprichoso reúne a los genios en determinados instantes, en la muerte o en la vida. Pero el 29 de julio de 1843, cuando Balzac llegó a San Petersburgo para encontrar a su amante, Dostoievski rondaba por aquellos canales, leyendo *Eugenia Grandet*. No podían verse las caras, porque

Balzac vivía entonces en la calle Millonaria, entre samovares y alfombras, elefantes de porcelana, canapés, biombos y confidentes.

En un puente sobre la Moika encontré a una muchacha rubia y pálida que se parecía mucho a la Princesa Nocturna, aunque más perdida en el vodka que en el champán. Y le pregunté si conocía a Yevdokia Golitsyna, aquella bellísima princesa que vivía de noche, organizando continuas fiestas en su espléndido palacio, porque una gitana le había vaticinado que moriría a la luz de las estrellas. Pero no debía de conocerla ni ser tampoco ella, porque desabrochó su abrigo, y me mostró el ángel de su cuerpo pálido que parecía sólo un temblor.

En la calle Bólshaya Morskaya, me detuve a contar rosas en la fachada modernista de una casa, donde vivió un principito ruso llamado Vladímir Nabókov. Se hizo famoso en 1955 con la historia de *Lolita*, pero también él escribía libros con nombres terribles, como *Invitado a una decapitación*. Era un tipo muy pintoresco, que se enfrentaba a gritos a los nazis sin pensar que llegarían a ser tan peligrosos. Le gustaban los trucos de magia y las mariposas, y se inventaba «jugadas suicidas» en el ajedrez, en las que las blancas debían moverse de forma que obligasen a ganar a las negras. Quizá se parecía al gran ajedrecista Akiba Rubinstein, que vivía encerrado en un manicomio pero le dejaban salir cuando debía jugar una partida de campeonato. Y, como no quería ver la imagen de su adversario, le ponían delante un espejo donde podía competir consigo mismo en una lucha esquizofrénica que, a veces, acababa en tablas.

Mientras atravesaba el canal de la Moika, envuelto en las brumas del amanecer, me preguntaba por qué el sofá de Pushkin está tapizado de cuero granate, como si tuviese el color de su sangre. Murió en medio de dolores atroces, él, el héroe de todos mis poemas. Me pregunto todavía por qué han guardado las armas odiosas del duelo absurdo en que encontró la muerte. Y en su biblioteca de color caoba acaricio los pomos de sus bastones, mientras leo uno de sus versos, escritos con la letra más bella y elegante que he visto en mi vida.

Sin embargo, no era a Alexander Pushkin a quien yo buscaba. Pensé que mi amigo me esperaba en el Hotel Astoria, donde Rasputin –el Diablo Sagrado– se reunía con sus elegantes y místicas zorras. Pedí un café, y me lo sirvieron en una cafetera de plata que llevaba grabada una inscripción en francés: «Saint Pétersbourg, capitale de l'Empire, 1905». Debía ser una pieza que había sobrevivido a las orgías de los poetas soviéticos, porque me contaron que Serguéi Esénin vivió en el hotel su romance de amor con la bailarina Isadora Duncan y que estaba siempre borracho. Era muchos años más joven que ella, pero además Isadora no hablaba ni una palabra de ruso y Serguéi no hablaba una palabra de inglés. Se fueron juntos a América, a bordo del *París,* pero aquel amor sin palabras era difícil, angustioso, más duro para un poeta que para una bailarina. Después de una noche de amor, Isadora acariciaba los cabellos rubios de su poeta, intentando cerrar con sus dedos cansados los rebeldes ojos azules de él. Y él la contemplaba, medio vestida con su camisón de satén rosa, y no sabía cómo decirle, con su oscura voz de alcohólico, que era tan bella como la aurora, «peligrosa como una gata que, cansada de buscar aventuras en la noche, se despereza y se lava en el tejado». Era un campesino místico que había perdido su tierra rusa, como los niños pierden un día sus nodrizas. Por eso comenzó a destrozar los hoteles. «Occidente es el reino de la espantosa pequeña burguesía, siempre próxima a la estupidez», escribía a sus amigos rusos. Y, al terminar su cena, rodeado siempre de rufianes malditos y mujeres bellísimas, rompía las copas y las vajillas.

Al regresar a Rusia, después de este amor imposible, Esénin se casó con todas las mujeres que encontró en su camino: actrices, cantantes, poetas, gitanas... Con todas tuvo hijos. Y, al final, encontró a Sofía Andréievna Tolstaia, una joven idealista y romántica que quiso ayudarle. No en balde ella había nacido en Iásnaia Poliana y era nieta de Tolstoi. Se casaron en las noches de julio, cuando los abedules parecen de plata. Pero, en «la desolada y pálida luna de miel», a él tuvieron que encerrarlo, drogado y borracho, en un manicomio. Y allí estuvo hasta que, en Navidades, pidió permiso para visitar a su mujer. Fue entonces cuando alquiló una habitación en el Hotel Inglaterra, rompió las copas y se colgó de la correa del maltratado baúl que le había acompañado en sus viajes de bodas. Un último detalle de maldita elegancia...

Pensaba en todas estas cosas, saboreando mi amargo café. Los nombres de los poetas muertos se amontonaban en mi memoria. Y estuve esperando dos horas en el bar del hotel, pero mi amigo no se presentó a la cita. Quizás había muerto, y yo sin saberlo; porque nunca tuve idea muy clara del tiempo en que se fueron mis muertos. Se llamaba Fiódor Mijailóvich Dostoievski y escribía sombríos folletines de terror, tenebrosos exámenes de conciencia, atormentados tratados de contrición: maravillosas vidas de idiotas, oscuras figuras de asesinos que se hacen amar porque sienten el dolor de su culpa, almas místicas que parecen lirios en los corredores sombríos donde se mueren los pobres diablos de sus novelas; dolientes retratos de madres que, con el cabello despeinado por el dolor, parecen mujeres caídas, y de mujeres caídas que, con los ojos mojados de lágrimas, parecen madres.

Estos hijos de la Santa Rusia vivían soñando milagros, teofanías, apocalipsis, revoluciones. Los tiranos les alimentaban la mística a latigazos. Por eso el joven Dostoievski se unió a un círculo revolucionario, en el que alternaban los poseídos con los endeudados, los malditos con los benditos, los jóvenes visionarios ricos con los pobretones hambrientos. De todos ellos, los señoritos anarquistas eran los más peligrosos. Y el más bello y dañino de todos era Nicolái Spiechniov, que había viajado y conocido a Bakunin. Dostoievski le debía quinientos rublos. Por eso se sentía poseído por este diablo romántico. «¡Ahora me debo a mi Mefistófeles!», le confesó a un amigo.

Los jóvenes revolucionarios hablaban de temas prohibidos: la abolición de la esclavitud, la libertad de prensa, la reforma de la justicia... No sabían que había un delator entre ellos.

Continué, solo, mi recorrido por San Petersburgo. No tenía ya esperanzas de encontrar a mi amigo. Estaba seguro de que le habían fusilado. Me perdí enseguida en la noche blanca, en un laberinto de puentes, canales y ríos. En las aguas aceradas del Neva veía reflejarse la alta torre de la fortaleza de Pedro y Pablo. Sí, ahora estaba seguro de que allí le habían condenado a muerte. En la plaza cubierta de nieve habían levantado un estrado con crespones negros. Los tambores sonaban mientras la muchedumbre contemplaba a los reos. Todos llevaban camisas blancas. Después de dejarles besar una cruz, les condujeron a los puestos de fusilamiento. Mi amigo era el primero de la segunda fila...

En una librería encontré una vieja edición de Dostoievski. Y, leyendo aquel libro, supe que mi amigo no había sido fusilado. Cuando estaba a punto de oírse el disparo fatídico, un oficial había detenido el siniestro espectáculo, anunciando, con gesto teatral, que el magnánimo zar indultaba a los condenados. El 22 de diciembre de 1849, a los veintiocho años, Fiódor Mijailóvich Dostoievski había vuelto a nacer.

Dos días más tarde era Nochebuena. Le pusieron unos grilletes, que arrastró durante tantos años que llegaron a formar parte de sus manos, y salió de San Petersburgo en un trineo que le llevó hacia las provincias lejanas: Nijni-Novgorod, Yaroslav, Perm... La ventisca apenas dejaba ver los pueblos. Se sucedían los bosques nevados. Y, antes de atravesar la barrera de los Urales, pudo volver la vista atrás. «Delante de nosotros, la Siberia, nuestro misterioso destino. Se me llenaron los ojos de lágrimas.»

¿Quién puede decir que Rusia no sea la tierra de la inmensidad, la perspectiva de la desmesura? Ayer se llamó la Santa Rusia. Luego fue la República Socialista Federativa Soviética de Rusia. Pero haceos explicar lo que entiende un ruso por república, y veréis que es algo muy próximo... a la santidad.

«Es más, si alguien pudiera demostrarme que la verdad está fuera de Cristo, y que realmente Cristo está fuera de la verdad, preferiría estar con Cristo antes que con la verdad», escribió Dostoievski. La destinataria de este pensamiento era Natalia Fonvizine, la mujer que le había regalado una Biblia en el camino de Siberia.

Dostoievski nunca olvidaría aquel momento en que unas mujeres caritativas se acercaron a él en Tobolsk, dándole vestidos y comida caliente. Esposa de un exiliado decembrista, Natalia había vivido siempre en el destierro, y conocía la soledad de la

Casa de los Muertos. Por eso, en el interior de las cubiertas de la Biblia, había ocultado diez rublos.

Siempre, hasta el mismo día de su muerte, Dostoievski guardó esta Biblia bajo su almohada y, más tarde, en la mesita de noche junto a su cama. Estando en la prisión enseñó a leer en este libro al joven Alei.

Y por eso fui a buscarlo hasta Rusia, para tenerlo entre mis manos. Gracias al *camarada* Kuznetsov, agregado de prensa en la Embajada Rusa en París, conseguí un permiso para entrar en el Museo Lenin de Moscú. Me dejaron rebuscar entre los recuerdos de Dostoievski. Sombreado por las manchas del tiempo, comido por los mordiscos de una vida errante y desgraciada, aquel libro estaba allí, como lo había dejado él, un lejano miércoles, 29 de enero de 1881, a las ocho y media de la tarde... Me sentía tan emocionado que sólo acertaba a acariciarlo, buscando torpemente Mateo, III, 15: «Déjame obrar así ahora, pues así debe cumplirse toda justicia». Son las últimas palabras que oyó Dostoievski junto a su lecho de muerte, cuando Anna Grigórievna, su mujer, quiso animarle a luchar contra la agonía. «No te preocupes –respondió él– que estoy seguro de que moriré hoy mismo.» Y, para confortar su espíritu, le pidió que leyese al azar un fragmento de aquella Biblia que le había acompañado por todas partes, en los mismos lugares donde lo he ido buscando durante años: en los caminos de Siberia, en los casinos de Baden Baden y Wiesbaden, en las calles altas de Ginebra, delante de la Madonna Sixtina de Dresden, frente al Cristo de Holbein en Basilea, en las orillas del canal Griboiédov y junto al puente Kukúchkin por donde pasaba Raskólnikov para ir a la casa de la usurera.

«Entre Cristo y la verdad, yo elegiría a Cristo.» He llevado siempre en el alma estas palabras tan bellas, pensando que ciertos hombres valen más que la verdad. Por eso quise ser escritor, persiguiendo luces y sombras, resucitando muertos, venerando las vidas hasta después de que los fanáticos intelectuales intentaran convertirlas en verdades.

Quizá San Pablo se comprometió también así, persiguiendo a Cristo; porque era mejor perseguirlo que perderlo, mejor sentir su mano y ser derribado del caballo que no encontrarlo nunca.

Nunca olvidaría Dostoievski el momento en que, camino de San Petersburgo, cuando era casi un niño, había visto cómo un empleado de correos golpeaba despóticamente la cabeza de un cochero para que éste, espoleado por los manotazos, hiciese correr a los caballos. Por eso, cuando le mandaron a un presidio en Siberia, deportado durante cuatro años a la Casa de los Muertos, escribió: «Cerca de mí habrá hombres, y ser un hombre entre los hombres, sin desfallecer jamás, en eso consiste la vida, el verdadero sentido de la vida».

Los psicoanalistas dicen que en todos los personajes de Dostoievski hay un complejo de culpa. Es verdad que los hermanos Karamázov se ponen de acuerdo para desear la muerte del padre. También Dostoievski era hijo de un déspota alcohólico, que había llenado sus tierras de descendientes no deseados. Los campesinos le odiaban, le temían y le despreciaban. Cuando doce *mujiks* humillados se confabularon un día para aplastarle los testículos en el camino de sus posesiones, el joven Dostoievski recibió la noticia con la cabeza baja, como si acabase de ver morir a su perro. Pero, ante el cuerpo descuartizado, no dijo nada cuando las autoridades, para evitar escándalos, le sugirieron que el viejo terrateniente había muerto de una apoplejía.

La figura del padre será, en su obra, un reflejo de los peores recuerdos de su infancia. Y por eso se complace en pintar esos «viejos desagradables», que educan a sus hijos en un «respetuoso terror», exigiéndoles una veneración admirativa, mientras les relatan «los heroicos servicios que han rendido a la sociedad». Sentimental y cruel, como el padre de los Karamázov, el viejo Dostoievski tenía, sin embargo, algunas virtudes: educó a sus hijos en el amor al estudio. Y fue así como el joven Fedia escuchó ya en la mesa familiar la lectura de la *Historia del Estado Ruso* de Karamzin, y se aficionó a los escritores románticos, a Walter Scott y a Byron. Le gustaban también las salmodias de la Biblia en la capilla. Y, por su cuenta, comenzó a leer algunos autores malditos, como el loco Charles Robert Maturin. Pero todo eso no es bastante para explicarse por qué su padre le parecía un «ser hostil y extraño».

Sepultado en vida

«Hubo un tiempo –escribe Dostoievski a su hermano Miguel, al salir del presidio– en que fui sepultado vivo (...) Hay ahora en mí muchas exigencias y esperanzas que antes no había soñado (...) Y esos años no habrán pasado en balde.»

Apenas acababa de salir de presidio y ya le robó la mujer a su único amigo: un viejo profesor de Historia que, en aquellos pueblos de la estepa siberiana, era su único consuelo. Ella, María Dmítrievna (él la llamaba Mascha) no le amaba, pero hacía el amor con él porque era joven y estaba habitualmente más sobrio que su marido. Era una relación clandestina, como a él le gustaban, porque así podía sentirla hasta la desesperación, hasta el riesgo, hasta enturbiar su conciencia. Pero lo tremendo es que, cuando el pobre profesor dejó este mundo, Dostoievski tuvo la idea descabellada de casarse con la viuda, heredando un hijo de pocos años que le costaría toda la vida muy caro, contribuyendo a abrumarle con deudas hasta tal punto que llegó a vender los muebles de su casa, cuando él estaba de viaje.

Dostoievski organizaba siempre así su vida, pensando que escribiría media docena de folletines para pagar las deudas. Y, si le fallaban las cuentas, se iba a un casino y probaba la suerte.

Desde que regresaron de Siberia, María se había vuelto otra o, quizá, se había vuelto como había sido siempre: una buena madre gruñona que sólo pensaba en su hijo, en el porvenir de la familia, en la prosa exigente de la vida cotidiana. Ni siquiera tenía un sentido dramático de las disputas, capaz de inspirarle a su marido la figura de una heroína de novela. Lo máximo que había hecho en la vida era engañar al viejo maestro borracho con este loco soñador. Pero tampoco le amaba tanto como adoraba a su hijo.

Dostoievski la enviaba a un balneario, para librarse de sus reproches, para que ella pudiese desvivirse por su niño y para que el monstruo del jovencito pudiera acabar de secarle el corazón a su pobre madre. Pero sentía un extraño vacío, sintiéndose así engañado por su mujer y su propio hijastro. Era como si el viejo maestro borracho estuviese vengándose, al cabo de los años, del amigo que le había traicionado.

A Dostoievski sólo le quedaba ahora huir de las sombras y de las deudas, aprendiendo a acostarse con las culpas impagadas y a levantarse con los deseos incumplidos. Quizá por eso se enamoró de una joven romántica, Polina Súslova, que sólo tenía veintidós años. Ella era hija de un viejo siervo que, después de liberado, se había enriquecido con los negocios. El buen hombre le había dado a sus hijas una exigente educación: la mayor, Nadiejda, llegó a ser la primera mujer médico en Rusia; la más pequeña, Polina, era creativa, idealista, orgullosa, inconstante, apasionada. Siendo sólo una muchacha ya había escrito algunas obras, y cuando conoció a Dostoievski tuvo el atrevimiento de citarse con él en París. Nadie sabe cómo llegaron a convertirse en amantes, pero él perdió la cabeza y pidió un préstamo para acudir a la cita; aunque, por el camino, se entretuvo jugando en los casinos, con la ilusión de ganar una fortuna. Y, cuando al fin llegó a París, ella le confesó: «Demasiado tarde. Decías que tardo mucho en entregar mi corazón; pero lo he dado en una semana, a la primera solicitud, sin lucha, sin certidumbre, casi sin esperanza de ser amada...».

Polina se había entregado así, ingenuamente, a un español llamado Salvador, que la había abandonado cuando todavía tenía las mejillas calientes. Dostoievski lo perdonaba todo. Y ahora los dos estaban ya unidos por la experiencia de amar sin ser amados. Recorrieron juntos los casinos de Europa, mientras él perdía lo que ganaba y ganaba lo que perdía; porque no sabía sacarle beneficios a sus libros, pero siempre tuvo el misterioso don de convertir el oro en literatura.

Polina inspiró los rasgos de algunos de sus personajes femeninos: Dunia en *Crimen y castigo*, Aglaé de *El idiota*, Lisa de *Demonios*, Ajmakova de *El adolescente* y Catalina de *Los hermanos Karamázov*.

Arruinado y arrepentido, después de recorrer Europa con su amante, Dostoievski regresó junto a la pobre María, que estaba gravemente enferma. Polina se marchó discretamente, sin reprocharle nada, porque era así, libre y generosa; hasta el punto de que siempre siguieron siendo buenos amigos.

Sin embargo, en San Petersburgo le esperaba el infierno. María ya no conocía a nadie. Sólo veía demonios en la habitación. Y en su delirio se le aparecía el viejo maestro borracho que, en las cabezadas del vino, había visto todos sus guiños con el joven Dostoievski, sus caricias disimuladas, sus risas y las cartas de amor que, en los días lejanos de la traición, se pasaban por debajo de la mesa.

El 15 de abril de 1864 el cadáver de María fue expuesto en la casa, para que sus amigos pudiesen rendirle el último homenaje. La colocaron sobre una mesa, como una última carta de amor. «Me quedé solo y tuve miedo —escribió Dostoievski—. Mi vida se había roto en dos pedazos.»

Los malos años son así, como los truenos cuando se encadenan en una noche de tormenta. Y a María siguió también Mijail, el hermano amado de Dostoievski, el amigo fiel que había colaborado con él en todas sus empresas literarias, administrando las revistas en su ausencia, buscando editor para sus libros, pidiendo préstamos para ayudarle.

Si las obras inmortales nacen, como las erupciones volcánicas, de un largo silencio y una agobiante presión interior, uno diría que en el corazón de Dostoievski se acumularon en estos años todos los sufrimientos que darían origen a sus mejores novelas: *Crimen y castigo*, *El idiota* y *Los hermanos Karamázov*. Y él sabía cómo alimentar este fuego. Porque, en el peor momento económico de su vida, decidió añadir a la familia que había heredado de su primera mujer, también la de su hermano Mijail. «Regresaría otra vez a la prisión —escribió entonces— si eso me permitiese pagar todas mis deudas.»

No sabía ni quería contar. Y, quizá por eso, la bellísima Sonia Korvin-Krukovski —que se haría famosa, años más tarde, como matemática, con el nombre de Sofía Kovalevski— se desmayó un día mirándole a los ojos. Ella tenía sólo catorce años, y no comprendía cómo un loco tan maravilloso que utilizaba los números —rojo, negro, par, impar, *manque*, *passe*— como si fueran colores en una ruleta mágica, podía hacerle la corte a su hermana mayor, que era una sabihonda nihilista y aburrida.

Dostoievski escribía muy deprisa, llevado por una inspiración alborotada y fantástica. Pero, para pagar las deudas, tenía que multiplicar su producción. Su hijastro era capaz de tragarse un capítulo de *El jugador* en una noche de juerga. La familia de su hermano necesitaba también ayuda, quizás un libro más extenso, como podría ser *Crimen y castigo*.

Algunos amigos le propusieron recurrir a la colaboración de pequeños escritores profesionales para trabajar en equipo. Pero él tuvo una idea feliz: dictar sus novelas a una secretaria que dominase bien la taquigrafía. Y así es como llegó a su casa la joven Anna Grigórievna Snitkine.

Como todas las mujeres que conoció en su vida, también ella había llorado leyendo *Recuerdos de la Casa de los Muertos*. Y, nada más ver a Dostoievski, quedó impresionada por sus ojos misteriosos: uno de ellos castaño y el otro con una pupila tan dilatada que ahogaba completamente el iris. No sabía que este detalle no se debía tanto al genio como a la atropina que un médico le había recetado contra los ataques de epilepsia.

Ella tenía un rostro divino, una frente luminosa, una mirada profunda que los años de literatura volverían espiritual y sabia. Cada vez que veo su retrato pienso que, si no hubiese sido la mujer de Dostoievski, habría sido la descubridora del radio. Él preparaba los capítulos durante la noche –le gustaba trabajar en la madrugada– y se los dictaba durante las primeras horas de la tarde. Y así, en veintiséis días, dieron comienzo y remate a *El jugador*.

Unos días más tarde, Dostoievski concertó una cita con Anna y le confesó que estaba imaginando otra novela: la historia de un artista que ya no es joven y encuentra a una muchacha maravillosa. «Creo que será una novela triste y con poco éxito –comentó, como arrepentido– porque ninguna muchacha aceptaría esta propuesta de amor.»

Cuando se casaron en San Petersburgo, en 1867, ella tenía veinte años y él cuarenta y cuatro. Pero la familia que él llevaba siempre a cuestas no quería ni pensar que pudiera casarse con esta «insignificante secretaria». Su hijastro, instalado en casa, la humillaba y la trataba groseramente. El mismo día en que su cuñada le cubría de reproches, acusándole de ser «un viejo verde», él empeñaba su pelliza para ayudar a sus sobrinos.

Pero Anna será su mujer, le dará cinco hijos, le cuidará en sus ataques de epilepsia, administrará la ruina de su casa, empeñará su anillo de bodas para que él se lo juegue en el casino y se lo devuelva transformado por su alquimia inmortal: convertido en novelas, en lágrimas de amor, en sueños, en delirios místicos.

Anna sabía bien que su marido necesitaba fuego en el corazón para poder convertirlo en literatura. Sabía que sus personajes le esperaban en las calles de San Petersburgo, en los garitos de Sennaya Plóschad, en aquellos patios sombríos donde las mujeres compartían la misma cocina, en las escaleras pintadas de azul celeste, en los bulevares arbolados donde se paseaban las prostitutas, en la plaza donde Raskólnikov cayó de rodillas y besó el suelo... Todavía, cuando paseo por estas calles comprendo que la literatura rusa esté tan llena de locos, porque estos rostros tan humanos y tan divinos están en los iconos, se dibujan en las grietas de las paredes rotas, hacen muecas en las primeras hojas caídas del otoño dorado, gimen en los canales que se van deshelando bajo el tímido sol de la primavera...

Pero Anna sabía también que, de tarde en tarde, los rusos tienen que curarse de Rusia. Y entonces, con dinero o sin dinero, con un préstamo cualquiera, tenían que iniciar una peregrinación loca hacia Ginebra, hacia París, hacia Dresden. Rodaban por hoteles baratos o por apartamentos modestos, esperando siempre un giro de Correos; pero se detenían también en los pueblos alegres, donde él recobraba la inspiración delante de un buen plato de anguilas y un vino del Rin.

En octubre de 1867 los Dostoievski pasaron por el Valais. Su itinerario describe el mismo camino que llevará, años más tarde, al poeta Rilke hasta el castillo de Muzot. Él quería jugarse sus últimos ahorros en el casino de Saxon-les-Bains. Siempre estaba convencido de tener una fórmula para ganar en la ruleta. Y Anna le dejaba jugar hasta el último céntimo, porque sabía que un loco sólo puede curarse abandonándose al deseo. Pero las ruletas no le trajeron la felicidad. Regresó a Ginebra, más pálido y arruinado que nunca, después de empeñar el abrigo y las alianzas en casa de un usurero. La pobre Anna, embarazada de amor y de literatura, le esperaba en la estación para escuchar sus eternas disculpas: «¡Qué desgracia, Annuchka! Ayer tenía mil trescientos francos en mis manos. ¡Qué mala suerte!».

Para comprender a Dostoievski hay que aceptar que los hombres que han pasado su infancia en un infierno y su juventud en un presidio llevan en los ojos un reflejo sombrío, como ciertos ángeles misteriosos que tienen el encargo de abrir las tumbas para resucitar a los muertos. Hasta sus manuscritos son desordenados, tormentosos, emborronados por dibujos y cicatrices de tinta, como si las palabras se le apareciesen en una sesión de espiritismo, como si las ideas le surgiesen en las cabezadas borrosas del ultramundo. Quizás era un dandi del subsuelo, un ángel epiléptico, hijo de un médico borracho y de una pobre mujer tuberculosa. Su hijo Alexéi, que había heredado su enfermedad, murió en un ataque epiléptico: un ataque brutal que duró más de tres horas.

En una biblioteca de San Petersburgo encontré un retrato de mi amigo muerto. No era trágico, como el terrible Cristo yacente que pintó Holbein y que a él tanto le impresionaba. Se había quedado inmóvil, arrebatado por el trance, cuando vio en el Museo de Basilea aquel rostro desencajado. Prefiero a Dostoievski muerto, porque el Cristo de Holbein parece un pobre epiléptico en el paroxismo de su sufrimiento.

Perdido en San Petersburgo, sigo caminando hasta el monasterio de Alejandro Nevski, donde está enterrado mi amigo. Llevo en las manos un rosario de madera, acabado en una borla negra, que compré en la iglesia de Nuestra Señora de Vladímir, delante de la casa donde vivió Dostoievski. Le gustaba vivir cerca de las iglesias, para ver las cúpulas frente a su ventana. Y le gustaban las casas que hacen esquina, los relojes, los marcos barrocos, los cigarrillos que liaba parsimoniosamente con la mezcla de tabaco Laferne, que se vendía en unas cajitas ovaladas de metal, los iconos de la Virgen con su cubierta de plata, los muebles pesados, los paraguas, las siluetas de papel, los sombreros altos, los grabados de Rafael y las habitaciones grandes que no podía pagar.

Una vieja campesina se santigua al verme y me toca el brazo, como si yo fuese un *stárets* esperando que le dedique unas palabras de consuelo.

—*Bábuchka* —abuela, le digo, para no defraudarla—, tengo aquí dentro un hermano. Si él estuviese ahora con nosotros besaría tus manos, porque eres ya anciana y has sembrado mucho trigo.

Cae una fina nevisca sobre los caminos y los árboles parecen brazos desnudos elevándose al cielo. Me he quitado el sombrero porque esto está lleno de nombres inmortales: Mússorgski, Glinka, Petipa, Tchaikovski, Dostoievski.

En el silencio de la oscura mañana de enero en la Lavra, distingo pequeñas huellas en la nieve. «Creyó en la fuerza infinita y divina del alma humana», dijo alguien, mientras el ataúd cubierto de laurel y de flores descendía a la tierra. Se diría que entre las estatuas hay también ángeles de ala negra que vienen de la Casa de los Muertos. Parecen pájaros, pero no cantan. Se ocultan en las sombras y van abriendo las puertas, silenciosamente...

Me voy de San Petersburgo preguntándome si alguien ha demostrado que es mejor la verdad que Cristo. El día en que me encontré a Dostoievski yo iba persiguiendo verdades; pero él me derribó del caballo.

Una mujer como Coco Chanel

EL BAR DEL RITZ

No fue Coco Chanel, sino Hemingway, quien me llevó por primera vez al Bar del Ritz, porque le había oído decir: «La vida en el Cielo, después de la muerte, debe ser como una dulce noche de verano en el Ritz de París».

Buscando la eternidad en la vida –mejor que buscarla en la muerte– anduve a menudo por el Bar del Ritz. Siempre escribo en la misma mesa, iluminado por la luz marfileña e incierta de la rue Cambon, rodeado por los fantasmas de Marcel Proust y Eduardo VII, de Greta Garbo y Noel Coward; o de Douglas Fairbanks y Mary Pickford, que se amaron en el Ritz, cogidos de la mano. Aquí, en este delicioso rincón de París, me encontré muchas veces a Coco Chanel, a dos pasos de su casa.

A Coco le sentaba bien el Ritz. Ella era una fiera indómita, sincera, tan generosa como cruel. Pero tenía un lado *femme de harem*, tierna, rencorosa, felina. Y necesitaba vivir rodeada de mujeres ricas para cortarles el pelo, para calarles los sombreros hasta las cejas, para humillarlas, para convertirlas en sus esclavas. Conocía bien las envidias y las maledicencias de ciertas señoras, vendidas a la fortuna de sus mantenedores. «*Je fouterais* a todas estas señoras vistiéndolas de negro», fue su primer grito de guerra. Sabía convertir a una menina en una princesa altiva, subiéndole la cintura por el trasero. Y, cuando quería, humillaba a una reina acortándole las faldas y llevándole la cintura hasta los pechos.

Como Goethe, también Coco Chanel habría sido grande desempeñando cualquier oficio. Podrían haber intercambiado los papeles, y hoy diríamos: «Ese sombrero lo debe haber diseñado Goethe» o, también, «Esa *Hija Natural* debe ser de Coco...». Ella era así, generosa hasta extremos increíbles, capaz de mantener a media docena de hombres si estaban dispuestos a quererla, habladora hasta agotar todas las conversaciones, tan trabajadora que no tenía tiempo para sentir envidia.

Me cité un día con Paul Morand en el Bar del Ritz para que me presentara a Coco. La encontré interesante, porque me gustan las mujeres que muerden, sobre todo cuando parecen, como ella, fieras peludas:

—*Aimes-tu, vraiment, les chevaux?* [¿Te gustan los caballos?] —me preguntó con coquetería, con una mirada especial que tenían sus ojos castaños cuando quería ser dura.

—*C'est mon côté anglais, madame...* [Es mi lado inglés.]

Yo sabía que le gustaban los ingleses, pero que los comparaba con los caballos. Hablamos de los sueños del surrealismo y de André Breton, que tenía tan mal gusto cuando dibujaba rodillas. Creo que pasamos una buena *soirée*, porque compartíamos muchas ideas: creíamos en el honor, teníamos un concepto inusual de las parejas («las parejas —decía ella—, son como las ruedas dentadas que se muerden para avanzar»), odiábamos las personas aburridas, y nos gustaba cierto tipo de lujo...

—El lujo que uno lleva dentro, no el de las joyas —murmuró cruzando los brazos.

Pensé que la frase era digna de Oscar Wilde. Le gustaba mucho cruzar los brazos, como si así se sintiera más protegida. Sin duda le tenía miedo a la soledad, a su melancolía.

Yo era un entonces un joven, apenas salido de la primera estupidez. Ella no había tenido infancia y salía ya de todo, porque le quedaban pocos meses de vida. Llegué justo a tiempo de conocerla.

—Para saber si un vestido está bien cortado, hay que cruzar los brazos, comentó recogiendo aún más su cuerpo.

Ya no existen ni Paul Morand ni Coco Chanel. Y me cuesta ahora pensar que han pasado más de treinta años desde que desaparecieron. Pero nadie ha venido a sustituirlos en esta Europa que se va quedando vacía... quizás ocupada por otros.

—Es difícil daros un consejo a los jóvenes de hoy día —me dijo Morand—, porque el mundo ha comenzado a destruir incluso a los maestros. Habláis como si fueseis huérfanos, pero en realidad sois parricidas.

Morand, como un astro nocturno, tenía una cara oculta: sus destinos diplomáticos oportunistas, sus colaboraciones con la inteligencia más reaccionaria, sus sospechosos silencios. Pero era un príncipe del *esprit,* el compañero de viaje más interesante que he conocido, o quizá simplemente un hijo mimado de la *belle époque,* que atravesó el siglo de la contracultura conduciendo un Bugatti Sport. De joven había conocido a Marcel Proust, a Tosti, a Rodin y a Mariano Fortuny. Quizá por eso era absolutamente genial cuando explicaba sus viajes, diciendo que Nueva York es «materia humana metida en ascensores». O cuando describía a sus amigos: «Augusto Rodin tenía una barba blanca de color amarillento y una nariz priápica que parecía salirle del pubis». Y creo que verdaderamente se necesita una nariz así para esculpir la estatua de Balzac.

Estaba casado con una princesa rumana que había sido inteligente, intrigante y muy bella, aunque siempre pensé que tenía razón Cocteau cuando decía que era «como una Minerva que se había tragado la lechuza». Fue ella quien le acostumbró a los salones llenos de fetiches y a los prejuicios racistas. Pero el Morand que yo llegué a conocer era ya viejo, aunque no aparentaba ninguna debilidad. Le quedaba todavía un gesto despectivo en los labios y, como todos los dandis, hablaba en aforismos, porque las cosas inacabadas suelen ser más estéticas. La invalidez de su mujer le había convertido en un paciente enfermero. Y, después de dar su paseo a caballo como si fuera un señor feudal, se convertía repentinamente en jubilado y salía a comprarle a ella algunas golosinas para comer. Luego, en casa, la bañaba y la acompañaba hasta que se quedaba dormida.

Me dolía en el alma ver cómo unos niños de papá proclamaban la contracultura en la Sorbona, cuando los últimos maestros europeos se nos estaban muriendo en el silencio.

Las jóvenes modelos de Coco eran siempre interesantes y, por eso, me aficioné al bar del Ritz. El Petit Bar de la calle Cambon —el *Little Bar* lo llamaba Scott Fitzgerald— era un lugar maravilloso. Lo había creado el propio César Ritz, aprovechando un rincón minúsculo de su hotel, tan recoleto que tuvo que diseñar él mismo los muebles a medida, mandándolos hacer más pequeños de lo normal. Pero nadie se daba cuenta de aquel pequeño truco.

Aprendiendo a conocer los vinos, se convirtió Ritz en el mejor hotelero de todos los tiempos. Tenía una habilidad especial para convertir un hotel en un palacio, y una mesa en una fiesta. En el Savoy organizó una cena veneciana, inundando el patio para que los vinos y los platos llegasen a las mesas en góndola. En la boda de Helena de Orléans y el duque de Aosta no había disponible otro comedor que el de los sótanos. Pero César Ritz supo arreglar aquel caluroso salón, instalando plantas y espejos que ocultaban barras de hielo. Al entrar en la sala, los invitados quedaron impresionados por la atmósfera fría y brillante, como un palacio de invierno salido de un poema del viejo Pasternak. Todas las mesas aparecían llenas de lirios y rosas, dispuestas en floreros de hielo esculpido.

De la misma forma supo salir del paso cuando era director del Righi Kulm y, un día frío de septiembre, se estropeó la calefacción. Mandó recoger todos los calderos de cobre que se utilizaban en el hotel como maceteros, y los llenó de ladrillos calentados al fuego. El espectáculo que ofrecía el comedor, en oro y rojo, en cobre y fuego —como un añejo cabernet sauvignon— era maravilloso.

César Ritz revolucionó el mundo de la hostelería, de la gastronomía y de los vinos. Y así contrató a Escoffier, que fue el primer hombre que habló en la cocina el lenguaje refinado de los vinos y, al llamar a unas simples gambas «crevettes au paprika rose», las convirtió en un «premier cru».

César Ritz fue también un genio del diseño. Las grandiosas bañeras del Ritz de París fueron una concesión a Eduardo VII, que se atascaba en los baños pequeños; no tanto porque era un hombre corpulento, sino porque le gustaba compartir la bañera con algunas señoras. Pero la gracia del Ritz estuvo siempre en estas pequeñeces del Petit Bar y del Petit Jardin, con su castaño en flor. Detalles que son, a fin de cuentas, como el peinado a lo *garçon* o como los trajes de chaqueta que creaba Gabrielle Chanel: *art* Déco, *art* Coco...

El Bar del Ritz fue, para mí, el mejor refugio literario de París: alejado de los esnobs de la Rive Gauche y de los cantautores de la clerecía intelectual que se movían, en los años de mi juventud, por las cuevas y los cafés de Saint Germain. Nunca he sabido por qué las tardes del Flora y del Deux Magots se me daban tan mal. Se me amontonaban sobre el papel las comas, las barras y los guiones, como se le amontonan los andamios de la técnica a tantos ilustres genios de la literatura de nuestro tiempo.

El Bar del Ritz era otro mundo. Allí todavía se podían escribir milongas tristes, tangos *mamaos* de champán con fresas, como le gustaban a Marcel Proust. Y, cuando uno tenía la noche maldita y seca, siempre quedaba la vena rebelde del Negro Cele: «Yo no le canto al perfumado nardo ni al constelado azul del firmamento. Yo busco en el suburbio sentimiento. Pa cantarle a una flor le canto al cardo». O sea, puro Chanel 5...

Coco Chanel tenía un sobrinito muy salvaje que se había traído de su pueblo, en algún rincón perdido de la Francia profunda. Cuando había invitados en casa le mandaban a comer a la cocina o a la *nursery*, para que no organizase un espectáculo. Pero, en cierta ocasión, su tía le llevó al Ritz y le permitió sentarse a la mesa con los mayores. Cuando le sirvieron la sopa en un bol, cubierto por su hojaldre caliente, el jovencito comenzó a gritar como un galo salvaje: «¡Yo no quiero que me traigan la sopa en estos horribles tazones sin asa que me ponen cada día en la cocina!».

A mí me pasó siempre como al sobrinito de Coco Chanel: muchos recursos y tecnicismos de la literatura vanguardista –las frases sin puntuación, ciertas fórmulas herméticas, los ritmos violados– me parecen igual que un tazón sin asas.

Era normal que los artistas del siglo XX reaccionasen contra viejos y caducos amaneramientos, buscando nuevas vías de atonalidad, de raciocinio, de análisis estructural. Pero esa rebelión ha conducido, precisamente, al predominio de la técnica sobre el pensamiento, de la pericia sobre el ingenio, del diseño sobre la naturaleza. Hasta la vieja universidad literaria de nuestra juventud está a punto de ser sustituida por su más prosaico sucedáneo: el máster.

Los jovencitos que aprendimos a hacer literatura dandi en el Bar del Ritz éramos diferentes. Nos gustaban las locuras literarias, a lo Scott Fitzgerald. Y Claude, el viejo camarero, se acordaba siempre de que yo había tenido la audacia de invitar a una de las más bellas modelos de Chanel, enviándole una rosa. Lo peor fue que ella estaba acompañada por su marido y no quiso aceptar mi ofrecimiento... Me comí los pétalos de la rosa, uno a uno, y le dije en voz alta a Claude: «Me parece que a este plato no le sienta bien el champán. Tráigame, por favor, un Châteaux Margaux».

Los cursis que hoy se dedican a la literatura dandi ya no serían capaces de comer rosas con Châteaux Margaux. Los más audaces se alimentan de cocaína, que es como una rosa enferma, fabricada con subproductos de la industria. La industria ha llegado a contaminar el arte. Resulta evidente en la música, que ha producido en cien años los genios más pitagóricos, herméticos e incomprensibles. Ha ocurrido en el *bel canto*, donde cada día se encuentran más voces bellísimas, moduladas por una extraordinaria técnica, que no tienen ninguna vibración artística... Pero sucede también en la escultura, en la pintura, en la literatura, en el cine. La mitad de las películas de éxito apenas si son más que una sucesión previsible y violenta de aparatosos efectos especiales.

«Las faldas cortas —decía Coco— no me gustan. Una mujer elegante puede enseñar sus piernas. Pero, las rodillas... ¡jamás!» Yo creo que los muslos forman parte del mundo del arte. Las rodillas son ya un asunto de ingeniería; son los contrafuertes del esqueleto: un recurso utilitario y mecánico de la anatomía que una mujer debe esconder cuando muestra la gracia de sus piernas. Uno no se siente hombre hasta que no aprende a tocar sin mirar, a mirar sin ver, a ver sin olvidar. Poner las manos sobre una rodilla es como guardar y ocultar un secreto.

No sé si los jóvenes se preocupan ya por estos matices estéticos. Pero yo los mandaría a hacer el máster al Bar del Ritz.

Ofrenda en el golfo de Nápoles

SURRIENTO... NA SERA E'MAGGIO

Cuando llegué a Sorrento, por primera vez, hace más de treinta y cinco años, me pareció que la mejor manera de aprovechar una *saison d'hiver* en el golfo de Nápoles era recibir clases particulares de canto. No me arrepiento de aquella decisión, porque no hay nada más maravilloso que aprender la lengua italiana juntamente con el canto; sobre todo, si uno tiene una profesora joven y guapa y, frente a la ventana, el golfo de Nápoles, el Vesubio, un limonero cargado de frutas y las soberbias rosas de Ischia y Capri. Para un jovencito era fácil perderse en aquella orgía de antigüedades y vinos volcánicos, en aquellos crepúsculos calientes, en aquellos muros pintados con el rojo de Pozzuoli y el amarillo de Nápoles. Pienso que hoy no hubiese gozado tanto, aunque con los años uno aprende a darle hondura a la historia, sentido a los dioses, contenido a las ruinas; como vivió Plinio en estas villas o como acabó el Tasso –hijo pródigo de Sorrento– descansando aquí de una vida deliciosa, aventurera y espléndida.

Quizás era la inconsciencia de la juventud, pero me sentía como un gato libre paseando por estas callejas rodeadas de muros, que tienen cada día del año un perfume diferente: las naranjas en invierno, las higueras en julio, las uvas en septiembre. Algunas tardes caminaba hasta Villa Rubinacci, donde Nietzsche y Paul Rée habían vivido con Malwida von Meysenbug. Luego me sentaba a leer *El atardecer vital de una idealista* –las Memorias de Malwida– hasta que la roja oscuridad del crepúsculo sobre el Vesubio me hacía cerrar el libro. A menudo me quedaba en la terraza del Hotel Victoria, donde Nietzsche y los Wagner se vieron por última vez. Y a veces me acercaba a Ravallo, donde los cipreses y jardines del Palazzo Ruffolo me recordaban el parque encantado de Klingsor.

Yo llevaba el pelo largo, que me parecía más propio de un artista; pero me lo corté enseguida, porque mi joven maestra de canto me acarició la cabeza con extraña ternura y me dijo: «Aquí, en Sorrento, sólo llevan el pelo largo los carpinteros». El golfo de Nápoles está lleno de misteriosas claves gremiales que deben datar del tiempo de los romanos. Pero la vida transcurre en estas costas con un ritmo distinto: la apasionada cadencia de las más bellas canciones de Tosti que se oían, en aquellos años, en todas las ventanas abiertas.

No se podía vivir en la costa napolitana sin evocar continuamente a Enrico Caruso, que nació en Nápoles y murió en Sorrento: un camino que merece la pena andar lentamente, pero que él recorrió demasiado deprisa, en cuarenta y ocho años. Era el ídolo de todos los jóvenes que estudiábamos música y canto; sobre todo desde que nuestra profesora nos enseñó a impostar la voz. «Cantad —nos dijo— como enseñaba Caruso: abriendo la boca y levantando el paladar como si fueseis a escupirle al Vesubio.»

Mi maestra de canto estaba convencida de que yo podía llegar a ser un buen barítono. Pero mi amiga Rosa Viñas —la voz más extraordinaria que he oído en mi vida, apasionada, escalofriante, mágica, distinta— insistía siempre en que, desde el principio, deberían haberme hecho cantar como tenor. Rosa tenía un modo muy original de valorar las voces, porque estaba convencida de que, más allá del color, está el temperamento... Argumentaba que a Bergonzi le hicieron cantar muchos años como barítono y, sin embargo, era un tenor sin rival. Y Rosa había descubierto en mi carácter todas las veleidades de los tenores: la manera de entrar en escena, la forma de interpretar los papeles, la colocación espontánea de la voz en su tesitura...

A los jóvenes cantantes les enseñan hoy muy bien los trucos y los recursos de la técnica. Nadie es capaz de manejar el instrumento como algunos muchachos que participan en cualquier concurso de canto; pero, no sé por qué, faltan los artistas como Caruso, distintos, completos, capaces de hacer mil cosas a la vez, con la misma gracia y talento: cantar, actuar, dibujar caricaturas...

Quizás eso es lo que Rosa Viñas, con su extraordinaria simpatía, llamaba «ser un tenor».

Cuando conocí a Xavier Cugat, pensé que existía cierto parentesco entre estos dos artistas mediterráneos. Quizás era sólo el estilo de sus caricaturas; pero los dos dibujaban con el mismo trazo sensual y barroco. Los dos habían sabido conquistar el mercado americano, utilizando las industrias más poderosas de Estados Unidos: el disco y el cine. La fama de Caruso se fundamentó en la naciente industria del gramófono, que otros cantantes anteriores no habían podido utilizar.

Todavía hoy, cuando han pasado tantos años después de su muerte, no conozco a ningún cantante que no reconozca su deuda con Caruso. A pesar de que nunca supo cuidar su voz: fumaba y bebía, pero sabía elegir su repertorio. En cierta ocasión le oí decir a Mario del Mónaco, cuando ya estaba en el final de su carrera y no era capaz de enfrentarse a los *legati* de las arias más difíciles: «Creo que me comporté como un estúpido el día que decidí cantar *Otello*. Caruso nunca lo hizo». Quizá Caruso ni siquiera tuvo tiempo de proponérselo. Pero en *Otello* hay que tener mucho control respiratorio, debido al fraseo largo, y hay que sostener el aliento y los legados desde las arias más grandes a las más breves, desde el comienzo hasta el final.

Algunos fines de semana cogía el barco y me iba a Capri, donde había descubierto una taberna que alquilaba habitaciones. Pierino, el tabernero, había conocido al pintor Diefenbach, había tratado a Curzio Malaparte, y recordaba incluso los tiempos en que Axel Munthe, el médico sueco, habitaba todavía la Villa San Michele.

Como Pierino nunca quiso creer que yo fuese español, debido al color rubio de mi pelo y a mi aspecto *svedese*, ponía mucha devoción en demostrarme que había aprendido cuatro palabras en sueco. Por eso nuestras conversaciones eran tan divertidas, porque él mezclaba el italiano y unas expresiones incomprensibles en sueco (*barciogut*, pronunciaba con un acento diabólico, probablemente para decir *varsågod*, por favor), y yo le respondía en el más castizo napolitano, porque siempre adoré esta lengua.

No había personaje famoso que hubiese pasado por Capri y que no hubiese sido amigo de Pierino. Sabía historias increíbles, pero las contaba sin caer en la maledicencia, explicando sólo las cosas que podían decirse, aunque algunas rayasen el límite de las *cattiverie*. Y así, por ejemplo, contaba la historia del banquero Hugo Andreae, a quien su mujer engañaba con el pintor que decoraba su villa. El pobre marido, *cornuto* y desesperado, se marchó de Capri y se suicidó en Alemania. Pero ella no sólo continuó con su amante, sino que heredó la magnífica Villa Andreae y tuvo la desfachatez de cambiarle el nombre, llamándola Villa Capricorno.

Isla de los cuernos, paraíso de las cabras, Capri es también tierra de viñas donde reina Dionysos. Quizá por eso la eligió Tiberio cuando buscó un retiro dorado. Muchas veces, siguiendo la costa escarpada de los Faraglioni, he llegado hasta la gruta donde Tiberio celebraba sus orgías. En la inmensa oquedad vacía quedan sólo algunos restos de altares y una humedad maligna; pero, en las paredes cubiertas de moho, se siente la presencia brutal de la Magna Mater, diosa de la fecundidad y de la tierra.

Carmela, la hija de mi tabernero, había estudiado en la universidad y era una muchacha culta. Conocía, por ejemplo, todos los lugares de la isla donde había habitado Máximo Gorki. Sabía que Lenin había sido huésped del escritor y me enseñó una foto de 1908, en la que se veía al revolucionario bolchevique jugando al ajedrez con Gorki en la terraza de Villa Blaesus. Recuerdo la casa blanca, con ventanas que se asomaban al mar y a un jardín lleno de palmeras y plantas exóticas. Pero Gorki era incapaz de mirar al Mediterráneo sin pensar en Rusia. Y mientras los niños de Capri le seguían por las calles diciendo, con su peculiar acento napolitano: «¡Signori Gorki, molto ricco, molto ricco!», vivía ajeno a todo, recordando los días en que se emocionaba leyendo *Taras Bulba* a los bateleros del Volga, mientras el barco surcaba las aguas del gran río ruso, llevando deportados a los presidios. Vivía sólo esperando noticias de Rusia, soñando con que el zar le permitiese volver del exilio. Y el día en que se enteró de que Tolstoi había muerto en la estación de Astapovo, se encerró en su despacho y se pasó el resto de la jornada llorando. «El hombre más bello, el más poderoso, el más grande nos abandona... No es sólo su mujer la que queda viuda, sino toda la literatura rusa».

Entonces yo no conocía tantas cosas de Gorki, como luego me contaría mi buen amigo Eugen Relgis, que lo trató personalmente a principios de siglo. Pero me intrigaba la figura de este ruso, devorado por el alcohol, que había perdido ya un pulmón a los diecinueve años, al dispararse un tiro con una pistola. Me atraía, sobre todo, el seudónimo *Gorkij,* que en ruso significa «amargo». Hasta en sus fotos, embozado en su capa como un bandido español, siempre llevando a su papagayo *Pepito* en el hombro, me resultaba un tipo original. Su imagen me parecía incluso más interesante que las obras que había escrito en Capri: *Estate, Confessione, La nascita di un uomo, Un avvenimento nella vita di Makar,* que leía entonces ávidamente, en las ediciones italianas que me prestaba Carmelina. Mi inolvidable amigo Relgis me explicó más tarde que, en verdad, había sido un anarquista salvaje que había convivido con todos los desheredados de Rusia, con los deportados del Volga, con los campesinos maltratados y con aquellas pobres gentes, arrastradas por el sueño de la redención, que fueron a enrolarse bajo la bandera roja de la Revolución. Cuando era un niño se había ganado la vida vendiendo trastos viejos por las calles de su pueblo. A veces robaba algo para comprarse un libro. Y el día en que le dieron su primer diploma en la escuela lo arrugó con desprecio. Pero, cuando pudo permitírselo, Gorki vivió como un potentado entre criados y alfombras, habitando villas fastuosas y viajando en el *Orient Express.* Dicen que fue asesinado por orden de Stalin, como, poco antes, lo había sido su hijo.

A Carmelina le gustaba que yo la acompañase en sus excursiones arqueológicas por la isla, porque pasábamos la jornada entera, nos llevábamos una cesta de comida a las ruinas y luego intercambiábamos pequeños obsequios, según lo que cada uno tenía. Ella me contaba muchas cosas, sobre las vírgenes romanas, las sacerdotisas de Cibeles y los ritos de iniciación en las cavernas. Creía en los duendes y en los aparecidos, y me explicaba la historia de *O munaciello*, el monje que anda por los caminos, buscando a los que mueren sin recibir los últimos sacramentos. Era apretada y pequeña, como los limones; dulce como el perfume de las higueras; morena como las uvas negras. Y a mí se me acababan enseguida las fechas, los datos, las referencias históricas. Menos mal que me había inventado un juego que atribuí a Tiberio y no tardé mucho en enseñarla también a jugar.

Los fantasmas de Capri me subyugaron siempre. Y, a veces, me he paseado por las noches delante del corazón de mármol que hay en la puerta de la Villa Cottrau, porque Carmelina me había contado que allí se aparecía el espectro de Lady Hemstead: una loca inglesa que se dedicaba a los cultos mágicos. Creo que se construyó una casa en Anacapri y se fue de la isla, embarazada, después de haber sido seducida –según contaba ella– por el mismo dios Mitra.

Todavía llegué a conocer, poco antes de que desapareciese para siempre, el café más legendario de Capri, que lucía el impresionante rótulo de «Zum Kater Hiddigeigei» (Al gato Hiddigeigei). Más que un café al estilo vienés era una taberna de pueblo, donde lo mismo podían leerse los periódicos que comprar cualquier cosa.

Lucia Morgano, propietaria del café, había salvado de la cárcel y de la vergüenza al pintor Christian Allers. A finales del siglo XIX, este artista excéntrico se retiró a Capri, donde construyó una Villa en las pendientes de la colina de Tuoro. Había sido el retratista de Bismarck, que le pagó siempre generosamente sus encargos y le recompensó con buenos regalos, especialmente valiosos bastones de ébano, plata y marfil. Pero Allers tenía un motivo para aislarse, ya que sus tendencias homosexuales causaban entonces escándalo en todas partes. Siempre andaba acompañado de un jovencito de Marina Grande, llamado Albertino *Mezarechhia* (en Capri todo el mundo tiene su mote) que le servía de modelo y de camarero.

Allers vivió como Tiberio en Capri, decorando su casa con lujosos muebles, armaduras, alfombras persas y bellas lámparas de cristal de roca. Pero en 1902 la policía de Nápoles dio la orden de detenerlo y expulsarlo de la isla por «inmoralidad». Y pudo escapar, casi por milagro, gracias a que la propietaria del café Zum Kater Hiddigeigei le avisó a tiempo.

Allers huyó al Pacífico, estableciéndose en Samoa. Y, como había tenido que abandonar sus propiedades con tanta urgencia, alquiló la casa a una señora que había conocido en el tren de Nápoles a Roma. Y así, por uno de esos irónicos azares de la vida, la famosa villa donde Allers había adorado al amor rosa, se convirtió en residencia de esta dama puritana y tuberculosa, que se llamaba Lady Mackinder. La pobre mujer se dedicó a la caridad, intentando que la isla se convirtiese «en un núcleo estable de familias inglesas, acaudaladas y honestas, amantes del golf».

En Villa Federico, en las laderas de la montaña, vivieron las últimas horas de su amor amargo Alfred Douglas y Oscar Wilde. En 1897, algún tiempo después de haber salido de la cárcel de Reading, el poeta permaneció unas semanas en Capri, intentando reconciliarse con la luz. Pero ya era tarde y, sobre todo, demasiado tarde para el rencor de los burgueses que lo reconocían en todas partes, huyendo de su presencia. Fue aquí en Capri donde los huéspedes del Hotel Quisisana le exigieron al propietario que lo expulsara del comedor...

Un joven, llamado Jacques Fersen, asistió a esta horrible escena. Y no pudo olvidarla nunca. También él era un dandi, que había dedicado poemas a Venecia. Era alto y delgado, con una mirada extrañamente fría y lejana, como la de las estatuas. Y era descendiente de Hans Fersen, un noble sueco que, en 1774, se había enamorado de María Antonieta en un baile de máscaras.

Como su antepasado —el galán de la reina— Jacques Fersen no tuvo suerte en la vida. Su novia le abandonó, porque no quería verse envuelta en sus escándalos. Y, desde entonces, reaccionando justamente al revés de cómo había vivido su antepasado, odió a las mujeres y amó a los hombres. Se hizo construir en Capri un templo a la belleza, con una inscripción en la puerta: Amore et dolori sacrum. Y contrató sólo a cuadrillas de mujeres para que subieran los materiales a la colina.

Para hacerse perdonar de Venus, consagró a la diosa los mirtos de su jardín. Tenía un gusto exquisito para decorar su casa, con narcisos y camelias: las mismas flores que los poetas andalusíes comparaban con los muchachos melancólicos que les escanciaban los vinos. Y allí se dedicó a escribir versos y novelas que, a menudo, tenían un perfume wildeano.

Cuando los escándalos le obligaban a abandonar por un tiempo Villa Lysis, se embarcaba en su yate *Orta* (¡qué recuerdo para Nietzsche y Lou Salomé!) y se perdía en los mares. Pero volvía, al cabo de los meses, con nuevos trofeos para su casa: unas alfombras, unos espejos, unas sedas turcas, o una colección de pipas de opio que habían pertenecido a un antiguo emperador de Oriente. En Villa Lysis, hasta los criados servían borrachos. Y así murió su gobernanta, al precipitarse sobre la escollera desde el camino que atraviesa el jardín y donde se escucha el batir incesante de las olas. Y así murió también Fersen, entre los perfumes del opio y la sobredosis de cocaína, en la estancia rosa de Villa Lysis, delante de una botella de champán. Sus amigos lo enterraron con un *sarong* de seda que él mismo había traído de Oriente, después de maquillarle las mejillas con un poco de rosa, su color preferido.

—Entre los labios —me explicó Carmelina, un día en que conseguimos entrar en la casa, que entonces estaba abandonada y medio derruida— le pusieron el anillo de oro de un faraón, que se había traído de uno de sus viajes a Egipto.

Pierino y Carmela me abrieron las puertas de las villas más famosas de la isla: la Villa Behring, escondida en un muro de rocas y casas, donde habitó el premio nobel Emil von Behring, descubridor del suero antidiftérico; y la pequeña casita de Il Rosajo, donde Claude Debussy compuso sus *Collines d'Anacapri*.

En Villa La Certosella —convertida hoy día en *albergo*— vivió de incógnito, durante veinte años, un francés misterioso, que resultó ser Camille du Locle, el gran musicólogo y director de la Ópera Cómica de París. Verdi escribió para él *Don Carlo* y *Aída*. Pero, en la isla, nadie conocía su verdadera identidad. Era un personaje extraño, que puso de moda entre los veraneantes el tejido de lana que usaban los pescadores de Capri, con su capucha típica. Cuando el francés murió en 1903, la casa pasó a ser propiedad de Annie Webb, una americana riquísima que lo compraba todo; sólo por caridad, por agradar a los vendedores, por ayudar a los necesitados. Dicen que le pagó una fortuna a Norman Douglas por una horrible colección de sílex y pedruscos prehistóricos, cuando él estaba pasando una mala época.

En Villa Discopoli vivió Rainer Maria Rilke, aunque su temperamento introvertido no encontró nunca la paz en Capri. Y en Villa Il Fortino compuso Bizet las mejores arias de *Carmen*, inspirándose en las olas que todavía cantan habaneras y seguidillas estrellándose en las rocas, a los pies de la casa: «L'amour est un oiseau rebelle...».

Cada vez que vuelvo a Capri me detengo unos minutos a rezar (pensar es orar) delante de una lápida, a la entrada de Villa Mura. Porque en esta torre de piedra vivió una princesa infortunada, que no murió drogada, ni alcohólica, ni suicidada, ni arruinada por el vicio; sino mucho peor... Los verdugos de Hitler se la llevaron de Italia y la encerraron en Buchenwald. Allí acabó su vida Mafalda di Savoia, fallecida en un prostíbulo que los carceleros nazis habían convertido en enfermería. Murió el 28 de agosto de 1944 con el nombre falso de Emy von Weber. Dejaba dos hijos y un cuerpo manchado de sangre, que fue a parar a la fosa común 262 del cementerio de Weimar.

Algunas de estas casas estaban en mis tiempos casi en ruinas, pero eran más bellas así, convertidas en monumentos de lo efímero. Muchas conservaban espléndidos patios y terrazas, cerrados por cancelas de hierro que se negaban a contar lo que habían visto y oído; y, en las mejor cuidadas, quedaban todavía algunos muebles en las bellísimas estancias blancas, comunicadas entre sí con arcos de medio punto, donde uno podría haber colgado perfectamente el retrato de Dorian Gray, entre grandes columnatas romanas que todavía olían al perfume negro del opio y a los fantasmas del amor rosa.

No sé cómo tenía fuerzas para regresar los lunes por la mañana a Sorrento, con la resaca de mis delicias de Capri. Pero mi profesora de canto decidió expulsarme de la clase un día que me sorprendió fumando. No conseguí hacerle entender que Caruso, su ídolo, fumaba incluso antes de las representaciones. Caruso nunca tuvo voluntad para vencer este ridículo vicio. Cuando ya tenía más experiencia se metía en la cama, antes del estreno, para luchar contra la tentación del tabaco.

El vino no es enemigo de la garganta, como el tabaco. Pero Caruso no bebía sólo vino, sino que abusaba a veces de los alcoholes, como el whisky. Existe una grabación de *Madame Butterfly*, interpretada por Caruso y Geraldine Farrar, en la que se escucha, en vez de «Sí, per la vita», algo así como «Sí, per il whisky». Es una broma que le gastó la famosa soprano al tenor que, a su parecer, llegó al estudio con demasiado alcohol en el cuerpo. La verdad es que las relaciones entre Caruso y la Farrar nunca fueron muy cordiales. En algunas interpretaciones de *Carmen* ella había llegado a abofetearlo violentamente. La Farrar era una diva, llena de tics y de caprichos, tantos que el propio Puccini la había juzgado una *Butterfly* insoportable.

Mi estancia en Sorrento acabó de forma tormentosa, el día en que decidí poner fin a mis clases de canto. Me acordé de Caruso y de una de sus discípulas que le dijo:

—Me voy de viaje el mes que viene y necesito recibir veinticinco clases de canto antes de irme.

—Imposible —le respondió Caruso.

—¿Imposible? —insistió ella—. Podemos dar dos clases diarias.

—En ese caso —sonrió Caruso—, será mejor darlas todas el mismo día.

Mi profesora me dio también en una sola tarde todas las clases de canto que me debía. Creo que era ya medianoche cuando me fui de su casa, cantando como un loco por los acantilados desiertos en los que sólo se oía el rumor de las olas, a la *Prima Gioventù* y a los irrepetibles amores de *Na sera e' Maggio*. Pero, cada vez que vuelvo a Sorrento, me acerco a las viejas villas de mi juventud y me siento en un café a pensar cuánto dinero necesito para quedarme a vivir allí para toda mi vida. A esta altura de mis sesenta años, cuando soy pesimista, me salen las cuentas...

Pidiendo la fundación del Estado del Dolor

RÉQUIEM POR STEFAN ZWEIG

Creo que fue mi padre quien me llevó, por primera vez, a Viena. Mi padre había nacido en Madrid y se consideraba madrileño; pero conservaba, con su altivo empaque español, el orgullo puritano de las familias burguesas hanseáticas. Su bisabuela tenía un pequeño monumento en Hamburgo, porque había contribuido a defender la independencia de la ciudad durante la ocupación napoleónica. Había también en nuestra familia nombres suecos, como es habitual en estas ciudades del Norte tan unidas por el comercio. Pero sus antepasados maternos eran españoles.

En el primer volumen de mis memorias (*Llegar cuando las luces se apagan*) he contado la historia de mi familia, intentando explicar esta apasionante mezcla de sangres. Y creo que, en mi padre, se manifestaba de forma muy clara la internacionalidad cultural. Eso, probablemente, añadía un elemento más elaborado a su personalidad: un estilo intelectual y cosmopolita que distingue también a ciertos judíos europeos. Hablaba perfectamente media docena de idiomas. Tocaba el piano y tenía, sobre todo, extraordinaria cultura. Era catedrático de tres o cuatro disciplinas distintas, ejerciendo su profesorado tanto en la Facultad de Medicina como en la Escuela de Comercio, en los Institutos de Enseñanza Media y en la Escuela Diplomática; sin olvidar que formó también generaciones de astrónomos en el Observatorio de la Marina. Era evidente que en la memoria de la familia se manifestaba también la herencia cultural semítica, representada por generaciones de músicos y médicos.

No he sabido nunca si ese pequeño tesoro de sangre judía llevó alguna a vez a mi padre a sentirse cercano a esta legendaria fe. Pero nos educó en el amor cristiano y en el humanismo europeo, marcando siempre una prudente y respetuosa distancia con la burocracia eclesiástica; sin disimular su hostil desconfianza hacia las beaterías.

Aparentemente se hubiese dicho que era un liberal agnóstico. Sin embargo, creo que era un hombre de misteriosa, íntima y profunda fe. Cuando yo era apenas un jovencito tuve el mal gusto de decirle, en un arranque de rebeldía, que la fe me parecía una estupidez pietista y burguesa. Me miró con dolor profundo, con una mirada sabia, majestuosa y noble. Y en esos momentos me pareció que en una de sus reencarnaciones había sido Abraham o un profeta antiguo, y me reconvino: «Hijo mío, no sabes lo que es la fe, porque todavía no sabes lo que es el amor». Nunca había sospechado que mi padre guardase en su alma de serio burgués un secreto tan bello.

Para un europeo como mi padre, educado entre Madrid y Hamburgo, la ciudad de Viena era el centro del mundo. Leyendo *El Mundo de Ayer* de Stefan Zweig comprendí por qué esta pequeña capital del imperio de los Habsburgo había sido la última princesa de nuestro cuento de hadas. Creo que en Viena aprendí a sentirme europeo. Y allí aprendí a sentirme también discípulo del más universal de los escritores vieneses: Stefan Zweig.

UNA VIDA DE ARTISTA

Hijo de una rica familia burguesa de Viena, Zweig tuvo el privilegio de poder costearse una vida de artista.

Su vida, en cierta manera, nos parece hoy amaneradamente intelectual, dolorosamente egoísta. Aquellos artistas de la «belle Europe» se parecían un poco a ciertos políticos de nuestro tiempo. Pronunciaban votos de buena voluntad en todas partes, como ahora defienden la conciencia ecológica, la igualdad de los sexos, o la solidaridad social.

Siguiendo, respetuosamente, las huellas de mi maestro encontré algunas debilidades humanas; tan humanas que me llenaron los ojos de lágrimas.

Sin tener que pasar por la bohemia oscura –aunque utilizándola, a veces, como un escenario estético– consiguió realizar el sueño de todos los jóvenes románticos: viajar por países lejanos, visitando y conociendo a los hombres más interesantes de su tiempo; editar novelas de éxito que el cine convertía en oro; escribir versos esteticistas y puros, sin tener que ceder a las presiones de la crítica o de los editores; pronunciar manifiestos heroicos y proclamas rebeldes en momentos comprometidos; conocer de joven el amor clandestino y, ya en la madurez, encontrar refugio en el amor hogareño; levantar sus fundaciones y elegir sus escenarios en los lugares más bellos de la tierra; ser aclamado y premiado en todas partes como redentor de los poetas malditos, defensor de los herejes, azote de los verdugos y abogado de las causas perdidas.

Así conoció a Romain Rolland y a Paul Valéry, a Gide, Verhaeren y Rilke, a Thomas Mann y James Joyce, a Toscanini y Hofmannsthal, Sigmund Freud y Richard Strauss...Y algunas de sus novelas, como *Amok, Carta de una desconocida* o *Veinticuatro horas de la vida de una mujer*, triunfaron en el cine, interpretadas por actrices tan bellas como Ingrid Bergman, Lili Palmer, Merle Oberon y Joan Fontaine. Entre tantos nombres famosos se me ocurre siempre también el de Marcelle. Pero ésta era sólo una costurera de París que nunca triunfó en el cine. Marcelle era una mujer sencilla, romántica, enamorada de un poeta austríaco que venía a visitarla de tarde en tarde. Le amó tanto que «casi» le dio un hijo. A veces, siguiendo las huellas del genio puro se encuentra uno a una mujer, Marcelle, que tuvo que abortar en una clínica clandestina, en el desamor y el olvido.

Stefan Zweig es, probablemente, el último de los románticos que pudo realizar su sueño estético, en un escenario de violines zíngaros, sin tener que pasar por la miseria.

Como viajero no tuvo fronteras. Se movió libremente por todo el mundo, de Europa a la India, de Nueva York a Roma, de Villefranche a Bath, de Buenos Aires a Río de Janeiro. No hay mejor compañero de viajes ni mejor guía para descubrir rincones románticos y literarios. No es un *parvenu*, como muchos viajeros modernos que sólo viajan en busca de estrellas. Cuando elige y frecuenta un hotel podéis estar seguro de que es un descubrimiento: situado en un lugar de ensueño, con una leyenda mágica o con una apasionante tradición histórica. Le gusta marcar la diferencia en sus viajes, descubriendo hoteles históricos, cafés literarios, paisajes románticos, rincones ocultos.

En Viena se hospeda en el Regina, bastante más discreto que el Sacher. Siempre me pareció un hotel melancólico, digno de los pacientes burgueses que acudían a la consulta de Freud; pero debo rendir homenaje a su cocinero que, en una época ya lejana, preparaba el mejor escalope de Viena.

En Zúrich se aloja en el Belvoir, un encantador hotelito en las orillas del lago, lejos del centro urbano, donde puede citarse discretamente con sus amigos: Hermann Hesse, Romain Rolland o Franz Masereel. En Niza se hospeda en el elegante Hotel Westminster, que tiene la misma vista que el Negresco aunque no su fama. Hay que repetirlo: no es un *parvenu*, como muchos viajeros modernos que sólo viajan en busca de estrellas.

En París frecuentaba el modestísimo hotel Beaujolais, escondido en los fascinantes alrededores del Palais Royal, que fue el centro de la capital en los últimos años del siglo XVIII. En uno de sus cafés fue donde Camille Desmoulins arengó a las masas para conducirlas al asalto de la Bastilla. En la misma rue Beaujolais había habitado, en aquellos años agitados de la Revolución, la desgraciada Marceline Desbordes. A los diez años, sólo había aprendido a ser feliz; pero a los cincuenta, madre soltera, desheredada de la fortuna, paria del amor, esta mujer fascinante habrá aprendido también a ser desgraciada y a escribir los versos más apasionados que nos ha legado la literatura romántica: «Dieu, dans ma pauvreté, me laissait être mère...».

Hija de un modesto pintor, que se dedicaba a la Heráldica, la familia quedó en la ruina cuando la Revolución suprimió los blasones de nobleza. Y la madre, desesperada y fantasiosa, decidió buscar fortuna en la isla de Guadalupe, llevándose con ella a la pequeña Marceline. Pero, como no tenían dinero, mendigaron durante dos años por los caminos de Francia, mientras la niña cantaba y actuaba en una compañía de cómicos. Cuando al fin llegaron al Caribe, la madre murió de fiebre amarilla. Y la pobre Marceline tuvo que regresar sola, luchando con desaprensivos y con malas amigas, dejando los sueños más puros de su juventud en miserables pensiones y en teatros, hasta que pudo convertirse en la intérprete de Grétry y de Rossini. Pero la vida fue con ella extremadamente dura, arrebatándole incluso sus hijos, porque el ángel del infinito que enciende el amor en los seres humanos no nos dio un poder contra la muerte. Y así se fue forjando el espíritu más sensible y más musical que ha dado la poesía romántica francesa: apasionada hasta la locura en sus amores ingratos, pensando que el destino la había destinado a un hombre, antes de que la realidad le hiciese descubrir que era un sinvergüenza, amando siempre por primera vez como la última vez; incapaz de desconfiar de un beso, porque las traiciones le habían enseñado a perdonar. «Je ne sais pas comme on oublie». A veces, alguna palabra difícil, como solsticio o equinoccio, se le venía al alma en la marea de un verso, y entonces se avergonzaba de no haber tenido una educación superior. Vivía siempre en buhardillas, soñando que un día la fortuna le permitiría aposentarse, como una madre respetable, en un piso más bajo. Pero algunos días, subiendo las escaleras, la misma fatiga le dictaba el verso, con todas las sílabas contadas: «Mientras se puede dar no se puede morir».

Stefan Zweig encontró la memoria de Marceline, revoloteando como una abeja entre las flores del Palais Royal, y la redimió del olvido, consagrándole uno de sus libros más bellos.

Un día, buscando sus huellas en el cementerio de Montmartre, vi una rosa roja que se movía detrás de su tumba. Era una rosa de Heine, porque los habían enterrado uno al lado de otro. A él, sin lápida, porque era judío y estaba entonces perseguido por los antisemitas. Pero, enviándose rosas, descansaban bajo el cielo de Dios, «convirtiendo en un resplandor de lámparas fúnebres la luz de las estrellas». Y comprendí de repente, por qué en mi biblioteca, en esa hora misteriosa en que los libros se mueven solos, cuando se me pierden los versos de Marceline tengo que ir a buscarlos siempre junto a los versos de Heine.

A veces pienso cómo son de intrincados los caminos del alma y me pregunto si Marceline Desbordes no era —en la conciencia de Zweig— aquella modesta costurera, Marcelle (¡qué casualidad, la de los nombres!) a la que un día dejó embarazada y olvidada, sin ayudarla a tener el consuelo de las mujeres pobres: «être mère».

Llegué a tiempo de conocer el Hotel Beaujolais, cuando ya era una ruina; pero conservaba en sus destartaladas habitaciones algunos frescos y restos del palacio de Richelieu. André Gide lo consideraba el sitio más extraordinario para vivir en París. Recuerdo todavía estos jardines en una época en que eran un remanso de paz, cuando sólo se oía el rumor de las fuentes y el canto surrealista y solitario de las niñas que saltaban la comba o jugaban a la rayuela, convertidas en pájaros y autómatas, en maniquíes o en pinturas de Magritte y Delvaux.

He descubierto los rincones más fascinantes del mundo, tras los pasos de Zweig. Un día neblinoso de invierno, siguiendo su rastro, me encontré en París frente a una verja abierta, junto a un convento. Podía distinguir entre las rejas un jardín abandonado y romántico, lleno de monumentos sepulcrales. Me hallaba en el cementerio de Picpus, donde está enterrado el poeta André Chénier. En dos fosas comunes se enterraron todas las víctimas que Robespierre mandó a la guillotina. Y es aquí donde los volquetes arrojaron el cuerpo decapitado de André Chénier, el poeta de la Revolución que ofrendó su cabeza a la historia del Terror. Por algo Rilke solía decir que éste era el lugar más maravilloso de Europa. La gloria entre las hojas muertas...

Y así fui descubriendo otros lugares mágicos, reviviendo el *tiempo perdido* en las estaciones de Europa, en los vagones del *Orient Express,* en los últimos paquebotes que hacían la travesía del Atlántico, en los cafés de París y Viena, de Buenos Aires, Río de Janeiro y Roma; en los hoteles y balnearios del Lido, Ostende y Bath.

El Café Central —tan querido por Zweig— es el último de los grandes cafés vieneses que ha sobrevivido a todas las ruinas. En sus mesas se han escrito tantas cartas, que es el único lugar que conoce todos los secretos de la vida vienesa: las historias de los poetas sin casa, los chismes de las pensiones, la literatura de las postales coloreadas. Está pensado para «el mundo de ayer», fundamentado sobre columnas sólidas, grandes escalinatas y ese sentimiento burgués de seguridad que caracterizaba a la Viena de fin de siglo. Su misteriosa atmósfera, silenciosa y solemne, parece haber penetrado también en el espíritu de sus más asiduos clientes. Las vidrieras de la cúpula que cubre el patio interior arrojan sobre las salas un reflejo irreal, una luz de acuario que me recuerda el mundo surrealista de Paul Klee: una atmósfera que confunde lo irreal y lo surreal, lo semoviente y lo estático, lo abierto y lo cerrado... con una música cadenciosa de lluvia sobre cristales.

Iluminados por una luz melancólica, los rostros se vuelven pálidos y literarios en el Café Central. El humo los va convirtiendo en medallones románticos. Durante la guerra, cuando había que economizar energía, las luces agonizantes le daban un aspecto más extraño. Sólo un rayo de luz se filtraba desde la sala más próxima a la calle, donde algunos fantasmas jugaban al ajedrez. Parecía todo irreal, literario, a ratos desesperadamente prosaico y, en ocasiones, arrebatadamente místico: los fumadores con las colillas apagadas en los labios, los rostros pálidos, los camareros, indolentes, estáticos, apoyados en las columnas y dorados por la pálida luz, como si se hubieran quedado colgados de los percheros o como si estuviesen ya inventando la pintura de Klimt...

Pero los amantes de los cafés eran nómadas. Emigrar de uno a otro café fue siempre la esencia de la vida vienesa. Y Stefan Zweig reunía su tertulia en el Café Beethoven, o se citaba con Rilke en el Imperial o en el Café Museum, que era también el preferido de los pintores.

Los amigos de Zweig

Los admiradores y los amigos de Zweig formábamos, en una época ya pasada, una especie de confraternidad en el mundo. Así conocí en Londres a Anna Freud, fiel heredera de la memoria paterna. Y así mantuve correspondencia con los amigos de Benjamín Huebsch, que había sido director de Viking Press, editor de Joyce, tutor espiritual de Sylvia Beach y uno de los más fieles admiradores de Zweig. Y así descubrí a Eugen Relgis, magnífico escritor rumano que murió exiliado en Montevideo. Rebelde internacionalista, fue amigo de Zweig, de Gorki, de Gandhi, de Rolland y de Federica Montseny. Relgis era sordo y eso le llevó a apasionarse por la comunicación con otros seres humanos, hasta tal punto que no creo que nadie haya conocido a más personajes interesantes en Europa.

La memoria de Zweig me llevó también a casa de Salvador Dalí, que me recibió en Port Lligat para hablar de unos dibujos perdidos. Yo sabía que el pintor había visitado a Freud, en Londres, cuando el sabio vienés agonizaba en el lecho de muerte. Y Dalí, arrastrado por aquella inspiración fanática que tanto fascinaba a Freud, trazó unos dibujos implacables, en los que, más que una cara, se adivinaba ya la calavera del muerto. Zweig, que le había acompañado a esta cita, ocultó piadosamente las inoportunas caricaturas. Sin éxito, he buscado por medio mundo esos dibujos, que conservó Zweig en su colección de autógrafos, antes de que la guerra dispersara todos sus recuerdos. Pero nunca pude devolvérselos a Dalí, como hubiese sido mi deseo.

El mundo de Zweig siempre está lleno de magia. Y así recibí un día una misteriosa carta de Montevideo en la que una muchacha me explicaba que había escrito una tesis universitaria sobre Stefan Zweig y, por azar, había descubierto en alguna de mis páginas ciertas referencias que ella consideraba inquietantes y mágicas. Comprendí enseguida que intentaba confundirme con el amante de *Carta de una desconocida*, quizá proponiéndome un divertido juego literario. Pero me persiguió con sus cartas apasionadas, literarias, fantásticas, durante algunos meses; trasladándose incluso a París, donde yo entonces vivía, siempre movida por sus imaginaciones fúnebres y por unas declaraciones más que audaces y enfermizas. No sé por qué me imaginé que era una jovencita sabihonda y fea, una intelectual histérica y ninfómana. Un día, al fin, se decidió a proponerme una cita. Eligió bien el lugar: los jardines del Palais Royal, tan llenos de fantasmas románticos. Como yo venía a menudo por este lugar, pensé que ella me había espiado antes en mis paseos. Y me vinieron a la memoria las imágenes de todas las solteronas resecas y escuálidas que leían sentadas en los bancos del parque, acompañadas por sus perritos falderos. Naturalmente, no fui a la cita. No supe más de ella. Pero años más tarde, comentando esta historia a un amigo, supe que había despreciado a una de las mujeres más fascinantes y bellas de América.

Alien enemy

Es difícil imaginarse ahora los años terribles que vivió Europa en el siglo xx. Pero Stefan Zweig, hijo privilegiado de la cultura europea, estaba predestinado a vivir también su descomposición y su muerte.

Desde los tiempos más remotos, la cultura europea se había fundamentado en los principios abominables del fanatismo racial y religioso. Así se levantaron los imperios, se despojaron los monasterios, se enriquecieron las iglesias, se quemaron herejes, se saquearon pueblos, se fundaron monarquías y se decapitaron reyes. Es verdad que, a cambio de este holocausto, Europa produjo las más fascinantes obras de arte, los espíritus más lúcidos, las ideas más progresistas. Y ésa fue la escuela de Stefan Zweig, heredero de este tesoro; pero, también, príncipe despreocupado de un reino que aceptaba la miseria social y humana, la brutalidad fanática de los intelectuales y los sacerdotes, el abuso de los especuladores y los oportunistas, el despotismo de las castas privilegiadas. Era inevitable que, periódicamente, estos viejos europeos se enfrentaran en la más absoluta barbarie.

Y, en esos momentos de conmoción social, los hombres como Zweig veían, con asombro, su mundo invadido por los fantasmas de su historia: los campesinos ignorantes, sometidos a los caciques y a los frailes educadores; los burgueses egoístas, dispuestos siempre al disimulo para sobrevivir y al cinismo para disculpar las razones de cualquier negocio oportunista; el proletariado sin esperanza, que sólo podía confiar en la revolución y el desorden, igual que el aventurero juega a la ruleta rusa...

La Primera Guerra Mundial había sido ya un trágico aviso. Pero la paz volvió a restablecerse, con su bienestar aparente, y Zweig dejó su barbudo disfraz de Jeremías para regresar a la vida hogareña en su maravillosa casa de Salzburgo.

Situada en las alturas del Kapuzinerberg, este pabellón romántico, escondido entre árboles, es todavía un monumento a la melancolía del mundo de ayer. No podía encontrar el espíritu de Zweig mejor refugio que la ciudad donde nació Mozart, una villa provinciana y montañesa, donde la vida se escribe en pentagramas.

Merece la pena recorrer el empinado vía crucis que lleva hasta este santuario donde Zweig vivió los años más felices de su vida. Seis capillas, esculpidas en el siglo XVIII, conducen al peregrino por las estaciones del amor dolorido: viejas tallas de madera policromada que representan juicios, azotes, condenas y caídas. Por la noche, los capuchinos encendían antorchas para iluminar esta vía dolorosa. Y, en lo alto de las cien escaleras, entre los robles centenarios, se levanta el calvario donde crucificaron a Cristo, entre ladrones, llorado por las buenas mujeres. Justamente allí, cubierta por la hiedra, está situada la casa de Zweig. No sé por qué siempre buscaba paisajes para crucificarse.

Nunca he podido penetrar en esta casa que, en tiempos, fue el refugio de todos los artistas europeos. Friderike, compañera fiel de Zweig, la llamaba «la casa encantada».

Una vez que pedí permiso para asomarme a la cancela y poner mis pies en tierra santa, los propietarios me echaron encima unos perros. Alguien me dijo que Friderike Zweig, al tener que escapar de Austria, se vio obligada a malvender esta casa a unos comerciantes de Salzburgo. Pero una noticia más enigmática me dio Bobby, el viejo pianista del Hotel Bristol:

—No se acerque usted a esa casa, porque se han encontrado cadáveres en el jardín.

La casa, pintada del ocre amarillo que distingue a las mansiones imperiales, es pequeña y discreta. Pero parece la *lacrimosa* del *Réquiem* de Mozart: está situada en un bosque tristísimo, sobre el río soñoliento de Salzburgo y los tejados húmedos de una ciudad de monjes y obispos.

No se puede entrar en la historia sin encontrar rastros de sangre. El 12 de febrero de 1934, el canciller Dollfuss baña en sangre, con ayuda de la Heimwehr, la revuelta de las milicias obreras de Viena. Pero Stefan Zweig se encuentra en ese momento en la Ópera y no se entera de nada. Así era la vida de la burguesía vienesa.

Pocos días más tarde la policía somete a un registro infamante la casa de Salzburgo, sospechando que Zweig ayuda a las milicias republicanas. No necesita más el poeta de *El mundo de ayer* para abandonar su casa y dejar para siempre su tierra. Y, mientras el tren se aleja de Salzburgo, deja atrás su historia, su madre, su hermano, sus amigos, su mujer y sus hijas. Ahora ya puede sentirse discípulo de Erasmo y de Castellio, los humanistas que no tenían otra patria que el espíritu libre.

Elige Londres para su exilio; primero un apartamento en Portland Place 11 y luego una casa un poco más grande en Hallam Street 49. Todavía puede vivir como un artista de éxito. Pasa los veranos en Niza y en Villefranche, y viaja a París, Buenos Aires, Río de Janeiro y Nueva York. Aún puede escapar de las guerras y, en agosto de 1936, a bordo del *Alcántara,* hace escala en Vigo, apenas sin tiempo para darse cuenta de que en España ha comenzado la victoria del fascismo. Pero ha tenido ya que malvender su casa de Salzburgo y parte de su famosa colección de autógrafos.

El resto de sus propiedades –cuadros, muebles, libros, manuscritos, recuerdos– serán confiscados y robados por la Gestapo para venderlos en subasta pública.

De Viena llegan noticias inquietantes. Hitler ha anexionado Austria. Los nazis saquean palacios y casas, mientras detienen a los judíos o los envían a limpiar letrinas públicas. La anciana Ida Zweig, la madre del poeta, ya no puede sentarse en los bancos del paseo donde siempre ha vivido, porque ahora están reservados a los arios. Y ella, descendiente de generaciones de banqueros judíos, no puede ni siquiera dormir en compañía de una enfermera de «raza alemana». Muere sola, una noche de agosto de 1938, sin saber que en la tierra de sus antepasados se han construido ya los primeros campos de concentración.

Ahora, el viejo europeo Stefan Zweig forma parte de los sin patria. Ahora —como un analfabeto— tiene que poner sus dedos manchados en un documento, porque sus huellas valen más que su firma. Hasta sus libros han sido quemados en un holocausto de obras de arte. Y cuando va a solicitar su documentación en Londres se entera de que un *alemán* no puede ser considerado *refugiado político*. La burocracia británica lo clasifica en la Categoría B, la clase menos peligrosa de enemigos. ¿Quién podía pensar que, a partir de esa fecha de 1938, este príncipe de la inteligencia europea tendría que acostumbrarse a ser considerado *alien enemy* (enemigo extranjero)?

No había sido jamás judío ortodoxo: ni conocía sus ritos, ni aceptaba sus normas, ni buscaba sus horizontes. Y, de la noche a la mañana, no podía buscar sus raíces en una lengua ajena, en una cultura extraña, en una patria sin tierra, en una nacionalidad mágica. Nadie le había enseñado a tocar el violín, como aprenden los trotamundos y los pueblos nómadas, judíos y gitanos. Había creído, ingenuamente, que un viejo europeo siempre puede tener un piano de cola en el salón de su casa.

Pero ahora se había convertido en *alien enemy*. Debía renunciar incluso a su propia lengua; porque, cuando un judío o un gitano no tienen violín, no tienen nada.

Su estilo se vuelve más nervioso, más agitado que *allegro*, más sensible al temblor del dedo en la cuerda, más arrebatado. Resulta curioso observar cómo se prepara para comenzar de nuevo. Se despide de Friderike, la compañera de tantos años de éxitos, dejándole los libros, los manuscritos, los muebles, una pensión económica, la casa y el suntuoso piano de cola. Ella tiene dos hijas de su primer matrimonio y debe luchar, por amor maternal, hasta sus últimas fuerzas.

El azar misterioso reunirá a esta pareja en un momento dramático. En el laberinto de la ciudad de Nueva York, en el caos de la guerra mundial que ha dispersado todas las vidas queridas, en el vaivén de la diáspora que arrastra a millones de seres por las oficinas de emigración, por los campos de guerra, por los caminos sin nombre, se abre la puerta de un ascensor que baja. Stefan Zweig sale abriéndose paso, educadamente, en medio de las personas que hacen cola para subir, entre las que se encuentra Friderike. Un destino caprichoso ha cruzado nuevamente estas dos vidas, unidas y separadas por el amor. Vuelven a abrazarse en un instante misterioso. «Auf Wiedersehen unten oder oben» (Hasta la vista, abajo o arriba), le dice él, apretando sus manos. Y luego, separados, unidos, perdidos, buscados, deseados, rechazados, se abandonan a la *Sonata a Kreutzer* de sus vidas: ella siempre con el piano, él con la locura judía y arrebatada del violín.

Zweig ya sólo tiene su violín vagabundo. Y busca, torpemente, un nuevo amor en las cuerdas de su melancolía: Charlotte Altmann, una joven judía ortodoxa, romántica, enferma, sumisa, perseguida, apasionada, asmática. Ella le ayuda en su trabajo, se ocupa de la administración de la casa, colabora en su obra como una secretaria fiel. No hay tiempo ya para crear una familia. Y, por eso, este amor es un holocausto.

Los alisios de guerra le arrojan hacia las costas del Nuevo Mundo. Ahora puede escribir la biografía de Magallanes, porque comprende a las almas en pena. Todo es nuevo en su vida. Y nada mejor que buscar futuro en un país alejado de Europa: el cálido y luminoso Brasil.

Un país tropical y una tristeza europea

Ha venido a Brasil buscando la luz. En los días más calientes del año, cuando los aromas tropicales se hacen más profundos y densos, se siente la proximidad viva de la selva virgen. La selva de Tijuca extiende su aliento húmedo y cálido desde las laderas del Corcovado hasta las orillas de la laguna.

Ha venido a Brasil buscando la luz. Y, sin embargo, muchas de sus obras tienen como decorado la noche. Sus héroes se confiesan en la oscuridad, envueltos por el humo o la niebla. Incluso cuando llegan las semanas enloquecidas del carnaval, observa ansiosamente si los fantasmas del mundo de ayer se esconden detrás de las máscaras.

Sus andares se vuelven ahora silenciosos y mágicos, como si estuviese aprendiendo a entrar en la vida del silencio. Todos los que le conocieron recordaban su frase más habitual: «No quisiera molestarle. Me disculpo si molesto». Quizás era su timidez sensible, o el *Brennendes Geheimnis* (Ardiente Secreto) que encontramos también en los personajes de sus novelas.

Se mueve como un fantasma en medio de este pueblo alegre que sueña en los carnavales. Río de Janeiro es una ciudad esculpida en el espacio. No se recorre fácilmente este laberinto de piedra y bosque, cortado por precipicios, interrumpido por cauces, puentes, túneles y lagunas. En el mar, innumerables islas reverberan al sol. Algunas montañas son grises y escarpadas; otras, suaves y verdes, se asoman a los bordes exuberantes de la selva virgen... Y serpenteando entre todo ello, la ciudad con sus playas, su luminosa bahía, su laguna, sus avenidas y sus rascacielos.

Sus amigos brasileños se esfuerzan por arroparle con su cálida hospitalidad. Pero cuando recorre los rincones de esta ciudad fascinante, cuando se mezcla con las muchedumbres en Praça Mauá, cuando se aventura en las *favelas,* cuando se sienta entre los espejos de la vieja Confitaria Colombo, se siente europeo sin raíces, vagabundo sin violín, judío sin religión, negro sin carnaval.

UNA PIEDRA NEGRA EN PETRÓPOLIS

Como Lotte Altmann padece frecuentes ataques de asma en este clima húmedo, deciden buscar refugio en Petrópolis, una ciudad balnearia, a menos de dos horas de Río. Se llega a este paraíso de bosque y montaña por una carretera que asciende dando vueltas, en medio de un paisaje impresionante.

En algunos aspectos Petrópolis parece una villa imperial europea: un rincón de Salzburgo, de Semmering o de Ischl. El emperador Pedro II de Brasil creó esta ciudad monumental, con sus palacios y parques que evocan la atmósfera romántica de los viejos balnearios de Europa.

El palacio imperial domina la ciudad con su majestuosa elegancia. Sin duda el emperador quiso dejar bien claro que llevaba en las venas la sangre de aquellas dinastías que levantaron los mejores palacios de Europa: los Habsburgo, los Braganza, los Borbones...

Las más bellas hortensias del mundo adornan los parques de Petrópolis. Tienen ese color suave y palidamente romántico que es tan característico de este paraíso tropical: el color pastel de las fachadas, el brillo evocador de las aguas del río Quintandinha, el tono de las flores azules del sicomoro.

En este marco cabe perfectamente un monumento de la Exposición Universal de París: un pabellón de cristal y acero que llegó aquí a principios de siglo. Hay incluso un Café Elégante que tiene un delicioso nombre francés.

Stefan y Lotte alquilan una modesta casa (34 rua Gonçalves Dias) en una calle empinada, conquistada a la selva. Una doncella y un jardinero bastan para mantener el orden y la limpieza. Pero Lotte, personalmente, se encarga de prepararle sus excitantes: el café y los cigarros.

Hay lugares más apacibles en Petrópolis para una pareja romántica. Pero quizá no hay un sitio más simbólico para crucificarse. Llegar a esta casa blanca exige un vía crucis, como el camino del Kapuzinerberg en Salzburgo. En compensación, las noches en la veranda son deliciosamente tropicales. Al caer el crepúsculo se oye el canto inquieto de los pájaros. Y luego, en el silencio de la selva brasileña, Lotte y sus amigos alemanes se emocionan oyendo cómo Stefan Zweig habla –como si arrancase notas de un violín mágico– el idioma prohibido de su lengua materna...

Cuando las largas tertulias se acaban, a medianoche, nadie puede pensar que esta pareja de amantes sueña en Europa y en una historia romántica que pasó, hace ya muchos siglos, en Verona.

Una noche, René Fülöp-Miller explica en la tertulia que el *veronal* debe su nombre a la ciudad de Verona.

—Y mata sin dolor —comenta despreocupadamente Stefan Zweig, pensando sin duda en Romeo y Julieta.

Pacientemente, Zweig y Lotte lo han arreglado todo: los pagos del alquiler, los gastos del viaje, las disposiciones legales. Se van, como la desgraciada protagonista de *Carta de una desconocida*, dejándole a Europa un inquietante testamento.

En la hora de la siesta del domingo 22 de febrero de 1942, disponen el ritual: él camisa y corbata oscura; ella un salto de cama juvenil y florido. Parece que él sólo necesitó las pastillas de veronal y un vaso de agua mineral. Ella, atemorizada al verle muerto, bebió de un trago, como Julieta, el contenido de un frasco de veneno.

Eran las fechas del Carnaval. Alguien dijo que había que enterrarlos por el rito judío, bajo una piedra negra. Alguna vez les he dejado flores y piedras en este romántico jardín salvaje de Petrópolis. No sé rezar en hebreo, ni creo que él lo entendiese. Ella era nieta de rabinos; pero él era simplemente un *extranjero enemigo* que hablaba y escribía, como nadie, una lengua prohibida.

Quizás habría que fundar un Estado del Dolor, un sionismo del alma. Podrían pertenecer a él transitoriamente —porque el dolor, afortunadamente, se olvida— todos los hombres que no tengan otra nacionalidad que el sufrimiento. Debería estar reconocido por la Carta de las Naciones Unidas. Stefan Zweig perteneció a este Estado sin tierra, pero que tiene una rica historia y una irrenunciable condición moral.

Cuando el Carnaval toca a su fin, Brasil parece sumirse en una atmósfera de melancolía. Extenuados, quienes participaron en la locura y la fiesta se quedan, a veces, dormidos en la calle. Los sueños tienen un final, sobre todo cuando los pobres se transforman en príncipes de un reino feliz. *Tristeza não tem fim... Felicidade sim!*

Poema de amor en Rusia

DOS MANOS UNIDAS EN IÁSNAIA POLIANA

Siempre amé más a los rusos que a sus novelas. Y podría recitar, sin una falta, las *Memorias* de Tolstoi, aunque no he sido capaz de leer con verdadero entusiasmo algunas de sus epopeyas guerreras. Su propia mujer, mientras copiaba pacientemente el manuscrito de *Guerra y paz*, le advertía: «Me aburre esa princesa que toma el té con no sé qué condesa».

También es verdad que hay fragmentos de *Guerra y paz* que se adelantan un siglo a toda la literatura moderna, incluso al impresionismo y al surrealismo. Como el fabuloso diálogo entre Natacha y su madre, comparando a Drubétzkoi con Bezujov.

—Sin duda es encantador, muy, muy encantador pero un poco estrecho para mi gusto, como la caja del reloj... Comprendéis lo que quiero decir: estrecho y gris claro.

—¿Qué quieres decir?

—No creo que no podáis comprenderme... Bezujov, por ejemplo, es azul, azul oscuro con rojo, y es cuadrado.

—Me parece que te estás haciendo la coqueta —dijo riendo la condesa.

—En absoluto. Es francmasón, según me han dicho. Es un buen muchacho, pero es rojo y azul oscuro. ¿Cómo podría explicároslo?

León Tolstoi me parece uno de los más bellos personajes que ha dado el alma rusa. Aún más contradictorio que Dostoievski, tan apasionado como Pushkin, tan humano como Gógol.

El hombre que ha sabido pintar los rasgos transparentes de Natacha o de Ana, parece, a simple vista, un agudo conocedor del carácter femenino. Sin embargo, los hombres y las mujeres somos distintos. Nosotros las necesitamos porque no sabemos amar sin ellas. Pero ellas aman el amor, se enamoran del amor, juegan al amor. Son como los astros, que cambian de color cuando pasan delante del Sol. Por eso sólo las hacemos felices cuando no pretendemos ser amados por ellas y las dejamos jugar a su amor. O quizás es que los hombres nos creemos cuadrados, rojos y azules, pero somos estrechos y gris claro...

Hace muchos años, Eugen Relgis, escritor rumano que frecuentó el círculo de Tolstoi, me regaló un pan duro que había sido horneado en Iásnaia Poliana. Lo guardé entre mis reliquias, hasta que se lo regalé a un mendigo. Era un místico hereje que no entraba en la iglesia pero se acercaba discretamente a la puerta del templo cada domingo. Probablemente se alimentaba, como yo, del humo del incienso, de los cantos de iglesia, de la comunión de los santos; pero a prudente distancia. A veces comentábamos que algunos sacramentos, como el pan y el vino, nos confortaban de lejos, con sólo olerlos.

Había sido anarquista en la Guerra de España, jardinero en Brasil, curandero en Argentina, mendigo en Barcelona. Como yo tampoco frecuenté nunca las misas, me quedaba hablando con él de literatura y de filosofía. Algunos ciudadanos prudentes pasaban por nuestro lado, mirándonos con desconfianza. Componíamos una pareja extravagante. Él llevaba ropa vieja y usada, que conseguía por vía de caridad; yo vestía corbata de seda y sombrero de fieltro gris, con esa apariencia de dandi que he mantenido siempre, a base de escribir treinta páginas diarias, por vía de sacrificio. Pero, en la puerta de la misa dominical, nos rodeaban las palomas y hablábamos del amor.

Francisco, el mendigo, era ya muy viejo. Hablaba de Tolstoi como si lo hubiese conocido. Un día le convencí para que me acompañase a una taberna, aun sabiendo que era algo nazareo y abstemio. Pero le conté la historia sagrada de aquel trozo de pan duro, horneado en casa de Tolstoi, y nos lo comimos mojado en vino, como si estuviésemos celebrando la comunión de los pobres.

Sin duda, aquel trozo de pan duro había sido amasado por las manos de una mujer. En Iásnaia Poliana eran ellas las que trabajaban en la cocina, las que administraban la casa, las que limpiaban las alfombras, hacían las camas, regaban las flores.

La primera vez que llegué a Rusia me encaminé enseguida a la vieja casa solariega donde habían vivido los Tolstoi. Para encontrar el camino recordaba de memoria todas las pistas que me habían dado Eugen Relgis y los amigos *oscuros*. Los místicos marcamos siempre los caminos con migas de pan.

Iásnaia Poliana, prado luminoso, claro en el bosque, era entonces una tierra húmeda bajo el cielo blanco de Moscovia. El viajero que llegaba desde Kiev –la bella, la sagrada– por la Ruta de los Embajadores se encontraba a la orilla del camino con dos torres de piedra y una gran verja de hierro. Hoy la verja ha desaparecido. La casa está abierta. Y, en el claro de luna de las noches nevadas, se escucha sólo la oración de quietud de los copos al caer, dulcemente, desde las ramas de los alerces y los abedules.

Los osos que nacen en el diván negro

Iásnaia Poliana fue construida por Nikolai Volkonski, personaje influyente en la corte de Catalina II. Cuando Nikolai Tolstoi y Mariya Volkonsky contrajeron matrimonio, en 1822, el prado luminoso –con sus mil seiscientas hectáreas de bosque– pasó a formar parte del patrimonio familiar. La romántica Mariya, cinco años mayor que su marido, trajo al mundo cinco hijos: el revoltoso Nikolai (*mon cher Coco*), el caprichoso Dmitri, el alegre Serguéi, León el llorón y la pequeña Maschenka. El mayor nació en Moscú. Todos los otros nacieron en el diván de cuero negro que todavía hoy se conserva en el estudio de Iásnaia Poliana.

Los Tolstoi nacían como oseznos: las extremidades grandes, la boca golosa, el corazón enardecido, el abrazo fácil, la sangre brava y la mirada misteriosa como la bruma del bosque. Incluso las mujeres de la familia eran fecundas y salvajes. La tía Paulina tenía una horrible quemadura entre la muñeca y el codo que se había hecho de pequeña, para demostrarle a sus hermanos que «tenía el temple estoico de Mucius Scaevola».

León Tolstoi no había cumplido dos años cuando murió su madre, después de dar a luz a la pequeña Maschenka en el diván de Iásnaia Poliana. Apenas podía recordar el rostro de su madre. Pero un extraño sentimiento le decía que aquellas huellas de mujer que se dibujaban en la tierra húmeda, a orillas del gran estanque de Iásnaia Poliana, eran de los pies de Marya.

Cuando escribe *Guerra y paz* se asoma a la ventana de su estudio y observa los caminos helados, los abedules cubiertos de nieve. Recuerda los tiempos en que su madre cultivaba narcisos de invierno en el vivero. Contempla la torre de verano, construida con viejos troncos de abedul, donde Mariya pasaba las horas esperando a su marido cuando él se iba de viaje. Parece que fue ayer cuando todos esperaban ansiosos la llegada del padre, que regresaba de Moscú con bordados griegos para ella, con regalos para los niños, con noticias del teatro y de la corte, de los parientes y del zar. Desde esa misma torre de troncos, escondida en el bosque, Mariya había visto pasar el furgón fúnebre de Alejandro I —el vencedor de Napoleón—, muerto en sus posesiones de Taganroc, en 1825. Algunos decían que el féretro iba vacío y que el zar, convertido en pobrecito de Dios, se había retirado a una choza y vivía en una aldea de Siberia bajo el falso nombre de Fiódor Kuzmich. Los que visitaron a este personaje en su lejano retiro afirman que tenía un gran parecido con el zar y se notaba que había sido un hombre de mundo y de cultura, porque hablaba alemán, francés e inglés. Y, contribuyendo al misterio, años más tarde los zares mandaron construir una capilla en el monasterio de Bogoroditsko-Alexeievsk, cerca de Tomsk, donde está enterrado el *stárets*. Una persona del pueblo me dijo que, no hace mucho tiempo, las autoridades rusas exhumaron en secreto el cadáver, pero se encontraron con que faltaba el cráneo. También la tumba de Alejandro I en San Petersburgo está misteriosamente vacía...

En el comedor de Iásnaia Poliana, cuando León Nikoláievich era todavía un niño, se contaban historias de misterio. A menudo las relataba la *tantine* Tatiana, que había vivido mucho y conocía todas las historias de la casa. Pero también las narraba cada noche Lev Stepánovich, el rapsoda que había sido contratado para recitar cuentos. Todos los hermanos esperaban con ilusión el día en que, por turno, les tocaba dormir en la habitación de su abuela. La anciana permanecía medio incorporada en la cama, recostada sobre las almohadas, con su gorro de encajes y su camisón blanco. Y, cuando se apagaban los quinqués y en la penumbra sólo quedaban los cirios ardiendo delante del icono, el viejo siervo se sentaba en el antepecho de la ventana y comenzaba a narrar sus cuentos, mientras los niños se quedaban dormidos, acunados por el rumor de los alerces y los álamos y por la monótona salmodia del narrador. Muchas de estas fábulas se convertían luego en las aventuras que el pequeño Nikolenka proponía a sus hermanos, cuando jugaban en el bosque.

«Pasando junto al estanque —escribe Tolstoi en *Guerra y paz*— en el que siempre solía haber mujeres lavando ropa y charlando alegremente, el príncipe Andréi observó que estaba desierto. Una tabla medio hundida flotaba en el agua. El príncipe se acercó a la casa del guarda. La puerta de la cochera estaba abierta y no se veía a nadie. Los senderos del jardín estaban cubiertos de hierba y el ganado y los caballos erraban por el parque inglés. El príncipe Andréi se asomó al invernadero. Los cristales estaban rotos, y las plantas aparecían marchitas o secas en las macetas caídas.»

Cuando León Tolstoi escribió estas páginas de *Guerra y paz*, hacía ya también muchos años que su padre había muerto. Los campesinos llegaron a la casa transportando su cadáver y explicando que había caído fulminado por una apoplejía: una muerte muy parecida a la del padre de Dostoievski. Pero era difícil creer aquella historia en unos tiempos tan revueltos, cuando los *mujiks* comenzaban ya a rebelarse contra el despotismo de Nicolás I.

Los pabellones blancos de Iásnaia Poliana se levantaban como una provocación sobre aquellas aldeas esclavas, de barro y caña, sumidas en la nieve. Muchas de las aldeas vecinas eran feudos de la familia Tolstoi, desde los tiempos en que el príncipe Nikolai Volkonski fue construyendo casas en sus posesiones de Tula. La figura de este abuelo materno, voluntarioso y autoritario «como sus labios firmes», inspiró el retrato del príncipe Bolkonsky de

Guerra y paz. Era muy diferente de los Tolstoi de la rama paterna, extravagantes y extremados: generosos hasta el despilfarro o avaros hasta la miseria. De este talante era, precisamente, el bisabuelo Nikolai Gorchakov, que fue muy rico. Le gustaba contar cada noche sus dineros, incluso en su vejez, cuando ya estaba ciego. Pero no sabía que su criado le iba cambiando los billetes por papeles, hasta que murió en la ruina.

«Me gustaría vivir –escribe Tolstoi– decentemente, razonablemente; o sea, en el campo y no en una mansión, sino en una cabaña, entre el pueblo trabajador, viviendo junto a ellos según mis habilidades, colaborando, comiendo y vistiendo como ellos.»

Siempre ha sido ése el drama de su vida. Por eso viste con una sencilla camisa de franela, unos zaragüelles follados y unas botas de *mujik* que ha guarnecido con sus propias manos.

Es un sentimental: *Liova Riova*, Leoncito el llorón, le llaman sus hermanos. Se parece a su abuelo Ilia Tolstoi, que gastó una fortuna en caprichos y se hacía lavar la ropa en Holanda; pero que lloraba como un niño cuando su mujer salía de casa sin darle un beso de despedida.

Un hombre que ha visto el hambre, el dolor, la injusticia y la depravación de su propio pueblo ya no puede soñar en las fiestas de Moscú, sobre todo cuando el ruido solitario de su corazón se vuelve tormentoso, como el gemido del bosque en Iásnaia Poliana.

Los Hermanos Hormigas

Rusia es distinta: está gobernada por un tirano, pero conserva su pequeña *duchenka* (almita). Los rusos aman y odian, ríen y lloran, blasfeman y rezan, tienen el alma de niños. Por eso les dice Tolstoi: «El reino de Dios está en vosotros».

También él ha oído hablar en su infancia de la revolución liberal de los decembristas, ahogada implacablemente por el zar Nicolás I. Su padre, que estuvo en Francia durante las guerras napoleónicas, ha querido que tengan una educación abierta.

Y, con la lengua y la literatura francesas, llegan a Iásnaia Poliana las ideas de los enciclopedistas. Pero, en esos años que han visto la proclamación de los derechos del hombre, los boyardos rusos siguen viviendo en el feudalismo. Cuentan su fortuna en *almas;* es decir, en siervos. Y Iásnaia Poliana está rodeada de aldeas humildes cuyos setecientos habitantes trabajan para la familia Tolstoi. Por eso la abuela Pelagia puede pasear como una reina en su pequeño cabriolé amarillo, tirado por siervos, llevando a sus nietos hasta el bosque de los avellanos, donde recogen ramas cargadas de frutos. Los Tolstoi tienen treinta criados en la casa. Y todavía se azota a los siervos, encerrándolos en el granero y propinándoles unos golpes de *knut*. Aunque también es verdad que la *tantine* Tatiana enseña a sus ahijados a respetar la dignidad de las personas que les sirven. Pero el joven León es caprichoso y apasionado, y será siempre fuerte, tormentoso e incluso violento. Es capaz de fustigar a su caballo, pero luego se arrepiente, se le abraza al cuello y lo cubre de besos. Y un día, enamorado de una de sus vecinitas, la pequeña Liubovchka Isléniev, sufre un ataque de celos y le da un empujón tan fuerte que, en la caída, ella se parte una pierna.

Mal estudiante universitario, consume los días de su primera juventud como militar en el Cáucaso, viviendo entre los cosacos. Y se enamora de todas las gitanas, que le parecen siempre princesas de Egipto. Pero entre ellas aprende a vivir apasionadamente, a bailar y a amar, a llorar y a prometer, a beber y a jugar empeñándose: todo cuanto se necesita para escribir un día *Cosacos*, *Guerra y paz* o *Ana Karénina*. Y cuando cae enfermo se va a vivir a una tienda en los Urales, entre los nómadas *baschkires*, que enseguida le consideran el más salvaje de todos, el más fuerte en la lucha y el mejor domador de caballos.

Como todos los rusos, Tolstoi se siente distinto de los europeos. Porque los rusos, nacidos en un imperio irredento e inmenso, creen en los milagros. Después de la Revolución francesa, los señores europeos se han convertido en burgueses, calculadores y fríos: hacen las leyes a su medida y se mantienen a prudente distancia de los desheredados y de los vagabundos.

No azotan a los siervos, pero castigan a los niños en sus frías escuelas. Sin embargo, los rusos nacen esclavos o aristócratas; es decir, gente que no encuentra razones para respetar la ley. Por eso esperan al Mesías. Y Tolstoi recuerda cómo, en uno de sus viajes a Europa, vio a un mendigo cantar y tocar la guitarra durante media hora delante del Hotel Schweizerhof de Lucerna. La gente aplaudía o se mofaba; pero nadie fue capaz de darle una limosna.

Tolstoi había soñado un día que esa Europa civilizada y progresista, donde los derechos humanos habían sido proclamados mil veces por parlamentos democráticos, podría ser un ejemplo para Rusia. Ha tratado en Londres a Herzen, el más romántico de los exiliados, a quien le causa una extraña impresión este pintoresco conde Tolstoi que habla lo mismo de boxeo y de peleas de gallos que de la emancipación de los siervos. Siempre ha sido un excéntrico y se presenta en casa de Herzen con unas botas de montar, igual que llega a las fiestas de la princesa Dondúkov calzado con zuecos de madera, o visita en Frankfurt a su tía Alexandra y a los príncipes de Hesse «vestido como un bandido español de tarjeta postal».

En Ixelles ha conocido a Proudhon, que le ha metido en la cabeza una idea que le costará muchos disgustos: «la propiedad es un robo». Ha conversado sobre pedagogía con Julius Froebel, aprendiendo las normas que luego querrá aplicar en las escuelas rusas; ha compartido unos días con Turguéniev en París, ha disfrutado en Nápoles y ha visitado la casa donde vivió Goethe en Weimar. Pero, cuando regresa de su viaje, trae en la memoria la imagen de aquel mendigo que pasó tres veces la mano sin que nadie le diese una limosna.

En Provenza se había hecho amigo de un niño que le dijo: «Me gusta Rusia, porque aquí no tenemos *troikas* ni nieve». Es verdad que los rusos son distintos. Europa está saciada: calman con pan blanco el hambre del espíritu. Sin embargo, en Rusia, el alma se excita con mendrugos de pan negro.

En Iásnaia Poliana se conocen los estragos del hambre: veranos abrasadores como el de 1891, seguidos de un invierno asesino. En agosto las hojas de los árboles despedían un humo acre que se agarraba a la garganta. En enero, los esqueletos de los troncos crujían bajo el temporal, levantando sus brazos al cielo.

Por eso los habitantes de Iásnaia Poliana lloraban y rezaban. Y cuando los mendigos se reunían bajo el roble del jardín, el viejo Tolstoi les llevaba una cesta de pan duro, negro como el carbón.

Había, sin duda, años mejores. Veranos en los que daba gusto bañarse en la cabaña de abedules construida a orillas del estanque. Inviernos en los que no faltaban las mermeladas de fresas y arándanos, de grosellas y frambuesas. Días en los que el ruiseñor amanecía cantando en las lilas, y los niños comían pan blando en la escuela, mientras recitaban el abecedario. Y, en esas mañanas alegres, mientras salía a pasear con su fiel caballo *Delir*, siguiendo las riberas del río Voronka, León Nikoláievich recordaba su infancia feliz en Iásnaia Poliana.

Siempre le gustó vivir entre niños, hasta el punto que convirtió en escuela el pabellón más importante de Iásnaia Poliana, pintando las aulas de azul y de rosa. Él mismo editaba los libros para sus alumnos, con grandes caracteres de imprenta que se había traído de Bruselas. Había construido un gimnasio y un pequeño museo didáctico de minerales y plantas, mientras él vivía en una dependencia accesoria, que había sido almacén en tiempos de sus abuelos.

En su estudio conservó siempre el pequeño busto de Nikolai, su hermano preferido: la cara delgada, la frente ancha y soñadora, la boca fruncida en una mueca de humor. Nikolai siguió la carrera militar, bebió mucho y murió tuberculoso, en 1860, entre las palmeras de la Costa Azul. Alguna vez, en su memoria, he enterrado una rama de almendro en las colinas de Hyères. Muy cerca también, en las murallas de Saint-Paul-de-Vence, murió Marc Chagall, otro ruso que tenía un alma de mesías.

León estaba junto al lecho de muerte de su hermano. Le cubrió la cara con las sábanas, dejándolo allí en la blanca y modesta habitación del Hôtel des Îles d'Or, igual que hacían de pequeños cuando se escondían bajo los tapetes de las mesas para ocultar los secretos del País de la Felicidad.

El viejo León adoraba a los niños porque le recordaban al pequeño Nikolai. Todos los niños saben caminar con un solo pie sobre las duelas de abedul del cuarto de estar, sin perder el equilibrio. Todos saben resistir callados durante dos horas, sentados en un rincón, sin pensar en el oso blanco. Pero, desde que murió Nikolai, nadie ha sido capaz de dibujar aquellos diablos con bigote que él pintaba tan bien y que perseguían a las criadas por toda la casa.

Nikolai era un poco disparatado. Confundía a los Hermanos Moravos (*morávetz*) con los Hermanos Hormigas *(murávei)*. Pero un día llegó a casa contando una historia increíble.

—¿Sabéis que la secta más poderosa del mundo es la Orden Negra de los Hermanos Hormigas?

Los Hermanos Hormigas poseían el secreto de la felicidad. Gracias a ellos, los campesinos no volverían a pasar hambre. Y así, escondidos bajo el tapete de la mesa, Nikolai, Serguéi, Dmitri, y León Tolstoi temblaban de emoción escuchando las campanadas del gran reloj inglés del vestíbulo que anunciaban la llegada de los monjes de la Orden Negra.

Una noche, al claro de luna, Nikolai y sus hermanos enterraron en el bosque de Zakaz, detrás de la casa blanca de Iásnaia Poliana, una rama verde. En el camino, que olía a muguetes y a lirios frescos, brillaban las capuchas rojas de las primeras fresas.

«Aquel que encuentre esta rama –dijo Nikolai solemnemente– debe entregarla a los hombres, porque en ella están escritos los doce secretos de la felicidad.»

Luego, la enterraron en un claro, entre los abedules. Y la luna de plata pareció alargar un brazo sobre la tierra; un rayo pálido y frío, como una sábana tremolando en la brisa.

La guerra y la paz

Por Iásnaia Poliana pasaron los ángeles negros de la guerra, los ángeles blancos de la paz, los diablos blancos de la guerra, los diablos negros de la paz.

En el jardín de Iásnaia Poliana se sentían los vientos de guerra en 1914. León Nikoláievich había muerto. En los dos pisos de la casa sólo se oía el tañido metálico del llavero que Sofía Tolstaia —convertida ahora en viuda de un profeta— arrastraba siempre colgado de su cintura.

Sofía había sido morena, delgada, como una espiga nerviosa, con penetrantes ojos color de ágata. Su padre era médico en el Kremlin. Y, puesto que los Behrs no eran ricos, Sofía y sus hermanas sabían cocinar y coser, tocaban el piano, aprendían idiomas y zurcían la ropa de los cuatro hermanos varones. Sofía, además, tenía el diploma de maestra.

León y Sofía se llevaban dieciséis años. Ella era hija, precisamente, de Liubovchka Isléniev, aquella frágil vecinita a la que León Tolstoi, en un ataque de celos, había tirado al suelo dándole un empujón. A pesar de esto, siguieron siendo amigos toda la vida.

Los Behrs tenían tres hijas muy bellas. Así empezaban también muchos cuentos rusos que Tolstoi había oído en Iásnaia Poliana. La mayor, Lisa, era guapa y estudiosa, algo pedante, porque sus hermanas la llamaban «la sabia». A la mediana, Sofía, que era seria y soñadora, le gustaban las acuarelas. Y la pequeña Tatiana era traviesa y alegre, leía novelas románticas a escondidas y quería ser bailarina; además, cantaba tan bien que la llamaban Madame Viardot, como la famosa española que fue amante de Turguéniev. Las hermanas mayores querían encontrar un marido romántico, que fuese húsar del emperador, con uniforme rojo; pero Tatiana soñaba mejor con un bandido o un poeta. Y cuando León Tolstoi visitaba la casa y jugaba con las tres hermanas, les contaba a las mayores sus cargas de caballería en el Cáucaso, pero escribía un cuento para la pequeña. Fue en una de estas ocasiones, cuando la soñadora Sofía —que tenía entonces siete años—, se quitó un lazo de su vestido y lo ató a la silla donde se sentaba León Nikoláievich.

¿Cómo no pensar ahora, pasado el tiempo, que la unión de aquellos dos seres estaba ya escrita en el destino? Por eso la señora Behrs organizó enseguida un viaje a las propiedades de su padre en Ivitzi, situadas sólo a cincuenta verstas de Iásnaia Poliana.

Y, de esta manera, tuvieron la oportunidad de pasar unos días en casa de los Tolstoi. El doctor Behrs pensaba que, siguiendo un orden riguroso, lo normal habría sido que el pretendiente se casara con Lisa, la mayor de sus hijas. Pero Tolstoi se había declarado ya apasionadamente a Sofía. Ella acababa de tocar en el piano un vals ingenuo de Arditi que tiene un título romántico: *Il bacio*... Y él, haciendo lo mismo que hará Levin en *Ana Karénina* para declararse a Kitty, escribió con tiza, en el tapete de una mesa de juego, algunas palabras de amor.

El noviazgo oficial sólo duró una semana, tan poco que apenas hubo tiempo para los preparativos de la boda. El sábado 23 de septiembre de 1862, León Tolstoi y Sofía Behrs contrajeron matrimonio en la catedral de la Natividad en Moscú. Precedida por su madre, que llevaba el icono de Santa Sofía, la novia se acercó al altar del brazo de su padre. La camisa del novio, arrugada como si acabase de salir de una maleta, contrastaba con el elegante vestido de tul de Sofía, muy escotado, y con las majestuosas capas bordadas de los popes que oficiaban la ceremonia. Después de la boda hubo una recepción en casa de los Behrs y, unas horas más tarde, los recién casados salieron en una *dormeuse*, tirada por seis caballos, hacia los lejanos horizontes de Iásnaia Poliana.

En el camino del Sur, todavía hoy se ven viejas *isbas* que tienen las ventanas talladas con esa ternura ingenua, romántica y estética que acompaña siempre a la pobreza en Rusia.

Cuando la berlina llegó a Tula, Sofía —envuelta en su amplio abrigo de viaje, azul oscuro— se asomó a los cristales empañados. El carruaje saltaba en el camino polvoriento, atravesando prados y bosques donde las cabañas de madera y barro se perdían bajo el cielo inmenso, ominoso y casi mudo. Y la joven Sofía sentía, a la vez, ilusión y miedo, porque había sido educada en la ciudad y le tenía terror a la soledad. Además, recordaba aquella inmensa propiedad de Iásnaia Poliana, que había visitado con su madre y sus hermanas un mes antes, y no podía olvidar las paredes encaladas, los entarimados desnudos de los suelos y los rústicos muebles, todo tan sencillo y tan diferente de las casas burguesas o nobles de Moscú.

Los caballos se detuvieron junto a las torres redondas de Iásnaia Poliana, donde se levanta la casita de piedra –la *kamenka*– que en el siglo XVIII servía de vivienda a los guardianes.

Al descender del coche, Sofía vio a los criados reunidos, humillados en el suelo, como si, en vez de hombres, fuesen zarzas en la inmensa perspectiva de la gran avenida de árboles. Los colores del otoño comenzaban a reflejarse en el estanque grande, que parecía un espejo de oro.

La vieja tía soltera, Tatiana Alexandrovna, «la tantine» que había criado a todos los Tolstoi, se aproximó mirándola con desconfianza, mientras la bendecía levantando el icono de la Anunciación. Tatiana había sido como una madre para los huérfanos, quizá porque siempre estuvo calladamente enamorada de su primo, el conde Tolstoi. Y, después de que él se quedara viudo, ella se encargó de los niños, continuando su educación cuando, a los pocos años, también murió el conde.

La joven Sofía, apenas una niña de dieciocho años, siempre le tendría celos a esta buena mujer que parecía la reina de Iásnaia Poliana. Pero ahora era ella, recién casada, el ama de la casa. El hosco Serguéi –el cuarentón de los Tolstoi– le entregó el pan y la sal, como era costumbre en la hospitalaria Rusia. Y, al fin, Tatiana –casi con rabia, con un gesto de orgullo y de disgusto– se desprendió de sus llaves y las entregó a la recién casada.

Desde aquel 13 de septiembre de 1862, Sofía Behrs llevará en su cintura esas llaves alegres que son el símbolo de la vida en Iásnaia Poliana. Su marido no quiere saber nada de las llaves. Al principio, mientras vienen y se van del mundo los oseznos que nacen en el diván negro, las acaricia, a veces distraídamente, porque forman parte de las caderas firmes, casi adolescentes, de la joven Sofía.

Cuando ella huye asustada de sus brazos, las llaves cantan. Y cuando el sátiro consigue atrapar a su ninfa… ¡cómo cantan las llaves de Sofía!

Las llaves cantan, mientras trece hijos vienen al mundo. La casa se cubre de flores y de cuadros. En el verano, ella provee a la familia de todo lo necesario para los fríos de invierno: conserva en salmuera coles y pepinos, pone a secar las setas, cuece las confituras de fresas, nivela los terrenos, planta flores, cose las blusas, los bonetes y los pantalones, cuida a los enfermos, atiende a sus hijos y enseña a leer a los niños del pueblo, copia mil veces las novelas de su marido y le prepara las hojas blancas sobre el tapete verde del estudio.

Sofia sueña con vivir en Moscú, al lado de su familia y de sus hermanos. Quisiera olvidar esas llaves que la acompañan como el lamento de un perro. Quisiera ser la esposa joven y admirada del mayor talento de Rusia. Y él le concede, durante unos años, la ilusión de vivir en una casita de madera, en el barrio de Khamóvnik en Moscú. Allí pueden educar mejor a sus hijos. Y ella, para que su Liovochka –le trata así, con el diminutivo cuando no está enfadada y le llama secamente Lev Nikoláievich cuando está ofendida– no añore los bosques de Iásnaia Poliana, le llena cada día la habitación de narcisos. Pero él se consume en la confusión de la capital. Y quiere convencerla de que la vida de la ciudad corrompe a los seres humanos. Quizá porque Moscú y San Petersburgo le recuerdan sus años de soltería, que se fueron entre juegos de cartas, francachelas y amores furtivos.

Ella tampoco le perdonará jamás que, en su juventud, haya tenido «tantas historias con las gitanas». Y menos aún que, de soltero, tuviese un hijo con una campesina de Iásnaia Poliana. Discuten tanto, que se aman ya más en la guerra que en la paz, como si el amor volviese a ser en ellos una pasión de adolescentes. Él la llama Sonia, con el diminutivo, cuando está contento, pero la increpa con un seco Sofía Andréievna cuando está enfadado. Ella le escribe protestas apasionadas de fidelidad, explicándole que es incapaz de seguir su vuelo. Y él intenta que ella, orgullosa ahora de su pesado llavero, no pierda el cielo de vista.

León Nikoláievich se siente feliz cuando sus hijas Tatiana y Alexandra cantan al piano canciones populares rusas, o cuando juega al ajedrez –el esfuerzo matemático le libera de la tensión del trabajo artístico– y cuando le visitan sus innumerables amigos: el profesor Mechníkov, Iván Turguéniev, Antón Chéjov... Pero tampoco sus amigos le comprenden siempre, porque el bueno de Turguéniev está convencido de que pierde su tiempo abandonando la literatura y escribiendo sus discursos morales. Tampoco entiende que el autor de *Ana Karénina* tenga que pasarse la mañana segando en los campos y la tarde encerrado en un taller de zapatero que huele a cuero y tabaco. Las relaciones entre ellos se envenenan hasta el punto de que llegan a discutir violentamente. Pero, pocos días antes de morir, crucificado ya por los dolores del cáncer, Turguéniev le envía desde París una de las cartas más generosas que hayan podido escribirse dos compañeros de oficio: «Os escribo para deciros que estoy orgulloso de haber sido vuestro contemporáneo... Querido amigo, gran escritor de la tierra rusa... No puedo más... Estoy al borde de mis fuerzas».

Turguéniev murió al poco tiempo, acompañado siempre por Paulina García, aquella cantante que había triunfado en todos los grandes teatros de Europa. Era hija del maestro español Manuel García, y hermana de otra soprano famosa, María Malibrán. Fue una magnífica pianista y tenía gran facilidad para cambiar el color de su voz, en una tesitura de dos octavas y media, desde el *fa* grave hasta el *do* agudo. Por eso podía interpretar lo mismo *La sonámbula* de Bellini que el papel de Desdémona en *Otello*. Saint-Saëns le dedicó *Sansón y Dalila,* Brahms dirigió bajo su balcón una serenata de cumpleaños que había compuesto para ella, y Wagner quiso que cantara su *Tristán*.

Turguéniev la había conocido en los años en que triunfaba en San Petersburgo, ya con su nombre artístico de Madame Viardot, porque se había casado con el hispanista Louis Viardot. Dicen también que había sido amiga de Flaubert y de Liszt, y amante de George Sand, que la retrató en su novela *Consuelo*.

Paulina no era una belleza, pero tenía una inteligencia y un encanto que conquistaban a todo el mundo. Hablaba indistintamente español, francés, alemán o italiano. En sus años de éxito, los hombres más famosos de San Petersburgo acudían a cortejarla después de las representaciones y, mientras la Viardot se paseaba como una reina por la estancia, ellos se disputaban el honor de sentarse en una de las cuatro patas de la piel de oso que la diva destinaba a sus admiradores. Iván Turguéniev era entonces muy joven y sólo podía pagarse una entrada de gallinero. Pero consiguió hacerse amigo íntimo del matrimonio, y Louis Viardot aceptó siempre las relaciones de su mujer con el escritor, hasta el extremo de que convivieron amistosamente en Bougival, donde el ruso se construyó una *dacha* de madera en el jardín de la finca que pertenecía al matrimonio. Ella se retiró bastante joven de la escena, porque no quiso nunca vivir la amarga experiencia de la Giuditta Pasta, la gran soprano que alargó su carrera hasta la decadencia. Paulina había asistido al último fracaso en Londres de la creadora de *Norma*. El público gritaba, mofándose de ella, porque había perdido la voz y parecía físicamente una ruina. Y Paulina Viardot lloraba: «Parecía ya como la *Santa Cena* de Leonardo, desgarrada por el tiempo, pero era una obra maestra».

Después de seguir a Paulina desde Rusia a Baden Baden, Turguéniev se instaló en París. Fue allí donde escribió sus mejores libros, pensando siempre en Rusia. Y allí cultivó la amistad de George Sand y de Flaubert, que fue su compañero más querido. A menudo se les podía ver en el Grand Véfour, comiendo juntos: los dos habladores, el francés irónico y agudo, el ruso poético y delicado.

En el sorprendente triángulo que urdió Paulina, el destino quiso que Viardot y Turguéniev muriesen en la misma casa, casi al mismo tiempo. Los dos enfermos, el marido anciano y el amante más joven, quisieron estrecharse la mano antes de morir. A Turguéniev le bajaron los criados en brazos, y Viardot se arrastró en su silla de ruedas. Se miraron a los ojos. Eran amigos desde hacía cuarenta años y no tuvieron ya fuerzas para sobrevivirse.

Antón Chéjov, convertido en pacifista, estuvo más cercano a Tolstoi de lo que había estado Turguéniev. Pero Chéjov no era un aristócrata, sino nieto de siervos, y no podía comprender que un intelectual tuviera que vestirse de campesino para ser más auténtico. Ni creía que, por llevar alpargatas, un hombre fuese más justo. Además, Chéjov era médico y, por un raciocinio lógico, acabaría pensando que «en la electricidad y en el vapor hay más amor al prójimo que en la castidad y en abstenerse de comer carne».

Tolstoi pensaba por su parte que Chéjov andaba por el mundo como una señorita. Y prefería a Máximo Gorki, porque veía en este desterrado a un hijo del pueblo, desmesurado y sin represiones. Conversaban sobre todo lo divino y humano y, a veces, Gorki se asombraba al ver que el conde hablaba de las mujeres con la brutalidad de un campesino ruso. Pero Gorki no pertenecía al mundo de Tolstoi y, en el fondo, el profeta le miraba con cierta curiosidad etnográfica, «como si viniese de una tribu desconocida». La verdad es que Gorki desconfiaba de la bondad tolstoiana, que le parecía peligrosa para un pueblo, como el ruso, que se abandonaba con facilidad a los ensueños orientales de la sumisión al destino. Tolstoi cortaba las patas de las sillas para estar más cerca del papel, cuando escribía. Y Gorki buscaba sillas altas para no encorvar la espalda.

Desde su infancia, habían tenido que enfrentarse al mundo de formas diferentes. La madre de Tolstoi se fue de este mundo, dejando una huella en los caminos nevados, cuando su hijo dormía en la cuna. Y la madre de Gorki, tuberculosa, murió mientras le reñía, un día en que él llegó tarde a casa porque había ido a robar leña con sus amigos. Demacrada y con los ojos desencajados, le amenazó con un cuchillo de cocina. Tenía los labios violetas como el camisón.

Sin ser un bolchevique —porque odiaba la sangre—, Gorki creía en la revolución. Pero se aburría leyendo a Marx, al que llamaba siempre Karluchka. Y admiraba más a Lénin —su fiel amigo—, aunque le reprochaba su ascendencia burguesa de «hidalgüelo». Faltaban todavía muchos años para que Gorki escribiese su leyenda literaria y maldita en las villas de Capri. Y tampoco comía todavía bombones, que fue el regalo envenenado que le envió Stalin cuando quiso desembarazarse de él.

REUNIDOS EN TORNO AL SAMOVAR HUMEANTE

A veces Wanda Ladowska se sentaba al piano del salón para interpretar las obras preferidas de Tolstoi: canciones de Glinka y Tchaikovski, pero sobre todo Chopin, tan puro en su música como Pushkin lo fue en la poesía. Entre sus amigos había también muchos pintores, como Iliá Répin, el más grande de los impresionistas rusos; sin olvidar a Iván Krámskoy –que nos ha legado los dos mejores retratos de Tolstoi– ni a Leonid Pasternak, que ha dibujado a la familia reunida en la sobremesa del último té de las nueve.

Pero León Nikoláievich ha entregado las llaves. Quiere vivir sólo entre pobres y niños, entre artistas y aldeanos. Está contento con su casita de madera blanca en Iásnaia Poliana –ampliada por sucesivas obras, mientras iban naciendo sus hijos– y sigue pensando que el viejo y elegante caserón de los Volkonsky es más adecuado para albergar al servicio y a los niños de su escuela. Se pasa el día entre sus campesinos y sus discípulos: esos personajes barbudos y sucios que Sofía llama «los oscuros». Y cuando ella le prepara las hojas blancas en la mesa de trabajo, él aprovecha sobres viejos que coge de la papelera y, con letra avara y pequeña, escribe incomprensibles disputas teológicas que le cuestan la excomunión.

Pasa el tiempo encerrado en su estudio y no desayuna ni almuerza ya con la familia, como se habían reunido siempre en torno a la gran mesa del comedor. Sube a las dos, y come solo y callado, con los ojos perdidos en su inmenso mundo interior.

Recibe cartas de todo el mundo, porque sus discípulos se multiplican: Romain Rolland, Mohamdas Karamchand Gandhi, Rainer Maria Rilke... Y, quizá, después de su muerte, no ha tenido Europa una autoridad patriarcal como la suya, más universal que la de los políticos o los Papas. Es algo que Occidente tendrá que lamentar más tarde en sus relaciones con los pueblos islámicos y orientales, que le exigen siempre al diálogo cultural la base de una autoridad moral.

Habría sido muy bello que Turguéniev, Dostoievski y Tolstoi hubiesen coincidido en Moscú, cuando se celebró en 1880 el homenaje a Pushkin. Dostoievski pronunció un discurso inolvidable, alzando el tono de su voz con un acento apocalíptico y vehemente, dejándose arrastrar por todos los ideales románticos que encarnó como nadie el malogrado poeta ruso. Las mujeres que asistían al acto se pusieron en pie, emocionadas, y puede decirse que aquél fue el momento de la consagración del autor de *Los hermanos Karamázov*. Pero el malhumorado León Nikoláievich no quiso asistir a la ceremonia. Estaba entonces enfadado con Turguéniev y nunca se sintió muy cercano a Dostoievski.

Mientras tanto, Sofía se vuelca en sus hijos. Y se ofende cuando él dice que piensa regalarle un muñeco con colitis crónica, para que pueda divertirse cuidándole la tripita.

A veces él tiene un detalle de ternura. Y, el día de Santa Sofía de 1866, trae a casa una orquesta para celebrar el santo de su mujer. Nunca estuvo ella tan radiante, tan feliz porque «él había querido regalarle esta alegría».

Pero luego vuelven las disputas, los celos de Sofía, que es capaz de sospechar de todo el mundo; hasta de su hermana Tatiana, que pasa largas temporadas en la casa y, a veces, en un gesto de infantil picardía, hace sonar las llaves delante del viejo patriarca. Incluso cuando escuchan las canciones populares que cantan sus hijas en el piano, Sofía siente celos de que su marido piense en Mascha, la pequeña gitana del coro de Tula, que había sido su amante de juventud y que cantaba la primavera y el galope de los caballos en las vastas estepas con una voz tan cálida como sus ojos ardientes.

León y Sofía son muy diferentes. Él ama los jardines abandonados. Y ella adora los parterres ingleses, recortados en triángulos bien ordenados. A él le agrada perfumarse la cara, acariciando las nomeolvides en el bosque, sin arrancarlas. Ella prefiere cortar los narcisos y disponerlos en jarrones, como adorno de la casa. A él le gusta vivir con la puerta abierta, para que pueda entrar la gente libremente. Y ella, más celosa de su intimidad, no comprende que su marido acepte tantas visitas indiscretas. Y a menudo discuten agriamente, porque ella ha contratado un feroz guarda circasiano que azota a los campesinos cuando vienen a robar leña. Ella pasea con una marcha veloz y ágil. Pero él prefiere el caballo, la bicicleta, los patines y, en su afición por la gimnasia, los ejercicios de pesas. Él venera sus viejos abedules que, cuando sopla el viento, mueven sus ramas flexibles con un susurro que parece una voz lejana de mujer. Y ella los tala para plantar pinos, que son su árbol preferido. Pero lo curioso es que él ama los abedules porque son femeninos y lunáticos como ella. Y ella planta pinos porque le parecen fuertes y adustos como él.

Tatiana Lvovna, la hija mayor del matrimonio, inteligente y buena pintora, comprende esta pasión terrible que atormenta la vida de sus padres. Y tiene una delicadeza infinita para reconciliarlos, cuando les ve tenebrosamente lejanos. Tatiana es alegre y encantadora, como la pintó Iliá Répin en el cuadro que todavía se conserva en el comedor de Iásnaia Poliana. Para dar una idea de su carácter abierto y sociable diré que, en su dormitorio, tenía una mesa con un mantel negro en el que hacía firmar con tiza a todos sus amigos, porque luego ella bordaba sus nombres. Fue siempre la confidente de su padre. Supo ser el consuelo de la familia cuando murió su hermano más pequeño, Iván, consumido por la escarlatina. Y también era Tatiana quien mejor comprendía al primogénito Serguéi, y conocía su corazón de oro bajo una máscara ruda; quizá porque tenía un carácter tan tormentoso como su padre, cambiando continuamente del cristianismo al ateísmo, del ascetismo a la disipación. Se esforzó siempre por hacer comprender a sus padres los divorcios y las aventuras de sus hermanos mayores, aunque también ella misma vivió unas relaciones difíciles, porque se enamoró de Mijaíl Sujótin, un hombre casado y padre de varios hijos, que, cuando enviudó, acabó casándose con ella.

Pero quizá la preferida del viejo patriarca fue Mascha, que murió muy joven y que seguía con increíble dulzura y devoción todos los delirios de su padre: el régimen vegetariano, la renuncia a las comodidades, el incansable trabajo diario, la dedicación a los niños y a los pobres, sin olvidar que se había convertido prácticamente en su secretaria. Para seguir la doctrina paterna renunció a su herencia. Pero, más tarde, tuvo que reclamarla para poder casarse con su primo Nikolai Obolenski, que no tenía más renta que su título principesco.

Tengo una imagen más próxima de Alexandra, la menor de sus hijas. Algunas personas que la conocieron mucho me hablaron de ella. Un amigo que la trató bastante en 1970, cuando ya vivía en Estados Unidos, me dijo que era tan Tolstoi que parecía una reencarnación del viejo León Nikoláievich o incluso de su hosco tío Sergio. Había heredado de su padre cierta rudeza que parecía impropia de un carácter femenino, sobre todo en aquellos tiempos en que las mujeres luchaban todavía con muchos prejuicios. Pero tanto en los hombres como en las mujeres de la familia Tolstoi ya se habían dado en generaciones pasadas estos caracteres que eran tormentosos y violentos al exterior, pero tiernos en su interior. Desde pequeña Alexandra preocupaba a sus padres, porque le gustaban los juegos salvajes más propios de niños que de niñas. Pero, ya de joven, se volvió más estudiosa y tranquila. Acompañaba a su padre cuando tocaban juntos el piano. Le adoraba tanto que se enfrentaba abiertamente a su madre, acusándola de ser inflexible y dura, cuando el matrimonio discutía en los años de su vejez. Estaba convencida de que su madre se dejaba cortejar demasiado por el pianista Tanáiev. Y quizá no contribuyó a la paz del hogar, alentando la devoción ingenua y excluyente que Tolstoi sentía por su discípulo Vladímir Chertkov: un sectario fanático y enemigo declarado de la pobre Sofía Bers. Pero Alexandra —siempre me gustó llamarla Sacha, como la llamaban en su casa— era tan fiel a su padre que ella fue la única persona de la familia que Tolstoi quiso a su lado en su huida final. Estuvo en prisión después de la Revolución, por defender el derecho a la libertad de expresión, y se exilió finalmente a Estados Unidos. Vivió hasta los noventa y seis años en su Fundación de Valley Cottage, dedicando toda su energía a la defensa de la libertad, al auxilio de los necesitados y al consuelo de los emigrantes. No sé por qué su figura me recordaba mucho a Anna Freud, quizá porque las dos fueron grandes mujeres que supieron interpretar y administrar la difícil herencia espiritual de dos grandes hombres.

Los descendientes de León Nikoláievich y de Sofía fueron tantos, que han poblado medio mundo. Los he encontrado en todas partes, desde Suiza a Suecia, desde Israel a Italia y Estados Unidos. Una de las nietas, Sofía Andréievna Tolstaia, estuvo casada con el apasionado y loco Serguéi Esénin. Él, que había tenido ya amores desesperados con otras mujeres, se suicidó seis meses después de la boda. Y ella se dedicó, durante muchos años, a mantener la casa de Iásnaia Poliana, ya convertida en museo. Creo que fue Sofía Andréievna quien tuvo la paciencia de reconstruir las habitaciones que unos soldados alemanes profanaron e incendiaron durante la ocupación de 1941.

A veces los hijos se daban cuenta de que la pasión de sus padres era también angustiosa, y percibían sus tempestades y sus celos, sus disputas y sus reconciliaciones. De vez en cuando, a León Nikoláievich le gustaba recordar los juegos de su infancia. El más divertido consistía en depositar en el buzón de Iásnaia Poliana una carta anónima, dirigida a los miembros de la familia.

Las cartas de León Nikoláievich son inconfundibles. Bajo la rúbrica «Lista de enfermedades psiquiátricas en el Hospital de Iásnaia Poliana» escribe: «Lev Nikoláievich. Temperamento sanguíneo. División de pacientes tranquilos. Sufre de una manía que los psiquiatras alemanes llaman *Weltverbesserungswahn* [sueño de mejorar el mundo] ... Síntomas generales: insatisfacción por todo orden establecido, condena de todos a excepción de él mismo, locuacidad irascible y sin miramientos con sus interlocutores; pasa fácilmente del furor y el arrebato a un sentimentalismo anormal y lacrimoso».

Y unas líneas más abajo: «Sofía Andréievna se encuentra en la sección de enfermos pacíficos; pero a veces debe ser aislada. Sufre de *Petulanta Toropigis Máxima*. Su locura consiste en creer que todo el mundo exige todo de ella y ella no tiene tiempo de hacerlo todo. Signos clínicos: resolver problemas que no se han formulado, responder a preguntas que nadie ha hecho y satisfacer deseos no expresados».

Mientras tanto, Sofía elabora todo un inventario de la biblioteca de Iásnaia Poliana. Con su máquina fotográfica no pierde ocasión de retratar a su marido mil veces para que la posteridad lo recuerde: jugando al ajedrez, montando su caballo, sentado en el banco de madera del bosque... Cuando él enferma no se aparta de su cabecera. Y cuando está convaleciente quiere obligarlo a permanecer en una silla de ruedas...

«Yo no sé para qué haces tantas reformas en la casa —le comenta él, mientras Sofía copia en la medianoche sus últimas páginas—. Vivíamos muy bien antes, sin tanto orden...»

El desorden es, para Tolstoi, una fuente de inspiración: «Todo estaba patas arriba en casa de los Oblonski», ha escrito en el comienzo de *Ana Karénina*.

Pero al escuchar sus palabras, Sofía se pone en pie, enfadada, y las llaves tintinean en su cintura. Y, al oír el laborioso rumor de las abejas, el viejo oso aún tiene un destello de ternura. Deja vagar la mirada por las cuartillas que todavía huelen a tinta fresca y gruñe:

—Pero nadie puede rivalizar escribiendo con tus preciosas manos...

Ella le admira, le adora a pesar de todo. «Nada me sorprende tanto como sus ideas, su talento», confiesa, incluso cuando está rabiosa con sus manías. Permanece fiel a su marido, cuando el tímido Serguéi Ivánovich Tanáiev le hace la corte y le dedica sus *Sonatas para piano*, dulces como el trino del ruiseñor en las lilas, arrebatadas como el canto de la alondra que llega a Iásnaia Poliana, puntualmente, cada mañana del 9 de marzo.

Serguéi Ivánovich Tanáiev no era precisamente un galán: era pequeño y grueso, pero su rostro parecía iluminarse cuando interpretaba a Tchaikovski, sobre todo el *Concierto para Piano número 1* que él había estrenado en Moscú. Sus discípulos Scriabin y Rachmáninoff apreciaban mucho su música, pero consideraban además que sabía ayudar y enseñar a los jóvenes.

Sofía Behrs pensaba que la música de Tanáiev tenía un poder mágico, porque escuchándola olvidaba todas sus penas. Además, en su tímida y entrecortada conversación, le transmitía interesantes noticias de la vida social de Moscú y San Petersburgo, que ella tanto añoraba. Todos los Tanáiev estaban bien situados en la corte. Una tía del compositor, Anna Virubova, llegaría a ser la mejor amiga de la última zarina: Alexandra Feodorovna. Y fue la zarina quien, queriendo protegerla, la hizo casar siendo casi una niña con un noble de la corte, que resultó ser impotente y loco. Pero Anna desempeñaría un papel importante en el desgraciado final de los Románov, convirtiéndose en la amiga y confidente de Rasputín, a quien servía como alcahueta en sus relaciones con la emperatriz. Tanto odio llegó a despertar entre sus enemigos que, cuando la acusaron de ser la amante del Diablo Sagrado, ella se sometió a un examen ginecológico para demostrar que era virgen.

Aunque todo el mundo en Iásnaia Poliana pensaba que Sofía Tolstaia estaba histérica y que debía alejarse del pobre Tanáiev, que ni siquiera se daba cuenta de todo este delirio, ella vivía entregada a las locuras de su marido y seguía siéndole fiel. Después de cada tormenta de reproches y celos volvían a perdonarse y a empezar de nuevo. A veces era León Nikoláievich quien cogía su bastón y su morral y huía de la casa, para regresar a las pocas horas con un gesto huraño y ofendido. Otras veces era Sofía la que salía por el camino de Kiev, dispuesta a marcharse.

Sin embargo, eran incapaces de separarse. Ella le quería, incluso cuando él se dejaba arrastrar por «su odioso pueblo» y amenazaba con desheredarla y entregarlo todo a los pobres. Y le perdonó también cuando él escribió aquellas páginas terribles de la *Sonata a Kreutzer* profanando el amor conyugal, y diciendo que «el matrimonio es una prostitución legal». Le admira tanto que se atreve a visitar al zar Alejandro III para que se autorice la publicación de esta «abominable obra».

¡Y pensar que aquel hipócrita que condenaba el amor físico había vivido bailando al son de un llavero! Era ella la que había tenido que soportar a menudo sus arrebatos de violencia.

«Los hombres en general –había escrito Sofía en su *Diario*– no me gustan, me son extraños y me producen físicamente asco. He tenido que amar mucho tiempo el alma y el talento de un hombre para quererlo y amarlo bajo todos sus aspectos.»

Quizá por eso se refugia en sus niños. «De ellos –dice– emana la limpieza, la inocencia, la santidad, la esperanza...»

Ni siquiera su hermana Tatiana la comprende: «Sofía nunca se entregará completamente a la felicidad. Es como si no tuviera confianza en la felicidad. No sabe aceptarla ni aprovecharla». La propia Sofía confiesa que ha llegado a «encontrar tristeza en la alegría».

Sofía no cree que exista el talento sin éxito. Y por eso está harta de todos los discípulos de su marido, a los que considera unos «imbéciles». No puede soportar a Maria Schmidt, una alemana histérica que se pasa el día copiando las obras prohibidas de Tolstoi y estalla en sollozos cuando le ve pasar. Ni comprende que algunos de estos místicos persigan como sátiros a sus hijas por los caminos de Iásnaia Poliana, ni que insulten a su marido –como un viejo sectario ciego que le increpaba para castigar su vanidad– ni que, como ocurre con otros, sean sencillamente morfinómanos.

Pero, entre todos estos locos, Sofía odia a Chertkov: un personaje oscuro que se ha instalado en Iásnaia Poliana y que, aparentando una devoción sospechosa por las ideas tolstoianas, se ha convertido en la sombra maldita de su marido. En sus celos enloquecidos imagina incluso que León Nikoláievich se entiende con este amigo, más allá de su aparente confraternidad intelectual. Registra cada noche, de puntillas, el despacho de su marido, curioseando sus papeles y leyendo sus cartas. Obsesionada con sus manías, hace venir a un pope para que pronuncie exorcismos en el estudio de Tolstoi.

★ ★ ★

Sus hijos piensan que se ha vuelto loca. Y su infierno consiste precisamente en que ha perdido la fe. El trabajo incansable no la deja oír ya el canto del ruiseñor en las lilas. Y, cuando el pájaro de la noche se refugia en sus plumas para trinar la suave oración de la quietud, ella grita como la alondra mañanera saludando los trabajos del día con un canto inquieto y destemplado. Cuando suenan los maitines, ella corre por la casa despertando a los niños. A la hora de los laúdes, prepara el samovar para el desayuno. Cuando el viejo reloj Norton del vestíbulo toca las campanadas del mediodía, ella prepara el almuerzo. A las seis, cuando suenan las vísperas, se cena. A las completas se toma el té, se acuestan los niños, se lee en voz alta a la luz del quinqué, se discuten con los criados las labores del día siguiente y se copian con buena letra las páginas que ha escrito el maestro. Y, durante la noche, las llaves, quietas en el armario, quisieran convertirse en el perfume de nardo de Tatiana, en el amor de María...

«Tú le has dado al mundo cuanto has podido –le dice su marido–: un gran amor maternal y un gran espíritu de sacrificio. Pero durante el último período de nuestro matrimonio, desde hace dieciséis años, nuestras vidas se han separado.»

Pero esas eran historias pasadas. Sobre todo ahora que León Nikoláievich había muerto y los vientos de guerra tronaban en los bosques de Iásnaia Poliana.

Un túmulo de tierra y hojas caídas en Iásnaia Poliana

Antes de morir, el viejo León Nikoláievich había escrito: «Demasiadas cosas caen sobre Sonia. Hemos tomado mal nuestras medidas».

Él había muerto, lejos de Iásnaia Poliana, en la estación de Astapovo. «Siempre los mismos tormentos –escribió en su *Diario*–: la vida en Iásnaia Poliana está completamente envenenada... ¡Ayudadme, Dios mío! Siento nuevamente el deseo de irme.»

En la noche del 28 de octubre de 1910 huye, al fin, con su amigo el doctor Duchan Makovitski. «Cada día vivo más ajeno al mundo, pues deseo la soledad.» A medianoche se ha despertado, oyendo cómo Sofía registraba los papeles de su despacho. Ya no puede resistir más tiempo, porque siente que su alma se apaga como la antorcha temblorosa que lleva el palafrenero en la mano, mientras conduce el cabriolé por el camino de tilos y abedules.

«Te doy las gracias por los cuarenta y ocho años de vida honesta que has pasado conmigo –le ha escrito antes de salir– y te pido perdón por todas las injusticias que haya podido cometer contra ti, igual que perdono con toda mi alma las que hayas podido cometer contra mí.»

El carruaje corre por los campos helados, y los atelajes de tiro tintinean como un manojo de llaves. Luego, esperan el tren en la estación de Chiokino, bajo un viento sordo y helado.

Suben finalmente al tren, pero Tolstoi respira con dificultad, porque ha cogido frío en la estación y ha empeorado luego viajando en una tercera clase abarrotada, asomado a la plataforma. A las vísperas se detienen en el monasterio de Optin Pustin, donde León Nikoláievich visita por última vez el santo retiro de su hermana Maschenka, que ha decidido pasar su vejez en un convento. El 1 de noviembre suben otra vez al tren en la estación de Kosselok y se dirigen... hacia el Sur.

El Sur: ese reino lejano donde viven las alondras que cada año, el 9 de marzo, llegan a Iásnaia Poliana. Mientras el tren corre por las praderas nevadas, León Nikoláievich recuerda a aquella muchacha que abrasó su vida en una pasión dolorosa: Ana Karénina. La habían recogido en las vías del tren, en la estación de Iassenki, cerca de Iásnaia Poliana. Él mismo asistió a la autopsia. Y entonces no la encontró culpable... sino tremendamente pura, como la nieve hollada donde todos los pasos de mujer parecían recordarle el pie de su madre.

Ahora, el tren corría hacia Astapovo. Sofía había intentado suicidarse en Iásnaia Poliana, arrojándose al estanque. «¿Es posible que me hayas abandonado para siempre?», le escribe ella. Y él responde: «No sueñes con mi vuelta. Te aconsejo resignarte, adaptarte a tu nueva situación y, sobre todo, cuidarte».

Corre el tren hacia el país de las alondras. Pero León Nikoláievich se encuentra mal. Tiene mucha fiebre y los médicos diagnostican una grave pulmonía: la misma enfermedad que había matado a su querida hija Mascha.

Bajan del tren en Astapovo y el jefe de estación cede al enfermo la habitación de sus niños. La casita de madera roja es más pequeña que el invernadero de Iásnaia Poliana. Y, en su delirio, León Nikoláievich habla de una rama verde donde está escrito el secreto de la felicidad eterna.

Y ahora aparecen los popes, pretendiendo que el moribundo haga una declaración pública de arrepentimiento. Su hija Alexandra los despide diciendo que no molesten al moribundo. Porque no necesita una cruz en la tumba quien ha sobrellevado tantas penas de amor en la vida.

El 7 de noviembre de 1910 (20 de noviembre en el calendario romano), Tolstoi pierde el conocimiento. Sofía, que ha llegado al fin desde Iásnaia Poliana, pide ver un momento a su marido, ahora que él ha cerrado ya los ojos. Se arrodilla a su lado y le besa la frente y las manos, murmurando: «Perdóname». Quizás ella piensa ahora que el amor humano se parece también a la piedad. La nieve cae pesadamente, mientras León Nikoláievich Tolstoi se va quedando amortiguado en el silencio...

Sofía recuerda estas cosas, mientras pega en su álbum las hojas caídas del otoño, en los días sangrientos de 1916. Con él se fue la paz y vino la guerra.

Ahora el mundo insomne arde

Vuelven los años de frío y hambre. Tienen que comer remolachas, patatas y pan negro. El café, a las vísperas, hay que hacerlo con bellotas. Y al sonar las completas, Sofía prepara el último té con hojas de fresa secas. Sigue siendo la *barina* de Iásnaia Poliana y, por eso, le corresponde sentarse en la cabecera de la mesa, como hizo siempre, frente al samovar humeante.

Pero ella, ahora, comienza a comprender también que «el reino de Dios está en nosotros». Ahora piensa que él tenía razón cuando la mandaba callar para que escuchase la oración del ruiseñor en las lilas. Y, aunque tarde, ha aprendido a pasear por el jardín, rezando con las violetas de noche, perfumándose con los primeros narcisos. A veces, acompañada de su nieta, arrojan migas de pan duro en el camino para que coman los pajaritos. Y, al sonar las seis en el reloj Norton, se sientan a coser vestidos para las muñecas de madera. Y ella inventa historias como las que escribía León Nikoláievich:

—Esta pequeña se llama Mariya.

—¿Y qué hace Mariya? —preguntan los niños.

—Mariya —dice ella sonriendo— no hace nada. Se sienta a los pies del maestro, que sabe muchas historias, y escucha su palabra.

Sus dedos grandes, deformados por el trabajo, se pasean ahora indolentes por los libros. Su índice, curvado como una rama, parece buscar en el hojaldre crujiente de las páginas tibias el secreto de la felicidad.

Pero ahora el mundo insomne arde en guerra. Y, cuando llegan los periódicos que cuentan la terrible muerte de Rasputín, encuentra el nombre de aquella Anna Virubova que era tía del pianista Tanáiev. Y también el de Serguéi Sujótin, un cuñado de su hija Tatiana, que ha participado en la intriga. Todo el pasado parece haberse convertido en una novela de terror.

Por las ventanas de Iásnaia Poliana se ven los incendios de las propiedades vecinas. Los criados tienen siempre los caballos dispuestos para la huida. Se dice que la revolución bolchevique acabará con los terratenientes. El zar ha caído. El mundo se derrumba. La alondra corre, moviendo inquieta sus alas, porque vuelve a tener miedo.

Y, sin embargo, el ruiseñor canta en las lilas. Nadie sabe que los obreros de una fábrica cercana montan guardia por la noche en los alrededores de Iásnaia Poliana para que ningún desalmado pueda hacer daño a la familia del viejo León Nikoláievich Tosltoi.

A medida que se marchitan sus rosas —ayer vino blanco, hoy pétalos perfumados de vino tinto—, el canto de la alondra se va confundiendo en el alba con el trino sosegado del ruiseñor. En su casa, convertida ahora en asilo, se refugian los soldados hambrientos y heridos que vuelven de la guerra civil. Abre los cofres de su dormitorio para cambiar baratijas por un poco de comida. Y sigue cuidando su casa, conservando todos los recuerdos de aquel inmenso museo: los libros de la biblioteca, el sofá negro donde nacieron sus hijos, la máquina de escribir Remington (la famosa N10 que hacía su publicidad con la figura del escritor ruso), los objetos del escritorio, el ajedrez de León Nikoláievich, los pianos de cola, los sillones de mimbre de la terraza, el gran samovar de plata del comedor, las alfombras de la escalera, los dibujos de Pasternak, los cuadros de Iliá Répin, el fonógrafo donde Thomas Edison grabó en 1907 la voz de Tolstoi, y los bastones con los que el viejo profeta caminaba por los senderos de Iásnaia Poliana...

Su trabajo se ha convertido al fin en una oración de amor. Y, por misterio de caridad, su huerto se va convirtiendo otra vez en un jardín alegre: «En el fondo —dice en un rasgo de humor que no se encuentra en ninguna otra parte de su *Diario*— el jardín ha quedado muy bonito: el maíz en medio, con una corona de judías verdes y, alrededor, zanahorias y lechugas.»

En sus últimos años se vuelve vegetariana, como el oso arrepentido. Y cuando acaricia el oso de peluche de su nieta Tanechka, siente todavía el temblor de las llaves en su cintura.

En octubre de 1919, en los mismos días de otoño en que el viejo oso abandonó los bosques de Iásnaia Poliana, se siente enferma. Los médicos dicen que ha cogido una pulmonía mientras fregaba los suelos de la casa. Sólo ella sabe que ha sentido la llamada lejana del ruiseñor que canta en las lilas.

«En cuanto a amarlo —le dice a su hija—, sólo le he amado a él, a él sólo. Te lo digo antes de morir. Le he sido fiel en cuerpo y alma.»

Luego, reclina la cabeza sobre la almohada, y se va quedando dormida en el crepúsculo, como la alondra incansable: sus dedos se mueven como si estuvieran cosiendo. Pero, ahora, cuando cosen parecen orar, cuando rezan parecen tejer.

Su cuerpo fue sepultado en el cementerio familiar de Kochaki, cerca de Iásnaia Poliana, donde también habían enterrado a su hija Mascha y a los tres hijos que se le murieron poco después de nacer.

Sin embargo, las huellas de Sofía se ven todavía en la nieve y en el suelo húmedo, en los caminos que conducen al bosque de Zakaz. La veo, abrigada en su chaquetón negro, cubierta con un echarpe blanco, caminando por el bosque nevado entre los abedules viejos. Allí, bajo un túmulo de tierra y hojarasca, sin una cruz en su tumba, está enterrado León Nikoláievich Tolstoi, en el mismo lugar donde los Hermanos Hormigas escondieron un día la rama verde de la felicidad.

Él, en la casa que fue su prisión. Ella, lejos de las llaves que la ataron a la tierra. Quien los unió para separarlos y los separó para unirlos es, sin duda, el mismo que hace cantar al ruiseñor en el claro de luna y hace volar a la alondra en los maitines de marzo.

Sonata ampulosa para un libertino

GIACOMO CASANOVA

Entre los títulos más divertidos que he encontrado en las librerías, yo citaría el *Manual del aventurero*. Alejandro Dumas escribió un título magistral *(En Bruselas, a treinta kilómetros del imbécil de Buloz)*. Pero creo que ni siquiera a Eugenio d'Ors, creador de *Un servidor y los fósiles*, se le hubiese ocurrido jamás un disparate editorial tan bárbaro como el de suponer que un aventurero debe formarse con un manual.

Tengo la impresión de que algunos burguesitos se aburren tanto que están incluso dispuestos a buscar la aventura en un método, en un prospecto o en un viaje organizado... Me divierto mucho hojeando los catálogos de ciertas agencias que están especializadas en descubrir aborígenes, cruzar desiertos inhóspitos, o desembarcar en ignotas islas donde lo primero que te encuentras es un bufete de apetitosas langostas. Cualquier día escribiré la *Crónica de mis motines en los cruceros* o *La Visa Oro entre caníbales*.

La verdadera aventura se pierde en este mundo que quiere preverlo todo, prevenirlo todo, curarlo todo. Quizá por eso los aventureros, aunque a veces sean caricaturescos, vuelven a tener buena prensa.

Ninguna época ha superado al siglo XVIII en este tesoro de vidas aventureras y corsarias. El Principe de Ligne proponía una exigencia intelectual: «Debería estar prohibido escribir sobre moral, carácter, hombres, mujeres, filosofía, legislación, a todos aquellos que no hayan viajado mucho y que no se hayan metido en grandes aventuras». Es un bello lema para un hombre como Casanova, que supo aprovechar todos los recursos que el siglo XVIII proporcionaba a los libertinos que querían encumbrarse en una sociedad aparentemente cerrada. Sus méritos los alcanzó viajando en berlina, en diligencia, en silla de posta, en landó, en trineo y en barco. Lo mismo se vendía como espía que como predicador, igual se ofrecía como cocinero que como tercer participante en un *ménage*.

De todos los personajes ambiguos que dio su siglo, Casanova es el más culto, el más creativo, el más interesante. No solamente es un soberbio escritor, dotado de una fantasía sin límites; sino que se atreve a estudiar lo mismo la Medicina, describiendo una operación de cataratas, que la Economía, organizando la colonización de Sierra Morena; igual conoce la Geometría que cata los vinos o distingue los quesos.

Uno de mis escritores más amados, Ramón del Valle Inclán, utilizó muchas veces las aventuras de Casanova para tejer la trama de sus *Sonatas*. Y creo que no hay forma mejor de rendir homenaje al aventurero veneciano, que dedicarle una sonata literaria en el estilo galante y ampuloso que tanto agradaba a mi antepasado, el feo y sentimental Marqués de Bradomín.

Un palacio en Venecia

Mi primer encuentro con Casanova fue, si la memoria no me traiciona, en 1965. Yo vivía entonces en Venecia, en una vieja mansión que se asomaba sobre el río del Duca: un lugar antiguo y delicioso que alquilé, por unos pocos dólares, a un joven sacerdote acuciado por remordimientos de conciencia y deudas de amor.

El alquiler del palacio incluía el usufructo de su ruinoso mobiliario y los servicios de las personas que lo cuidaban: un mancebo pálido y rubio, con cara de doncel visigodo, y una vieja criada, Maddalena, que había sido niñera del sacerdote. Entre aquellos objetos dispares había algunas obras de arte y varias piezas de ínfimo valor, reliquias de familia, que cedí inmediatamente a su legítimo propietario, junto con el joven lacayo que languidecía de añoranza y aflicción a mi lado. Aunque soy amante del lujo, como un antiguo cardenal, nunca he querido poseer cosas que no supiera disfrutar con aprovechamiento. Ni el celibato, ni el placer de los mancebos, ni las reliquias beatas fueron jamás cosas gratas a mi gusto. Por eso pensé que era de justicia devolverlas al sacerdote que, aun en la desventura, sabría gozarlas.

Entre los objetos que reservé para mi uso se encontraba un bello volumen manuscrito, en folio, que se guardaba en la biblioteca, bajo una deliciosa imagen de la Virgen. Era un libro escrito en claves y cifras misteriosas que, según una vieja leyenda, revelaba la forma de realizar cualquier deseo. Su autor, Pietro d'Abano, médico, astrólogo y filósofo que vendió el alma al diablo, fue condenado por la Inquisición. Murió durante la vista del proceso, pero su cadáver fue llevado a la hoguera. Yo no sé si el libro estaba realmente escrito por el diablo, aunque puedo afirmar que ejercía un raro influjo sobre los gatos y las mujeres, que caían en místico arrobamiento al rozar sus páginas.

La casa tenía un antiguo jardín, entre muros de piedra, donde goteaba una fuente abandonada. En medio de los senderos ondulantes, recortados por macizos de arrayanes, sonreían algunas viejas estatuas que vivieron los tiempos amables de la galantería y del amor. Muchas estaban ya rotas como la fronda de otoño, olvidadas como los últimos madrigales que florecieron en aquel jardín sagrado. La vieja Maddalena, como todas las celestinas y beatas de la cristiana República, sentía una desconfianza misteriosa hacia la belleza, ya fuera de mujer o de mano de artista. «Arte de Roma, arte pagana; arte de donna, arte rufiana», decía con su peculiar acento. Fue, sin embargo, muy comprensiva con mi pecaminosa afición por el arte, y me sirvió con discreción y fidelidad a cambio de algunas limosnas que yo le daba para la iglesia.

—Santa María Gloriosa se lo pagará. *L'ánema a Dio, el corpo a la tera, e'l bus del cul al diavolo per tabachiera* (El alma a Dios, el cuerpo a la tierra y el agujero del culo al diablo, para tabaquera).

Ella me explicó los rituales secretos del amor en Venecia, que consisten en ciertos regalos que deben hacerse siempre en las fechas oportunas: el vino dulce en Pascua, la mostaza en Navidades, las castañas por San Martín y, en San Marco, el ramo de rosas. Pero, sobre todo, no hay que regalar ni aceptar las cosas que traen mala fortuna: peines, imágenes de santos, misales, tijeras —símbolo de la maledicencia— y agujas. Sobre todo los peines son «roba da streghe», cosas de brujas.

Gracias a Maddalena, y a sus refranes que abrían todas las puertas, tuve acceso a algunos documentos secretos que necesitaba para escribir una biografía de Lord Byron, aquel cojo inmortal que tuvo amores desgraciados y apagaba su corazón nadando en las aguas del Lido. Mi casa estaba próxima al palacio Mocenigo, donde había vivido el romántico inglés, y yo tenía la costumbre de sentarme a la hora del crepúsculo, a orillas del Gran Canal, frente a esa mansión llena de recuerdos. No hay hora tan mágica como la del crepúsculo en Venecia, cuando las góndolas se deslizan sobre ríos de oro, entre el Ponte de Rialto y la Dogana. Hora solemne, quieta y apaciguadora.

En una de esas tardes vagabundas conocí a la condesa Cecilia Roggendorff, una joven granada y rubia que tenía ojos azules como el zafiro, y los pechos de una blancura mística, como las santas que pintaban los maestros flamencos. Cecilia había nacido en Viena y descendía, por parentesco directo, de aquella mujer misteriosa que fue, según la historia, el último amor de Casanova. ¡Ella misma podía haber sido también el último amor de cualquier Don Juan!

Gracias a Cecilia conocí muchos secretos de la biografía del famoso aventurero que pasó los últimos años de su vida como bibliotecario de un castillo en Bohemia, convertido en rancio moralista y educador de niñas. Ni el mismo Fénelon habría guardado más celosamente el virgo de sus discípulas. «Señor —le escribía la condesa Roggendorff a su maduro confesor—, si habéis leído en el libro de los destinos que yo he nacido para ser feliz, puedo aseguraros que esta felicidad nació cuando recibí vuestra primera carta.» En sus años mozos, el joven Casanova, encendido por una carta así, habría dejado a la bella condesa sin virgo y sin remordimiento; *disarmata di vele e di governo*, que dijo el Petrarca en parecido trance. Pero la vejez convierte en flácida resignación los más bravos instintos del hombre, y aquella correspondencia ejemplar se prolongó durante meses, hasta la muerte de Casanova, acaecida el 4 de junio de 1798. El viejo donjuán murió sin reconocer a su último amor, resumiendo en una frase toda su biografía:

—Muero como cristiano. Pero he vivido como filósofo.

Durante varias semanas Cecilia y yo vivimos inmersos en los recuerdos del tiempo pasado, con nuestros corazones sumidos en las fuentes sagradas de una correspondencia de amor. Paseábamos juntos por los lugares venecianos que había frecuentado Casanova, y pasamos deliciosas horas en la biblioteca de aquel palacio donde dormían los libros como vidas silenciosas, solitarias y enamoradas.

Un día, Cecilia, tomándome de la mano, me dijo misteriosamente:

—Hay un secreto que aún no conoces. Ya es hora de que te lo enseñe.

Sus ojos, llenos de vaguedad y extravío, me asustaron. Había en ellos una luz extraña, mortecina y antigua como la lámpara de alabastro que se enciende en los altares.

—Sígueme —murmuró levantándose con coquetería.

La seguí hasta la calle, y embarcamos en una góndola que esperaba en el río. Cruzando el Gran Canal y el Río de los Apóstoles, salimos a la laguna. Anochecía cuando la góndola dejó a estribor el húmedo cementerio de San Michele y puso rumbo a Murano. Permanecimos en silencio, como si nos sintiéramos cómplices de una aventura clandestina.

Llegamos así a un sombrío edificio que alzaba su ruinosa fachada sobre el canal de San Donato, y nos detuvimos frente a una puerta que, en tiempos, pudo estar pintada de verde.

Atravesamos una estancia lóbrega, que me pareció vacía, y entramos en un precioso salón iluminado por arañas y candelabros que reflejaban su luz sobre unos espejos. Las llamas del fuego que ardía en el hogar de mármol dibujaban caprichosas figuras en aquel santuario. En el *boudoir* había una pequeña biblioteca: todo lo que se ha escrito sobre la magia y lo que las plumas más voluptuosas han escrito sobre el placer... las estampas lascivas del *Portier des Chartreux*, la *Clavícula de Salomón* y el *Aloysia Sigea Toletana*... Al fondo del gabinete distinguí un amplio diván, apoyado contra suntuosos espaldares de seda bordada con flores en relieve.

Me dejé caer en el sofá, y arrastré a Cecilia hasta mis brazos. No sé cuánto tiempo permanecimos en éxtasis ni cuántas veces mis manos audaces exploraron sus tímidos senos, «más de ninfa que de monja», que decía su santidad Cosme III. Pero, de repente, se apartó de mis manos, y murmuró con malicia:

—Observa esas flores. Cada una tiene en el centro un pequeño agujero. Desde el otro lado lo verás mejor.

Palpé mil veces los espaldares de seda del diván observando los diminutos agujeros de su bordado. Por una puerta, oculta en el muro, pasamos a la habitación contigua, que era un auténtico observatorio indiscreto, concebido por un delicado espíritu amante de la contemplación... ¡Aquel santuario del erotismo era el célebre *casino* de Giacomo Casanova! ¡En aquella habitación había acariciado los globos de su Venus, bajo la indiscreta mirada del abate Bernis, embajador de Francia! ¡En aquel templo sáfico se escondía para contemplar los tiernos juegos de amor de las dos novicias que compartían su lecho!

Por un raro azar, el apartamento se había mantenido indemne durante dos siglos, convertido en almacén de una vidriería de Murano. Cecilia lo descubrió gracias a su curiosidad y a su paciencia, y lo decoró de nuevo tal como había estado en sus años de esplendor.

La infancia de Casanova

La vida del hombre se prolonga más allá de la muerte. Y aquel apartamento que había sobrevivido a todas las guerras y a todas las ruinas era casi un testimonio de fe: un milagro más entre tantos azares mágicos que envuelven la memoria de Casanova.

Hasta los ocho años parece un niño imbécil, incapaz de aprender las primeras letras; pero, de repente, sufre una crisis hemorrágica y despierta su inteligencia. En poco tiempo se convierte en uno de los hombres más dotados de su siglo. Habla griego, latín, francés, inglés, español, además de su lengua materna, el italiano. Estudia Física Experimental en Santa María della Salute y, antes de morir, escribe un *Tratado de Geometría*. Aprende a tocar el violín y se gana la vida como concertista. Domina las artes mágicas, la esgrima, el baile, la equitación, los juegos... Es el primero en reconocer los méritos de Giorgio Baffo, poeta maldito que llama «incauta» a la naturaleza por reunir tantos agujeros en el mismo sitio, dotando al hombre de un instrumento torpe y ciego que no es precisamente un «lanternin». Y se sabe de memoria los versos licenciosos de este «genio sublime, poeta en el más lúbrico de los géneros, pero grande y único».

Pasarán muchos años hasta que Guillaume Apollinaire escriba una lápida en Campo San Maurizio, para recordarle a la gente que aquí vivió desde 1694 hasta 1768 este «Poeta dell'amore che ha cantato con la massima libertà e con grandiosità di linguaggio».

Casanova es amigo de todos los bribones y sinvergüenzas que ruedan por las cortes europeas, como aquel truhán que se hace llamar Conde Aflissio (alias Don Beppe il Cadetto) y que acabará estafando a la pobre familia Mozart. En la corte de Rusia reforma el calendario y se hace famoso como astrónomo. En España acomete proyectos de colonización. En Bolonia escribe un tratado de Medicina, traduce la *Ilíada* en octava rima y redacta una crónica sobre la historia polaca. Es un genio instintivo, un improvisador nato, un hombre dotado para la creación. Se enamora, juega, viaja, compra, vende, empeña las joyas (o la palabra cuando ya no le queda nada), crea empresas y negocios... y aún tiene tiempo para escribir sus memorias, componer una ópera –*Odiseo y Circe*–, y lanzar un libelo político contra el sádico Robespierre.

Aun después de muerto, Casanova es un personaje desconcertante; sus huellas se borran y reaparecen, misteriosamente, como si poseyera la extraña química del fósforo. Cuando muere, deja sus memorias sin publicar. El mundo está en plena revolución, y faltan pocos meses para que un aventurero genial

—Napoléon Bonaparte— dé el golpe de Estado del 18 Brumario. Nadie tiene tiempo, ni ganas, de recordar a este pequeño aventurero del amor que fue Giacomo Casanova. Sus amigos han muerto en las guillotinas de la Barrière du Trône, o sortean ya los últimos achaques de la vejez. Durante veinte años, sus *Memorias* andan rodando de mano en mano hasta que, de repente, un tal Carlo Angiolini —sobrino nieto de Casanova— se presenta en casa del editor Brockhaus, de Leipzig. La casa editora encarga, sin pensarlo dos veces, la traducción de la obra, cuyo original estaba en francés. Y Casanova resucita así, misteriosamente, medio siglo después de su muerte. No es aquel Casanova procaz y descarado que había rodado por todas las cortes europeas, desde Sicilia hasta Rusia. Los traductores se han permitido introducir algunas correcciones en el texto para no escandalizar a nadie. Han hecho, realmente, una deliciosa labor de censura: un poco de maquillaje aquí, un ligero recorte a un pecho que habría podido hacer sombra a una Venus del Vaticano... El mismo Casanova se habría extasiado con las artes eróticas de la censura. ¡Él, que gastaba una fortuna vistiendo a sus amantes para darse luego el placer de desnudarlas!

La edición Brockhaus alcanza un gran éxito. Aparecen, de forma peregrina, nuevos escritos. Los especialistas reclaman el original que guarda la casa Brockhaus, para contrastar los nuevos hallazgos. Pero el fantasma sigue haciendo sus travesuras. Los editores han encerrado en una caja fuerte el manuscrito y no lo enseñan a nadie. Durante ciento cuarenta años los papeles permanecen guardados. ¡Curioso destino para la obra de un hombre que pasó tanto tiempo en la cárcel! Pese a las protestas de escritores y eruditos de todo el mundo, la casa Brockhaus no parece dispuesta a liberar a su prisionero. ¿Habrá perdido el fantasma de Casanova aquella fuerza de ánimo que tuvo en vida, cuando consiguió escapar de las siniestras prisiones de la República de Venecia? El 23 de febrero de 1960 se deshace el misterio. Los editores de Leipzig presentan públicamente el manuscrito. Giacomo Casanova resucita una vez más, un siglo y medio después de su muerte.

La historia de sus *Memorias* es, como su vida, una novela de aventuras. Estaban en un sótano durante la guerra, cuando la casa Brockhaus ardió en 1943. Se salvaron por un azar inexplicable. En medio de los bombardeos, un ordenanza las transportó en bicicleta hasta el único banco de la ciudad que resistía en pie. Allí fueron rescatadas en 1945 por un camión del ejército estadounidense que las condujo hasta Wiesbaden, en un éxodo a través de las ruinas y las trincheras.

«El solo pensamiento de atarme a algo me fue siempre repulsivo, como algo contrario a la naturaleza», escribió en sus *Memorias*. Un siglo y medio después de su muerte podría bromear aún acerca de *sa folie vagabonde*.

El siglo de los aventureros

Giacomo Casanova nace en Venecia el 2 de abril de 1725. Su signo astrológico es el Carnero. Y como buen ejemplar de esta raza celeste, es un tipo impulsivo, fogoso y primaveral, dotado de una poderosa testa y una verga de confianza. «Quien no ama la vida —escribe ya en su vejez— no es digno de ella.» Dos veces sufre de sífilis, se envenena, va a la cárcel, se arruina, recibe un montón de estocadas... pero siente su copa colmada por la fiel y puntual y fecunda savia de la primavera. Es el antípoda de todos los intelectuales románticos; se ríe del complejo de Edipo, del idealismo de Fichte, de la guillotina de Robespierre y de la angustia de Rousseau.

Casanova es un aventurero. «Mi mayor tesoro –dice– es no temer la desgracia y ser dueño de mí mismo.» Es un aristócrata por temperamento, a diferencia de todos los truhanes advenedizos que le rodean. ¿Cómo compararle con el charlatán de Cagliostro o con el misterioso conde de Saint Germain, que vive obsesionado por el oro? En sus memorias se nos presenta como vástago de una noble familia aragonesa que perdió en el exilio su fortuna. Sus biógrafos se ensañan con esta bella fábula heráldica. ¿No es éste –dicen– el hijo de aquella comedianta que llamaban La

Buranella? Quizá no sea el descendiente de don Jacobo Casanova, secretario de Alfonso de Aragón. Pero su historia familiar tampoco es tan desastrosa como pretenden sus enemigos. Sus hermanos Francisco José y Juan Bautista fueron pintores de prestigio cuyos cuadros pueden encontrarse en los mejores museos. Su propia madre llegó a ser bailarina de número en el Teatro Real de Dresden. Si Casanova exageró sus títulos haciéndose llamar Caballero de Seingalt –un simple juego de letras– esa postura forma parte de su maquillaje social, de su sentido estético. Otros se habrían hecho pasar por hijos de la miseria; lo cual, sobre ser igualmente falso, es menos bonito.

Casanova vive como parásito. Le chupa tan profundamente el dinero y la sangre a la aristocracia que acaba teniendo sangre azul. Todos los hombres de espíritu de su generación viven al amparo de las cortes ilustradas de su tiempo. Goethe y Schiller van a parar a manos del señor de Weimar, que coleccionaba a los genios como si fueran porcelanas chinas. Händel y Glück ruedan de palacio en palacio. Y el pequeño Mozart se exhibe con su hermana como un prodigio de la naturaleza. Era, en el fondo, una generación privilegiada que aún divertía a los príncipes. Pocos años después, la Revolución francesa sustituiría a los reyes por los burgueses, poniendo así al artista en manos de las ideologías políticas o de los bancos hipotecarios.

Jugadores, magos, alquimistas, curanderos, todo el *Gotha* de la truhanería rueda por las cortes y principados europeos del siglo XVIII. El famoso conde de Cagliostro, inventor del elixir de la eterna juventud y fundador de la masonería egipcia, gobierna la iglesia de Rohan. El oportunista Teodoro, barón de Neuhof, se convierte en rey de Córcega. El escocés John Law, genio de la inflación, revienta la Hacienda francesa durante el reinado de Luis XV. Un portugués, que se hace llamar conde de Saint Germain y asegura haber conocido a Cristo, se convierte en favorito del rey de Francia. Y el infortunado Federico, barón de Trenck, enamora a la princesa Amelia de Prusia y conoce todas las cárceles de Alemania antes de acabar guillotinado en París. Estos ingeniosos buscavidas se apoderan de Europa en poco más de cincuenta años. Pero son pequeños aficionados, simples comparsas, cuando se comparan con el mayor aventurero del siglo: un joven corso llamado Napoleón Bonaparte que comienza su carrera en las arcadas del Palais Royal, con las pindongas de París. Ese petimetre genial llegará a coronarse emperador y pondrá fin a la romántica raza de los aventureros.

Muchos de estos aventureros proceden de los conventos; son auténticos iniciados en el estudio de las almas; conocen los secretos del confesionario y todos los trucos de la prestidigitación. Ya lo ha dicho, en su estilo desgarrado y licencioso, el magistrado Giorgio Baffo:

> Cossa voleu che diga, caro fio,
> de niovo de sti frati buzzaroni?
> Se non ve zollerè ben i bragoni,
> spesso ghe n'avrè qualcun da drio.

(¿Qué queréis que os diga, hijo del alma, / de estos frailes bribones? / Si no os atáis bien los calzones, / pronto tendréis alguno en retaguardia.)

También Casanova recibe las órdenes menores. A los dieciséis años pronuncia su primer sermón en la iglesia del Santo Sacramento, y cuando el sacristán hace balance de la colecta encuentra, entre las limosnas, cincuenta cequíes y un montón de billetes amorosos.

Casanova es también un actor. Cree, como Goethe, que cualquier actividad humana es puramente simbólica. Hoy se viste de cura, mañana de militar, otro día de senador... Sus disfraces –si puede llamarse así un atuendo llevado con tanta soltura– son símbolos de su personalidad múltiple.

UN DECORADO PERFECTO

La Venecia del siglo XVIII era un salón de fiestas. Las casas de juego funcionaban día y noche para que la gente viviera continuamente en la ruleta del azar. Un cargo diplomático en Venecia era una sinecura en la República del Amor. En 1739 llega a la ciudad un nuncio pontificio, y tres conventos se disputan el honor de proporcionarle compañía para el lecho.

Se necesitaba mucho ingenio y no poca astucia para sobrevivir en esa madeja de intrigas, bajo la implacable vigilancia de los inquisidores del Estado. Pero Venecia es la ciudad ideal para esta existencia clandestina. En el laberinto de sus canales se borran todas las huellas; junto a cualquier muro se abre una puerta disimulada, un pasadizo secreto, una galería misteriosa.

Un bribón como Casanova no podía imaginar mejor escenario para sus andanzas. Cada tarde se reúne con sus amigos en la taberna de Filippo, situada en la concurrida calle de la Mercería, y emboba a la concurrencia con sus teorías. Satiriza generalmente las comedias del abate Chiari, un oportunista que ha hecho carrera en el teatro, arrimándose a la Inquisición. Explica a las mujeres su famosa historia del Ángel de la Luz que se descuelga por los techos de las casas o aparece en los armarios cuando los maridos están de viaje... Recita los sonetos eróticos de Pietro Aretino, y se embolsa los ahorros de un incauto en una partida de faraón... Pero veamos cómo le describe un delator de los inquisidores:

> Habiéndome sido dada la orden de informar sobre Giacomo Casanova, hago notar... que sus relaciones, tanto en Venecia como en otras ciudades que corrió, fueron principalmente con individuos de costumbres libertinas... Después de colgar el hábito sacerdotal, el susodicho Casanova tocaba el violín... y luego, haciendo profesión de hombre de letras, ha viajado por varios países y, gracias a sus intrigas, se introdujo en la casa de nobles patricios y otros personajes; pero se ignora la religión que profesa... hace creer a la gente que la muerte no existe y que el mismo San Bernardo nos transporta dulcemente a la Vía Láctea donde residen los elegidos... embruja a la gente con las condenables imposturas de los Rosacruces y los Ángeles de la Luz... Profesa las máximas de Picure —el docto chivato debe referirse a Epicuro— y arrastra a la

gente a toda clase de placeres y a un libertinaje total...Aparenta conocer la fórmula de la piedra filosofal... Ha escrito una obra donde dice que es necesario acostarse con las mujeres ya que, gracias al adulterio de David, nació Salomón...

Los ojos y los oídos de los espías de la Inquisición estaban en todas partes. Miraban por las bocallaves de la cerradura, por las rendijas de las puertas, por los pliegues de las cortinas. La tenacidad de estos *voyeurs* de las buenas costumbres era inaudita. Se dice que algunos llevaban un diamante en el párpado inferior para arrojar luz sobre las habitaciones oscuras. Otros miraban con un temible aparato: el «hilo de plata untado con bilis de águila». Para escuchar las conversaciones utilizaban el hueso de melocotón que, como la caracola del mar, guarda el eco de las palabras, especialmente si son blasfemas o eróticas. Cualquier argumento era bueno para encerrar a un ciudadano. Y los informes delatores estaban a la orden del día.

La vida veneciana siempre ha estado llena de prodigios. Maddalena, mi vieja criada, sabía muchas historias mágicas. Se empeñaba siempre en que, antes de salir de casa por la noche, tomase un poco de *erba felice:* una infusión que ella sabía preparar, con una receta que le había enseñado su madre, y que a mí me dejaba insomne, pero muy satisfecho. Le gustaba que yo le explicase mis andanzas nocturnas, tras las huellas de Byron y de Casanova. Pero tenía sus manías: tiraba a la basura los cuchillos cuando le parecían «asesinos» (no sé cómo distinguía esta cualidad) y se negaba a cocinar en la Noche de Difuntos, porque decía que los muertos salían en procesión y venían a prender sus velas en los fogones encendidos.

Una verdad que parece mentira

«Un hombre debe decir siempre la verdad –escribe Casanova– especialmente cuando es joven. Porque la verdad tiene un gran poder de atracción sobre las personas.»

Se ha discutido mucho si Casanova dice siempre la verdad en sus *Memorias*. Al menos está claro que es un hombre sin conciencia, sin remordimientos, sin psicoanálisis. Sólo cree en su instinto y en su experiencia. Todos los que han intentado buscar una interpretación trascendente a su biografía, juzgándola a la tormentosa luz del análisis freudiano, han naufragado en el despropósito; porque Casanova es un extravertido, un hombre que libera sus impulsos —mejores o peores— en la vida. «Me tendría por culpable —escribe— si hoy me encontrara rico. Pero nada tengo; lo he gastado todo, y eso me consuela y me justifica.» Hasta tal punto es generoso que, antes de morir, lega a la humanidad su único tesoro: los recuerdos y las *Memorias* de su vida. Ésa es su auténtica y única obra de arte: una verdad que parece mentira.

Casanova juega siempre en favor de la vida. «Ante todo —dice Stefan Zweig— es la negación de lo demoníaco; es un niño que alarga la mano hacia el juguete.» Su biografía está llena de golpes de suerte...

Un día de Carnaval encuentra al viejo senador Malipiero que, aburrido y melancólico, le confiesa que ya no invita a nadie porque sólo tiene dos dientes y tarda mucho tiempo en comer. Casanova sabe responder con ingenio a esta delicadeza del patricio:

—Invite usted a comer a alguien que tenga apetito por dos.

Desde aquel momento se sienta cada día a la mesa con el senador Malipiero. Gasta los dineros de su mecenas en una vida regalada, rodeado de hermosas mujeres: la famosa cortesana Giulietta, la joven Lucia, las hermanas Nanette y Marton, que juegan a acostarse desnudas con él...

El senador Malipiero es como un padre para el joven Casanova: le proporciona dinero, diversiones, consejos extraídos de la filosofía de Séneca... Se lo permite todo, menos aproximarse a la joven Teresa Imer, una niña con senos prometedores a la que él mismo protege.

Un día, el senador sorprende a Casanova en una experiencia ingenua: Teresa y él están desnudos, frente a frente, comparando las diferencias anatómicas de sus cuerpos. Casanova pretende argumentar que éste es el juego de los ángeles del paraíso, pero el senador no está para monsergas teológicas y expulsa a Casanova de su Edén.

Ha llevado su juego demasiado lejos y, en un solo día, lo pierde todo a cambio de la libertad de poder elegir. Para sobrevivir tiene que vender los muebles de su casa y la modesta herencia de su padre. Las cosas no le van bien y experimenta, por primera vez en su vida, las incomodidades de una prisión. Sus tutores, para salvar los últimos restos de su mobiliario, le encierran en el Fuerte de San Andrés, una cárcel militar situada en la laguna, a orillas del Adriático. Un filósofo habría escrito páginas muy amargas sobre su destino: ¡jugárselo todo por la libertad para acabar en una mazmorra! Pero Casanova no es un romántico. Rumía su venganza, mientras intenta poner en práctica los consejos que le diera el senador Malipiero: «Aprovecha para aprender todos los lances de la vida».

Recomendado a un monje franciscano, Bernardo de Bernardis, que acaba de ser nombrado obispo de Martirano, Casanova se embarca hacia Calabria. Pero en la primera escala se juega el dinero en un garito y se queda sin blanca. «Siempre he creído en la providencia», declara en sus *Memorias*. Casanova tiene entonces dieciocho años, muchos sueños en la cabeza y una deliciosa flexibilidad de espíritu.

En el camino, conoce a un fraile recoleto que se dirige a Roma sin más bagaje que la caridad. El padre Stefano es un bribón vagabundo que conoce todas las triquiñuelas de la picaresca. Pero el inexperto y joven Casanova no puede pagarse escuelas más idealistas.

—Sé escribir mi nombre con las dos manos —le dice el monje—. ¿Para qué quiero saber nada más?

Y para rematar su tesis acude, como siempre, a la más burda mentira.

—San Francisco no sabía leer y por eso no decía misa.

Con aquel ángel de la guarda a su lado, Casanova se encamina hacia Roma. Improvisando diferentes trucos consigue hospitalidad y comida. Cuando llaman a las puertas de la Compañía de Jesús comienzan a despotricar contra los capuchinos, esos ateos.

Y si piden asilo en un convento de frailes capuchinos comparan a Ignacio de Loyola con el Anticristo. Hasta los esbirros de la Inquisición acogen hospitalariamente a estos dos santos varones.

Cuando llega a Roma, Casanova es ya todo un licenciado en la escuela de la picardía. Pero allí le espera una desagradable sorpresa: su obispo, cansado de esperar, se ha marchado a Calabria. No tiene más remedio que seguir adelante. Pero ahora, solo y sin compañía, sin más ayuda que su propio ingenio. En cinco días alcanza Nápoles, donde conoce a un griego astuto que se dedica al comercio de drogas químicas. «Hablando con él —confiesa más tarde— recordé que el mercurio amalgamado con bismuto y plomo aumenta en una cuarta parte su volumen. No dije nada; pero pensé que, si el griego no conocía este misterio, podía hacer un buen negocio.» Con este sencillo truco de alquimista, Casanova se gana cincuenta onzas. «La extorsión es un vicio, pero la astucia honesta es una forma de la prudencia espiritual.»

No es un pícaro, como aquellos sinvergüenzas de la literatura hispánica que maltratan a los ciegos o a los pobres. Al contrario, Casanova siente una aversión invencible por la presuntuosa y mala ralea de los necios astutos, a los que distingue de los tontos ingenuos que merecen ternura.

Con las gracias de la providencia y las ganancias de su ingenio, se presenta finalmente en casa del obispo, como un gran señor: tabaquera de plata, bastón con pomo de oro, y en carroza. En sólo unos días ha dado la vuelta a su fortuna.

El obispo de Martirano, que debe su cargo, por partes iguales, a la gracia de Dios y a las recomendaciones de la madre de Casanova, es un joven hospitalario y simpático. Pero el Reino de la Mitra es una decepción. Casanova advierte enseguida que su espíritu no podría sobrevivir en aquel palacio episcopal que se derrumba de viejo; entre aquellas gentes degradadas por la más absoluta miseria y esos burgueses que asisten, como cómplices callados, a un espectáculo digno de la prehistoria. «Allí no existía —confiesa con amargura— ni ese mínimo lujo superfluo que necesita el espíritu para refinarse.»

Casanova —ya lo hemos dicho— no es un tipo demoníaco; tiene el instinto fresco, como un corzo, y olfatea el peligro a tiempo para iniciar su carrera. Tres días le bastan para volver grupas y regresar a Nápoles. Y, poco tiempo después, le encontramos en Roma, convertido ya en secretario del cardenal Acquaviva. «Heme aquí pues en Roma, bien trajeado, pasablemente equipado, cubierto de joyas, provisto de cierta experiencia, con buenas cartas de recomendación, perfectamente libre y a una edad que permite confiar en la fortuna.» La mejor sociedad romana se disputa la compañía de este joven optimista. Y hasta el mismo papa Benedicto XIV le recibe en su palacio y le concede dispensa para todos los días de abstinencia. En la Ciudad Santa aprende francés, y se acuesta con todas las señoras que adoran sus maneras audaces, su sonrisa sincera, sus manos prestas. «El amor hace milagros», comenta proclamando su fe. A una dama que siente pavor de las tempestades y los truenos la cura para siempre con tres maravillosos sacrificios ofrecidos al dios de la tormenta.

Pero Casanova no ha nacido para el *dolce far niente*. En cuanto su vida entra en los carriles de la monotonía, aparece el ángel de la guarda de los enredos para salvarle. Su profesor de francés tiene una hija, Lucrecia, que está perdidamente enamorada de un joven *galantuomo*. El padre se opone a esta boda, y Casanova, cómplice del amor, organiza el rapto de la muchacha. La aventura acaba en un sonado escándalo que compromete al mismo cardenal Acquaviva. Su única salida honrosa es huir de Roma. ¿Hacia dónde? Da lo mismo: Constantinopla, por ejemplo. Allí vive una gran colonia veneciana y no se sentirá solo.

El 25 de febrero de 1744 lo encontramos en Ancona, dispuesto a embarcarse hacia Corfú y Constantinopla. Ha dejado definitivamente los hábitos y ahora es un apuesto joven con uniforme militar, dispuesto a servir a su patria. Pero en la primera etapa del camino le espera ya otra aventura.

En el albergue donde se aloja conoce a una troupe de comediantes. Entre ellos viaja un adolescente con senos de niña y una deliciosa voz de soprano.

—Tú eres una mujer —exclama Casanova al mirarle a los ojos.

—Soy un *castrato* —replica el joven—. Mis padres me castraron para dedicarme al arte del canto. El reverendo padre confesor del obispo me ha reconocido, y puedo demostrar que lo soy.

—Mi instinto no puede engañarme —protesta Casanova—. Estoy seguro de que eres una mujer.

El instinto nunca engaña a Casanova. Su naturaleza funciona de manera muy clara: olfatea a distancia la presencia de la mujer.

—Me llamo Teresa... —confiesa el supuesto joven, abandonándose en sus brazos—. Me gano la vida con esta comedia... Pero tú eres el único hombre que me ha descubierto.

—Volveré a buscarte cuando regrese de Constantinopla —le dice a Teresa en el momento de embarcar.

Pero no se encontrarán tan pronto. Los años de aventura de Casanova comienzan en este momento. De Corfú a Constantinopla; de aquí a Venecia, Roma, Parma, Ginebra, París, nuevamente Venecia, Múnich, Augsburgo, Lorena, París, Amsterdam, Colonia, Stuttgart, Zúrich, Berna, Ferney, Aix, Florencia, Londres, Varsovia... Recorre toda Europa jugando siempre las cartas del azar y del amor. Huye de Constantinopla porque se entera de que alguien quiere casarle. En Corfú se ve mezclado en una pelea y acaba en prisión. Escapa de la isla para regresar a Venecia, más pobre y desconocido que cuando salió de allí. Siempre igual: hasta que no toca fondo no aparece el ángel de la suerte para salvarle.

A los veintiún años intenta enriquecerse con el juego. Pero, finalmente, tiene que ganarse la vida tocando el violín en el Teatro de San Samuele. «Tuve que aceptar el vil oficio de concertista —escribe con su implacable cinismo—. Mis amigos se horrorizaron, pero el oficio no me duró mucho tiempo.» Así es, efectivamente: de la noche a la mañana se convierte otra vez en un hombre rico.

Un día de Carnaval merodea por las calles, en busca de la aventura. Es una noche clara, de cuarto creciente, y las góndolas bogan como guantes negros por los canales estrellados. Inconscientemente, sigue los pasos a un desconocido que anda extraviado y vacilante, como si llevara un barril de malvasía en el cuerpo. *Nunc est bibendum* (hora es de beber), piensa Casanova mientras repite mentalmente los versos de Horacio. Pero, de repente, el desconocido da un mal paso y cae fulminado al suelo. Casanova le recoge y lo lleva a su casa. El médico receta unas cataplasmas; pero Casanova desconfía de este doctor extraño que ejerce sus artes sin auxilio de la magia y de la cábala. Arranca los emplastos y pronuncia una misteriosa invocación a las estrellas. Y así pasan las horas silenciosas de la noche hasta que las campanas anuncian el alba.

—Son las campanas de Santa María —balbucea el anciano abriendo los ojos.

La fortuna de Casanova se anuncia a redoble de campana, como un milagro. El desconocido resulta ser el venerable senador Giovanni Matteo Bragadin, uno de los patricios más nobles de Venecia. A uno de sus antepasados, Marco Antonio Bragadin, lo deshollaron vivo los turcos, durante el asedio de Chipre. Y la humillación fue recibida con tanta rabia por los cristianos, que este suceso quizá motivó la batalla de Lepanto, «la más alta ocasión que vieron los siglos».

Giovanni Matteo Bragadin es el último descendiente de esta familia veneciana. Y Casanova tiene, desde aquel día, la vida resuelta: duerme en el espléndido palacio gótico de su protector, dispone de criados y góndola propia, y disfruta además de una renta de diez cequíes mensuales. La dulce luna de su destino ha vuelto a entrar en su cuarto creciente.

UN HOMBRE CON BUENA NARIZ

Cecilia Roggendorff me condujo una noche al Palazzo Bragadin, siguiendo en nuestra barca las oscuras aguas del río de San Lio.

Al extinguirse la familia Bragadin, el palacio perteneció a los Carabba y, posteriormente, a los Papadopoli: una noble familia de Corfú que tuvo lujosas posesiones en toda la región véneta.

En sus haciendas agrícolas elaboraban buenos vinos, como aquellos que amaba Casanova. Y todavía se sigue elaborando vino en una de estas casas, que fue adquirida por Juan Giol: un argentino que, en el siglo XIX, había creado en Mendoza la bodega más grande de América.

A veces la joven Cecilia me resultaba inquietante, porque conocía muchas cosas ocultas, como si hubiese vivido en otros tiempos que para mí estaban envueltos en el misterio. Tenía una habilidad especial para relacionar las vidas pasadas y conocía cada casa de Venecia, como si hubiese vivido antes en aquellos canales oscuros, en aquellos balcones ruinosos que se asomaban sobre patios húmedos, en aquellos ríos que llevaban siempre nombres de pensamientos tristes. Pero, igual que Maddalena me hablaba siempre en el bello dialecto véneto, que me resultaba tan parecido al catalán y al español, Cecilia me enseñó los brindis más desvergonzados de Casanova, recitando los sonetos prohibidos de Baffo, delante de una copa de vino.

Muchas de las fantasías sexuales de Casanova surgen delante de una botella de vino, unas bellas copas y una mesa bien servida. Sus gustos naturales –propios de su infancia pobre– le inclinan hacia los platos populares y fuertes: la olla podrida española, el bacalao de Terranova cortado en lonchas gruesas, las pastas a la *arrabbiata*, las anchoas y los *antipasti* en vinagre, los alcoholes fuertes. Pero, poco a poco, descubre en París una cocina más sofisticada –la primera cocina culta, que ensambla aromas y sabores sabiamente– y la pone en práctica, en sus aventuras amorosas

Siempre mantendrá esa fuerza y esa capacidad en la nariz, que son tan útiles para un buen amante. Lo mismo frecuenta las mesas financieras de Soubisse o Bernard, en las que se sirve el jamón frío cocido al madeira o el rodaballo con salsa de bogavante, que se deleita en las tabernas del Sena, comiendo la caldereta y los pichones a la *crapaudine;* igual se anima con un champán rosado de color ojo de perdiz, que se agarra al fogoso y ardiente pellejo de *romanía*. Disfruta con el aroma de rosa y naranja que desprenden sus amantes ricas, perfumadas como un guante de España; pero goza lo mismo con el suave olor de valeriana que rocía, como una grosella salvaje o un jazmín, el cuerpo tibio y excitado de las mujeres cuando se entregan al amor.

Practica un juego sensorial muy gratificante: comer las ostras, intercambiando besos de boca en boca, alternando la textura crujiente de la carne con la suavidad sedosa de los labios, cortando el frío de la ostra helada con el temblor caliente del beso, enjugando la sal y el yodo con el perfume de flor y almendras que deja el vino blanco en la boca de una mujer.

La nariz de Casanova, bien esculpida en su anatomía, es quizás el secreto de su inteligencia y de su sensibilidad. Sabe preparar personalmente el menú de sus citas de amor, eligiendo el perfume de las trufas, combinando los vinos tintos de borgoña (para acompañar el esturión) y los blancos de los mejores pagos bordeleses (para acompañar a las ostras), ya que es sensible a la elegancia de los vinos nacidos en suelos de gravas. Él mismo crea su raza de pollos blancos, manteniendo una pintoresca teoría que consiste en alimentarlos con arroz y criarlos en una habitación oscura. En París le alquila una casa al «rey de la mantequilla» (un título honorífico concedido por Luis XV), e invierte una fortuna en caballos nerviosos, en lacayos, en palafreneros... y en la bodega. Aprende a darle placer a todos los gustos, combinando la cocina inglesa (sólo para delicadas mujeres neuróticas) y la francesa, la española y la italiana. Para organizar sus noches de amor se prepara con una taza de chocolate y seis huevos duros en ensalada. El chocolate tiene que ser, naturalmente, piamontés, y lo muele él mismo, dejándolo reposar para que concentre su aroma y se suavice. Por el contrario, el café lo prepara *espresso*, muy caliente y servido al momento.

Cuando yo vivía en Venecia, nunca conseguí entrar en el Palazzo Bragadin, pero a veces pasaba en mi barca por el río de San Lio para evocar tiempos pasados. Y me alegré mucho cuando me dijeron que el modista Pierre Cardin había comprado la vieja mansión, instalando en ella una firma de diseño en cristal. Porque Casanova no habría sido insensible a estos vasos, lámparas y copas que, con sus colores profundos, evocan el esplendor de las antiguas industrias del vidrio veneciano.

Se ha dicho que este gozador de la vida no conoció jamás el verdadero amor. Casanova es un gourmet de la vida: la siente en sus glándulas como un delicioso licor. Ama como un pagano, sin remordimientos, sin rencores, sin venganzas. Es incapaz de transformar su amor en odio, como hace Don Juan. Pero no olvidemos que Don Juan es, en el fondo, un hombre atormentado por la conciencia y que deja, tras de sus pasos, una legión de mujeres histéricas o desgraciadas. Casanova, por el contrario, las deja siempre felices y satisfechas, dispuestas a renovar la alianza con sus maridos o sus amantes; les revela el placer que llevan dentro. «Los tres cuartos del placer han sido siempre, para mí, el hacer gozar a las mujeres.» Casanova ensalza a la mujer. Don Juan, como buen sádico, la rebaja.

En Roma conoce a Henriette, una muchacha que ha escapado de su casa porque no quiere que la encierren en el convento. Casanova no puede resistir los encantos de esta joven rubia, fresca y soñadora. Una mujer así puede ser la amante de un príncipe o de un cardenal. Pero Casanova lleva la púrpura en la sangre y en una noche de suerte, salta la banca en una partida de faraón y la cubre de joyas. Juntos recorren Italia en una luna de éxtasis. «La tristeza —nos dice ya en su vejez— es una enfermedad que mata al amor.» ¡Qué sabia filosofía si la comparamos con la inexperiencia de esos mancebos ojerosos y dolientes que ruedan, más tarde, por los caminos de la Europa romántica!

Pero la alegría es aire ligero que se va, como viene, quizá por las ventanas abiertas. Y un día aparece en este escenario feliz un pariente de Henriette que la convence para que vuelva al hogar. La muchacha duda, se resiste; pero, al fin, cede al miedo.

La luna menguante se refleja sobre las aguas del lago Leman cuando Henriette sube al carruaje para regresar con su tutor. Casanova la observa silenciosamente mientras ella escribe, con su diamante, unas palabras en el cristal: «Tú me olvidarás también».

Luego, los caballos arrancan veloces por las silenciosas calles de Ginebra. Tú me olvidarás, *tu m'oublieras, tu m'oublieras aussi...* Casanova no la olvidó jamás.

Pero la vida no espera a los indecisos. Casanova contempla, durante un segundo, la luna menguante, y sueña en su próximo destino. ¡París! ¿Hay un número más prometedor en la ruleta de todas las ciudades europeas?

En París conoce a una familia de comediantes que vive en los alrededores del Palais Royal; y allí, en el mejor observatorio de la ciudad, instala su cuartel general. Por los soportales del Palais Royal pasea la mejor sociedad de París, los oportunistas de la política y los ridículos de la moda... Por allí anda también un burgués americano, llamado Benjamin Franklin, que se muestra muy sorprendido porque «las francesas tienen los pezones muy pequeños». Y como la observación es el principio de la ciencia, el joven Franklin se hará luego famoso como inventor del pararrayos.

Luis XV, que era un gran amante de la caza, tenía la costumbre de pasar cada año seis semanas en Fontainebleau; aunque sus vacaciones le costaban al país cinco millones de francos. Pero el monarca atendía generosamente a la diversión de su corte, y se hacía acompañar por los mejores actores y actrices de la Ópera.

Casanova se introduce rápidamente en esos ambientes, y se hace famoso por su elegancia y su ingenio. Es un hombre que atrae la simpatía; sabe presentarse en público y levantar la voz en el momento oportuno, cuando el auditorio está pendiente de sus gestos.

Una tarde, durante la representación de una ópera de Lully, tiene la osadía de soltar una carcajada.

—Cuando yo estuve en vuestro país —le comenta, con pérfida intención, el duque de Richelieu— me reí también mucho con las payasadas de la ópera italiana.

—No lo dudo —responde Casanova—. Y estoy también seguro de que nadie tuvo la impertinencia de prohibírselo.

La corte sigue atentamente este duelo de esgrima. Casanova se da cuenta de que todos los palcos están pendientes de sus palabras; pero sabe disimular muy bien y permanece impasible, acariciando el pomo de su bastón.

Madame de Pompadour, la favorita del monarca, se interesa también por él.

—Me han dicho que usted es de por ahí abajo.

Casanova capta el fino desprecio que esconden estas palabras.

—¿Qué significa eso de «por ahí abajo»?

—De Venecia —contesta la Pompadour con maliciosa sonrisa.

—Venecia, Señora, no está ahí abajo, sino en lo más alto.

En unos minutos, Casanova se ha ganado a toda la corte. Pero el duque de Richelieu no se da por vencido.

—¿Qué actriz os parece más hermosa?

Casanova señala una, al azar, y el duque hace un gesto de fastidio:

—¡Pero si tiene unas piernas horribles!

—No se ven, señor. Y, además, cuando examino los encantos de una mujer, lo primero que hago es apartar las piernas.

El *esprit* francés no tiene secretos para un hombre dotado de tan flexible y ágil ingenio. Pero Casanova no pierde tampoco su tiempo. Toma clases de lengua francesa con el famoso Crébillon, acude a las reuniones científicas del enciclopedista d'Alembert, frecuenta al viejo Fontenelle, traduce a Racine y, por si fuera poco, aún tiene oportunidad de practicar sus artes mágicas y curarle una verruga a la duquesa de Chartres.

Pero, para triunfar, se necesita la suerte; y Casanova no la tiene esta vez a su lado. Ha conseguido rodearse de un círculo de amigos. Pero eso es lo malo: los círculos. Siempre las mismas caras, las mismas fiestas, las mismas discusiones. Casanova odia la monotonía, porque sabe que el espíritu se debilita en la vida rutinaria. Busca una oportunidad para salir de París. Y el azar —su ángel protector— se la brinda. Un día recibe un desafío, y acepta el duelo. Desenvaina su espada y se lanza a fondo contra su rival.

La noticia de este lance se expande, en unas horas, por todo París. Casanova contrata un coche y escapa hacia Dresden. Sueña con regresar a Venecia. Pero en su cabeza rondan los malos presentimientos. Los caballos no quieren salir de París; hay que fustigarlos con violencia para que arranquen. El viento contrario sopla en los bosques. Todo el itinerario está lleno de malos presagios: una puerta que se cierra de golpe, un espejo que se quiebra, una rueda que chirría, unos cuervos que vuelan sobre una horca... Pero Casanova sueña con Venecia.

La prisión de los plomos

El 26 de julio de 1755, a primeras horas del alba, se forma cierto revuelo ante la puerta de Casanova. Los vecinos se asoman a las ventanas y observan, con el terror pintado en el semblante, cómo un grupo de esbirros fuerza la entrada y penetra en la casa.

La orden de arresto es muy concisa: «Se ordena a Missier que arreste a Giacomo Casanova, confisque todos sus libros y papeles, y le encierre en los Plomos». El Tribunal y los Plomos son las dos palabras más temidas en toda Venecia. Efectivamente, sus mejores amigos han hecho todo lo posible para salvarle. Conocen los métodos de la Inquisición y las denuncias que se han formulado contra él: brujo, libertino, masón, filósofo, epicúreo... Pero Casanova no cree que todas esas acusaciones juntas sean delito para privar a un hombre de su libertad. Además, está ya cansado de huir. *Fata viam inveniunt* (el destino lo traza el camino), dice recordando a Virgilio.

Mientras se viste, pausadamente (camisa de encajes, casaca de seda, abrigo de *renard*) piensa en todos aquellos malos presagios que le acosaron en el camino de París. Tres años han pasado desde que abandonara la capital francesa. Pero su vida, en todo este tiempo, no arroja un balance digno de recordarse: algunos amores clandestinos, varios enredos de comedia, y un par de apuestas afortunadas en el casino.

Una góndola le conduce, por los canales más angostos y solitarios, hasta la Riva Schiavoni. Vigilado por más de cuarenta esbirros, como un criminal, entra en el Palacio de Justicia para ser interrogado por el prudente Domenico Cavalli, secretario de la Inquisición.

—A éste, enciérralo —exclama el magistrado.

Y así, sin más juicio ni ceremonia, Casanova entra en las temibles prisiones del Estado, ignorando su delito y su condena.

—Aquí no entra nadie por un fin de semana —murmura el carcelero haciendo sonar alegremente su manojo de llaves.

Casanova no le oye. A través de las celosías que cubren el Puente de los Suspiros observa melancólicamente este amanecer de julio. Un gondolero canta unos versos del Tasso y se aleja bogando por el río di Palazzo. Varios senadores, envueltos en sus togas, cruzan el Ponte della Paglia. Al fondo, a contraluz, se recorta la isla de San Giorgio.

Atraviesan pasadizos lóbregos, cerrados por grandes portones de hierro. Y, al fin, desembocan en una zahúrda miserable, apenas iluminada por una claraboya.

—¿Es éste mi alojamiento? —pregunta Casanova.

El carcelero no responde. Saca del manojo una llave gigantesca y abre una puerta forrada de hierro, provista de un postigo redondo. «Con la cabeza inclinada, pues la celda no tenía más que cinco pies y medio de altura, recorrí esta triste morada.»

El calor es inaguantable. El tejado de plomo arde bajo los rayos del sol. Casanova, extenuado, se apoya sobre la puerta y duerme de pie, unos minutos. De repente, se despierta sobresaltado, oyendo un extraño griterío: son las ratas que corren enloquecidas por el desván y festejan así su llegada. Aterrorizado, cierra el postigo, aunque el calor sigue siendo abrasante. Tiene la boca seca; pero espera inútilmente que le den de beber. Aporrea la puerta, grita, insulta a todos los esbirros del infierno... y, al fin, se deja caer en el suelo, dispuesto a morir. Las campanadas del reloj de San Marcos, que resuenan en la celda, le despiertan a medianoche. Extiende un brazo para desperezarse y encuentra... una mano fría. ¿Quién puede haber entrado en la habitación sin que él se diera cuenta? Sólo un muerto puede tener la carne tan quieta y tan helada. Pero Casanova quiere luchar contra el miedo. Vuelve a extender su brazo, y está a punto de soltar una carcajada. Es su propia mano la que está palpando. Su cuerpo, dormido, no se reconoce a sí mismo.

Se incorpora de un salto, e intenta poner en orden su cabeza. Tiene miedo de volverse loco; sobre todo ahora que acaba de comprobar, por una experiencia cómica, lo fácil que es perder de vista la realidad. «Me di cuenta —escribe— de que estaba en un lugar en el que si lo falso parecía verdad, la verdad debía parecer falsa.»

Al fin amanece, y la puerta de la mazmorra se abre.

—¿Ha tenido tiempo de pensar lo que desea comer? —pregunta el carcelero al penetrar en la celda.

Luego, ofrece papel y lápiz a Casanova, para que haga una lista de todas las cosas que necesita: una cama, una silla, una mesa...

—Los libros y los objetos peligrosos están prohibidos. Pero el Tribunal ya se ocupará de proporcionarle las lecturas más recomendables.

Casanova vuelve a examinar su situación; no intentan matarle, sino mantenerle enjaulado como si fuera un animal peligroso. ¿Durante cuánto tiempo?: quizá para siempre. El Tribunal, en prueba de amistosa clemencia, le asigna un sueldo diario para que pueda mejorar su comida.

—Periódicamente —añade el carcelero— le daré cuentas de sus ahorros.

—No hace falta —le interrumpe Casanova—. Puede guardarlos para que digan unas misas en mi parroquia.

Cuando el carcelero desaparece, Casanova vuelve a quedar en su terrible soledad. Las pulgas le devoran hasta el punto de causarle espasmos dolorosos y convulsiones en todo el cuerpo. El calor es tan asfixiante que su propio sudor forma ya un charco en el suelo.

Las primeras semanas transcurren así, como una horrible pesadilla. Sólo Lorenzo, el carcelero, entra en la celda cada mañana con la comida. Durante unos minutos, Casanova puede intercambiar unas palabras con este pobre diablo que se gana un sobresueldo manejando el garrote vil.

En la penumbra de la mazmorra lee algunos libros que el Tribunal ha dejado llegar a sus manos; entre ellos, *La ciudad mística* de sor María de Ágreda, una obra demencial escrita por una monja española. Es un cuento extravagante que narra la vida de Nuestra Señora, desde el vientre de su madre hasta su purísima adolescencia, cuando los ángeles, al mando del príncipe Miguel, venían a barrerle la casa. Con ese melancólico alimento espiritual, Casanova enferma: sufre un doloroso ataque de hemorroides que exige la urgente intervención de un médico.

—Hay que combatir la tristeza —dice el doctor, después de auscultarlo.

—¿Y qué puedo hacer? —se lamenta Casanova—. El Tribunal sólo me deja leer libros tan malsanos como esta horrible *Ciudad mística*.

El médico hojea el libro y frunce el ceño.

—Esa droga puede ser, perfectamente, la causa de la fiebre y de las hemorroides.

El Tribunal concede, por último, un permiso para que el prisionero pueda ejercitar su espíritu en otras lecturas menos sublimes. Una extraña providencia pone en sus manos un libro escrito en una prisión: *La consolación de la filosofía*. Su autor, Boecio, murió en el año 524, martirizado por el rey Teodorico.

Casanova toma con devoción el libro y lee sus primeras páginas: «No es ahora tiempo de lamentos, sino de poner remedio». A medida que avanza en la lectura siente cómo el temple vuelve a su cuerpo: come con más apetito, ordena sus ideas, revive su esperanza. «A comienzos de noviembre —relata en las *Memorias*—, concebí el serio proyecto de salir por la fuerza de este lugar donde se me retenía por la violencia.»

Con una barra de hierro y un trozo de mármol, que ha robado en un descuido del carcelero, se fabrica una especie de cincel. Trabaja con una paciencia de hombre paleolítico, afilando su instrumento, hasta que las manos le sangran.

Pero está decidido a fabricar su herramienta y a agujerear con ella el suelo de la celda. «Estaba seguro —escribe— de que mi celda daba directamente sobre la habitación donde me había recibido el prudente Cavalli; sabía que esta habitación se abría cada mañana y no dudaba que, una vez abierto el agujero, podía descender fácilmente con ayuda de las sábanas, transformadas en cuerdas.»

Una a una, va horadando las planchas del suelo hasta que sólo unos milímetros le separan del piso inferior. Ahora sólo falta esperar el momento más propicio: la noche del 27 al 28 de agosto, víspera de San Agustín, cuando el Gran Consejo se encuentre reunido y nadie pueda descubrirle.

Casanova siente ya próximo el instante de su fuga. Para alejar todo tipo de sospechas pide que le traigan un confesor, y aguanta estoicamente un discurso metafísico digno de sor María de Ágreda. Casanova escucha sin parpadear al jesuita, recordando sus años infantiles cuando él mismo formaba parte de la legión de los niños de Ignacio. Y, de repente, oye una revelación que le deja helado:

—Ya que aprendiste con nosotros la religión —dice el jesuita—, practícala siempre como nosotros, reza como nosotros y acuérdate de que no saldrás de estas prisiones hasta el día en que se celebra la festividad de tu santo.

Cuando el misionero sale de la celda, Casanova repasa mentalmente el calendario. El día de su santo ha pasado ya sin que nadie viniese a liberarle. Piensa también en San Marcos, patrono de Venecia... El día 25, cuando ya está todo preparado para su fuga, se produce un terrible imprevisto: el Tribunal, decidido a mostrar su clemencia, traslada al prisionero Giacomo Casanova a una celda nueva. No había otra solución que obedecer. «Habría querido —escribe el prisionero— llevarme mi precioso agujero, objeto de tantas penas y esperanzas perdidas. Puedo asegurar que al salir de este horrible antro de dolor, dejé en él mi alma entera.»

Su nuevo aposento es un palacio, si se compara con la sórdida mazmorra donde ha vivido en los últimos meses. Es una celda luminosa y aireada que recibe, durante el verano, la suave brisa de la laguna. Pero estas ventajas no pueden borrar la desesperación y el terror que siente el prisionero. Sabe que su vida depende ya de la providencia y, si los esbirros descubren el agujero, está perdido para siempre. Podrían mandarle, incluso, a los Pozos, esas lóbregas mazmorras construidas en los sótanos del Palacio de los Dogos: allí donde no entra jamás la luz del día y donde las aguas se filtran por las paredes; allí donde los desgraciados mueren de frío, encaramados sobre sus catres de madera, mientras el *acqua alta* empapa sus huesos.

Al fin aparece Lorenzo, el carcelero, blasfemando como una bestia, y le pregunta quién le ha proporcionado las herramientas para intentar la fuga.

—En todo el tiempo que he permanecido aquí yo sólo he tratado con una persona —responde Casanova con increíble sangre fría—. Si me hacen declarar aseguraré que usted fue quien me proporcionó todas las herramientas.

El pobre diablo, desarmado, no tiene más remedio que abandonar sus pesquisas. Él mismo se encarga de tapar el agujero y de sobornar a los esbirros para que no se vayan de la lengua.

Sin embargo, Casanova no ha abandonado sus proyectos de fuga. Está firmemente decidido a escaparse, pero ahora se le vigila más de cerca. Su única solución es buscar un cómplice.

Un día se entera de que muy cerca de su celda está encerrado un monje, el abate Balbi, que tiene una interesante colección de libros. Y Casanova, adivinando la posibilidad de comunicarse con alguien, solicita un permiso para intercambiar sus libros con los del monje. Los jueces que conceden la autorización no sospechan que Casanova —utilizando la uña como pluma y el jugo de unas moras como tinta— escribe mensajes en las páginas interiores. Comunica al monje todos sus proyectos de evasión; le explica cómo debe agujerear el techo de la celda y hacer un túnel de comunicación; le aconseja que cubra todas las paredes de imágenes piadosas para que nadie pueda descubrir el agujero.

Pero la parte más comprometida del plan está todavía por realizar: ¿cómo hacer que su famoso cincel llegue a las manos del monje? Casanova lo esconde dentro de una Biblia, coloca encima una fuente humeante de macarrones, y pone esta pirámide inestable en las manos de Lorenzo.

—Es un regalo de agradecimiento al bondadoso monje que me presta los libros.

El idiota de Lorenzo no sospecha nada. Corriendo, para no quemarse, lleva el obsequio hasta la celda del abate. En pocos días, el túnel está acabado.

Para la fuga elige esta vez la fecha del 31 de octubre, víspera de la fiesta de Todos los Santos, cuando el Palacio debe estar desierto. Casanova recuerda los malos presagios de su última tentativa y abre al azar una página del *Orlando furioso* de Ariosto: *Tra il fin d'ottobre e il capo di novembre...*

La lectura de estos versos le hace temblar de emoción. Entre el fin de octubre y el comienzo de noviembre sólo hay un instante, la medianoche.

Cuando en San Marcos suenan las campanadas de medianoche, Casanova y su cómplice levantan la última plancha del tejado y salen al aire libre. La luna está creciente y una muchedumbre de trasnochadores pasea por la Piazza. Casanova respira hondo el aire fresco de la libertad; y, de repente, recuerda otra profecía:

—Tú no saldrás de aquí hasta el día en que se celebra la festividad del santo que te dio su nombre.

Es, efectivamente, la noche de Todos los Santos. La providencia está de su parte. Haciendo un esfuerzo sobrehumano, escala el resbaladizo tejado del palacio y se arrastra, durante horas, por las planchas de plomo, buscando un lugar idóneo para descolgarse. Al fin, encuentra una claraboya que debe comunicar con los apartamentos de los Dogos. Ayuda a descender a su compañero y, luego, se desliza él mismo, jugándose la vida. El edificio está desierto. Atraviesan los corredores, fuerzan las puertas, rompen las vidrieras, hasta llegar al primer piso. Allí esperan pacientemente la luz del amanecer. Casanova se viste con su ropa de calle y se asoma a una ventana para que la gente repare en él. Algunos madrugadores pasean ya por el patio del palacio y, al verle, piensan que es un patricio que se ha quedado encerrado durante la noche.

Cuando el conserje abre la puerta, Casanova se quita su sombrero y da las gracias como un gran señor. El abate le sigue con paso veloz. Y, sin mirar a nadie, aprovechando la confusión, atraviesan la Piazzetta y llegan al Molo, donde se embarcan en una góndola.

—¡A Mestre! —exclama Casanova, con gesto sereno.

Libertad, juego y azar

Una vida donde no aparecen el azar y la magia, la aventura y el milagro, corre siempre el riesgo de ser una existencia perdida. «Yo sé –dice Casanova– que muchas cosas no hubieran ocurrido jamás si alguien no las hubiera profetizado antes.»

Desde Venecia, Casanova se dirige, por el camino más largo, a Treviso; se detiene en Múnich y Augsburgo, y llega a París, el 5 de enero de 1757, en la Noche de Reyes. Esta vez los caballos galopan alegres, las ruedas no chirrían, las puertas se abren, y todos los astros del cielo brillan sobre su cabeza.

En París encuentra a sus viejos amigos, dispuestos a ayudarle. Se entera de que dos italianos, los hermanos Calzabigi, acaban de proponer al ministro de Finanzas un ingenioso negocio... Se trata de instalar en París una lotería similar a la que funciona ya en Italia con el nombre de Banco Lotto. Es una empresa de azar que seduce a Casanova.

Sin pensarlo más se presenta en la corte y, usando sus conocimientos matemáticos, demuestra las posibilidades económicas del negocio. Pero, como el juego y el amor son la misma cosa para este aventurero, propone al ministro una idea feliz: cada bola debe ir apadrinada por una joven honesta y hermosa que recibirá una dote de doscientas libras si su número sale premiado. Es la alianza perfecta, capaz de convencer a cualquier político: unir la inmoralidad del juego a la virtud burguesa de la decencia.

En poco tiempo, Casanova se enriquece con la administración de la lotería. Abre varias oficinas en París, y goza de una pensión de cuatro mil libras que le sirve para mantener su tren de vida: lacayos, coches, caballos... Ama a la hermosa Manon Baletti y a la vieja marquesa de Urfé. Ese ha sido siempre el estilo de Casanova: no selecciona a sus amantes, da lo mismo que sean viejas que jóvenes, ricas que pobres, doncellas o prostitutas.

En Amsterdam hace un fabuloso negocio con unas letras de cambio. Y allí se encuentra a una antigua conocida, aquella Teresa Imer que se hacía pasar por un muchacho castrado. Arruinada y abandonada por su marido, viaja con su hijo pequeño. Casanova la ayuda económicamente y vuelve a París con el niño, para ponerlo bajo la protección de la marquesa de Urfé.

—Es el conde de Aranda, hijo de una noble familia —dice Casanova, al presentarlo en casa de la marquesa.

Desde aquel día el pequeño vive en palacio y tiene de todo: caballo, palafrenero y criado.

Cuando el negocio de la lotería comienza a fallar, Casanova monta una fábrica de tejidos. La idea es genial: consiste en imprimir con tinta los estampados de los vestidos. Pero, para llevarla a cabo, recluta a quince obreras y las cubre materialmente de joyas. En el taller se ama, se bromea, se hace de todo menos trabajar. Y el negocio, lógicamente, se va a pique.

Otra vez comienza el éxodo vagabundo: Amsterdam, Colonia, Stuttgart, Zúrich... En Berna conoce al famoso humanista suizo Albrecht von Haller. En Ferney visita a Voltaire, y se separan al cabo de dos días, sin poderse soportar mutuamente. En Roma se presenta al Papa y obtiene el nombramiento de Caballero de la Espuela de Oro. Es una condecoración de poco valor que los papas conceden a todos los vagabundos que se ponen a su servicio. El joven Mozart también la posee: «Soy Caballero de la Espuela de Oro —dice el músico en una de sus cartas—; y cuando me case seré caballero del doble cuerno».

La estrella de Casanova vuelve a palidecer. Por el camino de Aviñón escucha el chirrido de los ejes de su carroza. Al pasar frente a un castillo, el carruaje pierde una rueda. Se ve obligado a pedir ayuda.

—Mi señora, la condesa, tendrá el gran honor de hospedarle —dice un mayordomo.

Casanova, olfateando la aventura, se hospeda en el castillo. Come solo, duerme en un buen lecho, pero nadie acude a saludarle. Por la mañana, cuando está a punto de partir, le pasan una carta que dice: «Al hombre más honesto que he conocido en mi vida. Henriette». Es aquella Henriette que, años antes, había escrito en el cristal de su carroza: tú me olvidarás también.

En Londres se enamora de un demonio de diecisiete años, la hermosa Crébillon, que le saluda con estas palabras:

—Os volveré completamente loco.

Y la joven cumple su promesa. Casanova cae en el enredo hasta el punto de que, por primera vez en su vida, pierde la fuerza de su espíritu: rueda por las casas de juego como un borracho del azar, firma cheques sin fondo, lo va perdiendo todo...

La bella Crébillon se muestra cada vez más ambiciosa e insaciable. «Con honda pena —escribe Casanova— tuve que comprender esa relajación que va unida a los años. No poseía ya aquella confianza que dan la juventud y la conciencia del propio valer.»

A los cuarenta años, nuevamente en la ruina, debe volver a empezar. Se traslada a la corte de Prusia y acepta el cargo de gobernador de la Escuela de Cadetes que le ofrece Federico II. Pero la vida de cuartel es peor que el obispado de Martirano. A los pocos días se marcha a Polonia. Viaja por España y, a causa de un malentendido, visita las prisiones de Montjuïc en Barcelona. Va de fracaso en fracaso. Ya no puede viajar a pie ni rodar por los caminos. Los años le pesan. Y un día, cerca de Aix-en-Provence, cae enfermo de muerte. No se habría salvado sin la misteriosa colaboración de una enfermera espontánea que viene a cuidarle. Y, cuando ya está fuera de peligro, encuentra una carta en su mesita de noche: «Los dos hemos envejecido. Me has visto y no me has reconocido... Si necesitas dinero no olvides que mi bolsa está a tu disposición». ¡Otra vez Henriette!

Casanova regresa a Venecia. Sus antiguos delitos se han olvidado. Baja la cabeza y pide perdón a sus esbirros. Ya no tiene a donde ir: escribe libelos para el gobierno de la República y, con el nombre falso de Angelo Pratolini, se convierte en policía. Pero, al cabo de un tiempo, le amenazan nuevamente con la cárcel porque su trabajo es sospechoso: en varios meses no ha sido capaz de denunciar a nadie. «O yo no estoy hecho para Venecia —escribe—, o Venecia no está hecha para mí.»

También yo creo que un buen proyecto de fuga en una prisión es mejor que una vida libre, pero sin sentido. No aprendí esta lección en Casanova, sino en *Citadelle* de Saint-Exupéry: «Si libero en un desierto a un hombre que no siente nada, ¿qué significa su libertad? Sólo se siente libre quien va a alguna parte. Liberar a un hombre sería enseñarle la sed y trazar un camino hacia un pozo».

UNA PORCELANA ROTA

Empolvado y antiguo, como una pieza de porcelana, Casanova se refugia en Bohemia, bajo la protección del conde de Waldstein. Tiene sesenta años cumplidos, y lo ha perdido todo, menos el espíritu: «Hay que despreciar la muerte –dice–, no la vida». Encerrado en la biblioteca del castillo de Dux escribe, una tras otra, las mejores páginas de su obra; trabaja durante trece horas diarias, con la fiebre creadora de un Balzac o de un Händel. Poco a poco, se va volviendo filósofo, como si la sabiduría fuese la última conquista de su amor. A esa altura de la vida lo comprende todo: sus errores y los errores de los demás. No se arrepiente de haber jugado con las ambiciones ajenas: «Mis protestas –dice– son un desahogo natural; no pueden ser fruto del odio ni de la cólera, porque no siento ninguna malevolencia en mi ánimo».

En esas horas sangrientas y agitadas de la Revolución francesa, la providencia le ha puesto nuevamente a salvo, encerrándole en la biblioteca del castillo de Dux. Mientras sus viejos amigos caen decapitados por la guillotina, Casanova tiene el privilegio de vivir entre recuerdos de amor, como un prolífico y antiguo patriarca. Sólo de tarde en tarde deja escapar una queja: protesta de la insolencia de los criados que le gastan bromas pesadas. Pero él se venga no aprendiendo jamás correctamente el idioma alemán, y pronunciando de una manera cómica sus nombres.

Cuando pierde sus dientes, Casanova pierde el secreto de su atractivo. Tiene setenta años, y le cuesta subir los escalones del palacio del conde de Waldstein, que le ha empleado como bibliotecario.

«No había día en que no tuviese una discusión –escribe el príncipe de Ligne– por causa de su café, su leche o el plato de macarrones que no estaba en su punto.»

En realidad, se sentía ya viejo, no digería los faisanes baratos que comía en las tabernas de Praga, y se veía obligado a comer con el servicio; porque su amo ya no mostraba interés por la historia de sus aventuras.

Y, sin embargo, conservaba su nariz: menos aguda, pero más certera, fundamentada en romántica memoria de olores y en amargas penas de vejez, quizás abierta ya sólo a los melancólicos perfumes del tiempo perdido y a la primavera exaltada de las muchachas en flor. Yo diría que, como todos los cínicos, desde Diógenes hasta Epicuro, había comprendido al final de su vida que la filosofía es cuestión de apéndices: la nariz y el sexo.

Antes de morir aún tuvo fuerzas para pedir unos cangrejos de río: el mismo antojo que había tenido su madre cuando lo trajo al mundo...

Una mujer que se ahogó en el camino de España

ALFONSINA STORNI

Cuando me dijeron que Alfonsina tenía el cáncer, pensé que se la estaba comiendo el zaratán. Primero leí uno de sus versos ocres, y quise hablarle a las espaldas sin descubrir mi rostro; sólo por ver si mi voz de hombre oscuro, acostumbrado a dominar el alma oscura, le acariciaba la clara carne femenina.

> No me di vuelta a ver el hombre
> en el deseo que me fuera
> su rostro anónimo y pudiera
> su voz ser música sin nombre

Cuando me dijeron que Alfonsina Storni había desaparecido en el mar, muchos años antes de que yo la perdiera, la busqué por todas partes: en los cafés de Buenos Aires, en los patios húmedos de Colonia del Sacramento, en las rosas púrpuras que traen las olas en Mar del Plata, en las magnolias del Ticino, en los parques románticos de Madrid, en las azoteas de Cádiz...

> ¡Oh simpatía de la vida!
> ¡Oh comunión que me ha valido,
> por el encanto de un sonido
> ser, sin quererlo, poseída!

Alfonsina nació en los valles alpinos del Ticino, entre castaños y viñas, entre hortensias y bosques, entre magnolias y glaciares; dudando también entre Europa y América, porque se crió en Argentina.

Alfonsina nació ya en la ambigüedad. Juan Ramón Jiménez —hablando por boca de los que la habían conocido en Madrid— dijo que era algo viril, no talmente fea aunque algo hombruna.

En el Madrid de las casas de huéspedes y los poetas solterones, dejó fama de ambigua. Su figura menuda no le iba bien a aquella España de toros negros y vacas tetonas. Sólo a los hombres se les permitía ser ambiguos y escribir violeta, como Juan Ramón, o puro nardo, como Federico. Las mujeres españolas, cuando querían triunfar en la vida intelectual, tenían que ser doñas: doña Cecilia Böhl de Faber, doña Emilia Pardo Bazán, doña Concepción Arenal.

Pero Alfonsina era Alfonsina: una maestrita pequeña, poetisa, coronada de laurel argentino. César González Ruano me explicó que iba siempre acompañada por una amiga bellísima, Blanca de la Vega, que recitaba sus versos. Y que se notaba que eran más que amigas.

En el primer barco que me llevó de Cádiz a Buenos Aires le escribí un tango a Alfonsina: «Chirusa, asomáte a la ventana. Te envío una nube blanca, no se te vaya a espiantar». Pegué la estampilla y comprobé, cuidadosamente, la dirección en el sobre. Y, dándole un corte al viento, en una latitud sin islas, arrojé la carta al mar.

A veces castaño amargo, a ratos dulce viña; a veces hierba mate del Paraná, a ratos ombú silencioso o laurel negro. Así era Alfonsina. Cuando estaba en Buenos Aires, ciudad que adoraba, se sentía prisionera de sus amores, de sus celos, de sus cafés. Y entonces quería irse.

La primera vez que llegué a Buenos Aires me llevé sus versos al Café Tortoni. Se me habían mojado los zapatos, como si hubiese caminado buscando flores de fango por el Río de la Plata. «Fuiste papusa del fango y las delicias de un tango te arrastraron del bulín...» Y se me llenó la tarde de fantasmas porteños: las letras de Pascual Contursi, el bastón de Borges, los brindis de Macedonio Fernández, las pinturas de Quinquela, los tangos de Juan de Dios Filiberto, las prosas de Oliverio Girondo... En vez de pedir champán le fui pidiendo al camarero recuerdos que me subía, fríos y húmedos, de la cueva de vinos del café. Me bebí las mejores cosechas desde que se creó la Peña en 1926 hasta que, en 1938, Alfonsina Storni se ahogó en Mar del Plata. Se animaron las fotos amarillentas en las viejas paredes de papel pintado y de madera; se iluminaron las vidrieras con la luz de un viejo film; y se fueron sentando en el velador de mi tertulia Juana de Ibarbourou, Paulina y Berta Singerman, Mary Rega Molina y Alfonsina Storni. Recordamos juntos «El dulce daño», «Mascarilla» y «Trébol». Y hasta el pequeño escenario se abrió aquella noche para que Lola Membrives recitase, cantase y tocase el piano.

> Y tú y yo conocimos las selvas olorosas...
> Y tú y yo no atinamos jamás a cortar rosas.

Me fui cuando las sillas ya se habían encaramado a las mesas para desentumecer las patas... Se me había llenado de humedad la voz, como si las madrugadas del Plata me hubieran convertido en criollo. Y por la Avenida de Mayo me siguió un vagabundo, tocando en un *mandolión* el tango *Celos*.

Cada noche, en el comedor del Hotel Plaza, tocaban esta música. Cada mañana, mientras escribía en mi mesa del Café Tortoni, se oía, en la Avenida de Mayo, el acordeón del vagabundo que tocaba *Celos*.

No sé por qué el tango *Celos* tiene una presencia recurrente y misteriosa en mi vida. Me acompaña desde mi infancia, como una de las canciones que recuerdo de la cuna. Sonaba en los años cuarenta en los patios abiertos, en mi casa de la Gran Vía de Barcelona. Se oía en las radios de la posguerra, en los viejos gramófonos de la Voz de su Amo, en los bailes de las verbenas y en las habitaciones de las criadas, que olían a manzanas de pueblo y a carmín de labios y eran, para mi curiosidad de niño, linternas mágicas y cine mudo: el ojo de una cerradura donde se veían siluetas de manos y piernas, sombras que se subían y bajaban las medias con la música del tango.

Más tarde en Cádiz, donde pasé mi adolescencia, se vivía mucho al ritmo de América. Delante de mi casa gaditana había muerto Bernardino Rivadavia. Unas calles más allá había nacido Celestino Mutis. No se podía vivir en Cádiz sin sentirse en América.

El tango *Celos* sonaba también en los cafés del puerto, donde los pobres que emigraban a Argentina, en busca de fortuna, se despedían de sus madres o de sus novias. Y el tango *Celos* se oía en las ventanas abiertas, en las noches cálidas, en el último adiós de las orquestas de los barcos que se llevaban a tantos europeos —españoles, judíos alemanes, italianos— hacia la incógnita del futuro por el Atlántico.

> Yo seré a tu lado silencio, silencio,
> perfume, perfume, no sabré pensar,
> no tendré palabras, no tendré deseos,
> sólo sabré amar.

Dicen que la Avenida de Mayo parece un rincón de Madrid, o quizá nuestro Madrid quisiera haber conservado los cafés de la Avenida de Mayo. Pero hay rincones de Buenos Aires que me parecen más cercanos al Ensanche de Barcelona. Y en las vueltas de Boca hay ropa tendida de las azoteas de Cádiz.

Cuando fui a buscar a Alfonsina llevaba en la cabeza muchas palabras que sonaban a tango, a argentinismo, a lunfardo. También en España le llaman *yantar* al comer, *yerba* a la hierba, *punto* al sujeto y *roncador* al caballo malo. También en Cataluña le llamamos *esquena* a la espalda, como en las letras del tango.

Juan Ramón Jiménez escribió una página terrible sobre el zaratán. Y cuando me dijeron que Alfonsina tenía el cáncer, pensé que se la estaba comiendo el *zaratán*, que la estaba matando el zaratán.

«Joselito Figuraciones veía a Cinta Martín con el zaratán en el pecho, entre los pechos, en medio del pecho blanco, blanco de leche... Joselito se figuraba el zaratán como un lagarto grana, un cangrejo carmín, un alacrán colorado... Y ella pasaba de negro riguroso, de doble luto total, muy encogida en su imposible, muy abrigada, con su zaratán en su pecho y sus manos blancas, como unos lirios santos sobre su zaratán.»

A Alfonsina Storni la estaba matando el zaratán, se la estaba comiendo el zaratán.

«¿De dónde habría salido el zaratán, de debajo de qué piedra, de qué árbol partido, de qué cueva húmeda, de qué horno abandonado, de qué caño inmundo, de qué honda poza? ¿Y cómo se metió allí, en el pecho blanco...? ¡Como no fuese que ella misma le abriera su corpiño, que ella misma lo dejara entrar!»

Cuando llegué a Buenos Aires me dijeron que Alfonsina había salido ya para España. Era ya tarde para encontrar al zaratán, para vencerlo, para estrangularlo, para llevárselo como un trofeo.

Ella no había tenido tiempo ni ganas de esperar. Ya sólo escribía versos de sombra y miedo. Escribía romances a la venganza, milongas lúgubres, tangos tempestuosos. Doblegada por el dolor quiso fingir que no amaba la vida. A una mujer tan calumniada le sentaba bien, incluso por coquetería, una pequeña mentira.

> Aquí descanso yo: dice Alfonsina
> el epitafio claro, al que se inclina...
> Aquí descanso yo y en este pozo
> pues que no siento me solazo y gozo...
> La mujer que en el suelo está dormida,
> y en su epitafio ríe de la vida,
> como es mujer, grabó en su sepultura
> una mentira aún: la de su hartura.

Una tarde de octubre de 1938, en Mar del Plata, comenzó a caminar, mar adentro, tierra afuera. Había olvidado dos palabras y venía hacia España buscando nubes blancas, cortando estrellas. Y el mar se abría y se plegaba en el tramonto, como un gran bandoneón, igual que un tango caprichoso, convirtiendo a la vida en dulce daño.

> Se quejaron los lirios
> al oír mis delirios.
> ¿Qué sabrían los lirios?
> Ulularon los vientos
> al oír los lamentos
> ¿Qué sabrían los vientos?

Pero el mar devolvió su cuerpo menudo a la playa de La Perla. Y cuando los médicos forenses se inclinaron a examinar su cuerpo muerto, en su carne blanca no se veía el zaratán. Tampoco la callada ambigüedad. Sólo ya la magnolia.

Un loco surrealista en la Huasteca

LA CASA DE SIR EDWARD JAMES

Creo que fueron mis buenos amigos Jean Claude y Daphné du Barry los que me hablaron por primera vez de sir Edward James, un loco surrealista que vivía en la Huasteca mexicana y que había sido mecenas de Dalí.

A Jean Claude y a Daphné du Barry les gusta evocar el recuerdo de los iluminados. Y, después de vivir una juventud creativa y apasionante, buscaron el refugio místico del castillo de Saint Lary, en las tierras de Gascuña. Él sigue siendo un dandi elegante, divertido y refinado como el príncipe de Ligne y otros aventureros aristócratas del siglo XVIII, porque tiene fino humor, inteligencia clara y una cultura universal. A su mesa siempre se sienta un huésped ilustre o, simplemente, algún misterioso peregrino. Y, entre sus amigos, he conocido a Dalí, a Pierre Daninos, a Roger Peyrefitte, a Tony Curtis, y a tantos personajes hoy desaparecidos. Daphné tuvo siempre la espléndida belleza de su incansable alegría. Ella trabaja en su taller de escultora, entre enormes bloques de piedra que se van convirtiendo en fascinantes obras de arte: el Cristo de la catedral de Mónaco, la Nereida, el Bautismo de Clodoveo o la misteriosa Muerte de Atala que habría emocionado a Chateaubriand. Y él encuentra silencio para su oración de quietud en esta torre cuadrada que domina, desde el siglo XIII, una grandiosa perspectiva sobre tierras de pan y bosque. Porque el predio de Saint Lary, mermado por el desgaste de su larga historia, aún sirve de refugio a los ciervos del Cantar de los Cantares. Más que una fortaleza militar es un castillo místico, como la propia Gascuña; paridera de aventureros y de iluminados, de genios y de jesuitas. Los legendarios tesoros soterrados por los templarios se ocultan, como las duras cosechas de *tannat* y las viejas añadas de Armagnac, en las cavas de Saint Lary.

Al decir de los lugareños, este castillo conserva todavía algunos de sus fantasmas. Y Jean Claude du Barry afirma que, en las noches de luna nueva, se oye en el patio un ruido entrecortado y misterioso, como si alguien removiera la tierra en busca de un tesoro. Son los templarios que vuelven del infierno para contar sus monedas.

Pero la historia más curiosa de este castillo va unida a la memoria de Mozart. Porque Saint Lary fue, hasta hace pocos años, propiedad de la condesa de Colloredo, descendiente de aquel soberbio arzobispo ilustrado que contrató a los Mozart para el servicio de su capilla.

El príncipe Hyeronimus Colloredo, arzobispo de Salzburgo, pensaba que los Mozart eran una tropilla de virtuosos con pretensiones impropias de su clase: cisnes de media pluma que se exhibían en palacios y tabernas.

Colloredo, que debía su sinecura pastoral al poder de los Habsburgo, era un político nebulón, fervoroso defensor de las reformas sociales; pero, al referirse a los Mozart, compartía la opinión de la emperatriz María Teresa, que los llamaba «saltimbanquis». Hoy día, en su habitual estilo despótico, Colloredo les habría llamado «gitanos».

Cada vez que los Mozart solicitaban un permiso para salir de Salzburgo, el arzobispo maquinaba mil pretextos para denegárselo. Leopold y Wolfgang tuvieron que inventarse un lenguaje cifrado para que los sabuesos del príncipe no llegaran a enterarse jamás del contenido de sus cartas.

La última batalla entre Mozart y Colloredo tuvo lugar en la primavera de 1781, cuando el arzobispo insultó al músico, llamándole «pelagatos, piojoso y cretino» *(Lumpen-Lausbub-Fexen)*. Desde esa fecha, Colloredo no volverá a hablar de Mozart ni a ocuparse de su carrera.

Hyeronimus Colloredo sobrevivió a Mozart y murió a los ochenta años, desposeído de sus feudos. Su historia, como la de Poncio Pilato, es la de un «usurpador de fama»: uno de esos hombres que entran en el árbol genealógico de la gloria adheridos, como los hongos de la podredumbre, a un fruto goloso y azucarado.

Los Colloredo, que habían sido cancilleres, ministros y príncipes, se dispersaron por el mundo. Y la última condesa de este linaje, Berthie von Colloredo-Mansfeld, se refugió en 1927 en las tierras añejas de Gascuña y vivió, hasta que consintió llevársela la muerte solitaria, en el castillo de Saint Lary.

Amazona intrépida y hembra frenética, cabalgaba por los senderos de montaña de su castillo para vivir aventuras que han dejado una leyenda entre los campesinos de Gascuña. Algunos dicen que también era aficionada a la música... hasta el extremo que se encaprichó de un guapo trompetista negro de jazz.

Debe ser una extraña intuición la que anima a Jean Claude du Barry —a quien nunca he revelado los pormenores de esta historia— cuando enseña a sus huéspedes la sala de música de su castillo y murmura moviendo la cabeza: «Esta habitación tiene algo inquietante».

Los fantasmas tienen siempre algo inquietante, no exento de macabro humor. Sobre todo cuando van disfrazados de moros, gitanos o negros, al estilo de las óperas de Mozart que tanto disgustaban al «sereno y cristiano príncipe» Hyeronimus Colloredo.

En busca de la anaconda perdida

En las sobremesas del castillo de Saint Lary llegué a enterarme de la existencia de otro personaje apasionante.

Jean Claude du Barry colaboró, durante muchos años, con Salvador Dalí. Y, por eso, conocía también algunos detalles de la vida de otro loco surrealista: sir Edward James.

Buñuel habla también en sus memorias de un inglés que compró un bombardero en Checoslovaquia para atacar a los falangistas, y que no podía ser otro que Edward James.

Edward James era nieto de Eduardo VII. Quizá por eso, por fidelidad a sus raíces, se definió toda su vida como «monárquico anarquista», una de las audaces coherencias de su carácter que los doctrinarios le criticaban como contradicciones. Su madre era hija del rey; mientras que su padre fue un explorador famoso, que viajó por África, Afaganistán, Arabia y las más desoladas zonas árticas.

Sir Edward James vivió una vida aventurera, en la guerra de España y en México, hasta que se construyó una casa surrealista, en Xilitla, en la Huasteca potosina. En mis *Memorias de México* dediqué algunas páginas a este personaje que me pareció siempre tan genial como el mismo Dalí.

Xilitla se encuentra en la cumbre de un promontorio, que domina el valle del río Moctezuma. Al llegar a Xilitla uno creería haberse extraviado en la jungla densa, entre palmeras y una vegetación templada. Pero merece la pena llegar a esta ciudad perdida, en busca de una locura: el castillo de sir Edward James, el monumento surrealista más extravagante del mundo.

En una época en que los clérigos universitarios creían que basta tener una teoría para poseer una filosofía, Edward James construía su pensamiento a través de su propia existencia, siguiendo el camino agonístico de la vida, como los antiguos profetas.

Como había heredado una fortuna considerable, Edward James se dedicó a viajar y a seguir las vías de su espíritu, que no eran fáciles ni aburridas. Era un tipo original de los pies a la cabeza, hasta tal punto que Dalí, harto de soportar a tantos falsos genios artísticos y literarios como ha dado el siglo XX, lo consideraba el «único loco surrealista y verdadero» que había conocido.

Así llegó a Barcelona y se convirtió en mecenas de Dalí. Más tarde, mientras editaba sus delirantes poemas y novelas, ayudó también a Magritte y a Picasso. Dirigió la famosa revista *Minotaure*, pintó muchos cuadros y escribió algunas obras de teatro. Picasso recibió su ayuda en la época en que creaba el *Guernica*. Magritte incluyó su retrato en uno de sus cuadros: *La Réproduction Interdite*.

Atraído por el espiritualismo, James acabó recalando en América para seguir unos cursos con Aldous Huxley.

Yo sostengo que la idea de construir y fundar casas es uno de los dones del Espíritu Santo. En cuanto un individuo alcanza cierta dimensión interior, cae en el delirio de las fundaciones: ya sea amueblando cuevas, creando conventos o levantando palacios. Como Edward James no era un semental, y no tuvo hijos de su fracasado y único matrimonio, perteneció a la estirpe de los fundadores solitarios. Así, en 1945, comenzó definitivamente, como Santa Teresa, la historia de sus fundaciones: primero en Cuernavaca, luego en Xilitla, siempre en sitios tropicales y bendecidos por el espíritu de la exuberancia.

La crónica de sus fundaciones es, como deben ser estas historias, mágica y milagrosa. Un día, al pie del torrente de los Siete Pozos –¡vaya nombre iniciático!– Edward James se vio rodeado por una nube de mariposas: esas mariposas de bellísimos colores anaranjados que creo que llaman *monarcas imperiales* –¡otro nombre místico!– y que emigran anualmente desde Canadá hasta el corazón de México.

Llamado por este signo del cielo, se construyó una casa cerca de este torrente, en un pueblo olvidado y perdido. Así, en 1962, nació la que sería conocida como La Casa Infinita: una locura multicolor, construida a lo largo de treinta años: más extravagante y menos bella que la casa de Dalí en Port Lligat, con detalles tan surrealistas como un camino marcado por pies de cemento, con arcos que no sostienen nada, con patios orientales aplastados por la naturaleza –¡qué manifestación tántrica!– y columnas absurdas o escaleras que acaban en la boca voraz de la selva.

Adentrarse en este delirio selvático es una aventura, ya que el camino transcurre entre laberintos, veredas flanqueadas por serpientes de piedra, arcos que se convierten en ramas, columnas que se transforman en bambúes, y edificios que parecen surgidos de una pesadilla blasfema del santo Gaudí.

Allí vivió hasta su muerte este nieto de los reyes de Inglaterra, rodeado por jaulas abiertas donde los pájaros, como los poetas, se siguen encerrando a ratos, por su propia voluntad. Hasta los albañiles, arrebatados por esta locura, colaboraron en la Casa Infinita, imaginando ventanas inacabadas, ladrillos sin sentido, pilares sin utilidad práctica, estructuras de tres pisos que podrían ser cinco.

Mientras Edward James, arruinado por la voz del espíritu magnánimo, iba vendiendo su colección de obras de arte en las subastas de Inglaterra y Nueva York, los obreros trabajaban ya solos, siguiendo el vuelo de las mariposas imperiales, llevados por el viento de la fantasía que sopla en los últimos lugares santos.

Edward se paseaba entre los carpinteros y los albañiles, con una guacamaya en el hombro o una serpiente enroscada al cuello, repartiendo polvos de colores para mezclar con el cemento: azules y amarillos para pintar las estatuas, rojos y verdes para consagrar este fabuloso parque a su locura.

En 1962, cuando las orquídeas del jardín se perdieron en una nevada, Edward decidió cambiar las flores por animales, y llenó los jardines de jaulas con pumas, serpientes y aves multicolores. Se hacía transportar en una silla, como un emperador, hasta una gran bañera en forma de ojo, donde se sumergía en agua caliente, rodeado de peces de colores. En el verano, tenía una cama al aire libre, donde dormía rodeado de velas.

Amigo fiel hasta la muerte, Edward James dejó en herencia la casa de Xilitla a un indio yaqui, Plutarco Gastélum, que había colaborado en la construcción de este delirio. Pero cuando Edward murió, en 1984, el puma que comía en sus manos no volvió a salir de la selva. Y la anaconda que le acompañaba, silenciosa como una gata, se perdió en las sombras...

Solo de guitarra

SOLEÁ DE LOLA, Y UN INGLÉS

Dicen que cuando las gitanas mueren, los gitanos se rasgan la camisa. No conozco muy bien las costumbres de los gitanos, porque yo –como don Jorgito Brown– pertenezco a la raza pálida de los «ingleses».

Conocí a Lola, hace ya cuarenta años, una tarde caliente y brava de septiembre, en Jerez. Ella era ya la emperadora. Yo era, solamente, el «duque de Kent». Los amigos me llamaban así, de broma, desde que tuve que asistir como «representación» de la duquesa de Kent a los funerales de la Infanta Beatriz.

Lola estaba sentada en la cafetería del Hotel Los Cisnes, solitaria, sola, envuelta en sombras gitanas, en lunas de amor y venganza, en coplas de soleá. Por la calle pregonaban: ¡vasos finos de cristal! Sola, solitaria, Lola. Soleá...

Tenía los ojos negros, rapaces, profundos, inflamables; heridos por lunas antiguas, guardados por esclavas negras, alcoholados por sombras de olivo; ojos gitanos, estremecedores, de mirada insistente y lenta, de carromato y plaza, de camino y horca, de nardo y río; ojos brillantes, encendidos por remolinos y fuegos de pasión y de tormenta.

La llamaban faraona. Pero tenía más de Aída que de Amneris; más de princesa nubia que de faraona, más de esclava rebelde que de señora, más de amante que de novia... Nadie como ella para bailarle al cante jondo, para levantarse las faldas delante del pecado, para abrirle los labios al romero amargo... Se abandonaba a la llama, se dejaba morder por el fuego... y se entregaba, así, a la pluma blanca que le iba tatuando el vientre, a la tarántula negra que se le iba comiendo los pechos...

Vestía de azul turquesa, como el romance del mar en calma; porque, cuando no bailaba ni gesticulaba, tenía presencia, majestad, silencio. Quizás era su lado mestizo, de andaluza y gitana, de romana y mora; pero tenía un segundo de estatua, un instante fugaz de esclava robada en tronos antiguos.

Aquella tarde de vendimia y sangre de toro nos acompañaban, en el Hotel Los Cisnes, viejos amigos ya desaparecidos: Antonio Bienvenida, Antonio Díaz Cañabate, Pepe Jiménez Muro, y algunos taurinos cuyo nombre no recuerdo. Nos sentamos, naturalmente, con Lola Flores. Antonio Díaz Cañabate tenía la tarde inspirada y castiza, y evocaba la figura de Rafael *El Gallo,* aquel faraón del toreo, supersticioso y gitano que vivía aterrorizado con el temor de que, en una esquina, se le apareciese «la Pastora». «Hoy no toreo», decía temblando. Y los amigos intentaban convencerle de que saliese al ruedo. Pero él insistía: «que no, que no toreo, coño, que en ese tendido están la Pastora y los dos curas que me casaron».

Lola tenía también algo de Rafael *El Gallo,* quizá su voz grave y gitana. A lo mejor por eso le gustaba tanto a los maricas, porque era tan hembra, tan española, que se iba convirtiendo en Cid Campeador, igual que los sarasas se convertían en Isabel la Católica. Llevaba en la carne las marcas de muchas culturas viejas –judía, árabe, gitana, española– que habían convertido a las mujeres en fieras.

Los taurinos discutían sobre la inconveniencia de vestir de luces a una mujer. Los jazmines olían en la noche jerezana. Y, en aquel momento, me sentí Lord Byron:

–Tú, Lola, vas siempre vestida de luces...

Sus ojos brillaron, se levantó, me cogió del brazo y dijo, retando a todo el mundo:

–¡Mirá que cossa más bonita m'a discho el inglé...!

Los gitanos siempre me han llamado «inglés», porque en Jerez sólo hay tres clases aparte: los señoritos, los gitanos y los ingleses... Cuando uno tiene los ojos claros, aunque hayan llorado también con los gitanos, uno es inglés.

Entre los surtidores del patio, Lola y yo escribimos aquella tarde nuestro romance jerezano de la gitana y el inglés. Yo tenía la noche literaria de mis veinte años, y me inventé un barrio de

Santa Cruz para sus ojos de Aída, para su collar de paloma, para su vientre de mora, para sus manos de niña, para sus penas gitanas, para su talle de zambra y limón y jazmín.

Veinte años más tarde volví a encontrarla en un Casino, en la mesa de la ruleta francesa. Nuestras manos se rozaron un instante sobre el número 36. Número rojo. Ella me miró fijamente. Los carbones de sus ojos se encendieron con un fuego antiguo. Quizá no me reconoció, mientras los números locos rodaban en la noche. Salieron tres veces los números negros. Y me alejé, sin decirle nada, porque no merecía la pena borrar el recuerdo de Los Cisnes con una noche de números negros.

El Hotel Los Cisnes ya no existe. Pero yo guardaba una de sus plumas blancas. Y ahora que Lola se ha ido en el esperpento de la muerte folclórica, entre flores de duques y versos de toreros, entre lágrimas amigas, camisas viejas, camisas rotas, crespones negros y tremuloso alboroto de plumas... no sería justo que yo me guardase esta rosa de despedida: esta «soleá», tímida, ingenua, desangelada y torpe, de un inglés.

Ante la tumba de Niko Kazantzakis

CREPÚSCULO EN CRETA

Cuando el sol se pone, los viejos magos de la India recorren las aldeas tocando su flauta: es la Melodía del Tigre, que cura las heridas de la jornada.

Yo era niño cuando, un verano, caminando de la mano de mi padre, conocí a Niko Kazantzakis, el poeta griego. El sol humeaba sobre las colinas de Antibes, y las sombras largas dibujaban siniestras figuras de guerreros griegos entre los cipreses, siluetas de barcos cóncavos en las escolleras. Desde aquel día pensé que un buen poeta debía caminar siempre, como el ciego Homero, rodeado de muertos.

—Maestro —le dije un día—, he visto que, cuando hablas, una llama sale de tus labios.

—No es fuego —me respondió—: es la Palabra.

Desde aquel día, también amé la Palabra. He visto luego cómo la muerte se alejaba de mi corazón, vencida por una palabra. ¡Si la gente conociera el poder de una palabra! Los intelectuales y los charlatanes no profanarían ese fuego. Quizá le tendrían cierto respeto, como aquel rabino que se despedía de su mujer y de sus hijos cada vez que tenía que subir al altar para pronunciar la palabra «¡Señor!».

—Nunca sé —murmuraba— si mi corazón seguirá latiendo con fuerza para pronunciar después otra palabra más y continuar diciendo «¡ten piedad!».

¡Qué bello sería ser poeta en un mundo que respetase las palabras y supiese leerlas, cuando están escritas! Hay palabras que lo dicen todo. Hay palabras terribles: xenofobia, inexorable, masacre, Viriato... Siempre me dio miedo pronunciar la palabra Viriato, como si se me fuese a venir encima toda la estepa profunda, violenta, sobria, austera, elemental, desforestada, negra... Cuando era niño y veía pasar las hermosas Vírgenes andaluzas, princesas moras cautivas, gitanas heridas, esclavas liberadas en una florida semana de Pasión, pensaba que los tambores –jenízaros celosos– las perseguían para encerrarlas de nuevo en el templo, bramando: Viriato, Viriato, Viriato... Me sentía hombre, y mis rodillas comenzaban a afirmarse delante de las muchachas liberadas en la noche de abril. Pero, detrás de nosotros, sonaban los tambores; en los parques, en los balcones, por las esquinas, por los pasillos, repitiendo una terrible palabra ibérica: Viriato, Viriato, Viriato... La primera vez que le puse la mano en el hombro a una muchacha, acariciándole la trenza, los tambores sonaron tan fuerte que el aliento de Viriato me quemó las orejas...

Siempre he escrito rodeado de perfumes sacramentales, como me enseñó el poeta griego. Niko Kazantzakis escribía rodeado de especias: un frasco de canela y dos nueces moscadas. Su bisabuelo había sido pirata en Creta: un Viriato griego, de velas negras. Los griegos tienen también una lengua diáfana, polifónica, escultórica, con unos acentos inexorables. El abuelo de Niko había establecido su cuartel en Gramvoúsa... ¡Gramvoúsa, qué palabra para una guarida de piratas! Cuando regresaba de la batalla, con la cabeza medio rapada oliendo a pólvora, con la trenza manchada de sangre y los bigotes oliendo a mujer, repartía su botín en las aldeas de Creta: canela y nuez moscada. Yo uso otras especies sacramentales, incluyendo el óleo y los perfumes de mi tierra: la naranja, el ciprés, el jazmín, el tomillo, la rosa y el vino. Cuando no tengo inspiración me dejo llevar por los perfumes.

Las sacerdotisas de Delfos comían hojas de laurel para entrar en trance. Y yo creo que Niko se alimentaba de laurel. Aunque su alma mística le llevaba hacia el Paraíso, amaba la la tierra y por eso iba por el camino más largo. Había vivido al pie del Monte Sinaí, y sabía cosas ocultas, como que Dios no tiene nombre. Tenía un amigo que intentaba resucitar muertos, gritando fórmulas secretas en los oídos del difunto. Pero estaba algo débil y no resistía los tres días que se prescriben para conseguir una resurrección. Otro día le oí hablar del abate Mugnier, que fue también amigo de

Cocteau y de Valéry. Fue aquel cura pintoresco y sencillo quien, dándole la comunión a un moribundo en un campo de batalla, vio cómo un pajarito le picoteaba la hostia en los dedos. Y, levantando sus manos, bendijo a la vez al herido y al pájaro.

Cuando leí *Carta al Greco* me habría gustado escribirle una carta explicándole que, en un convento del Monthe Arthos, yo había conocido a este pajarillo. Cantaba el Cristo ha Resucitado, tan bien que los monjes le llamaban el Padre Ruiseñor.

—¿Y ayunaba en Cuaresma?

—Entonces, hijo, no debía de ser el Padre Ruiseñor.

Otras veces Niko era más amargo, y por eso disfrutaba hablando con las viejas del pueblo. Y se entretenía comiendo higos con la portera del Monasterio de la Pantanassa, esperando que ella, animada por la confianza, murmurase al final: «los monjes son unos imbéciles». Pero al arco iris le llamaba «el cinturón de la Virgen».

Y todavía, cuando leo sus historias se me ocurren milagros. Y me lo encuentro por el camino llevando las manos apretadas, para que no se note que le sangran.

—¿Le sangran las manos, maestro? —le pregunto.

Y él sonríe, abre sus dedos y el camino se llena de rosas rojas.

Siempre tuvimos algo en común, además del laurel y del vino. Porque mientras los poderosos dioses antiguos vivieron, nosotros luchamos contra ellos. Pero comenzamos a amarlos cuando ya nadie quiso darles refugio.

La muerte es un mulo

He llegado a Creta para traerle una ofrenda al poeta griego: canela, nuez moscada, y una botella de vino. Los habitantes de Heraklíon han levantado un túmulo para su poeta en lo alto de las murallas. Nadie sube a la tumba; sólo un taxista romántico se empeña en hacerle comprender a tres americanas que allí está enterrado el autor de *Zorba*. Los días de fútbol hay más peregrinos: gente que viene a ver gratis el partido desde la explanada y el monumento. El crepúsculo humea sobre las colinas de Heraklíon, sobre la tumba de Niko, sobre la cruz de madera. Todos se van. El aire está lleno de muertos.

En la tumba han grabado un epitafio: NO CREO EN NADA, NADA ESPERO, SOY LIBRE. Esas tonterías no son de Niko; suenan a Nietzsche, a Buda, a Lenin... Pero tienen la ternura humana de sus desplantes, de sus fetiches, de sus recuerdos. El Superhombre es un mulo europeo: tan activo que no deja caminar a su alma, como le gustaba a Niko, cogida de la mano con su cuerpo. Buda es un mandarín oriental: ve sufrir al mundo, se deja quemar por la llama, enciende la luz y luego la apaga y se va... ¡Tonterías de cagatintas, maestro! Es mejor soñar en París, cuando cae la fina llovizna sobre los castaños en flor, sobre las trenzas rubias. Es mejor pensar en las noches de Viena, dulces como la miel, cuando los ruiseñores se esconden en las lilas del Prater... ¿Qué hubiesen dicho los viejos piratas griegos –Ulises y los piratas de Gramvoúsa– al oír estas tonterías que proclaman Buda, Lenin, Nietzsche y los curas? Es mejor tener el ojo del elefante: mirar las cosas como si se las descubriese por primera vez; ver todas las cosas como si se las viese por última vez; ver y amar siempre, por primera y última vez. Ése debía ser el ojo del Greco.

Cometiste sólo un olvido, maestro. Conociste a una muchacha en Viena. Ella te ofreció su calor en la tarde fría del Prater. Miraste sus cabellos de seda, sus ojos pintados, su cuerpo de ámbar viejo, caído como las hojas crujientes del camino. Pero seguiste tu camino y no la dejaste que llorase en tus pies y los enjugase, luego, con sus cabellos. Si la hubieses tocado, habrías tocado una herida... Y ella habría derramado un frasco de perfume de nardo sobre tu sepultura...

Por eso he venido a traerte canela, nuez moscada y vino. Homero nos ha llenado el aire de muertos. Ya lo sabes: la muerte es un mulo. Nos montamos en él y nos vamos. Llevo también en la boca una hoja de laurel que tiene la forma de Creta.

Beso tu mano, maestro, beso tu hombro derecho, beso tu hombro izquierdo, y me alejo, en el crepúsculo, dejándote solo con la Melodía del Tigre...

Luces en las sombras

VELÁZQUEZ: RETRATO DE UN ESPAÑOL DISTANTE

Cuando era estudiante en Sevilla me gustaba recorrer los lugares de la vieja judería, buscando recuerdos de aquel Diego Rodríguez de Silva Velázquez que firmaba sus obras de arte con el apellido materno, quizá para no despertar sospechas de la Inquisición. En la parroquia de San Pedro, donde habitó la primera comunidad hebrea de Sevilla, fue bautizado, en 1599. Y todavía se conserva la modesta casita donde vivía la familia.

Fue siempre muy difícil encontrar en España buenas biografías de Cervantes o de Velázquez, probablemente porque el español apenas se interesa por estos genios que no parecen genios, por estos tipos tan discretos que se insertan en la textura del país de forma tan natural que pasan desapercibidos. Y se diría que, en este terreno, la tradición semítica y griega le ha ganado el pulso a la herencia vitalista romana. Velázquez pinta la Gracia; mientras El Greco y El Bosco se adentran en los misterios del Logos.

Sin embargo, cuando uno remueve los hontanares de la tradición hispánica —ese sentimiento que a veces he llamado «hispanibundia»— en busca de la identidad de una cultura que ha dejado huellas en todos los mapas, llega a la conclusión de que no son El Greco y El Bosco los artistas que han contemplado el mundo con la perspectiva vital del español; probablemente porque son extranjeros, marcados por culturas muy ajenas a la española. Por el contrario, en Velázquez encontramos esa clarividencia que pone de manifiesto, a menudo doloridamente, avergonzadamente, quijotescamente, las contradicciones, defectos y virtudes del alma española cuando se siente forzada a endosarse, por ley de vida, las duras hormas de su entorno carnal.

Se diría que para hacer fracasar al psicoanálisis, Velázquez ni siquiera tuvo una infancia familiar. Porque, siendo casi un niño, ya comenzó a vivir lejos del hogar, encomendado a la escuela del sabio y honrado Francisco Pacheco, maestro de pintores. Y en esa casa se convertirá en un joven serio y respetuoso, tan apreciado por su familia adoptiva que Pacheco consigue casarlo con su propia hija.

La presencia de los andaluces –el ministro Olivares, los poetas Góngora y Francisco de Rioja, el sumiller Juan de Fonseca– en la corte de Felipe IV, facilitará el acceso a palacio del joven Velázquez, a quien todos llaman «el sevillano». Y, bajo la protección real, viajará a Italia, conocerá en Madrid a Rubens, retratará al papa Inocencio X, y será el embajador de la pintura española.

La corte de Felipe IV

El español ha dejado constancia histórica de ser un hombre escéptico. Por eso sus grandes artistas han sido tan magistrales pintores del objeto como Velázquez o Zurbarán. El genio español persigue siempre la imagen concreta de las cosas, su perfil, su rostro, su dibujo. Cuando el país entra en las vías del dolor y de la decadencia, el español toma sus pinceles y pinta, casi con crueldad, el escenario trágico que le rodea: el cuerpo deforme del enano, el perfil avariento del burgués, la materia pobre del barro... El trato directo con la realidad salva al pintor.

Éste es, por ejemplo, el caso de Velázquez que se enfrenta, casi en solitario, a la barbarie iluminista de la corte de Felipe IV. El pintor sevillano conserva su lucidez mental en medio de la alucinación colectiva que viven los españoles del siglo XVII. Sólo un hombre de fuerte salud espiritual y naturaleza bien equilibrada es capaz de penetrar en la realidad con tan acertado rumbo como Velázquez, acariciando con su pincel de marta las burdas texturas de la corte filipina. No es extraño que haya retratado al conde duque cabalgando una jaca blanca en un gesto altivo de picador; porque así se gobernaba España en el siglo XVII.

Velázquez es capaz de atravesar incólume aquella España desgarrada que habría arrancado un gigantesco esperpento de las manos de cualquier pintor patético o expresionista. Si la prensa diaria hubiera existido en aquel momento, el lector medio español se habría deleitado con noticias de este calibre: «En la calle Mayor en frente de las casas de mi madre, que están donde se venden los rosarios, yendo estos días a comprar uno, el primero que allí hay hacia casa del conde de Oñate, tiene preñada a su mujer, con tan gran exceso que es monstruosidad, que parece trae una razonable tinaja en lugar de barriga».

La gran preocupación de la corte de Felipe IV en 1658, cuando España atravesaba una de las crisis más agudas de su historia, era que la leche no se retirase de los pechos del ama que servía en palacio.

Mientras Felipe IV olvidaba el despacho de sus negocios y el país andaba hecho una mona, se sucedían en todas partes los anuncios más descabellados: se fundaba la Religión de los Agonizantes; los agustinos y los trinitarios se enzarzaban en Salamanca «a bofetadas y coces en los actos públicos» discutiendo si Adán había quedado imperfecto después de perder la costilla o «fue sólo carne con lo que Dios le llenó el hueco donde se la había quitado»; la Inquisición quemaba en Alcalá a un pobre bruto que se acostaba con su burra y a otro «que se echaba con una lechona»; la reina se hartaba de sardinas porque tenía un antojo y «quedó la reina preñada más contenta que la Pascua»; los profesores de Liche pronosticaban el Juicio Final; y un Cristo sudaba en Sevilla («Avisan de Sevilla –dice Barrionuevo– que un Santo Cristo... sudó sangre el día de la pérdida de Don Juan de Hoyos... y que la ciudad se había alborozado de tal prodigio, y que para quietarla, habían fingido ser ratas grandes que la habían orinado»).

Parece mentira que en esa época de decadencia política se den cita en el cortejo funeral de España –¿podríamos llamarle así al entierro de Villamediana?– algunos de los mejores artistas y más clarividentes espíritus que ha dado la historia de Europa.

En este escenario ruinoso y amargo aparece la interesantísima figura de Diego Velázquez. No hay estampa más hermosamente española que la de este caballero de rostro bien abigotado y porte altivo. Nadie como él ha sabido atravesar incólume los horizontes tenebrosos de nuestra decadencia. Basta verle ahí, en el escenario carnavalesco de *Las Meninas,* con la frente iluminada y el pincel cogido al vuelo, como un testigo que ha comprendido ya el secreto de todas las cosas humanas.

No es extraño que Velázquez haya dejado una aristocrática leyenda detrás de sus pasos. Pocas anécdotas geniales conocemos de este hombre discreto. Se casa, siendo casi un niño, con la hija de su maestro, y conviven hasta el fin de sus días, porque ella no es capaz de sobrevivirle más de una semana. Boschini, que le trata en Roma, escribe de él: «Cavalier, che spiraba un gran decoro quanto ogn'altra autorevole persona». Felipe IV, que le conocía a fondo, insiste en «su flema, que ya conocéis».

Los nobles que asisten a las bodas de María Teresa y Luis XIV en la Isla de los Faisanes, se asombran al contemplar el porte de este español distante y silencioso que desempeña con discreción el papel de maestro de ceremonias. Velázquez está ya próximo a la muerte; apenas le quedan unas semanas de vida, pero conserva el empaque orgulloso y señorial que le llevó a rechazar la cadena de oro que Inocencio X le regalara en Roma cuando pintó su retrato.

UN DESCENDIENTE DE CONVERSOS

Velázquez no se consideraba un pintor de oficio, sino un gentilhombre que servía a su rey. Ciertamente, era el último gentilhombre que sobrevivía en la España de Felipe IV. Por eso pintó al rey sobre cabalgadura sólida, creando así un monarca que, desgraciadamente, no existió en la historia española del siglo XVII. Y por eso también la mejor cabeza que ha creado Velázquez fue la suya propia: una mente abierta a los misterios de la realidad.

Es admirable que un hombre de esta sensibilidad mantuviera el sentimiento de la hidalguía española en la época decadente que le tocó vivir, cuando cualquier imbécil podía conquistar el más peraltado cargo con sólo mostrar un certificado de «limpieza de sangre».

El descrédito de la cultura y de las artes fue rematado por la labor revolucionaria de la Santa Inquisición. Aunque el tribunal actuó muchas veces contra la nobleza, acabó descargando su paranoia en las clases medias, más sospechosas, por su oficio, de mantener tradiciones judaicas (en otras palabras: el dinero). Y se llegó, en ciertos momentos, al extremo de que la mejor recomendación para acceder a un cargo intelectual era proceder de un ambiente rústico y casi analfabeto. Otro espíritu genial, Ignacio de Loyola, romántico defensor de la causa conversa, se refirió algunas veces con sorna a lo que él llamaba «el humor de la Corte y del Rey de España».

Por estas y otras causas el proletariado rústico español se sintió muy tempranamente respaldado por la Inquisición en su lucha contra la burguesía intelectual. Los viejos villanos podían entrar ahora con su rocín en los prados sabrosos de la burguesía. Sin embargo, no entraban convertidos en *bourgeois*. Les parecía más noble y más fácil mantener estilo de hidalgos y hábitos de señorones. Y ni siquiera tenían que jugarse la vida en el campo de batalla, porque la Inquisición se ocupaba de esos sucios menesteres. La victoria de las clases analfabetas sobre la gente letrada, e incluso sobre buena parte del clero, propició el descrédito de la cultura. En el entremés *Los Alcaldes de Daganzo*, ha caricaturizado Cervantes la postura del español de su tiempo ante las cosas de la cultura. Por eso cuando el bachiller pregunta a uno de los candidatos al cargo de alcalde si sabe leer, recibe esta respuesta:

> No, por cierto,
> ni tal se probará que en mi linaje
> haya persona tan de poco asiento,
> que se ponga a aprender esas quimeras
> que llevan a los hombres al *brasero*
> y a las mujeres a la *casa llana*.

Saber leer era, para los hombres, un medio de ir a parar a la hoguera; para las mujeres, un camino hacia el monte. Pero el personaje cervantino que pretende el cargo de alcalde asegura conocer «cosas tales que llevan al leer ventajas muchas». Y así las declara:

> Sé de memoria
> todas cuatro oraciones, y las rezo
> cada semana cuatro o cinco veces...
> Con esto y con ser yo *cristiano viejo*
> me atrevo a ser un senador romano.

Cervantes escribía con sangre estas palabras. En el corral de comedias se escuchaban, sin duda, como las sentencias de la Inquisición, con estruendosa aceptación. No es extraño que, entre Lope de Vega, el animador de las virtudes rústicas, y Miguel de Cervantes, el crítico del plebeyismo patrio, se cruzaran a veces palabras y pensamientos hirientes.

La Cruz de Santiago que aparece en el pecho de Velázquez, en el cuadro de las meninas, fue pintada cuando ya no vivía el pintor. Porque los comisionados de la Orden no pudieron demostrar jamás que estos emigrantes venidos de Portugal no tuviesen sangre judía. Y ni siquiera la intercesión del Rey para ennoblecer a su pintor de cámara pudo disipar las sospechas y habladurías de la corte.

Un retrato en las sombras

Ni por sus crímenes, ni por su ferocidad, fue la Inquisición española más injusta que otros tribunales europeos. Muchos de sus juicios fueron un modelo de ponderación; sus cárceles podían considerarse humanitarias para su tiempo; sus sentencias, cuando no había dinero por medio, tendían a la actitud clemente y conciliadora. Exceptuando los primeros años de actuación salvaje, el Tribunal funcionó, especialmente a partir del siglo XVIII, como un patio de Monipodio: celosamente entregado a los afanes del latrocinio. Los inquisidores y los familiares vivieron suntuosamente, como miembros de una burocracia privilegiada. Como primera medida se confiscaban todos los bienes a los reos y el Tribunal disponía de ellos para «pagar las costas» de unos procesos que a menudo se prolongaban durante años.

A veces las sentencias acababan con una fiesta de celebración que costaba un huevo, levantando incluso protestas por parte de la Suprema. Pero el tribunal fruía de un suntuoso presupuesto y aposentaba a sus burócratas en los alcázares y castillos más notables del país. Cuando se trataba de castigar a las brujas o a los sodomitas, a los bígamos o a los blasfemos, no llegaba generalmente la sangre al río. Pero si la pieza cobrada era un banquero sin protección real, entonces la urraca afilaba su pico. Las víctimas propiciatorias de muchos de estos robos fueron los comerciantes portugueses afincados en España, acusados de judaizar. Y con la caída de Olivares y la secesión de Portugal, la suerte de los portugueses fue de mal en peor. Al millonario banquero Esteban Luis Diamante le secuestraron todos los bienes en 1646. El celo apostólico de los inquisidores decayó considerablemente, a fines del siglo XVIII, cuando sus saldos comenzaron a ser deficitarios. No fueron propiamente los liberales quienes acabaron con sus excesos; se murió, como todas las burocracias, arrastrada por la agonía del país que había arruinado.

Así también Diego Velázquez vio cómo el sol trasponía aquel viejo imperio de los Austrias. Y, como el inquietante Hamlet, que sabía y sospechaba tantos secretos, se fue volviendo misterioso en su escenario, moviéndose entre luces y sombras, inventando el impresionismo, cazando al vuelo reflejos fugaces. Convertido al fin en dandi, se daba cuenta de que un icono debe ser un fetiche y que un fragmento puede valer más que un imperio, y un autorretrato más que una autobiografía. La reina Isabel y la reina Mariana, el conde duque, el infante Baltasar Carlos, todos sus viejos rostros sólo vivían ya en sus cuadros.

Cercada por la competencia de otros imperios, España se iba deshaciendo en guerras inútiles. Incluso Sevilla sólo era ya una sombra de lo que había sido. Los frutos paradisíacos del Descubrimiento –metales y piedras preciosas, tabaco, cacao, maíz, animales exóticos, perlas, y toda una cultura desconocida– se habían convertido en sueños. Los viejos artesanos habían desaparecido barridos por los espejismos de la riqueza. Y si la espada sevillana tuvo en su tiempo hombres capaces de templarla, ya en 1619 el armero Domingo Fernández de Carvajal reconoce «no haber hoy en Sevilla cuatro hombres que sepan y entiendan del dicho aderezo y repaso». La industria más rentable de la ciudad era la elaboración del jabón, tan importante que a sus habitantes se les conocía con el mote de *jaboneros*. Pero el trabajo familiar, especialmente el femenino, permitía concentrarse en las labores del tejido: la seda, las tocas, y las mantelerías de San Lorenzo y San Vicente.

Velázquez es ya consciente de que han pasado muchos años desde que pintara su *Aguador de Sevilla*. Ahora prefiere mirar las gotas de agua fresca que se condensan en el exterior de los cántaros; porque así es la vida, más deseo que gozo. Y creo que, de esta manera, pintó las mejillas de la reina Isabel de Francia, en un retrato que se conservaba en casa de mi abuelo.

Dicen que, en la España de Felipe IV, existían catadores que eran pagados para que bebieran en casa de los enfermos que padecían altas fiebres, porque se aliviaban a la vista del agua y del sonido alegre del chorro al caer en el cristal del vaso. Quizás era eso lo que yo miraba en mi infancia, en los labios y en las mejillas de la reina Isabel de Francia, cuando me calmaba la fiebre de la adolescencia contemplando las copas.

Velázquez se entrega, en sus últimos años, a un trabajo arduo y reservado. Tiene la ayuda de su yerno Juan Bautista Martínez del Mazo, que ha aprendido los secretos de su técnica. Y, poco a poco, el maestro se refugia en las sombras. Se enfrenta a la realidad; no hace remilgos ante las diferencias sociales ni ante las diferencias naturales que distinguen a los hombres. Pinta lo mismo a los enanos que a los reyes, al mulato Juan de Pareja igual que al anciano Martínez Montañés, a las hilanderas de la misma forma que a las meninas. Lo que le importa es «la grandeza» de la realidad; y para dar testimonio de esa fuerza se convierte él también en un aristócrata, capaz de tutear a toda la corte celestial. Probablemente el secreto de su vida es el de su pintura. Y, por eso, cuando se acerca a un rostro, Velázquez lo honra.

Así, en 1660, viaja hasta Irún, preparando el escenario de la boda de la infanta María Teresa con Luis XIV. Se ocupa de hospedar a los invitados, de preparar los decorados y los vestidos, los tapices y las vajillas. Y se siente exhausto, tanto que en Madrid llega a correr la voz de que ha muerto en el camino.

Pero no durará muchos meses más. Y el último sábado del mes de julio, siente angustias en el corazón. Para morir elige, naturalmente, una fecha pictórica: el 6 de agosto, día de la Transfiguración.

Toda la corte estuvo presente en los oficios de la Capilla Real, donde rindieron homenaje a su cadáver, vestido con esas galas de las órdenes militares que eran como un sarcasmo para un descendiente de judíos conversos. Parecía un caballero en el ataúd, forrado de terciopelo negro. Pero dejaba una deuda de casi un millón de maravedís, que el fisco reclamaría a sus herederos.

Cuando intenté indagar quién pagó las deudas de nuestro pintor divino y a dónde fueron a parar los silencios de su misteriosa vida, me encontré una saga digna de una novela. Porque, por un curioso azar del destino, una nieta de este descendiente de conversos contraería matrimonio con un aristócrata europeo, transmitiendo su sangre a las familias reales de Holanda y de Bélgica. ¿No tenía algo inquietante este pintor de corte, a quienes algunos soplones de la Inquisición llamaban «oscuro judío portugués»?

Rondó de sombras en París

MI VIEJO BARRIO DEL MARAIS

París ha tenido un significado especial en mi obra. No sólo porque me unen a esta ciudad lazos familiares; sino porque he vivido allí en una época muy creativa de mi vida, con toda la intensidad de los treinta años. Tenía la cabeza caliente y el corazón fácil. Pero, a pesar de todo, resistí aquella insana y carísima vida de pobre durante un año. Me instalé en el barrio del Marais, que tenía entonces un encanto romántico y decadente.

El Marais se fue construyendo, a lo largo de los siglos, sobre las pantanosas marismas de la orilla derecha del Sena. Todavía conserva muchos de sus elegantes palacios, algunas plazas bellísimas, deliciosos patios y un sinfín de románticas callejas. Son los restos de la Edad de Oro del Marais, aquellos siglos XVII y XVIII que reunieron, en este barrio, lo mejor de París.

Anduve rodando por algunos hoteles de Saint Germain y viví también algún tiempo en la rue Jacob, antes de aposentarme definitivamente en el Marais. En los años setenta estaba más en boga la *rive gauche*, cuya atmósfera universitaria se adaptaba fácilmente al estilo clerical y esnob de las modas intelectuales de aquella época. Por desgracia, la romántica y fantasiosa *rive gauche* donde iban a morirse los estetas ingleses, atacados por la fiebre rosa de los labios pintados, había sido profanada por las escolanías pseudoprogresistas que predicaban marxismo y contracultura, guiadas por las pastorales de Sartre y otros aburridísimos funcionarios universitarios. Por eso me trasladé a la *rive droite*, la orilla de la Ópera y del Café de la Paix, de la Place Vendôme y de Napoleón, de los grandes almacenes y de los Champs Elysées, del Grand Véfour y del Palais Royal, del Faubourg Saint Honoré y de la Biblioteca Nacional, de la alta costura y del Ritz; la «orilla derecha», heterodoxa y monárquica; menos clerical, más cosmopolita, más proustiana, más dandi...

Me busqué un apartamento en el Marais, que era entonces un barrio barato que vivía una penosa decadencia, más propia de la pluma de Zola que de la literatura del Grand Siècle.

El Marais, como la aristocracia de París, había caído víctima de la Revolución, cuando las nuevas clases burguesas iniciaron su carrera hacia la banca, el negocio y la fortuna. La burguesía industrial del siglo XIX comenzó la destrucción sistemática de este barrio bellísimo y monumental, especulando con los solares, levantando varios pisos sobre la serena fachada de los viejos palacios, convirtiendo los jardines en fábricas, cubriendo las paredes de rótulos, instalando ruidosos talleres en los elegantes salones, y descuidando el mantenimiento de los edificios.

No sé si aquel Marais del siglo XIX, insalubre y superpoblado, fue más oscuro que el que yo conocí a principios de los años setenta. Los pabellones del viejo y abigarrado mercado de Les Halles habían desaparecido. En el solar que había ocupado el vientre de París —aquel grandioso entramado de hierro y ladrillo, gigantesco cuerno de la abundancia que Napoleón llamó «el Louvre de los pobres»—, sólo quedaba un enorme agujero: un cañón polvoriento donde se refugiaban los vagabundos y se rodaban películas de indios. Alrededor del Plateau Beaubourg aullaban las sierras metálicas, levantando la siniestra refinería del Centro Pompidou: catedral de la fontanería, símbolo de la arrogancia vanguardista, gigantesco supermercado de la extravagancia que hoy se alza, como una burla, en el barrio más noble de París. Muchos de los viejos palacios del Marais se habían convertido en hoteles oscuros donde se hacinaban humildes familias de obreros en paro, centenares de moros dolientes, miles de refugiados vietnamitas, incontables gatos.

Pero no todo el Marais se había convertido en un esperpento; o quizá su alma se había vuelto más delicada, más interesante y poética, más romántica en su decadencia, como las mujeres más bellas cuando se convierten en abuelas.

Conservaba entonces el Marais muchos rincones deliciosos que hoy día —cuando el barrio se ha recobrado de su decadencia— vuelven a ser lo mejor de París: la Plaza de los Vosgos, los teatros y las tiendas de bisutería de la calle del Temple, las terrazas de los cafés, las plazuelas que rodean a los viejos palacios, el pintoresco barrio judío de la calle de los Rosiers, y esos patios interiores —serenos como un adagio— donde lo mismo se cosían pantalones que se emplomaban vidrieras; lo mismo se fabricaban gorras que se afinaban violines, después de barnizarlos a puño y muñeca con exóticas y olorosas resinas.

Algunos días tenía muy poco que llevarme a la boca, pero procuraba olvidar el hambre, rondando por las bibliotecas, escribiendo como un alma en pena; o me iba a tocar la flauta al claustro de un convento donde los frailes, en vez de darme caridad, me la tiraban por la ventana para que me fuera. No creo que hubiese resistido mucho tiempo esta vida de privaciones, abnegada y precozmente maldita, que era tan impropia de mi fervor estético y de la decadente literatura que yo practicaba entonces. Menos mal que mis amigas de la Escuela de Danza me alimentaban con dulces banquetes de violeta y narciso; maquilladas de claro de luna y vestidas de cisne, escondiendo apenas el plumón negro de su vientre entre cintas de satén y tules blancos.

Las mañanas de otoño, cuando las primeras lluvias cubrían con su alfombra de terciopelo las calles del Marais, amortiguando los ruidos estridentes de París, me iba a escribir al Palacio Lamoignon, donde vivió hasta su muerte Diana de Francia, la hija de Enrique II. Creo que llegué a enamorarme de ella, contemplando su interesante belleza italiana en las pinturas del techo artesonado.

Otras veces me dedicaba a pasear, acompañado y sin rumbo, por las calles estrechas, por las plazas soleadas, por los soportales helados, persiguiendo siempre las reliquias de mis santos: tras las huellas de Mozart, descubriendo los rincones preferidos de Stefan Zweig, descifrando los pasos perdidos de Wilde, cortando las rosas de Andrea Chénier; sorprendiendo sombras, nombrando esquinas, encendiendo velas, acariciando manos.

El Museo Carnavalet, instalado en el magnífico palacio donde vivió Madame de Sévigné, es la joya del Marais, con su patio italiano, su noble escalera central y sus elegantes esculturas paganas. Los franceses tienen sensibilidad literaria y, por eso, el Museo Carnavalet, que conserva la imagen más viva de la historia de París, incluye una reproducción de las alcobas de Marcel Proust y de Anne de Noailles... La literatura ha perdido mucho desde que los románticos nos empeñamos en hacer en los cafés lo que los clásicos hicieron siempre en los dormitorios.

Tuve una amiga criolla, filósofa y exuberante, que sostenía ideas extrañas. Aseguraba que es muy gratificante hacer el amor en las solemnes y barrocas camas de los museos donde se acostaron personajes ilustres; quizá porque los simples mortales lucimos más entre edredones y cortinas; y a los pobres nos gusta pensar que, luego, a la hora bendita del agradecimiento, nos traerán los criados el desayuno... Fue ella quien me condujo un día hasta un apartamento misterioso de la calle Payenne donde un grupo de locos rendía culto a Clotilde de Vaux, la amiga de Augusto Comte. Dicen que el sabio republicano caía en trance místico cuando se arrodillaba delante de aquella rubia melancólica y lánguida, o cuando evocaba su memoria. Por eso, en la fachada de la casa hay un esmalte que representa a la Madonna Clotilde, con un lema muy ambiguo: «Religión de la Humanidad. El Amor por principio; el Orden como base; el Progreso como objetivo». Nunca he sido filósofo positivista; pero, cuando uno ha tenido una amiga brasileña y exuberante, se figura enseguida lo que significan estas cosas...

Los lemas del Marais siempre fueron nobles. En la calle del Renard se conserva el más solidario: «Todos para uno. Uno para todos. Sindicato Nacional de los Ultramarinos».

Según el momento, elegíamos diferentes caminos. Los días brumosos, tan típicos del otoño del Marais, caminábamos bajo un paraguas rojo, persiguiendo los arroyos juguetones de la lluvia hasta el boulevard Beaumarchais, donde vivió sus días de gloria el aventurero Cagliostro; o nos sentábamos en un *bistrot* de la calle del Temple, frente a la casa de Du Guesclin, aquel *condottiero* que ponía a disposición de los reyes medievales sus hordas de saqueadores. En las tardes de verano nos refugiábamos en un jardín deshabitado de la calle de la Cerisaie, leyendo las lápidas que los burgueses del siglo XVII habían dedicado a sus gatos. Algunos días nos citábamos bajo las torretas góticas del Hotel de Sens, donde vivió la reina Margot. Siempre me divirtió mucho la idea de que Hemingway le pusiera Margaux a su nieta, pensando en los buenos vinos del Médoc, pero el nombre de Margot no está muy prestigiado en París. Todavía a los cincuenta y tres años, con la cara inflamada por los maquillajes, la incansable Margot de Valois vivía rodeada de amantes jovencitos. Interesante mujer, elegía las sábanas según el colorido de su pareja. Llevaba una peluca rubia, confeccionada con los cabellos de sus pajes. Ella fue la que puso de moda los polvos de arroz para disimular el prurito de su cara.

En los días fríos escuchábamos el órgano de Nôtre Dame des Blancs Manteaux, o nos refugiábamos en las bibliotecas y los archivos: ojeando las poéticas fotos de Atget, las viñetas doradas de los libros de horas, los manuscritos de Saint Simon. Pero en cuanto despuntaba la embriagante primavera del Marais, volvíamos a las andadas y seguíamos las huellas de la viuda del poeta Scarron, desde la calle Turenne hasta la cama del rey. Aunque caminaba de lado, como un cangrejo, el jorobado Scarron conservó el buen humor hasta el fin de sus días. Su esposa le instaló un juego de poleas en la cama, para que pudiese levantar su gorro tirando de la cuerda. Ella era joven y alegre; la llamaban Biquette, pero cuando se convirtió en amante de Luis XIV se hacía llamar Madame de Maintenon.

En la calle François Miron descubrí el entonces ruinoso palacio Beauvais, donde vivió el embajador del rey de Baviera, que recibió a la troupe de los Mozart durante la primera estancia del niño prodigio en París. Pero el palacio Beauvais oculta otros secretos: fue la residencia de Catau la Borgnesse, la tuerta audaz, intrigante y mañosa; tan mañosa que la reina la eligió, entre todas sus damas de honor, para ponerle las lavativas. Catau, usando las mismas mañas, desvirgó al joven Luis XIV o, como se decía en el protocolo, «consiguió los guantes del rey».

El santuario principal del Marais fue siempre la iglesia de Saint Paul-Saint Louis, donde decía sus misas el cardenal Richelieu. En uno de los pilares del templo puede leerse una inscripción siniestra y cuartelera, grabada por los revolucionarios de la Comuna: LA REPÚBLICA FRANCESA O LA MUERTE. No creo que se merezcan tanto Miterrand o Chirac... Pero esta monumental iglesia ha tenido otros visitantes macabros: los pintores de la Revolución que robaron los corazones embalsamados de María Teresa y del regente para extraer un pigmento marrón, muy apreciado, que los especialistas llamaban *mummie*. Me gusta ir al Louvre para ver cómo el turismo culto admira embobadamente los retratos y las pinturas sentimentales de Martin Drölling, ignorando que fueron pintados a base de menudillo de *beautiful people*... Me recuerda el color de nuestras plazas de toros...

La Plaza de los Vosgos

El Marais es un barrio de enredos, lleno de *impasses* de amor y de calles sin salida que se llaman *cul-de-sac*... El Marais está también lleno de sombras, recuerdos y nombres de mujer: Catalina y María de Medicis, Diana de Valois, Madame de Sévigné, Madame de Staël, Madame de Boufflers, Madame de Maintenon, Ninon de Lenclos, Marion Delorme...

Las feministas hicieron sus primeras armas en los salones del Marais... No les faltaban, evidentemente, ideales para luchar en una época en que las muchachas «deshonradas» tenían que casarse en una capilla especial del Marais, llevando como alianza un infamante anillo de paja. Pero las mujeres de mi tiempo, afortunadamente, luchaban ya por su justicia en otros terrenos; aunque todavía quedaban algunos salones convencionales y muy parisienses en los que se discutía a menudo sobre temas aburridísimos, trascendentales y comprometidos:

—Hoy dedicaremos nuestro debate al aborto —me dijo una vez una de estas madamas.

—Lo siento, señora –le respondí–, pero sólo me considero bien preparado para el adulterio...

La Plaza de los Vosgos tiene algo de esos antiguos salones femeninos. Sus fachadas de ladrillo rosa y piedra blanca, sus tejados de pizarra oscura, sus elegantes buhardas y chimeneas, sus balcones de hierro forjado, sus galerías porticadas... todo parece ordenado y dispuesto por un maestro de baile para un rondó galante.

Podría escribirse una historia de Francia, recorriendo las casas que se asoman a la Plaza de los Vosgos. El palacio donde nació Marie de Sevigné, en el número 1, conserva todavía algunos bellos salones tapizados de nobles maderas, impresionantes techos decorados y magníficos arabescos.

En el número 4, en el segundo piso, vivió Teófilo Gautier. Fue siempre fiel a sus amigos y le gustaban las reuniones literarias, aunque fuesen tan extravagantes como las que organizaban Baudelaire en un salón donde se fumaba opio y se mascaba hachís. Y, en el mismo ángulo de la plaza, se levanta la casa de Víctor Hugo, convertida hoy en museo. Entre los muebles, algunos construidos por el mismo poeta, no falta la mesa giratoria donde organizaba sus sesiones espiritistas. En la misma casa había habitado también Marion Delorme, bellísima, melómana y ninfómana, despilfarradora, irreverente y novelesca. En su salón se mezclaban los abates y los petimetres, los jansenistas y las recetas afrodisíacas.

El espíritu de Marion Delorme y Ninon de Lenclos –que se movió siempre en la estrecha frontera que separa a la literatura de la prostitución desinteresada– marcó el estilo libertino de la Plaza de los Vosgos. En el número 9, en el primero derecha, habitó la actriz trágica Rachel que fue la amante del conde Walewski, y le dio a Napoleón un nieto... Tenía la mala reputación de haber destrozado muchas familias, arruinado a muchos banqueros, enloquecido a muchos jóvenes. Había sido una mujer insaciable, que se animaba, cuando hacía el amor, dándole a sus amantes terribles nombres bíblicos.

En el número 19 vivió el consejero Aubry, cuya mujer –si hemos de creer a Saint Simon– le tenía tanta manía que «se meaba en el caldo antes de servírselo». En el 21 habitó el cardenal

Richelieu y sus descendientes, que —a lo largo de los siglos— se acostaron con todas las vecinas de la plaza. Todos los Richelieu fueron avaros o locos: el cardenal, cuando no estaba monumentalizado para la posteridad por las hemorroides, relinchaba como si fuese un caballo dando saltos junto a la mesa de billar; uno de sus parientes se bañaba en leche (y la revendía al pueblo después); otra de sus descendientes no quería sentarse, porque creía tener el bullarengue de vidrio; y uno de sus herederos se encerraba en su castillo, en cuanto se abría la veda, porque pensaba que se había convertido en pájaro...

La rue des Rosiers

Siendo un barrio tan castizo, el Marais tiene su rincón exótico: el barrio judío, una isla extraña, un gueto que ha sobrevivido, desde el siglo XII, a todos los vendavales de la historia. Podría decirse que es el rincón de París que ha mantenido más celosamente su personalidad, a pesar de que parece más un barrio de Haifa que una calle del Marais. Las tiendas se esconden, como garitos oscuros de un zoco oriental, detrás de sus puertas entreabiertas, cubiertas de inscripciones barrocas en hebreo, repletas de productos y objetos exóticos que nadie soñaría encontrar en una calle de París: candelabros del culto judío, carnes rojas que han sido sacrificadas por el rito *kosher*, panecillos de formas extrañas, viejas ediciones del Talmud o de la Mischnah...

Y, sin embargo, los judíos son quizá los últimos habitantes de París que pueden presumir de llevar más de ocho siglos en la ciudad. Vinieron en el siglo XII, cuando los Templarios compraron buena parte del Marais, y trajeron una mano de obra barata: los emigrantes judíos. La poderosa orden militar —enriquecida en la gestión de la banca de los peregrinos— utilizó a los judíos para sus talleres, haciéndolos trabajar como sastres, vendedores de sedas y de brocados orientales.

Los sábados y las grandes festividades judías, la calle Rosiers se convierte en un espectáculo alegre y sorprendente. Algunos judíos ortodoxos, con sus grandes sombreros negros, se dirigen a las sinagogas. Los habitantes del barrio pasean por estas calles vetustas y estrechas, comprando velas y panes, galletas y libros, los pollos en Ben Simon, el salmón en Klapish, las *pickelfleish* y los *pastrami* en Lowkowiez, las mejores *delikatessen* en Goldenberg.

En este Marais, profanado por el siniestro supermercado de arte que construyeron los burócratas en el Centro Pompidou, tenía que haber también un rincón para una rosa marchita: el barrio judío de la rue des Rosiers.

El barrio judío tiene un aire tiernamente provinciano y menestral, destartalado y pobretón, surrealista y *kitsch*. Sin embargo, por misteriosas razones, se funde mágicamente con el viejo y elegante Marais, con las mansiones de los príncipes, con la Plaza de los Vosgos y el París de Madame de Sévigné.

En uno de los más bellos palacios de este barrio judío escribió Beaumarchais sus *Bodas de Fígaro*. Y aquí mismo instaló un negocio que se llamaba Rodríguez, Hortaleza y Compañía, dedicado a vender armas y municiones a los libertadores de las colonias americanas.

Todavía, paseando por el Marais reconozco las caras de mis viejos vecinos: Balzac, Hugo, Gautier, y el misterioso pintor surrealista André Masson... Algunos de sus bustos fueron a parar al Monte de Piedad, en la calle de Blancs-Manteaux. Entre los escritores que frecuentaban el Monte de Piedad recuerdo a Camus, a Cendrars o a Giraudoux. Sin olvidar al gran Hugo —escrito con H, como la fachada de Nôtre Dame—, que tuvo que rescatar de este almacén algunas joyas que había empeñado la pobre Juliette Drouet.

A veces, los escultores empeñaban una pierna o un brazo de las estatuas, para poder salir adelante mientras realizaban el encargo. Por eso siempre que veo en una subasta un pie o un brazo sueltos, los compro pensando que pertenecen a Voltaire.

Unos amigos me contaron que el divino Sacha Guitry, en uno de sus malos trances, había tenido que empeñar *La Rouge* de Toulouse Lautrec. Él, que sentía una loca pasión por la pintura y tenía su estudio cubierto de cuadros: Utrillo, Van Gogh,

Renoir, Monnet... y *La Colombe* de Picasso. Como nuestros maestros –Honoré de Balzac, Gabriele d'Annunzio, Stefan Zweig– coleccionaba también fetiches: el bastón de Talleyrand, el tintero de Flaubert, los manuscritos de Moliere.

De repente, pienso que, en este libro, no he hablado nada de Sacha Guitry. Y, sin embargo, me acordé de él mil veces, cuando andaba por San Petersburgo, la ciudad donde nació. Pero yo estaba entonces buscando a un amigo, sin saber si lo habían fusilado. Y Sacha me habría entretenido con cualquier pretexto, porque había días que no hacía nada. Todavía voy a veces a recordarlo al Petit Palais, su casita en los altos de Cimiez, que ahora han convertido en hotel. Me gusta subir desde Niza, por la noche, hablando con él y las palmeras. Le cuento que demolieron su casa de Paris, pero que el bueno de Jean Piat encontró en el solar una rosa, la flor preferida de Sacha. Era tan fino que, cuando le decían que una mujer estaba al teléfono, se pasaba un peine por las sienes, antes de ponerse al aparato. Al final de sus días actuaba con los pies hinchados, recortándose incluso los zapatos para soportar el dolor. Y, muchas veces, para disimular, sus entradas en escena incluían una silla de ruedas. Porque Sacha Guitry fue siempre un dandi genial, no un petimetre. Le habían metido en prisión, le habían calumniado y algunos no soportaron nunca su brillo, porque le envidiaban incluso la manera en que siempre estaba resfriado. Por eso hablaba en aforismos, cortos y cortantes como el final de un estornudo, frecuentemente cínicos: «Cuando se miente a una mujer coqueta uno tiene la impresión de estar cobrando una deuda», o «aquel individuo que hablaba tan mal de mí desde hace dos años murió ayer. ¡No esperaba tanto!».

Ahora, al cabo de más de treinta años, siento que he envejecido más deprisa que mi barrio del Marais. Él ha sabido conservar su historia. Y yo tengo ya sólo mi literatura.

«Literatura –decía Verlaine– es todo lo que queda.» Después, sólo resta ya seguir el consejo del rey don Sebastián: «¡Caballeros, vayan ustedes a morir sin prisas...!».

Memorias de Cádiz

RECUERDOS DE MANUEL DE FALLA

Aunque nací en Barcelona me he criado en Cádiz. No había cumplido cuatro años, cuando mis padres me llevaron a la blanca ciudad andaluza, abanicada por las palmeras, donde se vivía entonces a un ritmo marinero y cálido, criollo y lento, ameno, dulce, entretenido, luminoso, casi colonial. En mi cuna se oían las sirenas, se olían las especias, bailaban las olas. Mis primeros recuerdos de Cádiz son las azoteas alegres, las banderas y gallardetes ondeando en los palos de los barcos que llegaban de América, el gatuno *quejío* de las olas que se encelan arrastrándose contra las rocas del Campo del Sur, el color esplendoroso y caribeño de las buganvillas rojas en la Alameda de Apodaca, los inflamados crepúsculos de la Caleta, los excitantes perfumes de aquel riquísimo puerto que, hace cincuenta años, olía a Indias y especias, a café y maderas, a vino dulce, a hoja de tabaco y oleosa pintura de brea. Todo ello doblado por un compás melancólico y un paso indolente: los patios de mármol, finamente despojados de adorno; el olor amargo de la jara caliente que se deslizaba bajo las puertas y ventanas cuando el viento soplaba de tierra adentro; el sentido trágico de la vida sureña; las terrazas soleadas del Hospital de Mora donde sesteaban los enfermos vestidos con un traje y un gorro penitenciario, como si fuesen condenados a muerte; el grito de los golfillos asilvestrados que pintaban toros de sangre y de rabia en los muros encalados; la figura impasible de los sufridos burgueses gaditanos —refinados, anglófilos, liberales— que se paseaban con chaqueta blanca y corbata bajo un sol de justicia; y la mirada indescifrable de los pobres de posguerra: perdidos, desocupados, prolíficos, quemados a sol y fuego, injusticiados, dudando entre vivir borrachos o morir hambrientos...

Por las tardes, en la hora cálida de *el aàssar*, me dirigía a casa de mi profesor de árabe, el maestro Delkader. Los árboles, como creyentes con las manos levantadas, arrojaban en las calles una sombra perfecta, parados en el primer *rikat* de la oración: «¡Dios es muy grande!». Delkader era un sabio con una mirada tierna, a veces apesadumbrada o cansada como la de un peregrino. No necesitaba un turbante rojo para parecerse a Mutanabbi. Tenía el pelo rizado, la piel de cera y de color ceniza, ensombrecida por el *litam* de los dolores, y el alma más delicada que he visto en un maestro, quizá porque llevaba el sufrimiento de un hijo enfermo. Recuerdo bien a este niño, porque tenía mi misma edad. Su madre lo llevaba cada mañana al sol, en aquella Plaza de Mina donde nació Manuel de Falla. Y mientras nosotros jugábamos a correr y a escondernos en el templete de la música –drogados con el olor de las flores mustias– este niño nos esperaba en el reino prohibido de su silencio, donde los juguetes no se movían, como si estuviesen parados en la oración del mediodía.

Mi profesor vivía en una bonita casa del centro de Cádiz, con una gran galería blanca que se asomaba sobre un luminoso patio. Y allí tenía instalado un pupitre, delante de una pizarra grande, donde yo le esperaba, escribiendo y aljamiando mis lecciones de árabe. Cada día me estudiaba una fórmula para saludarle: *es-selam âlíq* (la paz sea con usted), *u âliq es-selam* (le saludo), *ana nebús biédq* (beso su mano) o, las palabras con las que aún le recuerdo al cabo de los años, *neháreq mebrúq* (que su día sea bendito). Había sido ayudante de la cátedra de árabe de Jacobo Butler, un gran orientalista gaditano. Y me dejó a mí esta herencia cuando yo era profesor de Historia de la Cultura en la Escuela de Comercio. No sé si era por su nombre, pero a mí me impresionaba su autoridad, como si descendiese por igual de los sultanes y de los césares de Mauritania, porque era también un gran conocedor de la cultura clásica. Esas mezclas son frecuentes en Andalucía. Creo que era generoso conmigo, cuando decía que fui su mejor alumno, pero es verdad que me esforzaba por aprenderme las letras solares, y pronunciar bien los sonidos enfáticos que le dan tanta belleza a la lengua árabe. Todavía, maestro –*fih el-barca*, Dios te bendiga– sé más fórmulas de respeto en árabe que en ninguna otra lengua.

–Maestro –le dije un día, recordando a Ibn Guzmán– sé que adornas tu patio cada mañana para que tus amigos lo pisen.

Y él, con una luz de sorpresa y de alegría en sus ojos, me dijo:

–Dile a tu padre que yo te he enseñado árabe, pero me va a tener que pagar por haberte convertido en poeta.

Andalucía me hizo árabe. Y aprendiendo el árabe en un alegre patio gaditano me aficioné a Falla. Y me enamoré de sus jardines, cuando conocí a Renata Tarragó y la oí interpretar algunas de sus piezas. Era una muchacha morena y bellísima: la concertista de guitarra más guapa y elegante que ha dado España. Hija de un compositor llamado Graciano Tarragó, estaba entonces en el esplendor de su carrera y había grabado muchos discos, algunos acompañando a la gran Victoria de los Ángeles. Joaquín Rodrigo le había dedicado su *Sonata Giocosa*. Oírla interpretar a Granados, a Sors o Desprez, o escuchar sus arreglos de las canciones tradicionales y medievales españolas era fascinante. Interpretaba a García Lorca, como un viaje de ida y vuelta, dejándose llevar por el oriente barroco y modernista de Cataluña hasta el fuego crepuscular de Andalucía, desde el endiablado ritmo bacanal de las *puellae* gaditanas hasta el llanto de las fuentes de la Alhambra, desde el tanguillo hasta el tango, desde la burla a la bulería, desde el jaleo, anda jaleo, al silencio... pero silencio de álamos grandes y bandoleros, silencio de muerto que se quedó en la calle, silencio de mantos negros.

Renata –arroyo claro, fuente serena– vestía de negro y llevaba siempre un *foulard* blanco que dejaba caer indolentemente en el mástil de su guitarra, mientras sus manos mágicas, más pálidas que su cara morena, arrancaban emocionantes melodías a las cuerdas temblorosas: granadinas y fandangos, playeras y boleros, como si toda la memoria judía y mora de España se hubiese echado a llorar en su pañuelo.

Cuando se ha conocido Cádiz y algunos misteriosos aspectos de la vida gaditana se comprende mejor a Manuel de Falla.

Basta detenerse un instante frente a la casa donde nació, en la geometría ordenada de la Plaza de Mina, para descubrir esta bellísima contradicción entre naturaleza y razón; entre el patio romano y la palmera egipcia; entre la cancela renacentista y la caoba de Indias, entre la buganvilla y el Museo de Bellas Artes. De los cuatro lados de la plaza, dos tienen la luminosa alegría de un pañuelo al sol. Pero Falla nació en el lado húmedo y sombrío, mirando siempre melancólicamente a la salada claridad. La Plaza de Mina es algo así como la vieja Europa, arreglada por Manuel de Falla: con el apasionado *la-sol-fa-mi* de la música andaluza, y algunos *soles sostenidos* de tonalidad oriental.

Manuel de Falla tenía cara de caballo árabe, figura de moro triste, pero era, en realidad, un gitano rebelde encerrado en la jaula de un burgués; o quizá –por esas mezclas extrañas que dan los puertos de mar– un puritano burgués que soñaba con ser un sultán. Cuando componía era perfeccionista, exigente, calculador, pitagórico. Existe también ese sentimiento oculto en el alma burguesa gaditana: es el *tempo* de contradanza de los relojes ingleses que suenan en los patios de caoba y mármol, el ritmo de los abanicos cansados en las noches de levante en calma, la parva vida del judío sureño que se lamenta en el muro de su guitarra. También Falla respondía al tipo más desconocido, pero no menos frecuente del andaluz: introvertido, asténico, manoletino, semítico, melancólico y callado.

No soportaba los ruidos. Se parecía mucho a Rilke y, como él, caminaba de puntillas para no romper las misteriosas armonías del silencio. Incluso cuando vivía en su delicioso y sereno carmen granadino, desmontaba de repente su casa y se marchaba a Mallorca porque su monacal retiro había sido profanado por los altavoces de una feria. Era terrible verle pasear por la primavera granadina, entre arrayanes y rosas, entre caballos y estrellas, acompañado siempre de su paraguas, protegido de todo lo habido y por haber. Era tan matemático, tan preciso y tan soltero que yo creo que, desgraciadamente, se protegía incluso de las rosas.

Las manías de Falla llegaban muy lejos. Los que creen que se fue de España porque estaba en desacuerdo con las ideas de Franco no conocen el fondo más insobornable e independiente de su carácter. Hipersensible, cristiano pacifista, lector de Maritain, era un hombre poco dado a las epopeyas bélicas y, sin duda, nada proclive a esa fanática exaltación del mal gusto que ha pasado a la historia con el nombre de fascismo. Pero se exilió, sencillamente, porque en aquella España insomne no podía encontrar las medicinas que tomaba cada día.

La antítesis de Manuel de Falla, fino andaluz, era el pintor Ignacio Zuloaga, magnífico montañés vasco. Zuloaga había comprado el castillo de los duques de Frías en Pedraza y allí se daba unos atracones gloriosos: dos platos de judías con chorizo, ocho chuletas empanadas con patatas fritas, buen vino y unas torrijas de postre. Falla le tenía terror a los abrazos de oso que propinaba Zuloaga a sus amigos. Cada vez que recibía al pintor en su carmen granadino se protegía detrás del piano, montando un búnker con el sofá y los sillones, y agitaba sus delicadas manos desde lejos murmurando con su voz más tímida: «¿Cómo está usted, Zuloaga?... me alegro de verle, aunque le advierto que sólo me queda ya vida interior...».

Tenía tan poca vida exterior que no se veía con fuerzas de acometer obras de gran aliento. Prefería componer pequeños conciertos para clavicordio, o poéticas piezas de piano, o un retablo de marionetas. Cuando componía una ópera la acababa en dos actos y la titulaba *La vida breve*. Al ballet del *Amor brujo* lo remató en dos danzas y una pantomima. Y cuando se atrevía con un *Paño Moruno* hacía un *pañuelito*.

La vieja cultura gaditana era, en mis tiempos, muy fina y estilizada. En el habla popular dominaban los diminutivos. Nadie buscaba un rayo de sol, sino un *rayito* y, mejor que estar a gusto, era sentirse *a gustito*. Por eso los gaditanos habían convertido la trascendente pasión del tango en la ligera burla del *tanguillo;* y, cuando tenía que comprar algo, la gente tenía bastante con un *papelito*. Yo creo que Falla componía en papelitos. Los compraba en Cádiz y los escribía en la Alhambra, escuchando la guitarra de Tárrega, la música de Debussy y la plegaria judía del Kol Nidré. «El *Amor Brujo* –le dijo a su hermana, el día del estreno–

no es una representación para ti.» Era tan moro y tan judío que tenía miedo de que su obra no fuese bastante pura.

Eugenio d'Ors no entendía como un espíritu tan pitagórico se había metido en el caos de la *Atlántida*, entre gigantes y monstruos. Pero Falla era así, un burgués sometido a las tensiones contradictorias de su temperamento: un puritano enamorado de los gitanos, un gaditano prendado de América, un granadino que soñaba en Mallorca.

La cantata de la *Atlántida* es también su poema de exilio; la última obra que escribió en su casa de Alta Gracia, en la Córdoba argentina, entre pinos, naranjos y espinillos... Todo en este drama es fruto de la reflexión. Hasta el coro de seises que interpreta la voz de Dios, cuando los titanes rebeldes deben ser juzgados, ha sido elegido cuidadosamente; porque también Mendelssohn eligió la voz de un niño para interpretar a Dios.

Pero Falla, como Gaudí en la Sagrada Familia, intuía que no llegaría a concluir jamás su poema. Hay algo terrible, cainita y maldito, en estos holocaustos burgueses, en estas ofrendas voluntariosas que no llegan al cielo. Pero el destino es así; todo lo que no es fortuna y gracia se convierte en confusión babélica. Manuel de Falla soñaba con estrenar su obra en el Monasterio de Poblet; aunque yo creo que debería cantarse siempre en la Sagrada Familia: impresionante poema inacabado, diabólica tentación caótica, deliciosa tortura mística.

Manuel de Falla murió en el exilio –si es que Argentina puede ser destierro para un español– pero pidió ser enterrado en España. Le concedieron sepultura en la catedral de Cádiz. Una catedral que se cae a trozos. Bajo un mármol de Sierra Elvira y la inscripción que él mismo redactó: SÓLO A DIOS EL HONOR Y LA GLORIA...

Hablé muchas veces de estas cosas con José María Pemán, que le había tratado, visitándole incluso en Argentina. Nos reuníamos en su luminosa casa de la plaza de San Antonio, primero en su despacho, arriba, en un ambiente hogareño y muy gaditano, lleno de mesas camillas y salitas repletas de libros. Veo todavía al buen poeta andaluz enseñándome las cartas que le enviaba también Alberti desde el exilio: «Al obispo de Cádiz Jerez». Y a las que Pemán respondía en Navidades: «Querido Rafael, mi bendición». A veces le visité también con Camilo José Cela, inolvidable maestro, y con Julián Marías, que era un magnífico compañero de tertulia porque hablaba lo mismo de cine que de viajes, de historia que de literatura. Hablábamos de todo, sentados en un sofá de cuero y rodeados de miles de libros, entre los que estaban las ediciones de sus obras en muchos idiomas, los dibujos que García Lorca le había regalado, la pluma con la que Rodó escribió *El Mirador de Próspero,* que guardaba en una vitrina, y los recuerdos de sus viajes a América. Otras veces, con Mari Carmen y María Rosa, nuestras respectivas mujeres, comíamos en el cortijo de Trebujena, fascinados por su palabra aterciopelada y elegante que tenía rumor de olas y se quebraba, de tarde en tarde, como sus versos, cuando caminábamos en el crepúsculo de las viñas jerezanas, acompañados sólo por el temblor de sus galgos.

Cuando decidió enfrentarse al inmenso poema de la *Atlántida,* Falla quiso contemplar una puesta de sol desde el islote de Sancti Petri: el lugar donde ya los romanos aseguraban que se ven los crepúsculos más impresionantes de Occidente. José María Pemán me contó una anécdota de esta excursión a la costa gaditana. Al llegar al faro de Sancti Petri, el barquero quiso ayudar a Falla, llevándolo sobre sus hombros hasta la playa. Pero Falla, que era tan miedoso, no confió en su atlante y le dijo: «¿Podrá usted conmigo?».

El viejo marinero bético, que tenía sin duda algo de la fina imaginación andaluza de Pemán, miró al músico y sonrió:

—¡Usted dirá!... Con Wagner, desde luego, podría...

Plegaria de atardecer en Estambul

LA BARONESA VALENTINE

Pienso que Estambul es la más fascinante de las ciudades que he conocido. Tuve la suerte de vivirla durante largas temporadas, aprovechando viajes de trabajo. Llegué por primera vez en barco, a bordo del *Cabo San Vicente,* y he repetido luego en otras naves esta impresionante entrada a través de la maravillosa bahía.

He regresado mil veces, entreteniendo mi estancia en Estambul con muchos pretextos: unas veces como etapa del *Orient Express,* cuando preparaba mi libro *(La Belle Époque del Orient Express)* sobre este tren famoso; otras veces cuando trabajaba en temas de Historia del Arte. Pude conocer desde dentro el Palacio de Topkapi, residencia de los sultanes durante los trescientos años de máximo esplendor del Imperio Otomano, cuando el harén estaba todavía cerrado a la curiosidad de los turistas.

Recuerdo los tiempos inolvidables del viejo *Orient Express,* cuando el desvencijado *pullman* en el que habíamos cruzado toda Europa entraba en la misteriosa ciudad de los harenes, orillando las murallas y el mar de Mármara para dejarnos en la estación de Sirkeci. Al bajar del tren, uno sentía de repente una excitación extraña: ¿los olores?, ¿los gritos?, ¿las rosas que se abrazan a las estelas de todos los cementerios en primavera? Era algo fascinante, sensual, vertiginoso, como una fiebre.

Pero aún es mejor llegar en barco. No hay visión más dramática que la imagen de Estambul recortándose en las nieblas del amanecer, mientras el barco rodea majestuosamente la Punta del Serrallo, se desliza entre las luces temblorosas del Palacio de Topkapi, y —como un ladrón furtivo— se lleva las últimas estrellas en su penacho de humo.

Sólo el barco puede ofreceros otra visión mágica, si tenéis la suerte de entrar o salir a la hora del crepúsculo, cuando las naranjas y las rosas de los jardines de Alá se derraman sobre la ciudad, tiñendo el río de oro, el mar de vino, las colinas de sangre, las mezquitas de gloria. Es la hora definitiva, cuando el sol desaparece tras las montañas de la orilla asiática; la hora del *mogareb*, la oración del ocaso; el momento en que un vendaval de voces se levanta de todos los alminares repitiendo la plegaria, hasta que todo queda envuelto en sombras.

En mis últimos viajes a Estambul he podido comprobar que el ruido infernal de la enorme ciudad no deja ya oír la voz de los muecines. Pero existen rincones privilegiados —como el comedor del Hotel Arcadia, en una azotea que se levanta frente a la mezquita de Sultán Ahmet— donde todavía podéis escuchar la oración de los mejores muecines de Estambul.

Tuve la suerte de conocer el Palacio de Topkapi en una época en que los turistas no tenían acceso a las dependencias del harén. En 1972 conseguí un permiso especial para trabajar en estas estancias del viejo palacio de los sultanes que, entonces, estaban cerradas. Durante horas, sin ser molestado por nadie, envuelto en un silencio mágico, sólo entrecortado por el gotear de una fuente, podía hojear los maravillosos incunables miniados de la biblioteca del sultán Ahmet III. La luz amarillenta de una lámpara arrancaba reflejos de oro en las miniaturas del antiguo *Octateuco* bizantino que tenía ante mis ojos. Un par de guardias con metralleta me escoltaban cuando les pedía que me abriesen una de las vitrinas donde se guardaban, bajo sofisticadas alarmas, las joyas y los tesoros más valiosos. Podía pasear, libremente, por estos patios y jardines, por estas habitaciones prohibidas donde vivieron sus intrigas las sultanas, las *kadin* y las *ikbal* favoritas del emperador; las gobernantas imperiales, las *kalfas* de los príncipes, los eunucos y las esclavas. A veces nuestras sesiones de trabajo, estudiando y fotografiando los códices y las piezas de arte, se prolongaban hasta altas horas de la noche, y salíamos atravesando los patios oscuros, al borde de la madrugada, entre la nieve, la luna y los escalofríos de marzo; acompañados siempre por Abdulgani, el viejo eunuco negro —quizás el último superviviente de todos los *musahib* que habían servido al sultán Abdülhamid–, que conducía nuestro coche y transportaba valientemente nuestros pesados equipos fotográficos. Lo habíamos contratado en el Park Hotel, porque mi buen amigo Kaya Şavkay nos recomendó sus servicios. A pesar de que el sultán lo había enriquecido, tuvo mala fortuna cuando se estableció el nuevo régimen republicano. Había malvendido sus joyas y sus casas, cayendo casi en la indigencia.

Recuerdo las noches lejanas, cuando salía, ya de madrugada, por las puertas de Topkapi; siempre acompañado por Abdulgani, que conducía un viejo coche americano que habíamos alquilado. Me sentía cansado de trabajar, estudiando los códices de la biblioteca y documentando las fotografías. Pero las estrellas eran entonces más alegres: como los fuegos de artificio que dibujaban formas diferentes –relámpagos, gallos, halcones, tulipanes, torres, mariposas– en las fiestas que celebraban los sultanes en las Aguas Dulces de Europa.

Algunos días almorzábamos en el mismo Topkapi, en un pequeño y lujoso comedor que dominaba una soberbia vista sobre el Bósforo. Allí he comido la mejor merluza del Bósforo, pescada a la luz de la luna; sin olvidar los más finos hojaldres, los más frescos rodaballos, los tomates y pimientos rellenos, las albóndigas de cordero y ternera, las doradas, y mi postre preferido: los *revani* emborrachados de almíbar, a los que añadíamos, disimuladamente, unas gotas de moscatel.

Mis amigos turcos, los guardianes del harén, me llamaban Barbarroja (Jair-ed-Din), sin duda por el color de mi pelo. Y como me veían pasear alguna vez con guapas y elegantes *kadinas*, estaban convencidos de que mis aventuras y enredos en Topkapi eran más numerosos y divertidos que los de James Bond...

BUSCANDO A LA BARONESA VALENTINE

Desde finales del siglo XIX, el Pera Palace era el hotel de los viajeros que llegaban a Estambul en el *Orient Express*. Cuando yo escribí mi libro *La Belle Époque de l'Orient Express* era una reliquia sagrada pero casi ruinosa. Tenía, sin embargo, un encanto romántico hospedarse en aquel hotel que había sido nido de espías durante la Primera y Segunda Guerra Mundial.

Siempre he pensado que se podría realizar una magnífica película de Estambul, ambientándola en aquellos años de las guerras mundiales, cuando Kim Philby, Mata Hari y Cicero se hospedaban en el Pera Palace. Muchos viajeros frecuentan también este hotel para ver la famosa habitación 411, donde Agatha Christie estuvo «desaparecida» en 1926 durante varios días.

Pienso que algún día escribiré más extensamente mis memorias de Estambul; pero no era el viejo Pera Palace mi hotel preferido. Había sido un verdadero palacio donde se hospedaban los viajeros más ilustres, incluso los invitados del sultán. Era famoso por sus vinos y su cocina, así como por el primer ascensor que se instaló en Estambul. Pero, en los años sesenta y setenta, cayó en una melancólica decadencia que a mí me entristecía. Por eso frecuentaba sólo el famoso Orient Express Bar, donde encontraba al poeta Yahya Kemal y algunos de los mejores vinos franceses; sobre todo, el champán Veuve Cliquot.

Kemal había sido amigo de mi familia, a fines de los años veinte, cuando era embajador en Madrid. Venía a la Casa Gans, la empresa litográfica que dirigía mi abuelo, a ver los nuevos tipos de imprenta que allí se diseñaban, porque fue siempre sensible –había sido educado entre derviches– al misterio de las cifras y de las letras. Pero cuando yo llegué a Estambul, sólo puede cenar con su fantasma. Con Kemal se hablaba sin palabras *(guftesiz beste)*, porque era discípulo de Verlaine y cantaba con una copa en las manos. A veces, leyendo sus versos me parecía estar delante de Byron o de los antiguos poetas griegos. Pero también oía su silencio, como si estuviese escuchando a Nedim y a Yunus Emré, o a mis poetas turcos del Tiempo de los Tulipanes: más músicos que escritores, más místicos que herejes. *Rind,* en lengua turca, llamaba Yahya Kemal a sus amigos que bebían demasiado. Y *rind,* para los místicos turcos, fue siempre un santo *intoxicado de Dios*, como un poseído de Dionysos.

La muerte es un país primaveral y pacífico para el *rind*;
su corazón humea por todas partes como un pebetero.
Y en su colina, a la sombra de los cipreses,
cada día brota una rosa y, al llegar la noche, canta un
   ruiseñor.

Mi hotel preferido era entonces el Park Hotel, en el barrio residencial de Ayaspaşa, con una vista impresionante sobre el Bósforo. Había sido, en sus orígenes, un palacio donde vivieron embajadores y visires. Y tenía un bar, decorado con maderas de roble y palo de rosa.

En el inolvidable bar del Park Hotel, en una penumbra que todavía recuerdo perfumada por vapores de menta y coñac, mi amiga Adilé me contaba melancólicamente los tiempos en que su familia enviaba cofres con regalos en la caravana de la Meca, recibiendo, al año siguiente perfumes y anillos de coral que les obsequiaban sus amigos mequíes. Sus tías habían vivido en el Palacio de Beylerbey, acompañando al sultán Abdülhamid en su reclusión. Y por eso sabía muchos secretos de la corte y no pocas historias románticas que, a veces, me contaba cuando el bar se iba durmiendo y ya sólo quedaban en las mesas mi copa de coñac y los posos de su café. Era la hora mágica en que ella hablaba, en voz baja, del final del imperio, cuando hasta los fieles huían. Y en el harén, sin agua ni gas, ya no quedaban más que las mujeres y los príncipes —más niños que galletas—, iluminados con la luz mortecina de los últimos quinqués y atemorizados porque las balas caían en el jardín. Las ayas podían haber confundido a los príncipes gemelos, tan delgados que sólo se reconocían porque uno llevaba un pañuelo rojo y otro azul. Era una trama perfecta para una novela y, en los escalofríos de la madrugada, pensé muchas veces que el pequeño Mehmed Bédreddine Efendi no fue quien murió en el abandono, sino que lo habían cambiado por Ahmed Noureddine Efendi, o sea que el hermano vivo era el muerto.

En los días brumosos de invierno, el Bósforo amanecía envuelto en gasas de misterio, en un extraño silencio que se iba disipando poco a poco; primero interrumpido por el grito de las gaviotas solitarias, luego por el zureo de las palomas, y finalmente por el canto de los muecines que llamaban a la plegaria desde los altos alminares de la mezquita de Tophané, desde los lejanos alminares de Scutari...

Bebiendo Carte Jaune evocábamos los años de gloria, cuando los afilados caiques –ligeros como una góndola– surcaban las aguas del Serrallo, deslizándose a golpe de remos. Los grandes navíos del imperio entraban majestuosamente en el puerto. Y, siete veces al año, el sultán citaba a su favorita en esta orilla para escuchar el alegre alboroto que levantan las caballas del mar Negro cuando llegan a las aguas de Estambul.

No puedo olvidar las madrugadas de luna en el invierno nevado, cuando los barcos se recortaban, espectrales, mientras se iluminaban las orillas de Scutari y se oían las sirenas, confundidas con la primera oración del muecín.

El bar del Park Hotel

El Park Hotel fue derribado en 1979, llevándose muchos de mis recuerdos. He visto en el *hall* a muchos personajes de la aristocracia europea, incluyendo a Eduardo VIII, duque de Windsor. Pero el bar del Park Hotel era, sobre todo, el lugar de cita de los artistas turcos. Aquí fue donde conocí a la baronesa Valentine Taskin, una mujer cuya vida novelesca forma parte de la leyenda de Estambul.

Esta nieta de un cosaco del Don, llegó a Estambul huyendo de los bolcheviques. En estos años de principios de siglo, la ciudad era el refugio de muchos rusos emigrados. Algunas de aquellas muchachas, educadas como princesas, fundaron escuelas de ballet. Otras continuaban su viaje hasta Ginebra o París, buscando una vida más burguesa. Pero Valentine se quedó en esta fascinante Turquía, donde tuvo que ganarse la vida como pianista. Había tocado en cines, bares, hoteles y restaurantes. Cuando yo la conocí tenía ya más de setenta años, pero era una mujer interesante y maravillosa. Su marido, Todori Negroponti, tocaba la guitarra y cantaba, entre trago y trago de vodka. Llevaba siempre un botellín escondido en el bolsillo de su chaqueta. Pero Valentine, más elegante, sólo bebía coñac.

Ella me llevó por primera vez al Restaurant Rejans, el refugio de los rusos en Estambul. Era también el comedor preferido de Von Papen y del embajador inglés en los años de la Segunda Guerra. Y en Rejans se sigue comiendo todavía –¿cuánto tiempo durarán estas reliquias?– el mejor pato de Estambul.

En la atmósfera melancólica del Restaurant Rejans, Valentine se transformaba en princesa. Yo la llamaba siempre baronesa, porque sabía que le gustaban estos homenajes galantes. La última vez que la vi, poco antes de su muerte, me contó que también había tocado el piano en Rejans a cambio de una copa de coñac.

—Franz Liszt —murmuró, cansadamente, como intentando disculpar su vida bohemia— tocó el piano en Estambul.

Ya no se conserva la casa en Nuruziya Cadesi donde el franciscano Liszt vivió con Marie Duplessis, la Dama de las Camelias. Ella, que también era supersticiosa y gitana, estaba convencida de que las mentiras mantienen los dientes blancos. Parecía pintada al fuego, como una porcelana, en colores brillantes: cabellos negros, piel blanca, ojos de esmalte japonés. Había nacido en una noche de enero, con la luna contraria. Y le mentía a todo el mundo, a sus maridos, a sus amantes, a sus acreedores. Le mintió a Dumas, inspirándole un drama insoportable. Le mintió a Liszt, hasta que consiguió que él la llevara a Estambul. Se mareaba con el olor de las rosas y, por eso, amaba sólo entre camelias, llevando en el pelo guirnaldas de camelias blancas, y en el corpiño un broche de diamantes y camelias. Pero también se mentía a sí misma y —aunque se creía una cortesana astuta— era romántica, apasionada, generosa y desprendida. Y, cuando murió, arruinada en el palacio de sus aventuras, sus albaceas tuvieron que vender todos sus bienes. Por eso Dumas pudo comprar en la subasta una cadena de oro que Marie había lucido, y por la que yo pagaría hoy más que por la obra que ella misma había inspirado.

Valentine también fue siempre una mujer desprendida y valiente. Me contó que era sobrina de un *atamán* de los cosacos, tan fiero y rebelde que, después de luchar por la causa zarista, se refugió en París, donde murió asesinado. Siempre contaba historias del Cáucaso y de Rusia, de príncipes y de castillos. Y mirando sus dedos en el piano —unas manos que habían tenido que servir—, sentí adoración por sus uñas pintadas de un rojo violento, por sus sueños de gloria, incluso por sus mentiras de abuela traicionada en un sueño de amor. No merecía la pena sentirse un *beatnik* maldito en este cabaret de la orilla asiática del Bósforo. Y le besé la mano, con afectación romántica, como a ella le gustaba:

—Princesa, la creería también si me dijese que Liszt se enamoró de estas camelias...

Recuerdo que, como tenía un permiso especial para moverme libremente por las salas de Topkapi, los guardianes me dejaban tocar y curiosear todas las piezas, excepto el famoso diamante Kasikçi. Probablemente era la joya que más impresionaba a los gorilas del museo. Sin embargo, me dejaban pasear por los almacenes secretos donde se guardaban las piezas no expuestas al público —alfanjes damasquinados, pistolas cuajadas de diamantes, cálices de ágata para servir el dulce Tokay, copas labradas en una turquesa— y algunas esmeraldas sin tallar que pesaban más de un kilo.

A veces trabajábamos hasta altas horas de la noche en la Biblioteca de Topkapi, estudiando y fotografiando viejos manuscritos bizantinos y turcos. La Biblioteca de Ahmed III es uno de los rincones más románticos del Serrallo. Es un elegante pabellón de mármol blanco, cubierto por una cúpula central. La fachada está decorada con cerámicas multicolores, adornos de yeso y lapislázuli, arabescos, relieves de alabastro y puertas de bronce. He trabajado muchas horas en este santuario, rodeado por antiguos manuscritos y magníficos códices miniados, fascinado por el reflejo de la luz sobre los azulejos, embriagado por el olor de las maderas, y escuchando sólo el gotear de la fuente o el murmullo de la lluvia en los patios desiertos del Serrallo.

Una noche, al acabar el trabajo, cuando ya los muecines habían voceado la última oración en los alminares de Estambul, nos dimos cuenta de que los porteros nos habían dejado encerrados en la biblioteca. Pero Adilé, mi amiga bibliotecaria, conocía un camino secreto, un corredor que llevaba hasta la vieja mezquita de los Aghas y, siguiendo un laberinto de subterráneos y corredores, penetraba directamente en las calles desiertas del harén. Así salimos a una terraza que dominaba una vista impresionante sobre el Bósforo. Nos miramos a los ojos como si acabásemos de violar un secreto centenario y prohibido. Todo Topkapi –torres, jardines, minaretes, pabellones– parecía cubierto a esa hora por el misterioso velo blanco que derramaba la luz lechosa de la luna.

No conoce bien Oriente quien no ha recorrido de noche los senderillos de Topkapi, cuando el olor de los pinos y el dulce perfume de la flor de azahar se pierde por los corredores oscuros; no lo conoce quien no ha paseado por sus callejas, contándole a una mujer las mil y una leyendas que se aprenden en Estambul: las proezas del turco gigantesco que dejaba caer piedras como castillos sobre las cabezas de los cruzados; los encantamientos del hada maligna de La Meca que esparcía zarzas y ortigas delante de la casa del Profeta; las historias de Jemal Eddin, el sabio de Bursa que se sabía de memoria todo el diccionario árabe; o las maravillas de *Karabulut,* el corcel negro de Selim II.

Un día, andando por los jardines de Topkapi me pareció que me estaba acercando al Profeta, porque la lluvia fresca me caía sobre la frente como si fuera el agua del Paraíso. Salté un seto, robé unas rosas de Judea y se las regalé a las amigas turcas que me habían acompañado durante tantas semanas en Topkapi. Pero vi que Abdulgani, mi *musahib*, me miraba con un gesto de sorpresa.

–Hace cien años –le dije, poniéndole una mano en el hombro– el sultán me habría decapitado.

El gigantesco negro sonrió con tristeza, contempló con una mirada enigmática a las muchachas que nos acompañaban, y murmuró:

–Tú eres un poeta, *bey efendi*, y el Profeta te habría regalado su manto de lana negro.

Estaba feliz, porque se ganaba bien la vida trabajando para mí. La última vez que nos vimos le di un abrazo y le regalé mi abrigo. Volví, veinte años más tarde, a Estambul y me acerqué a su humilde casa, en Kasimpasa. En medio de la niebla y del humo me costó trabajo localizar aquel ruinoso *konak* de madera que se estaba desmoronando como un barco podrido en las orillas del Cuerno de Oro. En la habitación del sofá, oscura y fría, sólo había una anciana, arropada en un viejo abrigo.

–Él murió, *bey efendi*. Nunca pudo darme lo que los hombres dan a sus mujeres. Sin embargo, fue bueno conmigo y me regaló este abrigo.

Encuentro con Dionysos

LOS ESCENARIOS DE ZARATUSTRA

Al loco del bigote me lo encontré, misteriosamente, un día claro de invierno en 1965. Yo era un muchacho con poco más de veinte años y vagabundeaba por Italia, aprovechando una beca de estudios.

Me gustaba caminar por las montañas que rodean el golfo de Génova, visitando los alegres pueblos de la Liguria: los nidos de águila de Cinqueterre, las cavernas salvajes del golfo de los Poetas, las ensenadas románticas de Portofino, las playas de Santa Margherita, las noches de Rapallo...

Aquel día de 1965, en un crepúsculo encendido y bajo una brisa fresca, fui rodeando los pinares de Paraggi hacia Portofino. Olía a humo y madera quemada, como si el mar estuviera convirtiéndose en un viejo vino. Pensé que algún campesino quemaba rastrojos. Y en una buena atalaya me detuve a contemplar la magnífica vista de la bahía, cuando observé de improviso un fascinante espectáculo: una extraña figura que andaba quemando pinaza en los claros del bosque, elevando altares de fuego, ordenando cuidadosamente las hogueras para no provocar un incendio y convirtiendo el bosque en un misterioso escenario wagneriano.

Un retén de policía, advertido por algún campesino, detuvo al vagabundo. Permanecía sentado bajo un árbol, negándose a contestar a las preguntas. Me llamaron la atención sus orejas pequeñas, delicadamente perfiladas, «como le gustaban –pensé, no sé por qué– a Lou Salomé». En un vagabundo sorprendían también sus manos finas, elegantes, femeninas. Era casi cegato, miope, o quizá tenía la mirada perdida en las sombras opacas de la locura. Pero lo que más me impresionó es que su rostro delicado, moldeado como una mascarilla de yeso, se ocultaba detrás de un mostacho salvaje y brutal.

La policía, recurriendo a gritos y amenazas, intentaba obtener una declaración de aquel pobre loco. Pero él seguía mudo, o parecía no entender nada. Me dio pena. Aquel vagabundo me recordaba a otro loco, muerto hace ya muchos años. Me acerqué a los policías y les dije: «Déjenlo. Yo lo conozco. Es un profesor tedesco que se llama Federicco y vive en Rapallo. No es peligroso. Escribe poemas y enciende hogueras, pero las apaga siempre antes de irse».

El primer asalto de Zaratustra

Fue en la Riviera dei Fiori, entre Santa Margherita y Portofino, donde Zaratustra se apareció por primera vez a Federico Nietzsche, en el invierno de 1882. Le gustaba pasear —a veces encendiendo hogueras— por los pinares y los caminos que siguen la recortada línea de la costa. Él mismo nos ha dejado una descripción del instante en que Zaratustra le asaltó en el camino, como la zarza ardiente se inflamó delante de Moisés, como la luz cegadora derribó a Saulo del caballo, como la mirada de Jesús fascinó a Simón en las orillas del lago de Tiberíades, como todos los enviados del más allá se presentaron a sus apóstoles. Pero Zaratustra, el profeta ario, es un personaje exigente que reclama a sus adeptos una ruptura con los compromisos de la comunidad, el desprecio de los ídolos, la fidelidad exclusiva a un solo dios y una decisión individual: «Yo Te he reconocido como Santo, oh Ahura Mazdah», dice el antiguo himno del Avesta. El dios de Zaratustra no es un rey majestuoso y distante, sino un confidente personal.

Cuando Nietzsche descubre a este profeta en las montañas de la Liguria, vive ya los momentos decisivos de su delirio. Y, a partir de estos días de 1882, se suceden las tragedias y los milagros de su vida. Profundas transformaciones, pensamientos que andan con paso de paloma, se abren camino en su espíritu. Ha dejado definitivamente atrás sus años de profesor universitario en Basilea. Se ha despedido airadamente de Richard Wagner, su amigo del alma, dándole la espalda en mitad de una conversación.

En la primavera de 1882 se enamora en Roma de Louise Salomé, una bella muchacha alta y rubia, dotada de brillante inteligencia. Lou –sus amigos la llaman así– es medio alemana y medio rusa, y viaja acompañada por su madre: una dama enérgica que, en el fondo de sus ojos azules, parece no tenerle miedo a nada. Está convencida de que su hija debe educarse como los héroes de la *Ilíada*, que es su libro preferido. Lou la llama Muschka, pero se siente angustiada por sus reproches, por su severidad protestante, por ese carácter de fiera indómita, que ella misma ha heredado.

Lou ha recibido una educación de princesa en San Petersburgo, mimada por un padre que adoraba esta hija, después de haber tenido sólo varones. Por eso Lou es rebelde y caprichosa, como si estuviera segura de que «si caía, siempre tenía detrás unos brazos abiertos para acogerme». Nietzsche, que había perdido a su padre cuando era un niño, sentía exactamente lo contrario.

Lou vivía entonces una aventura mística con Paul Rée, amigo fiel de Nietzsche. Y esta relación había despertado ya muchas habladurías en Roma, porque ciertas personas no podían comprender que un hombre y una mujer paseasen juntos bajo la luna romana, a las dos de la madrugada, sin ser amantes. En realidad Paul Rée había sido el primero en chocar con el complicado erotismo de Lou, quien, a los veintidós años, daba ya por «concluida su vida amorosa». Y no sólo eso, sino que ella, despertando sus celos, acabaría por confesarle que quería «ampliar el círculo de sus amistades» y deseaba conocer también a Nietzsche.

La primera cita fue en San Pedro del Vaticano, junto a un confesionario iluminado por una luz mística. Nietzsche se siente más seguro en las medias luces, donde sus ojos reflejan el fuego de su interior. Y Lou –pensando siempre en las estrellas– tiene la idea de que se han encontrado como dos astros caídos de una lejana galaxia y se deja impresionar por los rasgos estudiados y bien trabajados de su personalidad.

«Al espectador superficial no se le ofrecía nada de sorprendente: un hombre de mediana estatura, en su vestimenta extremadamente sencilla, pero también extremadamente cuidada, con sus rasgos serenos y el pelo castaño, simplemente peinado hacia atrás, que fácilmente podía pasar inadvertido. Las líneas de la boca, finas e intensamente expresivas, quedaban cubiertas casi por completo por un gran mostacho peinado hacia delante; tenía una risa callada, una manera de hablar sin hacer ruido, y un modo de caminar cuidadoso, meditabundo, ligeramente encorvado.»

Sin duda es un hombre extraño. Cuando habla parece huir de la luz, porque dice que el sol daña sus ojos sensibles, causándole terribles dolores de cabeza. «De manera verdaderamente reveladora hablaban también los ojos. Semiciegos, no poseían sin embargo nada del carácter escudriñador, inquisidor, involuntariamente impertinente de muchos miopes; parecían más bien como guardianes y custodios de sus propios tesoros, de sus secretos callados, que no debía violar ninguna mirada no autorizada.»

Nietzsche cae, enseguida, en las redes de Lou. La penumbra del Vaticano le sienta bien a esta joven de ojos claros y frente despejada, nimbada por un aura de cabellos rubios, de un dorado casi rojizo. Y ella se siente fascinada por la tormentosa soledad de Nietzsche, porque —a pesar de que presumirá siempre de librepensadora— tiene un alma trascendente y mística. Se ha iniciado en el amor siendo una niña, escuchando los discursos teológicos del pastor Hendrik Gillot que la preparaba para la confirmación. Él fue el primero que la llamó Lou, porque no era capaz de pronunciar Ljola en ruso. Y ella siente un escalofrío el día en que, ante toda la comunidad reunida en la iglesia, el reverendo Gillot la confirma y le dice: «No temas, porque yo te he elegido, te he llamado por tu nombre y eres mía». Estas palabras bíblicas se quedan grabadas en su memoria, con la imagen de aquel ministro de Dios —casado y padre de dos hijos— que la había introducido así en la fe. Por eso, desde entonces, aquella niña se acostumbrará a amar «sin conclusión», como dicen los santos que se ama a los santos, excitándose en la compañía y en la soledad, siendo siempre fiel al hombre que le había enseñado a creer. Muchas veces reproducirá este mismo juego, condenando a sus amantes y a su marido a la abstinencia del sexo.

Nietzsche quizás intuye estas cosas, porque es hijo y descendiente de teólogos. Yo diría incluso que tiene cierto parecido con

Hendrik Gillot: su frente alta, sus ojos claros, hasta sus manos. Lou observa sus manos «incomparablemente hermosas y noblemente modeladas».

Ahora ya son tres los que pasean de noche, a las tantas de la madrugada, escuchando la canción de las fuentes en la cálida noche romana: «Es de noche y las fuentes hablan más alto con su voz cantarina... Hay en mí un ansia de amor...Yo no conozco la felicidad de los que reciben».

El alma de Nietzsche parece una fuente que canta; pero Lou, tan dotada para el psicoanálisis, desconfía del agua. Hay algo extraño en la mirada de este hombre que presagia grandes tormentas.

Lou conoce la felicidad de los que reciben. En cierta manera, no tiene más fe que esta alegre confianza en el destino, porque cree que sólo cuando se tiene el sentimiento de haber recibido gratuitamente se experimenta la dulce sensación del agradecimiento. Y, en la noche de Roma, contempla la danza lejana de las estrellas y le cuenta a Nietzsche un recuerdo de su infancia:

—Una mañana andaba sóla por el campo y, al ver que habían florecido las gencianas azules, tuve el pensamiento de llevárselas a una amiga enferma. Pero estaba tan preocupada con mis propios problemas que determiné seguir adelante, sin entretenerme en el camino. Tengo claro el recuerdo de que decidí no cortar las flores. Pero, aún no sé cómo, llegué a mi casa llevando en las manos un precioso ramo. Y algo en el interior de mi alma gritó: ¡Gracias!

Nietzsche la escucha como si oyera el paso de las palomas. Le seduce el espíritu rebelde de esta joven rusa que, a los veinte años, ya ha visto cómo los nihilistas asesinaban al zar Alejandro II. Ella misma le cuenta que, en su escritorio, tiene un retrato de Vera Zásulich, la primera mujer anarquista: una fiera que —en justa defensa de su dignidad— ha sido capaz de pegarle un tiro al déspota Trepov, gobernador general de San Petersburgo. Lou se exalta cuando explica cómo la multitud ha paseado en hombros a la anarquista, después de que el jurado popular decidiera ponerla en libertad.

Pero Nietzsche comete un error al pretender que esta aventura de las noches de Roma acabe en matrimonio, porque ella

193

ama tanto la libertad irresponsable de su juventud que no puede pensar en comprometerse. No es la primera vez que Nietzsche le hace a una mujer una repentina propuesta de matrimonio. Por eso no es extraño que Lou encuentre un pretexto banal para justificar su rechazo, explicándole que, en caso de contraer matrimonio, «perderá su beca de estudios en Roma».

Él tiene el alma simple de un solterón en celo y no ha imaginado nunca que en la líbido de las mujeres pueden esconderse instintos más entretenidos y delicados. Y se siente inseguro y excitado cuando observa que Lou tiene un sentido especial del amor y adora las trinidades, los círculos, los tríos...

«Vi un agradable gabinete de trabajo, lleno de libros y flores, flanqueado por dos dormitorios, con camaradas de trabajo yendo y viniendo», escribe Lou, relatando uno de sus sueños de juventud. No es extraño que llegase a ser amiga y colaboradora de Freud.

Ella es y será siempre un alma idealista y generosa. Por eso disfruta conversando con Nietzsche y con Paul Rée. Los amigos del círculo de Nietzsche se la disputan, porque sabe seducirlos y porque, mientras habla de poesía, sus ojos se humedecen como si por todo su cuerpo subiese la savia dulce de la primavera. Pero nadie puede sospechar, ahora, que esta joven rusa de veintiún años será también la amante de Rilke.

A Lou le gustan los equívocos y los escándalos. Y por eso accede a mantener una confusa relación de camaradería con este grupo de amigos. Rodeándose siempre de damas respetables –Malwida von Meysenbug, Elisabeth Nietzsche, Frau Rée– convive con Paul Rée y Federico Nietzsche, provocando los celos y las traiciones de los dos amigos. Tiene algo de monja y, un día, le dice a Rée que está enamorada de la boca de Nietzsche.

–Para haberla visto –murmura, amargamente, Paul Rée– debes haberte puesto debajo de su bigote.

Trama como una niña perversa los peores malentendidos, engaña a su propia madre y organiza escándalos en todos los balnearios por donde pasa. Sin embargo, se diría que sus ojos azules no conocen la malicia y Nietzsche, arrastrado ya por las visiones de Zaratustra, la compara con los animales de su profeta, cuando dice que es «despierta como un águila y animosa como un león». En su fiebre solar, olvida que Louise tiene también algo de serpiente, reina de las sombras. Por eso despierta la rabia de Elisabeth Nietzsche, sobre todo cuando Lou se atreve a bromear sobre la seriedad de su hermano, contando aventuras y maledicencias que corren en boca de sus amigos.

A mediados de la primavera, el grupo de «amantes místicos» se reúne todavía en el lago de Orta, en el lugar más maravilloso de los Alpes italianos. Aunque Nietzsche se queja siempre de los lugares muy luminosos, que dañan a sus ojos cansados, este rincón tiene una luz dulce como una acuarela. No sé por qué me recuerda la orilla del lago Tiberíades donde Jesús de Nazaret pronunció el Sermón de la Montaña; quizá porque los pueblos se ven invertidos en el reflejo de las aguas, como si pudiera existir un mundo al revés, donde los que sufren se convirtieran, de repente, en bienaventurados.

En Orta, Lou y Nietzsche se pierden un día en las laderas boscosas del Monte Sacro. Hablan, como siempre, de los misterios humanos, buscando inconscientemente los peores caminos, los senderos más escarpados, los precipicios abruptos. Pero aquel día se entretienen tanto que regresan ya con las últimas luces. Y, a pesar de que los amigos se muestran contrariados por esta «traición» a la comunidad mística, Nietzsche se negará a justificar lo que ha sucedido. Hablará toda su vida de esta excursión, como «El Misterio del Monte Sacro». Y ella, al cabo de muchos años, dirá: «Si besé a Nietzsche en el Monte Sacro, es algo de lo que ya no me acuerdo».

Siguieron hablándose siempre de usted. Incluso cuando él la llevó hasta Tribschen, a orillas del lago de los Cuatro Cantones, donde había pasado sus mejores días con los Wagner. El maestro vivía entonces su luna de miel con Cósima Liszt, la mujer que había robado al bueno de Hans von Bülow, su más fiel discípulo. Era una mujer elegante e interesantísima, tan alta que Wagner se perdía a su lado. En realidad él se perdía en todas las reuniones y, cuando llegó a conocerlo, Lou dijo que parecía como «el surtidor de una fuente saltando entre las personas que le rodeaban».

La casa de Tribschen, sencilla, cuadrada y blanca, tan poco wagneriana, está construida sobre una pequeña península en el lago. Rodeada por un magnífico parque, domina un soberbio panorama, desde las cumbres del Burgenstock y el Righi, hasta los macizos del Titlis y el Gotardo. En aquellos tiempos la vista abarcaba también la vieja ciudad de Lucerna —hoy ocultada por tantas construcciones modernas— con su puente de madera y sus callejas medievales, donde todavía se veían artesanos como Hans Sachs y escribanos como Beckmesser.

El interior de la casa de los Wagner en Tribschen era suficientemente grande para hospedar a los amigos. La pareja vivía entonces el momento más dulce de su aventura de amor y, para celebrar el cumpleaños de Cósima, el 25 de diciembre, Wagner le había compuesto el *Idilio de Sigfrido*.

En febrero de 1867, en una de las habituales visitas de Nietzsche, Cósima dio a luz su primera hija. No estaba casada y se necesitaba entonces amor y valor para vivir esa relación que los burgueses llamaban «amancebamiento».

Fue en Tribschen, en aquellas inolvidables jornadas de poesía y música, donde Nietzsche se enamoró de Cósima Wagner. Y la mujer de su mejor amigo fue siempre, para él, la «amada imposible». Para competir con el diablo, Nietzsche le ofreció, como regalo de cumpleaños, una pieza de piano que acababa de componer: *Ecos de una Noche de San Silvestre*. Quizá no sabía que ella, admiradora de su obra filosófica, se reía sin embargo de sus composiciones de música. A veces se sentaban a tocar el piano a cuatro manos y entonces era Wagner el que sufría airados ataques de celos, abandonando la estancia.

A Nietzsche le gustaba hacer sobremesa en el salón, contemplando el cuadro de Bonaventura Gemelli, que representaba a *Dionysos entre las musas*, mientras explicaba sus ideas sobre el *Origen de la Tragedia*.

Habían pasado ya algunos años, cuando Nietzsche se atrevió a enseñarle a Lou la casa de Tribschen, evocando los recuerdos de estos «días de confianza, de alegría, de incidentes sublimes y de instantes profundos». Se sentaron en la playa, junto al embarcadero. Y, mientras las piedras se arrullaban con la canción de cuna del lago, Nietzsche hablaba y hablaba, dibujando signos en la playa húmeda con una rama. Como los antiguos profetas, a él le gustaba escribir en la arena mensajes misteriosos, que luego borraba para que las nubes no pudiesen leerlos. Y allí permanecieron sentados mucho tiempo, hasta que ella se dio cuenta de que Nietzsche tenía los ojos llenos de lágrimas.

Pero Lou no era Cósima Liszt. Sólo pensaba en sus juegos de amor, en sus poesías, en sus estudios, en obtener una ayuda para la Universidad de Viena. No tendría nunca, como lo tuvo Cósima, el valor de irse a vivir con un hombre y tener un hijo suyo sin estar casada.

Nietzsche intentó convencerla para que se fuera a vivir con él. Y no se dio cuenta de que, con su propia pasión, estaba asustándola. Pero él volvía una y otra vez a sus declaraciones impetuosas, como si el beso del Monte Sacro le abrasase el alma. Y, a los pocos días, intentó volver a besarla en Lucerna, delante del monumento del León. También él se sentía como un león herido, igual que la bestia que había esculpido Thorwaldsen, con el cuerpo doliente, con los músculos tensos, con la vida comprometida. Y luchaba por ella hasta sus últimas fuerzas, intentando llevársela a Berlín, a París, a las montañas de Silesia, a cualquier parte del mundo donde ella no se presentase acompañada por su corte de amigos, de madres y de tutoras.

Estos meses con Lou fueron, para Nietzsche, un verdadero *tormentum mysticus*. Le compuso canciones y poemas, la acercó al círculo de Bayreuth para que asistiese al estreno del *Parsifal* –en un momento en que Wagner y él estaban más distantes que nunca– y le envió páginas y libros que ya nadie comprendía. Pero ella se volvía cada vez más esquiva, más rápida, más difícil. Mirando su cuerpo de niña caprichosa, él la veía como una ofrenda de frutas; pero cuando alargaba la mano para saciar su apetito, ella se volvía como el *cingulum*, dejando una cicatriz en torno a su cintura.

Probablemente Lou fue el último intento de los dioses por salvar a Nietzsche. Él era hijo de Dionysos, y ella de Atenea; él apasionado y tumultuoso como el vino nuevo; ella fría y lúcida, como la lechuza que se bebe el aceite de los templos. Junto a Lou, Nietzsche no habría desaparecido en las sombras de la montaña; no habría perdido la razón, pero nunca habría llegado a conocer los misterios de Dionysos.

La peregrinación a la montaña

Antes de que finalice el año 1883, Nietzsche rompe con Lou, con su madre, con su hermana, con todos los lazos que le unen al pasado. El apóstol de Zaratustra ya no pertenece a este mundo.

Hasta ahora, como Zaratustra, se ha alimentado de miel y leche. Hijo de un humilde pastor protestante, ha recibido una enseñanza más propia de Juan Bautista que de Jesús de Nazaret. Le han inculcado el temor de los pecadores, el gusto por el sacrificio, la dieta de los ascetas en la que no se incluye el vino. En la aldea de Rocken, donde se encuentra la parroquia paterna, Nietzsche no puede educarse en otros gustos más refinados; pero es un niño precoz que, muy pequeño, ya se deja excitar por el olor de las manzanas.

Desgraciadamente, el padre de Nietzsche muere muy joven, dejándoles huérfanos a él y a su hermana Elisabeth. Algunos dicen que, antes de morir, ha perdido la razón; pero el entorno familiar se defiende de estas habladurías, pensando, quizá, que no es propio de un pastor cristiano morir como un loco, igual que los discípulos de Dionysos.

La madre de Nietzsche se traslada a la vecina población de Naumburg, para poder educar mejor a sus hijos. Viven en una casa situada entre árboles frutales, con una terraza donde las hiedras trepadoras han tejido un umbroso baldaquino en honor de Dionysos. Es una vivienda pequeña, llena de abuelas y tías, de amigas y damas de confianza. Y allí se educa el joven Nietzsche, alternando las estancias en Naumburg con su internado en la Schulpforta, donde aprenderá la disciplina escolástica.

Para este hijo, pervertido por el matriarcado, educado entre mujeres piadosas y burguesas, no debió de ser fácil romper con su madre y con su hermana. Ellas le habían mimado, arropándole con toda su ternura, amargándole con sus maniobras celosas, hasta criar a este pobre monstruo tímido, soberbio, dotado de genial sensibilidad y necesitado siempre de adoración. «El hombre debe ser educado para guerrero y la mujer para reposo del guerrero», escribe en uno de sus más desagradables raptos de niño mimado.

Ahora, liberado de la pasión que ha sentido por Lou, debe reconstruir su vida. Quizá, como los antiguos griegos, debería realizar una cura en la montaña: una *oreibasía*, en honor de Dionysos, el dios de la liberación.

Los griegos llamaban «oreibasías» a sus ceremonias de iniciación en el bosque. Podríamos traducir esta palabra por «marcha a la montaña». Aunque consistía en una procesión, era también una huida; porque se trataba de escapar a las limitaciones del mundo urbano para abandonarse, durante unas horas, a la orgía y a la liberación de los sentidos. Las bacantes, sonando sus crótalos y sus panderetas, acompañaban a los jóvenes hasta el bosque. Ellas vestían sus túnicas de lino y sus estolas de piel de leopardo o de cabra. Los muchachos, con el pelo suelto, seguían el cortejo llevando hojas de higuera (símbolo del sexo femenino) y falos tallados en madera de viña.

Dios de la tragedia y de la resurrección, señor del vino y del amor, Dionysos reinaba en la montaña, despertando la fuerza de la savia que alimenta las plantas. Tenía poder sobre las fuentes y las sombras, sobre las plantas trepadoras y todas las cosas húmedas. Por eso era también el dios amado de las mujeres.

Finalmente, Nietzsche inicia en 1884 este camino de liberación. En su huida de Basilea a Leipzig, de Naumburg a Venecia, de Riva de Garda a Nápoles, de Sorrento a Rapallo, de Bayreuth a Stresa, de Orta a Torino, de Marienbad a Sils María, buscando siempre una luz apacible para sus ojos cansados, sólo le sigue el perro fiel de sus dolores.

Le persiguen las migrañas, las neuralgias, los dolores en los ojos, los vómitos, los espasmos de estómago. Desde que fue soldado en la guerra de 1870 sufre las consecuencias de las disenterías y, quizá, de las enfermedades venéreas. Viaja siempre con un botiquín de calmantes y venenos.

Y, EN LA LUZ, APARECE ZARATUSTRA

En 1881, Nietzsche había descubierto un lugar apacible en la Engadina, entre montañas, lagos y bosques, donde sus ojos encontraban reposo. Sus dolores de cabeza, sus padecimientos de la vista, su dificultad para concentrar la mirada, le habían acostumbrado a ver los paisajes con ojos impresionistas. Quizá por eso comprende tan bien la poesía de Baudelaire —otro rebelde, educado entre faldas— y a los pintores franceses de su generación. Su estilo se va volviendo luminoso e impresionista, a medida que va rompiendo con el delirio romántico de Wagner.

Y en la luz aparece Zaratustra. El paisaje de Sils María, sobre todo en ciertos días de verano, tiene una luz ambigua, difusa, que provoca extrañas reflexiones y refracciones en las aguas de los lagos. Las montañas nevadas, los cúmulos tormentosos de nubes, las agujas oscuras de los abetos, las barcas dormidas en las orillas del lago... todo se funde en una luz misteriosa.

En el verano de 1881, Nietzsche llega a Sils María y se hospeda en casa de un ventero que alquila unas habitaciones. Allí establece su campamento, amontonando sus cuadernos, sus libros, sus medicinas, sus chocolates, sus arroces y sus huevos duros. Por primera vez en muchos años desaparecen, a ratos, sus migrañas y se siente en un estado de euforia, como si una misteriosa calma se abriese en su atormentada cabeza.

Paseando por las orillas del lago de Silvaplana, descubre una roca donde los pájaros dibujan los círculos del eterno retorno. Se oye el rumor de las aguas del lago que viven encerradas en sus orillas, intentando atrapar las nubes que pasan volando.

El pensamiento del Eterno Retorno se unirá finalmente a la voz de Zaratustra, engendrando una obra de arte. Mientras escribe las páginas de *Así hablaba Zaratustra*, Nietzsche está convencido de que esta obra es el Quinto Evangelio. Una y otra vez, verano tras verano, regresa a Sils María para seguir componiendo este poema. Por sus páginas desfilan los paisajes de la Engadina: los torrentes de la montaña, la roca, el lago silencioso con sus islas felices y el tierno tapiz de hierba.

La huida de Dionysos

Pagando las ediciones de su propio bolsillo, Nietzsche escribe los sucesivos volúmenes de *Así hablaba Zaratustra*. Pasa sus veranos en Sils María y los inviernos en el clima más dulce de Italia. Pero sus nervios se van deteriorando, como si la huida a la montaña hubiese minado ya sus últimas fuerzas. Cada vez parece que le cuesta más regresar de sus fugas al bosque. Vuelve cansado y silencioso, como si hubiese encontrado en la montaña un amor desesperado. Habla de cosas extrañas, se deja llevar por el *enthousiasmos* y, cuando llega al abandono del *ekstasis*, emite gruñidos sordos que suenan como el terrible *alalé* de las bacantes.

El 3 de enero de 1889, en la piazza Carlo Alberto de Turín, ve cómo un cochero maltrata brutalmente a un caballo. El oscuro y educado trotamundos tedesco no puede soportar la escena. Se abraza, llorando, al cuello del animal, y cae desmayado.

A partir de ese instante permanece ya callado, una vez más recogido por la lealtad incansable de las mujeres hasta el día de su muerte. Su madre lo acoge en Naumburg, donde pasa los días en un silencio sobrecogedor, envuelto en una manta, con la mirada perdida en las guirnaldas de hiedra que cuelgan sobre la terraza. Cuando muere su madre, su hermana Elisabeth lo encierra en su casa en Weimar, dejando que los médicos le sometan a algunos tratamientos brutales. De los brazos de la *mater dolorosa* al manicomio, de la luz a la sombra... ¿Entran los locos geniales en la oscuridad o en la luz? Éste es uno de los misterios de Apolo.

Pero él sigue en silencio, como si no fuese capaz de regresar, después de su huida a la montaña. A veces, pronuncia unas palabras incomprensibles, en griego: *Tauropos* (el de la mirada de toro), *Kissophoros* (el de la corona de hiedra), *Mainoménos* (el que enloquece a las mujeres)... Son los nombres ocultos de Dionysos.

El 25 de agosto de 1900 muere en Weimar. Y, en las notas necrológicas que escriben para despedirle, algunos filósofos dicen que este vagabundo ha proclamado la muerte de Dios, sustituyéndolo por el Superhombre.

Una vez más los profesores lo confunden. Este loco visionario y vidente es sólo un músico vagabundo que ha penetrado en un mundo confuso, atonal, impresionista, como los lagos de la Engadina. Para comprenderlo hay que conocer primero algunos secretos. Hasta el final, hasta las heces del vino. Porque más allá de la Cultura, en las madres del vino, vuelven a nacer los dioses, se hace la luz, la exaltación, la danza, la convivencia, comienza el Mito... Éste es el misterio de Dionysos.

Un collar de margaritas

DOLLY, SARAH Y ELLAS

Mi primer domicilio en París estaba situado en la rue Jacob, en la orilla izquierda del Sena. Me gustaba mucho el ambiente de esta calle, que conservaba todavía algunas editoriales, antiguos hoteles, viejas librerías y buenos anticuarios. A dos pasos se encontraban los cafés de Saint Germain, que yo frecuentaba entonces, y la romántica Place Furstemberg, donde había vivido Delacroix. En esta misma plaza se hallaba el establecimiento de Charavay, con su extraordinario archivo de autógrafos, todos bien ordenados en carpetas. Llegué hasta allí, guiado por una referencia de Stefan Zweig, que fue uno de sus mejores clientes. Michel Chastaing me ofrecía siempre un lugar tranquilo para investigar y leer sus manuscritos, en medio de aquellas habitaciones del primer piso que eran un museo de la creación. Se guardaban allí los recuerdos de los grandes hombres, las páginas inéditas, las confesiones íntimas, las páginas escritas en la fiebre de la inspiración. Y allí compré algunas piezas interesantes para mi colección; sobre todo una carta de Pierre Louÿs con la que pude seguirle la pista a su amante argelina, una joven que enamoró también a André Gide, porque parecía un muchacho.

Enfrente de nuestra casa había vivido Wagner, en sus atormentados años de París. Y, en el número 20, había un patio adoquinado con un pabellón. Nadie lo conocía, pero en él había vivido Racine una historia de amor y, sobre todo, allí vivía Natalie Clifford Barney: la mujer más increíble y subversiva de París. Quizá yo era una de las últimas personas que conocía este rincón secreto, porque había oído a Cocteau hablar de él.

Natalie tenía una cocinera, llamada Berthe, que salía cada mañana a realizar sus compras por el barrio. Era entonces una mujer de unos setenta años, con un aspecto muy simpático y castizo. Coincidíamos algunas veces en la panadería o en la tienda donde yo compraba los vinos y, con cualquier pretexto, siempre intercambiábamos palabras de cortesía. Yo sabía quién era, porque la había visto salir del famoso patio de la rue Jacob número 20; pero no sabía cómo dirigirme a ella para que me enseñase el misterioso templo donde se habían reunido, en los años veinte y treinta, tantas celebridades. El azar facilitó las cosas, porque ella era borgoñona y había observado que yo compraba los vinos de Borgoña imitando el acento de su tierra y pronunciando *Alosse*-Corton, en vez de Aloxe. Esta broma inocente y la simpatía extrovertida que la caracterizaban facilitaron nuestra comunicación.

Berthe no sólo era una cocinera genial –presumía especialmente de su tarta de chocolate–, sino que tenía una fabulosa memoria. Había servido durante casi cincuenta años en casa de Natalie Barney y conocía todas las historias secretas de aquel templo de lesbianas, donde ella fue siempre la única mujer casada. Gracias a la inolvidable Berthe pude conocer la misteriosa casa de la rue Jacob y el pequeño pabellón del patio, que era como un templo clásico con columnas y un frontón, aunque ya gastado por la melancolía otoñal de las viejas familias en ruina: expoliado por el tiempo, como el jardín cubierto de hojarasca que ya nadie barría.

Natalie había decorado su casa fastuosamente, procurando que los muebles y los detalles ornamentales abarrotasen aquellas habitaciones de techos bajos, prestando especial atención a los fetiches eróticos que dan una dimensión diferente al amor, en el espacio y en el tiempo: espejos y retratos, cortinas, biombos y pantallas, dispuestos siempre como objetos de culto. En las fiestas de Natalie nunca faltaban tampoco los lirios blancos.

Por el pabellón de la rue Jacob habían pasado Mata Hari y Marlene Dietrich, Colette y Cocteau, Ida Rubistein y Gertrud Stein, Marguerite Yourcenar y Marcel Proust, James Joyce y Sylvia Beach, Mina Loy y Ezra Pound, Dolly Wilde y Paul Valéry, Romaine Brooks y Djuna Barnes. Natalie era hija de

Venus y, por eso, festejaba los viernes, al igual que los discípulos de la Astarté fenicia y babilonia. En los años de esplendor de Natalie Barney, los intelectuales más rebeldes se disputaban su amistad, porque esta americana sin prejuicios organizaba en su casa fiestas extravagantes que eran conocidas, en París, como los «viernes peligrosos».

Natalie, además de *bellelettrist,* era una lesbiana declarada y no le tuvo nunca miedo a las habladurías. Se rodeó de mujeres maravillosas que tenían sus mismas costumbres sexuales. Y sus amigos acudían a sus fiestas para ver danzar desnuda a Mata Hari o para ver cómo Dolly Wilde perpetuaba en los salones el estilo de su tío Oscar.

Amante de Natalie Barney fue Romaine Goddard, una pintora americana muy original. El título de sus memorias lo dice todo: *No Pleasant Memories* (Ningún recuerdo agradable). Se había casado en Capri con John Brooks, un escritor que también era homosexual y que fue amigo de Somerset Maugham. Pero, al poco de contraer matrimonio, despachó al marido con un sueldo anual vitalicio de trescientas libras. Él se quedó a cuidar sus gatos y sus perros en un viejo apartamento de Capri. Y ella se quedó la lujosa Villa Cercola, con sus pérgolas cubiertas de enredaderas y sus jardines que descendían hacia el valle, escondidos detrás de un muro blanco. Las mujeres la adoraban, aunque no comprendiesen sus pinturas descoloridas, en gris y negro. En su casa de Villa Cercola había siempre cientos de cartas con propuestas de muchachas que querían amarla, que soñaban con compartir un minuto de su leyenda, de sus misterios, de sus desprecios, de sus intrigas. Pero ella nunca respondía a las citas y dejaba marchitarse los amores, igual que abandonaba los ramos de flores en aquel estudio que parecía un cementerio de rosas muertas. Sólo Gabriele d'Annunzio fue capaz de amarla durante treinta años, aceptando sus escapadas a la rue Jacob, sus incontables traiciones y sus silencios. Cuando yo fui a conocerla en Niza, en 1970, me dijeron que vivía en una habitación, con las ventanas siempre cerradas. Me pareció que era inútil añadir más momentos desagradables a la vida de esta mujer de noventa y seis años.

En este círculo apareció alguna vez Anaïs Nin, que entonces acaba de descubrir su lado oculto y vivía un amor apasionado con June Mansfield, la mujer de Henry Miller, una diosa caprichosa que se alimentaba de ostras, pomelo y champán, aunque también le gustaba el hachís. La americana se dejaba amar, siempre con sus vestidos negros y sus sombreros violetas, para que Anaïs aspirase el perfume de sus pechos, porque Anaïs quería ser el hombre y June la flor. Además, Anaïs Nin estaba casada con un caballero muy educado, que quería resolver este problema con un psicoanálisis. Pero a Anaïs le iba mejor Henry Miller, que disfrutaba sintiéndose deseado a la vez por dos mujeres –June y Anaïs–, enamoradas entre sí. Y mientras ellas se amaban con una maravillosa armonía femenina –entre pañuelos y perfumes–, él las tentaba con su virilidad, llevándolas hacia la pasión, hacia los celos, hacia la vida.

Pero, entre todas las amistades de Natalie Barney, creo que la más interesante fue Dorothy Wilde. Era hija de Willie, el hermano mayor de Oscar, periodista, bebedor de alcohol y, como toda su familia, predicador de la inmoralidad. Dicen que cuando Willie llegó a Estados Unidos, comentó: «Este país necesita una clase ociosa, y yo estoy dispuesto a crearla». Willie era heterosexual y conquistó a muchas mujeres, pero tenía un poder que no poseía su hermano: dejarlas a punto de convertirse en lesbianas.

Dolly había heredado el estilo de los Wilde, y tenía, sobre todo, un parecido inquietante con su tío: el mismo rostro alargado, los ojos claros y luminosos, el gesto indolente, las manos largas y blancas... «Me parezco más a Oscar que él mismo», decía con ironía. La verdad es que se parecía, sobre todo, a su abuela Jane, porque era excéntrica y escandalosa, se sabía de memoria el *Oxford Book of English Verses* y podía organizar una escena en cualquier momento. Era tan interesante que despertaba tantas pasiones en los hombres como en las mujeres. Parecía realmente una reencarnación de Oscar. Sus amigas amaban, a la vez que temían, su ingenio cruel, su instinto para la maledicencia, su gusto por el escándalo.

Le gustaba sentirse maldita y, cuando no reivindicaba el carácter de su abuela o el ingenio de su tío, pensaba que llevaba en el alma el espectro de Allegra, la hija que Lord Byron y Claire Clairmont abandonaron en un convento. «Si Allegra hubiese llegado a crecer, habría sido muy parecida a mí», confesó a sus amigas.

Dolly nunca escribió nada, más que maravillosas cartas de amor: «Tus cartas me hacen el amor, ¡no dejes de saciarme!... ¿Es hoy el esmalte azul de tus ojos puramente intelectual? Dime que no...», «Sí, cariño, cierro los ojos y, al instante, las manos de mi espíritu abren tu puerta de un empujón y aparezco a tu lado en la cama, rodeándote con mis brazos impacientes...», «Cariño, cariño, no resisto que acabe la noche sin extender una mano hacia ti...».

Y, cuando ya imagina ser san Sebastián, el santo amado de su tío Oscar, «me atraviesan cientos de flechas y tengo las manos atadas, los miembros retorcidos, la angustia en la frente».

Alguien dijo que las manos de Dolly eran como las que pintaba Il Bronzino. Y estaba orgullosa de esas manos preciosas y ociosas, que comenzaban en una palma carnosa de gatito y acaban en unos dedos largos, de porcelana china. Como todas las mujeres del reino de Lesbos, Dolly adoraba sus dedos y los dedos de sus amigas: los deditos de Natalie Barney, las manos finas de Joe Carstair y de Tallulah Bankhead, los dedos maestros de Gwen Farrar, que había tocado el cello en sus espectáculos de varietés. Hace ya muchos años comencé a escribir un musical titulado *Fingers Blues,* pensando sólo en estas escalas dulces de los dedos de Dorothy Wilde. Pero lo dejé inacabado, porque el final era triste, ya que Dolly —cuando se cansaba de sus dedos, cuando dejaba de adorar los narcisos de sus manos— se abría las venas con una navaja de afeitar.

Vestía como una mujer elegante, pero también podía comportarse con la más plebeya grosería. Su trabajo como enfermera, en las ambulancias de la Primera Guerra, la habituaron a la maldita morfina. Cuando le preguntaban por sus proyectos respondía: «Nada, más que dudar». Y todo su genio lo quemó en cuatro frases mordaces, a lo largo de una vida disipada que tuvo un final dramático, entre el alcohol y la droga, entre el cáncer y la sobredosis.

Algunas de sus frases merecen la inmortalidad: «La gloria es ser conocido por aquellos a quienes no deseas conocer». Era admirada por su ingenio, como su amiga Tallulah Bankhead, como muchas de estas fabulosas mujeres que se amaban y se odiaban entre sí, con una pasión celosa de gatas drogadas con cocaína. De Tallulah, reina de los escenarios, Dolly decía: «Es más un acto que una actriz». También ella dejó una leyenda negra con su estilo de vida y con su humor. En cierta ocasión se dirigió a unas damas del Ejército de Salvación y les dio una limosna de cincuenta dólares, pero dejando caer uno de sus mordaces comentarios: «Sé que no está siendo una buena temporada para vosotras, las bailarinas flamencas». Otro día, completamente desnuda, llamó a la puerta del actor Donald Sutherland y, al ver su gesto de asombro, comentó: «*What's the matter, darling? Haven't you ever seen a blonde before?*» (¿Qué pasa, cariño, no habías visto nunca a una rubia?).

Después de los años felices de la rue Jacob, la mayoría de estas mujeres acabaron en la ruina. Y las que no se suicidaron, como Dolly, tuvieron un final dramáticamente largo, porque muchas de ellas fueron increíblemente longevas. Natalie Barney las ayudó económicamente algunas veces, aunque ella fue siempre muy ordenada, no consumía drogas y no le gustaba que su casa de la rue Jacob se convirtiese en un asilo de adictos. También Peggy Guggenheim le puso una tienda de lámparas a Mina Loy, la más bella de todas estas gatas. Pero Mina era incapaz de vender nada, ni sus cuadros, ni sus poemas, ni sus pantallas, ni sus ideas revolucionarias y futuristas. Y murió en la miseria, recibiendo poca ayuda de las instituciones caritativas.

Pero nadie puede disputarle a Dolly la luz de la luna menguante, entre todas estas mujeres malogradas. Reina de lo efímero, fue la reencarnación de su tío Oscar Wilde: una sacerdotisa sáfica, capaz de transgredirlo todo, fumando y drogándose en público, gozando con la impuntualidad, retardando el placer, jugando con la irresponsabilidad, conduciendo sus automóviles con una temeridad loca, viviendo siempre hasta la desesperación y la violencia.

La cama de Natalie en la rue Jacob estaba cubierta por una colcha azul, bordada con estrellas. A los pies, una alfombra blanca de oso polar, donde se retrataron desnudas algunas de sus amantes. Y en el dormitorio había también un piano, sólo para entretener los dedos... Dando paso a la habitación de sus invitadas había un vestidor con muebles de bambú y un tocador de mimbre con muchos perfumes, todos de Guerlain. Natalie usaba Jicky, muy en su estilo. Dolly usaba Shalimar, especiado y oriental, como un narcótico.

La cadena de las margaritas

Cuando yo era joven, practicábamos en sociedad un juego de salón que llamábamos «la cadena de las margaritas». Y consistía en enlazar los nombres de una persona con otra, a través de sus amantes. Recuerdo que un día conseguimos unir en esta cadena a Dolly Wilde, su protectora Natalie Barney, la guionista Mercedes Acosta, las actrices Greta Garbo y Marlene Dietrich, la bailarina Isadora Duncan, la actriz Alla Nazimova... y, dejando deslizar los dedos hasta un poema azul, llegamos a Sarah Bernhardt.

No sé por qué, desde entonces uno siempre en mi memoria las figuras de Dolly y Sarah, como si fuesen perlas unidas por esta cadena de margaritas. Quizá fueron amigas en el dolor, en el genio, en la tragedia. Sarah no se llevaba bien con Oscar Wilde; aunque creo que llegó a entenderlo en sus últimos días y que se habría enamorado enseguida de Dolly.

Ninguna actriz ha sido tan popular como Sarah Bernhardt en los últimos cien años. Sus admiradores llegaban a las más delirantes extravagancias para mostrarle su devoción, y más de una vez arrastraron su coche triunfalmente por París, como si ella fuese Cleopatra, y ellos sus esclavos. En cierta ocasión, unos campesinos detuvieron el *Orient Express,* en medio de una estepa helada, para tener el honor de saludarla.

Su madre, una holandesa de temperamento caliente, la envió de pequeña a un colegio de Versalles donde despuntó enseguida por sus dotes teatrales. Su carácter rebelde la impulsó a vivir tempranas aventuras y, al fin de su vida, la lista de sus amantes dejaba pequeña a la que pudo exhibir su propia madre. Grandes personajes como el príncipe de Ligne –que fue el padre de su único hijo–, el banquero Stern, el grabador Gustavo Doré, el novelista Víctor Hugo o el futuro rey Eduardo VII fueron sus protectores. Y algunos dicen que no rechazaba tampoco las compañías de su mismo sexo.

Su vida, como la de cualquier actriz que se precie, está rodeada de leyendas y mitos. Se decía que estaba tuberculosa y que sufría en escena ataques de hemoptisis. Su hermana menor, Regina, había muerto tuberculosa a los dieciocho años. Pero Sarah nunca padeció esta enfermedad. Ella misma se provocaba hemorragias con un alfiler, pinchándose las encías para fingir el vómito e impresionar así a los espectadores.

Asumía cualquier duro papel, estudiándolo en todos sus matices. Acudía a los famosos bailes que organizaban los internos de la Salpêtrière –el hospital donde impartía sus clases Charcot– para inspirarse en las actitudes de los locos. Sabía interpretar cualquier escena e incluso era capaz de llegar a extremos increíbles, fingiendo en la propia ficción. En 1893 triunfó en Barcelona, con su efímero marido Jacques Damala, interpretando la *Tosca* en el Teatro Lírico. Y como se encontraba indispuesta se negó a cumplir lo previsto en el guión y, en vez de arrojarse desde la torre del castillo en el último acto, tuvo la desfachatez de aparentar que moría de una estocada.

A menudo presumía de estas dotes de improvisación. Cuando los críticos le aplaudían un acto lacrimoso, en la que una mujer desesperada leía entre desgarradores sollozos una carta dramática, Sarah provocaba el entusiasmo de sus admiradores confesando que «mientras representaba esta escena, repasaba en realidad la factura de la lavandería».

Pero, gracias a su genio, era capaz de interpretar el papel del Aiglon, en la obra de Edmond Rostand, cuando ya era una mujer madura, con una impresionante pechera: ¡nada que recordase a aquel desventurado y escuálido mozalbete tuberculoso!

Oscar Wilde, tan buen actor como ella, sabía que Sarah era la única persona capaz de quitarle el primer plano en un escenario. Las desavenencias de ambos llegaron a convertirse en una leyenda. Oscar se paseaba por el pasillo del teatro, fumando aquellos cigarrillos con boquilla dorada que le encendían sus admiradores.

–¿Le molesta que fume un cigarrillo, querida Sarah?

Y Sarah respondió:

–En absoluto. Y no me ofendería tampoco si decidiese usted quemarse por completo.

El humor amargo de Sarah Bernhardt era también legendario. Tenía fama de tener las piernas más bonitas de Europa. Pero tuvo la desgracia de perder una pierna en una dolorosa enfermedad. Sufrió en 1914 un derrame y una gangrena. Para evitar otras complicaciones, los médicos le amputaron la pierna. Sin embargo, con sus arrestos de gran mujer supo sobreponerse a aquella desgracia, incluso cuando las urracas y los vampiros intentaron explotar su tragedia. El director de la Exposición Panamericana de San Francisco le ofreció cien mil dólares por exhibir su pierna cortada. Y Sarah le telegrafió inmediatamente:

–¿Cuál de las dos quiere que le mande?

A pesar de que siguió trabajando, este trance fue especialmente doloroso para una mujer acostumbrada a triunfar entre sus admiradores, a moverse en público como una diva, a viajar de uno a otro continente. Es verdad que también se inventaba viajes y países que nunca conoció, describiendo sus éxitos en Manaos, en plena selva brasileña. Pero había sido tan famosa que la exhibían en Estados Unidos junto a las ballenas gigantes, como ella recuerda en sus *Memorias*, con buen humor.

A su único hijo se lo permitía y se lo perdonaba todo. Era capaz de pasar –también en la vida real– del humor más seductor al desplante más desagradable.

Para reponerse de su incansable actividad tenía un secreto: se dormía durante quince minutos en cualquier lugar donde se encontrara, incluso en medio de una elegante recepción.

Vivía en un *cafarnaum* increíble y barroco, en el corazón de París, rodeada de un escenario extravagante. Lo mismo decidía dormir en un ataúd, que se compraba una valiosa alfombra oriental para que sus animales preferidos –una boa, un loro, un guepardo, un mono y cuatro o cinco perros– estuviesen a gusto en el salón. Los amigos que la visitaban quedaban impresionados al ver el lujo teatral, no siempre del mejor gusto, que la rodeaba. «Sarah era ya semejante –escribió Cocteau– a un decrépito y exquisito palacio veneciano, inclinada bajo el peso de los collares y la fatiga, pintada, dorada, maquillada, enjoyada, entre extasiada y soberbia, e indiferente a los aplausos.» La pieza más extravagante de la casa era una tortuga con el caparazón incrustado de piedras preciosas, que se paseaba entre aquellos divanes y gramófonos de viejo tango.

Así era Sarah Bernhardt en su vejez, cuando aún actuaba en público a pesar de tener una pierna amputada. Nunca quiso utilizar una prótesis ortopédica ni una muleta. La transportaban al escenario en brazos, y allí la dejaban sentada o de pie, envuelta en grandes chales. Los mejores dramaturgos de comienzos de siglo se disputaban la gloria de escribir una obra para Sarah, especialmente concebida para que pudiera permanecer inmóvil en escena, deleitando a los espectadores con sus raptos de histeria y de pasión. Pero, en cierta manera, aquel espectáculo ambiguo satisfacía también la crueldad del público que se mofaba de aquella vieja gloria, condenada a trabajar en el dolor y en la decrepitud.

Colette ha descrito así su última visita a la famosa actriz: «Quiero consignar aquí con todos mis respetos una de las últimas actitudes de la trágica cuando era ya casi octogenaria: con su mano delicada y mustia me ofrecía una taza de café bien colmada, mientras me miraba con el azul floral de sus ojos que brillaban, tan jóvenes, en un laberinto de miles de arrugas. Una mirada de coquetería interrogante y risueña, con la preocupación irrenunciable de agradar todavía, de agradar siempre, de agradar hasta las puertas de la muerte...».

La muerte la sorprendió cuando trabajaba para el cine, interpretando *La voyante*. Se mantuvo activa, derrochando su desbordante vitalidad, hasta poco antes de morir. Falleció en París en 1923, a los setenta y nueve años, a consecuencia de una grave enfermedad de riñón.

Las autoridades de París se volcaron en su entierro, incluso aquellos que unos meses antes —al verla interpretar *La Dama de las Camelias*, inmóvil en una silla— le habían puesto el mote cruel de «Mère Lachaise». Fue enterrada en el cementerio del Père Lachaise, en una tumba de mármol negro que siempre está cubierta por las flores de sus admiradores.

Un actor en su último acto

OSCAR WILDE, THE KING OF LIFE

Yo era un muchacho muy joven cuando conocí a Jean Cocteau. En el primer volumen de mis memorias *(Llegar cuando las luces se apagan)* he contado cómo llegué hasta él y cómo me lo presentó José María Pemán, que era su padrino de alternativa entre los gitanos. Andaba rodeado por una corte de lacayos, organizando fiestas flamencas en la Venta del Chato: un rincón castizo de Cádiz, perdido en el salado horizonte de la playa.

Hablamos de Cap d'Antibes y de La Gardiole, evocando una capilla marinera que es mi rincón preferido de la Costa Azul. Como sabía que adoraba el arte mediterráneo, le regalé una figurilla de Apeles Fenosa que había comprado por dos duros en el rastro. Parecía una tanagra griega. Me pareció que el detalle –tan insignificante– le agradó, porque sus ojos vivos se animaron al evocar su juventud, cuando visitaba con Picasso el estudio del escultor catalán en París.

En medio de aquella tribu báquica, era difícil situar su impresionante y magnífico perfil de dandi. No sé por qué me pareció el retrato perdido de un mariscal napoleónico, rodeado de majos en el asedio de Cádiz. Fumaba incesantemente sus cigarrillos de tabaco negro, acercándolos apenas a sus labios finos, sutiles como su inteligencia. Una nariz perfilada y aristocrática contribuía a su bien trabajada imagen de esteta.

Seguramente se dio cuenta de que aquel ambiente chabacano que le rodeaba no me era grato.

–Esto forma parte del éxito –me dijo como disculpándose.

–Hay algo vulgar y desagradable en el éxito –comenté, quizá sin delicadeza.

En vez de ofenderse, encontró que mi frase podía haberla dicho Wilde. Se empeñó en hacerme un dibujo si yo le visitaba en Ville Mauresque y me regaló un par de libros dedicados.

Me di cuenta de que adoraba a Oscar Wilde, aunque más por sus gestos que por su obra. En su juventud había sido amigo de Dolly Wilde, la desgraciada sobrina de Oscar que acabó en la ruina y en la droga. Y, aunque hablaba con desgana de este tema, estoy seguro de que su amistad no fue buena para Dolly —ninguna amistad fue buena para ella— porque Cocteau le facilitaba el opio. Él fue quien me habló por primera vez de un patio en la rue Jacob número 20, donde se habían reunido todas las celebridades de París de la *belle époque*, en torno a una americana: Natalie Barney, a quien él —Sumo Pontífice de Sodoma— llamaba, con una sonrisa maliciosa, «La Papisa de Lesbos». Dolly Wilde había sido una de las muchas amantes de esta mujer rebelde y refinada, que había invitado a su dormitorio a Mata Hari y a Marlene Dietrich, a Greta Garbo y a Romaine Brooks.

Pero Cocteau no quería seguir hablando de esta época, y cambiamos de tema. Nos entretuvimos, un buen rato, comparando a Oscar Wilde con George Bernard Shaw: un juego que habría sido propio del salón de Natalie Barney.

«Wilde, bebedor de champán, era partidario de la inmortalidad.» «Y Shaw, vegetariano, presidía la liga en favor de la eutanasia.» Y así proseguimos el juego: «Wilde comenzó escandalizando Londres con un lirio en las manos». «Y Shaw como vendedor de la compañía telefónica.» «Wilde, vestido de terciopelo, quería ser siempre el rey.» «Y Shaw, montado en bicicleta, quería ser el presidente de la república.»

«Shaw es lo que queda después de quitarle la carne a Wilde: un esqueleto con un humor genial.» «O dicho de otra manera, lo que queda del arte cuando se le quita la locura romántica: una barba con sentido común.»

A Cocteau le gustaban las frases de ingenio, las situaciones dramáticas, las poses de actor. Con una afectación displicente, algo wildeana, me dijo: «A Wilde me lo encontré en París, muchos años después de muerto. Llevaba el pelo horriblemente teñido, y me pidió que no le contase a nadie que había resucitado».

Cocteau era algo artificial. Hablaba con voz nasal, pronunciando sentencias amaneradas, como si tuviese miedo de que se le escapase una grosería: «Soy una mentira que dice siempre la verdad». Y acabó prisionero de los millonarios de la Costa Azul, cargado de equívocos y honores, que es peor que vivir en la cárcel de Reading.

Por el contrario, Wilde tenía un genio florido y modernista, mórbido y orientalizante. «Tengo miedo –decía– de no ser incomprendido.» Tuvo la suerte de ser repudiado y traicionado por los millonarios: un fin noble para un actor místico que interpretaba magníficamente el papel de Nerón.

Cocteau se esforzaba por ser y parecer maldito. Por eso frecuentaba, a veces, los lugares sórdidos. Por el contrario, Wilde convertía en primera clase cualquier vagón en el que viajase. Incluso, en sus últimos años en París, cuando ya estaba alcoholizado y en la ruina, iba a un merendero barato para escuchar «música malva». En realidad se trataba de una orquestilla de gitanos vestidos de malva.

Wilde tenía todas las condiciones que se necesitan para triunfar en Inglaterra: era excéntrico, irreverente, disparatado. Pero tenía también todas las condiciones que se necesitan para fracasar en Inglaterra: era irlandés y exhibicionista. Es una vieja tradición inglesa, ésta de adorar a sus genios rosas, para luego sacrificarlos.

Éste es el secreto del espíritu británico, la receta mágica que les llevó a levantar un imperio: aman la originalidad y el individualismo; pero saben que la vida pública no soporta estos excesos. Adoran un elegante y discreto tono gris que es una garantía en un líder o un político, un administrador o un jefe.

La escuela esteticista

Wilde sólo utilizaba el gris para las alfombras. Sus habitaciones de estudiante eran las más hermosas del Magdalen College de Oxford, con vistas al río Cherwell y al puente. Las había decorado con bellas pinturas, un piano y un atril. Adoraba la porcelana china de época azul, típica de los siglos XVII y XVIII. Sin duda había jarrones con azucenas y rosas rojas. ¡Todo tan *intense*, tan *precious*, tan *sublime!* Y sobre el suelo barnizado... una alfombra gris, como la moral burguesa.

Oscar Fingal O'Flahertie Wilde. No hay duda de que su madre influyó en él, hasta el punto de ponerle esta letanía de nombres irlandeses. La gente de Dublín tiene el alma grande y la imaginación caliente.

La madre de Wilde se llamaba Jane Francesca Elgee y era provocativa y majestuosa, morena y abundante de carnes. Parecía una contralto de ópera; pero en su juventud había escrito proclamas nacionalistas en favor de Irlanda. Le gustaba organizar sus *soirées* en una horrible penumbra. Se la oía llegar en la sombra, por el tintineo de su chatarra. Cuando se movía en un salón, bajo el peso de sus broches y joyas, parecía llevar dos miriñaques. Luego se casó con sir William Wilde, otorrino y arqueólogo, que había llegado a ser médico de la reina. Sir William era feo y bajito, espeso y libidinoso, tan amante de la familia que dejó muchos hijos ilegítimos. Su mujer se vengó escribiendo poemas contra sus rivales y vistiendo de niña al pequeño Oscar.

Pero el doctor Wilde no fue afortunado. Una jovencita chantajista le acusó de haberla violado bajo el efecto del cloroformo. Y la denuncia, que resultó ser falsa, le arruinó la carrera. Era un destino en la familia.

Su hijo Oscar Wilde recorrería un camino parecido, de la gloria a la ruina; pero más estético, *in excelsis et profundis*. No en vano se había iniciado en el esteticismo, siguiendo los pasos de John Ruskin, apóstol de los prerrafaelitas, y de Walter Pater, el profeta de la pasión y de la belleza.

Walter Pater era un hombre de exquisito sentido estético; aunque no era fácil comprender cómo un tipo tan feo podía proclamar así su devoción por la belleza. Sus compañeros de estudios le aconsejaron que se tapara la cara con un gran mostacho y, desde entonces, disimuló algo su desagradable aspecto simiesco. Pero hay que reconocer también que Pater era afectado y refinado como nadie. En cierta ocasión se dirigió a un alumno que tenía un nombre original (míster Sanctuary) y le pidió que fuese a verlo al acabar la clase. El muchacho se esperaba una reprimenda. Pero Pater le dijo: «míster Sanctuary, le he pedido que venga a verme, porque quisiera preguntarle cómo pudo conseguir un nombre tan bello».

Las clases de Walter Pater en Oxford eran difíciles de comprender, sobre todo porque tenía la costumbre de hablar muy bajo. «Más que *entenderlo*, yo le *sobreentiendo*», decía Wilde, recordando estos tiempos

La transformación entre el joven poeta místico, que cree todavía en la pureza, y el cínico Oscar Wilde necesitará algunos años de lenta maduración. Cuando comienza, arrodillándose ante la tumba de Keats en Roma, le gustan las mujeres pálidas de cabellos oscuros. Se vuelve luego más pagano y sibilino, descubriendo los ambiguos tesoros del Vaticano. Le gustan ya sólo las mujeres con ojeras llorosas, mejillas chupadas, manos huesudas y largas. Y se pervierte definitivamente con los muebles *chippendale*, la arquitectura Reina Ana, las vidrieras de colores, las porcelanas chinas, los jarrones de peltre antiguo, las sillas blancas y las cortinas de colores suaves... Le gustan también los muchachos caprichosos e idiotas. Y, sin embargo, en 1902 –cuando ya ha muerto, se le ha juzgado y todo el mundo le ha dado la espalda– todavía su amigo Robert Sherard escribe que «era el hombre más puro de palabra y obra que he conocido».

Era egocéntrico, ostentoso, infantil, impertinente, amante del lujo y de la pereza. Pero era también generoso y valiente. Tenía, sobre todo, mucho éxito con las mujeres. La espléndida y triunfadora Ellen Terry solía decir que las conquistaba por su personalidad y su audacia. Y la bellísima Lily Langstry, más observadora, dice que «las enamoraba, porque tenía la voz más fascinante que jamás he oído». Pero no seríamos justos si no recordásemos que lady Colin Campbell lo encontraba desagradable como «una enorme oruga blanca».

Su madre le enseñó a presumir de su ascendencia irlandesa; sobre todo de su tío abuelo, Charles Robert Maturin, pastor de la Iglesia irlandesa. Discípulo del marqués de Sade, el terrible

Maturin era además un loco. Su obra más famosa es *Melmoth the Wanderer:* la historia de un depravado que vende su alma al diablo para librarse de la vejez y de la muerte.

Por eso Wilde, en sus últimos años, cuando sale de la cárcel y no quiere ser reconocido, adopta el seudónimo de Sebastian Melmoth; Sebastian porque fue siempre el santo preferido de los estetas y Melmoth porque se siente un fantasma errabundo.

Las andanzas de Sebastian Melmoth

Antes de convertirse en Sebastian Melmoth, un espectro melancólico que pasea su cuerpo ya gordo y flácido por las playas de Bretaña y de la Costa Azul, Oscar Wilde se había presentado a la sociedad victoriana como «profesor de Estética y Arte». En realidad, antes de cosechar sus primeros éxitos como escritor, demostró tener aptitudes como reformador del vestido. Se exhibía con medias y calzones cortos, con corbatas de colores estridentes. Y se permitía decir que Lutero debía haber elegido una corbata apropiada, antes de tener la osadía de reformar la Iglesia.

Había triunfado pecando en público, escandalizando y provocando a aquellos filisteos que cometían sus perversiones en el más estricto secreto. Mientras su maestro Ruskin proponía a los ingleses un programa estético socialista y regenerador, Wilde sólo ofrecía a sus invitados té y belleza.

En 1884 se había casado con Constance Lloyd, una muchacha irlandesa de la burguesía acomodada. Había tenido dos hijos, Cyril y Vyvyan. Había triunfado como *causeur* fascinante y autor genial, sobre todo en el teatro.

Constance era una mujer valiente y extraordinaria, de una belleza inteligente y clara. Pero no estaba muy dotada para la crítica artística y prefería la piedad anglicana a la reforma de las corbatas. Dejaba que él eligiese el papel pintado, los muebles de laca roja que destacaban sobre los muros dorados, la copia del Hermes de Praxíteles que presidía su habitación de trabajo... En los tiempos en que él escandalizaba al mundo, Constance recibía en su casa a obispos misioneros y damas piadosas. Durante la cena, Wilde explicaba cómo él vestiría a los caníbales para ponerlos a la moda:

—¡Con taparrabos floreados, amarillos y azules, como el papel de este cuarto de estar!

Y luego se dirigía amistosamente a un misionero, que estaba algo grueso y le aconsejaba:

—Reverendo... no viaje usted a esos países antropófagos. Que un hombre de su porte puede ser para ellos como un maná venido del cielo...

Era un romántico dotado de inagotable sentido del humor. Tenía cuanto un hombre puede desear para ser feliz, pero él había inventado un juego mortal: adulaba a la sociedad insultándola, provocaba a la gente adulándola. Le aplaudían cuando escandalizaba. Sabía que le condenarían por escandalizar.

Por eso George Bernard Shaw pudo escribir: «mi éxito va creciendo con cada fracaso»; mientras que Oscar Wilde, desgraciadamente, tuvo que ver cómo el fracaso iba acercándosele con cada éxito.

Ya siendo estudiante le confesó a un compañero que le hubiese gustado ser el héroe de un gran proceso contra la reina: *Regina versus Wilde*. No siempre supo elegir tan bien la categoría de sus adversarios.

Arrastrado por esta vida vacía que siempre fue propia de la *beautiful people*, se enamoró de Alfred Douglas, un petimetre de la alta sociedad. Era un muchacho violento, caprichoso y maleducado, acostumbrado a maltratar sus muñecas; pero era generoso y alegre, leal y de una belleza romántica. Además, su destino estaba trazado ya por las estrellas. El poeta que los presentó era un diablo, Lionel Johnson, cuyo poema más famoso comienza: «Alejaos de mí, soy de esos que caen».

Mostrándose juntos, Oscar y Alfred escandalizaron a la buena sociedad del Savoy y del Royal. Al parecer, consiguieron escandalizarla más que lord Queensberry, el padre del muchacho, adiestrador de perros zorreros y de boxeadores, que brutalizaba a su mujer y a sus hijos, después de presentarse, agarrado al brazo de su querida, en su propia casa. Era conocido en Londres como deportista y apasionado defensor del ateísmo. Pero lord Queensberry no podía permitirse ser padre de un poeta afeminado que, en vez de practicar el deporte, frecuentaba la amistad de estetas (esta palabra sonaba, en su cerebro, como pederasta o sodomita).

El mismo día en que *La importancia de llamarse Ernesto* triunfaba en el teatro de Saint James, lord Queensberry intentó lanzar un ramillete fálico (un ramo de nabos y zanahorias) a los pies de Oscar Wilde.

Al fracasar en su intento, el noble bruto, ofendido, se presentó en el Orleans Club y le dejó a Wilde una nota que no dejaba lugar a dudas: «A Oscar Wilde, que se comporta como un *sondomite*» (escrito así).

En su delirio, Oscar Wilde se atrevió a ponerle una denuncia por difamación. Fue declarado culpable el 25 de mayo de 1895 y condenado a dos años de trabajos forzados. Confiscaron sus bienes en la casa de Tite Street. Su propia mujer, Constance, tuvo que huir con sus hijos pequeños para escapar de las burlas. Y, en la agitación de los embargos y desahucios, cayó por la escalera produciéndose lesiones que arrastraría hasta su muerte.

También Wilde, mientras esperaba en una estación el tren que le llevaría a la cárcel, debería soportar durante media hora las burlas de los transeúntes.

A partir de ese momento, un infierno: enfermedad, insomnio en un catre de madera, y las diarreas continuas que le provocaba el régimen carcelario: papilla de avena, pan mal cocido, grasa de riñones y agua. No le perdonaron ni un día de cárcel.

La estación de la Napoule

Ya era entonces un hombre escarmentado por la injusticia de la justicia; la cárcel le había vuelto más humano, más profundo, más desconcertante.

«Desde que era estudiante en Oxford —le confesó un día a un amigo— decidí probar todos los frutos del jardín de la vida. Pero mi error fue probar sólo los que crecían en el lado del sol, huyendo de las zonas umbrías y oscuras.»

No había cambiado. Seguía amando a Douglas. Pero ahora, había descubierto la piedad. Siempre había sido generoso. Pero, por primera vez, levantó su voz en defensa de los condenados. Por primera vez, aceptó un castigo injusto para evitárselo a otro. Y gastó, incluso, su dinero en ayudar a los presos que salían de la cárcel.

Cuando salió de aquellas prisiones no podía soportar la luz del sol; se escondía en los pueblos de Bretaña, ocultando su rostro y su nombre bajo el seudónimo de Sebastian Melmoth. Pero lord Douglas seguía siendo su obsesión, a pesar del escándalo, a pesar de su carácter caprichoso y violento, a pesar de que gastaba una fortuna en champán y en un polvo dentífrico que olía a rosas... A ratos, pensaba que Italia y Niza le devolverían el amor y el sol.

Cocteau, que sabía todos los chismes de la Costa Azul, me contó por qué Wilde no quiso establecerse en Niza: tenía miedo de encontrarse con los ingleses.

—Niza sería maravilloso, *dear* —le confesó a un amigo—, pero encontraría sin duda a demasiados ingleses que me reconocerían y se creerían obligados a comportarse groseramente conmigo.

Wilde se estableció en La Napoule, y se hospedó en el Hotel des Bains, en las Navidades de 1898. Solía pasear por la playa, respirando el aroma de los pinares. Se asomó a Niza, circunstancialmente, para ver a Sarah Bernhardt en *Tosca;* luego, estos dos viejos rivales pasaron la noche juntos, llorando de forma maravillosa.

En los últimos años se aficionó a la fotografía. Había aprendido algo de la técnica de Wilhelm von Gloeden, cuando visitó a este maestro en Taormina y le ayudó a crear el escenario de algunas de sus escandalosas «escenas griegas». Wilde no se atrevía con los modelos clásicos. Fotografiaba sobre todo arquitecturas; pero los edificios le salían movidos, y le quedaban mejor, más quietas, las vacas.

Su último encuentro con Alfred Douglas tuvo lugar en Capri, en Villa Federico. Fue allí donde unos viajeros ingleses, al reconocerlo, le exigieron al propietario del Hotel Quisisana que lo expulsara del comedor.

Una máscara expresionista en París

Cuando yo vivía en París me gustaba frecuentar tres rincones wildeanos: el Café de la Paix, el Procope y l'Hôtel. En el Café de la Paix podía recordarle, bebiendo champán. En el Procope ya sólo bebía ajenjo.

—Comprendo que sintáis vergüenza al sentaros a mi lado —le dijo a Gide, observando cómo éste evitaba su compañía—. Pero, cuando yo era joven, me sentía orgulloso de sentarme junto a Verlaine, aunque fuera un borracho.

El Procope de París, el más viejo de todos los cafés europeos, tiene una atmósfera oscura y enciclopedista, más propia de Voltaire que de Wilde. Fue el primero que ofreció a sus clientes una decoración a base de veladores de mármol, divanes, grandes arañas y espejos. Se trataba, sin duda, de una revolución; porque los primeros propietarios preferían los cuadros a los espejos, ya que se ensuciaban menos con el humo del tabaco.

La decoración elegante contribuyó al éxito del Procope. Su fundador quiso que se distinguiera por sus tapicerías, sus vitrinas, sus muebles de fina madera, sus espejos, sus arañas de tembloroso cristal.

Comparado con otros cafés de la época parecía una «joya luminosa»; pero, en realidad, no dejaba de ser un lugar oscuro, donde el siglo de las luces se abría camino penosamente entre las tinieblas.

La nómina de los clientes del Procope es la historia de la literatura francesa: Molière y La Fontaine, Voltaire y Piron, Marivaux y Marmontel, Beaumarchais y Helvetius, Rivarol y Chamfort... Para entenderse entre ellos, sin despertar las sospechas de los polizontes, Boindin y Marmontel crearon incluso una jerga filosófica, en que el «alma» se llamaba Margot, la «libertad» Jeanneton, y «Dios», Monsieur de l'Être.

Sin duda, a Wilde le gustaba el barrio del Odéon porque conservaba su atmósfera literaria. Es el barrio de las librerías, de los enciclopedistas, de *Los tres mosqueteros,* de los cafés de Saint Germain, de los seminaristas de Saint Sulpice, de los estudiantes de la Sorbona, de los cadáveres de la Facultad de Medicina y de los amantes del Jardín del Luxembourg. Los gatos del Odéon se mueven por los tejados como el marqués de Sade. Las casas de la rue Tournon hablan italiano. Los ruiseñores de Saint Sulpice cantan en latín.

Este barrio tan republicano se presta a los cultos irreverentes. Alfred de Musset comenzó aquí, en la Facultad de Medicina, su carrera de poeta romántico, descuartizando y estudiando cadáveres. Sus amantes decían que sus dedos tenían algo especial; una caricia inquietante, morbosa, más delicada que sus poemas. George Sand apreció estas artes eróticas; pero lo abandonó en Venecia, cambiándolo por un curandero italiano que seguía matando, en activo.

Junto a la Facultad de Medicina se fue envenenando el alma Charles Baudelaire sorbiendo ostras amargas en la carne dulce, de molusco indolente, de la mulata Juana Duval.

En la rue de Condé nació el marqués de Sade, en un palacio destartalado, rodeado por un gran jardín que tenía una maravillosa vista sobre el Palacio del Luxembourg. Todos los propietarios que poseían viviendas en el Luxembourg disponían de una llave privada para abrir la cancela del parque y poder pasear de noche por los jardines. El palacio de Sade ha desaparecido; pero en la misma calle, en el número 26, puede verse la casa donde Beaumarchais escribió *El barbero de Sevilla.*

Pascal vivió en la rue Monsieur-le-Prince, número 54. En esta casa tuvo una misteriosa experiencia, el 23 de noviembre de 1654, cuando en una «noche de fuego» se le reveló la beatitud divina. Balzac, más prosista, más prosaico, se iluminaba con velas que compraba también, en la calle Monsieur le Prince número 60, en la misma tienda que le suministraba el filtro amargo del café.

A veces Wilde se mueve ya como un fantasma, por aquellas calles del Odéon. «Una de las grandes tragedias de la vida –había comentado en su juventud– es que se acaban cumpliendo los deseos de uno.»

El Procope conserva todavía todos sus fantasmas, todas sus reliquias, todos sus fetiches. Uno puede comer contemplando, desde la ventana, la casa donde Saint Beuve recibía en secreto a Adela, la mujer de Víctor Hugo.

—Todos los grandes franceses –parece murmurar Wilde, saboreando su *pick me up* de jenjibre– fueron cornudos: Villon, Molière, Luis XIV, Napoleón, Balzac, Musset... ¡También el viejo Hugo, *mon cher*, también el viejo Hugo!...

L'Hôtel, en la rue des Beaux Arts, era un lugar diferente. Era una modesta pensión –Hôtel d'Alsace– cuando Wilde pasó allí los últimos meses de su vida. Guy Louis de Boucheron lo convirtió en los años setenta en un hotel de lujo. El bar, con su alfombra violeta, era un rincón delicioso para las citas de amor. El murmullo de una fuente amortiguaba las palabras, los pasos, los besos, los roces de la seda sobre la mano distraída. Era el bar preferido de las modelos de la *rive gauche*. En él se hospedaba Borges, cuando venía a París. A menudo me encontré en aquel santuario wildeano a la princesa Grace, a quien había conocido cuando escribí un libro acerca de Mónaco. Nadie diría hoy que en este lujoso y pequeño hotel murió arruinado Oscar Wilde.

No volvió a ver a sus hijos. Ni a Constance, su mujer. Ella murió a los cuarenta años, de una enfermedad parecida al dolor, persistente y cruel. Poco antes de cerrar sus ojos brumosos –de color violeta como una noche de primavera– le había escrito una carta de increíble generosidad, explicándole que no podía leer, sin derramar lágrimas de piedad, la *Balada de la cárcel de Reading*. Él habría querido besarla sólo una última vez, en un jardín, con un nombre cambiado para que ella no se acordase de nada.

En aquellos mismos días, lord Queensberry murió loco, creyéndose perseguido por una conspiración universal de homosexuales. Sus dos mujeres le habían abandonado. Todos sus hijos habían reñido con él. Pero a Wilde le perseguían los otros. Cuando entraba en un bar, en París, siempre había algún americano o algún inglés que se levantaba indignado y se marchaba a la calle.

En el verano de 1900 paseaba a menudo por los pabellones de la Exposición de París.

—¡Ay, *mon cher!* —le dijo a un amigo—: sospecho que soy el responsable del fracaso de la Exposición, porque los ingleses, al verme todavía vivo, se van de París.

Estaba gordo, hinchado por el ajenjo, casi borracho. No tenía dinero porque apenas escribía, si no era para entretenerse. Aceptaba su destino de artista. Y no podía ganarse la vida con pequeñas colaboraciones, porque el periodismo le parecía un tributo de los escritores a los gustos de la vulgaridad. En este aspecto era un profeta, y se rebelaba contra la hora en que los periódicos «nos proporcionarían detalles precisos y prosaicos de las andanzas de la gente que carece totalmente de interés». Este estilo no era propio de su carácter. Arrojaba los dardos de su ingenio sobre los poderosos burgueses y los artistas de éxito; pero nunca se le oyó decir una palabra contra los miserables amigos que le persiguieron, le arruinaron y le delataron.

Absurdo, diría Albert Camus: «El absurdo es el divorcio entre el hombre y su vida», entre el actor y el escenario, «entre el clamor humano y el silencio irrazonable del mundo». Ése es, precisamente, el drama de Wilde, como el de *El extranjero* que, habiendo nacido entre nosotros, parece distinto.

Se le veía a menudo sentado en el Bar Calisaya, en el Boulevard des Italiens. No se pintaba la cara; pero se teñía el pelo de castaño rojizo con una loción llamada Koko Marikopas. A veces se le ponía de color violeta, como a los maricas que había conocido en Nápoles. Quizá, sin saberlo, estaba inventando el expresionismo. Quizás había inventado ya el fauvismo. Conservaba sus corbatas de seda azul de Charvet, su sombrero de fieltro gris, sus trajes cortados por Doré; pero todo más ajado, más sobado, más viejo. Debía dinero a todo el mundo. Pero no había perdido su gusto por las paradojas, sobre todo las que tienen un final inesperado y brusco.

El 10 de octubre de 1900 le operaron de un oído que se había lastimado en una caída en la cárcel. Pero las heridas quirúrgicas no cicatrizaron, quizá porque no se habían curado tampoco las otras, más profundas, más supurantes. Necesitaba morfina para calmar el dolor. Entre su garganta reseca que parecía un horno de cal y la fiebre que hervía su sangre, no podía descansar. Alguien dijo que era una meningitis. Pero, en realidad, era otro proceso mortal: sólo iba quedando de él ya lo artificial, lo artístico, lo espiritual. La naturaleza se estaba pudriendo en su fracaso. Triunfaba por fin lo más escandaloso y wildeano, lo más desnudo y estético: el ángel.

Le quedaban ya pocos amigos fieles. Lord Douglas, desde lejos, seguía ayudándole económicamente. Y Dupoirier, el patrono del Hôtel d'Alsace, era un samaritano que no le cobraba el hospedaje. Le cuidó en el lecho de muerte y envió la única corona de flores que llevó en su entierro, con una cinta que decía: A MON LOCATAIRE, sin el nombre de Oscar Wilde, pero sin el seudónimo maldito de Sebastian Melmoth.

Lo enterraron primero en una tumba discreta de Bagneux. En julio de 1909 trasladaron sus restos al Père Lachaise, dejándolo en la sombra, en uno de los extremos más fríos del cementerio, en la división 89.

Su tumba se parece un poco a su muerte. Es también muy grande, demasiado grande. Es una avenida sombría, una tumba para pintarse los labios en los espejos de la lluvia, en los culos de bronce de la soledad.

Algún fetichista –privado de ingenio, y de ternura también– le cortó los atributos al ángel que vuela sobre su tumba.

Siempre creí que Cocteau no mentía cuando me dijo que había visto a Wilde resucitado, con el pelo horriblemente teñido. Pero era inmoral cuando me dijo que eso no había que contárselo a nadie. Wilde habría imaginado otro final más agudo, más imprevisto.

Cuando ya descendía melancólicamente los últimos meandros de su vida, Wilde se recreaba en su humor surrealista. Una noche, cuando regresaba a su hotel en París se encontró a un hombre en el puente del Louvre. El individuo permanecía inmóvil, mirando fijamente las aguas, y Wilde creyó que estaba a punto de quitarse la vida. Se acercó y, pasándole la mano por el hombro, le preguntó con humana piedad:

—¿Es usted un desesperado?

Pero aquel tipo extraño se volvió con un gesto de sorpresa y le contestó:

—No, señor, soy un peluquero.

Cuando Cocteau me dijo que había visto a Wilde resucitado, me vino esta historia a la memoria. Le miré a los ojos, le apreté el brazo y, procurando imitar el francés impecable pero reticente y afectado de Wilde, rematé la escena como creo que él hubiese hecho...

—Oh, *mon cher*, quizá no era un resucitado, sino un peluquero...

Versos para el primer amor

EL ÁNGEL DE RILKE

El hotel Reina Victoria de Ronda forma parte de mis recuerdos infantiles. Pasé muchas temporadas en esta elegante y vetusta mansión donde había vivido Rilke. Construido por ingleses, tenía una arquitectura más propia de Inglaterra que de Andalucía. Los tejados de cerámica vidriada verde y las altas chimeneas blancas le daban un aire fabuloso, como de cuento de hadas.

Hemingway le tuvo también afición a este hotel. Los aleros de los tejados estaban siempre llenos de palomas que zureaban al amanecer, arrullándonos en las sábanas tibias del último sueño. Estaba ya, cuando lo conocí en los años cincuenta del siglo XX, un poco patinado y desgastado por el tiempo; pero eso lo hacía más romántico, sobre todo para los niños que nos sentíamos duendes, como Peter Pan, en su inmenso parque, en sus misteriosos salones donde siempre sonaba un reloj o una caja de música, en sus pasillos y escaleras, tapizados de alfombras.

Durante años, Rilke había buscado una habitación luminosa bajo una buhardilla, para poder dedicarse al trabajo, rodeado de todas las delicias burguesas. Creyó encontrar ese paisaje en Toledo y en Ronda, entre los ángeles del Greco y las hondonadas patéticas de la serranía. Había soñado con una mujer misteriosa que le esperaba, envuelta en su pañuelo, junto a un puente de Toledo. Quizá tenía una cita con la muerte. Su vida no era un camino de rosas: unos poemas inspirados, una filosofía angustiosa, una infancia perdida, una mujer abandonada y una hija que había traído al mundo con total irresponsabilidad.

> Los versos –ha escrito Rilke– no son, como algunos creen, sentimientos (los sentimientos se tienen muy pronto) sino experiencias. Para escribir un solo verso hay que haber visto muchas ciudades, hombres y cosas, hay que conocer los animales y sentir cómo vuelan los pájaros y tener idea del leve movimiento con que se abren las flores al amanecer... Pero también es menester haber estado junto a moribundos, hay que haber compartido la habitación con un muerto, ante ventanas abiertas y entre ruidos estridentes.

Por eso andaba siempre fugitivo, de España a Rusia, de París a Capri. Andaba buscando a Tolstoi, a Pasternak, a Zweig, a Verhaeren, a Rodin y a Lou Salomé. Porque, en alguno de ellos, podía estar escondido el antiguo secreto de un verso. Algo así como la primera palabra que pronunció un hombre en el inmenso silencio de la Creación.

Rilke llevaba un tema obsesivo en el alma: la búsqueda de una muerte propia. ¿Qué otra cosa es la elegía del *Malte Laurids Brigge*? ¿Qué otra muerte que no sea la suya hay en las estrofas de su *Réquiem*? Durante la Primera Guerra había vivido la muerte colectiva y anónima de los hospitales de campaña. Había visto el dolor en el rostro de aquellos pobres soldados que ni siquiera llegaban a entenderse con sus médicos, porque hablaban las mil lenguas diferentes –ruteno, croata, serbio, húngaro, checo– de un viejo imperio que se deshacía sin remedio. Y allí se iban muriendo en las camillas, porque faltaba hasta el cloroformo para operarlos.

No es fácil tener una muerte propia. A Émile Verhaeren, el poeta flamenco que cantaba la revolución industrial, le mató un tren, cuando cruzaba las vías en la estación de Ruán. A Isidre Nonell, pintor de los pobres, le mató el tifus. A Baudelaire le intoxicaron las flores del mal. A Jean Cocteau vino a buscarle Edith Piaf. Yo creo que Rilke soñaba con una muerte de rosas.

Stefan Zweig, que pronunció su oración de despedida, dijo: «Poeta: he aquí lo que fue Rilke. A él cuadra cumplidamente esta palabra antiquísima y sagrada, tan grave y presuntuosa, y que nuestro dudoso tiempo confunde frívolamente con el concepto inferior e incierto del escritor, del que sólo escribe».

Una academia militar no parece el lugar más adecuado para educar a un poeta. Pero Josef Rilke decidió que su hijo debía estudiar en Sankt Pölten, quizá porque tenía miedo de que su mujer lo convirtiese en una niña.

Imaginaos a un niño rubio, de ojos doloridos y cuerpecito frágil, vestido con un abrigo abotonado hasta el cuello y unas polainas blancas: «Hubo un tiempo –confiesa en los *Apuntes de Malte Laurids Brigge*– en que mamá deseaba que yo fuese una niña». Durante toda su vida, Rilke guardará un recuerdo terrible de esa madre irreal y fantasiosa que le educaba en un silencio medroso de princesita virgen. Una fotografía de 1884 nos lo muestra de la mano de su padre, poco antes de entrar en la escuela militar. Muchos años más tarde evocará la memoria de esta academia marcial donde los niños cambiaban las polainas blancas por el sable: «Al salir de la escuela militar –escribe– me encontré ante la inmensa tarea de la vida, como un ser agotado a los dieciséis años, maltratado en cuerpo y espíritu, retrasado, frustrado en la parte más inocente de mis fuerzas.»

Pero esta escuela le convertirá en poeta. A Robert Musil, que estudió más tarde en academias militares y que ejercía como nadie la «vivisección» –son sus propias palabras–, le costaba trabajo comprender que los severos maestros de Sankt Pölten y Mährisch-Weisskirchen hubiesen podido modelar una porcelana como el joven Rilke. Pero él era así. De la academia militar saldrá con un lirio en la mano, regalando libros de versos por las calles de Praga y de Múnich. Para convertirlo en mármol hará falta, años más tarde, la titanesca mano de Rodin.

Su madre, Sophie Entz, había querido que fuese poeta y que realizase en la vida los deseos frustrados que ella guardaba en su alma rencorosa. Le había vestido de niña, para que reemplazase a su primera hija muerta. No le dejaba jugar con los niños, ni le permitía relacionarse abiertamente con el mundo de los hombres que, para ella, estaba odiosamente representado por Josef Rilke: un modesto y prosaico militar, empleado de ferrocarriles, con el que se había casado.

Rainer no perdonará nunca a su madre estas maniobras. «Me destruyó piedra a piedra», confiesa a un amigo. Y conservará un recuerdo odioso de esta mujer que tenía una religiosidad falsa y un deseo insaciable de brillar en sociedad. Su conflicto interior llegó a ser tan grande que Lou Salomé le propuso recurrir al psicoanálisis. Pero él rechazó ese método de curación, pensando que la frontera de la salud mental y de la inspiración nunca está clara en los artistas.

—Sería horrible vomitar así la infancia, a trozos, sin digerir —le dijo a Lou, cuando comprendió que su destino era, precisamente, convertir esos oscuros recuerdos en arte.

Ese sufrimiento interior le llevó a admirar el alma eslava, porque el pueblo ruso, sometido y tiranizado, «encuentra, incluso bajo el peso de las condiciones más arduas y dolorosas, la manera de crear algo así como un secreto espacio de libre iniciativa, una cuarta dimensión de su existencia».

Lou Salomé le liberará de aquella madre opresiva y frívola, preocupada sólo por las apariencias —vestía siempre de negro, como las archiduquesas viudas— y por las mojigaterías de su falsa piedad. Pero también es verdad que esa misma presencia ominosa dejará en su vida algunas huellas: su devoción por las amistades aristocráticas y, sobre todo, su afición a los misterios y a las leyendas.

Mi madre vino a Roma y está aquí —escribe a Lou en 1904—. Yo la veo raramente, pero, como ya sabes, todo encuentro con ella significa una especie de recaída... Pero en alguna parte de mi interior hay aún ciertos movimientos que son como la otra mitad de sus gestos atrofiados, fragmentos de recuerdos que ella lleva rotos en sí misma por dondequiera que va.

LA HIJA DE UN AMOR, EN OTRO AMOR

La historia del amor con Lou Andreas Salomé significará una experiencia decisiva en la vida de Rilke. Ella tenía ya treinta y seis años cuando le conoció. Pero tenía, además, todo lo que él admiraba: era rusa, inteligente y rebelde. Era casi tan alta y tan interesante como Cósima Liszt, y cuando andaba parecía también que una cola larga la seguía, manteniéndola alejada de los demás mortales. Todos admiraban su carácter indómito y su aristocrático desdén hacia las pretensiones moralistas de la pequeña burguesía. Le gustaba vestir sedas de color gris azulado, que hacían juego con sus ojos. Quizá por eso algunas mujeres, como había ya ocurrido con Elisabeth Nietzsche, la consideraban sencillamente una fiera peligrosa y presumida.

Rilke creía en los azares. Y, desde el primer momento, interpretó como un signo mágico que Lou acabase de escribir un ensayo sobre *Jesús el judío*, expresando en su estilo arrollador las mismas cosas que él había querido decir, con su lenguaje poético, en sus *Visiones de Cristo*.

Lou Salomé había nacido en San Petersburgo, en el mismo año 1861 en que el zar Alejandro II decretó la abolición de los siervos. Vino, pues, al mundo en una época agitada y apasionante, entre revoluciones y manifiestos, entre motines y proclamas. Dostoievski, recién regresado de su exilio en Siberia, acababa de publicar *Humillados y ofendidos*, en medio de la hostilidad de la crítica. Los ataques epilépticos, cada vez más violentos, le dejaban sin memoria durante varios días. Pero los estudiantes de San Petersburgo aclamaban al autor de *Recuerdos de la Casa de los Muertos*, creyendo que todavía era un nihilista.

Lou creció en esta fiebre de libertad y de ruptura, aunque fue educada en el seno de una familia conservadora. Su casa era como el inmenso imperio ruso: un hogar caótico donde se mezclaban las nodrizas venidas de pueblos lejanos –las *njankis* rusas fueron siempre las mejores madres del mundo– con las rubias doncellas bálticas, las institutrices francesas con las cocineras alemanas, y los jardineros musulmanes con los cocheros tártaros, apreciados por su sobriedad y resistencia. Como sólo tenía hermanos varones, aprendió pronto a defender su independencia con el temple de una leona. Y nunca perdió su maestría en el manejo de las más complicadas relaciones de grupo, sobre todo con los hombres.

En San Petersburgo se vivía aún, en los años de juventud de Ljola —así la llamaban en Rusia—, una vida social enloquecida. Y por eso su madre quiso acompañarla a conocer otros países, como Suiza o Italia, donde la joven pudo tratar a Malwida von Meysenbug y a todo el círculo de Wagner, incluyendo al apasionado Nietzsche.

En 1887, Lou se casó con Friedrich Carl Andreas, orientalista y profesor de lenguas indoeuropeas. Él era un personaje misterioso, como un sultán oriental, porque su abuela era malaya y su padre persa. Había nacido en Java, estudió filología en Alemania y había alcanzado una fama legendaria practicando la medicina en los pueblos de la India. Finalmente, había conquistado a Lou organizando una escena dramática y desesperada: clavándose una navaja en el pecho e interpretando un intento de suicidio que estuvo a punto de costarle la vida. Por eso ella le aceptó, después de hacerle comprender, con claridad, que tenía una idea especial de las relaciones matrimoniales.

El profesor Andreas, dedicado a sus lecciones universitarias y a sus clases particulares, lo aceptaba todo; aunque, de tarde en tarde, interpretaba alguna escena tempestuosa.

Lou había roto definitivamente con Nietzsche, después de un *affaire* que tuvo un final muy desagradable, lleno de malentendidos y reproches. A pesar de todo, le consideró siempre «el hombre más inteligente que he conocido» y quizá le guardó un callado agradecimiento por haberle hecho comprender que no es el intelecto lo que rige la vida de los seres humanos, sino que somos víctimas de ocultas pulsiones que anidan en nuestro subconsciente. Esta misma enseñanza, la perfeccionaría más tarde en la escuela de su maestro Sigmund Freud.

Pero Lou siguió viéndose con otro amigo de juventud, Paul Rée, tratándole como si fuese un amante, hasta que éste se despeñó en 1901, en las montañas de la Engadina, muy cerca del lugar donde Nietzsche había escrito su *Zaratustra*.

He seguido su rastro, pacientemente, cuando pasaba temporadas en Maloja, en Celerina, en Sils-María y en Saint Moritz. Y en mi novela *El Testamento de Nobel* he descrito estos rincones de la Engadina donde vivieron Lou y Paul Rée cuando aún se amaban, haciendo que mis personajes se movieran por esos mismos caminos de montaña:

«Los ríos de hielo del Piz Palü, del Julier y del Bernina se derramaban aún en lívida sombra hacia los prados. El valle amanecía en silencio, acariciado sólo por el susurro de los abetos, el temblor del esquilón de las vacas, el murmullo del lago, donde bogaban las marmotas en sus balsas de pino, y el canto alegre del zorzal en los matorrales».

Después de separarse de Lou, también tormentosamente, Rée se había convertido en un sencillo médico rural. Era muy querido por los habitantes de Celerina porque, a menudo, atendía a los pobres sin cobrarles nada. Cuando se despeñó en estos montes muchos pensaron que se había suicidado. Y me parece que también Lou arrastró durante toda su vida esa mala conciencia, recordando cómo Rée no había podido soportar por más tiempo su papel de «dama de compañía». Había salido desesperado de su casa, dejando tirado un retrato de Lou que siempre llevaba consigo, envuelto en un papel que decía: «Por caridad, no me busques».

Así Lou era la única superviviente de una foto que la posteridad haría célebre, en la que Nietzsche y Paul Rée se habían retratado arrastrando un carro, conducido por la joven rusa que les amenazaba con un látigo. A Nietzsche se le ocurrió la *cursilería* –el juicio cruel es de Lou– de poner unas lilas en la fusta.

Mi niño querido

En cuanto encontró a Rilke, Lou adivinó que este joven idealista podía ser la última y decisiva confusión de su vida. «Mi niño, mi niño querido», le llamará en sus cartas, incluso después de que sus vidas se separen con la promesa mutua –pero nunca cumplida– de no escribirse «ni en la hora de mayor necesidad».

A diferencia de Nietzsche —«tan estudiadamente acabado»—, Rilke era una promesa inconclusa, fugitiva, inquietante como todo aquello que Lou consideraba propio de la virilidad. Parecía tan puro que algunos de sus amigos le llamaban en broma: «Purísimo Rainer, Inmaculada María» *(«Reiner Rainer, fleckenlose Maria»)*. Pero Lou admiraba su apuesto y firme señorío: «Poseía en alto grado la gracia masculina, sin complicaciones y en toda su delicadeza».

Primero alquilaron unas cabañas en Wolfratshausen, en las montañas de Baviera. A veces, para hacer más número, se sumaba Frieda von Bülow. Pero pronto encontró Lou el decorado que ella necesitaba para sus enredos de amor: las bibliotecas en penumbra, las habitaciones comunicadas, los ciervos que se acercaban confiados, y los paseos por el bosque con los pies descalzos. Villa Waldfrieden, la modesta casa de los Andreas en Schmargendorf, cerca de Berlín, ofrecía todas esas comodidades.

Lou y Nietzsche nunca habían llegado a tutearse. Se interponían entre ellos muchos tabúes, incontables respetos y antiguas convenciones. Ni siquiera después de la misteriosa aventura del Monte Sacro, vencerían esa barrera. Y, sin embargo, Rilke no necesitará ni un mes para hablarle de tú a la temible leona rusa: «A través de ti quiero mirar al mundo —le escribe el joven poeta en junio de 1897—, pues ésa es la manera de no verlo y de verte sólo a ti, a ti, a ti».

Lou se tendía en la *chaise longue* y hablaba a media voz mientras, descuidadamente, dejaba deslizarse sus manos blancas sobre su regazo. Y Rilke, mirándola distraídamente, «desabrochaba los cierres de oro del libro de la tarde» y le decía, en aquel idioma alemán que sabía manejar como nadie: «Te amo».

> Ich liebe dich. Du liegst im Gartenstuhle,
> und deine Hände schlafen weiss im Schoss.
> Mein Leben ruht wie eine Silberspule
> in ihrer Macht. Lös meinen Faden los.

Mi vida es como una devanadera de plata, que espera a alguien que sepa liberar el hilo... No hay que ser discípulo de Freud para comprender que este poeta sabe hablar a las mujeres.

El profesor Andreas impartía sus clases lo mismo en la universidad que en su despacho. Los invitados sabían que las conversaciones podían prolongarse hasta bien entrada la madrugada. Cuando la charla versaba sobre las lenguas orientales o sobre sus viajes a Persia, él mismo preparaba cuidadosamente el té y los bizcochos para sus oyentes. Pero si el tema elegido era la filosofía de Occidente, disponía bandejas con bocadillos y vino.

Lou se había «adaptado» a la vida de su marido, a su régimen vegetariano, a caminar descalza, a los vestidos sencillos. Pero ella no había dejado nunca de ser una rusa, educada entre bailes y revoluciones, entre duquesas y crímenes pasionales. Uno de sus hermanos, Genja, había heredado un instinto perverso para enamorar a las mujeres y para jugar con los sentimientos. Y ella recordaba cómo este diablo había usurpado su personalidad en una fiesta en San Petersburgo. Se había vestido de Lou, con una peluca rubia, interpretando tan maquiavélicamente el papel que muchos jóvenes bailaron con «ella» y se dejaron seducir por sus mentiras. Era difícil hacer compatible aquel mundo con la sencillez académica del profesor Andreas, que paseaba con su perro, completamente desnudo.

Y fue entonces cuando apareció René Rilke, aquel joven poeta educado por una madre que lo vestía de niña y que se creía duquesa. Y así se fue tejiendo una pasión morbosa entre Lou Andreas y Rainer, porque él se había cambiado ya el nombre, eligiendo esta forma que a ella le sonaba más viril.

Lou disfrutaba enseñándole el canto de los pájaros en el jardín, llevándole a pasear por el bosque con sus perros, haciendo con él todo lo que hacía con su marido, pero además también el amor.

«Éramos como hermano y hermana», escribe Lou en su *Autobiografía*, manteniendo siempre ese estilo ambiguo que tanto le agradaba. Quizá también porque Rilke y ella se sentían más seguros interpretando estos arcaicos amores incestuosos.

En la primavera de 1899, siempre en grupo –el matrimonio Andreas y Rilke–, hicieron un viaje a Rusia. Y allí visitaron por primera vez a Tolstoi, en Moscú, porque el viejo patriarca no había abandonado todavía su casa de madera en el barrio de Khamóvnik, más parecida a una cabaña que a un palacio. Tolstoi odiaba la vida social de Moscú, pero se encerraba a escribir en su estudio, que era como un refugio de techo bajo, con sillones de cuero negro, donde trabajaba aislado de todos los ruidos y reclamos de la ciudad. La casa no tenía agua corriente ni luz eléctrica, porque Tolstoi se sentía así más cerca de la vida campesina. Él mismo conducía cada mañana su caballo y su carro hasta la fuente, para buscar el agua, dedicando este tiempo a los trabajos pesados, como era su norma de vida: la primera parte del día para los trabajos corporales –la gimnasia de pesas, los paseos en bicicleta, el patinaje en invierno, cortar leña, acarrear agua–, las horas centrales de la mañana para escribir, la sobremesa para las labores de artesanía –hacer botas y zapatos– y, cuando se encendían las velas en el crepúsculo, conversación. Todavía, pasado más de un siglo, se siente la presencia de la tribu numerosa de los Tolstoi en esta casa, convertida ahora en museo. Ya no se oye la sirena de las fábricas textiles que despertaba a la familia a las cinco de la madrugada. Ya no dan fiestas los Golitsyn ni los Lopukhins en este barrio de Moscú. Ni se reúnen los gitanos delante del convento de las monjas de Devichye Pole, montando fabulosos circos que adoraban los niños, con sus acróbatas, sus payasos, sus animales amaestrados... y sus puestos de golosinas. Pero aún hay en el jardín «más rosas que en el de Hafiz y más agua pura que en Mytischi», como decía Sofia Tolstaia, repitiendo las palabras que le había escrito su tía cuando les recomendó comprar esta casa.

Cuando Rilke y Lou llegaron en 1899, Tolstoi acababa de escribir *Resurrección*. Poco a poco se había convertido en un profeta gruñón y abstemio, vegetariano y enfrentado a la Iglesia con sus teorías socialistas y pacifistas. Ya escribía sólo en papel sencillo, porque no quería nada lujoso. Hasta su visión del arte era mística. «El arte –escribía ahora– es una manifestación de la vida interior.»

Un día, curioseando los libros de la biblioteca de Tolstoi, me encontré por azar una dedicatoria de un joven humanista indio, llamado Mohamdas Karamchand Gandhi, que se declaraba su discípulo y le enviaba desde Sudáfrica sentidas cartas de aprecio y admiración.

Es verdad que Tolstoi fue la última autoridad moral que tuvimos los europeos, antes de que se abatiesen dos guerras sobre nosotros. Él había vislumbrado en sus delirios proféticos la caída de los imperios y del orden político que habían sobrevivido a la Revolución francesa. Y sólo los discípulos tolstoianos –Romain Rolland en Francia, Zweig en Austria, Gandhi en la India– podían darse cuenta de que una burguesía pretenciosa y prosaica iba a tomar las riendas del destino europeo en la segunda mitad del siglo XX, olvidando nuestro pasado intelectual y educando a sus hijos en las fantasías del oasis industrial y en los mitos del cine americano.

Rilke, que buscaba su camino literario en estos años de principios del siglo XX, comprendió que debía recoger el testamento espiritual de nuestra vieja Rusia. El encuentro con Lou Salomé le había guiado hasta los secretos de la lengua rusa, enseñándole que el espíritu tiene nombre de mujer y que el abedul no es masculino sino tan femenino que un hombre puede enamorarse de su amada *verioska*, cuando la luna se derrama por sus ramas de plata. Para un poeta europeo era necesario comprender que había un mundo lejano donde los árboles no mugen como toros bajo el viento, sino que –en la hora amarga de la Pietà– se inclinan como madres sobre el bosque nevado.

Y, por eso, en 1900, Lou y Rainer retornaron a Rusia, esta vez solos. Y volvieron a visitar al viejo Tolstoi, que para entonces había regresado definitivamente a su finca de Iásnaia Poliana, huyendo de la confusión de Moscú.

> Luego desciende la carretera –escribe Rilke, evocando estos recuerdos– que, apenas reconocible, corre sin interrupción por entre lugares eternamente desiertos. Su cinta gris se desliza con suavidad hacia el valle verde y salpicado de colinas, en donde, a la izquierda, dos redondas torrecillas recubiertas con cúpulas verdosas señalan la entrada del antiguo parque cubierto de maleza y en el cual se oculta, disimuladamente, la humilde casa de Iásnaia Poliana.

El conde parecía esta vez «más bajo, más encorvado, más encanecido», más solitario y perdido «en la claridad sin sombra de sus ojos». Soplaba el viento de primavera agitando la barba de Tolstoi, que caminaba con lentitud por el bosque, hablando animadamente, con la mano izquierda metida entre el cinto y la blusa de lana, y la derecha ligeramente apoyada en el bastón. De vez en cuando, se inclinaba haciendo un gesto con el cuenco de la mano, llevándola luego a su nariz, como si aspirase el perfume de las flores y el olor de la tierra.

Ellos se sentían peregrinos en aquella tierra lejana, en presencia de aquel hombre que era ya un patriarca. Y escuchaban sus palabras, pronunciadas en ruso, sintiendo su hondura más allá de su significado.

El joven poeta debe recorrer todavía muchos caminos: tiene que aprender a conocer «cómo vuelan los pájaros y cómo se mueven las flores al abrirse en el alba... tiene que madurar los recuerdos de esos días pasados en habitaciones tranquilas y cerradas, en esas mañanas pasadas a orillas del mar, en la propia mar, en los mares, en las noches de viaje»... El anciano maestro Tolstoi le despide con una sonrisa cuando le ve marchar, decidido, hacia todas estas experiencias, buscando «el camino arduo que nos ha sido encomendado».

Rilke nunca olvidará estos viajes a Rusia, que fueron tan decisivos para su formación como poeta. Y este inmenso país le dará a su inspiración la dimensión de sus hombres, de sus bosques, de sus ríos.

Un jovencito ruso, llamado Borís Pasternak, les observa con admiración mientras les ve subir al tren, en una mañana del verano de 1900, en la estación de Kurski: «Unos instantes antes de que el convoy se ponga en marcha, un desconocido, vestido con un abrigo negro, a la tirolesa, se aproxima a la ventana de nuestro compartimiento. Le acompaña una mujer alta. Debe de ser su madre o su hermana mayor... El desconocido se expresa en alemán. Conozco perfectamente este idioma, pero es la primera vez que lo oigo hablar así. Y, de repente, sobre este andén repleto de viajeros, entre dos golpes de campana, el desconocido se me aparece como una sombra entre cuerpos materiales, como un fantasma en un mundo real».

La historia de amor de Rilke y de Lou es extraña, como todas las aventuras de este poeta. Al contrario de Nietzsche, que las acosaba, Rilke conquistaba a las mujeres con su alejamiento, con sus réquiems, con la música de sus palabras. Tenía razón Pasternak cuando decía que nadie pronunciaba el alemán como este hombre. En realidad hablaba un idioma único, una fabla musical que él se había inventado, jugando con los sonidos como si fuesen signos cabalísticos de una lengua muerta. Las mujeres le amaban, porque sentían celos al verle hablar con las rosas. Y, en 1906, cuando vivía en Capri, en Villa Discopoli, puso un cartel en la puerta: «Aquí vive un hombre todavía vivo que tiene el corazón ya muerto. Se ruega no molestar, ni tocar tampoco las rosas del jardín que duerme».

La colonia de artistas de Worpswede

En 1896, cuando ya era un poeta reconocido, había resumido así su corta biografía: «Rilke, René María Caesar, nacido en Praga el 4 de diciembre de 1875, actualmente redactor de *Jung-Deutschland* y *Jung-Oesterreich*. Mi divisa: *Patior ut Potiar*. En el momento presente alimento una aspiración fogosa hacia la luz; para el futuro, una esperanza y un temor. Esperanza: paz interior y felicidad de crear. Temor (herencia nerviosa sobrecargada): ¡locura!».

Mientras Nietzsche desaparece en las sombras de la locura, Rilke camina sin miedo hacia las sombras de la muerte: ése es el secreto de su poesía. No despertar a las rosas que duermen.

> Viajero del vasto espacio
> prosigue en paz tu camino.

Por un momento fugaz, Rilke ha creído encontrar en Rusia las llaves de su destino. Se ha topado de bruces con la mística frenética del convento Pachevski («con una vela en la mano he recorrido todos estos corredores, una vez solo y otra vez en medio de la muchedumbre errante»); ha vivido la Pascua Rusa; ha visto a los monjes embalsamados en sus ataúdes de plata, como aquellos santos escalofriantes de su infancia en Praga; ha descendido el Volga en barco, y ha vivido en una isba con los campesinos... Llega a sentirse tan arrebatado en esta orgía de santidad que escribe frases dignas de Dostoievski: «Rusia es el único país del mundo por donde Dios sostiene todavía a la tierra».

Pero el viejo Tolstoi, barbudo patriarca de Iásnaia Poliana, ha aparecido oportunamente en su camino para volverle a la medida disciplina de la realidad. Recordando al autor de *Guerra y paz*, Rilke escribe: «Su enorme experiencia de la naturaleza (conozco muy pocos hombres que la hayan habitado tan apasionadamente) le daba un sorprendente poder de pensar y escribir a partir de la totalidad».

Al volver de Rusia, Lou retorna con su marido, y Rilke acepta una invitación del pintor Heinrich Vogeler para visitarle en Worpswede, donde un grupo de jóvenes han creado una colonia de artistas. Entre ellos se encuentran el pintor Otto Modersohn, la pintora Paula Becker y la escultora Clara Westhoff, discípula de Rodin.

Vogeler había ilustrado algunos poemas de Rilke y, entre los dos hombres, surgió una buena amistad. Con los años, el pintor evolucionará hacia el comunismo, creará una granja para acoger a niños necesitados y acabará su vida, en 1942, en la Unión Soviética.

En estas turberas y brezales del Norte, los jóvenes artistas querían recuperar el sentimiento de los primitivos maestros. Y escuchaban con atención a Rilke, cuando el poeta hablaba de sus paseos con los pies descalzos, en el camino de los ciervos que recorría a menudo con Lou Salomé.

Paula Becker era rubia. Se casó con Otto Modersohn y murió al dar a luz a su primera hija. «¡Qué vergüenza!», murmuró, mientras se desangraba. Quizás habría que decir, mientras se fundía, porque parecía de oro florentino. Ella retrató al poeta, resaltando el dibujo expresionista de su boca, como si hubiese comprendido que Rilke era, sobre todo, la palabra.

Al llegar la tarde se reunían en el Lilienatelier y hablaban de saber vivir y saber morir, leyendo a Georges Rodenbach y a Gerhart Hauptmann, interrumpidos sólo por el carillón pausado del reloj. Y de estas conversaciones salieron algunos matrimonios y una niña, Ruth, que tenía la carita morena de su madre, Clara Westhoff, y los ojos claros de su padre, Rainer Maria Rilke.

El nombre de Ruth no me parece elegido al azar. Porque Lou Andreas Salomé había escrito un bello relato con este título.

LA SENDA DE LOS PEREGRINOS

Misteriosos peregrinos cruzan las tierras del Valais. Los encontramos por «esos caminos que no llevan a ninguna parte», como gotas de agua caídas con el rocío: gente de paso que calma su sed en las fuentes frías, mendigos que caminan por el mundo con una rosa blanca en la mano, jóvenes alegres que se aman en las viñas. Es la humanidad que corre hacia el paraíso, entre aguas de dolor y rosas de esperanza.

Los pueblos siguen el cauce del Ródano. Las casas, de madera o de piedra, se levantan en torres de tres pisos, movidas por un deseo apasionado de aire y cielo. Las flores, las piedras, los objetos..., todo en el Valais parece transformarse, por una extraña química, en instrumental de un culto. Quizá por eso los antiguos levantaron aquí tantas iglesias, ermitas, capillas y basílicas.

Fedor Dostoievski, ruso cristiano y apocalíptico, estuvo en el Valais en octubre de 1867. Acababa de casarse con Anna Grigórievna Snitkine, su secretaria, y venía a jugarse sus últimos ahorros en el casino de Saxon-les-Bains. Envuelto en su viejo abrigo parecía un alma en pena que buscara las llaves de la fortuna. Como siempre, llevaba en su corazón angustiado un sinfín de historias y de personajes que no le dejaban vivir. Debía dinero a todo el mundo: a sus amigos, a sus colegas, a la madrina de su mujer y a los emigrados rusos que encontraba en el camino. Las alianzas de boda ya estaban en la casa de empeños. Y no podía quitarse de la memoria la imagen del Cristo muerto de Holbein que había visto en el Museo de Basilea: «El cuerpo es esquelético, los huesos y las costillas sobresalen, los pies y las manos están agujereados, hinchados y azules como los de un cadáver en putrefacción», comentó, aterrorizado, a su mujer. «Un cuadro así puede hacer perder la fe a un creyente», dirá el príncipe Míschkin en *El idiota*. Y Anna recordará más tarde cómo «el rostro de Fedia, mientras contemplaba esta imagen, estaba lleno de temor, como en los primeros momentos de sus crisis de epilepsia».

También Goethe bebió los vinos del Valais, confiando más en la alegría del mosto que en las orgías místicas de la ruleta y la santidad. Escalaba las montañas y seguía el curso de los torrentes, sin preocuparse de las primeras nieblas y nevadas de noviembre que cubrían los valles con siluetas de fantasmas tristes.

Pero el auténtico poeta del Valais fue Rainer Maria Rilke. Nadie como él ha cantado la belleza de estos campos donde sestea la viña y corre el agua; donde crece la hierba misteriosa que huele a tiempos antiguos:

> Cette verdure soumisse
> qui, par un long effort,
> donne la grappe prise
> entre nous et les morts.

Rilke ha encontrado en el Valais todos los elementos de su poesía: los surtidores, las rosas, los caminos otoñales y las leyendas de Muzot:

> Vent qui prend ce pays comme l'artisan
> qui, depuis toujours, connaît sa matière.

¡Qué diferente esta tierra a las sombras espectrales de la vieja Praga donde Rilke había vivido su infancia! El poeta conserva un recuerdo triste de aquel apartamento donde transcurrió su melancólica niñez junto a unos padres que se entendían mal. No ha olvidado nunca la imagen nevada y medieval de aquella Praga donde «se descomponen los santos en ataúdes de plata». En las raíces mortecinas de su mística hay memorias podridas de una adolescencia solitaria y triste.

Su mujer Clara Westhoff y su hija Ruth se habían quedado lejos, en la colonia de artistas de Worpswede. Se separaron muy pronto, porque él era incapaz de sostener a una familia. Mientras ella se hizo un nombre como escultora, Rilke había tenido que rodar mucho por el mundo, hasta dejar de ser un joven de porcelana para convertirse en un poeta de mármol. Por eso Rainer y Clara no volvieron a convivir bajo el mismo techo, aunque continuarían escribiéndose y encontrándose hasta el final de sus días.

Con paciencia y tenacidad, Rilke buscará por todos los caminos del mundo las llaves de la paz. Y cuando llega por primera vez a Sierre en 1920, tiene cuarenta y cinco años. Es un hombre ceremonioso, de frente despejada, ojos melancólicos y bigote lacio. Durante estos cuarenta y cinco años no ha sido más que un poeta. «Era poeta –escribe Rudolf Kassner– incluso cuando no hacía más que lavarse las manos.»

> O mélodie de la sève
> qui dans les instruments
> de tous ces arbres s'éléve.

Melodía de la savia que asciende por el tronco de nuestras palabras, temblor de los labios amados... Así va creando su propio léxico, dando significado a los sonidos. Y así va descubriendo el misterio de la literatura, convirtiendo en mármol el barro de la palabra. No volverá a ser el artista caprichoso que rompe las leyes de la naturaleza; especialmente, desde el día en que contempla cómo Rodin trabaja la materia, con la fuerza del viento cuando interroga a las olas, buscando en la vida los secretos que ella quisiera, probablemente, ocultar. «Rodin se precipitaba con todos sus sentidos al rojo vivo, como un buscador de vida, en la confusión de esta lucha obstinada.»

En el taller de Rodin, observando cómo el gigante musculoso crea la forma, a partir de un bloque geológico y atormentado, Rilke descubre la verdad suprema de su inspiración: «El arte es una sumisión profunda a la ley».

Así surgirá, en adelante, la poesía de Rilke: vida de la vida oculta, profundo e inquietante secreto de todos los réquiems.

El camino arduo

Podría decirse que Rilke ha sido el gran poeta «reaccionario» de la vieja Europa, anclado siempre en los fondos sólidos y conservadores de la tradición: «Sólo comprendo la revolución —ha escrito con intención profunda— como una lucha contra los abusos que permita restaurar la más honda tradición».

Cuando Rilke llega a un país, lo primero que hace es desvelar sus leyendas, excavar los filones de su cultura, investigar las fuentes de sus tradiciones. El rincón más lírico de París era para él un pequeño corral de muertos donde está enterrado Andrea Chénier, junto a las últimas víctimas de la guillotina: el cementerio de Picpus. Su afición más personal y profunda era el estudio de la genealogía. Pero la genealogía fue para él algo más que una ciencia erudita y dorada, ya que la utilizaba para descubrir verdades ocultas o empolvadas por el tiempo. A veces, en un mendigo adivinaba a un antiguo caballero andante o a un enamorado trovador, digno de recibir como premio una rosa. Alguien le había visto regalar una flor a una vieja que pedía limosna en las calles de París.

Caminaba por el mundo en busca de una puerta estrecha que conduce a la paz y a la vida serena. Por eso la experiencia de París le defrauda también: «París es una gran ciudad extranjera, muy extraña para mí. Los hospitales que se ven por todas partes me angustian... Se adivina fácilmente que esta inmensa ciudad está llena de regimientos de enfermos, de ejércitos de moribundos, de una población numerosa de muertos».

En los *Apuntes de Malte* ha soñado ya Rilke con las delicias de la vida beatífica y serena: «Yo habría podido vivir en cualquier parte de este mundo, en una de esas casas de campo donde nadie viene a interrumpir nuestra soledad. Sólo habría necesitado una habitación (la habitación luminosa bajo el tejado). Y habría vivido allí con mis viejas cosas, mis retratos de familia, los libros..., un sillón, flores, perros y un bastoncillo sólido para los caminos pedregosos».

Cuando Rilke llega a Sierre en 1920 está simplemente lleno de buenos propósitos; pero la vida le ha ido dejando también algunas experiencias. Conoce algunos países: la Rusia helada, las praderas húmedas de Dinamarca, los cipreses de Garda, los cementerios de París, los mercados de Argel, los merenderos de Viena, los puentes de Toledo, los jardines de Capri, las honduras calientes de Ronda... Ha tenido amores con Lou Salomé, aquella «devoradora de sesos» que no quiso acostarse con Nietzsche ni con su propio marido.

Una cita en el Tajo

El 2 de enero de 1927, nevaba copiosamente sobre los campos del Valais. La torre de Muzot amaneció vestida de blanco como una novia antigua, una santa de hielo o una reina de las vendimias. En la cercana iglesia de Rarogne sonaba el río dolorido de un violín. «Siempre enamorado, descendía hacia la sangre más antigua.» El cortejo fúnebre de Rainer Maria Rilke ascendió penosamente el camino empinado de la iglesia de Rarogne, mientras los sepultureros preparaban la tumba. San José y el Niño parecían entelerido de frío en la fuente helada. Sólo había flores de hielo en aquel camino que la primavera llena de rosas. Y una viejecita desconocida, envuelta en su pañolón, se cruzó a media pendiente con el entierro. No tenía ya edad de citas, pero quizás había esperado algo o a alguien demasiado tiempo.

También Rilke había buscado, durante años, un retiro para su destino de hijo pródigo. Desde que escuché sus versos, lo busqué en los monasterios de Rusia y en las calles de París –en las esquinas místicas del barrio de Saint Sulpice, en las tapias melancólicas de Picpus donde está enterrado Andrea Chénier, entre las estatuas del estudio de Rodin–, en los limoneros de Capri y en los bosques de Bremen. Y, como me gusta perseguir a las sombras, seguí obstinadamente su rastro. Así llegué a una avenida de sepulcros, cerca de Arles, que evoca en sus *Sonetos a Orfeo*. Más tarde, en Venecia, conocí a una rama de la familia Romanelli, que regenta el Hotel Flora, en la Vía Larga XXII de Marzo. Allí, en un romántico jardín interior, leí muchas veces su poema «Otoño tardío en Venecia». Creo que lo escribió para la joven Mimí Romanelli, que le había robado el corazón. Pero él buscaba a la misteriosa mujer del pañuelo que le había propuesto, en sueños, una inquietante cita «al borde del Tajo».

El Día de Difuntos de 1912, a orillas del río Tajo, en Toledo, Rilke esperó inútilmente a la mujer del pañuelo. Ella no se presentó a la cita. Por eso, buscando otro Tajo en las tierras de España, se instaló, un mes más tarde, en el Hotel Reina Victoria de Ronda.

Los jardines del Hotel Reina Victoria se asoman sobre el inmenso Tajo de Ronda, majestuosa hondonada de piedra donde se oía en las horas de la siesta el graznido de los pájaros negros y, por la noche, el ladrido lejano de los perros que guardaban los cortijos. Fue probablemente este paisaje el que atrajo a Rilke. Había esperado inútilmente a la mujer de su cita en el Tajo de Toledo y, por fin, pensaba que la encontraría en el Tajo de Ronda.

Le dieron la habitación 34. Y creo que ahora la enseñan a los turistas; pero, cuando yo era niño, nadie venía a visitarla. Nadie leía a Rilke en España y cuando mi padre me hablaba del poeta –siempre en voz baja– me daba la impresión de que tenía miedo de que alguien pudiese oírnos.

Me acostumbré así a hablar de Rilke en voz baja, como si estuviese murmurando secretos de amor. Quizás este es el misterio de sus versos. Sólo se entienden en el silencio.

Por la noche, los huéspedes nos sentábamos en la galería, disfrutando del aire fresco de la sierra, cuando soplaba; o de una calma sofocante como la del desierto, que despertaba en mi cuerpo los primeros ardores juveniles. Nunca he olvidado estas noches coloniales del Hotel Reina Victoria cuando, recostado en una *chaise longue,* escuchaba hablar a mi padre, embriagado por el humo perfumado de su pipa.

En el Hotel Reina Victoria se oía hablar más francés e inglés que alemán. Los alemanes, contando todavía muertos en su país martirizado y destruido, no estaban entonces para viajar a España. Por eso los versos de Rilke, recitados por mi padre en idioma alemán, resultaban tan extraños.

Mientras mi padre recitaba a Rilke, me había enamorado de Mercedes, apenas una niña como yo. Siempre estaba vigilada por su *nurse* o por su madre, una altiva marquesa sevillana, que nos castigaba a leer la *Ilíada* cada vez que nos veía corriendo por los jardines o jugando a los bailes —esto era más romántico, más excitante— en el salón de música.

Mercedes tenía una larga trenza rubia y unos ojos fascinantes que se enrojecían, como sus mejillas, cuando nos rozábamos las manos. Ahora pienso que debía estar de convirtiéndose en mujer, porque cuando corría delante de mí se le dibujaban pequeñas manzanas en los pechos, curvas en las caderas, medias lunas en las nalgas firmes.

Una noche conseguí llevarla hasta el jardín mágico que olía a resina de pino. Me quemaban las orejas. Y, de repente, se lo expliqué todo. Le dije que la *Ilíada* no era ya un libro para nosotros. Le conté que existían libros de amor prohibido. Y, sólo por presumir, me inventé dos falsos poemas de Rilke: uno en español, que le hizo bajar la cabeza, y otro en alemán, que ya no acabó de escuchar porque me salió como un beso en sus mejillas calientes. Se separó de mis manos con un estremecimiento de sus caderas, como si sus piernas de mujer se hubiesen vuelto otra vez piernas de niña.

Al día siguiente, la marquesa vino a aconsejarle a mi padre que me hiciese aprender la *Ilíada* y me prohibiese leer poetas malditos. A Mercedes no volví a verla nunca más. La recuerdo, pura y perfumada como un verso de Rilke, como el primer amor de mi vida.

Había entonces una calesa que venía a llevarse los viajeros hasta la estación de ferrocarril. Se la llevaron cuando yo dormía. Los caballos se fueron. Salieron de madrugada, cuando se arrullaban las palomas en los tejados y en las ventanas. Desde entonces siempre he visto palomas blancas en el camino de las estaciones.

Una llave y una capilla

Cuando Nicolás Im Winkelried, modesto funcionario eclesiástico, llegó a la aldea de Musotte, en el siglo XVIII, no encontró más que ruinas. La vieja torre feudal aparecía rota y agrietada. En el lagarejo y en las botas podridas de la bodega apenas quedaba un remoto perfume de humo, lejano ya como las felices vendimias de otros tiempos.

Algunos campesinos del Valais han visto, en días de invierno, una procesión de figuras encapuchadas que rondan por los caminos cantando pesarosas plegarias. También Nicolás Im Winkelried había oído hablar de estos fantasmas, y procuraba apaciguar sus temores rezando por el alma de los difuntos.

Un día Nicolás se quedó dormido a la sombra de una zarza. Soñó seguramente con las voces de Dios, tan olvidadas ya por los hombres. Pero algo importante ocurrió durante su sueño porque, al despertar, no podía moverse. Tenía las piernas paralizadas. Y permaneció así algunas horas, hasta que Dios escuchó sus gemidos.

—¡Señor! —rezó, desesperadamente—. Líbrame de este tormento, y yo edificaré en este lugar una capilla para tus santos.

En ese mismo instante su dolor desapareció. Oyó el ruido de una llave herrumbrosa al introducirse en una cerradura, y sus miembros recobraron las fuerzas.

Pocos días después, la capilla comenzó a construirse en lo alto de la colina, en un lugar que dominaba un hermoso panorama sobre los viñedos de Sierre, las praderas del valle del Ródano y los arroyos helados que descienden de los glaciares del Weisshorn y del Diablons. Abajo, una tierra soleada y agradecida que huele a hierbas secas y a fruta, como los campos de la Provenza y de

España; arriba, el poderoso silencio de los glaciares, rematados por góticos castillos de hielo y briosos caballos de bruma. Dios tenía que sentirse orgulloso de este paisaje místico, sembrado de un rosario de iglesias, como un camino de vía crucis.

Sin embargo, las obras de la capilla no avanzaban. Cada mañana, cuando los albañiles se disponían a comenzar su trabajo, ocurría el prodigio: las herramientas no se encontraban. Alguien las escondía durante la noche y las llevaba, monte abajo, hasta la zarza donde Nicolás Im Winkelried había quedado paralítico.

Cuando Nicolás mandó desarraigar el arbusto, los obreros descubrieron un esqueleto que atenazaba firmemente, entre los huesos de la mano, una llave oxidada. Y allí mismo se construyó la capilla de Muzot, en un bosquecillo de viñas y manzanos que dan, a fines de septiembre, uvas blancas y frutos perfumados que saben a vino agridulce.

Aún hoy se dice que, cuando alguien reza ante el altar, la iglesia se llena de llamas azuladas que flotan en el aire. Luego, se oye una lejana salmodia, como las voces de una procesión angustiada que remontara las laderas de la colina. Los campesinos cuentan que son las almas en pena que buscan las llaves del descanso eterno. Cuando alguien reza en la ermita de Muzot, las puertas del cielo se abren, y una mano agradecida recoge la llave oxidada que está enterrada en sus muros.

Querido Rainer: ¿te gustan las rosas?

También Rilke había esperado inútilmente a la mujer de su cita, en los jardines del Hotel Reina Victoria. Asomado al precipicio del Tajo rondeño, leía los signos del aire: el vuelo de los grajos gritadores, la fiesta nupcial de las nubes transparentes, el hondo ladrido de los perros en el fondo del mundo...

Pero la cita estaba equivocada. Su ángel le esperaba en otra lejana tierra de vinos y de olivos, en una comarca soleada de Suiza donde Nicolás Im Winkelried había construido en el siglo XVIII una capilla para las almas errabundas.

El 26 de julio de 1921, festividad de Santa Ana, bajo cuya advocación estaba consagrada la capilla de Muzot, Rilke tomaba posesión de su nueva vivienda en la vieja torre de la Noble Contrée. En una carta a la princesa María de Tour (acompañada de una postal donde puede verse la imagen del castillo) describe así los detalles de su refugio: «El piso comprende el comedor, un pequeño gabinete y la habitación de las visitas; al lado, la cocina (en una construcción moderna); la antigua cocina se encontraba en el subsuelo, en una pieza vasta y aislada que hemos destinado a almacén para los aperos del jardín. Yo me he instalado arriba en un pequeño dormitorio que recibe la luz por una tronera situada a la derecha y que, del otro lado, posee un balconcillo amparado por el follaje de un árbol... Mi habitación de trabajo, con sus viejos arcones, su mesa de encina de 1600 y su antiguo techo de sombrías vigas que llevan la fecha de MDCXVII, evoca en mi alma toda clase de seductoras promesas».

Un azar —¿qué no es capaz de dar el azar a los hombres?— había guiado sus pasos hasta este retiro de Muzot. Un día de 1920, cuando los horrores de la guerra pesaban aún sobre su alma, Rilke descubrió en el taller del pintor Blanchet un cuadro que representaba la escena de una vendimia en el Valais. Aquellas viñas verdes surgían, como un sueño de esperanza, en un paisaje luminoso, dominado por las cumbres nevadas de los Alpes. Contemplando el cuadro le parece oír el murmullo de los arroyos que descienden por los senderos abruptos, entre flores y plantas perfumadas. Y siente el viento fresco, soplando entre las torres fortificadas y las viejas iglesias, como una promesa de libertad.

Poco después, deambulando por las calles de Sierre, siguiendo siempre sus difíciles caminos, encuentra un cartel que anuncia la venta de la torre de Muzot: la misma que había pintado Blanchet en su cuadro. Rilke sube por el camino empinado hasta una revuelta donde se levanta el viejo torreón de piedra oscura, rodeado de rosas y de viñas. Desde la torre se divisan las iglesias de Sierre y los pueblos del Valle del Ródano, dormidos a los pies del Cervino y del Monte Rosa. Y las imágenes de los cristos crucificados se levantan en las revueltas del camino, formando un vía crucis que recuerda la angustiosa subida a la casa de Stefan Zweig en Salzburgo.

Por un momento, Rilke sueña con ser el gran señor feudal de este castillo de la Noble Contrée. Pero la realidad es que apenas tiene entonces un resto de dinero para pagar su habitación en el Hotel Château Bellevue. Y debe conformarse con pasear por las largas galerías acristaladas del viejo hotel, contemplando las luces mágicas de los cristales emplomados que figuran uvas y flores, escribiendo cartas nostálgicas a sus amigas, saboreando el amargo té de la soledad en oscuros salones.

Pero en la vida de Rilke aparece siempre, como en el Éxodo del pueblo elegido, el milagro del maná. En su largo camino de poeta vagabundo ha aprendido el secreto bíblico: no guardar nada, porque los ahorros se pudren, cuando no son los tesoros del corazón. Cada día se parece más a Juan de la Cruz, aquel pequeño fraile carmelitano que buscaba el amor en la noche oscura del alma. Y, lo mismo que el santo encontraba siempre comida cuando tenía hambre, también los ángeles hacen a sus poetas un préstamo. Un amigo generoso —el señor Werner Reinhart, de Wintherthur— alquila la torre de Muzot y le dice a Rilke: «Nadie mejor que usted, que fue quien la descubrió en sus sueños de artista, merece habitarla».

Durante siglos la torre había esperado a su huésped, al hombre que debía habitarla. Para él la había reconstruido Nicolás Im Winkelried, funcionario eclesiástico que vio en la vida muchos prodigios sin comprender su significado. Para él se recolectaron las uvas de lejanas vendimias, y se vaciaron los lagares en fiestas pasadas. Y, quizá, para él había vivido la misteriosa Isabelle de Chevron, que se volvió loca después de haber perdido a sus dos pretendientes. Rilke encontró su historia en los libros de Muzot: «Se la podía ver, muy ligeramente vestida, caminando cada noche hacia Miège para llorar sobre la tumba de sus apasionados pretendientes. Una leyenda cuenta que la encontraron muerta en el cementerio de Miège, sorprendida por el frío».

Encerrado como un eremita, en su torre de Muzot, Rilke compuso y ordenó sus últimas páginas. «Me gustaría poder afrontar lo antes posible mi retiro otoñal –escribe a una amiga– para que éste me lleve lentamente al largo invierno.»

Vivía en un mundo poblado de ángeles, en ese mundo donde se oyen las campanas del alba y la canción de los riachuelos al atardecer.

> La petite cascade chante
> pour cacher sa nymphe émue...
> On sent la présence absente
> que l'espace a bue.

Sólo escuchaba ya los sonidos de la naturaleza, voz que nos guía hacia una cita silenciosa y muda. «La presencia de estos libros atractivos –escribe a su fiel amiga Lou Salomé– y el silencio de la vieja mansión, increíblemente profundo, me mantiene despierto muy a menudo hasta la medianoche. El minúsculo rumor de un ratoncillo que habita en las numerosas cavidades jamás descubiertas de los muros profundos contribuye más a aumentar el misterio del que se alimenta la inmensa noche del país eternamente despreocupado.»

Cultivaba las flores de su jardín y regalaba siempre la primera rosa blanca a la antigua propietaria de la torre. Sólo una rosa blanca, porque las flores, como los poemas, no deben regalarse nunca a docenas. Vivía rodeado de gentes sencillas y amistosas. Y disfrutaba sorprendiendo a su amiga Madame de Sépibus con cartas deliciosas que comenzaban así: «Querida Señora: ¿ama usted las orquídeas?».

Su biblioteca se conserva tal como él la dejó: Balzac, Jammes, Giraudoux, Gide, Valéry... Se había convertido en un lector incansable que devoraba los tratados botánicos de Buffon. Leía con tal exaltación que, para celebrar la llegada de las obras completas de Balzac, ordenó que fuera izada la bandera en la torre de Muzot. Cuando Valéry acudió a visitarle, plantó un sauce en el jardín como homenaje al maestro.

Pero su nombre era desconocido en los círculos eruditos y pedantes del mundo. Cuando solicitó la admisión en la Sociedad de Historia Natural del Valais, el presidente le respondió con la mejor buena voluntad que «se sentía encantado de recibir en su corporación a la *señora* María Rilke». ¡Qué sociedad del mundo rechazaría la colaboración de una rica heredera!

Y así, como la uva madura en las fechas de la vendimia, el poeta se fue acercando a su cita. Un día tormentoso de diciembre, mientras Rilke cenaba en el comedor de la torre, se encendieron repentinamente unas luces misteriosas en la capilla de Santa Ana.

Frieda, la sirvienta, bajó enseguida a ver qué ocurría: «Alguien había venido a encender dos velas y se había escapado. La puerta estaba cerrada con su aldaba. Nadie. ¡Santa Ana sola, con dos cirios!».

Rilke había acariciado la esperanza de abrir nuevamente al culto aquella misteriosa capilla. Él mismo había comprado en los anticuarios algunos muebles y ornamentos litúrgicos para acondicionarla. Pero la primera ceremonia que se celebró ante la imagen de Santa Ana fue la liturgia de los difuntos en beneficio de su alma.

Había pasado al otro mundo, suavemente, como una rosa mustia y desprendida. Tuvo la muerte propia que deseaba: la cita que había soñado cuando andaba por los caminos difíciles.

Una joven –él la llama «maravillosa aparición»– vino a visitarle a su jardín. Y él le regaló una rosa rebelde que acababa de pincharle un dedo. Luego, ya, la cita: la infección, la leucemia y el cementerio de Rarogne bajo una inscripción que dice:

> Rose, oh reiner Widerspruch, Lust,
> Niemandes Schlaf zu sein unter soviel Lidern.
> (Rosas, ¡oh pura contradicción!,
> sueño de nadie, bajo tantos párpados.)

Muchas veces había pensado en el extraño destino de esas rosas que hunden sus raíces en la tierra, se alimentan de la carne de los muertos y se nutren de los misteriosos sueños del más allá.

Pero un día había soñado en una tumba abierta en lo alto de una colina, junto al muro de una iglesia, frente a los montes nevados. Los ángeles del Apocalipsis tocaban las trompetas. Y él mismo salía de su encierro, envuelto en rosas blancas de transparentes mejillas y párpados de cera.

Lou Salomé murió en Gotinga, ya viuda, en 1937. Desde el mirador de su casa se ve el valle del Leine y las colinas cubiertas de bosques. Pero ella, que había sido como la luz —«cuando entró en la habitación pareció que había salido el sol», escribió una amiga— murió casi ciega. A pesar de su origen judío no tuvo el valor de enfrentarse abiertamente a los nazis, quizá porque siempre había estado obsesionada por la amenaza soviética que había llevado a la ruina a sus hermanos. Su sueño era que esparcieran sus cenizas, como ella misma había esparcido su vida, sin ser nunca de nadie. Pero las autoridades del Ayuntamiento exigieron que la urna con sus cenizas fuese depositada en la tumba de Friedrich Carl Andreas, que se había llamado su marido. Pocos días después, la Gestapo ordenó registrar su casa y confiscar sus papeles y sus libros, bajo la acusación de que practicaba «la ciencia judía».

Clara Westhoff murió en 1954, en su casa de Fischerhude, acompañada por su hija Ruth, que se había casado con Carl Sieber. El joven matrimonio colaboró en la edición de las obras completas de Rilke, en 1933.

Rilke se quedó en Rarogne, esperando el día de las rosas blancas. La torre de Muzot, asomándose entre las nubes, parece escribirle una carta que comienza: «Querido Rainer: ¿Te gustan las rosas?».

Álbum de recuerdos

LAS SILUETAS DE GOETHE

No sé por qué le tuve siempre tanta afición a Goethe. Quizá porque en la España cerrada de mi juventud creer en Goethe era heterodoxo, extranjerizante, europeísta.

Para ir a Weimar, hace treinta o cuarenta años, había que tener arrestos: el muro, las porras, las metralletas, la burocracia, la policía... Recuerdo que, al llegar a la frontera de la República Democrática Alemana, entre alambradas y torres, entre focos y perros, me sometían a un largo interrogatorio, intentando descubrir si mi viaje tenía propósitos subversivos. Una machota gorda, condecorada con los galones de sargento, me preguntó una vez si «ese tal Goethe» —que yo citaba tan a menudo al solicitar un visado— era mi enlace en Weimar. Luego, se sentó en mi coche y, descubriendo algo inquietante en el equipaje de mano, me apuntó asustada con una pistola. Fue sacando, una a una, las mercancías sospechosas: mi flauta travesera, una brújula, tres plumas estilográficas, una cámara con un fotómetro, unos guantes napolitanos de piel, una botella de moscatel, un acidímetro con su pipeta y su papel de tornasol, una raqueta de tenis, un rosario de pétalos de rosas, un pañuelo de gaucho, una vieja edición gótica de las obras de Goethe, un álbum de siluetas, seis partituras garabateadas a mano y una colección de frascos de perfume...

No creo que el equipaje de Goethe —un viejo baúl negro que le acompañaba en sus viajes a Italia o a Suiza— fuese más homogéneo que mi caótico bagaje. Las maletas, como los órganos sexuales, son de quien los lleva.

—¿Para qué sirve todo esto? —interrogó, en un tono desagradable y violento.

—Ya lo ve, Fraülein —respondí tomándola a broma—: son objetos para derrocar al gobierno.

La broma me costó dos horas de interrogatorio en una comisaría de Magdeburgo. Me concedieron luego un itinerario cerrado para llegar a Weimar, exigiéndome la promesa de que no abandonaría por ningún motivo esa carretera. Ya en la madrugada, me perdí en las brumas y fui a parar a un bosque donde, de improviso, se abatieron sobre mi coche las luces cegadoras de unos focos. Al fondo distinguí una empalizada con unas torres y lo que parecía un campo de concentración. Di vuelta en redondo y, viviendo una pesadilla, regresé a la carretera, mientras las linternas y las sombras de los guardias con metralletas me perseguían entre los árboles...

Aquí, en España, los eruditos estaban muy interesados en otras cosas: las influencias cristianas en la filosofía de Sartre, la literatura comprometida de los poetas soviéticos, la fenomenología de Husserl... Probablemente Goethe les parecía reaccionario, o quizás inquietante.

Goethe es el burgués por excelencia: hijo de burgueses, nieto y descendiente de sastres, posaderos, burgomaestres, párrocos, carniceros o campesinos. Incluso hablando tiene un vicio profundamente burgués: alarga la *ü* cuando pronuncia la palabra *Mühe*, aplicación. Su único antepasado artista es el descarado y feroz Lucas Cranac, quien, por uno de esos azares de la providencia, vivió y triunfó también en Weimar.

Entre sus mejores recuerdos de infancia, rememora la imagen laboriosa de la casa familiar de Frankfurt, donde se vivía en una continua actividad. Porque aquella enorme mansión estaba siempre en obras, invadida por operarios y artesanos que iban restaurando los viejos salones, cambiando los papeles, cepillando las maderas, reforzando las vigas, envolviendo sus juegos de niño con los tibios olores de la cal y la pintura. En el patio se apilaban los grandes bloques de piedra roja del Main, las rejas de hierro forjado, las chimeneas de porcelana. En la vieja bodega, convertida en depósito de cuadros y muebles, dormían un sueño áspero y perfumado los grandes vinos de 1706, 1719 y 1726 que había comprado el abuelo Goethe. En los pasillos se amontonaban los muebles, los papeles pintados *bleu-mourant* exigidos por la moda barroca, las pinturas que coleccionaba su padre, los arcones repletos de encajes y grandes cofias que había dejado en herencia su abuela.

El pequeño lo asimilaba todo, estudiando latín, griego, inglés, italiano, francés, hebreo, yiddish, violoncelo, dibujo, esgrima, patinaje, equitación y danza. Pero de todos los objetos de su casa había uno que le impresionaba especialmente y que estaría misteriosamente unido a su destino: una pequeña góndola que el viejo consejero trajo de Venecia y que despertaría en su imaginación el deseo de conocer Italia.

En 1763 la *troupe* de los Mozart monta su virtuoso espectáculo en un escenario de Frankfurt. Goethe asiste con su familia al último milagro del Siglo de las Luces: un jovencito de sonrisa ingenua y peluca empolvada que se sienta al clavecín con una espadita al cinto.

Estos dos niños tienen algo en común: quizá comparten el mismo ángel. Los dos se educan, en la casa paterna, bajo una disciplina rigurosa. Ambos tienen un sentido extravagante del humor. Mozart disfruta amontonando en sus cartas y cuadernos palabras escatológicas. Goethe alcanza su primer éxito teatral con una travesura infantil: lanza a la calle la vajilla completa de la casa paterna para que sus amiguitos se diviertan con el pequeño *terremoto*.

Mozart se acuesta solfeando, cada noche, sus canciones preferidas. De pie en el taburete inventa, mientras le visten el camisón, complicadas letanías que asombran a su familia. Goethe también aprende jugando y se aficiona al teatro, representando sus primeras comedias en un teatrillo de marionetas. Mozart es un embaucador mágico que utiliza un montón de nombres distintos a lo largo de su farandulesca vida. Goethe ama los disfraces: se presenta en casa de Federica Brion vestido de estudiante de teología; viaja a menudo con nombre cambiado; su maestría en este terreno es tan grande que engaña a la familia de Cagliostro, el mayor timador que vieron los siglos, cuando se presenta de incógnito en Sicilia.

Entre Mozart y Goethe sólo hay una inquietante diferencia. La estrella de Mozart será siempre temblorosa y crepuscular: una vida precoz y castigada que camina hacia una muerte liberadora; una existencia de cazador de pájaros que acaba en las puertas del cielo. La estrella de Goethe –él mismo la eligió para su escudo– será siempre el astro afortunado de la mañana.

Ahora pienso que Goethe no era un autor para los universitarios europeos de los años 1960. Creo que se habría muerto de vergüenza en Mayo de 1968, viendo cómo unos mozalbetes y un grupo de burócratas universitarios levantaban barricadas para proclamar la «contracultura». Él era un humanista y no podía abandonarse a la embriaguez del desorden sin pensar en la injusticia.

En su comedia *Los sublevados* aparece una dama de alcurnia preocupada por el destino de los humildes, dispuesta a luchar por la justicia «aunque me den el odioso nombre de demócrata». Goethe hace responder a uno de los personajes: «Yo estoy dispuesto a luchar por lo mismo, aunque me den el odioso nombre de aristócrata».

Un profesor de literatura me dijo al corregir mis exámenes: «Joven, me cita usted veinte veces a Goethe, que es como si viniese a examinarse con peluca y en carroza». Me suspendieron. Yo había ido aquel día al examen en una motovespa prestada; pero acababa de regresar de Weimar, de ver a Goethe, de respirar Europa, de vivir Europa, de soñar Europa...

Siluetas de ciudades

Regresé mil veces a Weimar, igual que he rastreado los caminos de Goethe desde Frankfurt a Nápoles, desde Lucerna a Sessenheim, desde Wetzlar a Jena. De la misma forma que, siguiendo a este viejo sabio, me convertí en coleccionista de antigüedades y en explorador de ríos.

Goethe es un nómada: escribe de pie o en el sillón trasero de su carruaje, aclamado por el galope de los caballos. Cuando está en su casa de Weimar, escribe sentado en un caballete de madera y cuero, capaz de disciplinarle la entrepierna al mismísimo Fausto; o dicta, arropado en su bata gris, paseándose por la habitación como un soldado de guardia.

«On ne peut penser qu'assis», ha escrito Flaubert, autor de lentas, esforzadas y sedentarias novelas. Se comprende que el autor de *Madame Bovary* no fuera un gran viajero, sino un burgués primoroso y perfeccionista.

He conocido a pocos escritores capaces de escribir de pie. Tolstoi, cuando se cansaba de estar sentado, escribía en un pupitre, junto a la ventana. Rubén Darío escribía sobre una cómoda, en mangas de camisa pero con el sombrero de copa puesto, listo para salir corriendo. Hemingway escribía de pie, a veces medio borracho. Goethe quizá no bebía tanto, pero se mantenía caliente. Y en plena alegría bailaba con Christian Vulpius –una florista que se había convertido en su compañera sentimental– hasta que les saltaban las hebillas de los zapatos. Aquella corte de Weimar sería hoy un escándalo. ¡Todo un ministro bebiendo y bailando con una amiga que se llamaba Vulpius, como las zorras! Un escándalo para las gallinas...

Quizás eso es lo que me atrajo siempre en Goethe. Como Erasmo, Montaigne, Lope de Vega, Leonardo o Durero, es incansable: ama, baila y bebe, diseña sus muebles, ordena sus colecciones, busca huesos de pitecántropo, inventa máquinas, apura las salsas, escala las torres de las catedrales, explora ríos, poda la viña, dirige el trabajo en las minas, lee cada día un volumen en folio, se escapa furtivamente de su casa por las noches; es el galán de los balnearios, el confidente de las princesas, el maestro de Humboldt, de los hermanos Grimm, de Schiller, de Mendelssohn, de Carlyle...

Un hombre, en suma, que se acuesta en el jardín de su casa, envuelto en su capote, como un corsario en la cubierta de su navío. «Si los cielos se desploman no tengas miedo: caerán de lo alto nubes de alondras.»

Un ducado de juguete

Para Schiller, como para todos los románticos, el hundimiento de la patria es una tragedia. Para Goethe, «una tragedia es el incendio de una granja; lo demás son palabras». Esto es justamente lo que separa a estos dos hombres que estuvieron tan unidos. Y también lo que hace hoy a Goethe tan auténtico, tan moderno, tan próximo.

Cuando llegué a Weimar por primera vez, azotado por uno de esos temporales terribles que asolan, de tarde en tarde, la dulce Turingia, me hospedé en el Hotel Elefant. Hoy, después de la reunificación de Alemania, ha sido restaurado y remozado. Pero entonces no era ya el viejo hotel en el que se hospedaban los amigos de Goethe, sino una pensión de la burocracia estatal decorada en estilo *déco*.

A pesar de todo, en medio de su frialdad, el Hotel Elefant conservaba esa sensación íntima y acogedora de la hospitalidad alemana que está llena de detalles sencillos: las velas de colores, los sillones cómodos, los edredones de plumas y hasta las aspirinas, esa droga alemana y burguesa (¡tan *gemütlich!*) que cura todas las enfermedades decentes.

El Hotel Elefant era, en los años sesenta y setenta, un *caravanserail* comunista. Siempre tuve la desagradable impresión de que alguien grababa las conversaciones en mi habitación. El público era verdaderamente heterogéneo: burócratas, militares y policías que se hospedaban a costa del régimen, búhos intelectuales que venían a estudiar los archivos de Goethe, misteriosos comerciantes turcos y sirios que debían de venderle alfombras al alcalde, y otra gente aún más pinturera y sospechosa... Las llaves no servían para nada. Una noche se metió en mi habitación una belleza turca y morena con un camisón transparente, como si viniese a bailar la danza del vientre. Más tarde supe que ya venía de bailarla en la habitación que ocupaba un ministro ruso, completamente borracho...

En aquel laberinto del Hotel Elefant se comía de fábula, a cualquier hora del día y de la noche: truchas que sabían a gloria, regadas por vinos blancos frescos como un limón; asados de jabalí y de ciervo, con salsas de pepinillo, como le gustaban a Goethe; tordos con tocino, perfumados como el humo de leña; panes calientes de comino, de centeno, de trigo...

Muchas veces, mientras hojeaba algunos grabados en los archivos, me esforzaba por hacerme una idea de la Weimar de 1775, cuando la conoció Goethe. Era entonces la capital de un ducado minúsculo, con un castillo en ruinas que acababa de ser devorado por las llamas. El alma de este reino de juguete era la duquesa Ana Amalia, que había contratado a Wieland como preceptor de sus hijos.

Cuando Goethe llegó a la corte, el jovencísimo Carlos Augusto acababa de suceder a la duquesa. Y no podía decirse que fuese un príncipe justo ni sagaz, porque no pensaba en otra cosa que en las juergas.

Goethe había sido contratado, precisamente, como domador de aquella fiera. Y, durante años, tendrá que soportar las orgías de su duque, viviendo entre golfas, alternando las cabalgadas con las borracheras.

Pero el secreto de Goethe es que no pierde nunca el tiempo, ni siquiera cuando parece que lo malgasta. Sabe utilizar la vida como camino de iniciación, en las circunstancias buenas y en las malas, con vientos favorables o adversos. Y, por eso, el joven Wilhelm Meister, el más autobiográfico de sus personajes, se deja llevar por la suerte, convencido de que la vida busca siempre su propia plenitud. A diferencia de Schiller y los románticos rebeldes, Goethe se parece a los personajes humildes del Antiguo Testamento que se mueven reclamados siempre por tareas prosaicas: ordeñar la cabra, vendimiar los racimos, agrupar el ganado. Son gente que sale a buscar una burra y se encuentra un reino; destino que siempre es menos trágico que el de los románticos que salen a buscar un reino y se encuentran unas burras...

El 21 de abril de 1776, Goethe se instala en un precioso pabellón del parque de Weimar, a orillas del Ilm. No ha hecho nada por merecerlo; pero el duque se lo regala, quizá con la intención de convertirlo en gallinero de sus orgías. Es una casita cuadrada y blanca, con los muros tapizados de rosales que ascienden hasta el tejado por un entramado de espalderas. En los días de primavera, cuando el follaje está todavía tierno, se ven docenas de nidos en las ramas. La primera casa del poeta en Weimar es digna de un explorador de ríos, regada por la luz de la luna, acariciada por la mano de plata de los abedules. A veces me he pasado horas en el parque, escuchando el solitario silbo del mirlo cuando florecen las primeras lilas y evocando los días en que Goethe ponía comida en los senderos para atraer hacia su casa a los pavos reales del duque. Por la noche se oye el canto del búho en los abetos. Pero la hora mágica es la de la siesta de verano, cuando los robles y las hayas prestan refugio al misterioso y violento sueño de Pan. Seguramente, porque este pabellón es un templo: un lugar en el bosque donde Goethe aprendió, como los antiguos jóvenes griegos que se iniciaban en la sabiduría, a vivir en las fronteras de la marginalidad. Allí, entre mujeres y centauros, entre bacantes y canciones, entre vinos y danzas, aprendió los misterios de Dionysos, antes de regresar a la civilización, convertido en maestro.

No creo que ahora los jóvenes comprendan fácilmente a Goethe. No se han educado en los misterios, ni conocen los caminos mágicos de la *oreibasía* (la huida a la montaña), ni saben que los centauros suelen ser mejores maestros que los profesores de la universidad.

Sombras de mujer

Cuando Goethe llega a Weimar no ha cumplido aún los treinta años, pero tiene ya una buena historia sentimental y literaria. De sus tiempos de estudiante en Estrasburgo, guarda la silueta recortada de una muchacha de nariz respingona: Federica Brion, que fue su primer amor. Y este idilio ha dejado en su poesía juvenil un rumor de campanas vespertinas y de juegos ingenuos; sobre el fondo del paisaje alsaciano con sus viñas y sus diminutas aldeas, dormidas como zarzales al borde de los senderos y a la sombra de los robles.

Sin embargo, las novias no le duran mucho al joven poeta. Y a la primera rosa silvestre de Alsacia le sucede pronto Lotte

Buff, una joven más madura que le fascina porque es seria y capaz de administrar un hogar.

Goethe acaba de establecerse en Wetzlar, como jurista. Y en la vida apacible de la ciudad provinciana, Lotte aparece con un vestido blanco, ornado de cintas rosas, afilada y rubia como una espiga de trigo. Se encuentran en un baile, pero él la recordará siempre en el zaguán de la casa, repartiendo el pan entre sus revoltosos hermanitos. Es, en resumidas cuentas, la perfecta ama de casa: pronta en la cocina, paciente en su rincón, alegre y soñadora cuando posa sus dedos en la espineta. Ella le inspirará el más celebrado de sus libros de juventud, el *Werther*. Recurriendo a todos los trucos románticos —las cartas desesperadas, los amores imposibles, el suicidio—, Goethe se convierte en el autor de moda. Los jóvenes quieren vestir como Werther, y quieren morir también como él. Un oficialillo francés, llamado Bonaparte, se siente tan impresionado por la novela que la lee seis veces seguidas.

Contemplando los pequeños objetos que pertenecieron a Lotte y que se han conservado en su casa de Wetzlar después de su muerte, es fácil adivinar cómo era esta mujer destinada a desempeñar un papel tan grande en la literatura: unos cabellos de seda pálida, una sombrilla de encajes, una letra suave que podría dar racimos de uva blanca, unos libros pequeños que debían perderse como mariposas entre las hojas de su abanico.

Una silueta en Weimar

De todas las siluetas femeninas que fue recortando el destino en la vida de Goethe, ninguna tuvo tanta influencia como Carlota von Stein. Casada y madre de varios hijos, será siempre la luz y la guía del poeta; quizá porque es siete años mayor y tiene ya más experiencia. Ella le enseña las más arcanas sabidurías del alma femenina. A veces es fría, difícil y distante; pero, cuando conviene, sabe ser apasionada, fácil y comprensiva.

Goethe la ha conocido en una silueta, antes de llegar a Weimar. Observando el perfil de su rostro ha intentado adivinar su secreto. Y siempre será un misterio de luz y sombra: «Te veré en el porvenir —escribe el poeta— como se ve a las estrellas».

Carlota von Stein sabe conducir a este muchacho fogoso hacia los ideales de elegancia y de dominio que distinguirán, desde entonces, su figura. Ya no es el eterno huésped de las pensiones ni el vagabundo de los caminos. Y, de la misma forma que comienza a dar forma a su personalidad, diseña su casa, dirige la reconstrucción del castillo de Weimar, planea la repoblación del parque y organiza fuegos barrocos y veladas teatrales para la corte.

En 1782, Goethe se convierte en primer ministro del ducado. Dirige la construcción de las carreteras, organiza un servicio contra incendios, ayuda a los tejedores de Apolda y estudia geología para mejorar la explotación de las minas de Ilmenau. Se dedica apasionadamente a los estudios de ciencias naturales, polemizando sobre la teoría de los colores, sobre la evolución de las plantas y sobre el origen del hombre. Y, en 1784, envía a su amigo Herder, convertido en predicador de la corte, este parte científico de victoria: «Acabo de hallar —ni oro ni plata— sino algo que me causa una indescriptible alegría: el hueso intermaxilar del hombre».

Pero el tiempo también se cobra su parte. La vida le conduce hacia esa felicidad material que los burgueses llaman «éxito» y que no siempre es el mejor triunfo para un poeta.

Diez años después de haber llegado a Weimar, comienza a darse cuenta de que sus hombros se inclinan bajo la carga de las pequeñas posesiones. En el horizonte de los cuarenta años ya no se siente tan ligero y tan fresco. No sólo ha engordado, sino que se ha vuelto astuto y prudente. Y, ahora, las preocupaciones de la vida práctica no dejan volar al *daimon* de sus sueños.

El refugio del parque, hermoso como una tienda de sultán plantada en el campo de batalla, comienza a parecerle pequeño. Carlota von Stein ya no es tampoco una silueta, como la flor que un día conociera entre las hojas volanderas del parque. Las viñas de su jardín han retorcido sus troncos. Y al llegar la noche, cuando envuelto en su capote escucha el lamento del puente que cruje sobre las aguas, siente un escalofrío al mirar las lejanas estrellas.

El 3 de septiembre de 1786 sube secretamente a la silla de postas y se pone en camino hacia Suiza e Italia. En Weimar ha dejado incluso su nombre. Ahora es una silueta, de sotabarba grasienta, que viaja con pasaporte falso extendido a nombre de Möller, comerciante.

En el camino, galopando hacia Roma, recoge minerales, estudia las plantas, lee a Vitruvio, imagina una explicación para los cambios meteorológicos, se enamora de las bellas Vírgenes mediterráneas y se rebela contra los misterios dramáticos, tan típicamente romanos, del martirologio. Practica el dibujo y el modelado con mejor voluntad que resultado. Es testarudo como Jacob en busca de la Gracia: *«No te soltaré* –dice al Ángel– *hasta que me bendigas»*.

En Roma, siguiendo el rito de todos los viajeros alemanes, Goethe acudía tres veces al día al Café Greco. Y, en los calores del verano de 1787, se bañaba en el Tíber y bebía agua «acetosa», de una fuente que había cerca de su casa. Le gustaba subir a la Trinità dei Monti, antes de continuar su paseo en las maravillosas lunas romanas de julio; a veces, hasta el puerto del Tíber, donde compraba «vino de España y de Marsala» en los barcos recién llegados de Cataluña, de Valencia y de Sicilia.

Y así fue descubriendo Italia, deambulando por los mercados y las calles, en Verona, en Vicenza, en Venecia, en Capri y en Taormina.

El museo de las sombras

Italia ejerce un poder mágico en la vida de Goethe, ya que le devuelve su alma de poeta y sus sueños de juventud. Pero ahora, después de haber conocido Venecia, Florencia, Nápoles y Roma, regresa iluminado por el sol del Sur. En su puerta hace grabar un saludo en latín: Salve.

Arregla su casa, en la plaza más céntrica de Weimar, y, entre las paredes pintadas de luminosos colores (azul, blanco, amarillo), va colocando yesos, moldes y estatuas que evocan el orden sereno de la Antigüedad. Todas las puertas están alineadas para que el tránsito de una a otra habitación produzca un efecto colorista, como el paso de la luz por el prisma. No busca la proporción de los burgueses, sino la dimensión monumental de los antiguos. Por eso es capaz de situar una enorme cabeza de Juno en un ángulo del salón, obligando a sus visitas a permanecer en actitud de respeto ante los dioses. Y, sin embargo, no olvida mantener calientes las estufas para que sus invitados se sientan cómodos. Ha sido iniciado en la *paideia* de Homero, en la admiración del misterio, de la virtud y de la aristocracia (la *aristeia*). Mientras todos sus amigos gozan de la protección de Apolo, él busca también la de Dionysos. Cada día se bebe una botella de buen vino y, cuando está vacía, la lleva a su despacho y la utiliza para estudiar la refracción de la luz, observando cómo los rayos del sol se abren en un abanico de colores al atravesar el vidrio.

Organiza sus colecciones: grabados, dibujos, minerales, objetos de porcelana. Clasifica cuidadosamente sus plantas y sus flores. Quitándose el antifaz sonriente de la juventud, se viste la toga de la vida serena y amontona sus años de vida pacientemente, porque intuye que Dios va a concederle el plazo necesario para amar a sus criaturas.

Goethe ama las flores, los parques, las fuentes, los pabellones de caza apartados en la espesura del bosque. Ha conocido a Federica Brion, en un pueblecito florido de Alsacia; ha cortejado a Carlota Buff en la verde campiña de Wetzlar; ha amado a Carlota von Stein en un romántico pabellón a orillas del Ilm, y, al final de su vida, perseguirá todavía a la joven Ulrike von Lewetzov por los sombríos jardines de Marienbad.

Pero Goethe no es un romántico y busca en las flores algo más que la simple embriaguez de su aroma. Buena parte de su obra está dedicada al estudio científico de la naturaleza. Y entre sus mejores amigos no faltan los botánicos, como Federico Humboldt, o los jardineros, como Batty, a quien nombra su ayudante en el Ministerio de Agricultura de Weimar.

A lo largo de su vida, reúne una impresionante colección de plantas; las dibuja, las analiza, y escribe en *La metamorfosis de las plantas* el resultado de sus trabajos botánicos.

Cuando finalmente elige a una compañera para compartir su vida, se une a una muchacha de origen sencillo que trabaja en una fábrica de flores artificiales. El 12 de junio de 1788 llama a las puertas de su refugio Christiane Vulpius. «Sus cabellos oscuros abundantes le caían sobre la frente —escribe el poeta— y ondulaban, en cortos rizos, sobre su delicado cuello.» Goethe se enamora de aquella muchacha humilde, con rostro de Juno, que tiene un temperamento alegre y sólo piensa en «beber champán con su amante» o en «bailar hasta agotar las fuerzas».

Con ella llegan los días de amor y de vino que convierten a Goethe en objeto de todas las murmuraciones. Y el 25 de diciembre de 1789, día de Navidad, viene al mundo August. La corte no esperaba que Goethe llevase tan lejos su papel olímpico, hasta el punto de tener, como los dioses, un hijo natural en Navidades.

Christiane se convierte, desde entonces, en fiel y celosa compañera de Goethe. Cultiva el jardín de la casa, y se atreve a comparar ingenuamente sus desvelos con el esfuerzo creador del autor del *Fausto*. Mientras él trabaja en su obra, Christiane planta patatas en el huerto.

Al fin tiene una casa propia y una mujer que cuida su jardín y le escribe deliciosas misivas, salpicadas de ingeniosos errores gramaticales: «Me sorprende que tu novela no avance; no debes desanimarte, porque ahora puede ir mejor. Nosotros aquí hilamos con mucha diligencia». Nunca ha sabido Goethe formular tan claramente su pensamiento: todo consiste en saber hilar aplicadamente...

Y así pasan los años, llenando los armarios de las colecciones, multiplicando las antigüedades, recortando las siluetas, patinando los cuadros, rompiendo las porcelanas. En su biblioteca ha reunido más de seis mil volúmenes: literatura, arte, jurisprudencia, física y, sobre todo, ciencias naturales. Guarda también un cráneo de elefante que utiliza para sus estudios científicos. Setenta años antes de Darwin, ha llegado a la conclusión de que el hombre procede, por línea evolutiva, del reino animal.

La casa se va convirtiendo en un museo. Y hasta la ingenua Christiane, gruesa y sonrosada, se va pareciendo cada vez más a un Baco renacentista.

Las sombras se van, las siluetas vuelan

El invierno se aproxima blandamente, con paso delicado, levantando fantasmas entre la niebla. Las siluetas se vuelven frías y lejanas. La vieja casa de Frankfurt ya no pertenece a los Goethe. Sus antiguos amigos desaparecen. En el pabellón del parque han vuelto a helarse las viñas. Al felicitar a Schiller en el Año Nuevo de 1805, la pluma de Goethe comete un error que trasciende a su espíritu supersticioso: escribe *último*, como si se tratase de un mensaje de despedida. Cuatro meses más tarde muere el amigo. Y Goethe, que ha acompañado la enfermedad de Schiller con su propia enfermedad, no puede levantarse de la cama para asistir al entierro.

El 6 de junio de 1816 muere Christiane. Poco antes de morir, víctima de una apoplejía causada por su exagerado amor a las cosas sabrosas de la vida, corta los últimos tulipanes del jardín y le escribe a su marido que «los manzanos acaban de florecer». Goethe, que se encuentra en Jena, aquejado también de una enfermedad —¡siempre cae enfermo cuando presiente el dolor de las personas queridas!—, garabatea penosamente un poema: *Du versuchst, o Sonne, vergebens Durch die düsteren Wolken zu scheinen!* (En vano intentas, ¡oh sol!, brillar entre las nubes sombrías...).

Christiane Vulpius yace hoy enterrada en el viejo cementerio de Weimar, bajo una lápida donde pueden leerse estos versos dolientes. Es el último homenaje del poeta a la ingenua florista que cultivaba rosas y tulipanes en su jardín.

En 1827 muere también Carlota von Stein, acordando en su testamento —como último homenaje de amor y amistad— que su féretro no pase por delante de la casa de Goethe. Un año más tarde desaparece igualmente el duque Carlos Augusto.

En un cementerio romano, próximo a la pirámide de Cestio, enterrarían el 26 de octubre de 1830 a su hijo August, consumido por una vida desordenada y alcohólica.

Tenía razón Nietzsche, otro loco que murió en Weimar, cuando escribió que los románticos han hablado de la melancolía de las ruinas, pero que es más grande la melancolía de la inmortalidad.

Sólo su nuera Otilia y sus nietos acompañan a Goethe en la morada de Weimar. Al despuntar la primavera Otilia le trae las primeras rosas del jardín. Pero él piensa en las viñas que crecen junto al pequeño pabellón del parque. Cada día pasea, como una estatua, entre los abedules plateados del Ilm. La luz juega con su propia sombra, convirtiéndola en mil figuras extrañas: torres, pistolas, lazos, pirámides, rizos, siluetas de mujer...

Cuando muere en 1832, sentado en su poltrona, es más viejo que Fausto. Su credo se resume en estas palabras: «La vida es amor, y la vida de la vida es el espíritu».

De París a Valldemossa

SCHERZO PARA FEDERICO CHOPIN

No sé si algún psiquiatra podrá explicarme por qué tuve siempre la idea de que, cualquier día, podía encontrarme a Federico Chopin en un anticuario, rodeado de negros venecianos, tabaqueras de cedro, relojes ingleses, porcelanas de Meissen. Hace muchos años, en una subasta de la Salle Drouot, intenté pujar por un soberbio piano Pleyel; pero me lo arrebató en el último momento un misterioso personaje de cara afilada, pálido como si estuviera a punto de bordar una rosa de sangre en el pañuelo blanco que sostenía en la mano.

Aunque parezca mentira, seguí a aquel extraño personaje por las calles de París, hasta que, en una esquina de la Avenue de la Chapelle, detrás de las tapias del cementerio del Père Lachaise, le perdí la pista. Era un día de noviembre neblinoso y húmedo: una de esas tardes de otoño en que se siente el olor del musgo de París.

Quizá yo leía entonces libros extraños: un apasionante estudio de Nylander sobre *Los líquenes del Jardín del Luxemburgo* y el genial *Herbolario* de Bouly de Lesdain, misterioso personaje que se había dedicado, durante la ocupación alemana, a recoger musgos y fanerógamas en los pedestales de los monumentos *(Lecanora dispersa),* en las balaustradas *(Barbula muratis),* en el obelisco de la Concorde *(Asplenium rutamuraria)* y en los urinarios de los Campos Elíseos.

He rondado tanto por los cementerios de París que me conozco hasta sus microclimas. El rincón más húmedo del Père Lachaise, donde crecen mejor los líquenes y las flores de los muertos, es la tumba de Chopin. El mausoleo de Oscar Wilde es demasiado frío; el de Sarah Bernhardt, demasiado seco; el de Balzac, inhóspito; el de Colette, poco ventilado. Tampoco el sauce que plantaron los amigos de Alfred de Musset junto a su sepultura crece bien en la fúnebre avenida principal del cementerio. Sólo la tumba de Chopin conserva las flores, durante semanas, sin marchitarse.

El Père Lachaise está lleno de amantes de George Sand, desde Musset a Delacroix. La promiscuidad de estos jóvenes románticos hacía que todo se quedase en casa. Pero George Sand, siempre tan infiel, ya no duerme con ellos y está enterrada, bajo una losa de lava, en su mansión de Nohant.

También el mausoleo de Chopin –un medallón y una musa de mármol blanco– es obra del escultor Clésinger, yerno de George Sand. El monumento aparece a menudo vandalizado por algún fanático que se lleva los dedos y los pies de la pequeña musa, como se llevaron en su día el corazón de Chopin. Pero conozco admiradores más románticos que utilizan la tumba como buzón de cartas. Mi amiga Anne Sophie me invitaba a sus conciertos de piano por esta vía, dejándome una discreta nota junto a la musa: «Mon cher, je vous attend mardi soir pour jouer Chopin et manger un cassoulet. Anne Sophie».

En París, en el número 16 de la rue Pigalle –al fondo de un jardín, sobre una cochera– vivieron George Sand y Chopin sus primeros amores. Para llegar al dormitorio, tapizado de color marrón, con dos colchones en tierra, había que subir por una escalera de carpintero. Ella tenía un pequeño salón, con jarrones chinos y flores. Pero se pasaba el día en el dormitorio. Vivía a la turca: no se levantaba hasta las seis de la tarde, cuando él había acabado sus clases y ella comenzaba su encarnizada tarea nocturna de incansable escritora.

Chopin en las Ramblas

A veces, cuando camino por las Ramblas de Barcelona me viene a la memoria *Pietá Signore:* una vieja canción de Stradella, desesperada como un réquiem, dramática como un vía crucis, trágica como un entierro en otoño. Se la oí cantar a Jussi Björling hace muchos años. Y alguien me dijo que fue la última canción que escuchó Chopin en su lecho de muerte.

George Sand y Chopin pasaron por Barcelona en otoño de 1838, camino de su retiro en Valldemossa y, naturalmente, dedicaron su primera visita a las Ramblas.

Si George Sand era como la pintó Delacroix, no creo que esta moza gastase mucho dinero en la peluquería. Una lástima, porque en las Ramblas de Barcelona había buenos sastres y peluqueros franceses. Famoso era, por ejemplo, el Salón Musical, que ofrecía conciertos de órgano a las clientas que acudían allí a peinarse.

Me parece que George Sand –tenaz trabajadora intelectual– debía de ser un desastre para la casa. Muchas veces he pensado esto visitando la inmensa morada de Nohant, en los bosques del Berry, que fue su único hogar. La vida en aquel castillo provinciano debía ser difícil. Ella dormía por la mañana, cosía durante la siesta y escribía de noche. Tenía que trabajar como una loca para mantener los gastos de esta casa ruinosa. En las paredes, los cuadros de los antepasados ricos, incluyendo al mariscal de Sajonia, junto con las colecciones de mariposas, minerales y fósiles que tanto amaba. En los salones, los niños caprichosos y mal educados, pintando las paredes de azul y rosa. Mientras sus huéspedes y sus amantes organizaban trifulcas y fiestas, escándalos y discusiones. Me cuesta trabajo comprender qué hacía Balzac intentando explicarle a Marie d'Agoult, la amante de Liszt, las formas de moler el café; o qué hacía Dumas con Paulina García, la amante de Turguéniev, que cantaba por las tardes acompañada al piano por Chopin, teniendo como auditorio un grupo de filósofos socialistas. La cocina, aunque abundante, era –según Gautier– montuna y carroñera, con mucho pollo. Delacroix se retiraba a pintar porque no podía soportar a esta gente.

En una de las habitaciones de la casa de Nohant se ven todavía las marcas de unas argollas donde George Sand instalaba su hamaca. Allí se acostaba con Jules Sandeau («él estaba en mis brazos, feliz, derrotado, abrazado, mordido, gritando, llorando, riendo»). Unos metros más allá dormía plácidamente Casimiro, su marido.

Cuando Chopin y George Sand llegaron a Barcelona, la vida musical se centraba en las Ramblas, concretamente en el Teatro de la Santa Cruz, el «Teatre de les Òperes». Los ramblistas castizos presumían del magnífico «telón de las nodrizas», nombre que hacía referencia a las musas tetonas que lo decoraban.

Muchos viajeros se alojaban en la Fonda del Falcó, que ofrecía a su clientela un espectáculo insólito: unos perros que daban vueltas al asador, atados como acémilas a una noria. Pero el establecimiento hotelero más renombrado en la época era la vieja Fonda de las Cuatro Naciones, donde se hospedaron Chopin y George Sand, al igual que lo había hecho Stendhal un año antes.

La Cartuja de Valldemossa

En la lista de pasajeros del vapor *El Mallorquín,* salido de Barcelona el 7 de noviembre de 1838, aparecen estos nombres: Madame Dudevant, casada; M. Mauricio, su hijo, menor de edad; Mademoiselle Solange, su hija, menor de edad; M. Federico Chopin, artista. La señorita Amelia, camarera, viajaba en segunda clase.

Chopin y George Sand permanecieron en Mallorca durante poco más de tres meses. La primera semana en una casa de huéspedes de la calle de la Marina, en Palma. Un mes en Son Vent, en los alrededores de la ciudad, de donde salieron despedidos, como vagabundos, cuando el propietario de la casa se enteró de que su inquilino estaba tuberculoso. Y se trasladaron el 15 de diciembre a la Cartuja de Valldemossa, donde Chopin compuso algunos de sus más bellos y melancólicos preludios.

La vida mallorquina era entonces tranquila y serena, apenas marcada por el ritmo de los vientos y las estaciones, de los barcos y las cosechas, de la guitarra y la chirimía. Por las calles desiertas de Palma pasaban, de tarde en tarde, dos vecinas murmurando, o un pescador con sus artes, o un labrador tirando de un carro. *Germà* y *germana* se llamaban tradicionalmente los campesinos para entenderse entre ellos. El que llegaba de fuera era siempre el *foraster.*

En las celdas de la Cartuja de Valldemossa se han conservado algunos de los muebles de Chopin y George Sand. Consumido por la lluvia del frío invierno de 1838, Chopin aparecía cada vez más melancólico y poético, más enlunado y perdido, más elegante y antiguo. El piano Pleyel no llegaba, retenido por las aduanas. Y el pobre músico componía en un viejo piano mallorquín que, bajo sus dedos, sonaba romántico como las rosas de sangre que nacían en el tembloroso y flaco pecho del ruiseñor.

Para combatir el frío encendían braseros. Y en la vieja farmacia del convento se respira todavía la atmósfera mágica de aquel herbolario donde George Sand −convertida en fiel enfermera− buscaba el incienso y el benjuí para combatir el humo de los braseros. Y, aprovechando la humareda, ella se fumaba un cigarro.

¡Qué invierno aquel en Mallorca!: los vientos bramaban, las rieras se desbordaban, las casas gemían y las paredes rezumaban agua. Lleno de pensamientos siniestros, Chopin comenzaba a soñar con monjes negros. Él mismo se iba convirtiendo en un olivo de dedos nudosos, en una palmera perdida en un cielo de tormenta.

Al fin, escupiendo sangre, bajó de la montaña y se embarcó de vuelta. Tenía miedo de ser enterrado en vida. Le contaba estas historias a sus amigos, mientras −ya de vuelta en París− paseaba melancólicamente por los pasajes y las galerías donde iba a comprar antigüedades (té, canela y *chinoiseries*) para George Sand. Cuando él la conoció, ella −madre de dos hijos y recién separada de su marido− se ganaba la vida pintando tabaqueras. Se vestía de hombre para vender mejor su pacotilla, porque la gente se escandalizaba al verla fumar en la calle. Ella vivía entonces en el 31 de la rue de Seine, donde hoy sólo hay anticuarios. Luego, cuando Chopin se convirtió en su amante, tenía ya una buhardilla «azul» en el 19 del Quai Malaquais. Vivieron juntos en la Square d'Orléans, en la rue Pigalle... Pero su historia de amor acaba dramáticamente en el 18 de la rue de La Ville-l'Evêque, en casa de madame Marliani. Aquí fue donde la pareja tuvo, en público, su pelea definitiva. Los ojos de india de George Sand −normalmente inexpresivos− brillaban aquel día con antiguos rencores. Su cabellera, adornada con un puñalito de plata, se agitaba sobre sus hombros. Más que la nieta de un mariscal de Sajonia parecía ahora hija de su madre, la vendedora ambulante de pájaros. Estaba hermosa como una gitana en celo, y la cruz que llevaba colgada con una cinta de terciopelo en su cuello brillaba como un relámpago.

Él intentó levantar la voz, pero sólo emitió un sonido cavernoso y profundo. Salió de la casa enfebrecido, apretando la sangre de los pájaros heridos en su pañuelo.

George Sand, que tenía un corazón grande, le invitó más tarde a regresar a Nohant, a pasar unas vacaciones con sus amigos. Pero él ya sólo andaba tosiendo entre las antigüedades. De París a Londres, de Londres a Edimburgo, le perseguía el frío, los nocturnos, las marchas fúnebres... Tenía miedo de ser enterrado en vida. Cuando cerró los ojos, sus amigos arrancaron el corazón al cadáver y lo mandaron a Polonia.

Le llevé un poco de musgo verde de la tumba de Père Lachaise a un especialista en líquenes. «Algunas de estas especies –me dijo, después de estudiarlas– no son propias de París, sino de los húmedos bosques polacos.»

Unos viñedos en el Mosela

LAS PROPIEDADES DE KARL MARX

No llegué a Marx por consejo de ningún profesor comprometido —en mi época vestían de pana— ni me interesé por él en mis años universitarios. Mis antepasados judíos no debían de ser sacerdotes levitas. Y siempre consideré que *El capital* era tan intragable como el *Libro de los números* y el *Deuteronomio*.

A mí me gustaba mucho más la literatura fantástica de Heine. Pero debo confesar que comencé a interesarme por Karl Marx cuando probé los primeros vinos blancos del Mosela: Rieslings de color de oro que huelen a limón y a rosa.

«Con horror y espanto —escribe Heine con las últimas flores de su pluma— pienso en la época en que los sombríos iconoclastas del comunismo dominarán el mundo; con sus manos encallecidas destrozarán sin piedad todas las estatuas de mármol de la belleza.» Es una crítica valiente, ya que está escrita por un hombre fichado por la policía alemana como «peligroso comunista».

Cansado y enfermo, atacado por las grises podredumbres del romanticismo, Heine se está muriendo en el lluvioso invierno de 1856. En la casa no hay vino, ni dinero para comprarlo. La *caríssima* Mathilde —como él llama a su mujer con cierta ironía— se lamenta de no poder alquilar un piso más elegante, en los barrios aristocráticos de París. Han tenido que mudarse a un apartamento barato, en un quinto piso de la Avenue Matignon, en el número 3. Y Heine, recostado en un colchón, se asoma al triste mirador, para contemplar con sus ojos miopes, ya casi ciego, el misterioso ajetreo de las calles de París: «¡París!, ese infierno de los ángeles y ese paraíso de los diablos».

Su único consuelo son las visitas de una joven, pequeña y delicada como una porcelana, que se sienta junto a su lecho, igual que una gata fiel. Minado por los dolores, Heine siente despertar en su cuerpo los ardores de la última pasión. Y, como las fuerzas le traicionan, transforma ese amor desesperado en los versos más voluptuosos que jamás han salido de su pluma. Sueña con ella y, en un delirio que tiene poco antes de morir, la ve inclinada sobre su tumba, convertida en flor de la pasión.

Luego, cuando ella se va, alejándose por las calles heladas de París, arrastrada por el viento glacial de febrero, Heine se queda solo con el perfume de almendras de sus manos pálidas, que parecen volar con las hojas muertas. Piensa en las frías llanuras del Holstein, en las primaveras del Jungfernstieg, en los cisnes del Alster plateado, en las rubias muchachas del Vierlande que se acercan en mayo al Pabellón Suizo vendiendo leche fresca y fresas. Piensa también en las lejanas laderas del Rin y del Mosela, donde maduran las uvas de Riesling. Y cuando imagina las pendientes abruptas del Mosela, abrigadas por las alas verdes de los viñedos, recuerda también a un viejo amigo que había celebrado con él las locas vendimias revolucionarias de 1844, en aquellos años en que Europa parecía ya conmovida por gritos de dolor y de justicia. Este amigo, fiel e inolvidable, se llama Karl Marx: un león judío de hirsuta melena que vive ahora emigrado en Londres, preparando una obra que, según confiesa él mismo, ha de conmover los cimientos de la historia moderna, *El capital*.

También Heine ha querido luchar contra las injusticias de aquella Europa de mediados del siglo XIX, bárbara y fanática, envilecida por la avidez de los burgueses y la cobardía de los burócratas que son capaces de servir al diablo, a cambio de un sueldo; una Europa miserable que se deja guiar por los prejuicios intelectuales, lo mismo en las universidades que en los templos.

Siendo el poeta más alemán y más hondo que ha escrito en lengua germánica, Heine se ha atrevido incluso a declararse en guerra con su patria. ¿Qué hay que hacerle a un ser humano para obligarle a abjurar de todo, de su religión y de su lengua, de su familia y de su pueblo? Los más cobardes burgueses saben perfectamente responder a esta pregunta, porque han ejercido esa violencia contra todos los infortunados. «Yo no conozco el mundo de los cazadores, porque pertenezco más bien al de los cazados», ha escrito Heine. Por eso, huyendo de Hamburgo y de Düsseldorf, ha elegido la vía dolorosa de los emigrantes que llenan las pensiones y los apartamentos de París y de Londres: el camino de Marx y Herzen, de Dostoievski y Bakunin. Pero Heine no tiene detrás una cofradía de anarquistas o de soñadores, como todos estos exiliados románticos. Incluso cuando se bautiza se siente indigno, como si hubiese traicionado a sus hermanos dolientes. Y por eso luchará solo hasta el día de su muerte, sufriendo las intrigas de los nacionalistas, los abusos de los burgueses, las maniobras de los antisemitas. Su amigo Marx es el único que le comprende.

«Y sin embargo –escribe Heine, derramando esta vez sus violetas en recuerdo de Marx–, debo confesar con franqueza que ese comunismo, tan hostil a todos mis intereses e inclinaciones, ejerce en mi alma un encanto del que soy incapaz de defenderme.»

El hijo de la Tierra Prometida

Cuando los exploradores de Moisés regresan de la tierra prometida, vuelven cargados de higos, granadas y gigantescas uvas. Los hijos de Israel retroceden asustados al escuchar la narración de esos hombres que hablan de un país misterioso, habitado por pueblos de nombres terribles: los Anaquim, gigantes que caminan con el cuello erguido... Para calmarlos, Moisés les promete que la tierra donde los ríos arrastran leche y miel será compartida equitativamente por todas las tribus de Israel, a excepción de los levitas, naturalmente, que no deben poseer nada más que el privilegio de servir a Yahveh.

Karl Marx, el león de los judíos de Tréveris, se educa escuchando estas heroicas leyendas. Su padre, que es abogado, le explica las diferencias entre la ley judía y el derecho romano. En la jurisprudencia romana, un hombre que ha enajenado o ha perdido una tierra no puede ya reclamarla, transcurrido un cierto tiempo, aunque pueda demostrar posteriormente que es su legítimo propietario. En la ley mosaica, sin embargo, existe el año jubilar: una antigua costumbre judía que consiste en devolver el uso temporal de la tierra a su primer propietario.

Así, el joven Marx se educa en una peculiar interpretación del derecho de propiedad, muy característica de la filosofía oriental y muy ajena al espíritu del derecho latino, apoyado siempre en la fuerza de las instituciones romanas y de su poderío militar.

Los Marx eran, por línea materna y paterna, descendientes del estamento levítico y erudito del pueblo judío. Habían sido siempre rabinos, maestros y sacerdotes, y su árbol genealógico era como la cepa de oro que mecía sus racimos al viento a la entrada del Templo de Jerusalén. El padre de Karl tuvo que convertirse al protestantismo para capear los temporales de una época fanática en la que dominaba el antisemitismo.

Karl fue un alumno brillante, dominado por las inquietudes de su espíritu y las intransigencias de su carácter. Para festejar su título de bachiller se emborrachó con sus amigos, y fue castigado con un encierro en la cárcel estudiantil de Bonn. Por esa razón se trasladó a Berlín, donde se convirtió en discípulo de Hegel, aquel sabio de ojos pálidos que —según Heine— hablaba en jeroglífico «para que nadie le comprendiese». Karl había heredado la inteligencia de los rabinos de su familia. Pero recibió también, por legado familiar, esa conciencia de la Ley que, para el pueblo judío, se había convertido en una amarga prescripción moral.

En el invierno de 1843, Karl Marx llegó a París. Hacía pocos meses que había contraído matrimonio con Jenny von Westphalen, «la más bella muchacha de Tréveris», hija de un alto funcionario del país. En los círculos antisemitas este enlace con una familia de viejos cristianos se interpretaba como una provocación. Más aún cuando el joven filósofo, apenas salido de la canastilla universitaria, se mostraba ya discípulo radical de Hegel y revolucionaba la opinión pública con sus artículos en la *Gaceta Renana*.

En la primavera de 1843 el rey clausura el periódico que ha lanzado mordientes críticas sobre la política prusiana. Y Karl Marx, recién casado, emigra a París con el propósito de analizar de cerca los cambios sociales que vislumbra en su inquieta cabeza.

Heine, el apasionado poeta de Düsseldorf, coincide con Marx en la redacción de los *Anales franco-alemanes*. «Hay que conseguir que la opresión aparezca como algo aún más oprimente, añadiendo a su peso efectivo la conciencia de esa opresión –escribe Marx en el único número de la revista que llega a editarse–; hay que conseguir que la vergüenza sea aún más vergonzosa, sacándola a la luz.»

En esos años de mística revolucionaria Heine escribe también su *Canto de los tejedores*: «Maldito sea el rey, el rey de los ricos, insensible a nuestra miseria...». Pero, a pesar de estas maldiciones apocalípticas, Heine es un poeta y rechaza, por intuición de espíritu y de estética, los fríos conceptos racionalistas que van empujando a Marx hacia el manifiesto bíblico del comunismo.

Heine y Marx se han educado ambos en las tradiciones de la cultura alemana y de la espiritualidad judía. Pero incluso físicamente son distintos. Marx, con sus anchas espaldas y su cabeza cuadrada cubierta de morenos cabellos, es un personaje bíblico de iconografía heroica y silvestre; pertenece a los guerreros de Josué, a las huestes de Sansón, a la estirpe velluda de los nazarenos. Heine, por el contrario, tiene el rostro lampiño, ovalado y suave, iluminado por unos ojos dulces y enmarcado por largos cabellos rubios de cobrizos reflejos; pertenece a la estirpe de los reyes soñadores de Judá, refinados y perezosos como los sultanes de Oriente. Marx, el hijo de los rabinos, es un recio levita, cumplidor de la ley. Heine, el vástago de la aristocracia judía –por su madre era un Van Geldern–, cree más en el amor que en la ley. Cuando apenas tiene nueve años se salta el precepto religioso del Sábat para ir a coger uvas con sus amigos.

Se comprende fácilmente que Karl Marx no consiga convertir a su amigo en un adepto de la *torah* comunista. «Es imposible pretender someter a los poetas a las medidas de la gente común –escribe resignado el león de Tréveris–; son seres extraños y hay que dejarlos seguir su camino».

Sin embargo, estos dos hombres –aparentemente tan distantes en su concepción de la vida– mantienen hasta el fin de sus días una leal amistad. Cuando Marx tiene que abandonar París, en 1845, confiesa con sincero sentimiento: «Entre los seres humanos que dejo aquí, nada me causa tanto pesar como despedirme de Heine. Quisiera poder embalarlo para llevarlo conmigo».

Jenny Marx adora a este apasionado poeta que anima las reuniones familiares con el huracán de sus sueños. Ni ella ni su marido olvidarán jamás que Heine ha salvado de la muerte a la pequeña Jenny, la hija recién nacida del matrimonio. La niña, consumida por unas fiebres, está a punto de morir. Sus padres, ayudados por la inexperta sirvienta de la familia, intentan reanimar su cuerpecito pálido, estremecido por angustiosas convulsiones. Y en ese momento, Heine llega a la casa, examina con sus ojos miopes a la pequeña y la sumerge en un baño caliente que tiene un efecto taumatúrgico: la fiebre desciende rápidamente y la niña se recupera en pocas horas. Cuando escribe sus *Memorias*, al cabo de los años, Jenny evocará esa imagen de Heine, convertido en ángel de misteriosos poderes.

Días de miseria y vino

Los días de Heine se consumen en París melancólicamente, en esa penumbra de los apartamentos baratos, decorados con cojines de seda, que son como su propia vida: una contradicción entre la lucidez del espíritu y la desesperación de la carne. También Marx, castigado por una existencia paupérrima y una salud quebrantada, se desvanece como una sombra en los caminos de la diáspora. Fumador empedernido, padece una bronquitis crónica que se manifiesta en impresionantes ataques de tos. Desde los treinta y un años sufre también una insuficiencia hepática, que le va convirtiendo en un espectro. «Estoy más amarillo que un membrillo», comenta a menudo, bromeando sobre su apariencia.

Los médicos recurren a remedios extremos que le amargan la existencia: cataplasmas, compresas de alcohol, operaciones quirúrgicas, gotas de arsénico, curas de azufre y otras diabluras del mismo estilo. Estos tratamientos agravan sus padecimientos hepáticos, y se hacen aún más penosos cuando, en 1881, Marx contrae una pleuresía. Intoxicado por los medicamentos, rueda de ciudad en ciudad buscando un clima favorable para su tuberculosis: Argelia, Costa Azul, las orillas del lago Leman... Pero, como él mismo declara en sus cartas: «Sólo el alcohol consigue animarme».

La sobrecarga de un trabajo intelectual desmesurado y la inestabilidad de su vida contribuyen a minar su salud. Porque este implacable analista de los principios de la economía era, paradójicamente, incapaz de administrar su hogar. «Las humillaciones, los tormentos y los terrores que hay que sufrir en estas condiciones son indescriptibles», escribe en los mismos años en que su hija Jenny recuerda cómo han tenido que abandonar la casa y vender las camas para pagar al panadero y al farmacéutico.

Hijo de una familia burguesa bien acomodada, Marx no fue nunca un «materialista». Tenía más de quijote que de hombre práctico, pero tenía también un fondo *zelota* y fanático, incluso cuando intentaba identificar a los disidentes de su propio pueblo con el sucio olor del dinero, lanzándoles al rostro uno de los lemas racistas más repugnantes: el «schmutzig judish» (suciamente judío) que aparece en sus *Tesis sobre Feuerbach*. Cuando le hervía en la conciencia el fermento farisaico –el rencor puritano, aunque estos nuevos sacerdotes aparenten ser laicos y sirvan a la Iglesia del Estado–, era incapaz de comprender que David, aquel rey oriental que vivía entre danzas e incienso, era tan judío como los pobres dolientes del gueto. Sin duda, eso es lo que Heine no compartía con los burócratas del comunismo: la tendencia partidista y sectaria de todos los que viven del «mérito». O sea, la conciencia de los que ascienden de clase y de sueldo en las guerras de despacho, en las intrigas de un partido, o delatando a sus vecinos y a sus colegas en los tribunales de un Komintern. Quizás estoy pensando en uno de los amigos que nunca pude abrazar, el pobre Benjamín Fondane, denunciado por su propio portero cuando vinieron a buscarle los verdugos de la Gestapo. Hay que ser una alimaña para llevar a la cámara de gas a un poeta que ya no tenía más vida que una úlcera de estómago y el humo incesante de su cigarrillo. Y un día negro del otoño de 1944 –horas antes, como quien dice, de que pudiesen venir a salvarlo– le gasearon en Birkenau.

–¡Benjamín, Benjamín, sal de una vez de ese maldito barracón! No tengas miedo, que la pesadilla se ha acabado y las pulgas y los perros asesinos huyen, llevándose a sus nazis por las montañas. ¡Benjamín, sal, que ha llegado Hemingway y trae en su *jeep* pasta de dientes y jabón americano! Y, con él, venimos todos: Heine y Marceline, que te trae una rosa, Carmelina y Wilde, con sus cigarrillos emboquillados, Alfonsina con una nube blanca y Byron con su uniforme de la RAF, Sylvia Beach, que ha editado tus poemas en la barraca de las cocinas, Eugen Relgis, que no oye el ruido de las ametralladoras y tu amigo Émile Cioran que no para de decir aforismos de *merde* (¡mierda de Guardia de Hierro!), y también Tolstoi, que viene discutiendo a gritos con el Ejército Ruso, y Zweig, sombrío y callado, y Dostoievski, con un Evangelio en las manos, y Tristan Bernard que quiere contarte un chiste, y el señor Francisco con sus palomas, y Proust... y yo, ya lo sabes, siempre con mis tontas historias. ¡Corre, que Mozart se ha traído una trompeta, y Marlene se ha vestido de negro para cantarnos *Lilí,* y Dorothy Wilde viene guapísima, con las muchachas de su ambulancia, y esta noche nos hartaremos de bailar!

Nunca pude entender el final de algunas de mis películas. Pero me he quedado con las ganas de saber el nombre del delator para ponerlo en este *Libro de réquiems,* sepultado en un monumento de infamia y de basura. Y mejor así, porque en honor de mis poetas románticos, antes de arrugar el papel, le escribo una lauda: *Etiam Implora Pace,* también pide paz. Para los míos el recuerdo insistente y leal. Para los verdugos el olvido, que es una oración para que se los lleve el agujero negro de la eternidad.

Marx, aunque fuese hijo de sacerdotes, pertenecía a esta cadena de perseguidos. Por eso no fue nunca un filisteo oportunista, como tantos otros revolucionarios, y arriesgó todos los recursos de su familia en la misión profética, igual que fue gastando su maltratada salud. Con frecuencia tenía que pedir dinero a su madre o a su tío. Y como su trabajo intelectual no rendía ningún beneficio, conocía a menudo las peores tormentas de la bohemia. Su afortunado amigo Engels intentaba confortarle, enviándole, con su ayuda, sus vinos preferidos: cestos de burdeos, de oporto y de jerez.

Como todos los hijos del Mosela, Marx sentía auténtica adoración por el vino. Y, cuando en 1863 padeció una grave infección de ántrax, descubrió que el vino es «el mejor remedio» para este tipo de enfermedades. Impecablemente vestido, como un dandi con su monóculo, acometía el fatigante recorrido de los *pubs* londinenses (*«a pub crawl from Oxford Street to Hampsted»*), en una carrera que exige tanto aliento como los volúmenes de *El capital*.

Nunca se borró de su memoria el recuerdo de aquellas tierras del valle del Mosela donde nació y pasó su infancia. «Procedo de una región vinícola —escribe al vinatero François Lafargue— y he sido propietario de viñedos. Por eso sé apreciar el valor de los vinos. Y pienso también que el viejo Lutero, que era un hombre al que no le gustaba el vino, no consiguió nada efectivo.» ¡Una crítica a la que Wilde sólo habría añadido el mal gusto de Lutero para elegir sus corbatas!

El viñedo que heredó de su familia estaba situado en Mertesdorf: un rincón apartado del valle del Mosela, a pocos kilómetros de Tréveris.

Las pintorescas poblaciones del Mosela se agrupan a orillas del río, levantando entre los viñedos sus oscuros tejados de pizarra. Y, en los días soleados, el calor se refleja en las tejas brillantes, derramándose sobre las cepas que se duermen en el crepúsculo con esta tibia caricia.

Parece un milagro que estos viñedos, situados en el mismo paralelo de Terranova, en la latitud vinícola más septentrional del hemisferio Norte, produzcan unos blancos deliciosos, frescos, afrutados; con una agradable aguja que se manifiesta, a veces, en vivos destellos de equilibrada acidez.

Los mejores vinos Beerenauslesen o Trockenbeerenauslesen, licorosos y delicadamente dulces, se elaboran con vendimias tardías; con uvas seleccionadas y endulzadas por la podredumbre noble.

En las pendientes abruptas que descienden hacia las orillas sinuosas del Mosela, se encuentra el más célebre viñedo de la región: Bernkastel Doktor. Según la tradición, los vinos de Bernkastel eran consumidos como reconstituyentes y medicamentos; sobre todo como aportación vitamínica para los enfermos de escorbuto. Y gracias al Bernkastel Doktor salvó la vida Bohemundo, obispo de Tréveris, en el siglo XIV, que se levantó del lecho mortuorio, reanimado por unas copas de vino.

La miseria de los campesinos del Mosela significó para Marx una experiencia decisiva y marcó el signo de su obra. «En el Mosela maduran las uvas y la miseria», escribía un periódico local. Una botella de buen vino sólo costaba dos groschen de plata. Y, a consecuencia de una descabellada política económica, los vinos del Mosela no podían competir con los del Rin y los del Palatinado.

Apenas tenía Marx catorce años cuando los campesinos alemanes se manifestaron frente al castillo de Hanbach con una bandera que decía: «Los vendimiadores están de luto».

En la zona de Mertesdorf, donde los Marx tuvieron sus viñedos, se elabora el Maximin Grünhaus: un vino excelente en los años secos. Porque la viña, como dice el refrán popular, necesita la luz del sol. Pero agradece también la sombra del amo.

La sombra del amo desapareció hace muchos años de los pequeños viñedos de la familia Marx. El 14 de marzo de 1883, dos meses después de que una maligna enfermedad acabase con la vida de su hija Jenny, moría, exiliado y envejecido —como su amigo Heine— en un apartamento de Londres. El parte de defunción especifica que ha fallecido de un «absceso pulmonar con hemoptisis»: un eufemismo muy utilizado en la época para designar la temida tuberculosis pulmonar.

Su familia le había legado este «mal hereditario», igual que le había dejado en herencia una pequeña viña en las lejanas y perdidas orillas del Mosela.

Un palacio alquilado en Roma

PRIMAVERA EN PIAZZA NAVONA

Hace muchos años, un amigo romano me alquiló una casa en Piazza Navona. No era un piso, sino un palacio en ruinas que había pertenecido a un cardenal. Como no tenía apenas muebles para llenar aquel inmenso museo, me gasté todo mi dinero en una cama palaciega, con un baldaquino de tules y sedas, y lo instalé en mitad de la antigua biblioteca cardenalicia. Ahora me daría miedo dormir en esa postura blasfema, profanando la oscura historia de un palacio que reunía en su interior restos de estatuas romanas, algunas encastradas en las columnas de mi dormitorio; antiguos mármoles renacentistas, cubiertos de cal y de polvo; viejos altares donde yo había colocado un hornillo para cocinar mis macarrones y mi *risotto*. Pero Roma es así. No tenía ducha, pero podía bañarme en una bañera portátil, en mitad de una terraza que se asomaba sobre la Piazza Navona.

A la Piazza Navona se llega atravesando el corazón de Roma, por un laberinto de calles estrechas que tienen el color especial de las casas romanas: ese tono dorado que es como el reflejo del sol poniente y que cambia sutilmente del rosa al azafrán, del ocre al amarillo. Si dais primero un paseo por el Campo dei Fiori, os sumergiréis en la Roma medieval, en sus misteriosas callejas, ahumadas por las hogueras de la Inquisición papal; en los melancólicos guetos; en las animadas plazas donde todavía se montan alegres y ruidosos mercados y baratillos. En estos patios, convertidos en obras de arte por el pincel de la humedad y los mohos de la historia, trabajan todavía los ebanistas. El vuelo de la ropa tendida se mezcla con el rumor laborioso de los artesanos, el grito de los niños, la música de radio que se oye en cada ventana. En el mercado matutino del Campo dei Fiori se venden las mejores verduras de Roma (brócoli, lechugas, espinacas y todos los ingredientes para preparar una deliciosa sopa *minestrone*). Pero al acercaros a Piazza Navona, sentiréis un cambio trascendental; una luz diferente, más serena; una arquitectura distinta, inspirada en la elegancia renacentista y la gracia barroca; un estilo de vida más burgués. Los amantes de Puccini pueden visitar la iglesia de Sant'Andrea della Valle, donde comienza el primer acto de *Tosca*. A diferencia de Via Condotti, este barrio es más tranquilo, más conservador, menos esnob; pero hay buenas tiendas de antigüedades y algunos de los comercios más clásicos y castizos.

Los majestuosos palacios y las monumentales iglesias que rodean la Piazza Navona forman un impresionante recinto que conserva la forma del inmenso estadio de Domiciano.

Tres fuentes adornan la espina central del antiguo estadio romano, donde hace casi dos mil años se reunían treinta mil personas para ver competiciones y carreras. La fuente de Bernini que preside la plaza es, junto con la Fontana de Trevi, la más bella de Roma. Lleva en su centro un obelisco, rodeado por estatuas que simbolizan los grandes ríos del mundo: el Ganges barbudo, el gigantesco Danubio, el río de la Plata con el brazo en alto y el misterioso Nilo, que lleva un velo para representar su nacimiento ignoto. Hasta el siglo pasado, existía la costumbre de inundar la plaza en verano, con el agua de las fuentes. Pero la Piazza Navona tiene también su hora clave, en Navidades, cuando se celebra la Fiesta de la Befana y se montan los puestos que venden figurillas de barro para los belenes.

Si buscáis un lugar ideal para una cita, no olvideis la Piazza Navona: a la hora del crepúsculo, cuando el sol se pone por detrás de la esplendorosa cúpula que dibujó Borromini para la iglesia de Santa Agnés; justo cuando las palomas vuelan sobre los patios calientes, derramándose desde los tejados ardientes como pétalos de flores: la locura del barroco, el delirio de las formas que vuelan, la escultura a punto de convertirse en música.

En casa de una amiga de Wagner

Desde la Piazza Navona me gustaba recorrer aquella Roma romántica, adorada por Stendhal; cantada por Shelley y por Keats; venerada por Ingres y Goethe; tan amada por Liszt y por Chateaubriand. Fue en Roma donde Polina Súslova abandonó a Dostoievski. Hacía ya tiempo que no dejaba que él la acariciase. Pero él se conformaba con verla desnuda. Era como las fuentes de Roma.

En Via della Polveriera 6, cerca del Coliseo, vivió Malwida von Meysenbug. Desde el salón, decorado con estatuas clásicas, se divisaba un soberbio panorama sobre la Roma imperial. Y en aquella casa se tejió el triángulo amoroso entre Paul Rée, Friedrich Nietzsche y Lou Salomé.

Malwida había vivido con los Wagner, con Nietzsche y con Paul Rée en Sorrento. Pero acabó instalándose en Roma, «la única ciudad que, por ser un poema vivo, podía saciar los apetitos estéticos de su espíritu». Estaba dotada de innumerables virtudes: era inteligente, sabía descubrir el aliento literario en una buena página, tenía una bella voz y ella misma se acompañaba al piano. Apreciaba mucho a Wagner y, junto al busto del maestro, había siempre en su casa un florero de plata con anémonas.

Yo había leído, en mis días de Sorrento, *El atardecer vital de una idealista* y por eso seguí las huellas de Malwida von Meysenbug. Me pareció siempre una mujer extraordinaria, porque creo que no hay virtud más bella que la tolerancia, en todos los seres humanos, pero especialmente en una señora de cabellos grises. Nietzsche la admiraba porque compartían, además, los padecimientos de salud —el oído, los ojos, los dolores de cabeza— y le escribía tiernas cartas de ánimo, que ella respondía enviándole flores de San Remo.

Malwida fue como una madre para Olga Herzen —la hija más pequeña del profeta comunista de los *naródnik*— y fue el paño de lágrimas de muchos revolucionarios y exiliados románticos. Fue también la amiga fiel que socorrió a Alexander von Warsberg en sus últimos momentos en Venecia, cuando este romántico personaje desapareció en la primavera de la laguna, contándole sólo a ella sus innumerables aventuras en países lejanos, sus secretos, sus amores y sus recuerdos de Corfú y de la emperatriz Sissi.

La ternura de Malwida llegaba hasta el extremo que, cuando Nietzsche se quejaba de sus dolores de cabeza, ella misma le preparaba baños de pies con ceniza y sal. Había sido, además, testigo importante de la disputa entre Nietzsche y Wagner, porque asistió al último encuentro de los dos amigos. Fue una tarde de otoño de 1876, mientras paseaban por los jardines del Hotel Victoria en Sorrento. Wagner hablaba sobre una nueva ópera que pensaba dedicar a la figura de *Parsifal*. Y, con aquella apasionada manera de expresarse que le caracterizaba, comentó que se sentía entregado en cuerpo y alma al sentimiento cristiano de su nueva música. Fue entonces cuando Nietzsche, que escuchaba en silencio, se disculpó, le dio la espalda y desapareció en la oscuridad. «No soporto la ambigüedad —escribiría, años más tarde, explicando este final amargo de una bella amistad—. Y desde que Wagner se trasladó a Alemania comenzó a mostrarse condescendiente con cosas que desprecio, hasta con el atisemitismo...»

Malwida fue como una madre adoptiva para otro amigo de Nietzsche: el joven Paul Rée. Él era quien elegía las lecturas y leía en voz alta en las reuniones de Sorrento y de Roma, ya que los ojos de Nietzsche se cansaban enseguida. Pero juntos comentaban las lecciones de Burckhardt sobre cultura griega, y leían a Heródoto y Tucídides. Nietzsche permanecía echado, lejos de la luz, en una tumbona. Y cenaban sólo naranjas.

Malwida sentía una debilidad maternal por Paul Rée, al que llamaba Paolo, en italiano. Y era la única que se esforzaba en comprender su humor amargo, sus continuos cambios de ánimo, su amor frustrado por Lou Salomé. A él le gustaba hablar y escribir en cortos aforismos, estilo que Nietzsche aprendería también. El joven Rée tenía un sentido del humor muy especial, que he encontrado también en otros judíos: una filosofía dolorida, a veces irreverente en apariencia, capaz de llegar hasta la caricatura propia y la autodestrucción. Seguramente es la única respuesta posible para un pueblo que soporta, desde la antigüedad más remota, las llamadas de Dios.

Por eso Rée comenzó como discípulo pesimista de Schopenhauer, escribió algunos libros como filósofo del ateísmo, y acabó como médico de los pobres. Cuando se despeñó en La Engadina, en 1901, los campesinos del lugar no podían comprender que aquel «apóstol de la caridad», que los curaba sin pedir nada a cambio, hubiese predicado el ateísmo.

Malwida tampoco comprendía bien las costumbres de la joven Lou, porque pensaba que una muchacha debía cuidar su reputación. Pero las tertulias en su casa acababan de madrugada y, por eso, Lou regresaba tan tarde a su pensión, acompañada por sus amigos. A veces Nietzsche les hacía escuchar la *Canción de la noche*. Y a veces Rée se quedaba pensativo al ver pasar un borracho, solo y vestido de etiqueta –como si fuese persiguiendo a manotazos las mariposas negras de su viejo frac– o al ver dos enamorados que se besaban en un banco, como dos estatuas caídas de una fuente y rotas en los pedazos que sólo sabe hacer el amor.

Spleen en Roma

Malwida von Meysenbug murió en Roma el 26 de abril de 1903. Y la enterraron en el cementerio protestante que hay junto a la pirámide de Cestio, en el mismo lugar donde se encuentra la tumba de August, el hijo de Goethe.

A veces me acercaba hasta Villa Pamphili para recordar a María Malibrán. Porque había encontrado el sitio exacto, junto a la fuente, donde esta genial española cantó la más maravillosa *Casta Diva* de su esplendorosa carrera. Hacía días que no cantaba y permanecía encerrada en Villa Medici, entreteniéndose con sus labores de encaje. Cuando le fallaba la voz –circunstancia que le ocurría a menudo porque no elegía nunca sus repertorios–, se refugiaba en el juego de los bolillos. Pero un día de octubre de 1832 salió con sus amigos a pasear y, al sentir la canción de las fuentes de Roma, se sintió arrebatada por una fuerza mágica. Los pinos, agitados por la brisa, sonaban como una lejana orquesta de cuerda. Y ella colocó su cabeza debajo de los surtidores, hasta que se le empaparon los cabellos y se le llenaron la frente y los hombros de perlas. Parecía una vestal abandonada a sus deseos. Y en ese momento, los amigos que la acompañaban vieron cómo su rostro se transformaba, mientras elevaba al inflamado crepúsculo romano la plegaria de la *Casta Diva* que, en el color apasionado y moreno de su voz, parecía un lamento voluptuoso y despertaba un escalofrío de escándalo.

Los ingleses venían a Roma a morirse de *spleen*. John Keats se sentaba en el Caffè Greco, reclinando sobre la pared su cabeza pequeña, enmarcada por una alborotada y rizada cabellera pelirroja. Tenía una conversación incoherente, pero se transformaba cuando se dejaba llevar por sus delirios. Vivía en la Piazza di Spagna, en una *casina* rosa que aún se conserva. Muy pronto su tuberculosis le confinó en la cama, sin otra vista que el techo pintado de rosetones blancos y dorados, sobre un fondo azul pálido; como un cielo de primavera romano. Desde su pequeña habitación, se oye el murmullo de la fuente de la Barcaccia, esculpida por el padre de Bernini. Es una de las fuentes más sencillas y evocadoras de Roma: una simple taza de mármol con una barcaza de la que parece brotar la plaza entera, como Venus saliendo de su concha.

En el invierno de 1821, el romántico Keats fue enterrado en el cementerio protestante de Roma bajo un epitafio que dice: *Here lies one whose name was writ in water* (Aquí yace aquel cuyo nombre fue escrito en el agua). Y todavía crecen las violetas, las rosas, las margaritas y las anémonas entre estas tumbas. No hay cruces, porque fueron prohibidas. Pero, al final del verano, también los granados —el árbol del recuerdo— se llenan de frutas.

Shelley, su compañero en Roma, fue el único que llegó más lejos: se compró un barco, al que bautizó *Ariel,* y escribió su nombre en el agua, ahogándose en el golfo de La Spezia. El mar devolvió los restos del naufragio: el cadáver de un inglés rubio, que Byron incineró en las playas de Viareggio, con unos poemas en el bolsillo. Pero sus amigos le pusieron una lápida en el cementerio protestante de Roma, junto a las murallas Aurelianas. En el mármol se lee COR CORDIUM y unos versos del canto de Ariel de *La tempestad* de Shakespeare.

Un espejo dorado para la *Comedia Humana*

BALZAC, EN UNA SALA DE SUBASTAS

A Honoré de Balzac me lo encontré, por primera vez, en una sala de subastas de París. El subastador anunció el lote que se ponía a la venta: «Espejo de pared Imperio, con marco de madera tallada y dorada al oro fino, decorado en relieve con adornos de flores y abejas».

Le había puesto una señal en mi catálogo, porque me gustaba para decorar mi comedor. En cuanto lo vi pensé que era un espejo para la *Comedia Humana*. Pujé sobre el precio de salida cinco o seis veces, hasta que me di cuenta de que no podía seguir compitiendo con otros compradores. Un tipo gordo y despeinado, con aspecto de nuevo rico, estaba decidido a llevárselo. Debía ser un millonario caprichoso, porque pagó una fortuna. Y luego me miró, vanidosamente, con unos ojos retadores que parecían los de un domador de leones.

Volví a acordarme de Balzac. Él amaba también las antigüedades, las cornucopias, las alfombras, los tapices, los bastones y los guantes de seda. Lo primero que hizo cuando se instaló miserablemente en París, buscando la gloria, fue comprarse un espejo dorado. «Ni papá ni mamá –le escribió, preocupada, su hermana Laure– se han alegrado al saberlo.» Yo sí, porque amo también los muebles de estilo, los objetos usados que tienen una vida antigua, los misteriosos fetiches de las vitrinas.

Para escribir la *Comedia Humana* hay que conocer bien las antigüedades, las subastas, los sombreros y los bastones, los guantes y los almacenes del viejo París.

Cuando la condesa Eveline Hanska, la viuda de Balzac, murió en 1882, todos los muebles y recuerdos que guardaba en su palacio de París, fueron embargados y subastados. Y aquella fantástica colección de porcelanas, marfiles, relojes, espejos, alfombras y fetiches que había comprado Honoré de Balzac, con el dinero que ganaba en su trabajo despiadado, fue pasto de los especuladores que esperaban este momento. Me contaron que, en una almoneda vergonzante realizada en pocas horas, los muebles se remataron a su valor venal, como una última mofa de los chamarileros a los sueños de Balzac, que había redactado un catálogo fantástico de esas obras de arte, atribuyéndolas al Bronzino y a Holbein, soñando que un reloj había acompañado las horas tristes de la reina María Estuardo o descubriendo en una mesa signos inequívocos de que había pertenecido a María de Médici. Algunos de estos falsos valdrían hoy más que los auténticos, porque formaban parte de la imaginación de Balzac, como aquel espejo que yo no pude comprar.

A partir de esa fecha comprendí mejor a Balzac. Lo había leído antes, sin amarlo profundamente. Admiraba su facundia y su imaginación. Pero me costaba comprender su estilo, me martirizaba su erudición, me resultaban penosas sus descripciones prolijas y aburridos algunos de sus personajes burgueses. Muchas de sus novelas me parecían vetustas antigüedades, a las que él era tan aficionado. Y creo que, en realidad, era un espíritu demasiado grande para los sueños frívolos de mi juventud.

Cuando aprendí a amar los *objets de vertu* de las abuelas comencé a comprender a Balzac. A partir de ese día disfruté sus descripciones prolijas, soporté los excesos de su estilo glotón, amé su grandeza y sus debilidades. Y, a veces, cuando lo leía sentado en una mesa del Café de la Coupole, tenía que salir a la calle con unas ganas enloquecidas de gritar, de aplaudir, de amar la vida.

Persiguiendo a los fantasmas de la literatura he rondado mucho por los viejos pasajes y galerías de París, en una época en que vivían una decadencia romántica y bohemia. En estos pasadizos cubiertos que permitían cruzar, de parte a parte, el corazón del París de Balzac, sólo sobrevivían viejos comercios ruinosos: polvorientas librerías de lance donde se encontraban también daguerrotipos y postales antiguas; cafés silenciosos, donde sólo brillaba una copa de coñac en la solitaria barra de zinc; sucias claraboyas que dejaban filtrar una luz mágica sobre las vitrinas y los escaparates de madera; relojes parados en una hora que tenía ya más de un siglo...

Quizás era el hambre de la bohemia, pero entonces tenía yo muchas visiones místicas. Al mediodía me quedaba trabajando en la Biblioteca para ahorrarme una comida. Y al caer la tarde, en la niebla de invierno, regresaba a mi casa en el barrio del Marais, atravesando estos pasajes solitarios. A veces, paseando por las galerías Vivienne y Colbert, me encontraba a Heine y a Colette, o al misterioso Lautréamont que llevaba en las manos un ejemplar de *Les Chants de Maldoror* y que, al pasar por mi lado, murmuraba, confidencialmente, una noticia inquietante: que la ciudad estaba siendo invadida por una epidemia de peste asiática y que la gente sensata huía de París. Más adelante, en la Galerie Véro-Dodat, solía tropezarme con Baudelaire; en el Passage des Panoramas, con Zola o con Balzac. Apenas iluminadas por una luz mortecina, estas galerías misteriosas me recordaban los tiempos de la luz de gas.

Pero a Balzac lo encontraba más a menudo en las Galerías del Palais-Royal. En *Illusions perdues* nos ha descrito estos rincones, con la imagen de las golondrinas del amor que lo frecuentaban. En realidad eran conocidas como golondrinas o ruiseñores en otros pasajes de la ciudad, pero aquí las llamaban castores. Peinadas con tocados caprichosos, algunas parecían caniches, pero sabían tomar posturas provocativas, enseñando sus pechos y sus piernas enfundadas en medias blancas que, de tarde en tarde, acariciaban y pellizcaban con un movimiento preciso de sus dedos, hasta dejarlas bien ajustadas a su piel de cera.

Balzac anduvo también por este rincón maravilloso donde se siente el latido del corazón de París. En las arcadas del Palais-Royal, el joven teniente Bonaparte conquistó sus primeras batallas en la caballería ligera del amor. Muchos soldados de la Grande Armée se dejaron su sueldo, ganado con sangre, en estos garitos de juego y en estos bazares del amor. En la calle Beaujolais habitaba una buena amiga de Balzac: la desgraciada Marceline Desbordes-Valmore, la escritora más poética y delicada de su tiempo. En el 177 de la Galerie de Valois estaba la tienda del cuchillero Badin, donde Charlotte Corday, la asesina de Marat —nadie recuerda ya que esta mujer era descendiente del gran dramaturgo Corneille—, compró el cuchillo que le serviría para matar al diputado. Y en el elegante peristilo del Palais-Royal había un cafetín sórdido con una orquesta de ciegos, desafinada como un coro de gatos, que tocaba hasta altas horas de la noche.

En las madrugadas de otoño, al regresar a casa, cruzábamos el Palais-Royal, confundiendo las estatuas con las nieblas de la luna bohemia y dejándonos acariciar por un aire ligero que daba escalofríos y que traía el olor de verduras del vecino mercado de Les Halles.

Mamá Sallambier y mamá Berny

Siempre pensé que los juegos de magia y de azar son el más divertido entretenimiento de Dios. Por sólo dos años Honoré de Balzac —nacido en 1799— se libró de la matanza de Waterloo.

Balzac descendía de una modesta familia occitana, cuyo verdadero nombre era Balssa. Su padre, Bernard-François, había sido cabo de intendencia; aunque, trabajando dura y honestamente, llegó a convertirse en administrador de un hospital de Tours. Honoré, con sus delirios de grandeza, le añadió un *de* al apellido paterno. Todos los Balzac eran un poco brutales, dotados de una fuerza salvaje. No le faltaba cultura, ni incluso curiosidad erudita, al viejo Balzac. Y Honoré divertía a sus amigos contando, con su estilo grandilocuente, cómo su padre había trinchado una perdiz con tanta fuerza que rajó el plato, cortó el mantel y dejó clavado el cuchillo en la mesa. Pero al final de su vida, había comprado una casa en Villeparisis, un pueblo de las riberas del Loire, y se había retirado allí tranquilamente, convencido de que se convertiría en un viejo longevo y que heredaría todos los dineros que había depositado en una tontina: un juego muy de moda en la época, consistente en hacer entre varias personas un fondo común que iba repartiendo beneficios continuos, en la medida en que iban muriendo los participantes en la lista. Algunos dicen que, a los ochenta años, el viejo Bernard-François Balzac dejó embarazada a una joven del pueblo.

Por parte de la madre había precedentes más afortunados o, al menos, pulidos por el trato de la corte. Laura Sallambier, frustrada por un marido mucho mayor que ella, tosco y prosaico –su mujer lo comparaba con las pirámides de Egipto y su suegra le llamaba «perro gascón»–, no fue muy buena madre. Se sospecha que uno de los hermanos de Balzac era hijo de un aristocrático vecino de la familia: Jean de Margonne, propietario del castillo de Saché, casado con una mujer «intolerante y devota».

Un amigo me dijo que en esta comarca de Turena había todavía descendientes de los Balzac. Y así llegué a Saché, en las riberas del Loire, para buscar el viejo castillo donde vivió el «protector» de los Balzac y donde el escritor se refugió en muchas ocasiones.

En estos paisajes de jardines y castillos vivió también Laura de Berny, la mujer que más le amó. Había traído al mundo nueve hijos de su marido –los varones siempre vestidos de negro y las señoritas de blanco– y una hija bellísima que le había dado un amante corso. Era ya incluso abuela. Pero no había perdido su ardiente secreto de mujer y estaba harta de su matrimonio; sobre todo, de aquel marido que quería dirigir la educación de sus hijos, hasta dejarlos «fritos». Tenía cuarenta y cinco años cuando Balzac acababa de cumplir veintidós. Pero, por él, olvidó a su marido y a sus hijos, viviendo las más descabelladas aventuras y los enredos económicos que siempre acompañaron la vida del escritor. Como una madre consentidora, fue ella misma quien labró su propio infortunio, enseñándole a conquistar el amor protector de las mujeres. Y así encendió la fantasía de aquel loco, pobre, fantasioso y trabajador, que sólo soñaría desde entonces con condesas y castillos, con enormes plantaciones, marfiles orientales y elegantes bibliotecas de maderas exóticas.

Comenzaron escribiéndose cartas apasionadas. Balzac quería impresionarla con sus dotes de filósofo fantasioso y le explicaba que el pensamiento es la fuente de la vida y que incluso los árboles crecen porque tienen ideas, aunque sean extraordinariamente confusas. Esto es algo que debía haber leído en Leibniz, porque entonces devoraba todos los libros que caían en sus manos. Y hay que decir que no faltaban obras curiosas en la biblioteca que su padre había reunido en la casa familiar de Villeparisis. Pero Laura de Berny, que vivía en el mismo pueblo, tenía algo más interesante: los recuerdos de una mujer de mundo que había nacido en la corte de Versalles y había conocido a los personajes del Antiguo Régimen. Y por eso él se entusiasmaba cuando ella, evocando el pasado, le explicaba cómo la reina Maria Antonieta había sido su madrina. Le hacía mil preguntas sobre aquella corte, que tuvo un final tan trágico, y se interesaba por el destino novelesco del conde Hans Fersen que, enamorado de la reina, la había intentado salvar, acometiendo una loca huida, hasta que los detuvieron en Varennes, cuando estaban a punto de pasar la frontera. El conde Fersen, descendiente de una poderosa familia aristocrática sueca, había llegado a la corte de Versalles cuando tenía dieciocho años. Y había conocido a la reina, que era también casi una niña, en un baile de disfraces en la Ópera. Ella encontró enseguida guapo a este joven alto y elegante —«ágil de movimientos, con una piel de terciopelo y ojos de un azul indescriptible»—, más interesante que su marido, que siempre fue un muchacho triste y ausente. Se dice incluso que el futuro rey de Francia tardó varios años en consumar su matrimonio, porque su timidez rayaba en cierto grado de idiotismo.

La reina nunca fue amada en París. Había llegado siendo una niña y se aficionó enseguida a una vida frívola. Sólo sabía hablar de cintas, sombreros, tocados, y comentar con una ingenuidad casi estúpida las cosas que oía en los bailes de máscaras. Se vestía de pastorcita para jugar en su aldea de Versalles. Y, muy pronto, las malas lenguas comenzaron a atribuirle aventuras. Más de una vez las comadres de París se amotinaron para insultarla, acusándola de ser una fresca y de arruinar al pueblo. Y en esas algaradas nunca faltaban algunos alborotadores cobardes, travestidos de verduleras, que alentaban a las masas, sabiendo que los guardias no disparaban nunca contra las mujeres.

Para alejarse de las habladurías, Fersen marchó a América a combatir en la Guerra de Independencia, aunque nunca dejó de escribirle a la reina. Este detalle le agradaba especialmente a Balzac, cuando Laura de Berny discutía con él si los verdaderos amores aumentan con la renuncia y con la distancia.

A los veintiocho años Fersen era más frívolo y seductor que inteligente. Había conocido a Voltaire, sin comprender ni una palabra de su pensamiento. Pero, como coronel de la Guardia Real Sueca, se había ganado definitivamente el aprecio de los reyes y el amor de la reina. Desde la cárcel, la romántica María Antonieta había tenido todavía el valor de enviarle cartas cifradas o escritas en tinta secreta, pidiéndole que se pusiese a salvo sin volver a verla.

La imaginación novelesca de Balzac se encendía escuchando estas historias, sobre todo cuando Laura de Berny le explicaba que las cartas de Fersen llegaban a la prisión escondidas en cajas de chocolate —«la *ch* pronunciada por ella era como una caricia», escribe Balzac recordando sus conversaciones— o en el forro de los vestidos y los sombreros que recibía la reina. Y Laura sonreía cuando Balzac, con ardor juvenil, le juraba que él no se habría entregado jamás y se habría dejado matar defendiendo a su amante.

El joven Balzac acudía cada noche a la casa de Laura de Berny y la esperaba, a veces inútilmente, junto a la verja de su jardín. Durante meses sólo había conseguido un beso y muchas excusas. Pero allí, en un banco del parque, la tuvo finalmente en sus brazos, él siempre un poco alborotado y violento, ella dulce como las flores que perfumaban aquella noche de mayo de 1822. Desde aquel día, incluso cuando ella no estaba, él la esperaba en aquel banco que tenía perfume de rosas y luz de luna.

En las orillas del Loire se conservan algunos de los lugares donde Honoré de Balzac y Laura de Berny vivieron su amor romántico. Y también el castillo de La Bouleaunière, donde ella desapareció en 1836, ingratamente olvidada por su amante. Quizá, antes de morir, había pensado también que todos los amores acaban en Varennes, en una encrucijada del camino donde unos toman la dirección de las sombras y otros no se atreven o no pueden ya mantener sus promesas. Habían seguido escribiéndose y viéndose, pero él la amaba ya sólo en la memoria lejana de todas las noches de Mayo, sin responder a sus últimas llamadas de pasión. Y cuando fui a buscar sus recuerdos me dijeron que hasta su tumba había desaparecido.

Su verdadera madre no fue con él tan tierna y lo trató siempre con dureza, como si este niño rebelde no fuese suyo, sino de un marido al que nunca había amado. «Nunca he tenido madre», escribirá Balzac. Es verdad que ella reservaba las caricias para su hijo más pequeño, Henry, fruto de sus amores con Monsieur de Margonne. Y a Honoré le caían, más a menudo, las riñas y los golpes por vestir con desaliño o por sacar malas notas en el instituto. Incluso en su infancia había sido criado fuera de su casa, por una nodriza que habitaba en un pueblo vecino. El pobre niño se consolaba siendo el perrito protector de su hermana Laure, que le adoró toda la vida, porque fue él quien la enseñó a andar con mucha ternura, llevándola de la mano por la casa, ofreciéndose siempre como culpable para recibir todos los castigos. Y también Laurence, la otra hermana más pequeña, recordaba cómo, a pesar de ser un glotón, guardaba siempre las mejores castañas asadas y la mermelada de naranjas para ella.

Menos mal que Bonne Maman, la abuela materna, vivía también en la casa. Y el joven Balzac pudo encontrar en ella el cariño que no le daba su madre. La abuela era diferente. A pesar de ser fuerte y estricta, fingía a menudo estar enferma, creía en los aparecidos, tenía amigas sonámbulas que le revelaban los secretos del más allá, se dejaba ganar unos dineros cuando jugaba a las cartas y, a pesar de que quería educar a su nieto en la piedad, apostaba con él pequeñas cantidades retándole a conquistar alguna dama de la alta sociedad. Y hay que decir que Honoré ganaba siempre.

En el castillo de Saché no encontré a ningún pariente de la familia, aunque vi algunos niños de labios carnosos, ojos grandes y cara redondita, que me recordaban más a los Balzac que al amante de su madre.

Tampoco encontré a nadie que quisiera compartir conmigo el lecho de Balzac, con su romántico baldaquino. Y me marché con las ganas de encender el quinqué que, cuando Balzac escribía, llenaba la habitación de un olor desagradable de aceite de ballena. Me hubiese gustado comprobar si es verdad que su luz no arroja sombras sobre el papel. Siempre me han fascinado las sombras chinescas que se dibujan en los dormitorios, porque tengo la idea de que revelan los más oscuros misterios del amor. Pero la muchacha que me guiaba por las solitarias habitaciones del castillo era dulce y delicada como el vino del Loire y sonrió maliciosamente, sin hacerme caso, cuando le conté esta historia.

Balzac trabajaba también siempre de noche, entre las sombras chinescas de la fantasía. Y se reposaba luego, cuando las luces del día revelaban las formas ingenuas del valle, siguiendo el curso sinuoso del Indre, que se movía «en el fondo de una copa de esmeraldas».

Toda su vida Balzac mantuvo buenas relaciones con Monsieur de Margonne, el «protector» de su madre. Y a menudo venía al castillo de Saché, donde le gustaba reunir a los amigos para leerles fragmentos de sus novelas, junto a la chimenea de mármol negro.

La última vez que visitó el castillo en 1848, París estaba en llamas. El mundo burgués de la Restauración se derrumbaba en una nueva revolución. Y los personajes de la *Comedia Humana* rondaban por las calles de París, amedrentados y perdidos, como habían comenzado su vida: sin techo y sin futuro.

UN BARRIO LLENO DE LEYENDAS

Siendo niño –cuando en el colegio le consideraban todavía un imbécil, porque se pasaba el día perdido en sus fantasías–, Balzac había viajado a París para conocer a su abuelo Sallambier que tenía un comercio de telas en la calle Saint Honoré, bajo el rótulo de *La Toison d'Or*. Por eso algunos de los personajes de la *Comedia*

Humana, como Camusot o Claude Joseph Pilleraut, regentan establecimientos de sedas y de quincallería en este barrio.

Los Sallambier procedían del Marais, el barrio más evocador de París. Por eso Balzac nos ha descrito tantas calles y rincones de este *quartier* fascinante. Buena parte de la infancia del novelista transcurre en este antiguo barrio de los templarios, ya que en 1814 sus padres se instalaron en la calle del Temple. Algunos años antes había rondado por estas mismas esquinas un jovencito, llamado Wolfgang Amadeus Mozart, que amenizaba con su piano los tés en los palacios del Temple. El ruido de las calesas y los carros en las calles empedradas era ensordecedor. Y todavía se oían en esta época los gritos de los vendedores de arenques, los quincalleros, las vendedoras de pieles de conejo y las verduleras que pregonaban lechugas y remolachas.

En la calle Blancs-Manteaux estaba el Monte de Piedad, aquella bendita institución que tanto odiaban los banqueros y usureros. Porque uno podía empeñar el colchón, recibir unas monedas, comprar unas patatas y, con el beneficio de la venta, rescatar por la noche la cama. Así vivió durante años una pobre abuela que era muy conocida en el barrio. Casi todo el mundo recuperaba sus prendas. Pero Laurence, la hermana pequeña de Balzac, que se había casado con un petimetre holgazán, tuvo que dejar allí, «para siempre, sus diamantes y su bello chal de cachemira». Y me dijeron que, en el almacén, alguien había dejado sin desempeñar una troica rusa. Pensé enseguida que debía haber sido Balzac, a la vuelta de su viaje a Rusia.

Tengo tan hondamente abrigados en mi memoria los recuerdos de este barrio que podría llevaros a ciegas por cada uno de los patios y de los pasajes: los que todavía existen y los que ya desaparecieron, pero que albergaban en mi juventud algunos de los comercios que conoció Balzac: herboristas, grabadores, sombrereros, bordadoras, almacenes de papel y una vieja panadería que olía por la mañana temprano a *baguettes* calientes. Todavía recuerdo una joven dependienta que vendía guantes y que, asomada siempre al escaparate de su tienda, se ofrecía ella misma a los clientes como un maniquí enamorado, con tanta dulzura, que yo la llamaba la «amante de la vitrina». Con los ruidos y los colores de aquel París, podría escribir hoy una sinfonía para la *Comedia Humana*.

En la torre del Temple, demolida por la Revolución, estuvo encerrado Luis XVI y aquí murió también, con sólo diez años, el pequeño Delfín Luis XVII. Educado en la prisión por un zapatero, el pobre niño no recibió más que bofetadas, hasta que le obligaron a confesar que había cometido incesto con su madre María Antonieta.

El maestro que regentaba la escuela donde estudió Balzac, Jacques-François Lepitre, había participado precisamente en un complot de los monárquicos para rescatar de la prisión del Temple a la desgraciada reina. Era un personaje gordo y bien apersonado, que se parecía a los Borbones; tanto, que caminaba desconfiadamente, mirando siempre hacia atrás y arrastrando sus muletas, como si se hubiese escapado de las carretas del Terror.

De la torre del Temple, en la mañana del 21 de enero de 1791, salió Luis XVI camino del cadalso. Le escoltaban cuatrocientos jinetes y mil doscientos soldados de infantería. El carruaje atravesó en silencio las calles de París. Y sólo el padre confesor, sentado a la derecha del rey, se atrevía a hablarle. Cuando, al pie del cadalso, quiso dirigirse al pueblo, un redoble de tambores ahogó su voz. Pero algunos dicen que le oyeron gritar: «Perdono a mis enemigos y espero que mi muerte sea beneficiosa para Francia». Luego rodó la cabeza de aquel pobre hombre y se oyeron gritos: «Vive la Nation», y «Vive la République Française!».

Cuando el conde Hans Fersen leyó esta noticia, en una carta que le enviaba el arzobispo de Tours, pensó que ya era tarde también para rescatar a su reina. Ella, en su última noche en prisión, había escrito una hermosa carta de despedida a todos sus amigos, pero ciertos burócratas de la administración se ocuparon de que no llegara a su destino. Y Hans Fersen no tuvo nunca en sus manos este consuelo. El 16 de octubre de 1793, la odiada austriaca, la reina María Antonieta, fue conducida al cadalso. Sólo preguntaba por su hijo que había quedado prisionero en la torre del Temple. En el momento de acercarse a la guillotina pisó, sin querer, a su verdugo. Y, con su habitual delicadeza, se disculpó: «Perdón, señor, por mi torpeza». Pero ya era tarde para todos, especialmente para el conde Fersen, que había intentado ayudar a esta familia desgraciada. «Nunca he dejado de amarla... Aquella que amé tanto y por la que habría dado mil vidas, ya no está... La imagen de la reina me seguirá siempre en todas partes... He dado orden de comprar en París todo lo que puedan encontrar de ella... Reliquias que serán siempre objeto de mi admiración.» A pesar de que en su juventud había sido ligero y frívolo, nunca volvió a cortejar a una mujer. Y, desde entonces, vivió una vida atormentada, hasta el día de su muerte trágica, acaecida en un motín callejero. Llevaba en el bolsillo un reloj de oro que le había regalado María Antonieta.

En la misma torre del Temple, que se levanta para la eternidad en la puerta del infierno, encerraron a Toussaint-Louverture, el caudillo negro que tuvo una vida rebelde, libertadora y romántica. Luchó valientemente por la libertad de los esclavos de Haití y se dice que Napoleón Bonaparte sentía admiración por su genio audaz. La leyenda cuenta que el bravo haitiano se atrevió a escribir al emperador, encabezando su carta: «Del primer negro al primer blanco». Pero el propio Napoleón acabaría por detenerlo y deportarlo, permitiendo que sus carceleros le maltratasen para que revelase dónde había enterrado su tesoro...

El joven Balzac escuchaba estas historias que conocía toda la gente del barrio. Y su imaginación se desbordaba cuando oía contar a un vecino, cómo Toussaint-Louverture murió en prisión, después de haber revelado el lugar de la isla de Haití, en las colinas de Cahos, donde había enterrado quince millones. Le encontraron muerto en su celda, sentado en un sillón, con la cabeza apoyada en la chimenea, y un brazo lánguidamente caído, como si estuviera dormido. Pero Balzac miraba ya el mundo con ojos de novelista y adivinaba, en los rasgos oscuros de su vecino, que aquel hombre había sido seguramente el carcelero del negro, el esbirro malvado que le había torturado hasta la muerte.

Durante algunos años, Balzac sueña con llegar a ser un gran abogado. Asiste a las clases de la Sorbona, busca una habitación cerca de la Universidad y, para hacer sus prácticas, trabaja como pasante en la calle Coquillière, cerca del desaparecido mercado de Les Halles. Pero pronto se da cuenta de que no le interesan otros pleitos que los de sus personajes. Y, con una audacia temeraria, decide dedicarse a la literatura, a pesar de que no tiene ni un mecenas ni una renta, como tantos jóvenes señoritos que presumen de poetas.

En 1819 se instala en la calle Lesdiguières 9, cerca de la Bastilla, en una buhardilla miserable que domina melancólicamente los tejados de París. «El amor de la ciencia —escribe en *La Peau de Chagrin*— me había arrojado a una buhardilla donde trabajaba durante la noche, mientras que pasaba el día en una biblioteca vecina...»

Este viejo barrio del Arsenal tiene también mucha historia, porque, cuando se suprimieron los molinos de pólvora y las fábricas de cañones, se fundieron aquí las mejores estatuas de los jardines de París y de Versalles. A mí me resulta evocador, sobre todo, por la Biblioteca donde pude leer algunas de las obras menos conocidas de Balzac, juntamente con la historia de muchos prisioneros célebres que habían sido encerrados en la Bastilla, como el marqués de Sade; sin olvidar los autógrafos que había reunido el famoso bibliófilo Jacob.

En la Biblioteca del Arsenal organizaba Charles Nodier sus famosas tertulias literarias de los domingos, a las que acudían Balzac, Lamartine, Víctor Hugo, Dumas y Gautier. Y donde presentó en 1830 su primer libro de versos un joven delgado y rubio, algo tímido, que pronto se haría famoso: Alfred de Musset.

«Cuando el tiempo era bueno, apenas me paseaba por el bulevar Bourdon», escribe Balzac, evocando los recuerdos de aquella buhardilla donde vivió en su juventud. También Flaubert elegiría más tarde este lugar para comenzar su maravilloso retrato de la estupidez burguesa, *Bouvard et Pécuchet*: «Como hacía un calor de treinta y tres grados, el bulevar Bourdon se encontraba completamente desierto».

No le faltaban a Balzac temas de inspiración ni personajes en este barrio, surcado por el melancólico canal del Arsenal. Aquí vivió hasta 1680 Catherine Monvoisin, llamada la Voisin, terrible envenenadora que fue quemada viva. Dicen que esta celestina vendía secretos para conservar la juventud, filtros de amor y un producto muy eficaz que ella llamaba, misteriosamente, «los polvos de sucesión». Cuando la condenaron a muerte se pasó varios días comiendo y bebiendo, rechazó los consuelos del sacerdote y se fue a la hoguera maldiciendo y cantando himnos religiosos como si fuesen canciones de taberna, completamente borracha.

Hace muchos años encontré a Georges Simenon, paseando por las orillas del canal, porque había ambientado aquí alguna de sus novelas y buscaba a sus personajes en este pintoresco rincón de París, tan rico en venenos. Recuerdo que era un día de invierno, brumoso y amenazante, cuando le vi pasar por mi lado, casi fundido en la niebla. Era la época en que se habían manifestado ya los trastornos psíquicos de Denise, su mujer. Y tuve la impresión de que caminaba absorto, atormentado por amargos pensamientos.

La buhardilla de Balzac se conservaba aún a comienzos de los años setenta. Las ventanas se asomaban sobre los patios de las casas vecinas, llenos de ropa tendida. «Nada más horrible que esta buhardilla de muros amarillentos y sucios que olían a miseria... Las tejas rotas dejaban ver el cielo.» Comentaba a sus amigos que las grietas y fisuras de las paredes le ayudaban a soñar y a imaginar palabras. Pero habían desaparecido del suelo las manchas de café, que tanto le obsesionaban.

A veces Balzac se iba a pasear, durante la noche, entre las tumbas del cementerio de Père Lachaise. Así imaginaba los sueños de Rastignac, cuando veía la ciudad iluminada en las orillas del Sena, tendida a sus pies como un reptil brillante. Y así desafiaba a París, que entonces le cerraba las puertas de la gloria literaria. «À nous deux maintenant!» (¡Ahora, este asunto nos concierne a los dos!).

La *Comedia Humana* necesitaba un escenario apropiado, como París: una ciudad fascinante y contradictoria, monstruosa y tierna, brillante y tenebrosa, donde pudiesen vivir y morir, amar y sufrir, esos personajes animados por la ambición, la furia de las pasiones y los sueños del amor. «Ciudad de las mil novelas», la llamaría Balzac.

Y así el novelista fue reclutando en las calles, en los pasajes, en las buhardillas, en las pensiones miserables, el ejército de sus personajes: el ambiguo seductor Luciano de Rubempré, que es uno de los pocos poetas que aparecen en la obra de Balzac («la muerte de Rubempré fue una de las mayores tragedias de mi vida», dirá Oscar Wilde), el estudiante Desplein que quiere ser un médico famoso, el filósofo Lambert, o Rastignac, que sueña con ser ministro...

Pero Balzac conoció también la cara más fría y dura de París. Porque, como todas las grandes ciudades del mundo, este paraíso de los ricos podía ser un infierno para los desheredados. Por eso cuando se refugiaba en su casa de Sèvres, huyendo siempre de sus acreedores, subía al último piso y le decía a un amigo: «¡Vamos a escupir sobre París!».

La gente de la *Comedia Humana*

La *Comedia Humana* es el Nuevo Testamento de la sociedad burguesa, y de todos los advenedizos que dejan sus pueblos para conquistar el éxito en París y convertirse en ministros, banqueros, comerciantes de fortuna, dandis extravagantes, amantes famosas... Si uno escribiese la biografía de todos estos respetables burgueses se llevaría algunas sorpresas, porque algunos de ellos tienen un pasado de delincuentes y ladrones, como el célebre Vidocq, confidente y amigo del príncipe Carlos Luis Napoleón. Pero un aventurero corso, llamado Bonaparte, les ha mostrado el camino. No se conforman, como sus padres, con trabajar una viña o con desempeñar un cargo de escribiente en el fielato de su pueblo, sino que quieren alcanzar la gloria.

El mismo Balzac ha comenzado ya su carrera de conquistador. Alumno aventajado de Laura de Berny, prefiere las mujeres bien maduras, porque no sólo aman más apasionadamente sino que entregan con su corazón fascinantes memorias y secretas novelas. Por eso, a sus veintisiete años, persigue ya a Josefina, la duquesa de Abrantes, que confiesa tener cuarenta y uno. Alguno más, porque era ya viuda del general Junot, uno de los héroes de Napoleón y había sido también amante del canciller Metternich. Ya de mayor, vivía vendiendo todos sus muebles, sus cuadros, sus joyas, sus *objets de vertu*, y hasta los vinos que su marido había conservado en su espléndida bodega: muchos tesoros que provenían, casi todos, de los saqueos en España. Pero seguía conservando un reflejo excitante de su pasada belleza, que conquistó enseguida a Balzac. Para un novelista en ciernes era algo extraordinario poder cortejar nuevamente a una mujer que había vivido en Versalles y que había frecuentado a Napoleón y a Josefina en la Malmaison. Era divertido oírla hablar de las trampas que Napoleón hacía cuando jugaba a la *barre* con las mujeres, haciendo que su inseparable gacela domesticada, que mascaba tabaco como un corsario, las persiguiera por el jardín.

La duquesa de Abrantes tenía un alojamiento en la Abbay-aux-Bois, donde las monjas agustinas alquilaban unas habitaciones a las damas de alta sociedad que querían buscar una vida tranquila, sin retirarse del mundo. En su iglesia se veneraba una Virgen Negra que encendió el fuego de la caridad en algunas almas, como San Francisco de Sales o San Vicente de Paul. Los apartamentos daban al jardín del convento, donde se oía el tañido de las campanas y paseaban las monjas, convertidas en iconos dorados bajo la luz del crepúsculo. Las novicias se distinguían por su toca blanca, fruncida como una col alrededor de la cabeza. Y en aquel «memorial» de las mujeres, Balzac pudo conocer también a otras maravillosas sombras del pasado, como Madame Récamier, que era ya una porcelana Imperio, a menudo sentada al piano, o acostada en un diván. Chateaubriand, venía también a este santuario a visitar a su amiga solitaria y permanecía muchas horas en la habitación, sentado junto al arpa, evocando sus *Memorias de Ultratumba*.

Pero Balzac no era precisamente un poeta y necesitaba alimentarse de vida exterior. Era tan incapaz de versificar que, cuando uno de los personajes de sus novelas debía escribir un soneto, tenía que pedírselo prestado a sus amigos, a Lassailly o a Gautier.

Tampoco fue nunca un periodista y odiaba tanto este trabajo que nunca quiso adaptar la intriga de sus novelas al folletín y prefería publicarlas por entregas iguales, sin contar dónde caía el corte. Podría decirse incluso que no sentía un aprecio especial por las artes plásticas. Prefería las mujeres a las estatuas, los sombreros de moda a los tocados griegos, los andares de las vendedoras de un mercado a la belleza de una Diana clásica. Y, por eso, sus antigüedades tienen siempre más valor literario que estético. Su mundo es la prosa, porque está harto de soñar y su único deseo imposible es vivir la vida. Así son sus personajes, ambiciosos, tremendamente reales y prosaicos. No disimula las arrugas en la cara de sus heroínas ni las ojeras en una belleza cansada, porque el amor de las imperfecciones es tierno y humano.

Y así también él irá dejando su salud en un trabajo ingrato, forzado, movido por su desazón interior. Trabaja cada día hasta las ocho y vive obsesionado entre sus personajes, hasta que cae agotado en la cama para descansar cuatro horas y levantarse, nuevamente, cuando el frío de las madrugadas de París sorprende a los fantasmas dibujando flores malditas en los cristales helados. Para disimular esta mala vida, después de trabajar doce horas, estimulado por el café, se viste de dandi o de banquero y se va a dar un paseo, como si regresase de la Bolsa.

En esta época conoce a Jules Sandeau, el joven estudiante que se ha dejado las fuerzas en la cama y en la hamaca de George Sand. Ella le ha quitado incluso la mitad de su apellido, para convertirlo en su propio seudónimo. Y cuando Jules Sandeau intenta consolarse, contándole sus cuitas de amor a Balzac, éste le responde:

—Ya veo que estás apenado. De acuerdo. Pero hablemos de cosas serias: ¿quién se casará con Eugenia Grandet?

Y, rápidamente, pretende comprometer a su amigo en una descabellada expedición para rescatar el tesoro de Toussaint-Louverture, adornando con muchos detalles la leyenda que había oído contar durante su infancia. Con la misma fantasía escribe entonces *Facino Cane*, la historia de un noble veneciano que ha vivido encerrado en la cárcel de los Plomos y que, al escapar de la prisión, ha descubierto por azar el tesoro secreto de los Dogos.

Una imprenta ruinosa

A los veintitrés años, Balzac comienza su ruinosa vida de negociante, estableciendo una imprenta para publicar novelas populares. Sus delirios de gloria le llevan a crear una fundición de caracteres, dilapidando una fortuna y contrayendo tal cantidad de deudas que nunca conseguirá enjugarlas.

Todavía se conserva en la rue des Marais-Saint Germain 17 –hoy rue Visconti, «una horrible calleja, rebelde a todos los embellecimientos»– la nave donde Balzac instaló su taller de imprenta. Muy cerca vivieron Gérard de Nerval y Henri Heine, poetas de amargo y romántico destino. Pero el barrio, que era bastante triste en sus tiempos, se ha convertido en un lugar maravilloso donde han anidado los anticuarios y los libreros, como ayer anidaron Wilde y el físico Ampère, el acuarelista Fantin-Latour y Edouard Manet, el mayor genio de la pintura moderna. La última vez que anduve rondando por estos lugares, todo se conservaba igual que Balzac lo dejó en 1829. Por eso me dio mucha rabia no encontrar aquella mañana a Jorge Luis Borges en el hotel donde se hospedaba –el mismo donde Oscar Wilde vivió sus últimos días–, porque le habría enseñado este rincón sagrado de París, con la imprenta que él no conocía. Creo que Borges amaba también estos azares que han sido la obsesión de mi obra y que reúnen a los hombres en un mismo lugar, trasponiendo los límites del tiempo, los cálculos del raciocinio y todas las interpretaciones mágicas del destino.

Balzac ocupaba una nave en los bajos y una habitación en el primer piso, con una sola ventana. Y encima instaló más tarde su taller Delacroix que, recién regresado de su viaje a Marruecos, pintó aquí algunas de sus obras geniales. George Sand y Federico Chopin posaron en este taller para el famoso cuadro de Delacroix que les representa a él tocando el piano y a ella, ocupada en sus labores de tapicería, con la vista levantada para mirar al maestro.

Pero el joven Balzac no tuvo fortuna con su imprenta. Angustiado por las deudas sólo tenía ya una opción: trabajar día y noche, intentando vivir de su fantasía y de su pluma.

Huyendo de sus acreedores, se instaló en 1828 en un apartamento, cercano al Observatorio, en la calle Cassini 1. Y hay que decir que no era precisamente una vivienda barata, porque Balzac ya había comenzado su delirio de responder a la ruina con el lujo.

Hoy, el Luxembourg sigue siendo un barrio libresco y literario, con buenas librerías. En la época de Balzac, los jardines del Luxembourg estaban orillados de casas. Y como los propietarios tenían la llave de las verjas podían pasearse de noche por el jardín.

Este mismo barrio será el escenario del dolor de Ferragus, convertido tras la muerte de su hija en un viejo sin ilusiones, que viene a refugiarse en «este espacio sin género, este lugar neutro de París», entre la gente sensata y discreta que «cuando el cielo está despejado» se mueve entre la verja del Luxemburgo y la verja del Observatorio.

Tanta verja podría hacerle pensar en la amenaza de la cárcel, cada vez más próxima. Ni la duquesa de Abrantes ni Laura de Berny, sus protectoras, pueden hacerle sentar la cabeza. Y ahora tiene además una nueva madrina, la marquesa de Castries. Otra mujer intrépida, que había vivido una existencia aventurera. Cuando Balzac la conoció se había apagado algo el encanto de su belleza pelirroja, aunque todavía sus hombros parecían bellísimos, como sus cabellos que tenían los reflejos dorados de una Magdalena del Tiziano. Pero andaba con dificultad, a consecuencia de una caída de caballo.

Aún afectada por su invalidez, la marquesa de Castries seguía siendo rápida como una pantera. Y Balzac, persiguiéndola hasta Aix-les-Bains y Ginebra, tuvo también un accidente al caer de una calesa. Pero el viaje con ella fue más místico que apasionado. Visitaron el desierto de la Grande Chartreuse, cerca de Grenoble. Y cuando consiguió besarla, después de una peregrinación a la Villa Diodati –donde había vivido Byron con Shelley, y sus locas amigas inglesas– ella le hizo comprender que nunca llegaría más lejos.

La aventura de estos dos seres con los riñones destrozados no había sido muy brillante. Pero a Balzac le había permitido conocer otros palacios y castillos, tratar a los parientes de la marquesa que eran descendientes bastardos de los Estuardo y viajar acompañado de lacayos. Además estaba convencido de que nunca le faltaría el apoyo de las mujeres. Su éxito con ellas se debía, sin duda, a su facundia y a su optimismo vital. Era robusto, graso, vulgar: sano bebedor y comilón insaciable. Cuando contaba chistes utilizaba el verbo jocundo de Rabelais. Le gustaban los juegos de palabras y, mientras caminaba a grandes zancadas, como un payaso entre sus invitados, disfrutaba cambiando los proverbios y transformando «un âme en peine» en un «âne en plaine». Sin embargo, era una tumba cuando guardaba un secreto íntimo. Y cuando se abandonaba a sus sueños y relataba historias de tesoros perdidos, sus ojos negros se encendían con reflejos metálicos. Y las mujeres se dejaban conquistar —sólo pasajeramente— por este genio infantil que disfrutaba enfrentándose a una pirámide de melocotones, con la corbata desatada y el cuchillo en alto.

Hay cuatro cosas que le enloquecen: su obra, las mujeres, los negocios y los muebles antiguos. Continuamente pide créditos para embarcarse en aventuras ruinosas. Compra una mina de plata en Cerdeña, se dedica al cultivo de hortalizas y a la producción de abonos, funda editoriales y revistas. A menudo sus negocios no son tan descabellados como parecen a primera vista. Porque tiene un instinto genial para las inversiones. Pero se adelanta al tiempo y no sabe administrar sus gastos. Otras veces es tan ingenuo que descubre sus proyectos a cualquier sinvergüenza que le roba el negocio. Así perdió los beneficios de la mina de plata, después de dejar en esta empresa tres meses de trabajo, sin contar las penalidades de un viaje difícil hasta Alghero. Pero aquellos túneles y pozos de escorias que habían explotado los romanos y que él pensaba recuperar —concitando las bromas crueles de los más calculadores burgueses— serían, algunos años más tarde, un sano negocio para la Compagnia Generale delle Miniere d'Argentiera, que daba trabajo a más de nueve mil obreros. Las barcas de vela cargaban el mineral en la playa de San Nicola. Y recuerdo que, cuando yo visité las minas en 1960, algunos pozos profundos seguían en explotación, aunque nadie recordaba que Honoré de Balzac había sido el primer empresario que quiso recuperar este negocio. Es una pena que, después del cierre de esta industria, se destrozase el paisaje en un proyecto turístico que resultó ser uno de esos muchos fraudes que han enriquecido a los especuladores en el oasis europeo.

El hombre de los apellidos falsos

Cuando se abrió la avenida de Iéna desapareció del mapa de París la calle de las Batailles, donde Balzac vivió en 1836. «Hace un mes —escribe en estos días de trabajo forzado— que no me muevo de mi mesa, y en ella arrojo mi vida como un alquimista echa en el crisol su oro.» El piso lo alquiló con una identidad falsa, firmando el contrato como «viuda Durand». Sin embargo, no fue capaz de mantener mucho tiempo el anonimato ni la discreción y, en cuanto consiguió la vivienda, salió a pasear con una levita azul con grandes botones dorados, y un bastón que tenía el puño de oro y turquesas, que le había costado setecientos francos.

La nueva casa tenía una fabulosa vista sobre el Sena, el Campo de Marte y la cúpula de Los Inválidos. Y en el mobiliario no faltaban los detalles de coleccionista, tan propios de Balzac: un diván turco cubierto de cojines donde uno podía sentirse como un sultán en el harén, telas fabulosas de cachemira y muselina de Indias, cortinas rojas y negras, elegantes arañas, alfombras persas dibujadas como los chales de Oriente, un tresillo con un reloj y dos candelabros de oro sobre la chimenea de mármol blanco, una escribanía de oro y malaquita que parecía salida del Ermitage, y muchas jardineras con rosas blancas y encarnadas. Pero sólo los amigos íntimos conocían la puerta secreta que daba paso a un corredor oscuro y acolchado, y desembocaba en una habitación con una cama y una mesa donde él podía retirarse a trabajar, vestido con su hábito de monje.

Balzac era todo menos un burgués, porque tenía un alma aristocrática, de emperador o de gran duque. Mientras vivía en la pobreza, vestido con su hábito blanco y gastando cuatro céntimos, era capaz de hacer unas cuentas escalofriantes y pródigas. Y cuando los amigos le objetaban, riendo, que aún le sobraban treinta mil francos, respondía: «Siempre tiene que haber un resto para comprar rábanos y mantequilla».

En 1836, Balzac compró también unas tierras en Sèvres y decidió construir allí una mansión, rodeada de tilos, abedules, chopos y viñas. En realidad, su nueva amante, la condesa Guidoboni Visconti, le había ayudado a buscar este refugio, porque instalándose en las afueras podía escapar de la jurisdicción de los guardias de París. Sarah Lowell –pues este era el nombre de soltera de la condesa– llegaría a encargarle la defensa de sus intereses en Italia. Y así le veremos, convertido en serio abogado, paseando por Torino y Venecia, acompañado, como Giacomo Casanova, de una joven disfrazada de paje.

No tenía Balzac muchos problemas para ganarse el amor maternal de las mujeres, aunque luego no sabía o no quería conservarlas. Pero las conquistaba con sus fantasías, con su voz llena, sonora y metálica, que él sabía modular y suavizar como nadie, según el papel que interpretaba. Sus amigos reconocían que pudo ser un gran actor. Era simpático cuando relataba sus viajes, cuando explicaba sus dificultades con los idiomas, cuando imitaba las voces ridículas de sus acreedores: unos melifluos y serviles, otros amenazadores, otros rastreros y avaros. Tenía tantos que los conocía mejor que nadie.

Pero pronto escandalizó a sus amistades, explicándoles que pensaba decorar la nueva casa de las Jardies con mármoles griegos de Paros, con puertas monumentales como las del Trianon, con marqueterías de maderas exóticas, y un jardín que él mismo pretendía diseñar como el de Versalles. En realidad, el jardín era una barranca abrupta en la que los amigos tenían que calzarse los pies con unas piedras para no caer rodando por la pendiente. Pero soñaba con crear allí una plantación de cinco mil piñas y otros frutos exóticos. Y se imaginaba sus fabulosos viveros de cristal, atemperados por un sistema de calefacción. De verdad sentía, levantando los brazos en medio de la nevada de invierno, el perfume tropical de las piñas. Por algo son éstos sus años más delirantes y descabellados, cuando las páginas y los personajes de la *Comedia Humana* vibran con más fantasía.

Desde el primer momento, la finca de las Jardies parecía más una cantera que un paraíso. Pero ya llegarán los magnolios, puesto que piensa comprarlos con veinte años, igual que todos los árboles que, en sus sueños, son casi centenarios. Está tan convencido de que las plantaciones de piña serán un negocio que, acompañado de Gautier, busca en el Boulevard Montmartre una tienda para vender sus productos y piensa que debe pintarla de negro con un rótulo dorado en el que se lea: «Ananas des Jardies».

Y las viñas vendrán, naturalmente, de Tokay, como las cepas que, en la antigüedad –parecía un profeta cuando se inventaba una historia bíblica–, habían crecido en este lugar paradisíaco. No hay duda de que darán un vino de oro, con intrigantes fragancias de naranja y de piña, de miel de tilo y de confitura de limón.

La casa, pintada de colores como una villa italiana, es pequeña y alta. «Parece la jaula de un lorito», confiesa el propio Balzac. Y para acceder al piso alto hay que subir por una escalera exterior. Se diría que es un diseño de Le Corbusier o, quizá, un anticipo de la casa surrealista que construyó sir Edward James en La Huasteca. Pero a un buen arquitecto no le habrían fallado los cálculos, como al maestro de obras que levantó este delirio. Y, en cuanto comenzaron las lluvias y el terreno cedió, los muros exteriores se vinieron abajo con un estrépito apocalíptico, como si hubiesen sonado las trompetas de Jericó. Los escombros invadieron la propiedad situada más abajo y, para que no le denunciasen por daños, sólo le quedó la opción de comprar la finca del vecino. Y, mientras tanto, seguía escribiendo novelas y obras de teatro, pidiendo créditos y cargándose de hipotecas. A menudo los albañiles que trabajaban en Jardies le acompañaban hasta el patio del periódico, esperando que cobrase los derechos de autor, para que les pagase lo que les debía. Cuando salió de Sèvres dejó a deber 600 francos al guarda de la finca, 220 francos a la lavandería y 750 francos al carnicero.

Al cabo de los años, compró la casa Léon Gambetta: un político francés, cuyo nombre fue muy venerado por los radicales.

Quizá gracias a esta providencia se conserva la memoria de las Jardies, aunque la finca fue urbanizada. Y, en medio de los sueños de Balzac, se levanta hoy un megalítico y terrible monumento al ilustre tribuno republicano que parece aplastar la casa y que a mí me inquieta mucho, cuando estos suelos arcillosos comienzan a moverse en los días de lluvia.

El Hôtel des Haricots

Junto a sus *Cuentos jocundos*, Balzac guardaba en su biblioteca un libro de *Cuentas*, en el que había hecho encuadernar todas sus hipotecas, letras, papeles timbrados, facturas impagadas y denuncias. Pero esta obra, que tanto divertía a sus amigos, le proporcionó una gloria dudosa: una semana en la prisión del Hôtel Bazancourt, más conocido como el «Hotel de las alubias». Todavía se conservan en las paredes los dibujos y graffiti de los artistas que cayeron en estas redes, aunque no se vivía mal en esta prisión, donde Balzac compartía la mesa con Eugenio Sue: un personaje extravagante que comía en vajilla de plata, servido por su criado. Hijo de un médico de Napoleón, Eugenio Sue había sido apadrinado por Josefina Beauharnais. Se enroló en la marina y escribió fabulosas novelas de aventuras, que hoy me parecen injustamente olvidadas. Pero se inclinó luego hacia las ideas del socialismo utópico y se hizo famoso escribiendo novelas populares.

En 1837, huyendo siempre de sus acreedores, Balzac pudo esconderse en una morada más noble: la mansión de los Guidoboni Visconti, en los Champs Elysées. No en vano se decía que el novelista era el padre de Lionel-Richard, el hijo recién nacido de la condesa.

Para evitarle la vergüenza de una nueva prisión, su generosa amante pagó una cuantiosa fianza. Quizá no sabía que él ya perseguía a otra rica aristócrata: la condesa polaca Eva Hanska con la que se había citado, cuatro años antes, en Neufchâtel y en Viena.

Eveline Hanska, descendiente de una familia de músicos alemanes, estaba casada con un rico conde polaco. Su familia había servido también al zar, y tenía una bella mansión en San Petersburgo, en la calle Millonaria, cerca del palacio imperial. Su hermana Carolina –la leona de Odesa– fue amante de Adam Mickiewicz, el gran poeta polaco. Y, desde su juventud, Eveline había conocido y tratado también a grandes artistas, como Pushkin o Glinka. Quizás esa educación había influido en su carácter fantasioso e imaginativo. Y en 1832 había escrito cartas apasionadas a Balzac, desde Odesa, firmándolas con el nombre de La Extranjera. Él debía contestarla en el periódico, enviando notas a la que escribía con este seudónimo. No sabía entonces que su misteriosa corresponsal estaba casada con el conde Paul Hanski, un mariscal polaco, y que no tenía 27 años, como declaraba, sino 33. Y además había traído al mundo cinco hijos, de los que sólo sobrevivía una hija. Pero nada importa: para él será desde ahora la Princesa Lejana, la Estrella del Norte, «la única mujer que he amado verdaderamente en mi vida».

Los amores de Balzac nacen siempre envueltos en un sobre. Porque hay que recordar que la duquesa de Castries también había entrado así en su vida, firmando sus cartas como *Una mujer que no quiere darse a conocer*.

Muy a menudo me he preguntado si es verdad que la vida forma a los novelistas. Pero Balzac no vivió. «He dicho –confiesa en un momento de amargura– que moriré de pesadumbre el día que me dé cuenta de que resulta imposible realizar mis esperanzas. Aunque no haya hecho todavía nada, siento que el día se acerca. Seré la víctima de mi propia imaginación.» Trabajó tanto que apenas tuvo tiempo para soñar la vida. Y pienso que, como sus personajes, tuvo sólo una existencia literaria y fantástica. Hasta sus amores apasionados con la condesa Eve Hanska fueron, en buena parte, una fantasía epistolar. Durante muchos años tuvo que conformarse con escribir cartas románticas a esta amante lejana. Y, al fin, cuando ella le dio un hijo, un hijo de verdad, nació muerto.

Angustiado por las deudas, Balzac sólo tenía una opción: trabajar día y noche, intentando vivir de su fantasía y de su pluma. Nadie como él era capaz de transformar su pobreza en energía, su energía en vida: en vidas ajenas, claro está, porque la entrega al trabajo puede ser la forma más romántica e imprudente de la generosidad. Pero las novelas le exigían muchas correcciones. Llenaba las galeradas de cambios y arrepentimientos. Sus manuscritos y las pruebas de sus novelas eran, a veces, casi ilegibles.

Recuerdo haber visto una de estas novelas, encuadernada con las correcciones tipográficas, en la colección de autógrafos de Stefan Zweig. Sé que a mi maestro le había impresionado tanto esta voluntad de perfección, que él mismo se mostraba a veces exigente y cruel con sus originales, siempre insatisfecho del resultado artístico. Y pienso que esta obsesión le fue arrinconando también en el desengaño y en la melancolía. Y cuando las sombras de la tristeza se abatieron sobre él en Petrópolis sólo se quejaba de no tener a mano los originales de su biografía de Balzac —abandonados en su lejana casa de Londres— que para siempre quedaría incompleta.

Pero Balzac, tan exigente con la novela, era capaz de producir cuatro obras de teatro en un mes, trabajando descuidadamente, a veces descabelladamente, sólo por ganar unos francos.

Así, duplicando el esfuerzo, volviendo a endosarse su hábito de cartujo, conseguía reponer su economía. Pero esa vida prisionera y cerrada, propia de un galeote, resecaba su espíritu y agotaba su creatividad.

No pocas veces sus amigos intentaron ayudarle. Y George Sand, siempre generosa, le invitó una temporada a su palacio de Nohant, que fue, en diferentes momentos, el refugio de todos los románticos: Jules Sandeau, Balzac, Liszt, Gautier, Delacroix, Flaubert y Turguéniev, con su inseparable amante española, Paulina García, que cantaba acompañada al piano por Chopin. A George Sand le gustaba la vida de campamento y disfrutaba cuando la casa estaba llena. Y por eso es fácil evocar todavía al círculo de los amigos de la escritora, en esta encantadora mansión, decorada con tantos fetiches mágicos: las vitrinas llenas de recuerdos de viaje, las estanterías con bellas porcelanas, las colgaduras de telas de Jouy, las colecciones de mariposas y fósiles, las barrocas lámparas de Murano que debían recordarle a ella tantas historias venecianas... En los grandes retratos de familia están todos los mariscales de la línea paterna, aunque no hay rastro de la madre, hija de un humilde vendedor de pájaros. Es una pena este olvido, porque me parece que las mujeres de esta saga familiar tenían más inteligencia y más arrestos que los hombres. Entre tantos invitados, el pobre Casimiro, el marido de la escritora, tuvo que abandonar su habitación matrimonial e instalarse pacientemente en un ala accesoria de la casa, donde la Sand había construido un teatro. Pero esta mujer rebelde no se cansaba tampoco de trabajar. Y Balzac nos ha descrito la habitación y la mesa donde ella escribía cuarenta páginas diarias, sin contar las innumerables cartas que envió a sus amigos.

La estancia en Nohant y los paseos bajo los cedros del parque aliviaron un poco las cuitas de Balzac. Pero en 1838 fue detenido dos veces por deudas, en 1839 estuvo encerrado en la prisión de Sèvres, y en 1840 la casa de las Jardies, que tantas preocupaciones le había acarreado, fue embargada por sus acreedores. En los muros de la vivienda se veían escritos con carbón los nombres de las obras maestras que debían decorarla: tapiz de Gobelinos, espejo de Murano, cuadro de Rafael... No era una originalidad de Balzac, porque Gérard de Nerval decoraba así sus casas.

Y, para compensar esa vida infeliz, seguía gastando sin medida. «¡El pomo de la cisterna de nuestro retrete es de cristal de Bohemia verde!», le escribe, con la ilusión de un niño, a su amada Eve Hanska. Ella, para consolarse, coquetea con Franz Liszt, que acaba de dar unos conciertos de piano en San Petersburgo. El pianista también tiene un pomo de cristal de Bohemia verde, pero lo lleva elegantemente en uno de sus bastones.

En noviembre de 1840, huyendo siempre de sus acreedores, Balzac alquila un pequeño refugio en el pueblecito de Passy, que era entonces un paraíso escondido en los alrededores de París, donde la gente venía a tomar las aguas termales. Todavía la calle Berton conserva su aire campesino, entre viejos muros cubiertos de hiedra.

El refugio, situado en una pendiente abrupta, tenía algunos inconvenientes: cinco familias que vivían en la planta baja, con una prole de niños llorones. Pero la principal ventaja era que la disposición de la casa permitía escapar por el jardín trasero cuando los acreedores llamaban a la puerta.

Todo era escondido y angosto, porque la vivienda se ocultaba en un laberinto de pequeñas construcciones, en diferentes niveles. Y por eso Gautier, con buen sentido del humor, comentaba que había que entrar *«juste comme le vin entre dans les bouteilles»*. La puerta de la calle se abría casi en el tejado, como una buhardilla, y había que descender tres pisos para llegar a las habitaciones principales.

Balzac alquiló la casa utilizando el nombre de su sirvienta, Madame de Breugnol. Pero, como medida de precaución, dio a sus íntimos un santo y seña: «Ha llegado la temporada de las ciruelas» o «Traigo los encajes de Bélgica para Madame de Breugnol».

Louise Breugnol tenía unos cuarenta años y era algo más que un ama de llaves, porque ayudaba a Balzac en su trabajo, negociaba sus contratos y le acompañó en alguno de sus viajes. Además, nunca rechazó sus impulsivos arranques de cariño que ella, gordita como una hermana tornera, sabía agradecer con ternura, dejándose amar en la cocina, el tiempo justo que necesita un *gigot* de cordero, entre la harina recién amasada y el vino dulce, entre las ciruelas perfumadas y las especias derramadas.

Los amigos venían a menudo a disfrutar de su hospitalidad, porque Balzac era también un genio inventando recetas, algunas de ellas tan discutibles como el puré de cebollas que le causó una indigestión a Lassailly, o las sardinas con mantequilla que le gustaban con delirio. Pero los vinos solían ser excelentes, sobre todo cuando Balzac mismo ponía toda su imaginación para presentarlos en la mesa, explicando que un Burdeos había dado tres veces la vuelta al mundo o que un Châteauneuf-du-Pape procedía de la cava de un alquimista —era muy aficionado a las ciencias ocultas— o contando la historia de un viejo barril de ron que había sido rescatado en una isla perdida del Caribe, entre los tesoros de un corsario. Se bebía, sin mostrar signos aparentes de turbación, dos botellas de blanco Vouvray. Y para acabar la cena siempre había peras, porque las devoraba a docenas, igual que el siniestro Robespierre comía las naranjas.

He pasado muchas horas en esta casa de Passy donde Balzac escribió las últimas páginas de la *Comedia Humana*. Mil veces he cruzado, bajo la lluvia, el pequeño jardín donde crecen las viñas y las lilas, y donde la alheña esparce un perfume de viejo champagne. Hace más de treinta años me gustaba refugiarme allí en las tardes de invierno, cuando los visitantes habían abandonado ya el museo. Desde las ventanas se veía, en otros tiempos, la clínica donde el célebre doctor Blanche encerraba a sus locos y donde el pobre Gérard de Nerval pasó sus últimos días. No sé por qué su cara me recordaba a Dostoievski: la misma frente ancha y atormentada, los mismos ojos escudriñadores... Nerval se había quedado huérfano cuando sólo tenía dos años. Y los médicos que le trataban en el manicomio se sentían conmovidos cuando contaba sus alucinaciones, porque —en su locura— había convertido a su madre en reina de un maravilloso cuento de hadas. Quizá por eso amó a una mujer enloquecidamente, hasta arruinarse en el intento generoso de protegerla. Cuando ella le abandonó, él se paseaba por París arrastrando su corsé, y le hablaba incluso como si fuera su perro. Y un día de enero de 1856 le encontraron colgado de una verja.

A mí también debían tenerme por loco, pero me dejaban entrar y contemplar el crepúsculo desde la mesa de trabajo de Balzac, milagrosamente salvada de tantos traslados y embargos. «Esta mesa ha visto todas mis miserias, enjugado todas mis lágrimas, conocido todos mis proyectos, compartido todos mis pensamientos. Mi brazo casi la ha gastado a fuerza de rozarla mientras escribo.»

La chimenea de mármol estaba apagada. Pero, en los días fríos, el conserje me ofrecía un café, que yo tomaba religiosamente, delante de la cafetera en la que Balzac había calentado mil veces el filtro amargo que le permitió escribir tantas páginas maravillosas con su trabajo insomne. Treinta mil líneas en 1841. Cuarenta mil en 1842.

Él mismo se preparaba su mezcla de cafés arábica: martinica, moka y bourbon, que compraba en tres tiendas diferentes. La cafetera, marcada con las iniciales HB y una corona condal dorada, poseía un hornillo para mantener el café caliente. Hasta en este aspecto no era muy refinado y se contentaba con un pocillo recalentado.

Un sueño de veinte mil hectáreas

En el verano de 1843, cuando la condesa Hanska ya está viuda, Balzac decide ir a reunirse con ella en San Petersburgo. El viaje de París a Rusia es agotador, atravesando el norte de Europa en calesa para tomar luego un barco hasta San Petersburgo. Pero no le importa acometer esta locura, porque cree que el matrimonio puede ser ahora la culminación feliz de su larga y difícil relación epistolar. Quiere recordarle a Eve cuántas veces le había jurado amor en los años lejanos de Suiza, cuando el matrimonio entre ellos era imposible. Además, Balzac tiene un renombre literario bien ganado en Rusia y piensa gozar de este triunfo social. Desde que desciende del vapor Devonshire que le ha llevado hasta las orillas del Neva se siente adorado y poderoso como un sultán. Se instala en casa de Madame Tardiff, en la calle Millonaria, porque así está casi enfrente del palacio donde vive su amada, que quiere guardar las apariencias. Sin embargo, en San Petersburgo todo el mundo conoce la historia. Es tan famoso que los peluqueros de la ciudad leen sus novelas para copiar el estilo de los peinados. Y un joven y desconocido escritor, llamado Fédor Dostoievski, traduce en tres semanas *Eugenia Grandet* para rendirle homenaje.

En San Petersburgo, disfruta rodeándose de sus admiradores en el palacio de la condesa. Se pasea como un sultán por aquellos salones decorados con antigüedades más valiosas de las que él pudo jamás comprar en las casas de subasta: preciosos escritorios de palisandro y maderas finas, fabulosas cornucopias que parecen salidas del Palacio de Invierno, suntuosas cortinas con estampados de fondo verde que hacen juego con la colcha del dormitorio, relojes de oro que llevan la firma de los orfebres de los zares y un paravent de chimenea que es barroco como la cola de un pavo real.

Quizás espera también que ella le redima de todas sus deudas, rescatándole de su vida de trabajos forzados. Pero Eve Hanska aplaza una y otra vez la boda, con el pretexto de que debe casar primero a su hija.

Para convencerla la persigue a través de media Europa, de Rusia a Italia, de Holanda a Bélgica, de Dresden a Kiev. Sus vidas son muy distintas. Él, viviendo siempre entre sus fantasmas, sus deudas, sus fundaciones y sus delirios. Ella, rodeada de tres mil siervos, en una propiedad de veinte mil hectáreas.

Los largos viajes comienzan a minar su salud y a fatigar su corazón, ya muy castigado por un trabajo excesivo. Pero todavía tiene fuerzas para comprar una nueva casa en la calle Fortunée 14 (hoy rue Balzac), cerca del arco de L'Étoile. Era un palacete misterioso que había pertenecido a un rico financiero y que conservaba algunos detalles de su esplendor: elegantes escaleras, puertas con marcos de ébano, arrimaderos de nogal, una galería iluminada con luz cenital y un pequeño jardín.

Eve Hanska le presta un capital para que vaya decorando este palacio. Y él gasta tres veces más. Compra jarrones chinos, tapiza los sillones del salón de damasco con botones dorados, ordena sus libros en oscuras librerías de estilo *boulle*, con bellas lacas y con incrustaciones de peltre y carey, cubre los suelos de alfombras y las paredes de estanterías con delicadas porcelanas, y decora con bajorrelieves de estuco el mármol blanco del cuarto de baño. Siempre ha necesitado gastar una fortuna en delirios: guantes, carrozas, lacayos, muebles antiguos... y un palco en la Ópera. Pero no sería Balzac si no amase, también, las joyas falsas. Esa es la diferencia entre un genio y un inversor sin riesgo.

Algunos de los muebles que ha ido salvando de sus expropiaciones le acompañan, en una mezcla delirante de buenas y falsas antigüedades: una taza de Sèvres, firmada por Watteau (un pintor que había muerto antes de crearse la manufactura); cuadros falsos de Rafael y Giorgione; un mueble de ébano que, según él, había pertenecido a María de Médici... Sus amigos, tomándole a broma, corrían la voz de que se había vuelto rico como Abulcasem, y tenía en su casa tres cisternas llenas de piedras preciosas.

Finalmente, en 1850, cuando se celebra la boda en un pueblecito de Ucrania, ya Balzac es un hombre valetudinario y enfermo. Y el viaje hasta París acaba con sus últimas fuerzas. Ni siquiera se mueve de los hoteles, mientras la condesa va comprando joyas, sombreros y vestidos en todas las etapas.

Pero la entrada en París es digna de las mejores páginas de *Las Ilusiones Perdidas*. Llegan a medianoche, y la casa está iluminada. Balzac ha dado órdenes de que los salones aparezcan resplandecientes, ha mandado comprar ramos de flores para que no haya un jarrón vacío, y ha pedido que preparen el ambigú y los vinos para una recepción inolvidable. Está ansioso, esperando que su amada Hanska vea las obras de arte que ha coleccionado para ella. Pero nadie responde cuando llaman a la puerta. Y, cuando al fin un cerrajero abre el portón, se encuentran un espectáculo deprimente: el criado se ha vuelto loco y tienen que encerrarlo aquella misma noche en un manicomio.

LAS ILUSIONES PERDIDAS

Después de este viaje de bodas, Balzac no vivirá más de cinco meses. «Ya no puedo leer ni escribir», le dice amargamente a Theo (así llamaba cordialmente a Gautier). Apenas si tiene fuerzas para recibir a sus viejos amigos. Pero la condesa Hanska, siempre tan coqueta, prefiere a los más jóvenes. Ella ha cumplido ya los cuarenta y cinco años, pero tiene un acento ruso que la hace interesante y unos andares provocativos. Bajo el raso de las faldas se le marcan las nalgas firmes, bien sostenidas y dibujadas, como las estatuas de bronce o los marfiles eróticos que coleccionaba Balzac.

Es curioso que un hombre que amaba tanto los fetiches antiguos no nos haya legado ni siquiera su propia mascarilla. No pudo hacerse el vaciado, porque el cadáver comenzó a descomponerse rápidamente. Para esculpir la famosa estatua del autor de la *Comedia Humana*, Rodin tuvo que recurrir a todos los métodos imaginables: escribió a los amigos que le conocieron, consiguió que el sastre de Balzac le enviase sus medidas, y se inspiró en un daguerrotipo de Nadar en el que aparece el escritor en sus últimos días, cuando ya estaba gordo, apopléjico y gravemente enfermo.

La fortuna se le ha rendido tarde, demasiado tarde. Balzac tiene sólo cincuenta y un años, pero ha publicado casi un centenar de novelas. Como algunos de los personajes de la *Comedia Humana* ha llegado a entrever la gloria cuando ya no le quedan fuerzas para disfrutarla. Gordo, cansado, bronquítico y envejecido, padece graves trastornos circulatorios. Ve doble, tiene las piernas hinchadas, pierde a ratos la memoria y, a veces, vomita sangre.

No sé si en algunos de sus delirios piensa en Lionel-Richard, el hijo que le dio la condesa Guidoboni Visconti. Debe tener ahora catorce años. Y llegará a ser oficial en la Marina francesa.

Como no me gusta dejar a mis muertos en deudas de amor, le seguí la pista y encontré su tumba, muy deteriorada, en un lugar de Italia, junto a Villa Galvagna. En la piedra gastada le dejé una rosa blanca, que era la flor preferida de su padre, y me detuve a meditar un momento delante de la inscripción en francés que dice «Jesús, aie pitié de moi». Me contaron que se suicidó a los treinta y siete años, después de regresar de su destino en San Petersburgo. Casi lo mismo que su padre, que también se estaba muriendo a la vuelta de un viaje a Rusia.

Balzac comenzó comprando un espejo dorado, y ahora tiene ya la colección completa de los *netsukes* de la *Comedia Humana*: 2.505 personajes, retratados con todo detalle.

Pero ya es tarde, demasiado tarde. Una herida que se ha causado al tropezar con un mueble desencadena el final. En cierta manera, es un buen final para un coleccionista de antigüedades.

Cuando Víctor Hugo viene a visitarle en el lecho de muerte, la gangrena ya está devorando las últimas carnes vivas que le quedan a este cadáver. Desde el 14 de marzo en que contrajo matrimonio hasta este 18 de agosto no ha levantado cabeza.

Theo Gautier, que se encuentra pasando el verano en Venecia, se sienta en el café Florian y pide el *Journal des Débats*. Y allí lee la noticia de la muerte de Balzac, tan incomprensible, porque todos pensaban que aquel cuerpo enorme, animado siempre por un vendaval de ideas, era muy fuerte. No sé si el bueno de Gautier se acordó en aquel momento de acercarse a uno de los lugares venecianos que más amaba Balzac: un palacete del Gran Canal donde se dice que había vivido Desdémona.

Le enterraron en el cementerio del Père Lachaise, entre todos los muertos de la *Comedia Humana*.

Desde lo alto de la colina del cementerio, Balzac había contemplado muchas veces el inquietante sueño de París, como el joven Rastignac había asistido al entierro del Père Goriot:

«A las seis en punto, el cuerpo del Père Goriot fue descendido a su fosa... El día iba cayendo, un crepúsculo húmedo agarrotaba los nervios.»

Y, con parecidas palabras, describe Víctor Hugo el entierro de Balzac. Su tumba se levanta en lo alto de la colina, en un lugar donde puede contemplarse todavía la imagen de los tejados de París: lo que queda del viejo París de Goriot.

«Todos hicimos el trayecto a pie. Descendieron el ataúd a la fosa, abierta junto a las tumbas de Charles Nodier y Casimire Delavigne... Todo París surgía a lo lejos en la espléndida bruma del crepúsculo. Casi a mis pies el suelo se desmoronaba sobre la fosa, y el ruido de la tierra que caía sobre el ataúd interrumpía mi discurso.»

Enfrente se levanta también la tumba de Gérard de Nerval, donde nunca he visto flores. La última vez que fui a visitarle le dejé unas violetas al pie de la columna. Y un gatito que me acompañaba todo el camino se revolcó en las hojas muertas y comenzó a ronronear de contento, como si el perfume de mis flores fuese una droga.

«Levanté el cobertor —escribe Víctor Hugo, recordando la última visita que hizo a su amigo— y tomé la mano de Balzac. Estaba bañada en sudor. Se la apreté, pero él no respondió a la presión... Tenía el rostro violáceo, casi negro, inclinado hacia la derecha...»

En una casa de subastas encontré un Cristo así, pero valía una fortuna. «Es una pieza especial —me advirtió el anticuario— porque tiene una talla muy realista. Fíjese que tiene los pies clavados por separado. Por eso lo llaman «el Cristo de los Cuatro Clavos.»

No tuve fuerzas para ver cómo lo subastaban, ni cómo se lo llevaba a su casa un inversor de antigüedades. Era un día de otoño frío en París, pero me senté en la terraza de La Coupole. Desde la mesa donde escribía podía ver la estatua de Balzac que esculpió Rodin, en la esquina del Boulevard Raspail. Yo creo que a Balzac —tan dandi— no le habría gustado dejar esta imagen, porque parece que se sostiene los pantalones debajo de la bata, como si estuviese saltando en «una carrera de sacos». Pero es una obra genial y dramática, voluntariosa, impresionante, sobrenatural. Cuando uno la contempla, recortándose entre los árboles desnudos del otoño o a la luz de la luna en los bulevares desiertos, parece algo espectral y dantesco. Se diría que el fantasma insomne de Balzac se levanta sobre París, con los ojos vacíos, con el cuerpo helado, envuelto en la toga de los muertos nobles que regresan del más allá, cubiertos de nieve de estrellas, agitados por el viento y la energía radiante de la inmortalidad.

Ángeles de todos los colores, y uno azul

LADY MELBOURNE EN TAORMINA

«Ella abrió la puerta y contempló la lluvia persistente y pesada, como un telón de acero, y sintió el súbito deseo de salir corriendo y atravesar el chaparrón, huyendo. Se puso en pie, y comenzó a quitarse rápidamente las medias, luego el vestido y la ropa interior, y él contuvo el aliento. Sus pechos animales y puntiagudos oscilaban y se mecían al ritmo de sus movimientos. Su cuerpo tenía el color del marfil bajo la luz verdosa.»

Digamos, para empezar esta historia, que a Sarah Melbourne la conocí, hace casi cuarenta años, en un barco italiano que hacía el trayecto de Génova a Nueva York. Sarah no se llamaba Sarah, y su hija Barbara tampoco se llamaba Barbara; pero es verdad que a su marido le llamaban Putifar.

Como siempre he sido muy aficionado a los barcos, hicimos enseguida buena amistad, porque ella había conocido los mejores trasatlánticos de los años treinta: el *Normandie,* el *Queen Mary,* el *Bremen* y el *Conte di Savoia.*

—Mi preferido fue siempre el *Conte di Savoia* —comentó Sarah, mientras acariciaba en sus manos una edición antigua y muy releída del *Lady Chatterley's Lover*—. Era una nave bellísima, con su casco negro y dos grandes chimeneas, pintadas con las franjas de la bandera italiana. Fue el último barco del viejo estilo que surcó los mares, antes de que se impusiera en todas partes el *art déco.*

Sarah disfrutaba hablando de aquel barco que tenía todos los lujos: camas con baldaquino, un bar decorado con bambúes como una cabaña de los Mares del Sur y una veranda acristalada sobre el mar. La famosa Sala de las Columnas estaba decorada con pinturas y mármoles, como el *foyer* de un teatro de ópera.

Mientras ella hablaba, yo seguía el movimiento de sus dedos, que hojeaban con extrema delicadeza las páginas de aquella novela de D.H. Lawrence. Siempre me ha excitado el movimiento de los dedos femeninos sobre el lomo fatigado de los libros viejos, como si sólo las mujeres fuesen capaces de acariciarlos con la ternura que requieren los sueños que se pierden en las noches difíciles. Y fue Sarah Melbourne quien me dio a conocer la obra de D.H. Lawrence, porque era su autor preferido.

—A Lorenzo —a ella le gustaba llamarle así, como lo había hecho su mujer— lo conocí precisamente en el Conte di Savoia.

Hablaba con el tono intrigante que utilizaba cuando quería confundir a la gente. Y añadió enseguida, para ser más desconcertante:

—Pobrecillo, era su último viaje. Quiero decir que ya sólo quedaban sus cenizas.

Y cuando llegamos a Villefranche ya me había contado todos los pormenores de la vida y de la muerte del infortunado David Herbert Lawrence. Supe así que había muerto en Vence —uno de los más poéticos lugares de Provenza— donde Frieda, su mujer, le enterró bajo un sencillo monumento, hecho con guijarros que cogieron en la playa.

—Lorenzo comparaba el paisaje de la Riviera a «un barco de dos o tres puentes, con campesinos en la bodega» —comentó Lady Melbourne. Y añadió con una nota de humor negro que no era habitual en ella—: Algo así como la tercera clase del *Conte di Savoia*.

Al morir Lawrence, Frieda —que ya le había engañado varias veces— regresó con uno de sus amantes: un joven oficial de *bersaglieri*, llamado Angelo Ravagli. Ella, que tenía más de cincuenta años, no olvidaba a este amigo que la había amado apasionadamente en los viñedos de Spotorno, bajo una salvaje tormenta de lluvia.

«Era una forma pálida y extraña que corría inclinándose y levantándose, curvándose de modo que la lluvia la azotara y se deslizase sobre sus caderas mórbidas, alzándose de nuevo y exhibiendo provocativamente el vientre mientras avanzaba, después agachándose, una vez más, de forma que sólo los flancos redondeados y las nalgas se ofreciesen, en una especie de homenaje a su hombre, como si repitiese una salvaje reverencia.»

El viñedo de Villa Bernarda en Spotorno (*«the house stands above the town with a big vineyard garden»*) donde el joven teniente desnudó a aquella mujer casada, catorce años mayor que él, es hoy una reliquia.

«Estaba ya casi en el camino cuando él la alcanzó y rodeó con su brazo desnudo su suave cintura mojada. Ella dio un grito y se enderezó, restregando contra su cuerpo su carne dulce y fría. Y él estrechó arrebatadamente la masa de carne blanda, fresca, de mujer, que al sentir el contacto se puso enseguida ardiente como una llama. La lluvia se derramó sobre sus cuerpos, hasta que humearon. Él le cogió las nalgas redondas, adorables, una en cada mano, y las apretó contra su cuerpo frenéticamente, temblando extático bajo la lluvia.»

En 1928, cuando D.H. Lawrence publicó *El amante de Lady Chatterley*, le quedaban apenas dos años de vida. Había escrito muchas páginas autobiográficas, aunque nunca había llegado tan lejos, describiendo sin pudor los amores de su mujer con un amante. Pero ahora, minado por la tuberculosis, se sentía impotente, como el protagonista de su obra, que vivía postrado en una silla de ruedas. «Tullido para siempre, era consciente de que no podría tener hijos... Tenía una silla de ruedas normal y otra con un pequeño motor acoplado, con la que podía recorrer despacio el jardín y el hermoso y melancólico parque...»

David H. Lawrence era más afortunado, porque su enfermedad le permitía todavía seguir rodando por el mundo, desde Florencia hasta la Riviera, «donde se puede disfrutar de algunos días soleados, como no existen en la oscura Inglaterra». Se alimentaba ya solo de té y de jaleas que le mandaban sus amigos. Estaba gravemente herido por la tuberculosis y no tenía las fuerzas del teniente de *bersaglieri*; aunque sabía amar mejor, incluso cuando –convirtiendo el *eros* en *aghapé*, como los ángeles iniciados– sólo utilizaba ya la palabra.

En 1930, a la muerte del escritor, Frieda y su amante se fueron a México, donde vivieron veinte años en el Rancho de San

Cristóbal, en una casa que había pertenecido a Mabel Lodge Luhan —una mujer extraordinaria— que fue mecenas de Lawrence y que le dejó esta herencia.

Pero, en 1935, Frieda encargó al teniente que regresase a Vence a buscar los restos de su marido. No debió de ser un cometido fácil para aquel semental que entendía poco de aventuras poéticas. Mandó exhumar el cadáver, pidió que lo incineraran en Marsella y subió a bordo del *Conte di Savoia,* con la urna en las manos.

—Todo el mundo sabe que tiró las cenizas por la borda —me explicó, con todo detalle, Sarah Melbourne—. Yo misma se lo oí contar en el barco, un día que había bebido demasiado whisky.

Me parece que Frieda no fue nunca consciente de que había llegado tan lejos en la infidelidad a su marido, poniendo sus cenizas en manos de un cretino. Cuando escribía mi libro *Memorias de México* anduve explorando un poco las tierras del Norte, buscando los recuerdos de D.H. Lawrence, entre pintorescos anfiteatros y cañones. Debido a la altura, era bastante cansado abrirse camino por estas sendas, que ayer recorrían los indios para llegar a las orillas del Río Grande. El paisaje me recordaba muchas páginas de los libros de Lawrence, como *Saint Mawr* o *La Serpiente Emplumada*. Y así llegué hasta el Kiowa Ranch de San Cristóbal, con sus pequeñas casitas rojas, construidas con madera de pino.

El propio Lawrence trabajó con los indios para reparar aquellas cabañas, donde quiso crear una colonia de socialistas utópicos, a la que llamó Rananim. Pero sólo la pintora Dorothy Brett, que había sido amiga de George Bernard Shaw y de Virginia Wolf, aceptó la invitación. Ella ayudaba a Lawrence a copiar a máquina sus manuscritos. Como era sorda, utilizaba una trompetilla. Y él, a gritos, le hablaba de las estrellas, cuando —al caer la noche, majestuosa, sobre las montañas— se sentaban debajo del pino que, «como un ángel guardián», levantaba su gigantesco y centenario tronco delante de la casa.

—¿Has dicho, Walt Whitman?

—No, querida: Dostoievski. El cometa de Whitman se ve por las mañanas, como un camino blanco que rompe las sombras.

Por la noche, cuando no hay luna, sólo nos llega la luz de Dostoievski.

Me habría gustado leer el libro que Henry Miller quería dedicarle a Lawrence, y que nunca acabó ni publicó. Creo que nadie estuvo más cerca de los delirios eróticos del autor de *El amante de Lady Chatterley*. Pero Lawrence le dejaba siempre la iniciativa a las mujeres y, por eso, se adelantó a las costumbres de nuestro tiempo. Por el contrario, Miller despertaba en ellas un instinto feroz, como le ocurrió a Anaïs Nin, revelándoles su lado masculino y violento. Y por eso fue Anaïs la que escribió un libro sobre Lawrence, mientras Henry —fumando flemáticamente su pipa— se dedicaba a sus colosos, a sus excesos, a sus demonios.

Cuando regresó a Nuevo México con su amante, después de la muerte de Lawrence, Frieda mandó construir una capilla blanca, rodeada de árboles, en lo alto de una roca. Fue allí donde me enseñaron un altar y una urna, en la que muchos creen todavía que se conservan las cenizas del escritor.

La verdadera historia es más irreverente y prosaica. Frieda murió en México en 1956. A pesar de sus traiciones, no había olvidado a su poeta y se hizo enterrar en la misma capilla que había construido en el rancho. Pero Angelo Ravagli murió rico en Spotorno, en 1975, con más de ochenta años. Había heredado un tercio de la herencia de Lawrence, con la parte proporcional de los derechos de *El amante de Lady Chatterley*. Y según me dijeron en San Cristóbal, se lo vendió todo, antes de regresar a Italia, incluyendo las «escandalosas» pinturas de Lawrence que hoy decoran la Fonda de Taos.

Ni Dorothy Brett, ni Mabel Lodge Luhan —las amigas fieles de Lawerence— estuvieron jamás de acuerdo con las decisiones que Frieda tomó a la muerte de su marido. Tampoco he comprendido nunca por qué Frieda quiso rematar el memorial Lawrence en Nuevo México con un fénix. Es verdad que él se identificaba con este animal. Pero ella sabía también —mucho mejor que yo— que Lawrence, nada más llegar a la cabaña, había pintado un fénix en la tapa de su retrete.

Un aburrido Tedeum

Sarah pertenecía a la más antigua nobleza inglesa y su árbol genealógico se remontaba hasta Guillermo el Conquistador, pero yo le cambié su ilustre apellido, llamándola Melbourne en homenaje a la fiel amiga de Lord Byron: aquella dama que tenía un instinto especial para concertar amores que duraban una primavera y rencores que perduraban una eternidad.

Sarah Melbourne vivía en Piccadilly, en una magnífica mansión del siglo XVIII que tenía una espléndida biblioteca y unos salones decorados con extraordinario gusto, aunque recuerdo especialmente la veranda de madera que se asomaba a un jardín romántico donde Sarah me hizo soportar todos los tés del mundo: el *breakfast tea*, el *five o'clock tea*, el té de los jueves, y una mezcla horrible que preparaba una condesa amiga suya y que llamábamos «un Tedeum»...

En una de las habitaciones de la casa recuerdo una pintura, firmada por D.H. Lawrence. Delante de ella, inmerso en sus azules fríos y en sus árboles de un rojo ardiente, se sentía uno en el paraíso, contemplando el vientre de una mujer desnuda, antes de que se inventara la vergüenza bíblica. Y éste era precisamente uno de los cuadros que los jueces habían ordenado retirar en 1929 de la Warren Gallery de Londres, porque tenía demasiado «vello púbico».

Con Sarah compartíamos una aversión instintiva hacia los burócratas autoritarios e inflexibles. Recuerdo un día que llegamos tarde a la Estación Victoria y perdimos nuestro tren. Pero en aquel momento llegó otro convoy, que no tenía allí parada oficial y que se detuvo sólo para hacer una escala técnica.

—¡Subamos! —dijo Sarah.

Pero el revisor nos detuvo con gesto displicente:

—Señores, lamento decirles que este tren no tiene parada aquí.

—Y, sin embargo, ha parado —respondió, muy seria, Lady Melbourne.

—Sí, señora. Pero oficialmente es como si no hubiese parado.

Sarah sonrió con una expresión ingenua, habitual en ella cuando se le ocurría una travesura, y exclamó:

—¡Ah, bueno! El tren ha parado, como si no hubiese parado. Y nosotros hemos subido. Pero, como si no hubiésemos subido. ¿Usted lo comprende?

Me agarró de la mano y se metió en un departamento, tan feliz y contenta.

Nadie era capaz de corregir a Sarah Melbourne, sobre todo cuando quería poner en su sitio a la gente inoportuna. Como un día que estaba convaleciente de una gripe y la llamó insistentemente una amiga —una de esas personas que utilizan el teléfono con exigente arrogancia— hasta que consiguió hablar con ella y le dijo:

—Espero que ya estés en condiciones de recibir a la gente.

—Oh, sí —respondió rápidamente Sarah—. Pero no estoy segura de poder recibir a tanta gente como eres tú...

A las reuniones de Lady Melbourne asistía la gente más variada, en una inusual mezcla de ideologías y clases que, en aquel tiempo, podía considerarse incluso extravagante. Recuerdo un viejo científico, discípulo de Pasteur, que se excitaba hablando de las formas de las levaduras: redondeadas, alargadas o acabadas en un pequeño botón: «como un seno femenino», puntualizaba enfáticamente. Y podía pasarse una hora explicando cómo hay que suavizar los taninos del té, añadiendo un poco de infusión a la leche fría y nunca al revés, para que las proteínas lácticas no se «desnaturalicen». A veces traía un par de ranas en el bolsillo de la chaqueta y, en más de una ocasión, se escaparon y tuvimos que perseguirlas por el salón.

Pero el personaje más curioso que conocí en las reuniones de Lady Melbourne fue un médico de Hollywood que se llamaba Gayelord Hauser. Los japoneses le habían erigido un monumento en 1977, por su fama extraordinaria como higienista, ya que dirigía la dieta de las actrices más famosas, como Greta Garbo, Marlene Dietrich, Rita Hayworth o Joan Crawford; sin olvidar personajes de la sociedad como la millonaria Gloria Vanderbilt o la duquesa de Windsor. A mí siempre me cayó sumamente simpático, porque recetaba yogures, zanahorias y apios a sus bellas pacientes, pero él comía sabrosos platos de pasta napolitana, y bebía buenos vinos tintos. «Yo he llegado así, jovencísimo, al umbral de los noventa años», confesó en sus últimos días a un periodista que le reprochaba esta contradicción.

Gayelord Hauser era reconocido como homosexual, pero creo que estuvo siempre enamorado *alla follia* de Greta Garbo. Convivieron juntos en la preciosa villa que él tenía en las afueras de Taormina, donde la Garbo pasaba largas temporadas, siempre con el nombre falso de miss Harriet Brown. Ella se había retirado del cine a los treinta y seis años, dejando atrás una leyenda de amores y caprichos. Coleccionaba a los hombres, como perseguía antigüedades, sólo por el placer de descubrirlos. Pero era una mujer demasiado inteligente para compartir su vida con un semental. Dicen que sólo amó verdaderamente a Mauritz Stiller, el hombre que la había encontrado en unos almacenes de Estocolmo cuando tenía diecisiete años —muñeca despeinada, antes que estatua de alabastro—, y que la rescató de una vida golfa para lanzarla a un mundo de estrellas donde ella solamente supo o quiso ser reina.

Verdadera diosa del Olimpo, Greta no amaba en la cama, como los vulgares mortales —primero entre caricias y, al final, entre bostezos—, sino que poseía y se dejaba poseer por la energía del *eros*, por la embriaguez de las palabras, por el magnetismo de las formas y de los metales, por la provocación de los gestos, por el delirio del vino, por el *aghapé* platónico, por el *enthousiasmós* (el rapto místico y divino). Iniciada en los misterios de Frigia y en los cultos de la piedra negra de Pessinonte, elegía el amor de los homosexuales, buscando entre ellos los espíritus más sensibles, como el músico Leopold Stokowski —una preciada antigüedad— o Gayelord Hauser. Nunca hubo mejores sacerdotes para el culto de las vírgenes.

Más de una vez Greta intentó descender al prosaico mundo de los mortales, pero retrocedió ante la profanación, incluso en el último minuto, como le ocurrió en Santa Ana, cuando pidió disculpas para ir al aseo y dejó en el altar al guapo John Gilbert, el galán más deseado de las jóvenes de la época.

«Greta ha sido amada también por las mujeres —escribió Cecil Beaton, uno de sus maridos desdeñados— y siente amistad por las mujeres; pero sabe que sólo un hombre puede darle seguridad, protección, ser un punto de referencia en su vida de eterna fugitiva.» Sir Cecil no era capaz de entender a fondo el misterio, aunque lo adivinaba. Y creo que Gayelord Hauser la comprendía mejor, cuando la dejaba vivir tranquila en su casa de Taormina, disfrazada con sus gafas negras, siempre con nombre cambiado, descubriendo muebles viejos en casas ruinosas. Ella sólo quería, como la Magna Mater, ser bañada con agua, aceite y vino, por las manos de un sacerdote.

Una orilla del Paraíso en la Tierra

Ingleses y alemanes habían descubierto el paraíso de Taormina por las crónicas de Goethe, las pinturas de Otto Geleng y las fotografías de Wilhelm von Gloeden. Es verdad que Taormina no tiene la espléndida soledad de la campiña de Segesta, donde las ovejas pacen a los pies del templo griego. Ni tampoco alcanza el esplendor monumental de Agrigento, con sus gigantes de piedra y su inmenso valle de santuarios dóricos. Pero el paisaje de Taormina, entre las nieves del Etna y las islas de su costa rocosa, no tiene rival.

En su *Viaje a Italia*, Goethe escribió que Taormina era una «orilla del paraíso en la tierra» y se dejó seducir por la belleza extraordinaria de estos huertos de naranjos y limoneros, salpicados de rosales silvestres en los que anida y canta, durante seis meses, el ruiseñor. Ningún escenario del mundo puede competir con el Teatro Griego de Taormina, que se abre en semicírculo sobre una luminosa bahía y tiene, como decorado majestuoso, la cima nevada del Etna.

En el invierno de 1863 llegó a Taormina, tras las huellas de Goethe, un joven pintor prusiano que se llamaba Otto Geleng.

Cuando envió sus cuadros a París, nadie quería creer que los almendros podían florecer bajo la nieve y junto a un mar azul.

Pero Geleng había pintado la realidad y se atrevió incluso a retar a los críticos de París, diciéndoles: «Venid a verlo. Si he inventado algo, pago el hotel». Y, como no había hospedería en el pueblo, el joven pintor convenció al propietario de una casa, bien situada a los pies del Teatro Griego, para convertirla en albergue.

El barón Wilhelm von Gloeden, pintor y fotógrafo, acabó de consagrar la fama de Taormina cuando se estableció aquí, en 1878. Era un joven rubio y de rasgos delicados, con una mirada melancólica en la que se adivinaba la sutil enfermedad de los románticos. Nacido en el seno de una noble familia prusiana, se hizo famoso con sus fotos de jóvenes desnudos, retratados en escenarios que evocaban la Grecia clásica, coronados de laurel, tocando la flauta doble, que los antiguos llamaban *aulós* y cuyo triste sonido despertaba la melancolía de Agamenón, o bebiendo el vino nuevo en *kylix* de barro, como hacían los discípulos de Dionysos.

Las extravagancias de Gloeden despertaron habladurías en todo el mundo. Y los más serios burgueses comentaban escandalizados que se bañaba cada día en su casa con agua del mar. Sus jóvenes modelos le subían el agua, transportándola en barriles desde la Isola Bella, como los griegos llenaban las jarras que llamaban *loutrophoroi* en la fuente Citerea, para bañar a las novias.

Gloeden amaba tanto los animales, que tenía su casa —una villa que había alquilado cerca del Teatro Griego— llena de cuervos, canarios y ruiseñores. El papagayo sabía silbar marchas militares y pregonar huevos, como las vendedoras del mercado: «*Aju ova*». Y tenía también un perro que no ladraba, aunque tocaba el piano con las patas delanteras.

Pero las circunstancias de la vida no le fueron siempre favorables a Gloeden, porque su familia se arruinó y tuvo que ganarse la vida con la máquina fotográfica que le había regalado el gran duque Federico de Mecklemburg: una pesada 30 x 40, montada en una caja de madera. Y así nacieron aquellos desnudos que tanto agradaban a Wilde, a Richard Strauss y a Anatole France, pero que hoy nos aparecen como un teatro grotesco, en el que los jóvenes campesinos disfrazados de griegos no pueden ocultar sus rostros rústicos, abrasados por el sol, sus pies gigantescos, sus manos encallecidas y un triste gesto de abandono que los mantiene alejados, ausentes y extraños a los delicados delirios del barón.

Sin embargo, por el estudio del fotógrafo prusiano pasaron todos los personajes famosos de la época, desde Eduardo VII al banquero Morgan, desde el príncipe Augusto Guillermo de Prusia hasta Alfonso XIII de España, desde Marconi hasta d'Annunzio. Y, muy pronto, sus fotografías se convirtieron en postales que circulaban por Londres y Nueva York, formando parte de los álbumes que los más sofisticados estetas exhibían cuando recibían a sus amigos en el *parlor*. No hay que decir que Krupp compró algunas escenas especiales para decorar su casa de Capri. Una colección de estas fotos se publicó también, en 1916, en el *National Geographic Magazine*. Y algunos pintores, como Macfield Parrish y sir Lawrence Alma Tadema, se inspiraron en estas fotografías escenográficas que crearon un estilo que recibió en la época el nombre de «pictorialismo». Pero sólo Gloeden conocía el secreto de las emulsiones —aceite de oliva, leche, incienso y glicerina— que utilizaba para maquillar a sus modelos, buscando en su piel reflejos satinados.

En la delirante y fabulosa mansión que se construyó Gabriele d'Annunzio en el lago de Garda, encontré un día un retrato de la bella Eleonora Duse, realizado por Gloeden. Se veía enseguida que el fotógrafo había recurrido a un truco, porque Eleonora aparecía mucho más joven. Yo he preferido siempre el busto de mármol que tenía el poeta en su estudio, en el que Eleonora estaba tan bella que —para no sucumbir a su poder mágico de diosa— había que cubrirle la cara con un pañuelo. Cuando llegué, tarde ya, a leerle unos versos en su última morada de Asolo, fui yo el que tuve que enjugar mis lágrimas con el pañuelo.

Pero Gloeden hizo este retrato «falso» de Eleonora, maquillando y disfrazando a una muchacha de Taormina. Y d'Annunzio quedó fascinado por esa imagen —digamos retrospectiva— de su ya madura amante. Quizá por eso, para despertar también sus instintos, ya algo apagados por la edad, el poeta decidió seguir la receta que le había dado Gloeden: agarrar por los testículos a un macho cabrío y aspirar el olor. El experimento no fue bien, porque el animal, al sentirse exprimido, reaccionó repartiendo testarazos, y d'Annunzio estuvo a punto de perder el único ojo que le quedaba.

Además de sus escenas arcádicas, Gloeden fotografió los bellísimos paisajes de Taormina. En algunas de sus fotografías puede reconocerse el claustro del viejo convento de San Domenico, cuando todavía no había sido transformado en hotel. En otras aparece el propio Gloeden, disfrazado de nazareno o de personaje oriental. Tenía fama de ayudar generosamente a sus modelos. Pero muchos de aquellos jóvenes murieron trágicamente en las trincheras de la Primera Guerra Mundial. Y los últimos años de Gloeden transcurrieron en melancólica soledad, a pesar de que su hermana Sofia —una de esas mujeres bellísimas que suelen quedarse solteras— vino a vivir en la misma casa.

Antes de morir, en 1931, dejó su herencia, incluyendo su vieja máquina y tres mil placas a su ayudante Pancrazio Bucinì, al que llamaban *Il Moro* (en Taormina, como en Capri, todo el mundo tiene su apodo). Cuando ya tenía cerca de noventa años y era bisabuelo, seguía paseando por las calles de Taormina, siempre con su poblado mostacho encanecido y su gorra de cuadros. Conservaba el color oscuro de la piel y aquellos ojos grandes y negros que fascinaron a Gloeden, cuando lo vio por primera vez al llegar a este paraíso. Había sido modelo del maestro, le sirvió luego fielmente —preparándole los baños salados que le recetaban los médicos, organizando las fiestas nocturnas del barón, cuidando su dieta—, y continuó a su lado cuando su protector se arruinó.

Cuando el régimen fascista intentó destruir las fotografías de Gloeden, bajo la acusación de que eran material «pornográfico», Il Moro dijo a los jueces: *«Vuoi, uomini di legge, non siete in grado di giudicare l'altissima opera di un grande artista»* (Ustedes, hombres de leyes, no pueden juzgar la obra suprema de un gran artista).

Y, para reforzar sus argumentos, recitó una lista completa de las personalidades que poseían fotografías de Gloeden.

Primavera en el Hotel Timeo

Al llegar la primavera, Lady Melbourne se instalaba en el Hotel Timeo de Taormina. Era el escenario más apropiado para sus vestidos románticos, para su educación decadente, para sus manos delicadas que parecían llenas de brillantes, cuando se bañaba a la luz de la luna.

El Timeo fue el primer hotel de Taormina –aquel que Geleng eligió para hospedar a los críticos franceses que venían a ver sus pinturas– y conserva todavía un aire vagamente gattopardiano, con sus muebles antiguos y sus grabados románticos. A Lady Melbourne le agradaba cenar en la terraza, siempre en la misma mesa, junto a la estatua griega de bronce que levanta misteriosamente un dedo, como los ángeles de Leonardo, señalando a la luna. Han pasado muchos años desde entonces, pero nada ha cambiado en sus salones acristalados que, en los días de lluvia, duermen bajo una luz de invernadero. Ni siquiera parecen otros los pájaros que ayer cantaban entre los almendros en flor, entre las buganvillas rojas, entre los alegres naranjos que buscan los rayos de sol, huyendo de la sombra de los pinos y de los centenarios cipreses. El Gran Hotel Timeo tiene, además, la mejor situación, porque está a los pies del Teatro Griego. No sé por qué me recuerda algunos otros hoteles paradisíacos con jardines que se asoman al mar, como el antiguo Cristina de Algeciras, el Hostal de La Gavina, el Quisisana de Capri o el Victoria de Sorrento.

Para la aristocracia inglesa, Taormina era un lugar clásico para pasar la temporada de primavera. Lady Melbourne sabía muchas historias divertidas de aquellas maduras damas victorianas que habían descubierto este paraíso. Los jóvenes campesinos se convirtieron, de la noche a la mañana, en *boy-friends*. Y algunas de estas ricas solteras legaron sus villas y sus fortunas a sus amantes. Otras repartieron caridad y amor entre las muchachas de la comarca, como una misteriosa princesa que perseguía a las hijas de los pescadores por la escollera. Iba siempre vestida con una túnica negra, que se remangaba para caminar sobre las rocas, dejando ver unas piernas bellísimas, enfundadas en medias de seda.

Entre aquellas damas del *fin de siècle* Lady Melbourne me hablaba de miss Florence Trevelyan, emparentada con la reina Victoria de Inglaterra. Estaba enamorada de su primo Eduardo VII, algunos años mayor, pero que debía casarse «por razones de Estado» con Alexandra de Dinamarca. Y, por eso, la reina le pagó a la joven Florence y a sus perros —un terrier, un mastín y tres bulldogs— un exilio de lujo en Taormina, prohibiéndole regresar a Inglaterra. Andando los años ella se casó con un médico famoso y, reuniendo ambas fortunas, fue comprando todas las tierras desde la Badia Vecchia hasta el Capo de Sant'Andrea, desde Castelmola hasta las playas. Pero Florence Trevelyan no sólo era culta y elegante, sino también buena, y ayudó a muchas jóvenes sicilianas a pagar su dote de matrimonio. Hizo construir algunas casas, como Villa Paradiso. Y mandó levantar una extravagante torre chinesca —entonces se llamaban *victorians follies*— donde se dedicaba a estudiar ornitología. Además, como era también aficionada a la botánica, diseñó espléndidos jardines que todavía se conservan. Paseando por este parque he encontrado a veces restos de antiguas construcciones griegas y romanas, que los arquitectos de la época mezclaban con el material de obra.

En el Hotel Timeo se hospedó André Gide, cuando llegó a Taormina en 1950, huyendo de sus fantasmas. Había llevado una vida literaria y escandalosa, siempre con los géneros cambiados; porque tenía, como Greta Garbo, una idea sensual y morbosa del ángel. Estuvo casado con su prima Madeleine, una muchacha bellísima y culta con la que nunca mantuvo relaciones sexuales. Durante veintitrés años ella soportó discretamente esta situación, hasta que él comenzó a declarar abiertamente en sus libros que era «íntegramente homosexual». Quizás ella podía comprender sus teorías, pero era difícil aceptar que —con esas mismas ideas— hubiese tenido una hija en Holanda, fruto de un pasajero capricho en otros géneros.

Gide vivió luego con Dorothy Strackey, una mujer inteligente y muy interesante, gran amiga de Virginia Wolf, que conocía perfectamente sus ideas sobre el amor. Dorothy tuvo el valor de dejar a su marido, para irse a vivir con Gide. Y hay que decir que sus relaciones fueron «deliciosamente intelectuales». Porque tuvo que aprender a practicar el amor de los ángeles, mientras recitaban a Shakespeare y Marlowe, mientras compartían el éxtasis de las ideas en una confusión morbosa, o mientras ella entonaba —intentando simular una voz masculina— el papel de Teseo en una obra de Gide. Luego, ya cansados, se miraban a los ojos, apagaban las luces, se acariciaban las manos y se retiraban a habitaciones distintas: la de él oliendo a romero, la de ella a rosas.

Truman Capote recuerda haberlo visto paseando junto a la fuente en Piazza del Duomo y lo ha descrito como «un viejo con pantalones de pana, envuelto en un abrigo negro; el sombrero de fieltro color aceituna, transformado en una especie de tricornio con la copa en punta, y las alas que arrojaban una sombra sobre el rostro largo, amarillento, casi mongólico».

A Gide le agradaba sentarse sobre un murete de piedra para tomar el sol, como hacían los viejos pescadores. Gaetano Saglimbeni, que conoce mejor que nadie las historias de Taormina, dice que parecía un vagabundo y permanecía mucho rato inmóvil, hasta que veía pasar a un *ragazzotto* del que se había enamorado. Durante varios meses se sentaba cada mañana en el muro, limitándose a sonreír cuando pasaba el muchacho. Nunca le molestó ni le dijo nada, porque se contentaba con aquel amor platónico. Y se marchó un día, como había venido.

Entre tantos libros escandalosos y algunas páginas insuperables, Gide fue uno de los primeros intelectuales del siglo XX que se atrevió a denunciar los crímenes de las dictaduras soviéticas. Y, aunque había pertenecido al Partido Comunista —cuando todavía pensaba que sus colegas creían en la libertad— descubrió en su viaje a Rusia algunas graves contradicciones. No era fácil revelar en 1936, bajo un terrible aparato intelectual de propaganda, los rastros ocultos del Gulag: los helados campos de concentración en el Círculo Polar, las masas de esclavos que trabajaban en las minas de Siberia, las deportaciones y las acusaciones falsas...

Gide tuvo el valor de denunciar a los dictadores soviéticos –aún no juzgados por ningún Tribunal de Nüremberg– y se ganó con eso la hostilidad de todos los intelectualitos «comprometidos» de Europa. «Le han dado el Premio Nobel a un hombre que lleva dibujada en el rostro la máscara de la muerte», escribió *L'Humanité*.

Es humano llevar en el rostro la máscara de la muerte. Y es mejor morirse en vida que momificar a los verdugos, como hacen todas las dictaduras.

Un parque temático del escándalo

Tennessee Williams se hospedaba en el Hotel San Domenico, donde se congregaban todas las celebridades del cine que venían a recibir el David de Donatello, cuando este galardón se entregaba en Taormina. Tennessee Williams había hecho fortuna con las obras que le llevaron al cine, pero le gustaba presumir de «lobo solitario». Desde las nueve de la mañana se le veía hojeando el periódico en un bar, siempre delante del mismo vaso de bourbon, aunque lo iba rellenando con una petaca que llevaba escondida en el bolsillo.

El Hotel San Domenico, instalado en un viejo convento, ha visto pasar a todas las celebridades del mundo, desde Leslie Caron hasta la bellísima Ingrid Bergman, desde la elegante Marlene Dietrich hasta la caprichosa Liz Taylor, que lo mismo besaba en público a su marido Richard Burton, que ponía fin a una disputa rompiéndole una guitarra en la cabeza. El inolvidable Peter Ustinov reservaba sus bofetones para Truman Capote que, cuando bebía demasiado, era muy grosero con las mujeres.

Truman Capote vivió a comienzos de los cincuenta en Taormina, donde escribió algunas de sus páginas más duras y provocativas. Nunca he sabido si tenía genio o si lo fingía (saber fingir el genio es otro tipo de talento), con esa extravagancia que pusieron de moda los escritores americanos en la primera mitad del siglo XX y que podría confundirse fácilmente con un «Disneyland del Escándalo», auténtico parque temático donde estaban representadas –a veces con la ingenuidad de los dibujos animados– todas las variaciones del sexo, de la droga y del alcoholismo.

Truman Capote había conocido también el famoso salón de Natalie Barney en París, donde acudía a las tertulias de los viernes y se «sentaba en un sofá, como un pequeño pequinés entre dos duquesas que le daban a comer pasteles de nata». Y dicen que cuando vio los retratos que Romaine Brooks había pintado de todas estas amigas –Radclyffe Hall con un traje de caza, Mercedes de Acosta con pantalones y capa, Natalie Barney con guantes y un látigo en las manos– exclamó: «Esto es una colección sin precedentes de todas las tortilleras famosas, desde 1880 hasta 1935».

Truman Capote, con su aire de niño maldito –hijo de una madre alcoholizada, criado con un tío travestido y un padre paralítico–, era la mascota perfecta de este parque temático del escándalo. Drogado o borracho se paseaba por Taormina, con sus pantalones cortos, sus babuchas gastadas y su cestita de compras. Todavía, en aquellas fechas de 1955, no habían llevado al cine su *Desayuno en Tiffany*. Y, a veces, firmaba talones sin fondos. «Cómprame la Isola Bella», le dijo un día al anticuario Giovanni Panarello, firmándole un cheque de diez mil dólares que debía pagar la Manufacturers Hanover Trust Company de Nueva York y que alcanzaría hoy un buen precio en una subasta.

En el comedor del San Domenico podía uno encontrarse a Thomas Mann compartiendo la mesa con Roger Peyrefitte, que era tan buen escritor como hiriente contertulio, porque hablaba mal de todo el mundo; aunque a veces se atrevía también con los grandes y llamaba «imbécil» a De Gaulle y «pavo estúpido» a Giscard d'Estaing. Tenía una casa pequeña, pero llena de antigüedades que habían pertenecido a un príncipe ruso que, según me dijeron, participó o estuvo implicado de alguna manera en el asesinato de Rasputin.

Jean Cocteau siguió los pasos de Peyrefitte y se sentaba en un banco del jardín del San Domenico, cogido de la mano de su amigo Jean Marais, su elegante pareja. Normalmente era Cocteau quien hablaba, porque era mejor y más convincente en sus monólogos.

Jeannot —así le llamaba el viejo poeta— se conformaba con reír como un niño, porque era ingenuo e infantil, trabajador como nadie. Cocteau había escrito para él *Les Parents Terribles*. Y Jean Marais le seguía como si fuese un hijo dócil; aunque la sesión de maquillaje en *La Belle et la Bête* le exigiese cuatro horas y aunque, a veces, las rosas del parque de Raray se marchitasen antes de rodar una escena.

Cocteau estaba convencido de que el amor podía convertirle en un ángel. Y, quizá, la única disculpa que los dioses pudieron tener para crear la vida humana, es que nunca es tarde para romper una máscara. Por eso Cocteau le recomendaba a Jeannot que leyese siempre sus versos al revés, mirando las letras en un espejo. Y, como un viejo filósofo griego, se atrevía incluso a darle consejos, pidiéndole que dejase las «malas compañías»: «una banda de intrigantes mundanos, de ociosos mantenidos, indignos de ti», le decía el celoso maestro.

> Je te donne un livre
> Tu me donnes tout!
> Tu m'apprends à vivre
> Vivre tout d'un coup.

En 1963, Jean Marais llegó a Taormina solo, invitado para el festival de cine. El poeta, ya enfermo y cansado, no tuvo fuerzas para acompañarle. «Recuerdo bien los lugares en los que hemos sido felices, juntos —le escribió Jean Cocteau desde París—. Cierro los ojos y paseo contigo.»

Yo también recuerdo la mirada triste del maestro, cuando lo conocí, ya en sus últimos años de vida. No tenía que esforzarse para ser *charmant*, pero le costaba mantener su máscara sobre la cara. Se quedaba, a ratos, como perdido en sus sueños.

Y en el camino de los sueños se encontró una tarde a Edith Piaf. Ella llevaba en la mano un ramo de rosas, como el día en que debutó en el teatro estrenando una obra del poeta. Apretaba contra su pecho el ramillete, tan fuerte que las espinas le hirieron los dedos. Tenía las manos heladas y una palidez de muerte. Y hablaba, hablaba... Le habló de la calle, de las canciones, del burdel donde se había criado cuando era una niña abandonada. Él la abrazó, intentando protegerla, al ver cómo el viento de octubre le iba arrancando las rosas. Luego, se quitó la máscara y la besó.

Se apagaron las luces y se fueron juntos. Quizá porque Cocteau tenía ya el corazón muy castigado y no quiso volver a la escena, con los ojos enrojecidos de llorar.

JUEGOS ERÓTICOS, BAJO LA LLUVIA

Así también, con el propósito de olvidar y ser olvidado, llegó David Herbert Lawrence a Taormina en febrero de 1920. Tenía treinta y cinco años, y pensaba que el clima de Sicilia podía favorecer a sus maltrechos pulmones. Venía siguiendo las huellas de Oscar Wilde, que había dejado una escandalosa leyenda en la isla, amando siempre «hasta la tragedia y la ruina».

Sarah Melbourne se sabía de memoria las páginas más atrevidas de David Herbert Lawrence. A veces, cuando el *tedeum* resultaba demasiado aburrido, me llevaba al jardín y me reanimaba rápidamente recitando los amores de Lady Chatterley: «Connie —declamaba, ocultándose entre los arbustos, con gestos muy teatrales— escapó corriendo con una risa salvaje, con los senos bajo el aguacero, extendiendo los brazos, confundida con la lluvia, con aquellos movimientos rítmicos de danza que había aprendido, tantos años antes, en Dresden.»

Cuando Lawrence escribió estas páginas en 1928 no tuvo que inspirarse en danzas exóticas ni en experiencias muy lejanas, a pesar de que había viajado por India y por los Mares del Sur. Estaba casado con Frieda, una alemana que había estudiado danza en Dresden y a la que le gustaba practicar los «juegos eróticos bajo la lluvia»; aunque no siempre con su marido.

Emma Maria Frieda von Richthofen era hija de un barón alemán y pertenecía a una aristocrática familia prusiana. Todas las hermanas fueron independientes y feministas. Frieda tuvo una buena serie de aventuras, pero fue la inspiración de Lawrence. Elsa fue la amiga de Max y Alfred Weber, y protegió valientemente los derechos de las jóvenes en las fábricas. Otro de sus parientes, Manfred von Richthofen, se hizo famoso como aviador en las batallas de la Primera Guerra Mundial, con el sobrenombre de *Barón Rojo*.

—Frieda era tan inútil como ama de casa que ni siquiera sabía preparar el té —me comentó Lady Melbourne, en una de sus habituales conversaciones sobre Lawrence.

Antes de casarse con David H. Lawrence, Frieda había tenido tres hijas de un primer matrimonio con un profesor inglés. Luego encontró al joven escritor y se sintió enseguida atraída por su hedonismo, por sus discursos escabrosos y apasionados, por el escandaloso naturalismo erótico que sería siempre el tema dominante de sus libros: *Hijos y amantes*, *El arco iris*, *La muchacha perdida*, *Mujeres enamoradas*, *La vara de Aarón* o *El amante de Lady Chatterley*. Parece mentira que aquel joven tuberculoso y taciturno, de mirada sufriente, fuese un volcán de pasiones; pero Frieda creyó que podía curarlo con sus remedios de valquiria, con sus senos provocativos, con sus cabalgadas bajo las estrellas, con su sensualidad siempre insatisfecha. En realidad él necesitaba una mujer así, porque tenía que curarse de los abusos de una madre posesiva y manipuladora.

Yo diría que el drama de Lawrence es muy parecido al de Rilke. Los dos tuvieron que soportar las desagradables intrigas de unas madres que querían convertirlos en poetas, sólo para realizar sus propios sueños frustrados. La madre de Rilke odiaba a su marido, un sencillo y aburrido burócrata. Y la madre de Lawrence, una virtuosa maestra casada con un minero de Nottingham, vivía también de forma conflictiva su relación matrimonial.

«Yo crecí odiando a mi padre —escribió Lawrence, evocando sus recuerdos infantiles—. Desde que tengo memoria me estremecía con horror cada vez que él me tocaba... Y eso estableció un lazo entre mi madre y yo. Nos hemos amado casi como se aman marido y mujer.»

En aquellos valles mineros de Eastwood la vida de las familias no era fácil. Uno de los Lawrence había muerto dentro de las galerías, y el abuelo materno también había sido jubilado antes de tiempo por un accidente. La madre de Lawrence había luchado mucho para sacar adelante la familia, ayudando incluso a su marido con una pequeña tienda de ropa, aunque el negocio nunca fue próspero. No era una mujer que se adaptase a la miseria y acabó acorralando a su marido en la insignificancia, de forma que a sus hijos les transmitió sólo la imagen de que era un bebedor ignorante. Es verdad que él bebía, aunque no fue nunca un alcohólico y no faltó jamás a su trabajo en las minas de carbón. Pero a ella le gustaba explicar cómo, en cierta ocasión, la había echado de casa, por la noche, «dejándola en la calle». Y este drama familiar se agravaría cuando murió Ernest, su hijo preferido, arrebatado en plena juventud por una mala enfermedad.

Lawrence, presionado por su madre, no tuvo la infancia de los otros niños. Disfrutaba solo, leyendo o jugando con las niñas, que eran más tiernas, más delicadas, más bellas. Bastantes rarezas para aquella sociedad *male-dominated*, en la que los hombres debían hacerse fuertes para ser buenos picadores en la mina. Pero su aprovechamiento en los estudios le llevó a conseguir una beca para la High School de Nottingham, premio que no se concedía fácilmente al hijo de un minero. Desde entonces, cuando regresaba a su pueblo, vestido con cuello alto, corbata y traje oscuro, con sus libros bajo el brazo, era objeto de muchas burlas.

En cuanto conoció a Frieda –casada con uno de sus profesores de la Universidad de Nottingham– Lawrence le envió una carta: «*You are the most wonderful woman in all England*». Pero como ella no se decidía a abandonar a sus hijas, tuvo la osadía de dirigirse directamente al marido: «*I love your wife and she loves me*».

Y se fugaron a Metz, donde el severo padre de Frieda no quiso recibirlos, pero donde ella encontró ayuda en su madre y sus hermanas. En la guarnición prusiana se encontraban a escondidas delante del cuartel, paseando en las primeras sombras, como los amantes de Lili Marleen. Hasta que las autoridades cayeron en la sospecha de que Lawrence era un espía y le obligaron a dejar la ciudad.

Así comenzó el largo exilio de los Lawrence a través del mundo: de Baviera al lago de Garda, de Florencia a Nuevo México, de Australia a Provenza.

Alquilaron en Taormina una modesta casita blanca, que se asomaba sobre un paisaje de colinas, almendros, viñedos y olivares. Tenía sólo dos habitaciones principales: un cuarto de estar con su gran mesa para comer y trabajar, y el dormitorio. «Hemos encontrado una casa pequeña pero muy bella, con un jardín que parece una inmensa terraza suspendida entre cielo y mar.» A Lawrence le gustaba especialmente el viejo algarrobo, sólidamente enraizado entre el patio y la cocina, porque daba sombra a la casa y porque «es el árbol que mejor representa a la tierra de Sicilia, símbolo de fuerza física y de virilidad». Años más tarde, en Spotorno, también buscará un viñedo y unos algarrobos; aunque siempre será ella quien sabrá aprovecharlos mejor.

Durante los primeros años, la vida de la pareja en Taormina fue bastante apacible. A David le gustaba pasear al alba, justo antes de la salida del sol, en ese momento delicioso en que un pincel mágico comienza a pintar los colores de la cal y de la piedra, del cielo rosado y las nubes de oro, del mar y del volcán nevado.

Más de una vez he seguido sus pasos desde los Capuchinos hasta el Palazzo Corvaja, atravesando luego el Corso y ascendiendo, para contemplar la vista, por las colinas desnudas. Frieda le acompañaba casi siempre, pero luego él regresaba a su trabajo y ella continuaba hasta Castelmola, en un largo camino de ocho kilómetros, para visitar a una amiga.

Fue precisamente esta amiga quien propuso a Frieda que se hiciese acompañar por un arriero, para que no regresase sola en el crepúsculo. Un joven campesino, llamado Peppino, la escoltaba cada día, conduciendo el mulo que transportaba a la dama, cómodamente sentada en una silla.

Y así comenzó una historia que dejaría una huella imborrable en la literatura universal. Porque un día estalló una furiosa tormenta y tuvieron que refugiarse en un lagar, en mitad de las viñas. Estaban calados hasta los huesos, pero el agua fresca era una bendición en aquella jornada caliente de verano. Peppino, intentando ser amable, quiso ofrecerle a la señora algunas comodidades, extendiendo unas mantas en el suelo que dispuso entre las tinajas y los cestos, bajo el techo de caña, intentando levantar una pequeña defensa contra el agua y el viento. Encontró también unos trozos de tela que podían servir para secarse los cabellos. Pero ella, sin dejar de reír, comenzó a quitarse los vestidos mojados y, como si fuese una bacante poseída por Dionysos, gritaba y danzaba, haciendo ademán de bajarse las medias, descubriendo y escondiendo en un juego diabólico unas piernas satinadas como el marfil y unos pechos que, humedecidos por la lluvia, parecían humear al calor de la carne tersa y tibia, como una porcelana rosa en la que se dibujaban —con el color de la piel del melocotón— los pezones aún jóvenes. Tan pronto se anudaba un trozo de tela en los cabellos mojados y comenzaba su danza provocativa, moviendo las caderas y el vientre con un ritmo entrecortado, como se dejaba caer lánguidamente en los brazos de Peppino. Ella tenía cuarenta y tres años. Él sólo veinticuatro.

Frieda Lawrence era como una llama. Humeaba, igual que las flores, en los días de lluvia. Y a su marido se le encendía la cabeza, como un Pentecostés, cuando pensaba en ella.

EL ÁNGEL AZUL

Cuando Marlene Dietrich llegó a América, como una reina a bordo del *Queen Mary,* ya había triunfado en *El Ángel Azul.* Parecía una dama de mundo, fría y distante, con una mirada hipócrita e inclemente; pero, cuando comenzaba a cantar, su voz la comprometía y la arrastraba, delatando las ambigüedades ocultas de su vida, con una sensualidad morbosa, cálida, rebelde, inesperada en una mujer de su porte. «Aun cuando no tuviera más que la voz, podía romperle a uno el corazón», dijo Hemingway.

Greta no cantaba, y ni siquiera sus amantes adivinaban las contradicciones que llevaba dentro. Marlene cocinaba como una diosa, y Greta hacía el caldo con cubitos. Quizá por eso Marlene y Greta nunca se llevaron bien. Se quitaban incluso las novias. Y Greta estaba convencida de que Marlene no sería capaz de dejar nunca el falso mundo de las estrellas; aunque también el ángel azul conoció la soledad.

En 1925 habían participado juntas en una película, interpretando papeles secundarios en *Die freundlose Gasse* (La calle sin alegría), bajo la dirección de Georg Wilhelm Pabst.

Cuando Jean Cocteau me habló del santuario sáfico de Natalie Barney en la rue Jacob, me dijo que Marlene Dietrich las había amado a todas o a casi todas. En realidad aquellas mujeres —Alla Nazimova, Isadora Duncan, Eva Le Gallienne, Dolly Wilde, Tamara Karsavina— compartían las amantes en una dulce o amarga promiscuidad, según las circunstancias. Algunas de ellas, como la divina Mercedes de Acosta, diseñadora y poeta, habían sido también novias de la Garbo. «Podéis decir lo que queráis de Mercedes —dijo, con sobrada razón, una amiga—, pero han sido suyas las mujeres más importantes del siglo XX.» Marlene la cubría de orquídeas. Y quizás aprendió de ella el gusto por los vestidos negros, aunque Mercedes era más extravagante y se maquillaba con el rostro pálido y los labios rojos, como una máscara.

Marlene, como todas las buenas cocineras, amaba también a los hombres: Josef von Sternberg, Ernest Hemingway, John Wayne, Gary Cooper, Michael Wilding, Gérard Philippe, Joe Kennedy, Alberto Giacometti, y una lista interminable que se le atribuye. Pero ella se presentaba siempre como un ángel, asegurando que amaba a los hombres sólo para ayudarles a encontrar su camino. A Hemingway y a Michel Wilding les había encontrado enseguida pareja. Y ella se reservó un amor maternal y delicado con Jean Gabin. «Le he amado enseguida, desde nuestro primer encuentro. Siempre le he amado y le amaré siempre.»

Cuando Jean Gabin huyó de Francia, ocupada por los nazis, Marlene le hospedó en su casa de Hollywood. Le hacía la comida y le mimaba como si fuese un niño. Y luego, cuando él volvió a luchar en Europa, ella le siguió cantando *Lili Marleen*. Son historias de mi infancia que suenan en mi memoria, unidas a las voces de Lale Andersen y Marlene Dietrich, que cantaban en las noches sobresaltadas de la Europa en llamas.

Cuando acabó la guerra y él volvió con su mujer, ella le esperaba en la calle –como antes, Lili Marleen– a la hora en que las sombras se funden bajo las primeras luces amarillentas de las farolas. Europa estaba en ruinas y los ángeles, cuando vuelan sin plumas, parecen todos azules:

> Vor der Kaserne, vor dem grossen Tor,
> Stand eine Laterne und steht sie noch davor,
> so woll'n wir uns da wieder seh'n,
> Bei der Laterne wollen wir steh'n:
> Wie einst Lili Marleen.

«Los ángeles –decía Rilke– no saben nunca si están entre los vivos o los muertos. Arrastrados por la corriente eterna que se lleva las edades por los dos imperios, vuelan envueltos en su rumor.» Edith Piaf contaba que había visto a Marlene «llorando como una niña, por amor». Pero los caminos de Jean Gabin y Marlene Dietrich se separaron. Y ella, elegantísima y vestida de negro satén, cantaba todavía con sesenta y dos años en el Casino de Taormina. Recuerdo sus últimas actuaciones en público, antes de que desapareciese para siempre en 1992, en su oscuro retiro de París. Ya no tenía edad para vestir plumas, pero su voz no había cambiado.

La Colombe d'Or y un pájaro muerto

D.H. Lawrence pasó los últimos meses de su vida en Provenza, en una tierra perfumada y bellísima, donde los pueblos huelen a lavanda, los bosques a resina y los vinos a hierbas del monte. A veces, una puesta de sol salvaje mezcla los colores de la naranja y del azufre, como los paisajes que pintaba Monticelli. Otros días, en las mañanas de niebla, se vuelve todo del vago color de las pinturas de Turner.

Se comprende que Marc Chagall crease lo mejor de sus sueños en estos lugares donde, en los días de primavera, se confunden las palomas con los ángeles y los pueblos con las nubes.

Merece la pena subir hasta el bellísimo pueblo amurallado de Saint-Paul-de-Vence, donde está enterrado el pintor judío. Es muy agradable pasear por estas calles medievales, entre puertas monumentales, fuentes de piedra y escaleras que conducen siempre a una plaza iluminada por un farol que se quedó encendido hace ya muchos años, cuando Signac, Renoir, Dufy o Soutine regresaban por la tarde a Cagnes, en el último tranvía.

En el hotel La Colombe d'Or, una casa vieja entre cipreses, se hospedaba Picasso cuando venía a visitar a sus amigos. Era fácil encontrarse aquí a Yves Montand –cuando acababa su partida de petanca en la plaza–, a Orson Welles, a Jean Paul Belmondo, a Romy Schneider, o a Roger Moore, que vivía muy cerca. Y debajo de la gran higuera del patio se sentaba Simone Signoret, escribiendo un libro de memorias cuyo título yo hubiese querido quitarle de los labios: *La nostalgie n'est plus ce qu'elle était* (La nostalgia ya no es lo que era).

En 1957 Aimé y Margherite Maeght decidieron instalar su fundación junto a las ruinas de la capilla de San Bernardo, porque acababan de perder a un hijo que se llamaba así. Y el arquitecto José Luis Sert les construyó un original edificio de cemento, ladrillos, vidrio y plantas. Cada vez que lo miro me convenzo más de que Sert era un viejo chamán, cargado de simbolismos, algunos tan peligrosos como la terrible Misia.

También el pobre D.H. Lawrence se había interesado por los simbolismos religiosos de los primitivos chamanes, especialmente en el significado oculto de las estrellas. Debía ser una premonición simbólica, porque los médicos decidieron llevarle a un sanatorio para tuberculosos, que se llamaba Ad Astra. Le habían echado ya de un hotel de Suiza, porque «no les gustaban los clientes que tosen».

Per ardua et per aspera ad astra: por la vía ardua a las estrellas o, como le gustaba decir a Lady Melbourne cuando hablaba de una amiga suya que se había casado con un viejo millonario: *«Per ardua ad astrakan...»*.

En esta Villa Ad Astra, convertida en sanatorio, había vivido también Camille Flammarion, el sabio astrónomo y espiritista. En otra época, cuando estaba más fuerte, Lawrence se habría interesado por los secretos del Camino de Compostela, siguiendo la ruta de las estrellas. Pero, ahora, ya era tarde para penetrar en el misterio de los alquimistas que preparaban el *compost* (la sustancia básica de la piedra filosofal) y que dibujaban en las piedras los símbolos ocultos de la iniciación.

En la Villa Les Olivades, en el pueblo de Vence, vivió otra estrella: Ida Rubinstein, la famosa bailarina de los Ballets Rusos. En el cartel de sus espectáculos se reunían, a veces, los nombres más ilustres de la *belle époque:* Diaghilev, Fokine, Debussy, Bakst, Valéry, Gide, Cocteau o Gabriele d'Annunzio. Era una mujer bellísima, y nunca el ballet de *Schéhérazade* ha tenido una Zobeida más provocativa. Fue la sucesora de Sarah Bernhardt, que le había enseñado a pronunciar bien el francés –disimulando su fuerte acento ruso– y a interpretar *La Dama de las Camelias*. Y dicen que inspiró a Ravel su célebre *Bolero*. Pero su leyenda llega más lejos, porque fue también una de las amigas del «collar de margaritas», que frecuentó el círculo de Natalie Barney y Dolly Wilde en París. Quizás allí se atrevió a bailar su versión más audaz de la *Salomé* de Wilde, interpretando hasta el desnudo final la danza de los siete velos que tantas veces le habían censurado. Las amigas de los «viernes de la rue Jacob» adoraban su delgadez estilizada, porque era alta y flexible, como un narciso. Cuando murió, en 1960, la enterraron en el cementerio de Vence, muy cerca del lugar donde habían reposado los restos de D.H. Lawrence. La última vez que visité su tumba para llevarle unas flores, la encontré muy abandonada y me dijeron que, desde 1990, nadie se había hecho cargo de su mantenimiento.

Si Lawrence hubiese visto bailar a Ida habría escrito otra versión de Lady Chatterley. Pero ya era tarde para él. Y fue apagándose en los días soleados de la primavera de 1930, como los viejos vinos rosados de estas tierras provenzales: «El tiempo es soleado, los almendros están todos en flor, pero ya no tengo fuerzas para salir a verlos».

Poco antes de morir escribió un pequeño poema: «No hay nada que salvar, ahora todo está perdido, excepto una pequeña porción de calma que anida en el corazón como el botón de una violeta».

Ahora amaba la castidad, porque le parecía un amor de copos de nieve, un temblor de ángeles, una paz de amantes satisfechos. Sentía en su alma «un río de agua fresca y lluvia».

Comenzó a leer una biografía de Cristóbal Colón, porque pensaba que había llegado para él la hora de los grandes descubrimientos. Y aún tuvo fuerzas para abandonar el sanatorio y alquilar una casa nueva, Villa Robermond.

La última morada de Lawrence se ha convertido hoy en una casa de apartamentos, aunque se conserva una lápida en la entrada.

«Luego lo enterramos muy sencillamente y los pocos que le habíamos amado —escribió Frieda— le dejamos en tierra como un pájaro. Puse unas flores en su tumba y sólo pude decir: "*Good bye*, Lorenzo", mientras sus amigos y yo cubríamos su ataúd de mimosas. Por último, lo cubrieron de tierra mientras el sol desaparecía en este pequeño cementerio de Vence, que mira al Mediterráneo que él tanto había amado.»

Algún tiempo más tarde, Frieda mandó poner sobre la tumba del cementerio de Vence un fénix de piedras rojas, cogidas en las orillas del mar. El resto, ya se sabe: cenizas volando en una playa lejana.

La bohemia es un cristal

RECORDANDO A MIMÍ

En 1852 Karl Marx dedicó un agrio análisis a los personajes de la miseria: cargadores, poetas, organilleros, traperos, afiladores, caldereros, mendigos, en una palabra, la masa intermedia, diluida y desperdigada, que los franceses llaman *bohemia*». Con estos mismos elementos, Giacomo Puccini elaboró el más bello y universal poema dedicado a los novelescos ideales de la juventud. Son dos formas de ver la bohemia; pero la música juega siempre con ventaja, porque es irrefutable.

En Torre del Lago, una aldea de cuatro casas, situada a orillas del lago más grande de la Toscana, vivió Puccini los años más creativos de su vida. Había nacido en Lucca; pero pasó su vida en estos pueblos que tienen nombres dulcísimos y melodiosos: Segorta, Concellesi, Lo Spichio, Nali; caminos orillados de viña verde; cañaverales que tienen el brillo de los cuerpos desnudos y que bailan cuando los cimbrea –lunático, ardiente, apasionado y loco– el mistral de verano; sedientas y amenazantes rieras mediterráneas; melancólicas lagunas de agua salada donde soplan los despiadados gregales de invierno; alegres senderos, perfumados por flores amarillas... Toda esta comarca está llena de románticas referencias puccinianas. En Torre del Lago compuso *Manon*, *Bohème* y *Butterfly*. En Viareggio, a dos pasos de la playa donde incineraron el cuerpo de Shelley, se hizo construir otra casa que disponía de un adelanto insólito: una «sala de radio» para escuchar los primeros programas que se emitían en 1921.

Aunque los estrenos y su trabajo le obligaban a viajar, Puccini no podía componer lejos de estos paisajes de Torre del Lago y de estos rincones –Chiatri, Bargecchia, Celle– donde escondía a sus innumerables amantes. A pesar de su apariencia teatral

—con el sombrero gacho, inclinado *sulle ventitré*– era un hombre solitario, a menudo amargado por un carácter depresivo y pesimista; pero se transformaba cuando podía estar entre sus amigos, al amparo de las gentes sencillas y honestas de su Toscana. Vestía como un dandi, pero con una disciplina tensa, sufrida, exagerada; porque sólo se sentía espontáneamente a gusto en el campo, con su franela de cazador. Tímido e inseguro, torpe de palabra, se había acostumbrado a defenderse con el silencio. En estos pueblos aprendió a valorar las cosas pequeñas y a convertirse en el poeta de las vidas sencillas: Mimí, Musetta, Butterfly, Manon...

Hace ya muchos años, una pintora loca que se llamaba Anna Manfredi me llevó a Celle para enseñarme la cama donde nació Puccini. Yo le conté mi teoría de que es bueno hacer el amor en todas las camas de hombres ilustres que puedas encontrar en tu vida. Y ella, que ya debía haber practicado esta culta costumbre con otros, me respondió:

—*Chi t'ha ventilata l'idea?* Este colchón da más gusto. ... *vuoi sapere perché?*, porque está relleno de hojas de maíz.

Luego supe que esta familia Manfredi había dado una larga serie de amantes al signore Puccini. Sior Giacomo, como le llamaban en la lengua de su pueblo, no era un hombre muy alto; pero tenía una presencia elegante y aparente, siempre bien vestido, aficionado a los grandes coches, las motos con sidecar y los yates lujosos. Se cambiaba de ropa varias veces al día, cuidando los mínimos detalles de su atuendo, y tenía infinitos sombreros que le regalaba —a cambio de su publicidad— la firma Borsalino. Era bastante avaro, a veces tremendamente vulgar en sus instintos eróticos y en sus bromas; pero tenía pinta de figurín. Una simpática anciana de Torre del Lago, que lo había conocido, me explicó con encantadora ingenuidad que «sior Giacomo era el único señor educado y bien vestido que teníamos a mano las muchachas». Los campesinos del lugar le tenían miedo a sus artes amatorias, y le llamaban —con frustrada rabia— *il figurino*.

En Chiatri construyó el maestro otra casa descabellada, que no tenía carretera de acceso. Era ya tremendamente rico, y con los beneficios de *Manon* y *Bohème* podía permitirse comprar un palacio. Pero compró una finca de saldo, en mitad de un bellísimo paisaje, y se hizo construir una casa, más sencilla y campesina que elegante, como todas las suyas. Él era, sin duda, un compositor de aire libre: cazador, campesino, mujeriego. No hubiese sido capaz de componer música psicológica en un despacho, como Richard Strauss o Hindemith. Puccini necesitaba el escenario, los personajes, la luz, el teatro. Pero la casa de Chiatri era demasiado. Quizá la construyó para enterrar en vida a la fiera de *donna* Elvira, su desgraciada y celosa mujer.

Cuando Puccini compuso la *Bohème* no conocía París. Yo creo que el olor de *frittelle* que siente Schaunnard en el apartamento de los bohemios, lo había olido el maestro en las fiestas de estos pueblos de Toscana y de Versilia, en las ferias de septiembre y de Navidad que llenan de frituras las viejas plazas de Lucca.

La casa de Torre del Lago, donde nació la *Bohème,* se levanta casi a orillas de la laguna de Massaciuccoli, dominando un paisaje silvestre de matorral húmedo, juncos y cañaverales que se dibujan sobre el fondo difuminado de las montañas toscanas: un cuadro alegre en verano, dulce y colorista en otoño, misteriosamente triste y melancólico en los días tormentosos del invierno y de la inclemente primavera mediterránea. Puccini eligió esta inmensa laguna porque era un magnífico cazadero de aves, donde de antiguo cazaban los Borbones de Parma. Destrozado por la injuria de los años, mordido por la voracidad de las herencias familiares y los pleitos, el viejo y abandonado caserón apenas es ya sombra de lo que fue. Pero conserva el piano donde Puccini compuso –siempre de noche, cuando todos dormían– sus más románticas páginas... El piano tiene los mazos forrados para no molestar a los que duermen. Pero la casa, donde vivieron hasta ayer los descendientes de Puccini, es hoy un polvoriento y tremendo nido de fantasmas: retratos de amigos queridos (Caruso; Rosina Storchio, la primera Butterfly; Sybil Seligman, la fiel amiga inglesa de Puccini), una máscara mortuoria realizada por los populares santeros de la Versilia, armas y chaquetones de caza colgados en los armarios, papeles pintados arrancados por las goteras, diplomas amarillentos, viejos sillones de cuero que crujen bajo el peso de su historia podrida y oxidada... un sinfín de detalles olvidados que dejan una impresión escalofriante, de hogar desahuciado, de familia rota, de puerta sellada, de casa abandonada repentinamente en la urgencia de la ruina y de la tragedia.

Cuando la araña de la muerte muda se fue aferrando a la garganta de Giacomo Puccini —entre cigarro y colilla, entre pipa y habano, entre nubes de dulce tabaco y humo acre— su voz sonaba ya en sordina, como el piano de los mazos forrados. Sus amigos se dieron cuenta de que ya no era capaz de acompañar a los personajes de su música con su aterciopelada voz de barítono. Ya no era capaz de hacer el falsete para imitar la voz de Mimí y de Manon, de Tosca y de Butterfly. Para colmo de males, durante la Primera Guerra, se construyó en Torre del Lago una gran refinería para extraer la turba del fondo del lago. Puccini se refugió en Viareggio; pero el humo de las chimeneas ya había anudado sus volutas en su enferma y dolorida garganta de fumador enloquecido. Los sabios médicos de Bruselas pensaron que ya ni siquiera merecía la pena alejarle del tabaco. Era mejor usarlo para que fuera fallando su corazón gastado, aquel corazón que había sentido como Rodolfo —ya tarde, demasiado tarde— la muerte de Mimí. Duró muy pocos días, se apagó en un semitono y fue enterrado —por un privilegio único, extraño y especial— en su casa de Torre del Lago. Su mujer, sus hijos y sus nietos están también enterrados con él en esta casa, en un mausoleo de mármol, entre la cocina y el cuarto de estar: una especie de *office* lleno de muertos.

Muy cerca de la casa de Torre del Lago se levantaba la cabaña donde Puccini y sus amigos habían creado, a fines de siglo, el Club de la Bohème. Aquel garito, que había sido una especie de bar, les servía de refugio para sus fiestas y partidas de cartas. Es toda la bohemia que vivió, en realidad, Puccini. Pero él era un hombre de teatro, capaz de imaginarse todo y representarlo todo. Estudiaba como un actor todos sus movimientos, se hacía seguir siempre por un fotógrafo que le inmortalizaba en los momentos adecuados, con la ropa precisa, en las posturas indicadas. Se hacía pagar cada una de sus apariciones en la escena pública, ya fuese invitado a una fiesta, ya fuese cobrando sus gastos de viaje en los mejores hoteles y transatlánticos, ya fuese incluso anunciando en revistas los sombreros Borsalino, la marca de su coche o los neumáticos Pirelli.

El ángel y, sobre todo, la materia sufriente de las obras de arte, son, a veces, confusos y contradictorios. Torre del Lago es el calor; la *Bohème* es el frío. Toda la ópera transcurre entre heladas: los dos primeros actos en Nochebuena, el tercero en una mañana nevada de febrero, y el cuarto en un escalofrío de Mimí. Más de cien compases dura el frío de febrero, como un presagio de muerte, como una tormenta de quintas vacías. Sin ese frío saturnal de París, la *Bohème* no sería un poema. Ese es el arte, insuperable, de Puccini: saca un poema del frío, hace que una mujer temblorosa le pida fuego a un muchacho, enciende un amor desesperado en doce minutos, y nos deja sintiendo el beso del sol. *Ma quando vien lo sgelo, il primo sole é mío*. Cuando Mimí piensa en el sol que acaricia la piel, Puccini debía de pensar en los tejados calientes de Toscana, en las siestas de Viareggio, en las ondas tibias del lago de Massaciuccoli.

El modelo real de Mimí fue Lucile Louvet, una pobre costurera que murió tuberculosa en el París que conocieron Gautier, Heine y Karl Marx. Murió sola en un hospital, y su cuerpo fue a parar a una sala de disección. Musetta —en la vida real, Mariette Roux— era un poco más despabilada; llegó a ser modelo de Ingres y trabajó para otros pintores, consiguiendo unos dineros. Pero murió ahogada en un naufragio, cuando se hundió el barco que la llevaba a Argelia, con sus ahorros, para iniciar una nueva vida.

Los personajes femeninos son lo mejor de la *Bohème*. Los personajes masculinos, a excepción de Colline, no tienen la misma altura que las mujeres; sobre todo Rodolfo, ambiguo, pasivo, arrebatadamente poético y caprichoso, que parece un retrato del propio Puccini. Siempre me he estremecido pensando lo que hubiese hecho Wagner con un poeta incomprendido, como éste, que guardaba en un cajón... ¡un poema épico en cinco actos!

Pero Mimí y Musetta son otra cosa. Cuando Mimí agoniza, derramando entre escalofríos las últimas rosas de sus pulmones, Rodolfo no se da cuenta de nada. Sin embargo, Musetta busca un manguito, se quita sus pendientes y dice: «Véndelos y vete a comprar medicinas». Merece la pena dedicar un poema a estas mujeres.

Puccini sólo necesita una orquesta en tonos impresionistas, en delicados tonos pastel, exaltados por el color cálido del violoncello, por los reflejos del arpa, por los terciopelos dorados de la flauta grave. Sonidos dulces, violines y otros instrumentos de arco, para Mimí y Rodolfo. Instrumentos de viento para la descarada Musetta. Sencilla música de cámara para la muerte de Mimí.

Recuerdo que a la princesa Charlotte, la hija de la emperatriz Zita, se le humedecían los ojos en una lejana tarde madrileña hablándome de estos rincones de Italia donde nació la *Bohème*. Siendo una niña, su madre había vivido en la Villa Borbone, y no podía olvidar estos paisajes de Viareggio y de Torre del Lago, rodeados de inmensas lagunas y frondosos bosques de caza. Me explicó que el dolor y los años habían convertido a la última emperatriz de Austria en una mujer misteriosa y mística; pero creo que recordaba con una emoción más íntima el paraíso perdido de Italia que su irrecuperable imperio de Austria.

Sentados en el bar de un hotel madrileño hablamos de Italia, de Puccini, de la *Bohème* y de los pequeños sentimientos que, a veces, son más grandes que los grandes: los tremendos pequeños dolores, los inolvidables pequeños amores, las cosas insignificantes de la vida, los ingenuos recuerdos de la juventud bohemia...

—¿Y qué es la bohemia? —murmuró sonriendo, con un gesto cansado y escéptico.

Tuve miedo de que estuviese pensando en una provincia de su imperio.

—Los burgueses, signora, piensan siempre en la miseria —contesté rápidamente—. Los santos deben pensar en la pobreza. Nosotros, los escritores, pensamos en la bohemia; porque la bohemia es... un cristal.

—*Aimé!* (¡ay de mí!) —suspiró, entornando sus bellos ojos húmedos.

Y, también, aparece el sepulturero

SHAKESPEARE EN UN TEATRILLO DE MARIONETAS

Creo que, para la educación de un niño, no hay nada como el teatro. Quizá porque, en la vida, cada uno tiene que aceptar su propio papel. Y, como el escenario está ya ocupado cuando llegamos al mundo, tenemos que asumir nuestra parte entre los personajes poco brillantes, como aquellos que en las obras dramáticas se indican con referencias genéricas: un sepulturero, dos soldados, una doncella, un caballero y un cura. Sólo un buen actor puede salvar un papel insignificante.

En *Poesía y Verdad* y en *Wilhelm Meister*, Goethe evoca los recuerdos de su infancia, haciendo referencia a un teatrillo que le había regalado su abuela. El escenario se conserva todavía en su casa de Frankfurt, aunque hayan desaparecido los decorados y los vestidos que él mismo realizaba con ayuda de su criado, que había sido sastre.

También tuve en mi infancia un precioso teatrillo, donde representé con mis amigos muchas obras de Shakespeare. Recortábamos los personajes en cartón y los movíamos entre los decorados, buscando una iluminación mágica. Representábamos las nubes con papeles transparentes de colores, que cambiábamos según la hora en que transcurría la acción. Y, para producir tempestades, encendíamos y apagábamos las luces, detrás de esas transparencias. Uno de nuestros compañeros, especialista en efectos, imitaba los truenos, mientras otros desplegábamos violentamente una persiana, produciendo un ruido como si se abriesen los cielos.

Así interpretamos y representamos, adaptándolos a nuestra imaginación infantil, *Romeo y Julieta*, *Macbeth* –disfrutábamos mucho moviendo los árboles del bosque de Birnam– y *Hamlet*.

Mi personaje preferido fue siempre Ofelia, quizá porque tenía un bellísimo nombre que Shakespeare encontró leyendo los textos de Sannazaro. Mi padre me había llevado a ver una representación de *Hamlet* en la que el papel de Ofelia lo interpretaba Claire Bloom. Era casi una niña, pero sabía ser fascinante y misteriosa, como aquella ingenua muchacha que tuvo que perder la razón para comprender el destino de una mujer enamorada. Y todavía recuerdo cómo ofrecía las flores que había recogido en su falda: «There's a daisy: I would give you some violets; but they withered all when my father died» (Ésta es una margarita. Me gustaría ofreceros algunas violetas, pero se marchitaron todas cuando murió mi padre). Como fui un niño fantasioso y descabellado, pensé que las violetas debían ser, desde entonces, mi flor simbólica; detalle que tampoco debe sorprender a nadie, ya que nací bajo el signo del Sagitario. Pinté de violeta las *paline* de mi casa veneciana. Llevo corbatas violetas cuando quiero provocar a los prudentes burgueses (que reservan este color para los muertos y los obispos). Y, el día después de la representación, cuando acompañé a mi padre a Jermyn Street para comprar sus lociones de afeitar y sus colonias, elegí para mí un pequeño frasco de violetas. Desde entonces utilicé este perfume, a pesar de que algunos perfumistas parecen haber olvidado hoy que la violeta ha sido siempre una esencia inconfundiblemente masculina. Y todavía compro mi perfume en Floris, el famoso establecimiento que fundó en Londres un mallorquín emigrado en el siglo XVIII.

Amábamos tanto a Shakespeare que llamamos a nuestra compañía Teatro del Globo, y representábamos nuestras obras *gratis et amore*, gastando tiempo y dinero en copiar los programas, recortar los decorados y preparar los estrenos. Por eso nuestra compañía acabó disolviéndose por falta de medios. Pero la experiencia me sirvió para aprender de memoria a Shakespeare y para venerar a los actores por encima de cualquier otro estamento humano, admiración que aún perdura en mi filosofía dionisíaca de la vida.

Nos hubiese ido mejor con un buen empresario, como Shakespeare, que fue un gran productor. Mejor incluso que actor, porque su único papel importante en la escena fue el de «fantasma del padre de Hamlet».

Pero no tuve nunca dotes para el negocio y no me habría atrevido a patrocinar mi compañía con anuncios publicitarios, como aquel teatro de ópera, en Texas, que presentaba *Otelo* con ayuda de un sponsor: la firma Crisco, famosa por sus productos de cocina. Un amigo me envió un ejemplar del programa, que me parece genial. Comienza con una obertura que habría encantado a Verdi: «Otelo entra en escena y saluda al público con las palabras: Use Crisco, la mejor manteca para cocinar».

Y así prosigue el magnífico esperpento, mezclando los ripios con el libreto original: «¡Alegraos! El turco ha sido vencido y hundido en el fondo del mar: Crisco no tiene rival».

Pero lo mejor es el final, cuando –mientras resuena el mi bemol agudo del *Ave Maria* de Desdémona sobre el mi de los bajos que anuncian la tragedia– Otelo estrangula a su amante y, desesperado, hunde la daga en su pecho, cantando un aria conmovedora: «Pida sólo Crisco. *The world's favorite shortening*» (la manteca más preciada del mundo).

Tampoco me extraña que alguien dijese que Shakespeare fue el mejor libretista que tuvo Verdi.

El país de William Shakespeare

Los castillos del Warwickshire, que le vieron pasar, murmurando canciones y sonetos, se reflejan en las aguas del Avon, entre los cisnes agitados por la soledad y el frío. El otoño ha vertido manchas de sangre sobre los tejados de las granjas, y por los parques corren las sombras de robles, olmos y encinas, igual que en el bosque de Birnam. Y hay romero para el recuerdo, trinitarias para los hechizos, y también hinojo y colombinas y ruda, como en las faldas de Ofelia... Las casas tienen la fachada de piedra vieja, apuntalada por callosas vigas. Pero, cuando se abren las ventanas, sale de las habitaciones un vaho tibio, como si se escapara de sus labios un secreto largamente callado.

Stratford no ha crecido, como Windsor, a la sombra de un castillo real, sino que nació en la orilla norte del Avon. Camdem lo describe en su *Britannia* como «emporium non inelegans». Y era, en realidad, a fines del siglo XV, un mercado provinciano, industrioso, dotado de fáciles comunicaciones con Oxford y Londres. Muchas familias sostenían su propia economía doméstica con la elaboración de cervezas. Y la administración municipal –en la que ocupó cargos relevantes el padre de William Shakespeare– se había ocupado de empedrar las calles y de construir un puente de piedra para sustituir al viejo puente medieval de madera.

La casa donde nació William, en abril de 1564, olía también a cebada y a roble, a lavanda, pieles y lanas. Al viejo John Shakespeare, padre del poeta, le llamaban «John Factotum», mote que utilizarían también los enemigos de su hijo para denostar sus disposiciones en todos los dominios de la vida.

John Shakespeare negociaba con lanas, guantes y caballos. Y el pequeño William jugaría entre las mercaderías del negocio paterno, porque en la casa familiar de Henley Street se han encontrado pegullones de lana en las rendijas del pavimento. Gracias a su espíritu emprendedor, John pudo abrirse camino en las filas de la burguesía, triunfo meritorio si consideramos que, en Stratford, de cada mil quinientos habitantes la mitad eran pobres. John vendía sus lanas en la plaza del mercado y fabricaba delicados guantes de piel blanca para uso exclusivo de halconeros y señores.

Los Shakespeare vivían en Henley Street, cerca de Market Cross, en uno de los mejores enclaves comerciales de la ciudad. La primera mención de su nombre en los archivos de Stratford no es muy honorable: se trata de una multa impuesta a John por ensuciar la calle con sus basuras. Esto ocurría en 1552, algunos años antes de que se iniciase su meteórica carrera de burgués. En 1558 contrajo matrimonio con Mary Arden, descendiente de una familia de señores a la que habían servido como granjeros los Shakespeare.

Gracias a su laboriosidad, John Shakespeare fue admitido en el consejo municipal de Stratford para cubrir la vacante de un vecino, expulsado por haber proferido «opprobious words». Así se inició su brillante carrera burguesa: *alderman* en 1565; *bailiff* en 1569; presidente de la Court of Record, *Clerk of the Market*, *coroner* y *almoner* en los años siguientes. Y todo ello contando con que no era un hombre muy ilustrado ni aficionado a las letras. Firmaba con una marca, con una cruz, o con un par de guantes cruzados, como correspondía a un industrial de su ramo. Por esta razón todavía se discute la forma en que debería escribirse su apellido, consignado con veinte variantes en los documentos de la época.

John y Mary tuvieron ocho hijos. Pero dos niñas murieron cuando, en el verano de 1564, recién nacido William, se declaró una epidemia que se llevó a muchos niños.

Me atrevería a decir, sin embargo, que el pequeño Shakespeare tuvo una infancia segura y feliz. *The Cradle of Security* es el título de una obra que alcanzó gran éxito en aquel tiempo y que el joven poeta pudo ver en Stratford.

La cuna de la seguridad

Como el propio Shakespeare recordará en uno de sus sonetos, los días de su infancia pasaron felices «con un murmullo de plegarias». Probablemente, al volver de la escuela, recitaría los pronombres latinos en presencia de su padre, como hace el pequeño William delante de Mistress Page, en *Las alegres comadres de Windsor*. Pero la atmósfera piadosa de su infancia era, sin duda, muy diferente de la que ha pintado en esta obra. En el silencio de la noche las mujeres de la familia se reunían —en un retablo de ropa blanca— para recitar cuentos antiguos y recordar las proezas de Guy de Warwick, que se fue a tierras lejanas en busca de aventuras y volvió, disfrazado de mendigo, a pedir limosna a la puerta de su propio castillo: «There was a man dwelt by a churchyard».

Las nobles posesiones de los condes de Warwick, regadas por el Avon, alfombradas de flores, dominadas por la sombra de los castillos que se arruinaron durante la Guerra Civil, forman el escenario en el que transcurrió la infancia de William Shakespeare. Y siempre he pensado que este hermoso país se parece al reino del rey Lear:

> With shadowy forests and with champains rich'd
> With plenteous rivers and wide-skirted meads.

Es una tierra rica, cantada por los antiguos poetas en su estilo libre, popular y fresco: «A fair field, full of folk», escribe Langland. En muchas de las obras de Shakespeare, en *Enrique IV*, en *Como gustéis* y en *Cuento de invierno*, aparecen referencias a este paisaje de las vegas del Avon donde florecen las violetas, vuelan las mariposas y el aire lleva el olor almizclado de las rosas y el suave aroma del tomillo.

Pero no es un país sin misterio. En su antigua y clásica serenidad oculta también esta tierra algunos secretos de su historia violenta. Entre cisnes y castillos, la diosa del amor y el dios de la guerra procrearon hijos con pasión. En Evesham murió batallando, en 1265, Simón de Montfort, que había sido el hombre más fuerte de Inglaterra durante el reinado de su cuñado Enrique III. En Bosworth Field cayó, descalabrado y herido de muerte, Ricardo III, el rey que tenía en su trono manchas de sangre.

Por los pueblos de la comarca anduvieron los conspiradores del Gunpowder Plot que pretendían introducir algunas reformas en favor de los católicos. En este sentido se ha dicho que la familia Shakespeare no fue siempre fiel a la Constitución Episcopal de la Iglesia Reformada y que, secretamente, mantuvo contactos con el bando papista; aunque éste es un extremo que nunca se ha podido probar.

Las simientes de la Guerra Civil germinaban ya en las tierras del Avon durante la vida de Shakespeare. Por eso en la obra del poeta, como ocurre en *Enrique VI*, abundan los destinos desgraciados, marcados por el parricidio, las disputas familiares y el odio.

En las comidas familiares no siempre reinaba una atmósfera tranquila y relajada. Y, algunos días, se notaba en la mesa cierta tensión. Por eso los niños se educaban soñando en tiempos heroicos. Aprendían las leyendas de guerra y escuchaban atentamente la voz de un ciego que, en una esquina, recitaba la historia de un caballero del país de Arden, llamado Cassaman, «tan bravo como Isenbras».

SENTENTIAE PUERILES

La Grammar School de Stratford, donde Shakespeare recibió la primera enseñanza, no era entonces una escuela vulgar. Algunos de sus maestros recibían sueldos de veinte libras, al mismo nivel que los profesores de Eton. En la plantilla docente se encontraban nombres ilustres, procedentes de Oxford y Cambridge, como Brownsword, William Stuart y John Acton.

El pequeño Shakespeare era un niño dotado de buena memoria y grandes dotes de expresión. Le gustaba imitar a todo el mundo y, a menudo, se inventaba historias que interpretaba con gestos declamatorios.

Ben Jonson, que presumía de su formación humanista, lamentaba que Shakespeare no se hubiese aplicado más en latín y griego. Probablemente, Shakespeare admiraba la preparación de Jonson y bromeaba sobre este punto. Porque, en mis tiempos de estudiante, encontré en la British Library un manuscrito curioso que cuenta una divertida anécdota. En estas páginas, tituladas *Merry Passages and Jests*, se comenta que Shakespeare fue padrino de un hijo de Ben Jonson. Y se presentó en casa de su amigo con una colección de cucharillas de latón *(latten),* un metal dorado que se utilizaba entonces mucho, quizá porque se decía que los alquimistas podían convertirlo en oro. Jugando con la pronunciación de las palabras *latten* y *latin*, Shakespeare mostró a todo el mundo su regalo de bautizo y le advirtió a su erudito colega: «I'll give him a dozen good latten spoons and thou shalt translate them» (Le regalo una docena de buenas cucharas de latón [latín] y tú puedes traducírselas).

Al pobre Jonson no le sirvió de mucho su latín, porque ganó más laureles que dinero y murió en la pobreza. Tuvo que regatearle a su protector, Carlos I, un pequeño espacio en la abadía de Westminster, donde se entierran los hombres ilustres. Y el deán de la abadía, ajustándose a su modesta petición («dieciocho pulgadas»), ordenó que lo enterraran de pie. Pero, además, el latín le jugaría malas pasadas hasta el final de su vida, porque el albañil que tapiaba la tumba se encargó de realizar también la inscripción en el mármol y, en vez de escribir *Orare Ben Jonson* (rezad por Ben Jonson), grabó *O rare Ben Jonson*.

Pese a todas estas maledicencias de sus contemporáneos, la preparación cultural de Shakespeare era considerable, porque la Grammar School formó a muchos juristas y clérigos. Y, como todos sus compañeros, trabajó arduamente sobre las gramáticas de Lilly y Colet, memorizó las *Sententiae Pueriles* de Culman, las *Fábulas* de Esopo y los *Moral Distichs* de Catón, sin descuidar la lectura de Virgilio, Ovidio y Salustio.

Las lecturas escolares influyeron decisivamente en sus primeras obras dramáticas, especialmente en *Titus Andronicus* y en *The Comedy of Errors*. Como su genio, igual que el del actor, se caracteriza por su capacidad de recreación, recuperó muchas veces viejas tradiciones y herencias culturales para transformarlas con su pluma. Así, *The Comedy of Errors* es una mezcla de antiguas leyendas medievales, con fragmentos de una pieza de Ariosto y algunos recursos inspirados en *Menechmos,* la divertida comedia de Plauto.

El teatro era el género triunfante en los últimos años del siglo XVI. El público inglés amaba las comedias de venganza, igual que Lope de Vega impondría en España los argumentos de honor «porque los casos de honra son mejores, ya que mueven con fuerza a mucha gente».

No sé si algún estudioso ha señalado alguna vez esta correspondencia entre el teatro y los siglos de oro. Pero es verdad que el arte de Dionysos marca la hora de esplendor de todas las culturas, desde los trágicos de Atenas hasta Shakespeare, desde Lope y Calderón hasta Molière, desde Goethe y Schiller hasta Goldoni. Quizá porque el teatro es la forma literaria más perfecta para crear un mito; pero también enseña la fórmula para conjurarlo.

William crecía en un ambiente burgués y seguro, al menos en apariencia; pero amaba las correrías solitarias al aire libre, los paseos vagabundos por aquella Stratford de «very lardge streets», amenizadas por hileras de sauces y alegres jardines. John Leland, que visitó la ciudad, a mediados del siglo XVI, se admira de su belleza y la encuentra «reasonably well buyldyd of tymber». No existía entonces, indudablemente, la horrible fortaleza babilónica de ladrillo que Elisabeth Scott diseñó en 1932 para dar injurioso asilo al Shakespeare Memorial Theatre.

Por Stratford pasaban, de vez en cuando, las renombradas compañías dramáticas de la reina, del conde de Worcester y del conde de Leicester. El padrinazgo de un miembro de la aristocracia era fundamental para los actores, ya que cada hombre debía tener un empleo fijo, controlado por el fisco y por la Iglesia anglicana. Los vagabundos eran equiparados a los criminales, y los comediantes necesitaban justificar su vida nómada acogiéndose a la protección de los nobles.

La suspicacia religiosa y política, muy sensible durante el reinado de Isabel, aconsejaba igualmente ciertas medidas de prudencia, entre las que debía incluirse la organización corporativa de los actores en torno a una figura reconocida en la corte. Shakespeare, por ejemplo, trabajó en los círculos próximos al conde de Essex, a los que pertenecía también su protector el conde de Southampton. Su competidor Marlowe trabajaba para el romántico bando de sir Walter Raleigh, que tenía el alma transida, como el príncipe de Elsinor, por misteriosas dudas. Quizás esto explica los oscuros ataques de Shakespeare a los miembros de la School of Night, que agrupaba a los melancólicos filósofos del partido de Raleigh.

No cabe duda de que el público encontraba sustanciosas referencias políticas en la filiación de las diferentes compañías teatrales. Pero, en cualquier caso, los incómodos controles que se cernían sobre la vida teatral no perjudicaban en absoluto a la bolsa de los actores, que consumaban fulgurantes carreras, levantaban fortunas y realizaban rentables inversiones en empresas inmobiliarias que ofrecían por entonces las primeras facilidades de crédito.

También en Stratford asistía tanta gente al teatro como a los combates de toros y mastines. Y el género dramático, estancado durante muchos años en las «moralidades» medievales, comenzaba a evolucionar. La influencia del teatro español, con sus pasiones vindicativas y románticas, había penetrado en las islas a través de John Heywood, emigrado católico, y de George Buchanan, humanista escocés que viajó por Flandes y la península Ibérica.

Catalina de Aragón –personaje tan dignificado por la pluma de Shakespeare– había introducido en la corte las obras de Antonio de Guevara. Y, aunque la comedia no disponía aún de normas académicas, puede decirse que la tragedia estaba ya a punto de alcanzar su forma clásica bajo el impulso de Marlowe, que era el gran maestro del «blank verse» o endecasílabo suelto, tan adaptable a la musicalidad de la lengua inglesa, sonora y avara en rimas.

En cuanto una compañía llegaba a Stratford y se izaba la bandera para anunciar la representación, el pequeño Shakespeare corría a ocupar su puesto en el auditorio. Allí, animado por los diálogos y los gritos, arrastrado por las banderías y las pendencias, salpicado por la sangre de cordero que vertían las vejigas de los actores acuchillados en el escenario, «oía silbar el tempestuoso viento de la vida».

Cuando el viento de la genialidad no soplaba en el escenario eran los propios espectadores quienes se encargaban de silbar ruidosamente y de patear las obras. Los hidalgos, más discretos, sacaban su baraja de naipes y jugaban una partida, sin atender a la representación.

Los cargos municipales de John Shakespeare proporcionaban a la familia invitaciones para todas las funciones teatrales. En 1571 «el risueño John» –como le llamaban sus contemporáneos– había alcanzado la cumbre de su carrera obteniendo el nombramiento de regidor de justicia. Pero luego, cuando su estrella ya declinaba, comenzó a pleitear y a complicarse la vida en negocios sin fortuna. Los acreedores arremetieron contra él. Pocos años después estuvo a punto de ser arrestado por incomparecencia a un juicio en el que se le reclamaban treinta libras.

La ruina se abatió sobre la casa y, en 1578, John Shakespeare tuvo que acogerse a las dispensas tributarias de los pobres. La flaca herencia de su mujer no le sirvió de ayuda, porque fue a parar a manos de la ávida familia política. Y, como tantos de los personajes creados por su hijo, tuvo que confiar su vejez a la caridad filial y pasó sus últimos días soñando en tiempos mejores.

Se ha dicho que William disfrutaba representando el espectro del padre de Hamlet; aunque también las malas lenguas afirman que elegía sólo papeles cortos para poder entregarse a su secreta afición: contar los beneficios de la taquilla, mientras el resto de la compañía proseguía las representaciones.

Shakespeare fue siempre un celoso administrador de sus bienes. Y no sé por qué los cineastas de nuestro tiempo, más ávidos de caricaturas que de retratos humanos, lo han presentado bajo una máscara extravagante. Muy al contrario, yo diría que era más prudente que exaltado, más discreto que escandaloso. Por eso muchos de los locos de su teatro son fingidos, como el linfático y gordo Hamlet, a quien el exceso de meditación le pesa en las nalgas. O son locos oportunistas que se curan cuando quieren, como Cardenio, el personaje cervantino que Shakespeare resucitó en colaboración con Fletcher.

El ala oriental de la casa de Henley Street, donde el viejo John había instalado su negocio, quedó prácticamente abandonada. Pero William se había convertido ya en un joven inquieto, que buscaba fortuna en la calle y pasaba pocas horas junto a la gran chimenea de piedra y ladrillo que calentaba la estancia familiar.

Años errantes

Las inquietudes de la juventud arrastran al joven Shakespeare por caminos desconocidos y ocultos. Y su alma se va llenando de interrogantes.

Ah, what a dusty answer gets the soul,
When hot for certainties in this our life!

En los alrededores de Stratford va recogiendo los misteriosos temas de su futura obra. El osario de la parroquia, con sus enmohecidas estelas, le sugiere un monólogo con la muerte: «Aquella calavera tendría lengua en otro tiempo y con ella podría incluso cantar».

Pero siempre habrá en su pensamiento una delicada contradicción cuando se asoma a la muerte. En su famoso monólogo, Hamlet define la muerte como «país desconocido de cuyos límites ningún caminante torna». ¡Curiosa afirmación en una obra que basa toda su fuerza dramática en la terrible aparición del alma en pena del padre de Hamlet!

Pero el secreto de Shakespeare es que sabe arrastrar al espectador en sus contradicciones. Nadie se da cuenta tampoco de que el incrédulo príncipe, después de exponer su tenebrosa filosofía atea, se encomienda a las limpias oraciones de Ofelia. Y, en el colmo ya de las sinrazones, nos hemos acostumbrado a aceptar a un Hamlet enjuto y ligero como un bailarín de ballet, cuando en sus parlamentos no hace más que quejarse de su *embonpoint*, mientras soporta las reprimendas de su madre, que le acusa de estar gordo y no hacer ejercicio.

En 1579 muere ahogada en Tiddington on Avon una joven llamada Katherine Hamlet que recogía flores y yerbas en su falda blanca. A Shakespeare, que tiene entonces quince años, debe impresionarle esta noticia, igual a Tolstoi le sobrecogerá un día la suerte de la desgraciada Ana Karénina. La llevan en el ataúd con el rostro descubierto...

Por los alrededores de Stratford se multiplican las habladurías sobre las travesuras del joven Shakespeare. Las comadres afirman que sir Thomas Lucy, propietario de la mansión de Charlecote, ha presentado denuncia contra él por cazar furtivamente en sus dominios. Los mozos de Budford aseguran que le han visto retar a todos los bebedores de la comarca en la taberna Falcon Inn. Y le atribuyen unos ripios que podemos considerar la primera guía turística del Warwickshire para uso de golfos, bergantes y vagabundos:

> Piping Pebworth, dancing Marston
> Haunted Hillborough, hungry Grafton.

De todas formas, William no pierde su tiempo. Aprende a escribir y hablar el francés; traduce el español, ayudándose de sus conocimientos de latín, y sueña tanto en Italia que acaba conociéndola como si fuera su patria, aunque se imagina que Verona es una ciudad a orillas del mar.

Entre aquellas lecturas dispersas encuentra un libro escrito por un italiano, Giambattista Giraldi, que cuenta la historia de una joven a la que llamaban «Demonio blanco» y que casó con un patricio llamado Moro. Demonio blanco y príncipe negro, luz y sombra, nieve y barro, velo y puñal. No necesitaba más su imaginación para crear la leyenda de Desdémona y el moro Otelo, inventándose una tragedia de celos y sospechas que acaba en un crimen.

Por un pequeño sendero, William se acerca con frecuencia a Shottery, alegre caserío situado media legua al oriente de Stratford. Allí viven los Hathaway, granjeros modestos que han sido, en tiempos, grandes hacendados.

A veces, en primavera, me he acercado a esta granja, en medio de un paisaje romántico, buscando las flores que Shakespeare sembró en sus versos: margaritas, rosas, violetas, prímulas y rojas eglantinas, claveles puros de apagado aroma, flores de muerto y flor de los trigos.

La cocina de la granja, con su gran chimenea, evoca el ambiente, a medias rústico y señorial, en que vivía la familia Hathaway. Junto a la cocina aparece la lechería donde Anne, que contaba veinticinco o veintiséis años –ocho más que William–, elaboraba la mantequilla y se ocupaba de las faenas de la granja.

William y Anne se casaron a fines de 1582, con cierta premura porque la muchacha estaba a punto de ver «un hijo en su cuna, antes que un esposo en su lecho». Sobrevivirá siete años a su marido, habitando, al parecer hasta su muerte, en el domicilio conyugal.

La novia aparece inscrita en los registros como Anne Whateley of Temple Grafton y Anne Hathwey of Stratford. El primero de los nombres quizás estaba destinado a ganarse la admiración y la voluntad del suegro, que se había pasado la vida proclamando la nobleza del apellido Shakespeare.

El primer fruto del matrimonio fue bautizado en la Colegiata de la Santísima Trinidad el 26 de mayo de 1583, y recibió el nombre castísimo de Susanna, que parece una respuesta a ciertas habladurías. Dos años más tarde nacieron dos mellizos, Hamnet y Judith, que recibieron sus nombres en honor de un matrimonio de panaderos que mantenía estrecha amistad con los Shakespeare.

Algunos suponen que William, obligado por la ruina de su padre, trabajó como aprendiz en diversos oficios; pero esta teoría no se compagina con la fecha temprana de su boda, ya que los aprendices estaban obligados a servir siete años sin cobrar y sin casarse. Absurda es también la versión de que fue carnicero, leyenda que brota de una mala interpretación de un texto antiguo que le presenta «killing a calf». Matar un ternero significaba, en la jerga de los comediantes, «declamar un monólogo».

Un viejo compañero de escena asegura que Shakespeare fue maestro de escuela, hipótesis que me parece más acorde con su preparación cultural. Pero no falta quien le supone abogado o, incluso, sirviendo como soldado en las tropas de Leicester en los Países Bajos. Los mitos tienen también su parte de razón, y un poeta heroico debe parecerse siempre al infortunado galán Walter Raleigh o al manco Miguel de Cervantes.

Por ciertos detalles de su obra creo sospechar que fue un gran pescador y mejor cazador. En otras palabras, un joven nómada, enamoradizo, arisco, reflexivo y observador.

El ambiente de la casa de Henley Street, aunque adorable –era un escenario propio para *The Comedy of Errors*– se quedaba ya corto para sus aspiraciones. La vieja vivienda burguesa se había convertido, curiosamente, en un carromato de cómicos. Los pequeños gemelos Hamnet y Judith gateaban por las habitaciones cuando su tío Edmund —el hermano menor de William— aún daba los primeros pasos.

La vida revuelta de Henley Street contribuyó a crear fuertes lazos de comunidad en la familia. Pero, a excepción de William, ninguno de los muchachos hizo grandes carreras. Richard aparece citado en 1608 ante la corte eclesiástica por haber cometido alguna pequeña falta ritual. Gilbert buscó fortuna en Londres y fue mercero en el barrio de Saint Bride. El pequeño Edmund siguió los pasos de William y fue actor; pero murió a los veintisiete años. Su hermano le costeó una tumba notable y una hora de repique de campanas. Joan, la única hermana viva, se casó con un sombrerero y se quedó a vivir en Henley Street, perpetuando la saga artesanal de la familia.

En Londres triunfaba Marlowe, escritor universitario que se extasiaba con los dioses del crepúsculo, derramaba la sangre en el escenario entre versos conmovedores, enganchaba a los enemigos del tirano en las lanzas de su carruaje y, finalmente, dejaba morir a los héroes atormentados, clamando a las estrellas. William lo tenía ahora claro. Había que ver todo esto. Tenía que salir del pueblo y correr hacia Londres.

A horse! A horse! ¡Un caballo!

Londres: tabernas y teatros

Londres era, naturalmente, la meta de todos los buscadores de fortuna. También Richard Field, editor de los *Poemas* de Shakespeare —las únicas páginas que publicó en vida—, había conquistado así su suerte: marchó de Stratfrod a Londres como aprendiz de imprenta y se casó con la viuda del impresor.

Las primeras noticias de Shakespeare en Londres datan de 1592, año infausto en que se declararon simultáneamente dos terribles epidemias de peste bubónica y de neumonía. Por las mismas fechas, en Italia, Galileo inauguraba sus lecciones de matemáticas en la Universidad de Padua y tomaba partido en favor de la poesía épica de Ariosto, contra el Tasso.

Atravesando el Newgate, Shakespeare penetró en el fascinante corazón de Londres, dejando a su derecha el barrio de los teatros donde se levantaba el Bel Savage Inn: una de las más renombradas tabernas escénicas. Se decía que el diablo en persona se aparecía sobre las tablas de este garito.

Los actores trabajaban en las tabernas, durante el invierno, y en los parques durante el verano. Pero había también algunos corrales donde las obras se representaban sin decorado. Las funciones tenían lugar durante el día y, para figurar la noche, se encendían antorchas en el escenario. Esta sencillez instrumental permitía ciertos efectos dramáticos que, posteriormente, se descuidaron. Y así, por ejemplo, el lecho de Julieta no se retiraba del escenario y aparecía junto a la tumba en el último cuadro, redoblando el efecto trágico del desenlace.

Seguramente, Shakespeare llegó a Londres con la compañía ambulante de los Queen's Men. Cuando se presentó para cubrir la vacante del gran actor trágico William Knell –muerto en una riña– reunía las condiciones exigidas a todo aspirante: buena apariencia, cierta preparación cultural y someros conocimientos de música y de esgrima.

Muchos de los actores eran gallitos camorristas que se cubrían de gloria exprimiendo el genio de autores anónimos y mal pagados. La gente les llamaba «camaleones pendencieros». Pero, en el fondo, eran también esclavos de la tiranía del público.

Los espectadores, fanatizados por el teatro, estaban siempre dispuestos a rematar la sesión con un motín o una algarada. En 1549, durante la representación de una obra, había estallado en Norfolk una rebelión que pretendía organizar una comuna sobre las bases del justicierismo de Robin Hood. Los combates de osos y toros en la City no eran tan turbulentos como las representaciones en The Rose Theatre. Algunos actores famosos eran también grandes provocadores, y Dick Tarlton –el Charlot de los Tudor, que se presentaba con grandes zapatos y pantalones lacios–

organizó un escándalo lanzando sobre el auditorio cohetes con manzanas, peras, pan y munición de boca.

Más pacífico, aunque se hacía esperar como un divo en escena, era Edward Alleyn, que amasó una considerable fortuna en los teatros de Londres. Tarlton, por el contrario, vivió siempre en la bohemia, improvisando versos y denuestos, esgrimiendo su arma por cualquier fruslería. Murió con la plaga del año de la Armada Invencible y, como única herencia de su gloria, dejó su figura en el rótulo de las cervecerías.

Incluso Marlowe, que había triunfado en 1587 con su *Tamburlaine*, abusaba de recursos violentos, destemplados y groseramente crudos. El público aplaudía la enrabiada *Tragedia española* de Kydd. Y Marlowe les obsequiaba con *La matanza de París*, frenético documental de la historia de Francia con diecisiete asesinatos y un adorno surrealista: un personaje que se corta la oreja en escena.

A la época le iban los personajes maquiavélicos, los genios silvestres, los precursores de Beckford. Por eso Marlowe no alcanzó tanto éxito con su *Fausto*, historia ya más propia de un siglo ilustrado que disfrutaría con los amores de Helena de Troya y un abuelito. En realidad *Fausto* quería ser un canto a la belleza clásica; pero ese manifiesto de gloria estaba reservado a la pluma de Goethe.

Shakespeare representó seguramente una pieza de moda que llevaba el esquizofrénico título de *The Lamentable Tragedy of Cambyses, King of Persia, Mixed Full of Pleasant Mirth*. Pero sólo cinco años bastaron al «amistoso» Shakespeare (*friendly* y *gentle*, le llaman sus contemporáneos) para imponer en la escena su estilo apasionado, cálido, humano y lleno de natural simpatía. Sus primeras obras —*Enrique VI*, *Ricardo III*— se inspiraron en la historia medieval de Inglaterra, concretamente en el dramático período de la Guerra de las Rosas, con sus reinas guerreras, sus caudillos creadores de reinos, sus caballeros enamorados y heroicos, sus doncellas endemoniadas.

Pero Shakespeare no fue nunca un discípulo de Maquiavelo ni un secuaz del bárbaro Savonarola. Los desmanes de sus personajes encuentran la venganza del cielo y la mano alzada de los dioses. El feroz Ricardo III y el ambicioso Macbeth viven y mueren entre pesadillas. Ni siquiera la muerte heroica fue jamás un fin deseable para Shakespeare y, por eso, Hamlet derrama amargas ironías sobre el pudridero de la historia donde se convierten en cenizas los grandes hombres.

Es verdad que el héroe también existe en Shakespeare. Pero, para su carácter sereno, el heroísmo no es más que la tarea cotidiana y forzada de la vida, asumida con grandeza. La voluntad de parecer siempre es derrotada por la gracia de vivir o la resolución de morir.

Una flor en un incendio

En la carpeta donde guardo mis versos preferidos conservo un delicado poema de William Empson, consagrado a un árbol que sólo florece cuando el bosque se quema:

> There is a tree native in Turkestan
> Will ripen only in a forest fire.

También el genio de Shakespeare florece en mitad de una tragedia. Cuando llega a Londres, en las calles arden piras siniestras. Miles de personas mueren en esta epidemia de neumonía y peste. Para la medicina de la época no hay otro remedio que las cebollas y los polvos de unicornio. Pero lo mejor es huir, como aconseja en genial receta Thomas Lodge: «Briefly, to live in repose of spirit, in all joy, pleasure, sport and contentation amongst a man's friends, conforteth heart and vital spirits».

Los aristócratas y sus artistas protegidos se trasladan al campo para vivir, lejos de la peste, las saludables delicias del *Decamerón*. Marlowe se refugia en casa de sir Thomas Walsingham, en Chislehurst; Nashe huye a la isla de Wight; Alleyn va a Newcastle. Muchas personas están convencidas de que los pecados del teatro han levantado la ira divina.

Shakespeare se refugia en Titchfield, en las posesiones del conde de Southampton, ahijado de la reina Isabel. A este personaje —que, al menos en su edad madura, fue un severo reformado— dedica sus primeros libros de versos: *Venus and Adonis* y *The Rape of Lucrece*.

El conde tenía, en estas fechas de 1593, poco más de diecinueve años. Su *guardian*, lord Burghley, había decidido casarlo con su nieta; pero el joven se resistía a esta boda, provocando comentarios sobre su falta de virilidad. En un poema de la época se le retrata como Narciso, ahogado en la Fuente-del-amor-de-sí-mismo y convertido en flor. Shakespeare lo ha retratado más cordialmente en *Trabajos de amor perdido* bajo el disfraz dramático de Biron, que se ve obligado a cumplir un penoso voto de castidad. En cualquier caso, hasta bien entrado el siglo XIX, a nadie se le ocurrió suponer que las relaciones entre el poeta y su protector ocultaran una atracción erótica.

Shakespeare, siguiendo la tradición de todos los poetas que buscan un protector, dedica sus poemas a Southampton con expresiva declaración: «The love I dedicate to your Lordship is without end». Era una costumbre servil muy arraigada entre autores y actores que se «declaraban» con altisonantes fórmulas a sus señores. Y así, por ejemplo, el satírico Thomas Nashe, de cuya virilidad no existían dudas, dedica en las mismas fechas unos poemas al joven Southampton con asombrosa declaración de amor: «A dear love and cherisher you are, as well of the lovers of Poets as of Poets themselves».

El grupo de los Hombres de la Reina, al que pertenecía Shakespeare, era dirigido por James Burbage, carpintero y actor, que se había convertido en uno de los más renombrados empresarios del teatro isabelino. Con los Burbage, padre e hijo, recorre Shakespeare posadas y tabernas y, con ellos, también alcanza sus mayores triunfos.

En pocos años se convierte en autor de renombre y en empresario rico, ya que compra acciones del famoso Teatro del Globo, inaugurado en 1599. Sus enemigos, incluyendo a Marlowe —éste sí era homosexual—, Green y Nashe, le miran como advenedizo y se mofan de él, llamándole «William Factotum», apodo que tiene noble tradición en la familia.

A pesar de ser un modesto descendiente de campesinos, posee una elegancia natural y sencilla que envidian otros colegas. Tiene modales de *yeoman*, de gran señor campesino. Incluso cuando declama mantiene la mesura en el gesto: «No manoteéis así, acuchillando el aire, aconseja Hamlet a los cómicos; moderación en todo, puesto que aún en el torrente, en la tempestad y, por mejor decir, en el huracán de las pasiones, se debe conservar la templanza que hace suave y elegante la expresión».

En 1595 estrena *Romeo y Julieta*; en 1597, *El mercader de Venecia*; en 1600, *Julio César*, *Hamlet* y *Las alegres comadres* en 1601; *Otelo* en 1605; *Macbeth* un año más tarde. En sólo quince años pone en escena toda su producción.

Como en el caso de Velázquez, tengo la idea de que Shakespeare no fue un hombre inclinado a los desplantes geniales, pero tampoco se identificó nunca con el estilo desgarrado y cínico de algunos de sus compañeros de oficio. Pasó por el mundo como un caballero, preocupado por la administración honrada de sus negocios y de sus tierras, vigilando siempre que su apostura serena y esteticista no dejase traslucir las marcas de sufrimiento que deja siempre, en la gente modesta, el honrado trabajo. Por eso le gustaba presentarse en público con ciertas pretensiones aristocráticas. También Spenser, hijo de pobres, afirmaba estar emparentado con los Spencers de Althorp. Y Pope, Burbage y Heminges presumían de sus escudos nobiliarios.

He conocido a muchos actores bohemios, que aparentaban haber hecho sus primeras tablas entre los golfos, en una farándula vagabunda y despreocupada, cosa que no siempre era verdad. Pero he sido también amigo de otros actores y actrices muy preocupados por su «imagen», muy celosos del nombre que les anunciaba en los carteles: *Doña* Lola Membrives, *Sir* Lawrence Olivier, *Dame* Maggie Smith o *Dame* Thora Hird. Y Shakespeare pertenecía a esta última estirpe de los actores «aristocráticos». Se dice que, cuando interpretaba a Ricardo III, la reina Isabel, que asistía a la representación desde un palco, dejó caer intencionadamente un pañuelo a sus pies, para ver si se distraía al recitar el texto. Pero él recogió el pañuelo, con toda dignidad y, mostrándolo en el aire con un gesto elegante, le dijo a un compañero de escena: «Devolvedle esto a mi hermana». La anécdota debe ser falsa, porque no interpretó nunca los primeros papeles. Pero obtuvo en 1597 una autorización para usar su propio blasón: un escudo de oro con una banda negra con lanza de plata, sobremontado por un halcón con otra lanza. El mote, en francés, decía: *Non sans droit*.

Ben Johnson se burlaba de la devoción nobiliaria de Shakespeare y, por eso, se inventó un personaje que lucía en su escudo una cabeza de jabalí sobre una bandeja, con un mote en francés: *Non sans moutarde*.

El viejo John Shakespeare tuvo aún tiempo de asistir a este triunfo del apellido familiar. Falleció en 1601, dejando como herencia a su hijo William las casas de Henley Street.

Días de otoño en New Place

En 1604 se presenta, vestido con armas y blasones nobiliarios, en casa del embajador español. Pero sueña con volver a Stratford para instalarse en la hermosa vivienda de New Place que ha comprado con los beneficios de su trabajo.

La casa de New Place, provista de un florido jardín, es una de las más bellas mansiones isabelinas de Stratford. Un poeta del siglo XVI la describe como «praty howse of brike and tymber». Shakespeare pagó por ella sesenta libras.

En 1611, antes de cumplir los cincuenta años, ha reunido una fortuna suficiente para retirarse y vivir de las rentas. Cultiva primorosamente los ordenados parterres de su jardín, frecuenta el trato social y, como buen gentilhombre, decide casar ventajosamente a sus hijas. Susanna contrajo matrimonio con John Hall, médico de reconocido prestigio. Judith se casó, como su madre, con un hombre más joven: Thomas Quiney, amigo de la familia que había enviudado después de abandonar a su primera mujer con un hijo; más o menos, como Ricardo II.

En New Place, alejado definitivamente de la farándula, Shakespeare se consagra a la lectura piadosa de la Biblia, libro que constituyó siempre una de las fuentes de su inspiración. De los textos de sagrada sabiduría extrae con frecuencia su lenguaje esotérico, iniciático y misterioso. En el *Rey Lear*, por ejemplo, aparecen no pocas referencias al *Eclesiastés* y al *Libro de Job*. Y el rey francés habla como san Pablo en la *Epístola a los Corintios*, cuando dice: «Hermosa Cordelia, por carecer de fortuna pareceis más rica a mis ojos. Cuanto más os desprecian más preciosa sois; cuanto más os desdeñan más digna sois de amor».

Sosteniendo en sus dedos la pluma corta —siempre se esmeró recortando el cañón de sus armas—, Shakespeare escribe las últimas páginas de su vida. Pero no todas sus obras alcanzan el éxito. El *Macbeth*, dedicado a Jacobo I, que era muy aficionado a la magia, fue silbado en los teatros hasta bien entrado el siglo XIX.

En 1613 conquista su último laurel en el estreno de *Enrique VIII*. Pocos días más tarde, el Teatro El Globo desaparecería devorado por las llamas.

El jardín de New Place olía a lavanda, hisopo y tomillo. El interior de la casa aún se resistía a la primavera, exhalando los aromas invernales de la madera encerada y de las hierbas secas guardadas entre la ropa blanca. William, envuelto en su capa, permanecía en la cama redactando su testamento y asegurando que se encontraba en perfecto estado «de salud y de memoria». A su hija Susanna legó sus propiedades en Stratford y Londres, mientras que a Judith le dejó trescientas libras y una sopera de plata dorada. Otras pequeñas cantidades fueron a parar a sus nietos y amigos. Y, como buen burgués, se acordó también a última hora de los pobres de Stratford, ordenando que repartiesen entre ellos diez libras, que era una cantidad generosa en aquellos tiempos.

El 23 de abril de 1616 dejó de existir. Más que quebrado, como Romeo, de combatir con las olas, estaba ya dispuesto, como el cisne, para abrir sus alas al tímido perfume de las violetas.

«And Death once dead, there's no more dying then.»

Muerta ya la Muerte, el desfallecer se acaba... O, quizá, las flores de la vida —los pensamientos y el romero de la memoria— se convierten en violetas. «Quisiera ofreceros también violetas —decía

Claire Bloom representando su inolvidable Ofelia de 1957–, pero se marchitaron al morir mi padre.»

El cuerpo de William Shakespeare se pudrió en Holy Trinity Church, la preciosa colegiata donde las plumas del cisne de Stratford habían recibido su bautismo de agua. En la tumba se escribieron unos versos misteriosos que imprecan la paz y que, según la tradición, fueron redactados por el propio Shakespeare:

> God frend for Jesus sake forebeare
> To digg the dust encloased heare:
> Bleste be ye man yt spares thes stones
> And curst be he yt moves my bones.

La casa de Henley Street permaneció en propiedad de los descendientes de Shakespeare hasta 1806. Pero el ala oriental del edificio, donde el viejo John almacenaba sus mercancías, fue arrendada.

Los nuevos inquilinos abrieron una taberna y colgaron en la fachada un curioso rótulo: THE SWAN AND MAIDENHEAD, taberna del cisne y la doncella.

De mi teatro de infancia sólo queda ya un pequeño frasco de perfume de violetas que mi padre me compró, hace cincuenta años, en Londres. Lo utilizábamos, en vez del veronal, porque Romeo y Julieta buscaban la muerte, pero no merecían el olvido.

Memento en Venecia

POETAS EN GÓNDOLA

Entre las doce cosas mágicas que vinieron de Oriente, yo me quedaría la luz del sol, la viña y el vino, los gazales de Hafiz («escúchame hoy a mí, como yo escuché los dulces cuentos que me contó tu perfume»), las palomas y los cafés de Venecia...

Las palomas, que hoy son el símbolo de la Piazza San Marco, vinieron también de Oriente. Las trajo un embajador turco para alegrar a una dogaresa triste, enferma de melancolía. Y los cafés llegaron detrás de las palomas...

En 1585, el embajador veneciano en la Sublime Puerta explicó, ante el Senado, que «los turcos bebían un agua negra, muy caliente, extraída de una semilla llamada *kahvé,* que permite vencer el sueño». La conquista no fue inmediata, porque los europeos estábamos acostumbrados a beber frío y dulce: aguas heladas, vinos, sorbetes o zumos de frutas. Pero el café nos acostumbró a beber caliente y amargo.

Bajo su apariencia soñolienta y tranquila, Venecia es el decorado ideal para las intrigas del amor y del vino, del juego y del café. Incluso Pushkin, que no la conoció nunca, la imaginó en *Eugenio Onegin* como un escenario perfecto de amor. Quizá también porque San Petersburgo sería Venecia, si tuviese más palomas y más sol.

Hay una Venecia dulce, de luna y rosas amarillas, de azúcar, malvasía, moscatel y dorado *picolit,* que conocen todos los turistas. Pero hay una Venecia amarga, de agua alta, brandy oscuro y posos de café, que sólo conocemos los que hemos perseguido sombras en la laguna, perdidos en un laberinto de barcas negras y violetas olorosas.

La puerta de Oriente

Venecia, como todas las ciudades míticas, tiene un subconsciente poblado de sombras, sumido en las aguas, en los pozos, en los ríos de verdín y mármol que van desgranando las cuentas de su rosario por estas húmedas calles que tienen nombres de oficios antiguos y beatas solteras: Calle de la Fava, Ponte di Donna Onesta, Fondamenta dei Cereri, Canal Orfano, Sottoportico del Capello Nero o Calle Larga dei Proverbi.

En Venecia comienza ya el Oriente: las sedas rumorosas, los bulliciosos mercados, los cafés de terciopelo y humo, los amores furtivos, las epidemias, los ojos, las cúpulas, los vientres –el perfil de los vientres– y los celos, los venenos, las mentiras de Oriente.

A Ernest Hemingway le gustaba escribir en Venecia, y alguna vez le vi en el Harry's Bar. Yo era sólo un muchacho y no había leído todavía buena parte de su obra. Pero admiraba algunos rasgos de su genio, porque sólo al loco de Hemingway podía ocurrírsele que la majestuosa iglesia barroca de Santa Maria Zobenigo, tan sólida y compacta, era «magnífica para ser aerotransportada». Sólo a él podía ocurrírsele que las campanas de las iglesias suenan para recordarle a los hombres que tienen que procrear hijos. La última vez que se dejó ver en el bar del Gritti Palace, debía hacer tres días que no se afeitaba, porque la barba parecía crecerle ya por encima de las gafas. Con el mismo encarnizamiento que ponía en todas las cosas, devoraba una ensalada veneciana de *radicchi rossi*. Sufría de diabetes y de hipertensión, y la obsesión de la muerte le perseguía.

No sé por qué, desde mi infancia, el destino me hizo coincidir varias veces con el viejo Ernest. Nos habíamos encontrado en Madrid, en 1953, cuando él vivía con Mary en el Hotel Florida, en la habitación 109, y yo ocupaba, con mis padres y mi hermano, justo las habitaciones contiguas. Tal vez vinieran de cazar en Kenia. Quizás el mundo es más pequeño de lo que parece...

Pero mi primer recuerdo de Venecia es más antiguo. En mis memorias *(Llegar cuando las luces se apagan)* he contado esta experiencia que me marcó para siempre. Yo era un niño muy pequeño cuando mi padre me cogió en brazos y me subió a una góndola. Creo que mi madre se horrorizó al ver que me envolvía en un abriguito de pieles y, en medio de las brumas de la laguna, me llevaba a un cementerio... Nos acercamos, sobre las aguas serenas, a la muralla rojiza donde los frailes antiguos encerraron su iglesia de mármol blanco. Para mí fue inolvidable aquel viaje a la Isola di San Michele. Pocos niños deben de haber tenido una experiencia tan fabulosa, tan insólita, tan extravagante. Pero esto es, precisamente, lo que amé siempre en mi padre. Llevábamos un ramo de crisantemos y mi padre leía un libro de Chateaubriand, del que sólo recuerdo que hablaba de luciérnagas. Y, al cabo de más de medio siglo, guardo todavía en mi memoria, con la sensación de un escalofrío, aquel viaje en góndola hacia los sepulcros verdinosos donde mi padre buscaba el mausoleo de Serge Diaghilev.

Adoro los días de *acqua alta*, cuando San Marco refleja sus mosaicos de oro en un inmenso lago de ópalo. Y busco, entonces, en las calles vaporosas las huellas de Gabriele d'Annunzio y Eleonora Duse, dos enamorados que se perdieron al mirarse en un espejo. Él era poeta. Ella era la actriz más bella y elegante de Italia. Se encontraron, el 26 de septiembre de 1895, en el Hotel Royal Danieli, viviendo allí dos días de olvido y de embriaguez, sin recobrar la conciencia. Él se construyó, en las orillas del Garda, la casa más fabulosa que he visto, tan repleta de objetos que no hay en ella lugar para el olvido. Y Eleonora regresó a Venecia, años más tarde, pero estaba ya demasiado gruesa, tan cambiada que Rilke sólo pudo reconocer su sonrisa. Cuando fui a visitarla, en su última morada del cementerio de Asolo, llovía tanto que hasta las estatuas parecían llorar en aquel jardín florido. Y, con los dedos llenos de agua y tinta, se me derramaron, sobre la piedra, todos los versos: «Amori et dolori sacra».

«Las góndolas negras que se deslizan por los canales –escribe Madame de Staël– parecen cunas o ataúdes, primera y última moradas del hombre.» George Sand las describe: «bajas, estrechas, cerradas por todas partes, como un féretro». Liszt compone una sonata para piano, titulada *La lúgubre góndola*. Y Emilio Castelar se deja llevar por su imaginación de orador: «parecen un féretro o un cetáceo, un cisne negro o una luciérnaga fantástica». Pero Byron encuentra un misterio contradictorio y alegre en estas canoas vestidas con brillante librea negra y dorada: «Amo la melancólica alegría de las góndolas y el silencio de los canales».

Los artistas y los poetas no se van de Venecia. Se quedan en los jardines húmedos, como los ángeles de las fuentes se miran en el agua estancada, convertidos –muchas veces– en narcisos mutilados. Pero regresan, al cabo del tiempo, bogando en sus góndolas, en sus cisnes, en sus luciérnagas o en sus violines negros. Y escriben misteriosos esgrafiados sobre los muros de jaspe, en los escalones de pórfido de los palacios, en los pozos de San Polo, en los cristales multicolores de las iglesias.

Poetas en góndola

Desde que el romántico John Ruskin pusiera de moda la «moribundia» de Venecia, ningún artista ha resistido la fascinación de esta villa ruinosa que flota sobre las aguas como una Ofelia lánguida, desmemoriada y náufraga. Porque tiene Venecia el peligroso encanto de aquellos paisajes crepusculares que pintaba Claude Lorrain; nos atrae como ciertas mujeres maduras que han perdido ya la memoria de sus amores, aunque conservan todavía suficiente imaginación para despertarlos. Es una ciudad para dandis decadentes o cisnes negros, como era el propio Ruskin, en la época en que había abandonado ya sus negocios de importación de vino de Jerez.

Era un personaje curioso este Ruskin. «Mi madre me había dedicado a Dios antes de nacer», afirma cuando todavía es un niño vestido de terciopelo azul. Pero enseguida, como buen filósofo, rectifica el sentido de sus palabras: «El sol es Dios». Se pasó la vida montado en el pescante de una diligencia, arreando a los caballos por los caminos de Europa. Y siendo ya anciano, cuando la alta sociedad comenzaba a aficionarse a los trenes, compró una diligencia antigua para seguir paseando por el mundo con tres pares de caballos y un tintineo de campanillas. Por algo era el ángel de un movimiento estético minoritario y decadente: el prerrafaelismo. Odiaba el barroco, tanto como adoraba el gótico veneciano con sus ensueños orientales. Y se atrevía a calificar de «estúpido» el magnífico palacio de Ca'Rezzonico, donde Robert Browning pasó los últimos años de su vida, dejando su testamento escrito en la fachada: «Open my heart and you will see graven inside of it Italy» (Abrid mi corazón y veréis grabada Italia dentro de él).

El palacio Rezzonico había sido decorado por Tiepolo. Pero Ruskin amaba más los retablos de Dante Gabriel Rossetti, poblados de caballeros místicos; y el rostro inmóvil de la *Joven ciega* de Millais, tan estática que ni siquiera asusta a las mariposas que se posan en su cabeza, y a la *Ophelia,* que flota entre plantas marchitas... Dotado de un alma lírica y religiosa reducía el mundo a pequeñas hostias y las daba luego a comulgar en su parroquia. Ni siquiera Marx llegó tan lejos en su crítica al pensamiento burgués, porque Ruskin era el azote implacable de lo que él llamaba «élites perniciosas». Hablaba de todas las menudencias de la vida, convirtiéndolas en espíritu trascendente: los detalles de los capiteles, la estructura de los cristales, las devanaderas de las ancianas de Westmoreland. Y hasta sus estudios científicos se adornan con títulos que no habría imaginado Proust: *Las siete lámparas de la arquitectura, Los jardines de la reina, La corona de olivo silvestre, Los almendros en flor, Puente viejo, Flor de Lis, Las piedras de Venecia...* ¡Qué títulos para escribir una saga de amor decadente!

Su vida fue una novela veneciana, escrita por un inglés. Se enamoró de Effie Gray, una niña abandonada por su *nurse,* y no se declaró hasta que no empezó a sentir la bravura desesperada de la vejez. Pero ella, que había aprendido a dibujar en sus manos, no amó nunca al «viejo librepensador». Incluso, después de casada, no quiso compartir el lecho matrimonial. Y, finalmente, le abandonó, engañándole con su discípulo más querido: John Everett Millais.

Desde esa fecha, el viejo Ruskin –solitario, atormentado, sombrío– intentará dibujarla, pálida y definitivamente ahogada, en las aguas de la laguna de Venecia.

Violines negros

La góndola veneciana podría ser el símbolo de toda la estética decadente. Cuando uno navega en su casco negro tiene la impresión de moverse por un país encantado, donde las vidas se han convertido ya en figuraciones: las manos en guantes, los cuerpos en siluetas y las almas en violines negros. Las góndolas me recuerdan los juegos melancólicos de los niños en los patios de las ciudades y esos días turbios de la infancia en que nos sentíamos marineros entre los mástiles de la ropa tendida, exploradores entre los tiestos de barro, capitanes entre los muros derruidos de las viejas cocheras.

Cuando Gustav Aschenbach, el protagonista de *Muerte en Venecia,* se dirige hacia el Lido, a bordo de una góndola, piensa en «silenciosas y criminales aventuras... en la taciturna y suprema travesía de la muerte». El mismo Thomas Mann confiesa haber sentido esta extraña voluptuosidad, cuando llegó a Venecia en la primavera de 1911 para escribir su novela. Allí, en el Hotel des Bains, estaban, reunidos por el azar, los elementos de su obra: el mar, el joven Tadzio con sus ojos provocadores y la muerte. Mann ha utilizado todos los símbolos languidecentes de Venecia en esta novela morbosa y crepuscular: el pozo, el agua y la góndola... Especialmente la góndola aparece en sus páginas como una forma inquietante donde se acunan las sombras de la muerte.

Ya Wagner se había inspirado en los cantos de los gondoleros para componer los lamentos del *Tristán.* Vivía entonces en el Palacio Giustinian y, desde su habitación, escuchaba el grito de los barqueros que navegaban por el Canal Grande: «Un profundo gemido salía de sus gargantas *in crescendo* hasta culminar en un oh prolongado, y acababa con la exclamación: ¡Venecia! Esta sensación me acompañó hasta el final del segundo acto del *Tristán*. Me inspiró incluso los sonidos quejumbrosos y arrastrados del oboe, al principio del tercer acto».

Venecia tiene su leyenda de amor y muerte. Y quizá por eso los artesanos que fabrican las góndolas se llaman aquí *marangoni*, como los pájaros de la laguna que revolotean en el alba, despertando a la ciudad dormida con su inquietante grito. Para mantener su secreto trabajan al despuntar las primeras luces del alba, incluso durante el invierno. De padres a hijos se transmiten las fórmulas misteriosas de los barnices, los planos de construcción, los materiales necesarios (olmo para la popa, cedro para la proa, zoquetes de nogal, aristas de abeto). Ni los artesanos de Cremona han puesto tanto amor en la construcción de sus violines.

Dicen que «góndola» significa «concha» (*conchula*). Y estas conchas negras, que quizá cayeron en la laguna veneciana cuando nacieron las primeras plumas en el vientre de Venus, se convirtieron en auténticos salones de amor. Son negras, porque la Magistratura de Pompas obligaba a eliminar los signos de ostentación; a pesar de que Venecia era, en los siglos XVI y XVII, una ciudad que vivía casi todo el año en fiestas.

Por eso la góndola se vistió de negro. Su atuendo no tiene nada que ver con los duelos funerarios, porque en Venecia los lutos se llevaban de color verde oscuro, azul o *pavonazzo* (marrón rojizo). El color negro era, más bien, una manifestación de elegancia. Las damas lo utilizaban, como las griegas, para resaltar las formas de su silueta. Y no hay que olvidar que las bellezas venecianas eran muy delicadas y, para realzar su porte, usaban tacones tan grandes que tenían que andar apoyadas en sus esclavas. Ocultaban sus pies con faldas largas y hermosas colas. Pero este lujo ofendía también a los severos magistrados, que dictaron leyes contra «los vestidos diabólicos». Fue una disposición inútil, como todas las lanzadas contra la mujer, y, a los pocos años, se pusieron de moda las colas recogidas «con broche de oro y pedrería».

La herencia del Aretino

En aquella Venecia del Renacimiento, desocupada y alegre, triunfaba el genio satírico del Aretino. Él ha cantado, como nadie, la belleza del Gran Canal y la agitación de «aquellas hermosas calles surcadas por las góndolas». Vivía como un hijo de Mahoma, rodeado por una corte de bellas mujeres, en un palacio desordenado que podría haber despertado la envidia de un beduino. Por los suelos se amontonaban las copas, los huesos de tordo golosamente roídos, los almohadones de seda y todos esos objetos que se necesitan para decorar con urgencia un escenario de amor. Para dar lo mejor de su ingenio no tenía más que incorporarse en el lecho, tomar la pluma y escribir una carta, a María de Médici, al señor de Mantua o al Obispo de Vasone. Venecia era la capital del mundo. Un día pasaba por el Gran Canal un caballero de luenga barba y piel rosada, acompañado por un joven que acariciaba las plumas de un papagayo, mientras contemplaba su rostro de niña mora en las aguas: eran Leonardo y Salaíno, que traían un proyecto secreto para el arsenal de la Serenísima. Al atardecer, los tañedores de laúd acompañaban a las góndolas hasta la mansión de Gentile Bellini, decorada con misteriosas *chinoiseries*, adquiridas durante su viaje a Constantinopla. En otra ocasión era Miguel Ángel quien pasaba de largo por esta ciudad ociosa que ofendía a su temperamento de hombre insociable y trabajador. Pero el mejor amigo del Aretino era Tiziano: pintor genial que convertía a las majestuosas Venus «desnudas» del arte clásico en mórbidas mujeres «desnudadas».

Mientras las aretinas se abanicaban indolentemente los muslos desnudos, con pañuelos de seda, el maestro Tiziano acariciaba con los pinceles sus sinuosos cabellos, imaginando torbellinos de oro sobre el lienzo. Y en un rincón, el mono Monicchio comía las semillas de calabaza que ellas, como esclavas aburridas, le ofrecían en sus manos de mármol.

Pietro Aretino fue el poeta blasfemo y festivo de aquella Venecia dionisíaca. Dicen que se murió de risa cuando relataba uno de sus chistes obscenos. La verdad es que murió en la cama, después de recibir los santos sacramentos. «Vigilad a los ratones ahora que me habéis untado», le dijo al sacerdote, en presencia de los piadosos inquisidores de la República.

Tiziano tuvo una muerte más trágica. Había alquilado una bella casa con un precioso huerto que daba sobre la laguna y las islas de San Michele y de Murano. Es un lugar muy agradable en verano, porque corre la brisa. Y allí –bajo el mismo árbol de las hojas redondas que pintó en el cuadro de San Pedro Mártir– le gustaba reunirse con sus amigos: el Sansovino, el Aretino y Giacopo Nardi.

Pero, en el verano de 1576, se propagó la peste en Venecia. La gente, enloquecida por el calor y la fiebre, se arrojaba a los canales. Los ríos olían a muerte, mientras unos personajes extraños, vestidos con estola azul y una máscara, quemaban las ropas, los lechos, las casas. El humo empastaba los vidrios de las ventanas, esparciendo un olor amargo de enebro quemado. Y Tiziano, ya inmóvil y viejo, permanecía solo en su estudio, sentado en una banqueta. Todavía respiraba cuando los ladrones penetraron en el palacio de Birri Magno, en San Canciano, donde había reunido los tesoros de su arte, y saquearon el taller. Su hijo Orazio intentó, desesperadamente, clavar las puertas y ventanas de la casa. Y allí, entre estas tablas crucificadas, le encontraron muerto junto a su padre.

En la magnífica iglesia gótica de San Zanipolo ya no puede verse el cuadro de San Pedro Mártir, desaparecido también en un incendio. Pero se ven otras obras de arte y algunas cosas curiosas, como la urna que contiene los pellejos del pobre Marco Antonio Bragadin, héroe de la defensa de Chipre contra los turcos, que fue descuartizado vivo. Sus verdugos rellenaron la piel de paja y pasearon esta espantosa imagen por los puertos otomanos del Mediterráneo. Más tarde, un soldado consiguió rescatar la reliquia y la llevó a Venecia «plegada como un papel, aprestada como un pañuelito, tan bien conservada que se veían los pelos del pecho».

En la misma iglesia están enterrados los patricios de la familia Cavalli que dieron algunos personajes muy virtuosos, como un tal Ludovico, que se acostaba con su mujer «sólo para procrear hijos, completamente vestido y de forma que no pudieran tocarse los cuerpos ni dar satisfación a deseos venéreos». Debía ser ingenioso, porque «con este método de continencia», muy recomendado por los moralistas de su época, consiguió tener descendencia. Quizás el clero hacía trampa y colaboraba en el éxito.

Y en esta misma nave, donde se celebraban los funerales de los dogos, se interpretó en 1971 el *Réquiem* que compuso Stravinsky para sus propias exequias. Era un día soleado de primavera cuando acompañaron a la góndola fúnebre del maestro hasta el cementerio de San Michele, depositando sus restos junto a la sencilla tumba de Diaghilev, en el mismo lugar, mágico y romántico, donde mi padre me había llevado siendo un niño.

El motín de las alegres Hermanas

Las góndolas podían cubrirse con la *felce:* cabañuela de madera que permitía a sus ocupantes ocultarse de las miradas indiscretas. Y no era infrecuente que, a bordo, viajara una joven escapada de cualquiera de los conventos nobles que había en la ciudad. Porque los monasterios venecianos eran auténticas escuelas de intriga y de tercería, que rivalizaban, incluso, a la hora de proporcionar compañía para el lecho del nuncio pontificio, cuando éste visitaba la ciudad. Y cuando en 1525 el obispo ordenó que las monjas se cortasen sus trenzas, las alegres hermanas del Monastero delle Celestie organizaron un motín sonado.

El genio volteriano triunfaba en Venecia, como reacción contra los excesos de un gobierno provinciano y estrecho. En esa escuela se formó el joven Casanova, que amó mucho a las monjas y predicó la doctrina del Ángel de la Luz, fantasma celeste que se descolgaba por los techos de las casas o aparecía dentro de los armarios cuando los maridos estaban de viaje. Perseguido y encarcelado por la Inquisición, Casanova consiguió fugarse de la prisión de los Plomos. A los treinta años era un aventurero brillante, amigo de todos los truhanes de Europa, alcahuete de príncipes, alquimista de viejas, remendador de matrimonios, griego de todos los garitos y cobertor de todas las camas. Y a los cincuenta años era ya un hombre reumático y viejo, miedoso y desdentado que se ganaba la vida como chivato de los inquisidores. No denunciaba a nadie, pero debía sentir vergüenza cuando redactaba informes moralistas sobre las escuelas de arte, donde se exhibían las modelos desnudas. «Tengo cincuenta y ocho años —escribe al despedirse melancólicamente de Venecia— y no puedo irme a pie. El invierno llega bruscamente. Y, si pienso en volver a ser un aventurero, me echo a reír al mirarme al espejo.»

Mientras Casanova se encierra en el castillo de Dux (¡qué nombre tan predestinado para un veneciano!) y colabora en el libreto de *Don Giovanni*, la ópera de Mozart, un poeta alemán visita Venecia. Es un *gentiluomo* de frente alta y nariz bien perfilada, con cara de bronce fundido. Se llama Johann Wolfgang von Goethe y está muy orgulloso de su nombre burgués —herencia de generaciones de artesanos honrados—, aunque sus amigos encuentran ciertas resonancias sarcásticas en el apellido: «Oh tú que desciendes de los dioses, de los godos o de la mierda» (der von Göttern du stammst, von Goten, oder von Kote), le escribe Herder en un epigrama.

Goethe llega a Venecia con una imagen infantil en su memoria: «Mi padre poseía un bello modelo de góndola que había traído de Italia. La tenía en mucho aprecio y me hacía una gran concesión cuando, a veces, me permitía jugar con ella».

En Venecia, Goethe contemplará por primera vez el mar y, reaccionando con un entusiasmo muy propio de su carácter, se llenará los bolsillos de conchas y caracolas. De la misma forma, sin hacer concesiones al pintoresquismo, recorre las calles y los canales, elaborando mentalmente un proyecto de urbanismo para resolver el problema de las basuras. Es un burgués de la mejor escuela, tiene temple de alcalde y escribe poemas después de haber dejado bien redactados sus informes de ministro de Minas. Es, como la góndola, una obra tan utilitaria que acaba siendo una obra de arte. Por eso, cuando contempla las barcas que surcan los ríos, asomado a la ventana del Hotel de Inglaterra, no puede reprimir un aria sentimental: «Las proas de reluciente herraje, las negras literas de las góndolas, todo me saludaba como a un antiguo amigo, devolviéndome las más olvidadas sensaciones de infancia».

Pocos años más tarde, Byron contemplará la misma escena desde las ventanas del Palazzo Mocenigo, a orillas del Canal Grande. Ha alquilado una planta en la parte más moderna del edificio; pero no sabe que los fantasmas más interesantes se ocultan en la *casa vecchia,* porque en esas habitaciones húmedas vivió en 1595 Giordano Bruno. Fue precisamente el propietario de este palacio, Giovanni Mocenigo, quien le acusó ante los inquisidores por haber sostenido herejías contra el sacramento de la comunión. Y de allí le condujeron a la cárcel, primero en Venecia y luego en Roma, antes de llevarlo a la hoguera.

El joven Byron viste pantalón de seda blanca y una chaqueta escocesa con el tartán de los Gordon: negro, azul y verde, con finas rayas amarillas. Come galletas con agua de seltz para mantener la línea. Y, cuando acaba de hacer el amor con su amiga Margherita Cogni, la panadera de la Mercería, cruza nadando la laguna, desde Santa Chiara al Lido. Dicen que la *fornarina* era bellísima: una *ragazza* formidable, altísima, con fascinantes ojos negros y unos andares de princesa. También era celosa, hasta el extremo que no dejaba entrar en la casa a ninguna otra mujer, exceptuando «las brujas horrendas» que contrataba para el servicio. Nadie puede negar que adoraba a su amante y que, cuando Byron intentó alejarse de ella, le persiguió con un cuchillo y, luego, desesperada, se arrojó al canal en plena noche.

Byron adoraba a las fieras. Se parecía un poco al Aretino y, como él, amaba a los animales. Su palacio veneciano estaba lleno de pavos reales, perros, gatos, loros, monos y un cuervo. En Cambridge tenía también un osito.

«Ahora —escribe Hemingway, en *Across the River*— nadie duerme en el lecho de Byron, ni en la otra cama, dos pisos más abajo, donde se acostaba con la mujer del gondolero.»

Una amiga veneciana me abrió las puertas del Palazzo Mocenigo. En una pequeña estancia se encontraba el escritorio donde Byron compuso los primeros cantos del *Don Juan* y del *Mazeppa.* Su habitación estaba en el segundo piso, orientada al mediodía. En sus tiempos, las paredes tapizadas de seda, las cariátides y las vigas doradas debían formar un bello conjunto. Me impresionó el gran salón, con su piano y sus bellos muebles del siglo XVIII. Pero debía de estar algo más descuidado cuando los animales y el horrible matrimonio Shelley se paseaban por las habitaciones, tirando las cáscaras de naranja por los suelos y dejándolo todo en desorden, como si estuvieran en la selva.

GÓNDOLAS Y MUÑECAS DE TRAPO

La góndola era la cómplice secreta de las aventuras galantes. Algunos donjuanes exaltados han cantado las delicias de una *soirée* de amor en la cuna silenciosa de la góndola; pero se trata, sin duda, de un infundio que —aun respetando las reglas del amor— va contra todas las leyes físicas de la navegación.

La góndola era también el «carruaje» imprescindible para todas las fiestas: se engalanaban durante el Carnaval, en la festividad de las Marías y en la fecha solemne de la Sensa (la Ascensión), cuando el dogo celebraba sus esponsales con el mar. En la fiesta de las Marías se nombraba una reina que surcaba la laguna con su cortejo de doce damas; pero, como la costumbre despertaba celos y rivalidades entre las muchachas casaderas, se adoptó la solución de fabricar grandes marionetas para presidir la fiesta. Y así Venecia dio realidad al sueño de todas las muñecas: convertirse en reinas. Las *Marie di tola,* ricamente vestidas, convertidas en vírgenes flotantes o en *madonne* de madera y trapo, reinaban durante unas horas en aquella ciudad de oro y mármol.

> Con lei sull'onda placida
> errai dalla laguna,
> ella gli sguardi immobili
> In te fissava, o luna!

Al llegar la noche, el Gran Canal se convertía en un río de luces centelleantes donde sólo se escuchaba el grito acompasado de los gondoleros y aquella hermosa barcarola que cuenta las aventuras de Marina Benzon:

> La biondina in gondoleta,
> l'altra sera g'ò menà.

Fue compuesta por el indiscreto poeta Antonio Lamberti, que presumía de haber conquistado a la dama más requerida de Venecia, la hermosa Marina Benzon. «Los más brillantes salones de París son insípidos y secos si se comparan a las reuniones de la señora Benzon», escribe, en aquellos días, un oscuro novelista que utiliza el seudónimo de Stendhal.

El autor de *Rojo y negro* escapa a menudo de Trieste, donde desempeña el cargo de cónsul, para asistir a los estrenos del Teatro de La Fenice. Frecuenta el Caffè di San Fantin –donde hoy se encuentra instalado el mejor restaurante de Venecia, el Antico Martini– para conversar con las estrellas de la ópera. En un salón privado del Caffè Quadri escucha al famoso tenor Giambattista Velluti. Y, a veces, puede encontrársele en los salones del Florian, conversando con el compositor Rossini, del cual trazará un magnífico retrato literario.

Algunos años más tarde Stendhal morirá en una calle de París, fulminado por un ataque de apoplejía, sin que nadie sospeche que ha sido el crítico más sagaz de su siglo. Quizá Marina Benzon llegó a intuirlo, porque era una de esas mujeres que desnudan, en pocos minutos, la cabeza de un hombre. Entre sus amantes suele incluirse al joven Byron. Y ella tenía casi sesenta años cuando conoció al *bel zovaneto ingrese*.

Venecia, como la hermosa Marina Benzon, tiene un crepúsculo fascinante. Todos los románticos se enamoran de ella en la hora mágica de su decadencia. Se adorna en su ocaso con la leyenda fúnebre de la góndola y de la ciudad náufraga. La famosa cantante Maria Malibran, que llega a Venecia para estrenar el *Otello* de Rossini, se niega a «sepultarse viva en estas góndolas negras». Era una joven alegre que fascinaba al público con su voz, que parecía la de una sacerdotisa de los antiguos misterios. En su tiempo fue como la Callas que nosotros adoramos en *Norma*. Pero quizá llevaba ya en su alma el presagio oscuro de su muerte prematura.

Byron declara que quiere morir ahogado en el Lido, frente a la inmensidad del Adriático. Y elige, incluso, su epitafio: *Implora pace*. Alejandro Dumas asiste en Venecia al estreno de *La Traviata*, inspirada en su *Dama de las camelias*. Balzac paga una factura en el Caffè Quadri con una moneda que lleva acuñada su efigie. El desgraciado pintor Léopold Robert se suicida entre estos «ataúdes flotantes» para olvidar sus amores con la princesa Carolina Bonaparte, hija del rey de España. Y Mark Twain, que llega a la ciudad en 1867, tarda mucho tiempo en comprender la fascinación «de esas viejas y descuajaringadas canoas, negras como la tinta, con un trapo negro desplegado en el centro».

Venecia acepta todas las opiniones y todos los juicios: los recuerdos y los olvidos, las traiciones e, incluso, los insultos. La tumba de Canova en la Chiesa dei Frari que, para mí, es un monumento funerario magnífico y sobrecogedor, le parece «execrable» a Stendhal. Y Santa Maria della Salute, delirio que no cabría en ninguna otra ciudad del mundo, despierta un comentario feroz a Goethe: «iglesia de pésimo gusto, que merecería que en ella ocurriese algún milagro». A Hermann Hesse, más prudente, le molestaba sólo el pavimento ajedrezado, que produce inquietantes efectos visuales.

El «corno» veneciano

El cuerno no era sólo el atributo del Dogo. Algunos maridos consentidores llevaban, en un libro de contabilidad, las infidelidades de sus esposas... y las ganancias que les proporcionaban.

La góndola, como toda Venecia, está pensada para dos. Pero George Sand la convertiría en protagonista de un juego para tres. El 7 de diciembre de 1833 la extravagante escritora llegó al Hotel Danieli con su amante de turno, el delicado y cínico Alfred de Musset. Disponían de dos habitaciones comunicadas y un gran salón. Ella adoraba los palacios de mármol blanco, las canciones de los gondoleros, las serenatas nocturnas, las flores que se resisten a morir en los fríos días del invierno veneciano. Él se enamoraba de todo y de todas.

La Sand y Musset se hicieron pronto famosos en Venecia, porque se sentaban a fumar sus largas pipas de algarrobo en Piazza San Marco. Ella se hacía traer los zapatos de París, porque consideraba que el cuero italiano era demasiado duro para sus pies, siempre hinchados. Pero la verdad es que caminaba sin descanso, incluso de noche, cuando se detenía a soñar bajo los emparrados que orillan el Canal Grande, aspirando el «perfume de las viñas en flor, quizás el más suave de todas las plantas» o contemplando la imagen de alguna madonna que aparecía, misteriosa, a la luz de una lámpara, en un baldaquino de jazmines perfumados.

«Vivo *casi sola* –comenta George Sand, contando una mentira o lanzándole una bocanada de humo envenenado a su torpe amante–. Tengo un amigo íntimo que es una delicia... Un estornino domesticado que bebe tinta, come el tabaco encendido en mi pipa y se alegra mucho con el humo, de manera que permanece apoyado en mi bastón, inclinado sobre la cápsula humeante.»

Ella impresionaba a los venecianos por su personalidad, pero también por su «expresión decidida y viril». A veces, los dos amantes se dejaban ver también en el Caffè di San Fantin, frente a la farmacia de Ancillo, un boticario que había sido amigo de Stendhal y era en este tiempo confidente sentimental de la Sand; porque ella se vio enseguida envuelta en una complicada historia.

Casi recién llegada a Venecia se encontró muy enferma. Y su poeta la abandonó sin contemplaciones, diciéndole: «No nos amamos ya, no nos hemos amado nunca». Vivían en habitaciones contiguas del Hotel Danieli, pero cada uno hacía su vida. La de ella debía ser bastante más divertida, porque encontró muy pronto consuelo en el médico que la atendía: el joven Pietro Pagello.

«El ardor de tu mirada –escribe la enferma a su médico veneciano–, la pasión violenta de tus brazos, la audacia de tus deseos me tientan y me causan miedo... ¿Qué se oculta en ese pecho viril, en ese ojo de león, en esa frente soberbia? ¿Cuando tu pasión esté satisfecha, sabrás agradecérmelo?... ¿Los placeres del amor te dejan jadeante y embrutecido, o te llevan a un éxtasis divino?» No está mal, para una alumna de las monjas inglesas.

Musset sólo aparecía en la habitación, de tarde en tarde, y los encontraba siempre en posturas incómodas. «Quien aspira al placer —ha escrito Byron— no debe buscar comodidades.» Pero, además, el joven poeta francés se consolaba bebiendo demasiado. Y Pagello le recetó un repugnante jarabe, que él mismo preparaba con goma arábiga, dejando a su rival sin fuerzas. «No es justo tratar así a un moribundo», se lamenta Musset, un día que los encuentra abrazados, en su propia cama.

Más tarde —mientras escribe *André*, *Jacques*, *Mattea* y *Lettres d'un voyageur*— George Sand se instalará con una amiga y los dos hermanos Pagello en una casa del río dei Barcarolli, manteniendo allí un animado *casino*.

La Sand nunca tuvo claros los límites de las alcobas. No comprendía que en Venecia —ciudad de los maridos liberales— había que vigilar, sin embargo, a las mujeres. Ellas hacían la ley y la administraban, reglamento que la Sand nunca llegó a comprender porque quería ser la única leona. Quizás aprendió la lección el día que una moza del pueblo, llamada Arpalice, decidió ajustarle las cuentas y le propinó una zurra en la calle, levantándole las faldas y organizando una escena tan ruidosa «como si estuvieran operando a treinta gatos juntos».

La historia sentimental de George Sand había sido siempre muy escandalosa, porque hospedaba a su joven amante, el estudiante Jules Sandeau, en el domicilio donde vivía con su marido. Luego se hizo famosa escribiendo páginas feroces, a veces cuentitos de gata maula y, otras veces, novelas audazmente feministas como *Lélia*. En realidad sus ideas cambiaban según fuesen las convicciones de sus amantes. Cuando se hizo amiga de Michel de Bourges se volvió socialista. Y cuando la revolución de 1848 acabó en un fracaso, escribió: «Siento hoy vergüenza de ser francesa... No puedo creer en la existencia de una República que comienza por asesinar a sus proletarios». Alfred de Musset y Chopin no vivieron para verla convertida en matrona de una revolución mística. Y Jules Sandeau envejeció en la burguesía, perdiendo su republicanismo a medida que se iba volviendo calvo.

Geoge Sand fue siempre genial y complicada. Soñaba, a menudo, con unos seres misteriosos que la llevaban en barca hacia una orilla desconocida: «¡Ven a descansar con nosotros –le gritaban los habitantes de la isla– y encontrarás la nueva juventud!». Sin embargo, no sería George Sand la que moriría en Venecia, sino Richard Wagner.

Wagner había alquilado veinte habitaciones del Palazzo Vendramin, porque le gustaba esta mansión, con sus grandes chimeneas esculpidas, sus techos artesonados y sus espléndidos mármoles africanos.

A veces Wagner se sentaba en el Florian para escuchar las oberturas de *Rienzi* y de *Tannhäuser*, interpretadas por la banda de la ciudad. Y se levantaba de su asiento para aconsejar al director...

Dos años más tarde, en 1885, su más apasionado amigo y fiel enemigo, Friedrich Nietzsche, se sienta en la misma terraza para escribir: «*Bistecca* 45 pf. – *Risotto*, 38,15 pf. – *Maccheroni*, 24 pf. – *Arrosto di vitello in salsa piccante*, 38 pf. – *Due uova*, 10 pf.». No es una obertura muy lucida, pero la vida está muy cara en Venecia, sobre todo para un escritor sin fortuna. Por algo se hospeda en el Albergo della Luna, donde cada noche puede contarle a Pierrot la historia de sus amores con Lou Salomé. Y, antes de irse a dormir, escribe en el mismo papel donde hace sus cuentas: «Ordenad muy bien mis libros y dejadlos en un rincón hasta que se cubran de moho. Mis obras comenzarán a servir de algo sólo cuando yo también esté cubriéndome de moho».

El primer café de redacción

El *baccaro* es, en Venecia, una taberna típica. Y en I Due Mori, puede beberse todavía *un ombra* de vino blanco, acompañada por deliciosos *tramezzini*, que es como aquí llaman a las *tapas*. Pero ya no existe el café del mismo nombre que, en 1760, anunciaba una bebida llamada Alfabeto: «Nella bottega dei Due Mori, in faccia la chiesa di San Giovanni Elemosinario di Rialto, si dispensa una bibita chiamata Alfabeto, a soldi 5 la chicchera». Daría cualquier cosa por haber compartido una borrachera tan literaria con Gabriele d'Annunzio o con Hemingway. Pero ya no conozco otro alfabeto que el de los monjes de San Lázaro que, cuando visito su convento en la laguna, me dejan remover todas las cajas donde guardan los tipos de imprenta para escribir en turco, en griego, en polaco y en armenio.

El más célebre de todos los cafés de la Piazza San Marco sigue siendo el Florian. Nació en 1720 con un nombre muy sonoro, poco apropiado para pasar desapercibido: Alla Venezia Trionfante. Decorado con simples banquetas, como una hostería, no era en sus comienzos un salón lujoso.

El Caffè Alla Venezia Trionfante ofrecía a sus clientes una pequeña debilidad veneciana: una terraza que permitía espiar a cualquier parroquiano –hombre o mujer– que pasase por la Piazza de San Marco o se dirigiese al cercano Palacio Ducal. La Piazza era todavía un zoco animado donde podían encontrarse los tipos más diversos y extravagantes que ofrecían sus mercancías en los tenderetes y barracas: los feroces cretenses con sus largas trenzas, los turcos con sus turbantes, los altivos catalanes y genoveses con sus barretinas, los moros con sus chilabas, pálidos ingleses, bigotudos borgoñones, portugueses vendedores de naranjas, músicos alemanes, domadores de caballos húngaros, pobres mendigos y falsos miserables venidos de todas partes, disfrazados de peregrinos y monjes, fingiendo ser dolientes leprosos o eunucos escapados de los harenes.

Ocultos bajo sus máscaras de carnaval, frecuentaban el Florian Federico IV de Dinamarca y Gustavo III de Suecia, el rey más inteligente del siglo XVIII. Su afición por el teatro y los carnavales le costó la vida. Murió asesinado en un baile de máscaras, en el viejo Teatro de Drottingholm, en Estocolmo. Verdi basó su ópera *Un ballo in Maschera* en el trágico final de aquel rey galante del siglo XVIII, que fue un incansable constructor de castillos, promotor de academias, protector de artistas.

Floriano Francesconi, el dueño de Alla Venezia Trionfante, demostró buen sentido comercial, cuando decidió convertir su café en redacción y sede de la *Gazzetta Veneta*, el periódico que acababa de nacer en la capital de la República. Se creó así el primer «café de redacción». Pero la *Gazzetta* era, además, un reclamo para los anunciantes que buscaban casa y trabajo, para las demandas de empleo y servicio, para la compraventa de objetos diversos.

Cuando murió Floriano Francesconi, su sobrino Valentino supo mantener su herencia; aunque se vio obligado a permitir el juego en los salones del *mezzanino*. Era imposible evitar esta plaga en Venecia, de la misma forma que no podían cerrarse las puertas de un café a los vástagos de aquella aristocracia que producía, sin cesar, «travestis (*gnoghe*) y prostitutas».

Los años dorados del romanticismo dieron vida al Florian. Allí se reunían el escultor Antonio Canova y sus amigos. En estas mesas se daban cita los artistas más a la moda: Goethe, Schopenhauer —que llevaba en el bolsillo una carta de Goethe para Byron, aunque nunca la entregó—, Beckford, Balzac, Alejandro Dumas...

Balzac no se cansaba de escribir cartas a sus amigos, explicándoles sus paseos que le llevaban hasta un palacete, con un pequeño balcón y «dos ventanas góticas», donde se decía que había habitado Desdémona. Es una casa pequeña pero muy elegante, que me parece uno de los lugares mágicos del Gran Canal. En realidad, fue Giovanni Battista Giraldi quien hizo famoso en 1565 este palacio, cuando contó en uno de los relatos de su *Ecatommiti* la historia de una muchacha a la que conocían con el mote de «Demonio blanco». Shakespeare se inventó la tragedia del moro y de su desgraciada amante, porque la verdadera Desdémona no murió asesinada por ningún marido celoso. Pero a mí me habría gustado saber qué personajes y qué historias se imaginaba Balzac cuando, conmovido por sus propias figuraciones, se venía a llorar cada día delante de esta fachada.

En 1839, los clientes del Caffè Florian vieron, con gran escándalo, cómo la Piazza San Marco cambiaba la amarillenta luz de los fanales de aceite por modernas lámparas de gas. Pero el progreso conquistaba la vieja plaza donde se habían dado siempre cita las maravillas: los extraños animales que había traído Marco Polo de sus viajes a Oriente, las corridas de toros, los torneos caballerescos a los que asistió Francesco Petrarca, la insólita figura del feroz Barbarroja, que se arrodilló aquí, delante del Papa, los castillos o torres humanas —muy parecidos a los pilares de los *castellers* catalanes— que los venecianos llamaban «forze d'Ercole», o el globo aerostático en que el conde Zambeccari sobrevoló la ciudad en 1784. Sin olvidar el aparatoso desplome de la inmensa mole del *campanile,* que se vino abajo en la mañana del 14 de julio de 1902, llenando la plaza de escombros y sin matar ni siquiera una paloma.

Cada vez que me siento en la terraza del Florian, a los pies del *campanile,* se me ocurre pensar que los fantasmas tienen un macabro sentido del humor. Porque muy poca gente recuerda ya en Venecia que el gran Iacopo Sansovino fue condenado a prisión, cuando estaba construyendo la bellísima Biblioteca Marciana. Por algún motivo, los cálculos o los operarios fallaron y, en la noche del 18 de diciembre de 1545, se hundió una bóveda de la sala principal. Las autoridades decidieron encarcelar al arquitecto, privándolo de su sueldo durante dos años y obligándolo a pagar una indemnización. El Aretino y Tiziano comentaron esta injusta sentencia, escandalizados. Y quizás el fantasma del Sansovino se vengó, siglos más tarde, derrumbando el *campanile,* orgullo de la República. La Biblioteca Marciana, que estaba a sus pies, no recibió ningún daño.

Los cafés venecianos se convirtieron, en pocos años, en salones lujosos, bien decorados y célebres por la calidad de sus bebidas. El Caffè Florian también modernizó su apariencia en 1858, intentando disimular su pasado revolucionario.

Nada se escatimó para ennoblecer estas bomboneras que me siguen recordando, todavía, los más lujosos departamentos del *Orient Express:* los divanes de terciopelo rojo, las pequeñas mesitas recubiertas de mármol, las puertas de caoba, las artísticas lámparas —sostenidas por bacantes y ángeles de amor—, los espejos, o el parquet de nogal y sus finas marqueterías... Hasta las vajillas y cuberterías siguen siendo obras de arte.

SE ACABA, SE ACABA...

La competencia del Florian, al otro lado de la Piazza San Marco, eran el Quadri y el Lavena. Los parroquianos elegían uno u otro, según sus preferencias, porque en el siglo XIX sólo existía una orquesta, que se colocaba en el centro de la plaza.

En el café Quadri se reunían los moderados y era un buen refugio para los que querían pasar más desapercibidos. Tenía, además, una buena cocina y, por eso, Henry James se sentaba aquí a comer, después de haber tomado sus baños y haber paseado por las calles, disfrutando de «las parras que crean un techo de sombra». También a él, como a George Sand, le encantaban las pequeñas imágenes de la Virgen que aparecen en muchos rincones de Venecia, especialmente «la Madonnetta que da nombre al *traghetto* de Rialto».

Bajo la dominación austríaca el Quadri se había llamado Café Civil y Militar, con un rótulo en alemán que decía «Kaffee-hause». Pero los venecianos consideraban esta presencia extranjera como una vergüenza. Y, alcanzada la independencia, el propietario mandó colocar sobre la puerta un gran retrato del rey Vittorio Emmanuele, rodeado de guirnaldas de flores.

Nunca he sabido por qué los clientes románticos consideraban el Quadri más discreto. Decorado con altos espejos que multiplican hasta el infinito las imágenes de los parroquianos, a mí me parece, por el contrario, la más extraordinaria apoteosis de la promiscuidad, la feria del adulterio, el éxtasis del surrealismo. Suelo sentarme en un rincón apartado y solitario, pero a los cinco minutos se me llena la mesa de gente y –en el juego diabólico del *trompe l'oeil*– se mezclan las alegorías de las estaciones que pintó Sala con las falsas tapicerías de Moretti o con las fantasías moriscas de Carlini; mientras las manos cortadas de un camarero van a parar a los pechos de una vieja dama aburrida, y las lámparas de Murano arrojan una luz de ópera sobre los falsos mármoles, reflejando esmeraldas en las copas de dorado champán. Y así se multiplican las imágenes, en un delirio paranoico, en el que se confunden los matrimonios, se separan las parejas y se besan los maridos engañados, con mil muecas obsesionantes que deben de ser como una alegoría de la prensa del escándalo y de la fama.

El Caffè Lavena conserva todavía una lápida dedicada al más fiel de sus clientes: Richard Wagner. Herido ya por la muerte, en el invierno de 1883, aún tuvo fuerzas para acudir al Lavena con Cósima, Franz Liszt y sus amigos, cuando se celebraba la despedida del Carnaval. Allí se unió a las máscaras que bailaban en torno a una lamparilla agonizante, cantando en coro la última y más triste canción del Carnaval: *El va! El va!* (¡se acaba, se acaba!).

Algunas semanas más tarde, Wagner morirá en una estancia del Palazzo Vendramin, echado sobre un diván. Hacía tan sólo un momento que había interpretado en el piano el *Lamento de las hijas del Rin*. Y Cósima le oyó decir: «Me gustan estas hijas de las profundidades».

En realidad, el Palazzo Vendramin tiene mucha historia, porque en él vivieron algunos dogos. Pero fue, además, morada de María Carolina de Borbón-Dos Sicilias, madre de Enrique V, pretendiente al trono de Francia en 1830. Mujer valiente y extraordinaria, tuvo una vida tan aventurera que podría haber inspirado a Dumas; porque —reclamando un trono para su hijo— provocó varias insurrecciones en Francia, soportó la prisión y el exilio, anduvo disfrazada por todos los desvanes y castillos de Europa y, ya viuda de su primer marido, tuvo una «hija del misterio» (como la llamará Chateaubriand).

Fue esta princesa la que, después de esta vida ajetreada, contrajo matrimonio con un amigo de juventud, el conde Ettore Lucchesi-Palli, que la había cortejado ya en Palermo. Durante muchos años, la familia Lucchesi-Palli honró la memoria de Wagner, celebrando conciertos en el jardín del Palazzo Vendramin. Y Gabriele d'Annunzio, que asistía a estas reuniones, redactó la lápida que puede verse en el muro:

«En este palacio las almas oyen el último aliento de Richard Wagner, eterno como la marea que acaricia los mármoles.»

Y LAS PALOMAS REGRESAN A ORIENTE

La bruma primaveral cubre de tul blanco el rostro envejecido de Venecia. Y debajo de cada ventana gótica, en las balaustradas de mármol, se recorta como un camafeo la mirada de una anciana que, quizá, es la madre de Marcel Proust: «Mamá leía esperándome, envuelto el rostro en un velillo de tul blanco tan desgarrador para mí como el color de su pelo...».

Marcel era como un cristal de Murano. Aún más delicado: como una copa rota por una nota falsa. Su delicada nariz reaccionaba alérgicamente a cualquier aroma demasiado intenso. Era incapaz de ponerse unos guantes si su criada Celeste los había limpiado con gasolina. Reconocía y rechazaba el apresto desagradable de unos pañuelos, aunque los lavasen mil veces. Cuando viajaba exigía que le reservasen la misma habitación en los hoteles que frecuentaba. Y, cuando estaba en París, hacía siempre sus compras en los mismos establecimientos. El café debía ser Corcellet, comprado en el mismo establecimiento donde lo tostaban, en la calle Lévis. Los cruasanes tenían que ser de una panadería de la calle de la Pepinière, los brioches de Chez de Bourbonneux, en la rue de Rome, y las confituras de Tanrade «donde las compraba mamá». Como champán, sólo Veuve Clicquot...

Era tan exigente que se hacía enviar también el papel de cartas de un almacén de Les Halles, que existía todavía en los años de mi juventud. Me gustaba ir a aquel establecimiento oscuro y ahumado, detrás del templete de la Bourse du Commerce, porque había un dependiente que había conocido a Marcel Proust. «Elegía también el papel para envolver los libros que regalaba a sus amigos —me dijo aquel pintoresco personaje cuyo nombre, desgraciadamente, he olvidado—, siempre en tonos rosas o azules, según los enviase a señoras o a hombres.»

Marcel y su madre se hospedaban en el viejo Albergo Europa de Venecia. Y, al despertar, cuando abrían los postigos de su ventana, veían flamear el ángel del *campanile* de San Marco.

La hora de Venecia es el amanecer, la hora de Venus. Y en ese momento, cuando las zapatillas encantadas se convierten en guantes oscuros, cuando los cuerpos cansados exhalan ya el oleoso perfume de los narcisos indios, se desperezan las góndolas, agitándose en sus embarcaderos como esclavas de ébano, como rebaños de ovejas prietas, como se abren las puertas cerradas y los ríos dormidos el día en que las niñas en flor despiertan, sin saberlo, alegres y cansadas, después de haber soñado con violines negros...

Han pasado muchos años desde que dejé mi casa veneciana, en el río del Duca; pero todavía se conservan, pintadas con mis colores —negro y violeta— las *paline* donde amarraba cada madrugada mi corbata y mi barca. Todavía recuerdo el rostro de la *Lucia dei fiori*, la muchacha que traía a nuestra mesa ramilletes de camelias y gardenias, perfumados como los sorbetes de menta que el camarero nos servía a la hora del atardecer. Vestía, como Mimí, con un anticuado sombrero de paja que tenía el color de su cara pálida. Murió una fría noche de Carnaval de 1968, y encontraron su cestillo de flores en un canal del Cannaregio...

Cuando me siento en la terraza del Caffè Florian, escuchando la música serena de la orquestina, pienso que Oriente lo sería todo —el sol, los gazales de Hafiz, las palomas, el vino, los cafés de Venecia— si no fuera porque también existe el vals. Venecia se va, se acaba, se hunde. No entiendo por qué las palomas venecianas regresan a Oriente cuando se sienten morir...

Una carta que no espera respuesta

BEETHOVEN, MÚSICO DEL SILENCIO

Eugen Relgis, el viejo sabio judío que había nacido en la provincia moldava del imperio austríaco, era sordo. Quizá por eso llegó a ser el misterioso enlace de muchos escritores europeos que mantuvimos con él una interesante correspondencia; porque Relgis había conocido y tratado a los personajes más apasionantes de la primera mitad del siglo XX, desde Gorki a Romain Rolland, desde Stefan Zweig a Georg Nikolai y Albert Einstein, desde Heinrich Mann hasta los amigos íntimos de Tolstoi.

Siempre pensé que la sordera de Relgis le estimuló para convertirse en amigo y confidente de tantos seres humanos. Sus ideas políticas —era socialista y pacifista— le granjearon muchas enemistades en los años brutales del fascismo europeo. Y tuvo que refugiarse en Uruguay: bellísimo país americano que ha tenido civilizada historia de libertad.

Su obra más conocida es *Mirón el Sordo*, porque admiraba al gran escultor griego que había padecido su mismo sufrimiento físico. Y en la primera página de este libro, Relgis escribió un lema de Beethoven, otro sordo genial: «A la alegría por el sufrimiento».

Tengo una deuda con Relgis, porque fue él quien me facilitó las direcciones y los caminos que conducían a los santuarios de algunos de mis maestros. Alguien dijo que, cuando nace en un lugar del mundo un bárbaro como Gengis Khan, aparece, en otra parte, un santo como Francisco de Asís. Quizá por eso Relgis tenía una libreta de direcciones tan completa como la de la Gestapo, con la diferencia de que este buen humanista fichaba a la gente para que se conociesen, intercambiasen ideas y se comprendiesen mejor.

Hace ya más de treinta años, cuando yo andaba recogiendo material para los primeros esbozos de este libro, Relgis me explicó que —si tenía suerte— encontraría un rastro perdido de Beethoven en París. Recordaba este dato, porque se lo había contado Zweig, con quien compartía otra afinidad muy especial, ya que la madre del escritor vienés era también sorda.

Y así, buscando reliquias, llegué al establecimiento de Michel Charavay, famoso archivo de autógrafos, situado en la Place Furstenberg.

Allí encontré, efectivamente, el tesoro que buscaba: unas cartas de Beethoven que habían pertenecido a la colección de Stefan Zweig. Pienso que el bueno de Relgis se sintió feliz, cuando le expliqué cómo había conseguido cerrar el rastro de nuestras pesquisas. Había sido leal amigo de Zweig y conocía bien su extraordinaria colección de manuscritos y autógrafos, que fue la mejor de Europa. Había en ella una hoja del libro de anotaciones de Leonardo, una obra completa en pruebas de imprenta corregidas por Balzac, una versión original del *Origen de la tragedia* que dedicó Nietzsche a Cósima Wagner, la *Barcarola* de Chopin, el *Non piú andrai* de Mozart, dos páginas del *Fausto*... además de muchas partituras de Beethoven, pertenecientes al *Egmont* y la canción *El Beso*.

Más tarde, Stefan Zweig tuvo la suerte de conseguir, en una subasta, los enseres de la última habitación de Beethoven, que habían pertenecido al consejero áulico Breuning. Dentro del escritorio había unos cajones secretos donde Zweig encontró los retratos de Giulietta Guicciardi y de Marie Erdödy, las mujeres que Beethoven amó sin esperanza. Había otras pequeñas reliquias, como un recado de escribir que utilizaba en la cama para componer sus últimas piezas, la invitación a su entierro, la última nota de la ropa que entregó a la lavandería, escrita ya con trazos temblorosos...

Y, en su casa de Salzburgo, Stefan Zweig conservó este tesoro, hasta que los nazis comenzaron a robar y a quemar, según su condición social. Los ricos burgueses, en uniforme de oficial, saqueaban. Los pobres analfabetos, fanatizados, quemaban. A veces, en una concesión a los ideales igualitarios, intercambiaban los papeles.

Para salvar las mejores piezas, Zweig regaló una parte de su colección a la Biblioteca Nacional de Viena. Hace ya algunos años cometí el error de preguntarle a un burócrata si podía dedicar unas horas al estudio de estas piezas, y me respondió, con un gesto de desagrado, que Zweig no había dejado nada en Austria y lo había regalado todo a los judíos.

Menos mal que vendió también algunas piezas a Michel Charavay. Porque, gracias a eso, yo pude tener en mis manos algunas cartas de Beethoven y el retrato de las mujeres que amó en su solitaria vida de músico del silencio. Recuerdo la boca pequeña, la cara ancha, los cabellos negros y ensortijados de aquella condesa Guicciardi que le inspiró la *Sonata quasi una fantasia, Claro de luna*... Y los ojos fascinantes de Marie Erdödy, la famosa pianista, que el dibujante había retratado en un medallón romántico, con un pañuelo en la cabeza. Y tampoco puedo olvidar la caligrafía temblorosa de aquellas cartas que Beethoven escribía para no enviarlas: inquietante testamento de un hombre que no esperaba nunca respuesta.

COMPONIENDO EN EL SILENCIO

Stilleben, vida del silencio, llaman en alemán a esos bodegones que los españoles designan como «naturalezas muertas». Quizá la música de Beethoven debería ser llamada *Música del Silencio*.

«Siempre tenía un aspecto grave; sus ojos, sumamente vivos, solían parecer soñadores a causa de la mirada un poco triste, forzada y dirigida hacia lo alto... Sus labios aparecían cerrados, pero el pliegue que los enmarcaba no era huraño. Sus pupilas tenían un color gris azulado y una gran vivacidad. Cuando su pelo se agitaba tumultuosamente, tenía verdaderamente algo de osiánico y de demoníaco.»

Así describe a Beethoven el pintor August Klöber. Y con estos mismos trazos, enérgicos y desafiantes, dibujó ese rostro expresivo que provocaba tan contradictorias impresiones en todos aquellos que lo contemplaron.

«Cuando se sienta al piano –escribe sir John Russell– parece que no exista ninguna cosa en el mundo fuera de él y de su instrumento. Si pensamos que es sordo, parece imposible que pueda oír todo lo que toca. Cuando toca muy suavemente, suele ocurrir que no produzca un sonido... Lo más interesante es observar cómo pasa la música de su alma a su rostro. Parece tener sentimientos intrépidos, impetuosos y tempestuosos.»

La personalidad de Beethoven, como la de Goya, aquel otro sordo huraño y genial, se presta a los aguafuertes vigorosos y dramáticos.

Los fisonomistas han intentado psicoanalizar mil veces este rostro meditabundo, de una plástica impresionante y fogosa, que parece esculpido por Rodin. La joven Magdalena Willmann –menos analítica y poco dada a las metáforas– lo encontró, sencillamente, «feo y medio loco».

Ludwig van Beethoven es un personaje contradictorio, nacido en una época tan contradictoria como él. Es hijo de la Revolución, compañero de aquellos jóvenes que le cortaron la cabeza al rey para refugiarse luego, llorando, en las faldas matriarcales de la naturaleza. Nace en 1770, en el mismo año en que el melancólico Rousseau escribe sus *Confesiones*. Pertenece, por su generación, a una época de grandes ideales universales, de apasionadas declaraciones de principios, de confusas hermandades revolucionarias.

A lo largo de su vida no abandona jamás estos proyectos de felicidad colectiva, de alegría creadora, de optimismo humanitario. Es cuatro años más joven que el pálido Werther; pero se siente también desgraciado, hasta pensar en el suicidio. Admira a Napoleón –como Byron, como Balzac, como todos los niños nacidos en las últimas décadas del siglo–, pero reniega de su ídolo cuando le ve colocarse en las sienes la corona de emperador. Él se siente siempre en la hora romántica de *La Marsellesa*. Y, cuando compone su música heroica, se figura ser uno de aquellos tribunos que arengaban a las masas en el París revolucionario. Su orquesta suena entonces como las palabras de Camille Desmoulins, subido a la mesa de un café, en medio de la columnata clásica del Palais Royal: «Aux armes, citoyens, aux armes!» Y, en el otoño de Viena, una hoja de roble debe haberle caído también sobre el sombrero, como si fuese una escarapela. «Si yo supiera tanto de estrategia como de música le daría un buen disgusto a Napoleón», dirá cuando reniegue de su ídolo revolucionario.

Se toma tan en serio su papel de discípulo de Rousseau que se viste como el buen salvaje de los cuentos románticos. Karl Czerny, uno de sus más fieles discípulos, le encontró, en 1801, disfrazado de Robinson Crusoe, con chaqueta y pantalón de piel de cabra, luciendo una barba de varios días. «En la contemplación de los campos —escribe Rousseau— me invadía una sensación mixta de dulzura y tristeza, demasiado parecida a mi edad y a mi suerte.» En el *allegro* de la *Sexta sinfonía* también Beethoven canta: «los apacibles sentimientos que despierta la contemplación de los campos» y, en el rondó final, la alegría popular se convierte en un misterioso estribillo que parece repetir la más amarga exclamación del compositor: «Prefiero un árbol a un hombre».

Como buen hijo de la Revolución, Beethoven compone para la «Humanidad». Se niega a trabajar para los príncipes o los mecenas, como tuvo que hacerlo Haydn y como lo hizo Mozart una buena parte de su vida. Es el primer romántico independiente que se abandona —en lo bueno y en lo malo— a sus ensueños universales.

Una familia de músicos sin diapasón

Ludwig, hijo de Johann van Beethoven y de María Magdalena Keverich, se bautiza el 17 de diciembre de 1770 en la pequeña Remigiuskirche, bella iglesia del siglo XV, en el corazón de Bonn. Este san Remigio fue un santo generoso y simpático, porque tenía la costumbre de multiplicar el vino en las casas donde le daban de comer. Quizá sus abuelos —que tenían una bodega— le pusieron también algo de vino en la pila.

No conocemos la fecha exacta del nacimiento de Ludwig Beethoven; pero se supone que ocurriría el 16 de diciembre. Un astrólogo podría reconocer fácilmente los rasgos fogosos de Sagitario en su temperamento, en el trueno jupiterino de sus enfados, en el movimiento dinámico de su música...

La familia Beethoven procedía de Flandes, donde sus antepasados habían cultivado la tierra y regentado pequeños negocios burgueses. Durante siglos vivieron en aquellas tierras llanas que, tan deliciosamente, ha cantado el poeta Verhaeren en versos impresionistas:

> Partout, soit champs de lins, partout soit champs d'aveines,
> Coin de seigle, carré de trèfle, angle de pré,
> Partout, jusqu'au delá de l'horizon pourpré,
> La verte inmense des plaines et des plaines!

El bisabuelo del músico regentó una panadería, una de aquellas tahonas flamencas donde se amasa el pan blanco, de leche y trigo, en piezas redondas y repletas «comme la chair des seins».

Un hijo del panadero, llamado Ludwig, será el primer artista de la familia. Sus contemporáneos le describen como «un guapo muchacho de rostro serio y gruesas mejillas encarnadas». Violinista virtuoso, se convierte, muy joven, en director de los coros de la iglesia de San Pedro de Lovaina. Más tarde se traslada a Bonn para ocupar el cargo de *Hofmusicus* (músico de la Corte). El príncipe Clemens August aprecia su talento y le nombra Kapellmeister (maestro de capilla) de la Corte; pero el joven Ludwig, de acuerdo con la más sólida tradición burguesa, no se decide a vivir de los menguados ingresos que le proporciona la música. Monta un negocio de vinos y se casa con una alemanita, dulce y melancólica, que le ama tanto por sus dotes musicales como por su bien provista bodega. De este matrimonio nace un hijo, Johann Beethoven, que hereda de su padre la virtud del violín, y de su madre la afición de la bebida.

Johann tiene una buena voz de tenor y, por eso, ingresa también en la capilla del príncipe. Aunque la familia sueña para él un destino brillante, se casa —contra la voluntad paterna— con una joven de familia muy modesta, que ya ha tenido un fracaso matrimonial anterior. Viven en una discreta buhardilla de la Bonngasse, que será el primer observatorio desde donde el pequeño Ludwig contemplará las orillas del Rin. Esa imagen de su tierra natal no se borrará nunca de su memoria y, años más tarde, cuando vive a disgusto en medio de la alta sociedad vienesa, recuerda con nostalgia las horas que pasaba en esta buhardilla «con la cabeza entre las manos y la mirada perdida». Su padre no gana suficiente con su empleo en la Corte, y la infancia de Ludwig transcurre en un ambiente desordenado y golfo, ensombrecida por las preocupaciones económicas.

El pequeño Beethoven conoce muy pronto la humillación de acudir a la policía para identificar a su padre entre los borrachos capturados en la última redada. Tiene tres hermanos, Margarita, Nikolaus Johann y Kaspar Karl, pero la niña muere antes de cumplir los dos años, y los otros no llegarán jamás a ser sus amigos. «Mi hermano no fraternal», dice hasta el fin de sus días cuando quiere referirse a Johann.

La infancia de Ludwig no puede compararse a la que encontraron, en sus hogares tranquilos, Mozart o los Bach. Desde pequeño vive la música, pero no puede sentirla como una vocación serena, sino como una conquista que exige sangre y lágrimas. Se diría que un misterioso destino le ha predestinado para fortalecer su voluntad antes que su deseo, conduciéndole por las vías del ascetismo y de la renuncia.

«El genio sin corazón es un contrasentido —ha escrito Mozart—. Ni la inteligencia, ni la imaginación, ni las dos reunidas hacen el genio. Sólo el amor puede hacerlo.» Se comprende que estos dos artistas se encuentren en Viena, sin comprenderse mutuamente. Mozart es ya un hombre maduro de treinta y un años, que ha descubierto los misterios de la mística. Su camino, como el de los grandes iniciados, será siempre el de la Gracia. Pero el joven Beethoven, educado en un hogar conflictivo, cree que no existe más salvación que la Voluntad. Su camino será el del Heroísmo, como los héroes griegos y romanos que seducen a su imaginación infantil.

El pobre Johann Beethoven es, pese a todos sus defectos, un atento maestro. Quiere hacer de su hijo un nuevo Mozart, y vigila severamente sus lecciones de piano. Como su formación musical no es todo lo completa que sería de desear, pone la educación del pequeño en manos de un flautista llamado Pfeiffer que vive en la misma casa de la Bonngasse y también practica el *allegro cantabile* de la bebida. Un violinista de la Corte llamado Mäurer ha descrito así la primera escuela de Beethoven: «A menudo Pfeiffer y el padre de Beethoven se entretenían empinando el codo en una taberna hasta bien entrada la noche. Cuando volvían a casa, Ludwig estaba ya acostado y dormía. Su padre le despertaba entonces, sacudiéndole brutalmente. El niño, llorando, se colocaba frente al piano, y Pfeiffer se quedaba a su lado, vigilando su lección, hasta el alba».

A lo largo de su vida, Beethoven compondrá siempre de noche. Ha aprendido tan bien su lección que, muy a menudo, trabaja llorando. Pero el viejo Johann, aparentemente tan duro, es incapaz de enseñarle a su hijo una disciplina rigurosa de trabajo. En aquel hogar bohemio todo marcha según sopla el viento del humor o de la inspiración. Hasta la ternura se manifiesta de una forma desordenada, como en una taberna, a golpe de violín. Cuando llega el santo de María Magdalena, el ama y el alma de la casa, se organiza un auténtico revuelo que no deja dormir a los vecinos. «Muy temprano, la víspera –escribe un testigo insomne–, María Magdalena se acostaba. Todo el mundo llegaba en el mayor silencio. Se afinaban los instrumentos y se despertaba a la señora Beethoven que, después de vestirse, ocupaba su puesto bajo un baldaquino donde se encontraba, rodeado de flores, el retrato de Ludwig van Beethoven (el abuelo). La hacían sentar en un bello sillón tapizado. Entonces comenzaba a sonar una música magnífica que se oía en todo el vecindario. Los vecinos que ya se preparaban para acostarse quedaban, repentinamente, desvelados...»

El pequeño Ludwig se acostumbrará a vivir así, en medio de las contradicciones, pasando de lo más estricto a lo más espontáneo, de lo más trágico a lo más alegre. Su música dejará constancia de estos repentinos cambios de ánimo que nos transportan de un *scherzo* angustiado a un *allegro* gozoso. Con los años se convertirá en el genio de los grandes contrastes, en el músico que ha orillado más arriesgadamente los límites de la medida.

En el colegio es mal estudiante y, según el testimonio de un compañero, «no aprendía gran cosa, por lo que su padre decidió dedicarle enseguida al piano y tratarle duramente». Pese a su voluntad de hierro, y a los desordenados estudios que acometerá con ferocidad más tarde, nunca superará ciertas lagunas escolares. Por eso en sus cartas abundan las faltas de ortografía (escribe *Melankolie*, en vez de *Melancholie*) y resuelve sus multiplicaciones sumando una y otra vez la cifra del multiplicando. «La fuerza —escribe— es la moral de los hombres que se distinguen del vulgo. Y también es la mía.» Empleando este método heroico consigue, ya en su madurez, hacerse con una cultura nada despreciable, bastante más profunda que la que poseyeron otros músicos de su tiempo. Pero este esfuerzo le cuesta, como siempre, buenos sudores y enormes dosis de voluntad.

Con su abnegación y tenacidad características se aplica al estudio del clavicordio, bajo la mirada de Pfeiffer, siempre entorpecida por el vino. Practica también con el organista Van den Enden y, sobre todo, con el gran Christian Neefe, que le considera «un joven genio». Bajo el magisterio de este hombre, Beethoven conoce a fondo el *Clavecín bien templado* de Juan Sebastián Bach y el *Ensayo sobre el verdadero arte de tocar el piano* de Philipp Emmanuel Bach, obra fundamental en su futura carrera como virtuoso.

Johann Beethoven consigue, finalmente, dar realidad a su sueño: presentar a su vástago como niño prodigio de la música. Para redondear su propósito recurre, incluso, a una pequeña trampa y rejuvenece dos años al muchacho.

«Beethoven, tenor de la Corte —dice el cartel de presentación—, tendrá el honor, el 26 de marzo de 1778, de apadrinar *(producieren)* en la Gran Sala de la Academia de Música, a su hijito *(Söhngen)* de seis años, que tendrá el gusto de ejecutar diversas piezas para piano, gracias a las cuales espera procurar un placer completo a las altas señorías presentes.»

Sin embargo, la carrera del niño prodigio se trunca en sus comienzos. El bohemio Johann Beethoven no tiene las dotes comerciales y empresariales del padre de Mozart. Y, posiblemente, el pequeño Ludwig está también un poco tierno.

Neefe, más lúcido y paciente, tiene otros proyectos para el muchacho. Le consigue un puesto en la orquesta de la Corte y, para animarlo, manda imprimir su primera obra: unas *Variaciones para piano* sobre una marcha del compositor Dressler. Ludwig van Beethoven no comienza su carrera sin padrinos. Y, a los doce años, puede leer, en una revista musical de la época, estas elogiosas palabras escritas por su maestro Neefe: «Este joven genio merece que se le apoye y se le dé la posibilidad de viajar. Será un segundo Mozart si persevera en el camino que ha comenzado».

Los años de aprendizaje

Neefe se ocupa celosamente de la formación cultural de Beethoven y le incita tanto en el conocimiento de los clásicos como en el de los poetas modernos. Shakespeare, Lessing, Schiller, Klopstock y Goethe serán sus escritores preferidos. Como buen autodidacta muestra un fino sentido para seleccionar a sus maestros. No se deja embaucar por las falsas glorias que cruzan, fugazmente, el firmamento literario de su época. Durante toda su vida sueña con llevar al pentagrama los grandes temas de la literatura: *Macbeth*, *Faust*, *Brutus*... En Shakespeare se inspira para escribir la obertura de *Coriolano*; a Schiller le pide prestado el tema más característico de su genio, la *Oda a la alegría*; compone varios *Lieder* sobre poemas de Goethe y escribe una versión musical del drama *Egmont* donde canta impetuosamente la libertad y el amor. Su interpretación de los textos literarios es siempre un poco arbitraria: altera la medida de los versos, recarga los acentos melodramáticos, estiliza arbitrariamente a los personajes. Pero esa forma de componer, al margen de toda limitación estilística, es característica de su genio y su temperamento.

«¿Qué es un hombre libre? –canta el romántico Konrad Pfeffel, en uno de sus versos–: el ser que rehúsa obedecer las órdenes del tirano y que no reconoce más ley que su propia voluntad.» Beethoven compone un canto con estas palabras, y acude fervorosamente a las clases del gran teólogo Eulogius Schneider en la Universidad de Bonn. En las horas febriles que preceden a la Revolución francesa podemos encontrarle declamando versos, en medio de la muchedumbre de estudiantes que festejan la toma de la Bastilla.

En estos primeros años de aprendizaje cultiva incluso cierto dandismo, un poco sombrío. Sus compañeros le describen con «un frac de llamativo color verde, medias de seda blancas, un chaleco floreado, igualmente de seda, bordado con un galón de oro de ley, un sombrero plegable bajo el brazo, la espada al cinto, los cabellos rizados y empolvados, con una trenza sobre la nuca». Pero esta elegancia afectada no conquista a ciertas lenguas que disfrutan pasando revista a las flaquezas ajenas: «Es corto de talle y rechoncho, tiene el cuello menguado, anchas espaldas, una voluminosa cabeza, nariz roma, el rostro picado de viruelas, y un color tan cetrino que le llaman el Spagniol [el Español]». Y no hay que olvidar su mala salud: «la estrechez de pecho (*Engbrüstigkeit*) me hace propenso a la tuberculosis», escribe en una de sus cartas juveniles.

Sin embargo, estos primeros años no son malos para su carrera. El nuevo elector, Maximiliano Francisco, le protege y le asigna un sustancioso sueldo de ciento setenta florines. Compone entonces sus primeros conciertos y cuartetos para cuerda, que pueden considerarse valiosos esbozos de su obra posterior. Él mismo considera estas obras como simples ensayos de estilo, y tarda aún muchos años en juzgarse verdaderamente preparado para componer un cuarteto. Como muchos grandes maestros de la música –pensemos en Mozart, Schubert o Béla Bartók– buscará siempre en el cuarteto la más pura expresión de su genio. Este género será, para Beethoven, como las páginas de un diario íntimo donde puede expresar las inquietudes de su espíritu, las evoluciones y cambios de su ánimo.

Sus contemporáneos reconocen, en estas primeras piezas, la originalidad de su inspiración. Es un fenómeno que se produce a menudo en la vida de Beethoven: nadie le niega el genio, aun cuando sus obras no sean comprendidas. Se gana con facilidad la admiración de la gente, pero no su amistad ni su amor. Se mueve solitario por las esferas de lo «ultrahumano», como un precursor del *Übermensch* de Nietzsche, asustando con su genio a los burgueses que buscan en el arte satisfacciones más modestas y sencillas.

Bajo el patrocinio del príncipe elector y del conde Waldstein viaja a Viena, en la primavera de 1787, para conocer a Mozart. El azar ha resuelto que el encuentro entre estos dos grandes espíritus se produzca en un mal momento. El joven Mozart acaba de perder a su padre y vive una de sus crisis de melancolía: «La muerte es la finalidad de nuestra vida», escribe, recogiendo unas palabras de Moses Mendelssohn. Y no está dispuesto a dedicarle mucho tiempo al tempestuoso Ludwig Beethoven, que llega a Viena cargado de virtuosismo, pólvora y fuegos artificiales.

Beethoven será siempre un improvisador temible, irrefutable. En un segundo es capaz de idear cualquier diablura, desde una meditación inquietante hasta una caricatura cargada de humor. Los mayores éxitos de su vida los debe a esta capacidad espontánea de improvisación. Karl Czerny nos cuenta cómo «este jovencillo sombrío, muy feo, de carácter violento» se convirtió en el campeón de todos los torneos de improvisación que se organizaban en Viena. Había conseguido incluso derrotar al famoso Gelinek, que conquistaba al público con sus alardes de genio. «¡Nunca, jamás en la vida olvidaré el día de ayer –confiesa Gelinek después de medirse con Beethoven–. Este joven con el que he competido es Satán en persona. ¡Nunca he oído una interpretación igual! Se ha puesto a componer variaciones sobre un tema que yo mismo le he propuesto. Nadie, ni el mismo Mozart, iguala a este genio en la improvisación.»

Pese a todo, los tres meses que Beethoven pasa en Viena son, como sus tres primeros *Cuartetos,* un simple esbozo de su futuro. Es la primera salida al exterior de este joven retraído y provinciano que añora los dulces paisajes de su Renania natal: «Mi patria, el hermoso país donde he visto la luz, siempre tan bella, tan clara ante mis ojos como el día en que la dejé».

Viena es la capital musical del mundo, una ciudad galante y optimista, rodeada por un dulce y ondulado paisaje. Se levanta, abierta hacia el Oriente, en una encrucijada de caminos que se dirigen hacia Bohemia, Moravia, los montes de Estiria, los Alpes del Tirol y Baviera... Poblada por una mezcla variadísima de razas es, somáticamente, el corazón y la esencia de Europa. Pero Beethoven recuerda, con nostalgia, los viñedos del Rin, los altos campanarios de Bonn, los ruinosos castillos de las Siete Montañas...

Regresa a Bonn, donde continúa «disfrutando» del hogar. Varias veces tiene que empeñar los vestidos de la madre para pagar las deudas del viejo Johann en la taberna. Y no es extraño que algunos de sus primeros *Lieder,* compuestos en 1787, lleven el revelador título de *Trinklied* (canción para beber) o *Punschlied* (canción para el ponche).

Nieto de comerciantes de vino, hijo de un bebedor empedernido, busca a veces la terrible embriaguez de la música. «Desprecio a este mundo —confesará un día a Bettina Brentano— porque no se da cuenta de que la música es una revelación más alta que toda sabiduría y filosofía. La música es el vino que provoca el entusiasmo y engendra nuevas creaciones. Y yo soy Baco, encargado de pisar en el lagar este vino magnífico para darlo a los hombres que obtendrán de él la embriaguez de espíritu (*Geistertrunken*).» Esta filosofía, que parece aprendida en la escuela de Marmeládov, se va sublimando hasta convertirse en un culto dionisíaco. La vida le iniciará en los secretos de la tragedia. Y no olvidemos que su último proyecto, la prometida y soñada *Décima sinfonía*, tenía que comenzar por un «canto religioso al modo antiguo» que acabaría «con una fiesta de Baco».

Para ganarse la vida, se ayuda con algunas clases particulares. Sus discípulos preferidos son los cuatro hijos de la joven señora Breuning, viuda de un archivero de la Corte de Bonn. En el hogar de esta dama elegante y culta disfruta de la atmósfera de una familia feliz y, de golpe, con ese instinto tempestuoso que le caracteriza, encuentra sus dos sueños imposibles: el amor y el hogar. Se enamora, a la vez, de Helena, la madre, y de Eleonora, la hija, a quien llama familiarmente Lorchen. A diferencia de Goethe, el burgués aristocrático que se enamora de las mozas de taberna o de las floristas saludables del pueblo, el romántico Beethoven se encapricha siempre por las damas de la alta sociedad. Se parece un poco a su maestro Rousseau, que encuentra el amor donde tiene un porvenir asegurado. Con la joven Lorchen rompe, por primera vez, la virginidad de sus sentimientos, su soltería huraña y melancólica. Desde entonces no pasará un año sin enamorarse, apasionadamente, de alguna muchacha imposible. En sus amoríos expresa toda la gama de sentimientos que manifiesta en su obra: melancólico en sus andantes, exaltado —y, a veces, sarcástico— en sus *scherzos*, ingenuamente gozoso en sus *allegros*, inasequible en sus *fugas*...

La señora Breuning se preocupa también de su formación cultural. Se comporta con él «como un ángel de la guarda», y Beethoven le agradecerá siempre «haber apartado los insectos de las flores».

Con la ayuda de esta familia, consigue consolidar su carrera. Su fama como segundo organista de la Corte se afirma, hasta tal punto que la Sociedad Artística de Bonn le encarga una cantata para conmemorar la muerte del emperador José II. Aunque tiene que componerla en sólo tres semanas, sobre un texto vulgar de Averdonck, es una buena muestra de su genio juvenil. Más allá de la influencia de Haendel y Mozart, manifiesta una fuerza que nos anuncia la solemnidad de la *Novena sinfonía* o de la *Missa Solemnis*.

La obra, sin embargo, no se estrena en la fecha prevista de la primavera de 1790, y la misma suerte corre una nueva cantata, compuesta para el advenimiento de Leopoldo II. Probablemente, los músicos y los cantantes no consiguieron superar ciertas dificultades de interpretación. Es un destino que se repetirá mil veces en las composiciones de Beethoven. Escribió gran parte de su obra, incluyendo las nueve sinfonías, antes de que hubiese un público preparado para oírlas y unos músicos bien dispuestos a interpretarlas. La *Novena sinfonía*, por ejemplo, fue considerada, durante mucho tiempo, como una obra que no debía tocarse en su totalidad. En algunas de sus piezas se complace poniendo dificultades a los instrumentos. Y, por eso, hasta los directores más clásicos modifican los *tempi* caprichosamente para facilitar la interpretación, rompiendo a veces el efecto, humorístico o dramático, del tema.

Estas primeras cantatas servirán para que Haydn, de paso por Bonn, conozca al joven compositor y se decida a admitirlo como discípulo en Viena. Y Beethoven marcha alegremente hacia la capital de la música, donde espera acabar una composición que tiene esbozada: *La alegría*, de Schiller.

La conquista de Viena

En el invierno de 1792, mientras los soldados revolucionarios avanzan por Valmy y Jemmapes, el joven Beethoven inicia también la conquista de Viena. Descubre ahora, en sus paseos por la calle Wipplinger o en sus correrías por las angostas rúas del barrio antiguo, muchos rincones que no pudo conocer en su primera visita. La capital austríaca se ha transformado a lo largo del siglo XVIII, hasta convertirse en una ciudad próspera y cosmopolita, poblada por casi doscientos mil habitantes.

La tradición monárquica, católica y conservadora, pesa profundamente en la vida vienesa. La vida artística transcurre en el interior de esos palacios que asoman a la calle su altanera y barroca fachada. Y, para ser aceptado por la sociedad vienesa, hay que frecuentar esos salones y aprenderse de memoria los nombres de sus propietarios: los Esterházy, los Schwarzenberg, los Razumowsky... Algunos músicos, como Haydn y Mozart, han vivido como prisioneros de lujo en estas moradas. Pero Beethoven no se resignará jamás a esta situación de dependencia. Tiene un concepto exigente y absoluto de la libertad: no quiere depender de nadie, ni admite concesiones para su arte. Para llevar a cabo este programa tiene que hacer, a lo largo de su vida, otras comprometidas «concesiones», entre ellas la de ser absolutamente desagradecido con sus protectores. Después de haberse apoyado en la fama de Haydn, declara «no deberle nada» al viejo maestro. Insulta al archiduque Rodolfo de Habsburgo, que será su más fiel protector en los años de la miseria. Adopta un aire cínico y despectivo frente a su mecenas, la condesa de Thun. Y, en uno de sus raptos de «santa indignación», declara ante los criados del príncipe Lobkowitz –otro mecenas al que debe muchos favores– que su señor es «un burro».

Durante muchos años, Beethoven acariciará la idea de componer un drama musical con su personaje histórico preferido: Brutus... Él también, como Brutus, es capaz de matar a sus protectores para mantenerse fiel a sus ideas.

En Viena frecuenta las clases de Antonio Salieri, el compositor amado de los vieneses, y Albrechtsberger, el gran maestro de contrapunto. Pero los consejos dogmáticos y formalistas de estos músicos, encasillados en la escuela dramática italiana, nunca llegarán a despertar su interés.

Sus relaciones con Haydn son igualmente difíciles. El maestro reconoce enseguida que Beethoven tiene genio; pero necesita más educación espiritual que musical. «Tiene usted mucho talento –comenta, al escuchar sus primeras obras– y progresará más en el futuro. Posee abundante inspiración y no sacrificará jamás un bello pensamiento a una regla tiránica, lo cual me parece razonable; pero sacrificará las reglas a sus fantasías, pues me parece que usted es un hombre que tiene varias cabezas, varios corazones, varias almas. Creo que se descubrirá siempre en sus obras algo inesperado, insólito, sombrío, porque usted mismo es un poco sombrío y extraño, y el estilo del músico revela siempre al hombre.»

Nadie ha escrito jamás un comentario más acertado sobre el carácter y el temperamento musical de Beethoven. Sus delirios sombríos aparecen, una y otra vez, en su original estilo; pero esto es, precisamente, lo que le convierte en portavoz genial de una música que evolucionaría hacia la introspección, la angustia y el psicoanálisis.

Cuando le preguntaban quiénes eran sus maestros no citaba a Haydn o a Albrechtsberger, sino que comentaba, con cierto cinismo: «Soy alumno de Sócrates y de Jesucristo». Se considera un santo sufriente, un filósofo incomprendido, un maestro de verdades inasequibles... Estaba tan convencido que, a veces, nos hace pensar que llegó a serlo.

Haydn, en una caricatura muy lúcida, le llama «El Gran Mogol», haciendo referencia a su tono insurrecto y bárbaro. Será siempre un hombre esquivo, aunque su disfraz de león no acabe nunca de ocultar su timidez de campesino. No se siente a sus anchas en Viena, porque es incapaz de aprender el lenguaje de aquella sociedad burguesa.

Es un verdadero romántico y su único propósito es dar rienda suelta a sus inquietudes, sus deseos, sus angustias. Admira al autor de *La flauta mágica,* pero su músico preferido será siempre Haendel. «Es el mayor compositor de todos los tiempos –dice– y yo me arrodillo ante él.»

Haydn, por su parte, se aburre pronto de su inútil magisterio. Ni siquiera corrige los trabajos que le presenta su discípulo. El Gran Mogol tendrá que aprenderlo todo, a golpe de voluntad, con dolor y esfuerzo.

Mientras los ejércitos franceses ocupan Spira, Worms y Maguncia, el joven Beethoven organiza su vida en Viena: busca un alojamiento, compra algunos vestidos y comienza a presentar sus cartas de recomendación a las personalidades de la capital.

En el horizonte de la política se han desencadenado tormentas preocupantes, que amenazan con cambiar el orden social. Y los periódicos traen algunas noticias de la guerra revolucionaria que agita Francia, calificándola de una situación «seria, aunque todavía no pueda considerarse desesperada». Pero los vieneses viven al margen de esas amenazas, más interesados por la música que por la Revolución. Un viajero de la época escribe, admirado, que «el estreno de una ópera causa tanta sensación como la apertura del Parlamento en Londres». Digamos que, en Viena, la situación es «desesperada, aunque no seria».

Beethoven no encuentra su puesto en esta sociedad tan cerrada, tan formalista, tan conservadora, pero a la vez tan frívola. No tiene la mansedumbre de Haydn para adaptarse a los ritos y a las exigencias del *ancien régime*. «Estos vieneses no valen nada, desde el emperador hasta el último limpiabotas —escribe en un instante de cólera—. ¿Cómo puede uno integrarse en este país?... No hay un solo hombre honrado en la decadencia general de Austria. Sólo las circunstancias me retienen aquí donde todo está sucio y arruinado. Todos son ladrones, de lo más alto a lo más bajo de la escala social.»

En 1815, cuando su genio comienza a declinar, Viena le nombrará hijo adoptivo. Y muchos años después de su muerte, cuando el municipio decide derribar la vieja sala del Bösendorfer, donde había tocado el piano, los vieneses permanecerán en pie al finalizar la última representación, llorando emocionadamente.

Pese a estos arrebatos de orgullo y de independencia, Beethoven se siente ligado a Viena hasta el fin de sus días. Su nombre comienza a sonar muy pronto en todos los salones de la villa. «¡Esta gente nada más que piensa en reír, beber y danzar!», protesta, en uno de sus frecuentes enfados. Pero no siente ningún escrúpulo al hacerse invitar en todas las casas y llega, incluso, al extremo de llevar el gorro de dormir cuando visita al barón Von Zmeskall, dispuesto a pasar la noche en palacio. Demostrando cierto mal gusto dirá, luego, que ha pasado la noche en casa del «viejo chocho Von Zmeskall».

Tardará todavía diez años en convertirse en un músico maduro. Y, sin embargo, sus comienzos no son tan difíciles como los de otros colegas suyos. Gracias a la protección de sus mecenas dispone de todas las comodidades que rodean el hogar de un burgués: lacayos, montura, buenas compañías femeninas. «Mis obras me proporcionan muchas ganancias —escribe—. Tengo más pedidos de los que puedo satisfacer. Para cada una de mis composiciones puedo elegir entre seis, siete o más editores. Conmigo no se firman contratos; yo exijo y se me paga.» Los mejores frutos de aquella época dorada son la *Sinfonía de Jena* y los dos *Conciertos para piano y orquesta* (op. 15 y 19), que estrena en 1795.

Aunque no ha comenzado a componer sus obras más significativas, se siente ya seguro de sí mismo. Se atreve incluso a iniciar aquella gira aplazada desde los años en que pretendía ser un nuevo Mozart, visitando Praga, Nürenberg, Dresden, Leipzig, Berlín... El viaje no arroja el balance triunfal que esperaba. «Sobrecogió a nuestros oídos —escribe un crítico musical de Praga— pero no a nuestros corazones.» La verdad es que no encuentra fácilmente a su auditorio ideal. En repetidas ocasiones se mofa de los espectadores que acuden a los conciertos para llorar, igual que los lectores de un folletón. Su música resulta siempre demasiado genial para el gusto de su época.

En Berlín frecuenta la corte de Federico Guillermo II de Prusia, un monarca que ha heredado la afición por la música de su tío Federico el Grande. El rey le ofrece una caja de oro llena de luises relucientes. Pero Beethoven no encuentra tampoco allí un auditorio ideal. «Toqué lo mejor que pude —declara, años más tarde, con amargura— y esperaba un gran éxito. ¡Pero no sonó ni un aplauso! El público se había emocionado hasta llorar, empapando sus pañuelos para mostrarme su agradecimiento. Como soy tosco en mis entusiasmos, aquello me dejó completamente indiferente. Comprendí que se trataba de un auditorio sensible, pero nada aficionado al arte.»

Desde entonces apenas se moverá de Viena y de esos deliciosos pueblitos del viñedo austríaco donde vivirá los momentos más felices, y también los más amargos, de su vida.

A veces, escuchando algunas canciones de Beethoven, me vienen a la memoria estos viñedos de los alrededores de Viena, donde íbamos en mi juventud a beber los vinos nuevos. En una de estas torres, en el Fuchs-Schlössl de Rodaun, vivió Hugo von Hofmannsthal y compuso algunos de sus poemas, perfectos de forma como los racimos apretados de Riesling. Más allá recuerdo una taberna donde se detuvo a beber Goethe y una fonda donde se cantaban canciones de Schubert. No lejos se halla la Villa Schikaneder, donde vivió Mozart y viviría también Franz Léhar. Y, entre viñedos, se encuentra la pequeña casa de Heiligenstadt, donde Beethoven escribió un dolorido Testamento.

A fines de otoño, en las puertas de las tabernas se ven las ramas de pino que anuncian la llegada de los vinos, todavía chispeantes e inquietos; porque, igual que en la antigua Grecia, el pino era también el árbol de Dionysos, que hace fluir la savia en las plantas.

La oda a la alegría

En 1796, Beethoven se sentía en un momento inspirado y creativo de su vida, porque compuso varias *Sonatas para piano y violonchelo*, algunas *Serenatas*, una serie de danzas y otras piezas menores. Pero su sordera comenzaba también a manifestarse con zumbidos extraños, «silbidos y ruidos tempestuosos» que le martirizaban «día y noche». El doctor Franz Wegeler —un amigo de infancia que se había casado con Eleonore Breuning— diagnosticó una enfermedad intestinal: uno de esos enigmas médicos que ningún especialista conseguirá descifrar.

En medio de esa inquietud encuentra, sin embargo, el tema musical que le obsesiona desde su infancia: *La oda a la alegría*. En la canción *Seufzer eines Ungeliebten* (Suspiros de un hombre que no es amado) aparece ya esbozado el pensamiento musical que desarrollará más tarde en *Fantasía coral* y en la *Novena sinfonía*.

«Mi interpretación y mis obras sufren todavía muy poco con mi enfermedad, que perjudica especialmente a mi vida social», escribe a principios de siglo. Hasta cierto punto, la sordera —que Wagner ha llamado «bienhechora»— le obliga a concentrarse en su obra y le aleja de los conflictos de su tiempo. La *Sturm und Drang* de la Revolución y de la guerra romántica llega a sus oídos con un estrépito atenuado. Otros jóvenes se van estrellando contra esta tempestad de idealismo lírico. Andrea Chenier acaba sus días en la Barrière du Trône, con la cabeza cortada. El apasionado Pushkin muere en un duelo romántico. El místico Shelley se ahoga con su barca en la playa de la Spezia, mientras busca la manera de «fundirse con el gran misterio». Y el loco George Gordon Byron, que «quema las cenizas de Shelley, en la misma playa donde lo encontraron», muere en los pantanos de Missolonghi, defendiendo la libertad de Grecia. Hasta el propio Napoleón, que es el héroe de todos estos muchachos revolucionarios, acaba su carrera en Waterloo, en medio de «un prado de calaveras». Por todos los caminos de Europa, desde Badajoz a Leipzig, truena el cañón, se levantan barricadas, caen los reyes y los gobiernos.

Beethoven sigue con entusiasmo los actos de este drama revolucionario; pero su sordera le salva de las arias más estridentes, y le permite concentrarse en la «música del silencio». Precisamente una de sus grandes aportaciones musicales consistirá en atribuir nuevos papeles a los instrumentos olvidados, realizando una revolución orquestal y multiplicando las flautas, los trombones, las trompas... En la partitura de la *Novena sinfonía* introduce también bombo, triángulo y platillos. Con su genio rebelde pone fin al *ancien régime* de la música y transforma el orden de la orquesta.

No tiene una salud muy fuerte. Además de su sordera, padece de los ojos y de la insidiosa enfermedad intestinal que le hará sufrir durante toda su vida. Pero, en los momentos de inspiración, consigue curarse a sí mismo. Algunas de sus obras se parecen a las páginas exaltadas de Nietzsche: son una grandiosa epopeya que nos conduce desde el dolor hasta el triunfo de la alegría y la salvación.

«¡Valor! –escribe en 1798–. ¡A pesar de todos los desfallecimientos del cuerpo, mi genio debe triunfar! Es menester que este año revele al hombre completo y que no quede más tarea para hacer.» Así, en el momento en que aparecen las crisis más íntimas de su vida, surgen también los cuartetos de cuerda, composiciones reveladoras que tienen ya un tono confidencial. Los *Quatuors* serán para Beethoven la manera más original de expresar su estado de ánimo. Recurre a ellos de forma intermitente, en sus grandes crisis, creando un misterioso edificio musical que está fuera de todas las modas, de todas las teorías.

El Claro de Luna

La *Primera sinfonía* se estrena en la primavera del siglo XIX, sin pena ni gloria. Muestra todavía cierta influencia de Haydn y Mozart; pero el público no está acostumbrado a esta forma particular de expresión que constituirá, a lo largo del tiempo, el lenguaje más característico y popular de Beethoven.

Su vida transcurre ahora sin problemas económicos. No le faltan los amigos, ni las jóvenes dispuestas a compartir su silencio. Frecuenta los palacios de los príncipes y nobles austríacos, pero sigue fiel a sus ideas revolucionarias y visita, en la Embajada Francesa, a todos los descamisados y jacobinos que rodean al ciudadano Bernadotte. En la primavera de 1800 organiza un concierto para presentar públicamente la *Primera sinfonía*, el *Septimino* y el *Tercer concierto para piano en do menor*. Sin embargo, declara tres años más tarde: «Apenas estoy contento de todo lo que he escrito hasta el momento presente; a partir de ahora quiero entrar en una nueva vía».

Es un hombre condenado a buscar «nuevas vías»: inquieto y contradictorio, resistente a las decepciones. «Desgraciadamente —escribe—, mi mala salud me pone bastones en las ruedas. Desde hace tres años, mi oído se ha debilitado y puedo decir que llevo una vida desdichada. Evito los contactos con la sociedad, pues no puedo decir a la gente que soy sordo.» Sus más íntimos y fieles amigos reciben misivas escritas en términos parecidos: «Para darte una idea de esta sordera te diré que en el teatro debo ponerme muy cerca de la orquesta para oír a los actores. Cuando me sitúo un poco lejos, no oigo los sonidos agudos de los instrumentos y de las voces».

En sus amores busca también «nuevas vías» (las antiguas le duran muy poco). Y, en estos días de 1800, se enamora perdidamente de la condesa Giulietta Guicciardi, a quien incluso propone contraer matrimonio.

Todas las enfermedades se le curan repentinamente: «Vivo de nuevo de una manera más dulce —escribe a Wegeler, su médico—, me mezclo más a menudo con los hombres. Gracias a una joven queridísima, a un hada, se ha producido un cambio; ella me ama y yo la amo; después de dos años encuentro unos instantes de felicidad y, por primera vez, me doy cuenta de que el matrimonio puede traer la dicha».

Pero ella está encaprichada del conde Robert von Gallenberg, un noble arruinado que vive gracias al dinero que Giulietta le saca a su «genial» profesor de música. Y el pobre Beethoven no se da cuenta de nada; cree que la *damigella contessa* le ama por sus *Sonatas al claro de luna*, y le presta generosamente los quinientos thalers que ella le pide.

Giulietta se casará con el conde Von Gallenberg y romperá definitivamente con Beethoven en la primavera de 1802. «Me amó mucho más de lo que quiso a su marido», dice Beethoven años más tarde. Pero con Giulietta y con sus falsas ilusiones se va algo más que «un claro de luna»: se van el entusiasmo y la salud, el último intento de reconciliarse con la frivolidad de Viena.

«El arte, este perseguido —escribe—, encuentra en todas partes un refugio. Si Dédalo, encerrado en el laberinto, descubrió las alas que le elevaron por los aires hacia la libertad, también yo encontraré estas alas.» Si Beethoven hubiese conocido mejor la mitología griega habría sabido que el mito de Dédalo e Ícaro simboliza precisamente la neurosis del idealista: salir del laberinto con unas alas artificiales, volar hacia el sol, para caer en el caos y ahogarse en él.

En el verano de 1802, lo encontramos volando hacia el sol por las páginas de la *Segunda sinfonía*, planeando con sus alas en un *larghetto* ingenuo o en un *scherzo* alegre y fantástico. Ha escapado del laberinto «ignominioso» de Viena para refugiarse en la soleada libertad del campo. Pero esa vida apacible que lleva en los viñedos de Heiligenstadt va a zozobrar muy pronto en el caos.

Conocemos la crisis oscura que se desencadena en estos momentos por unas páginas autógrafas de Beethoven que se encontraron entre sus papeles póstumos. Esa revelación trágica, que ha pasado a la historia con el nombre de *Testamento de Heiligenstadt*, nos descubre una escalofriante renuncia a la vida, una confesión desesperada de un hombre que ha llegado a los límites del dolor:

«¡Oh hombres que me habéis juzgado huraño, atrabiliario y misántropo, qué poco me conocéis, cuánto os habéis equivocado! Ignorabais la causa de este comportamiento. He nacido con un temperamento de fuego, sensible a todos los deleites de la vida social; pero tuve que aislarme muy pronto y llevar una vida solitaria. Cada vez que he intentado llegar lejos, me he visto rechazado con enorme dureza por mi enfermedad. ¡No podía decir a la gente: hablad más alto, gritad, que estoy sordo!... Decepcionado año tras año de las esperanzas de mejoría que había concebido, obligado a reconocer la posibilidad de una enfermedad cuya curación requiere años, si es que puede curarse, he tenido que recurrir prematuramente a mi propio aislamiento, a vivir lejos del mundo como un solitario. A veces, hacía esfuerzos para superar todo esto, pero me veía obligado a renovar la dolorosa experiencia de no oír... Para mí no puede haber goce en las relaciones humanas, ni conversaciones inteligentes, ni intercambios de pensamientos... Estoy obligado a vivir en el exilio... (*wie ein Verbannter muss ich leben*)».

Estas líneas van destinadas a sus dos hermanos, Karl y Johann, a los cuales nombra herederos de su «pequeña fortuna». Pero yo diría, con cierta severidad, que al redactar este testamento Beethoven ha encontrado el patético lenguaje familiar, aquella jerga desesperada que se hablaba en la casa de Bonn cuando el padre borracho declamaba sus «buenas intenciones» y «su amor a los semejantes». No hay que olvidar que la familia Beethoven conservará siempre este tono estridente en sus cartas y comunicaciones privadas. Ludwig no puede soportar a sus cuñadas y se pasa media vida pleiteando con la viuda de su hermano Karl, para conseguir la tutela de su sobrino. A Johann le llama *mein unbrüderlich Bruder* (mi hermano no fraternal) o «el bandido de mi hermano». Johann, por su parte, se convierte en propietario de una finca en Krems y firma sus cartas con la ingenua presunción del nuevo rico: «J. v. Beethoven, hacendado». Y el músico le contesta lacónicamente «Ludwig van Beethoven, propietario de un cerebro».

El orgullo de los Beethoven les convierte en gallos de pelea. Y las reuniones de familia son un espectáculo lamentable.

La nueva vía

La crisis del verano de 1802 en Heiligenstadt marca un cambio de rumbo en la vida de Beethoven. Arrepentido de su confesión, guarda el testamento en una maleta, entre dos manuscritos. Uno de ellos contiene los bocetos de la *Sinfonía heroica*.

A partir de esta fecha se convierte en un luchador. Lee a los filósofos estoicos y a Plutarco, destilando de ellos una oscura filosofía de «resignación». Se llama a sí mismo «discípulo del dolor». Está dispuesto a luchar contra el destino y, como un auténtico romántico, exalta hasta límites sobrehumanos el poder de la voluntad. «Con frecuencia –dice– maldigo a la existencia y al Creador. Plutarco me ha conducido a la resignación, pero yo quiero, si es posible, afrontar mi destino.»

Wagner ha visto en él a un precursor de Schopenhauer, aquel filósofo que construirá una filosofía basada en la supremacía de la voluntad sobre la inteligencia. Es también un precursor del Superhombre de Nietzsche, un adorador del fuego y del héroe. En sus *Concerti* (la palabra *concierto* significa, etimológicamente, «combate») ha dejado constancia de esta voluntad guerrera y conflictiva: nadie es capaz de enfrentar así a los instrumentos en una lucha sin tregua. Ese conflicto se hace todavía más patente en algunas de sus sonatas, como la sobrecogedora *Sonata a Kreutzer*, donde el diálogo entre el violín y el piano se hace casi brutal. El propio Kreutzer no quiso jamás representarla en público porque la consideraba «ininteligible». Un personaje de Tolstoi dirá más tarde que esa música «debería estar prohibida».

Poco a poco, va cristalizando en el ánimo de Beethoven esa «nueva vía», dinámica y conflictiva, de entender la vida y la música. Los compases de la *Sinfonía heroica* surgen en 1803 y 1804, como un tributo a todas las ideas revolucionarias que han de llevar al triunfo de la libertad. En un principio la obra debía ser un homenaje a Napoleón Bonaparte, aquel héroe surgido de la nada en quien los románticos veían un testimonio de la fuerza del destino y de la voluntad. Beethoven había admirado al cónsul y al soldado, hasta el punto de consagrarle su sinfonía. Pero ese idilio se rompería justo en aquellas fechas de 1804, cuando Napoleón se coronó a sí mismo emperador. «No es más que un tipo vulgar —escribe Beethoven, en un acceso de indignación—. A partir de ahora, entregado a su ambición, va a pisotear todos los derechos del hombre; va a colocarse por encima de todos hasta convertirse en un tirano.»

Por eso rompe la primera página de la partitura, titulada *Sinfonía Bonaparte*, y escribe amargamente un nuevo título: *Gran sinfonía heroica, compuesta en recuerdo de un gran hombre*. Había sido capaz de comprender al héroe voluntarioso, pero no está dispuesto a admitir que Napoleón pueda ser también un aventurero con suerte.

Mientras fustiga tan duramente las ambiciones monárquicas de Napoleón, hace la corte a la condesita de Brunswick, heredera de una de las familias más nobles del imperio. Josefina de Brunswick, a quien los amigos llaman Pepi o Pips, acaba de enviudar en 1804 de su matrimonio con el conde Deym. La joven Pepi se convierte en alumna y confidente del músico: «Beethoven es tan ardiente en su trabajo —escribe la condesa— que me exige la misma dedicación; ya podéis figuraros lo que esto quiere decir».

Beethoven está decidido a casarse con esta joven viuda que podría aportar al matrimonio los cuatro hijos que tuvo con el conde Deym. Para ella escribe el *Lied An die Hoffnung* (A la esperanza) y esboza los primeros compases de una ópera que será un canto al amor conyugal: la descabellada historia de *Fidelio*, compuesta sobre un libreto tan ingenuo y melodramático como sus propios amores con Pepi Brunswick.

La aventura romántica se acaba, repentinamente, en 1805. Josefina, aconsejada por su hermana Teresa —que se arrepentirá un día de haber destrozado esta historia de amor—, abandona Viena. Volverá a casarse, pocos años más tarde, con el barón Cristóbal von Stackelberg, con quien tendría dos hijos, una historia sentimental desgraciada y algunos pleitos lamentables.

Estos primeros años del siglo son los más fecundos en la carrera de Beethoven. En noviembre de 1905 estrena el *Fidelio* en el Theater an der Wien, con un fracaso total. La ciudad acaba de ser conquistada por las tropas de Napoleón y los viejos burgueses han huido o se han encerrado en sus casas. El público, compuesto en su mayor parte por oficiales del ejército, acusa todas las debilidades de la obra: la falta de ingenio del libreto, la desmesura del conjunto, el abuso de repeticiones, la frialdad de la orquesta, la ausencia de «ese irresistible encanto que nos arrastra en las obras de Mozart y Cherubini». El propio Cherubini, a quien Beethoven considera «el primer compositor de su tiempo», asiste a la representación. Se dice que el emperador se ha convertido también en su enemigo y le ha dicho abiertamente: «*Cher Ubini* vuestra música hace demasiado ruido» (Napoleón, pese a conocer perfectamente el italiano, tenía la maliciosa costumbre de pronunciar su nombre a la francesa).

El fracaso de *Fidelio* no interrumpe el ánimo creador de Beethoven. «Esta obra me valdrá la corona de mártir», se limita a decir. Años más tarde, Wagner alabará esta ópera como precursora del drama lírico moderno. Es, realmente, un prodigio de composición orquestal donde los instrumentos forman parte, por primera vez, del drama lírico que se desarrolla en la escena.

La madurez del compositor se expresa en todas las obras de esta época: el *Cuarto concierto para piano y orquesta*, el *Concierto para violín y orquesta en re mayor (op. 61)*, la *Misa en do*, la *Cuarta sinfonía* y los geniales *Cuartetos* dedicados al príncipe Razumowsky, embajador de Rusia. Beethoven juega ya con las dificultades musicales, con las contradicciones de su espíritu, con los límites de la forma. Su amargo sentido del humor se complace poniendo escollos en la partitura y, cuando los músicos se quejan, responde agriamente: «¿Creéis que pienso en vuestras miserables cuerdas cuando el espíritu me habla?». Se ha convertido en un malhumorado Vulcano, arisco y contrahecho, que disfruta con los golpes de fragua del destino. En uno de sus cuartetos escribe: «No guardes el secreto de tu sordera, ni siquiera en el arte». Se enemista con el príncipe Lichnowsky, uno de sus más fieles protectores, y, antes de despedirse, está a punto de partirle una silla en la cabeza. Insulta al príncipe Esterházy, que le alberga en su palacio, a consecuencia de una crítica que considera ofensiva.

Y a propósito del archiduque Rodolfo de Habsburgo, que le apoyará en este momento de quiebra social y económica, escribirá: «¡No es capaz de ayudarse a sí mismo!».

Tiene sus razones para quejarse. «Antes de entrar en un salón —observa una dama de la aristocracia— asomaba la cabeza por detrás de la puerta para ver si había alguien que le desagradaba... Afeado por las cicatrices de la viruela, vestía con ordinariez, y presumía con orgullo de su mala educación.»

Su mundo se iba haciendo cada día más retraído. «Así es como el Destino llama a la puerta», comentó a uno de sus amigos, refiriéndose a la famosa fórmula rítmica (*sol, sol, sol, mi* bemol) de la *Quinta sinfonía*.

Dicen que la bella Maria Malibran —tan sensible que nunca quiso subir a una góndola veneciana— se desmayaba al oír esta música. A Berlioz, le parecía grotesco el *allegro* (concebido como un *scherzo*) y lo comparaba con el salto de un elefante. Y, cuando Mendelssohn interpretó algunos fragmentos de la *Fünfte Symphonie* en presencia de Goethe, éste comentó: «Tremendamente insano...».

Se podría escribir un tratado, no exento de humor, con todo lo que la humanidad ha querido ver en estos compases. Y nunca he podido olvidar, entre los recuerdos de mi infancia, la sintonía de la BBC (cuatro golpes rítmicos, tres cortos y uno largo), cuando mi padre encendía, cada noche, la radio para escuchar las noticias de Londres. Dot, dot, dot, dash... dot, dot, dot, dash... y así se iban repitiendo los sonidos de un tam-tam. Creo que estas notas se grabaron en mi memoria desde la cuna, cuando Europa estaba en llamas y no había otra voz libre en Europa que la de los ingleses. Muchos años más tarde, mi amigo Josep Manyé (Jorge Marín en las inolvidables crónicas de la BBC) me explicó que, en el alfabeto Morse, los sonidos (...-) correspondían a la letra V y estaban pensados para animar la resistencia en Europa: el símbolo de una Victoria sobre la barbarie de Hitler, pagada a costa de tanta sangre.

Es muy posible que Beethoven no haya querido identificar a su *Quinta sinfonía* con el Destino. Y es muy raro, sobre todo, que un romántico tan rebelde se imagine al Destino, como si fuera un criado, llamando a la puerta. Los discípulos de Rousseau veían en Dios a un maleducado que irrumpía en la vida privada de los hombres del pueblo —como hacían los reyes— sin ninguna consideración.

Pero la *Quinta sinfonía* contiene hondas resonancias del alma de Beethoven, porque, partiendo de una fórmula simple, culmina en un desarrollo cósmico. El espíritu de esta música es diferente de aquellas serenas composiciones de Mozart que, partiendo del caos, llegan a una célula ordenada y unitaria. Beethoven, por el contrario, es dinámico y romántico; siente la música como una aventura; lanza los sonidos, los proyecta al infinito y los hace flotar sobre un inquietante vacío. La sordera le va acostumbrando a la misteriosa «organización del silencio», y su música juega precisamente con esos vacíos expresivos. Uno de sus *Lieder* se titulará *Das Schweigen: Lerne schweigen, o Freund* (El silencio: aprende a callarte, oh amigo).

Se va convirtiendo en un ser callado, casi vegetal: «¡Cómo me gustaría parecerme a un árbol!: crecer como él, hundir mis raíces en el suelo, levantar mis frutos hacia lo alto».

No soporta la atmósfera cerrada de la capital y se refugia en el campo. Su mundo es el paisaje dulce y alegre del viñedo austríaco: Sievering, Grinzing, Heiligenstadt, Mödling, las termas de Baden, los paisajes galantes de Hitzing... En todos estos pueblos ha compuesto alguna de sus obras maestras.

Aunque Viena haya pasado a la leyenda romántica como la ciudad del bello Danubio Azul, también podría figurar en la crónica alegre de las ciudades del vino. El Danubio es un río generoso y soñador que, como un viejo patriarca, ha visto lo mejor que podía esperarse del mundo. Entra en Austria por las fronteras de Poniente, siguiendo la ruta que eligieron los Habsburgo para alcanzar el trono. Y, antes de llegar a sus palacios de Viena, da un rodeo y riega a los campesinos sus viñas.

La milenaria cultura de Dionysos no podía estar ausente en este bellísimo enclave de la civilización europea, que fue un bastión frente a los bárbaros abstemios de la estepa oriental. Y las referencias al vino abundan en Viena, desde los rótulos de hierro forjado hasta los ornamentos báquicos de algunas fachadas; desde las viejas cavas de los Agustinos, del Ayuntamiento y de los Doce Apóstoles, hasta las alegres tabernas de Grinzing o Heiligenstadt donde se beben los *heurigen*, los vinos nuevos de otoño, que se celebran con una canción que pudo componer Beethoven: «Siempre habrá vinos nuevos, incluso cuando nosotros ya no estemos...».

Cuando no puede trasladarse al campo, Beethoven pasea por los jardines de Viena: el Hoffsgarten, el Volksgarten o las deliciosas avenidas del Prater, donde se celebra, como un acontecimiento popular, la floración de la primera violeta. Vive siempre en los últimos pisos, a una altura en que los burgueses no se sienten cómodos. Ellos prefieren los pisos bajos, más cotizados, menos fríos en invierno y menos calurosos en verano. Pero Beethoven, por un precio módico, vive más cerca del cielo y puede divisar el decorado «pastoral» de la campiña vienesa, con las casas rústicas cubiertas de humilde cañizo y los rebaños que pacen en los prados. Sigue siendo, en lo más íntimo de su corazón, un campesino renano, exiliado entre pórticos clásicos y bustos de mármol. El pintor Klöber le encuentra en uno de sus paseos por el campo, en 1818: «Era muy curioso verlo, con su papel pautado y un trozo de lápiz en la mano, deteniéndose a menudo como si oyera algo, mirando arriba y abajo, y garabateando algunas notas sobre el papel».

Con estos sentimientos bucólicos compone la *Sexta sinfonía en fa mayor*, «*Pastoral*». Parece mentira que esta obra sea contemporánea a las explosiones abruptas de la *Quinta sinfonía*, porque en la *Pastoral* dominan las cuerdas melódicas, los matices delicados, los cantos de flauta. Este es otro Beethoven, sin pretensiones heroicas: el campesino capaz de comprender la vida en su floración y en su tierna sencillez.

LA AMADA INMORTAL

El «discípulo del dolor» —como se define a sí mismo— abandona, por un instante, sus truenos, para convertirse en maestro de amor.

Pese a las crisis económicas que le amargan la vida, ahora se muestra capaz de aceptar el destino: «Los dioses decidirán lo que deba ocurrir y lo que será de nosotros», dice con emocionada ternura en la carta que escribe a la *Amada Inmortal*. No sabemos quién era la destinataria de esta misteriosa misiva de amor que se encontró entre sus papeles póstumos. ¿Se trata quizá de la «fielmente infiel» Pepi de Brunswick, que vive otra vez en Viena, separada de su marido? Es una carta apasionada, escrita como tantas composiciones de Beethoven, en un tono jadeante y angustioso que culmina con un triple acorde: «Eternamente tuyo»... «Eternamente»... «Eternamente»...

Así como el *Testamento de Heiligenstadt* ha marcado en su vida el momento ascético del sufrimiento, la carta a la *Amada Inmortal* señala en su corazón la hora apasionada del misticismo.

«Sea cual sea el amor que sientas por mí, yo te amo más intensamente... ¡Estás tan cerca y tan lejos!... Sólo puedo vivir contigo. Nunca jamás otra mujer poseerá mi corazón, nunca, nunca...»

Esta misiva, igual que ocurrió con el *Testamento de Heiligenstadt*, no fue enviada nunca a su destino. Quizás escribía sus cartas sólo para sí mismo, para poner en comunicación los trozos desgarrados de su contradictoria personalidad. Porque, en todos estos documentos secretos, aparece la inevitable referencia a su exilio. Se siente lejos de su tierra y de sus sueños. Padece las tempestades de una naturaleza exuberante que, con frecuencia, se pierde en la dispersión, en la sensación del caos, en el vértigo del infinito.

La carta a la *Amada Inmortal* corresponde a estas crisis románticas de exaltación. Es un lamento sincopado que no llegará jamás a su destinataria. ¿Ha existido realmente esa mujer que le arranca una confesión tan angustiosa? Teresa de Brunswick afirma que la carta debía de estar dirigida a su hermana Pepi, «a quién él amaba apasionadamente». Teresa escribe estas líneas muchos años después de la muerte de Beethoven. Y parece arrepentida de haber puesto tantas trabas al matrimonio de aquella ingenua pareja. «Habían nacido el uno para el otro —confiesa en su diario— y vivirían aún si se hubiesen casado.» Demasiado tarde.

Sin embargo, Beethoven consigue salvarse, una vez más, componiendo una de las obras más firmes y unitarias de su genio: la *Séptima sinfonía*. Esta apoteosis de la danza –en palabras de Wagner– podía ser llamada también «sinfonía de curación». Hay una extraña presencia femenina en la ternura de esta pieza orquestal y se diría que Beethoven va abandonando, poco a poco, sus desplantes heroicos para penetrar en el fascinante mundo de la sabiduría. Ya no se expresa con la grosería de un joven lansquenete, sino que busca el juego de la inspiración. De repente parece haber comprendido el mensaje espiritual de Mozart, que utiliza la música como vía de amor. Con su estilo peculiar, Beethoven quiere dirigir su mensaje a la humanidad, busca un lenguaje universal; pero descubre ahora que la fórmula mágica no estaba en la voz de los tribunos exaltados: «Hasta hoy –confiesa– he sido como aquel niño de los cuentos de hadas que va recogiendo guijarros y no ve la flor espléndida que ha brotado en el camino».

Su sordera le aísla ya por completo del complicado mundo que le rodea. Para comunicarse con sus semejantes utiliza papel y lápiz. Cuando alguien tiene que decirle algo, escribe en el cuaderno algunas palabras. Beethoven contesta muchas veces por el mismo sistema, ya que teme a los espías que pululan por la ciudad desde que Metternich se ha hecho con el poder. Se ha convertido en un personaje tan pintoresco que los niños de Viena le persiguen por las calles, imitando sus gestos. Ahora, en su aparente derrota, se nos muestra más humano, más comprensivo con las opiniones de los demás. En los *Cuadernos de conversación,* que reflejan su estado de ánimo en los últimos años de su vida, nos aparece como un hombre lleno de inquietudes, sencillo y no exento de buen humor. Disfruta hablando de historia, de filosofía, de Napoleón, de las cantantes famosas y de los personajes más populares de Viena. Cuando habla de mujeres –cosa que ocurre con frecuencia– emplea un tono simpático y picaresco, sin esa amargura de solterón que antes le había caracterizado.

Frecuenta las cervecerías más famosas de Viena, donde se reúnen los artistas de la época: el Cisne Blanco, el Camello Negro, o la Ciudad de Trieste. Tiene ya el cabello blanco, pero no ha perdido su profunda mirada de águila inteligente. Se sienta en un rincón, enciende su pipa y saca del bolsillo sus *cuadernos de conversación,* donde los contertulios garabatean sus ocurrencias. De vez en cuando entorna los ojos y escribe algunos esbozos de música. Pero no compone, como otros músicos, directamente sobre el papel pautado, sino que apunta sus ideas, como si se tratara de un texto literario, para convertirlas más tarde en escritura musical.

Uno de los testigos de estas reuniones amistosas era un joven tímido y soñador que componía canciones de cierto éxito: Franz Schubert. Pero este poeta tenía, entre otras virtudes, la de ser discreto. Y nunca se atrevió a aproximarse al grupo de amigos que rodeaba al maestro. Sin embargo, cuando Beethoven oyó por primera vez su música, ya al final de su vida, exclamó entusiasmado: «Verdaderamente, en este Schubert, hay una chispa divina».

La cabeza de oro

En 1814, en las fechas del Congreso de Viena, cuando la capital austríaca se convierte en el centro del mundo, Beethoven cosecha sus últimos triunfos populares. Después de la batalla de Vitoria —«esa estupidez», la llamará con su estilo habitual— estrena varias obras de circunstancia, dirigidas a un público patriotero. Se convierte en el símbolo oficial del germanismo triunfante y tiene, incluso, el honor de ser invitado al Palacio Imperial. El viejo republicano, honrado por los reyes, se siente profundamente alemán; se siente tanto más alemán cuanto ya soplan por los teatros de Viena los juguetones aires de la moda italianizante. El público vienés, cansado de revolución y de guerra, busca de nuevo su olvidada tradición galante y alegre. Acusa a Beethoven de pedante y se entrega fervorosamente a las delicias de la música de Rossini. La carrera del italiano en Viena es fulgurante: en 1882, después de haber triunfado con *Tancredo,* obtiene un éxito desbordante con *El barbero de Sevilla.*

Beethoven ha quedado definitivamente destronado por la *buffa* veleidad de la moda. «*Fidelio* —escribe un crítico de la época—

es una basura; no se comprende cómo hay alguien dispuesto a aburrirse escuchándolo.»

Beethoven acepta con grandeza de ánimo este fracaso. «Pienso como Voltaire —dice— que unas picaduras de mosca no pueden detener la impetuosa carrera de un caballo.» La verdad es que la representación del *Fidelio*, en 1882, fue un auténtico desastre. «Beethoven solicitó dirigir el ensayo general. Y desde el *duetto* del primer acto quedó en evidencia que no oía nada de lo que pasaba arriba, en la escena. Retardaba considerablemente el movimiento y, mientras la orquesta seguía las indicaciones de su batuta, los cantantes espabilaban por su cuenta.»

Ahora, en estos momentos de incertidumbre, se refugia en la lectura de sus poetas preferidos: Goethe, Schiller y Ossian. Ha conocido a Goethe, en los baños de Toeplitz, en Bohemia, en 1812, pero no ha llegado a entenderse con este hombre majestuoso que le recibe «en Re Mayor». El azar ha querido también, como en su visita a Mozart, dificultar las relaciones entre estos dos genios.

Beethoven llega a Toeplitz en sus años de absoluto desorden mental, mientras Goethe ha encontrado ya una salida serena y clásica a los excesos del romanticismo. El hombre más lúcido de Europa tiene un lenguaje propio. Habla de luz, de salud, de claridad y medida, en medio de un mundo que maneja todavía el lenguaje confuso del romanticismo: vampiro, magnetismo, bandido, satanismo, tempestad, corsario... El propio Beethoven se presenta despotricando contra la «canalla principesca», con un lenguaje irrespetuoso que no agrada a Goethe. El poeta —que comienza a comprender el horror profundo de Fausto— siente desconfianza por los desplantes heroicos, por el estilo «descamisado» de Beethoven, por su afición a todo lo salvaje. Goethe reconoce su talento, no esconde su admiración, pero comprende que es una personalidad indomada e indomable (*eine ganz ungebändigte Persönlichkeit*). «Merece ciertamente la excusa y la comprensión —declara Goethe—, pues su sordera le daña más en el aspecto social que en el musical, pero por temperamento es ya un tipo silencioso, y lo es doblemente a causa de su enfermedad.»

La joven Bettina Brentano ha sido la intermediaria que ha puesto en contacto a estos dos hombres. Es una muchacha alocada, imaginativa y ambiciosa, que está más cerca del romanticismo de Beethoven que de la serenidad de Goethe. En Frankfurt, la ciudad natal de Bettina, solía decirse que «allí donde la locura acaba en los otros, comienza en los Brentano». Su familia había tenido una taberna que llevaba el predestinado nombre de Der goldene Kopf (La cabeza de oro). A lo largo de toda su vida, Bettina se dedicará a perseguir y a cortar las cabezas doradas de su tiempo: Herder, Schelling, Achim von Arnim, Goethe... Los enamora a todos con su ingenuidad afectada, un poco infantil, y sus gestos de muñeca soñadora y malcriada. El mismo Beethoven cae rápidamente en su juego coqueto y la acompaña en sus paseos por la alameda de Schönbrunn, la lleva al teatro y le canta sus *lieder* con su voz estridente de sordo. Presume de su genio titánico: «los artistas son fogosos y jamás lloran», le dice al oído cuando ella se emociona con sus composiciones. Se comportan como dos niños entusiasmados y, en este tono, se escriben cartas apasionadas que Bettina (la cortadora de cabezas doradas) no duda luego en publicar:

«¡Querida amiga! ¡Amadísima niña!... Bendita sea mi sordera, a la que debo que la mayor parte de nuestras charlas se lleven a cabo por escrito. Desde que os marchasteis he pasado días muy tristes, muy negros; esos días en los que no está uno para nada. Durante tres horas he vagado sin rumbo por las alamedas de Schönbrunn, sin que ningún ángel haya venido a mi encuentro, ni me haya confortado como vos.»

Beethoven se firma «vuestro hermano sordo». Ha caído completamente en las redes de Bettina y ha mordido, una vez más, el anzuelo del erotismo romántico: ese extraño juego en el que nunca se sabe dónde acaba la hermandad universal y comienza el matrimonio, dónde empieza el adulterio y se llega al incesto. Es el mismo juego de Byron y Augusta, de Mary Shelley y Claire Clairmont, de Beckford y su primita Louise.

En una de sus cartas a Bettina Brentano, Beethoven describe el momento de la ruptura con Goethe: «Queridísima y buena amiga: Los reyes y los príncipes pueden, sin duda, crear profesores y consejeros privados, confiriéndoles títulos honoríficos o condecoraciones... Lo que está fuera de su alcance es hacer grandes hombres, espíritus que se eleven sobre el vulgo. De ahí que tengan que dejar a otros este menester, y hay que estarles agradecidos por ello. Cuando dos seres como Goethe y yo se unen, esos grandes señores pueden comprender a quiénes corresponde el título de grandes entre los mortales».

Y sigue diciendo: «Ayer, al regresar a casa, nos encontramos a toda la familia imperial. La vimos venir de lejos, y Goethe se soltó de mi brazo para apartarse. Por mucho que le insté, no pude hacerle avanzar un paso. Me calé el sombrero hasta los ojos, abroché mi paletó, crucé los brazos a la espalda, y me quedé en medio del montón. Príncipes y cortesanos hicieron doble fila, el duque Rodolfo me dio un sombrerazo y la emperatriz se adelantó a saludarme. Esos señores saben quién soy yo. Contemplé luego, con satisfacción, cómo desfilaba ante Goethe toda la imperial comitiva. Goethe se mantenía a discreta distancia, sombrero en mano e inclinado en profunda reverencia. Entonces le eché una buena reprimenda, regateándole mi perdón...».

Es su último rasgo de soberbia. La propia Bettina desaparece de su vida para casarse con su antiguo novio y se lleva, entre sus cartas apasionadas, la cabeza de aquel león indómito.

Aún tiene tiempo de amar a otras mujeres, encaprichándose por todas las bellezas que pasan por su lado: Teresa Malfatti, Rahel Levin, Amalie Sebald... Basta que una mujer le hable de música para que se enamore de ella. Persigue por igual a sus alumnas y a sus madres, a las cantantes de ópera y a las artistas de teatro. A todas les habla el mismo lenguaje infantil y apasionado que acaba, inevitablemente, con una proposición de matrimonio. Conjuga todos los tiempos del verbo amar, declina todos los casos del participio «querida»: *liebster Mädchen*, querida muchacha... *Lieben*, queridas, *Liebsten*, muy queridas... *ferne Geliebte*, amada lejana...

Sin embargo, aunque sus labios emiten de vez en cuando un lamento, se va fundiendo con su silencio, con su soledad. Pasea silenciosamente por los jardines de Viena o se refugia en ese apartamento del último piso donde compone sus canciones sin ser visto ni oído por nadie, con la timidez de un pájaro recién nacido. Compone habitualmente de noche, hasta altas horas de la madrugada. Pasea sus dedos sobre el piano, como si fuera a jugar con un amigo, y comienza a improvisar... Cuando siente la cabeza recalentada corre al lavabo y se echa un cubo de agua sobre la nuca. Varias veces recibe quejas de los vecinos que sufren las inundaciones que provoca con sus duchas... Él, por su parte, tampoco soporta que le escuchen mientras compone. Cambia varias veces de apartamento por este motivo. No quiere que nadie asista a este dolor de parto... «Entonces comienza en mi cabeza la forja –confiesa explicando su proceso de creación–. La idea asciende, crece, oigo y veo el cuadro en su completa expansión; como una materia en fusión, se levanta delante de mi espíritu y se mantiene allí de pie.»

Pese a que ya ha cumplido los cincuenta años, trabaja duramente en la forja de su *Missa solemnis*. Intenta levantar un edificio grandioso, que se resiente de todas sus dificultades existenciales. Él, que ha cambiado tantas veces de casa, que se siente un alma errante y exiliada, no puede adaptarse ahora a las formas clásicas de la liturgia. Su propio sentimiento religioso es completamente anárquico y libre. «No tengo amigos –escribe– y vivo en la soledad conmigo mismo; pero sé que Dios está más cerca de mí que de otros artistas. Mantengo con Él una relación sin temor. Siempre le he reconocido y comprendido.»

En verdad, su música está dedicada al Dios Desconocido del siglo XIX, canta al Dios de Spinoza, al espíritu creador que tiembla en el rocío del bosque. Sólo al final de su vida, al comenzar con un silencio inspirado los compases de *La oda a la alegría* comprenderá que ese Dios habita también en el corazón de los hombres. Pero ya quedan atrás las horas de extravío y angustia, cuando le buscaba en el trueno del destino, en los himnos de la revolución, en los gorjeos de la *Pastoral*... Su espíritu religioso es menos litúrgico que el de Bach, menos piadoso que el de Mozart; y sin embargo, años después de su muerte, la gente escuchará sus conciertos en sustitución de los oficios del domingo...

La Novena sinfonía

Arruinado y enfermo, se lanza a la última y más descabellada de sus aventuras. Quiere adoptar a su sobrino Karl, hijo de uno de sus hermanos, que ha muerto tuberculoso. Durante años pleitea con la madre para obtener la tutela del muchacho que vive con él y no cesa de darle disgustos. El joven Karl es un típico vástago de la familia Beethoven, «esa familia indeseable», como la llama el propio compositor en un momento de desesperación. Es un pequeño salvaje al que no hay forma de enseñar unas nociones de medida, de buen tono y de educación. Es un «pequeño mogol» que tendrá que aprenderlo todo con su propio esfuerzo.

Beethoven le envía carta tras carta, intentando educarle. Es una correspondencia llena de amor y de ternura que nos muestra al compositor en toda la sencillez de su alma. «¿Tendré que ser pagado una vez más con la ingratitud más abominable? Pues bien; si tenemos que romper el lazo que hay entre nosotros, así se hará... si el pacto que nos une te pesa todavía, vete en nombre de Dios, y que se haga su voluntad...Yo te abandono a la Providencia; he hecho todo lo que podía.»

Pero, enseguida, se arrepiente, le perdona, y vuelve a escribirle: «¡Mi querido hijo! Ni una palabra más. Ven a mis brazos, que no sentirás ni una palabra dura... Te recibiré con el mismo amor de siempre. Hablaremos amistosamente de tu porvenir. ¡Palabra de honor: no te regañaré!». Se firma «tu fiel buen padre». Y le pide, una y otra vez, que no mienta, que piense en su porvenir, que se convierta en un hombre de provecho. Pero ese mismo celo angustia al muchacho, quien, más tarde, confesará: «me comporté peor, porque mi tío quería hacerme mejor».

Karl llega, incluso, a dispararse un tiro en la cabeza en el verano de 1826. Se salva por azar, pero llena de amargura los últimos años de vida de su padre adoptivo. Cuando Beethoven muere, no está a su lado. Es tan irresponsable que, en las últimas horas, se olvida de llamar al médico que debe asistir a su tío.

Mientras tanto Beethoven se aproxima ya a los últimos frutos de su vida, a los vinos maduros de su soledad. Compone sus últimas sonatas, los misteriosos cuartetos del crepúsculo, y las geniales *Variaciones para piano sobre un tema de Diabelli*, en las que ha dejado toda la flexibilidad de su inspiración. Sobre un tema popular de vals construye un juego infinito de variaciones y contrastes; trabaja ya como el tallista con el diamante, arrancando de una piedra las facetas y las luces más inesperadas. Labora, como un monje en su libro de horas, con una delicadeza extraordinaria, en medio del más absoluto desorden: la casa llena de polvo, el piano Walter (el mejor de la época) con las patas rotas, un escritorio ruinoso, lleno de plumas inservibles, cientos de hojas rodando por el suelo... y un orinal debajo del piano.

Un visitante describe así este «desorden admirable»: «Libros y papeles pautados diseminados por todos los rincones; allá los restos de una comida fría, aquí botellas abiertas o semivacías; más allá los esbozos rápidos de un nuevo *Quatuor*, los restos de la comida... sobre el piano, en hojas garabateadas, los materiales de una grandiosa sinfonía; a un lado, las pruebas que debían ser corregidas y entregadas, cartas de amigos o de negocios, y entre las ventanas, un respetable pedazo de gorgonzola y las ruinas de un auténtico salami de Verona».

De este torbellino de desorden y de tristeza va a surgir la *Novena sinfonía,* con su glorificación de la Alegría. Ha alcanzado, con su propio esfuerzo, la plenitud técnica y creadora. Ha perseguido este tema, año tras año, buscando el momento preciso; lo ha esbozado en mil frases, en mil partituras... Es el sueño de su vida, que le acompaña desde los años infantiles, cuando todavía contemplaba desde la buhardilla de la Bonngasse las tierras alegres y benditas del Rin. Ha creído encontrar la voz de la felicidad y la alegría en muchas mujeres, en muchos amigos, en infinitos proyectos descabellados. Ha trabajado, como Vulcano, encorvado y contrahecho, contra el yunque de un destino que le arrancaba sordos lamentos de dolor. Está ya cansado de galopar en pos de la estrella fugaz, y le ha compuesto todos los himnos de gloria y de homenaje que su imaginación ha podido soñar. Ahora, en los últimos meandros de su vida, cuando el río de la esperanza se entretiene en los arenales del silencio, va a jugar su última carta. Y así comienzan a sonar los compases de la *Novena sinfonía*. Como si pasara revista a todos los momentos de su vida, Beethoven se eleva ahora hacia su propio sueño, sin arrebatos de conquista, sin exigencias ni arranques de orgullo... Parece que anda ya de la mano de la confianza, conoce su destino y sabe que, al fin, nos esforcemos o no, está la alegría de haber vivido. Ha descubierto la fe en sí mismo, y se ha reconciliado con su corazón. Ya no pretende ser grande, ni solemne, ni rebelde... sino sencillamente hombre. Ahora se da cuenta de que el destino humano no es envidiar a los árboles del bosque. Quizá son los árboles los que envidian silenciosamente el camino del hombre hacia su plenitud. La *Novena sinfonía* se convierte así en una armonía universal entre los instrumentos y la voz humana. Por primera vez aparecen los coros, como un inquietante descubrimiento técnico. Y, sin embargo, ¿cómo es posible que hasta ahora haya podido componer sus sinfonías sin la presencia del hombre? Ha tardado en llegar; pero ahí está finalmente su testamento: «En el principio era la canción, y el espíritu de la alegría flotaba sobre las aguas».

La *Novena sinfonía* se estrena, con un éxito sin precedentes, en la primavera de 1824. La sala, abarrotada de público, parece presentir el acontecimiento. Cuando el tema de la Alegría va a aparecer por primera vez y la orquesta se detiene, en un brusco silencio, el público tiene la impresión de asistir a un milagro: el triunfo del hombre sobre el dolor.

«Dios no me ha abandonado jamás», dice, como si el león se hubiese convertido en niño. Sus amigos festejan el triunfo y le llevan a casa de Schindler, donde permanece, como atontado, durante toda la noche y la mañana siguiente, sin comer ni beber.

Su éxito es efímero. El viejo sordo vuelve a su soledad arruinada, a sus apartamentos polvorientos que se asoman sobre un paisaje bucólico. Pero ya conoce el camino y ha descifrado el secreto de aquellos cielos nublados que le habían parecido, tantas veces, trágicos.

«Si el cielo se desploma —ha escrito Goethe— no ocurrirá nada; caerán de él nubes de alondras.»

A fines de noviembre de 1826, se siente gravemente enfermo. Y los médicos diagnostican una pleuresía. Convertido ya en una sombra paciente espera el fin: «El mal conduce al bien», murmura.

El 26 de marzo de 1827, después de larga agonía, deja definitivamente de sufrir. «Demos gracias a Dios por haber puesto fin a este largo y doloroso martirio», dice un amigo al cerrarle los ojos. Afuera, en la calle, cae una horrible tempestad de nieve. Los cielos se desploman; pero no pasa nada. Caerán nubes de alondras.

Los libros, como fetiches

RECUERDOS DE UN BIBLIÓFILO

Mi padre, que era un filósofo irónico, solía decirnos: «Ciertos libros, hijos míos, nos enseñan a hacer literatura con el sexo; pero con el sexo, si no vigiláis mucho, lo único que acabaréis haciendo es una familia».

Estos propósitos morales me quitaron las ganas de dedicarme a los libros, hasta que decidí escapar de casa y conocer el mundo. Un viejo antillano, borracho de ron y de sol, me lo explicó en otras palabras: «Un buen escritor, muchacho, no es el que da saludables recetas, sino el que provoca dolores de cabeza».

Adoro las bibliotecas y los ateneos, porque me han prestado abrigo y calor en los días más crudos y gatunos de la bohemia de invierno. Huyendo de las mañanas frías de París he pasado en mi juventud muchas horas en la Biblioteca Nacional, hojeando libros curiosos; a veces extravagantes, a menudo disparatados o divertidos.

Ortega y Gasset había conocido en Alemania a un erudito que tenía una curiosa costumbre: anotar en un cuaderno las ideas que le sugerían los títulos de los libros que no había leído. Yo he conocido todo tipo de coleccionistas extravagantes, desde una familia americana de Morristown que me enseñó la piedra con la que David mató a Goliat, hasta un loco que coleccionaba polvo de lugares ilustres y una señorita que grababa en un magnetófono sus suspiros de amor.

Famoso entre los bibliófilos fue Hase, un personaje del siglo XIX, que amaba tanto sus libros que mantenía siempre la calefacción encendida, para evitar la humedad; hasta el extremo de que tenía que trabajar siempre completamente desnudo.

Yo he tenido otra manía: refugiarme en las bibliotecas, hacerme amigo de las bibliotecarias y perseguir libros extraños, que elegía por sus títulos. ¿Cómo resistirse, por ejemplo, al ingenio de Pierquin de Gembloux? A este polígrafo belga, nacido en 1798, debemos títulos que no deberían faltar en casa de ningún bibliófilo: *Semiótica de los envenenamientos, Memoria sobre las desviaciones congénitas del recto, Disertación sobre los Kuba de los Bituriges-Kubi, Reflexiones sobre la embriaguez náutica, Carta sobre la Y griega, Atila defendido frente a los iconoclastas* y la *Historia del baile de la guimbarda*...

A los jóvenes que creen que Aristóteles es un aburrimiento, porque les han obligado a estudiar la *Política* o la *Ética*, yo les daría a leer la *Historia de los Animales* donde el sabio explica cómo se hace un arco con la verga de un camello, o que las perdices sacan la lengua cuando hacen el amor. Leyendo a los cínicos griegos, los jóvenes se darían cuenta de que la moda *povera* de nuestros días –las barbas crecidas, los pantalones desentallados, los sacos de vagabundo, los agujeros que Alcibíades cortaba en su manto («ya veo por los rotos de tu vestido que buscas la vanagloria», le diría Sócrates), los tejidos primitivos, la ropa llevada con desencanto– es exactamente el regreso de Diógenes: la profanación de Pitágoras, de Dior y de Coco. Los cínicos vestían así, con un *tribonium* de tela oscura y grosera, para diferenciarse de los pitagóricos que iban de blanco, creían en la pureza y nunca se habrían puesto una gorra de béisbol con la visera en la nuca. Si la gente supiese que la *Estética* de Hegel, habla del vestido quizá la leería en la espera de la peluquería. «El cabello es de naturaleza vegetal, más que animal, y es más una prueba de debilidad orgánica que de fuerza».Yo reeditaría ese libro con un título moderno: *Pasarela Hegel: rapados y tatuados como el rey de la jungla,* o, en presentación romántica, *New Cotillon Favors for the Season*. Si pudiese encontrarme de nuevo con Coco, le propondría este desfile, con aretinas y preciosas, pitagóricos y cínicos –acompañados, naturalmente, por sus caniches–, nominalistas vestidos con plumas de gallo, idealistas con aura, sin olvidar nunca mis preferidos: los filósofos vagabundos de Cioran. Es una pena que muchos libros no atraigan ya a los lectores porque no tienen títulos que expliquen verdaderamente su contenido. Editados en fragmentos, para uso de antiguos moralistas, nos suenan a lecciones. Y por eso uno se sorprende al encontrar en un *Florilegio de Diógenes* –¡vaya título repelente y didáctico!– unos audaces comentarios sobre el «pescado masturbador», que se alivia arrastrándose contra las rocas, a diferencia de los seres reprimidos que persiguen a sus semejantes y no precisamente para amar sino para descargarse.

Creo que los títulos forman parte fundamental de los libros, y me parece que Henry Miller tenía mucha razón cuando dijo que «hay libros que uno nunca leerá, por culpa de su título». Adoro a Montaigne, porque me parece que tiene nombre de vino. Y tuve que vencer muchos prejuicios para leer al gran Racine, porque me parecía una variedad de escarola o de coliflor. Me fascina el apellido Cervantes, que es como un temblor místico, como la mirada asustada de un cervatillo sediento en una tierra seca. Y me horroriza Catón, porque me parece que me van a castigar a leerlo. Por algo un buen lector es siempre un maníaco de las palabras y, quizá, los escritores deberíamos utilizar un seudónimo, confiando nuestra suerte a un nombre literario y oculto.

Los libros deben regalarse, porque tienen más valor cuando llegan a nuestras manos por vía de caridad. Frente al *best seller*, que es un concepto inexpresivo y comercial, yo añadiría la lista de los *más regalados*. Y me acuerdo de Henry Miller, en sus peores años de bohemia en París, cuando le decía a su amiga June: «busca una Biblia, pero no vayas a comprarla». Por eso Dostoievski guardó siempre el *Nuevo Testamento* que le habían regalado unas mujeres caritativas, cuando iba camino de la prisión en Siberia. Era un libro tan mágico, que llevaba incluso la fecha de su muerte, cifrada en un texto de San Mateo.

Muchos de los mejores libros de mi vida los tuve prestados o regalados. A veces me iba a la biblioteca y copiaba a mano las obras que no podía comprarme, o las que estaban prohibidas, como el *Jardín de los Frailes* de Manuel Azaña. Y, un día, cuando no tenía dinero, me fui a una librería del bulevar Saint Michel y robé un libro. Quería regalárselo a una amiga que me esperaba bajo la lluvia, sabiendo que yo nunca podría invitarla a comer.

Podría haber robado unas manzanas, o una excitante fruta colorada en una tienda de lujo, pero me pareció que regalarle un libro era como llevarle champán y caviar. Fue un festín romántico y nos amamos hasta la extenuación, pensando que la vida era bella, porque entonces ella se creía mis historias y yo pensaba que los libros eran un alimento erótico, como las trufas del bosque. El murmullo del amor está lleno de palabras entrecortadas. Y, en la hora agradecida de la lasitud, los cuerpos se desperezan en las sábanas, con un rumor de hojas de libro. Entonces éramos jóvenes, pero nunca hemos dejado de amarnos, viendo cómo el viento se llevaba nuestras páginas. Porque también el viento hace justicia, cuando se lleva las hojas de nuestros libros para regalarlos.

Y luego hay el orden de los libros, tan diferente del de las hormigas. Mi amiga Adilé, que vivía como una sultana entre los libros de Topkapi, se divertía mucho cuando yo le explicaba cómo ordeno mis cosas, por afinidades de espíritu. Los libros pueden ir con los retratos, los iconos, los animales disecados, los cuadros, los perfumes, los mapas, los calendarios, y las más exóticas especias. Pero nunca con las salsas de tomate, a excepción de la *Crítica de la Razón Dialéctica* de Sartre, que la tengo siempre en el armario de las sopas y el catsup.

Dicen que Antonio Magliabecchi, el más famoso bibliófilo del Renacimiento, se sabía de memoria los catálogos de todas las bibliotecas. Sin haber salido nunca de Florencia le explicó un día a Cosme III en qué estantería de la biblioteca de Topkapi guardaba el Sultán un ejemplar rarísimo.

—En las librerías de viejo —oí decir a Baroja— se encuentran a veces cosas curiosas. Ya sabe usted, incunables...

Pensaba que iba a hablar de alguno de los tesoros que reunió en su enorme caserón de Madrid, pero se quedó pensativo, antes de acabar la frase con un detalle elegante de amargo desdén:

—Yo encontré un día a don Manuel Azaña. Es la única vez que lo he visto.

En febrero de 1974, en medio de una soberbia tormenta, encontré una joya en la Biblioteca Nacional de Londres: *Disser-*

tation on the coins of Carausius. Esta obra magistral fue publicada por un tal John Kennedy que murió en 1760 después de haber dedicado toda su vida a las monedas de este desconocido emperador bretón del siglo III.

Otro genio de los títulos me parece Luigi Novarini, médico de Verona, que publicó en 1642 una *Vida de Jesús en el vientre de su Madre*. Sin olvidar a Ernest Ryer, erudito que escribió *De la influencia de las colas de pescado en las ondulaciones del mar*.

Entre los libros que me gustaría escribir —dedicándolos, naturalmente, a Eugenio d'Ors— figura *Un servidor y los fósiles*.

Persiguiendo siempre títulos sugestivos compré en una subasta *Golf para gatos*, obra maestra de Alan Coren que comienza con unas palabras magistrales: «Este libro trata de los tres temas más populares y que más a menudo pueden encontrarse en las mesitas de noche de los lectores ingleses: el golf, los gatos y el Tercer Reich».

No creo que sea ésta literatura frívola. La preferencia por ciertos deportes marca el carácter de un pueblo. Por ejemplo, los americanos adoran el fútbol, que les permite practicar las dos manías peores del alma yanqui: la violencia puntuada por un comité.

Mi buen amigo José María Pemán decía que en la España moderna se utilizó el estilo mudéjar para construir las dos cosas que nunca hicieron los árabes: urinarios y estaciones de ferrocarril. En Inglaterra, el reverendo W. Audry escribió unas páginas para demostrar que la iglesia anglicana y los ferrocarriles británicos abusaron del estilo gótico: «Ambos [Iglesia anglicana y ferrocarriles] alcanzan su apogeo en el siglo XIX; ambos hacen gran uso de la arquitectura gótica, que es tan costosa de mantener; ambos han sido criticados a menudo, y ambos están convencidos de que tienen los mejores medios para conducirnos a nuestro último destino».

Cuando el poeta Georges Rodenbach publicó su romántico y decadente ensayo sobre *Brujas la Muerta*, un periodista local se sintió ofendido y le respondió con un prosaico *Brujas la Viva*. Debía ser un entusiasta de la gimnasia. El título me pareció tan brutal y tan propio del periodismo integrista que lo busqué en todas las liberías del Sena.

«Sin las famosas librerías de viejo del Sena, que le acercan a uno las obras de todos los tiempos a la orilla de la vida, yo apenas habría podido encontrar algo importante.» Así comentaba Rilke cómo, en su educación autodidacta y desordenada, había conseguido descubrir algunos libros que, luego, fueron decisivos en su vida.

Yo había descubierto *Brujas la Muerta* gracias a las referencias de Rilke, fino poeta elegíaco, porque el nombre de Georges Rodenbach estaba siempre en sus labios cuando habitaba en la colonia de artistas de Worpswede. Creo que era también uno de los libros preferidos de Clara Westhoff y de Paula Modersohn, la escultora morena y la pintora rubia, que eran las amigas de Rilke en aquellos tiempos.

Cuando voy a Brujas sigo hospedándome todavía en el Grand Hôtel du Sablon y me gusta sentarme en su romántico patio interior, iluminado por las luces brumosas de su vidriera modernista y por una atmósfera decadente que guarda muchos recuerdos de mis poetas: Rodenbach, Zweig, Mallarmé, Verhaeren y del pobre Verlaine. Pero, con los años, Rodenbach perdió también para mí su prestigio romántico, cuando un representante de cervezas que andaba por el hotel intentó hacerme un obsequio ofensivo: una gorra que llevaba escrito en la visera: «olvide las banalidades, y beba Rodenbach». Eso sí que es un libelo para un poeta, peor que *Brujas la Viva*.

La muerte le ha sido más fiel a Verlaine, que conserva todavía una imagen literaria, alcohólica y maldita. Cuando llegó a Brujas, no pudo subir las escaleras del *beffroi* y se sentó a tomar un ajenjo en La Civière d'Or. Estaba ya al borde de sus fuerzas y le gustaba sólo «escuchar las campanas, con sus tonos aterciopelados».

Un buen bibliófilo es siempre un ser extraño. Conocí en Madrid un individuo que compraba en el rastro babuchas de moro para encuadernar sus libros con buena marroquinería. Y he conocido a un librero que valoraba el instinto de las polillas por la forma en que devoraban el papel y los surcos que dejaban en las letras.

Amar los libros es más fácil que amar a la familia. Quizá por eso decidí seguir la galaxia Gutenberg, el estéril camino del libro, aunque –de renunciar a los hijos– pienso que mi familia hubiese preferido que siguiera la vía de Xerox, que es la senda de la multiplicación.

Un caballero andante de la literatura

CAMUS: HOMENAJE A UN HOMBRE MANCHADO

Albert Camus significó mucho para mis lecturas de aprendizaje, aunque murió de forma trágica —como había vivido y escrito— cuando yo no había cumplido aún los diecisiete años. Pero, en aquel entonces, los muchachos de mi generación nos dividíamos ya en dos bandos irreconciliables: los lectores de Camus y los acólitos de Sartre. Los lectores de Camus, levados en las filas de la bohemia gatuna, éramos sentimentales y románticos, charlatanes, infieles, pobretones, decadentes y quijotescos. Y los acólitos de Sartre, a menudo reclutados entre el seminariado clerical o entre la burocracia pastoral universitaria, eran marxistas y sindicales, intelectualoides, pragmáticos y generalmente miopes. Los lectores de Camus teníamos novias más guapas, más intrépidas, más audaces, más alegres; novias que se hacían de rogar, pero que nunca discutían después de hacerlo. Y los secuaces de Sartre sólo salían con niñas freudianas que apenas se hacían de rogar, pero que discutían y argumentaban mucho después de hacerlo.

Albert Camus murió en un accidente de carretera, con los brazos en cruz y los bolsillos vacíos, en la más pura línea de *Combat*, como un caballero andante de la poesía, como un rebelde de cine; sin dejar de ser nunca el buen hijo de una lavandera que se dejó emborrachar por infantiles sueños de sol y de aire. El viejo Sartre murió aburrido, con la boca podrida y las manos en los bolsillos del pijama, como un señorito de París, dejando una viuda asqueada y una leyenda hipócrita.

Los libros de Sartre llevan nombres blasfemos, amargos y rencorosos: *El ser y la nada*, *La náusea*, *El muro*, *La muerte en el alma*, *Las manos sucias*... Y a esos centones deprimentes opuso Camus las vendimias de su espíritu libre que llevan sonantes nombres bíblicos que podrían figurar en el Pentateuco (*Bodas, El extranjero, Los justos, La peste, El hombre rebelde, La caída*).

Sartre quiso ser siempre un intelectual puro, un pacifista del silencio, un papa de la filosofía, y acabó siendo un ángel triste. Camus fue, por el contrario, un hombre manchado por el servicio a la vida, por las pasiones y los reniegos de una juventud comprometida en aventuras de guerra y de amor, un amigo leal, gran poeta y discreto filósofo. Y, al recordar su vida –tan diferente y tan próxima a otras plumas del periodismo–, me he preguntado muchas veces si los mejores escritores de esta época no han sido precisamente estos poetas malogrados que se mancharon por lealtad y por amor, por debilidad de corazón y por pasión, al servicio de tantas causas inútiles que el mundo puso en manos de los ángeles.

Volando con Saint-Exupéry

No tenía veinticinco años cuando llegué, por primera vez, a Argel. Iba buscando a Saint-Exupéry, porque me habían dicho que anduvo por aquí, en un vuelo nocturno. Le llamaban Toni o Antonio, porque estaba casado con Consuelo Suncín, una salvadoreña celosa que le preparaba un café a las dos de la mañana y unos huevos revueltos a las cuatro. Ella estaba acostumbrada a estas cosas, porque había vivido primero con Enrique Gómez Carrillo, que escribía a golpe de coñac: «No creo en la literatura seca», decía para justificarse.

Me dijeron que Saint-Exupéry estaba volando. Necesitaba vivir en el aire, como los demás vivimos en tierra. Y veía siempre el mundo a vista de pájaro. Cuando no estaba en el cielo, perdía la tierra de vista.

En *Citadelle*, Antonio de Saint-Exupéry escribió un pequeño cuento, narrando la desgracia de una princesa que acabó convertida en lavandera. Y la gente se mofaba de ella, porque «los más bajos siempre rebajan a los demás». Por eso el jeque del desierto le enseñaba a su hijo que es mejor ajusticiar a un noble con una espada de oro que someterlo a las injurias de los envidiosos y a la grosería de los carceleros.

No sé por qué mis días de Argel se me llenaban de sombras españolas. A veces, hablando de Antonio Saint-Exupéry y de Consuelo, que era salvadoreña; o, a veces, hablando de Catalina Sintes, la madre de Albert Camus, que era menorquina.

Hablábamos mucho de Saint-Exupéry y de Consuelo Suncín, su compañera. «Antonio no era como otra gente —escribió ella en *Memorias de la Rosa*—, sino como un niño o un ángel que hubiese caído del cielo.»

Consuelo era menuda, tan audaz como guapa. Y cuentan que, a los diecinueve años, ya se había escapado a Estados Unidos y había tenido un romance con Rodolfo Valentino. A los veintiuno se casó con Ricardo Cárdenas y, un año más tarde, ya era amante de José Vasconcelos, el ministro mexicano, filósofo, escritor y amigo de Pancho Villa.

Todavía era una joven estudiante en París cuando se enamoró de Gómez Carrillo, aquel escritor guatemalteco que había conocido a Moréas, a Gabriele d'Annunzio, a Maeterlinck, a Oscar Wilde y a Verlaine. El padre de Gómez Carrillo era de Cádiz, probablemente uno de esos montañeses que emigraron y crearon tiendas de comestibles. Su madre se llamaba en realidad Tible. Y por eso Baroja le llamaba, con su característico humor, Gómez Tible *(comestible)*. Tenía una cabeza proustiana, con una mirada despectiva de amargo donjuán y unos bigotes para beber champán con fresas, aunque bebía sobre todo coñac. Al final de su vida, llevaba ya los bigotes un poco deshilachados. Y González Ruano me comentó que, cuando se lo hacían notar, respondía una barbaridad:

—Debe de ser de chupar las almejas que me he comido.

Almejas con champán, porque había sido cronista de los salones de París y embajador de Argentina. Cuando conoció a Consuelo ya tenía las sienes canas y la frente despejada. Pero a ella —pequeña cazadora de cabezas— le temblaban las manos cuando le acariciaba la frente y pensaba que su viejo poeta guardaba allí dentro tantos recuerdos. Quizás él no le había enseñado, entre tantos fetiches, las cartas de loca pasión que había escrito a Mata Hari y a Raquel Meller. Algunos dicen que fue él quien denunció a la espía, cuando la detuvieron en el Hotel Palace de Madrid; pero la verdad es que intentó salvarla y no le hicieron caso.

Consuelo, que habío sido la amante (la *garce*, decían los franceses) del mexicano Vasconcelos, fue el gran amor de Enrique Gómez Carrillo. Muchos hombres habían querido conquistarla. Pero Consuelo, tan coqueta y tan deseada, estaba hecha para Gómez Carrillo, para su vanidad, para su amaneramiento, para sus frivolidades.

Vivieron una apasionada luna de miel en París, aunque la historia de amor duró poco tiempo, porque Gómez Carrillo murió a los once meses, después de convertir a Consuelo en heredera universal. Y así pudo ella instalarse en El Mirador, una magnífica villa de la Costa Azul donde dicen que la visitaba Gabriele d'Annunzio.

Alguien me dijo que Consuelo tenía un encanto mágico y que, cuando hablaba, sus palabras parecían convertirse en cristal. Quizas eran sus dientes blancos y sus labios que recortaban las palabras en el aire cuando las iba pronuciando con su dulce acento criollo.

Y fue entonces, en 1930, cuando —como venido del cielo— apareció Saint-Exupéry y conquistó a Consuelo con sólo decirle que iba a hacerla reina de un cuento. La invitó a dar un paseo en su avión por los cielos de Buenos Aires. Y, a mitad del vuelo, intentó besarla. Pero, como Consuelo se resistía, él comenzó a hacer tirabuzones y piruetas con el avión, hasta que ella decidió que era mejor abandonarse en sus brazos que hundirse en el Río de la Plata.

Consuelo recordaría en sus *Memorias* cómo él la convirtió en la rosa que cautivó a *El Principito*. Pero Saint-Exupéry tenía otras aventuras, y ella tenía también razones para estar celosa. Tan pronto estaba en Hollywood, buscando un productor para llevar al cine sus aventuras, como arriesgaba su vida en la Guerra Civil española. Andaba siempre entre nubes y le gustaba pilotar aviones, tan poderosos que no podía con ellos. Era ya algo mayor para pilotar un Lockheed P38 o un Caudron Simoun. Y sus accidentes eran innumerables. Pero al final regresaba, lleno de fracturas y quemaduras, después de sobrevivir en las selvas o en el desierto.

Consuelo murió en la Costa Azul en 1979 y le dejó toda su herencia a José Fructuoso Martínez, un joven español que la había servido como chófer.

Mis noches de Argel

Un amigo me llevó al barrio obrero de Belcourt, donde había vivido Catalina Sintes, la madre de Albert Camus. Quizás había sido princesa, como la muchacha del cuento de Saint-Exupéry, pero trabajaba en Argel como lavandera. No sabía leer ni escribir. Vivía en un apartamento de dos habitaciones, con sus hijos, la abuela gruñona y un tío paralítico que tenía el oficio de tonelero. Se había quedado viuda con dos hijos varones y supo sacarlos adelante, educándolos en la honradez. El más pequeño, que tenía apenas doce meses cuando murió su padre en 1914, en la batalla del Marne, será Premio Nobel.

«Creo en la justicia —dijo el día que le concedieron el Premio Nobel—, pero defendería a mi madre, antes que a la justicia.» Siempre fue así este niño: impulsivo, generoso y apasionado en el amor. Por eso no podía comprender a ciertos políticos, ni podía aceptar una Argelia entregada al fanatismo.

«Los defectos de Occidente son innumerables, sus crímenes y sus faltas son reales —escribió cuando Europa no era todavía un oasis de burócratas—. Pero, en último término, no debemos olvidar que somos los únicos que poseemos este poder de perfeccionamiento y de emancipación que tiene su fundamento en el genio libre.»

Belcourt no era un barrio muy bonito, porque sus viejas avenidas sombreadas por palmeras y moreras iban convirtiéndose en cemento. Era fácil figurarse aquí a Tartarín de Tarascón cazando en la oscuridad un león y descubriendo, por la mañana, que había matado a un burro. Pero el barrio conservaba su antiguo morabito, un romántico cementerio musulmán y buenas vistas sobre el puerto. En las calles había rótulos muy evocadores, como Brasserie Rialto o Le Chic de París, y algunos nombres menorquines, como Pons y Sintes, que era el apellido de la familia materna de Camus. Y, sobre todo, Belcourt tenía el maravilloso encanto de los barrios humildes de Argel, donde se mezclaban árabes y europeos y donde todos los niños sin fortuna podían jugar al fútbol en el mismo equipo y robar en los patios las mismas naranjas. Camus será portero en los equipos del Lycée Bugeaud y del Racing Universitaire.

Saint-Exupéry conoció también estos lugares en 1943, cuando esperaba –impaciente– que le diesen una misión de guerra. El olor de café verde, que tostaban en la fábrica de Nizière, le recordaba sus vuelos sobre los inmensos cafetales de América. Pero Argel era Argel, y las noches eran sólo para la madreselva y el jazmín.

En *Llegar cuando las luces se apagan* he contado la historia de mis andanzas por Argel: «En una de estas vacaciones llegué a Argel, donde mi adorado maestro Albert Camus había pasado su infancia pobre, de pantalón remendado e impermeable grande. Me habría gustado conocer a su amiga Jeanne que coleccionaba botones, porque pensaba que así, con avaricia y constancia, es como los ricos se hacen tan poderosos. En su casa los objetos no tenían nombres (el cacharro de la chimenea, los platos hondos, las servilletas blancas), a diferencia de la cristalería de Bohemia, el lino de Escocia o la porcelana de Meissen que formaban parte de la memoria de los niños que habíamos tenido una infancia rica y feliz».

Creo que Camus me enseñó a odiar el expresionismo, esa horrible estética nórdica –¡pesadilla de los rostros de Munch!– que brutalizó a la cultura mediterránea. ¿Dónde estaba el expresionismo en la mejor estatuaria griega?: quizás en las ingenuas pinturas de colores que recubrían los templos y las esculturas. Cuando el tiempo y la intemperie se llevaron este pastiche, quedaron debajo las obras de arte... magníficamente inexpresivas e intemporales, como los dioses antiguos.

¡Maravillosa Argel, tan blanca y tan intemporal que parece pura aunque no lo sea! El expresionismo no existe en el Islam, religión que veló el rostro de Dios. Hasta los cipreses sombríos chorrean luz en el Norte de África. Es verdad que las secuelas de las barricadas y de la independencia se vivían en aquella Argel, que yo conocí empobrecida por años de dolor y de guerra. Pero, como las mujeres bellas que tienen una vejez interesante, la ciudad conservaba un misterioso encanto. Recuerdo el colorido de las calles y las plazas, abanicadas por enormes racimos de mimosas amarillas que se recortaban sobre un mar increíblemente azul.

Las mimosas son plantas muy extrañas, porque tienen una sensibilidad extraordinaria y pliegan sus hojas en cuanto sienten el más ligero contacto. Es la forma que tienen de defenderse contra sus enemigos. A veces me extasiaba viendo cómo alguna cigarra atacaba inútilmente estas mimosas, mientras la planta cerraba sus hojas y las dejaba caer en un estado de total languidez, hasta que el insecto se resbalaba y abandonaba su presa. Esta enseñanza de la naturaleza rebatía magníficamente la educación voluntariosa y burguesa que me había dado mi padre, ya que renunciar a la respuesta violenta y abandonarse a un aparente sueño podía ser una forma de sobrevivir en condiciones adversas. Todavía no había leído a Romain Rolland y su magnífica interpretación de la resistencia pasiva de Gandhi.

Quizás Argel, donde tantas huellas quedaban todavía de una guerra violenta, me enseñó estas lecciones, nunca bien aprendidas, de Botánica y de Filosofía. Al amanecer me hacía llevar hasta los huertos de las afueras, para pasear, como un patriarca, entre las palmeras y las mujeres de ojos misteriosos, envueltas en sus velos de seda y encajes. Mi chófer me traía un racimo de dátiles, explicándome siempre la misma historia: que los nómadas del desierto viven tres días con un dátil. El primer día comen la piel, el segundo la carne y el tercero chupan el hueso. Nunca olvidaré el sabor de aquellos dátiles de piel clara, finos como los dedos de una sultana viciosa, dulces como la miel. Creo que los llamaban *deglet nur*, dedos de luz.

473

Me gustaba tomar el aperitivo en la terraza del gran Hotel Saint George, leyendo o escribiendo en estos jardines exóticos que me recordaban al Hotel Cristina de Algeciras y mis ardientes amores con una bailarina. La brisa agitaba siempre las hierbas perfumadas, como una ofrenda al sol. Algunas noches, cuando sonaba un piano, sentía derrumbarse las últimas ruinas de mi melancolía y salía en busca de aventuras. En Argel se comía entonces fabulosamente, quizá porque la cocina agradece siempre la mezcla de razas y de culturas (árabes, franceses, judíos, españoles, italianos). Recuerdo el arroz con calamares, unas magníficas empanadillas que llamaban *bricks;* sin olvidar las más deliciosas cigalas del mundo, grandes y carnosas como las que comía Amílcar Barca.

Lo primero que oí al llegar de noche a la kasba fue el ladrido de un perro: un aullido largo que parecía resonar en espacios tan enormes como mi nostalgia y la memoria de Camus. Las calles en cuesta tienen para mí una sensualidad extraña, como hacer el amor; quizá porque hay que subir lentamente para conquistarlas. En las calles planas y asfaltadas se anda demasiado deprisa. Pero a mí me gustan las calles estrechas, las plazas donde murmura una fuente, los besos lentos. Y así, cada noche me abandonaba a la tentación de las adelfas rojas, esperando que una mano misteriosa me abriese las puertas que yo sabía, llevándome a través de un patio donde ardía un brasero de carbón.

Tenía el proyecto de seguir también las huellas de Pierre Louys y de Gide, pasando unos días entre las rosas de Blida. Pero me enamoré de las noches canallas de Argel y de su moribunda belleza, hasta tal punto que no hice más que rondar por los cafetines, rindiendo sacrificios inútiles a la mala vida y conociendo a un sinfín de personajes que mejor sería olvidar. Recuerdo, sobre todo, uno de ellos que se hacía llamar El Fasi y que era en realidad un griego que vivía con papeles falsos. Había sido siempre un buscavidas y lo mismo cambiaba billetes en el mercado negro que te ofrecía un «té dansant» en casa de sus hermanas, que regentaban un hotelito muy divertido.

En un cafetín lleno de gatos, donde se bebía a todas horas ajenjo y campari, El Fasi me contó una historia increíble que me hubiese gustado llevar a la novela. Allí había actuado, hacía bastantes años, una de sus pupilas: una española, llamada Rosa de Villavicencio, mujer original y extraña que hablaba muchos idiomas, bailaba flamenco y tocaba la guitarra. Me relató muchas aventuras y leyendas de este personaje femenino, excitando mi curiosidad hasta tal punto que –años más tarde– seguí sus huellas hasta Perú con la intención de recomponer su biografía. Porque Rosa había nacido en Lima, a comienzos del siglo XIX, en una familia española. Al parecer, su nacimiento coincidió con un terremoto, como si la naturaleza anunciase así la agitación de este dramático destino. A los quince años, Rosa hablaba español, francés, inglés, componía versos y canciones en latín y tocaba la guitarra con un sentimiento endiablado. Para completar este espectáculo se vestía de una forma original, como si fuese una virgen india, y sabía bailar las danzas sagradas incas. Así fue como, siendo una niña, le arrebató el corazón al viejo conde de Villavicencio. Aquella jovencita era capaz de discutir de teología con los curas más ilustrados. Cuando el conde murió, en plena revolución peruana, Rosa volvió a casarse, con un tal Bustamante, el hombre más rico de Perú, que la había salvado de caer en manos de unos malhechores. Pero este matrimonio sólo duró unas horas. A las seis de la mañana, Rosa se levantó y salió huyendo del domicilio conyugal, argumentando que era incapaz de acostarse con un hombre que se ponía en la cama medias largas de lana. Perseguida y arruinada, consiguió huir en un barco hasta Cádiz. Y su rastro se pierde en aquel cafetín de Argel donde actuó como guitarrista. ¿Quién inmortalizará en el cine la historia de esta brava mujer que no quería acostarse con un hombre que llevase medias de lana?

LAS TARDES DEL FLORA

A Sartre le conocí en mis años de París y le recuerdo todavía sentado en el Flora, como un cactus sediento y grasiento –porque tenía pinta de planta, planta de pinta– rodeado por sus monaguillos. Nunca me acerqué a saludarle, aunque nos miramos más de una vez con misteriosa y seca desconfianza. Pero, una tarde de diciembre, mientras incubaba pacientemente en mi mesa un resfriado muy cómico que me hacía estornudar como un payaso de circo, el camarero se me acercó muy excitado y me reclamó nerviosamente un tubo de aspirinas que yo acababa de solicitarle.

—El maestro está *enrhumé* —me dijo señalando al viejo Sartre, que estornudaba también, como un augusto, en la mesa vecina.

Sentí como un fanático y extraño escrúpulo de compartir mi resfriado con aquel pedantón de Sartre; pero sobre mi cabeza volaron un momento los burlones y doloridos ángeles de Camus, desenfundé mi pluma y le envié al papa de la Filosofía, entre dos sonoros estornudos, su tubo de aspirina envuelto en un pequeño mensaje, redactado en un español irreverente y escrito en el último kleenex que me quedaba:

> En este mundo traidor
> las apariencias despistan,
> como decía Camús.
> Aunque usted es comunista
> y yo soy conservador
> nos conocemos de vista:
> ... ¡Jesús!

Se nota enseguida que, hablando de Sartre, soy objetivo. Pagué mi café y me fui —nunca he sabido escribir sin un pañuelo a mano—, caminando tristemente por el boulevard Saint Germain hacia la place Furstenberg, donde solía encontrarme, al atardecer, con los ángeles de Camus. Pero aquella tarde helada de adviento las hojas muertas rodaban por el suelo, vacías y enloquecidas, convertidas en pañuelos caídos, en páginas secas, en libros olvidados. Y volví a mi casa recordando las palabras que arrojaba Camus a aquellos fanáticos intelectuales «comunistas» que tantas veces —capitaneados por Sartre— le habían helado el alma: «Además de la historia existen otras cosas: la felicidad sencilla, la pasión de los seres, la belleza natural. También éstas son raíces que la historia ignora. Y Europa, como las ha perdido, es hoy un desierto».

Han pasado los años y Europa se nos ha ido deshojando en muchas imposturas, en muchas utopías. Los solitarios nos hemos ido quedando más solos en el desierto, más callados, más manchados ya por el honroso polvo de la vida y más emocionados en el recuerdo de nuestros mayores y de sus fracasos.

Pero esta Europa, que consiguió derribar el Muro de Berlín, quizá se dará cuenta mañana de que todavía debe derrocar muchos fetiches del pasado: la nada, la náusea, las manos sucias... El marxismo que hoy critican y defenestran nuestros intelectuales era algo infinitamente más puro que esos subproductos de la Europa progresista que nacieron en los pastos universitarios de la segunda mitad del siglo XX.

Camus se afilió al Partido Comunista en 1934, en una hora en que Europa necesitaba ideales vivos para combatir el fascismo y el colonialismo. Pero duró poco entre aquellos burócratas que se habían convertido ya, desgraciadamente, en propagandistas de la Unión Soviética.

Él era diferente y buscaba, como Gide, los alimentos terrestres: «Soy un olfativo –escribió en sus *Carnets*–. No hay arte que se dirija a este sentido. Sólo la vida».

Un silencio que habla como al mar

Se oyó una explosión y reventó un neumático. Algo así tuvo que ser también la muerte del padre de Albert Camus, cuando cayó el maldito obús en una trinchera enfangada del Marne. Durante siete días agonizó en el Hospital Militar de Saint-Brieuc, llamando a gritos a su familia. La pobre viuda –madre de dos niños pequeños– recibió, con algunos objetos personales, el trozo de obús que se le había alojado en la cabeza.

Reventó un neumático. Y, al margen de una cuneta, entre las amapolas y los limpios trigos, quedó el cuerpo manchado y solitario de Albert Camus cuando andaba por los caminos de Europa, combatiendo a los inquisidores soviéticos, a los dictadores latinos, a los poetas laureados de la burocracia ilustrada.

Murió, se fue, le cubrió el desierto, quedó olvidado. Pero quizá le recuerden todavía sus encarnizados enemigos que le acusaban de ser un «despreciable» artista insolidario y burgués. «¡Solitarios!, diréis con desprecio. Quizá, por el momento, solitarios. Pero vosotros estaríais también muy solos sin estos solitarios.»

Uno de sus compañeros de equipo me dijo que, por bajo, era imposible marcarle un gol y que, si llegaba el caso, se lanzaba a los pies del delantero con un arrojo increíble. Siempre fue así, hasta el día en que quedó tendido en el campo.

Como *El extranjero*, Albert Camus era, ante todo, un hombre que decía su verdad, aunque le costase la vida. Y por eso despreciaba tanto a los pontífices intelectuales del siglo XX, que sólo dijeron lo que les convenía decir.

«¿Cuál es el cumplido que le molesta más?», le preguntó un periodista. Y respondió de manera magnífica: «La honradez, la conciencia, lo humano, en fin, ya sabe usted, toda la verborrea moderna». Creo que prefería ser, sencillamente, un hombre manchado.

Hace muchos años que no voy a Argel, pero sé que en Belcourt debe de haber, en este mismo instante, una mujer hablando a gritos con su vecina y tendiendo la ropa en una azotea soleada. Y que las calles siguen oliendo a cordero y a pescado frito, aunque la noche es para el jazmín y la madreselva.

Cuando Catalina Sintes volvía a casa, después de haber pasado la jornada trabajando, se sentía muy fatigada. A veces cuesta lavar las manchas. Miraba a sus hijos y no decía nada. Pero Albert comparaba su silencio con el sonido del mar, en ese instante en que calla y se adivina, en que no está y está, en que parece haberse ido, aunque uno sabe que va a volver.

Retrato modernista de mujer con cisnes

DELMIRA AGUSTINI

Conocí a César González Ruano en Madrid cuando era ya un cisne negro del ingrato periodismo español. Tenía los ojos cansados, enrojecidos por la vergüenza de la literatura y de la mala vida. Llevaba las uñas afiladas con un rencor imposible y tardío de niño envenenado por Baudelaire. Presumía de llevar un lobo en su blasón heráldico; pero era un cisne negro.

No habría escrito este *Libro de réquiems* si no supiese distinguir a los cisnes por su canto. César era un cisne negro. Delmira Agustini Murtfeldt era un cisne blanco: tenía la carne color claro de luna, abundosa y húmeda, pero la llevaba cubierta de plumas.

> Engarzado en la noche el lago de tu alma,
> diríase una tela de cristal y de calma
> tramada por las grandes arañas del desvelo...
>
> espejo de pureza que abrillantas los astros
> y reflejas la cima de la Vida en un cielo...
> Yo soy el cisne errante de los sangrientos rastros,
> voy manchando los lagos y remontando el vuelo.

Sometida a los caprichos y los mimos enfermizos de una madre severa, Delmira fue un cisne sangrante; asustada de manchar los lagos. Dicen que doña María Murtfeldt no consintió nunca que su hija tuviese descendencia, y le recomendaba incluso las prácticas anticonceptivas.

> En mi raro tesoro,
> hay, entre los diamantes y topacios de oro,

> y el gran rubí sangriento como enconada herida,
> ¡el capullo azulado y ardiente de una estrella
> que se ha de abrir a los ojos suspensos de la Vida,
> con una lumbre nueva, inmarcesible y bella!

El cisne tiene perfil literario, silueta de dandi con los ojos insomnes, desvelados por el desengaño, el vino y la melancolía. Dicen que el cisne canta antes de morir, igual que el escritor se muere con la frase célebre en la boca y la pluma herida en la mano. La mejor literatura se ha escrito siempre en la cama, en esos lienzos urgentes y limpios de la última hora que convierten al poeta en reportero de su propio asesinato, y transforman al periodista en cisne lírico de su crepúsculo. En la cama escribió Marcel Proust aquellas melancólicas memorias del tiempo perdido. Y en la cama escribió también nuestro amigo González Ruano sus mejores artículos.

Hay que conocer algunos secretos para no confundir a los cisnes, aunque parezcan cantar lo mismo cuando se ven delante de una muerte infame.

«No hay lágrimas que laven los besos de la muerte.» Parece cante jondo, pero no fue Federico García Lorca quien escribió esos versos.

> Joya de sangre y luna; vaso lleno
> de rosas, de silencio y de armonía.

No fue Federico, sino Delmira Agustini, poetisa uruguaya. Porque, a veces, los cantes de España y América se confunden en los viajes de ida y vuelta.

César González Ruano me habló por primera vez de Delmira Agustini. Se interesó por ella cuando Manuel Ugarte le dedicó unas páginas en *La Lectura* de Madrid. Y me mostró también una foto magnífica, en la que Delmira aparecía en todo su esplendor, luciendo un enorme sombrero de alas anchas, con un pájaro –tan grande que parecía un águila– en lo alto de la copa. Así vestida, me habría gustado llevarla a las carreras de caballos. Pero

América se nos había quedado muy lejos, guardada entre las estampas de una caja de puros habanos. Busqué a Delmira entre aquellas vitolas, y sólo encontré a Rubén Darío. Busqué luego algunos de sus libros y, como no pude encontrarlos en España, los pedí prestados y me los aprendí de memoria, porque el instinto no me engaña cuando encuentro un alma antigua, una vida resucitada:

> Yo muero extrañamente... no me mata la Vida
> no me mata la Muerte, no me mata el Amor;
> muero de un pensamiento mudo como una herida.

Delmira Agustini fue una mujer salvaje. Era uruguaya, de madre argentina, de abuela italiana, de sangre medio alemana y medio francesa; pero, como Federico García Lorca, tenía la pasión gitana.

> ¡Así tendida, soy un surco ardiente
> donde puede nutrirse la simiente
> de otra estirpe sublimemente loca!

Quienes la conocieron dicen que sus ojos azules se volvían, a veces, celestes. Desde niña fue melancólica y soñadora, poseída por las nubes de su imaginación. Sus padres quisieron convertirla en artista. Le enseñaron a leer los clásicos, a tocar el piano, a escribir respetuosamente para conquistar la gloria de los salones. Eran cosas que, a principios de siglo, debían conocer las muchachas serias de Montevideo.

Pero ella había descubierto que existía una forma distinta de leer en secreto a Rubén Darío. Que Chopin no suena lo mismo cuando lo toca una solterona en un piano de cola que cuando lo toca un golfo en una pianola de un bar clandestino. Que un cuadro en un museo nunca es tan excitante como un dibujo garabateado a escondidas en un cuaderno de colegio. Que no es lo mismo leer a Nietzsche que recitarlo, delante de una copa de vino, cuando el alma parece una fuente que canta. Que los poetas se vuelven diferentes cuando se leen de noche, en lugares prohibidos.

> ¡Dios!... ¡Moved ese cuerpo, dadle un alma!
> Ved la grandeza que en su forma duerme...
> ¡Vedlo allá arriba, miserable, inerme.
> Más pobre que un gusano, siempre en calma!

La educaron para Nena, hija de casa burguesa, o para Joujou, estatua de salón; pero a ella le gustaba escribir desnuda. Por las noches, cuando se encerraba en su alcoba –una cama, un ropero de estilo inglés y una mesa–, se le ponían las manos calientes. Y, con la pluma húmeda, escribía nocturnos para sombras, delirios de lirios y tangos de pasión: «Y era mi deseo una culebra, glisando entre los riscos de la sombra a la estatua de lirios de tu cuerpo».

Tenía veintiséis años en 1913, cuando sus padres la casaron con un pretendiente serio, Enrique Job Reyes. Los amigos que fueron a su boda tuvieron la impresión de estar asistiendo a un sacrificio. Él era subastador de ganado, prosaico y aburrido como un semental de estancia.

> Taciturno a mi lado apareciste
> como un hongo gigante, muerto y vivo,
> brotado en los rincones de la noche.

La luna de miel en Los Pocitos duró veintiún días, justo el tiempo de aburrirse en la terraza del hotel, mirando las barcas que sesteaban en la playa de arena blanca, escuchando el ruido lejano de los tranvías que hacían la línea de Montevideo o el trote de los caballos que arrastraban las viejas calesas donde se besaban los enamorados. Y ella tuvo enseguida la idea de engañarle con un amante: un galán literario. Y luego con otro, un filósofo platónico; y otro, un francés homosexual y refinado, y también un desconocido...

> Fiera de amor, yo sufro hambre de corazones.
> De palomos, de buitres, de corzos o leones...

Y, finalmente, tuvo la idea genial del tango: engañar al marido con el amante, y convertir en amante al marido.

> ¡Si la vida es amor, bendita sea!
> ¡Quiero más vida para amar! Hoy siento
> que no valen mil años de la idea
> lo que un minuto azul de sentimiento.
> Mi corazón moría triste y lento...
> Hoy se abre en luz como una flor febea;
> ¡La vida brota como un mar violento
> donde la mano del amor golpea!
> Hoy partió hacia la noche, triste, fría,
> rotas las alas, mi melancolía;
> como una vieja mancha de dolor
> en la sombra lejana se deslía...
> ¡Mi vida toda canta, besa, ríe!
> ¡Mi vida toda es una boca en flor!

Le escribe versos apasionados a su amante, Manuel Ugarte, confesándole que él «ha sido el tormento de su noche de bodas». Vive en su casa el amor prohibido. Vuelve al hogar materno e inicia un proceso de separación «por agravios graves». Pero se sigue viendo con el marido en una habitación de alquiler, convirtiéndolo en amor maldito. Tres veces en semana sube la escalera de mármol de una casa en la calle Andes 1206, donde Enrique Job Reyes ha alquilado una pieza. El semental encelado se vuelve incluso fetichista y romántico, y decora la habitación con las fotos más evocadoras de Delmira, que huelen como el limón amarillo que se ve por la ventana del patio.

Rubén Darío fue el primero en comprender que Delmira era una santa perdida: «De todas cuantas mujeres hoy escriben en verso —escribe el poeta— ninguna ha impresionado mi ánimo como Delmira Agustini, por su alma sin velos y su corazón de flor. A veces rosa por lo sonrosado, a veces lirio por lo blanco. Y es la primera vez que en lengua castellana aparece un alma femenina en el orgullo de la verdad de su inocencia y de su amor, a no ser Santa Teresa en su exaltación divina. Si esta niña bella continúa en la lírica revelación de su espíritu, como hasta ahora, va a asombrar a nuestro mundo de habla española».

Algunos amigos me dijeron que, cuando Rubén Darío se sentaba en el Hotel Palace de Madrid, a beber y a perder la memoria, solamente hablaba de cisnes: «Sobre las tempestades del humano océano se oye el canto del cisne... Bajo tus blancas alas, la nueva Poesía concibe, en una gloria de luz y de armonía, la Helena eterna y pura que encarna el ideal».

Darío entendía de estas cosas, porque se había enamorado de Francisca Sánchez –la pastora de cabras a quien él llamaba Princesa Paca– cuando la vio dándole de comer a los cisnes de la Casa de Campo. Le acompañaba aquel día Valle-Inclán, que era un mago concertando amores.

Sin duda los poemas de Delmira Agustini no alcanzan el primor modernista de Rubén Darío, ni tienen la perfección de las mejores páginas de Juana de Ibarbourou, ni la corrección de Gabriela Mistral, ni la inspiración de Alfonsina Storni. Pero parecen, como los movimientos del cisne, surgidos de la bruma, adaptados al aire, pintados a la acuarela. Y, en cada elegante movimiento de su cuello y de su pluma, las palabras se le escapan diciendo lo que no debería decir, nombrando lo que no debería nombrar. A veces, en las páginas de *El Libro blanco*, es una sacerdotisa. Pero, otras veces, en *Los astros del abismo* o en *El rosario de Eros*, es un cisne blanco.

Como todos los poetas modernistas, Delmira utiliza sólo el diccionario de la lengua mística, pero a ella los cirios se le vuelven hombres, las raíces cuerpos, las perlas ostras, la voz bronce y fuego, las serpientes manos, el mármol carne; a veces carne sombría. Y sus versos brotan así, descuidados, ansiosos, clandestinos, arriesgados, oscuros, nocturnos, sedientos.

> Hace tiempo, algún alma ya borrada fue mía.
> Se nutrió de mi sombra... Siempre que yo quería

> el abanico de oro de su risa se abría,
> murió de una tristeza mía...

Cuando se abandona al amor, Delmira no sabe dónde acaba la carne y empieza el alma. Pierde la conciencia. Redime a la materia, aun a riesgo de profanar el sacramento. Confunde las serpientes y las piernas, la humedad y el lirio, la nata, el alabastro y las estrellas. Y escribe versos. Parece haberlos escrito al saltar de la cama, con las medias recién puestas, con el vestido en los pies, como la sorprendió la muerte.

> Fraguas a fuego y sombra, ¡tus pupilas!... tan hondas
> que no sé desde dónde me miraban, redondas...

Federico García Lorca pudo haber escrito también algo así. Los cisnes, delante de la muerte, cantan a veces muy parecido. Los dos murieron asesinados. A Delmira la mató su propio marido, cansado de ser sólo su amante, consumido por los celos, harto de juegos negros. Guardaba una pistola oculta, debajo de la almohada. La amó, quiso amarla; le disparó cobardemente, por la espalda, cuando iba, todavía medio desnuda, a remontar el vuelo. Y luego se quitó la vida.

Alguien dijo que los pecados se dividen en dos: los que se cometen con órgano apropiado, y aquellos que ni siquiera provienen del órgano de pecar. Para los primeros hay siempre perdón, puesto que Dios no puso nada en vano y, si lo puso, sabrá por qué lo hizo y cómo remediarlo.

Yo creo que lo bonito del cisne es que parece todo él un órgano para pecar. Debe llevar en las plumas, como un escritor amargo y decadente, mucha memoria de amores que no se atreve a contar, por ese prejuicio infantil de no romper la blancura de la vida con la tinta del recuerdo. Y cuando uno espera que abra definitivamente las alas para contar su secreto anuncia su muerte con un grito destemplado y absurdo, dejando una estela de versos sobre la plana limpia del lago.

> ¿No habéis sentido nunca el extraño dolor
> de un pensamiento inmenso que se arraiga en la vida,
> devorando alma y carne, y no alcanza a la flor?
> ¿Nunca llevasteis dentro una estrella dormida
> que os abrasaba enteros y no daba un fulgor?...
> ¡Cumbre de los Martirios!... ¡Llevar eternamente,
> desgarradora y árida, la trágica simiente
> clavada en las entrañas como un ardiente feroz!...
> Pero arrancarla un día en una flor que abriera,
> ¡milagrosa, inviolable!... Ah, más grande no fuera
> tener entre las manos la cabeza de Dios!

Su madre no quiso dejarla marchar tranquila. Y expuso su cadáver en el féretro, rodeada de las partituras que tantas veces y con tanta maestría había tocado al piano. No faltaban los cuadros que Nena había pintado, ni sus labores de filigrana en madera. Y, en un detalle macabro, allí estaba la primera muñeca que le habían regalado cuando era niña.

Quizá los cisnes blancos, como Federico García Lorca y Delmira Agustini, se vuelven negros cuando desaparecen en el lago, después de su último canto.

Un muerto sin réquiem

EUGENIO D'ORS, EL PENSADOR ARBITRARIO

Duns Scoto, que se entretuvo contando ángeles, llegó a fijar su cifra en mil millones. Supongo que ahí están incluidos todos, sin distinción; porque los hay custodios y provocadores, videntes y ciegos, reveladores y mudos, dominadores y asustadizos. He visto también ángeles en los cementerios, escribiendo réquiems en las hojas muertas.

El médico y humanista Marsilio Ficino tenía un bello lema: «Per abitazione fiorentino. Di stirpe angelico. Per patria celeste». Y Ramón Llull escribió un *Llibre dels àngels* donde explica que los ángeles hablan sin lengua, ni boca, ni movimiento de aire. Seguramente no los conoció a todos, porque yo creo que los ángeles reveladores son precisamente temblor de aire y lengua de fuego. Pero hay también ángeles exiliados, que no han trascendido toda su materia: los ángeles del beso que andan mucho por los parques, porque necesitan la humedad de las fuentes, y los ángeles de barro que vagan por las calles de algunas ciudades. Entre todos yo distinguiría, además, los ángeles arbitrarios, que son los más bellos, porque son pura inteligencia pero no sirven para nada práctico: son puro juego, puro genio, puro vuelo.

Los ángeles arbitrarios son como las veletas. Sólo se ven cuando rematan una torre o una cúpula. Florencia y Barcelona son ciudades de ángeles, *di stirpe angelica*.

Nací en Barcelona, en una casa modernista de la Gran Vía, a dos pasos del Hotel Ritz. Pero me bautizaron en la iglesia de Santa Anna, en el barrio más angélico de Barcelona; muy cerca de donde nació Eugenio d'Ors.

Hay una Barcelona bien trazada, financiera y burguesa, que todo el mundo conoce. Pero, en el corazón de ella, existe otra ciudad más pobretona y desordenada, más comercial que plutócrata, más humanista que racionalista: la Barcelona angélica.

En la memoria de mi infancia guardo la imagen borrosa de un monumento que había en estas calles: era una estatua con la frente amplia, los ojos expectantes, las cejas indómitas y leonardescas, las ojeras cansadas. He buscado mil veces esta figura en mis paseos por la Barcelona angélica. Le he puesto incluso un nombre, por si alguien la encuentra en el almacén donde van a parar las estatuas municipales: «El pensador arbitrario». Una obra de arte.

Me gusta pasear por las calles de mis recuerdos, recorriendo estas orillas de las Ramblas que, a un lado y a otro, tienen tanta presencia de ángel: Portal de l'Àngel, carrer de l'Àngel, Plaça dels Àngels, Convent dels Àngels. No podía haber nacido Eugenio d'Ors en un lugar más apropiado, rodeado por los duendecillos alados del humanismo. En el Teatro Romea se estrenó, en 1887, *Terra baixa*, obra de otro ángel: Àngel Guimerà.

Entre todos los espectáculos litúrgicos ninguno agradaba tanto a Ors como el Misterio de Elche; probablemente, porque culmina con una escena de ángeles. En el Ateneo de Cádiz había un *Libro de Oro*, con unos versos de Ors y un dibujo que representaba a un ángel. No sé qué habrá sido de esos manuscritos que tuve tantas veces en mis manos.

Ors era un ángel de fuego y barro, formado a medias por las materias contradictorias de la revelación y de la calle. Fue siempre un pobretón sin fortuna, como los ángeles de las ciudades. Pero era inteligente y arbitrario. Para sobrevivir necesitaba el dinero de sus colaboraciones en *La Veu de Catalunya* y *El Poble Català*. Allí escribió, por un duro diario, buena parte de su obra. Y cuando le cerraron las puertas de sus colaboraciones en Cataluña, se fue a escribir al diario *Arriba*, que era el haraquiri para un *noucentista*. Pero tenía que mantener a una mujer y a unos hijos, sin dejar de hablar de los ángeles y sin perder además su apariencia. «Las dos cosas que más odio –decía para mantener su maltrecho prestigio noucentista– son el cocido y la familia.» Sus cartas a su mujer y a sus hijos traspiran tanta emoción y ternura, que estoy convencido de que, como todos los pobres, amaba también el cocido.

Cuando viajaba, se hospedaba en pensiones baratas o en casas modestas. «Tengo muy poco dinero –le escribe a María, su mujer, desde Italia–, pero mi pasión por este viaje es tanta que lo he de hacer, aunque sea a pie.» Y, más tarde, desde Venecia: «Gracias a un pintor húngaro, conocido en el viaje, he podido tener un cuarto que me sale baratísimo, y comer en una tabernita». Y el 17 de abril de 1911: «Por la noche (en tercera, porque no sobra dinero) gran viaje de doce horas desde Verona a Florencia. Por la mañana ya había hecho otro viaje de tres y media desde Venecia; y en el intermedio, andar y ver...».

Eugenio d'Ors necesita el dinero de sus colaboraciones y las pequeñas ayudas oficiales que le permiten sobrevivir. No puede entretenerse en las noches de luna, como Goethe o como Byron; no puede dedicar un libro a Venecia, como Ruskin; corre como un loco de Florencia a Roma, de Bolonia a Vézelay, de Delfos a Bruselas. Debe resumir la historia del mundo en quinientas palabras. No tiene un mecenas, como Gaudí, ni un presupuesto romántico. En otras condiciones tal vez habría sido un *modernista*. Pero le salía más a cuenta convertirse en *noucentista*, profeta de la cifra y de las formas que pesan. Frente a la *pietas* modernista, que pretendía integrar a los pobres en el paraíso, Ors tomaba partido por la *auctoritas,* que exige disciplina y norma, aristocracia y cifra. Ésa es la primera gran contradicción de su obra, que le obliga a abominar del gótico y del barroco, del *liberty* y del *art nouveau*, desoyendo a su espíritu, tan proclive a las formas que vuelan.

Su vida de intelectual angélico comenzó en París, cuando era muy joven, en una pensión miserable. Entre cuatro paredes oscuras de la calle Saint Jacques, donde dormían en la Edad Media los peregrinos, se convirtió en un alquimista hereje. Allí, frente a la torre de Saint Jacques, inventó seguramente el nombre de su álter ego Octavi de Romeu (*romeu* es, en catalán, «romero, peregrino»). Allí desarrolló, probablemente, su rencor frente al modernismo, que era una estética que no podía pagarse un ángel que no tenía mecenas ricos. Cuando tuvo más dinero pudo trasladarse a Auteil, que era el recurso barato de los que querían vivir en Passy. El único lugar angélico donde vivió fue la Casa de les Punxes, en Barcelona. Y ni pudo permitirse mucho tiempo ese alquiler prohibitivo ni soportaba al pedante de Puig i Cadafalch.

César González Ruano, que se ganaba también la vida a golpe de pluma, vivía en sitios más elegantes y más bellos: el magnífico Hotel Quisisana de Capri, la evocadora Vía Marguttta de Roma, el Hotel de París de Montecarlo. Y me contaba, nunca repuesto de la impresión, cómo se presentó Ors en la Bienale de Venezia de 1938, con un uniforme inventado, condecorado con águilas y flechas. Yo habría dicho que era el mono de trabajo de su ángel, que tenía algo de aviador fascista. Pero César no podía comprenderlo; porque no era un ángel, sino un cisne negro.

No he llegado a contar nunca los ángeles de Barcelona. Pero algunos tienen una historia curiosa, como el ángel que remata la fuente de la Plaça de Palau, en homenaje al marqués de Campo Sagrado. Al parecer, este monumento se compró en Italia, donde estaba destinado a sostener una estatua de Pío IX, erigida por el partido liberal italiano. Cuando el Papa cambió su línea política, después del asesinato del conde Rossi, los liberales se negaron a levantar el monumento. Un alcalde de Barcelona pensó que podía aprovecharse, sustituyendo a Pío IX por la efigie del ángel que remata el pedestal. Pero la desnudez del angelito despertó el escándalo de ciertos ciudadanos, que atentaron contra la figura por la vía expeditiva y vergonzosa de la pedrada. El Ayuntamiento resolvió el problema, añadiendo un paño de castidad. Y creo que ahora identifican al ángel con el *geni català*. Yo se lo dedicaría a Eugenio d'Ors.

En cierta manera, toda la obra regeneradora de Ors es un intento de salvar a España de esos *manolos* que ponen paños de castidad a los ángeles: los salvajes pastores de Viriato que se enfrentaban a la cultura romana; el bruto de Sancho IV que levantaba sus armas contra su padre Alfonso X, el rey más sabio de Europa; los castizos comuneros que defendían sus privilegios caciques frente a Carlos V, que había decidido que Toledo sería la capital del mundo, y los curas embrutecidos que defendían al déspota Fernando VII frente al enciclopedismo revolucionario. Lo más grande y subversivo que le había ocurrido a España eran, tal vez, sus derrotas.

Quizás Ors empezaba a comprender, en su catalanismo militante, que lo más regenerador y decisivo que le había ocurrido a Cataluña era también una derrota. Porque los catalanes —leales a la monarquía austríaca— no habían sido repudiados en Flandes, ni en Cuba, ni en Filipinas, sino que habían sido derrotados en su propia tierra, viendo cómo quemaban sus casas de labor y sus propias viñas. «El hundimiento de la patria es sólo una frase —ha dicho Goethe— pero el incendio de una granja es una tragedia.»

Algo de esto saben los catalanes, cuando celebran su fiesta nacional el 11 de septiembre, conmemorando una derrota. A los pueblos invadidos se les reserva siempre un último dolor: extirparles el ángel de su cultura. Pero el sufrimiento había convertido a esta cultura catalana en minoritaria, otorgándole así la máxima expresión histórica y humanista a la que puede aspirar un pueblo: una nación sin Estado, una identidad angélica, una nacionalidad mágica. Desde el Mediterráneo, siempre vencido por la cultura y el ángel, Ors fue el único que se atrevió a advertir a los españoles del 98 que la fruición narcisista del casticismo encerraba un grave peligro.

Pero ni en Madrid ni en Cataluña interesaban entonces estas proclamas, formuladas además en un lenguaje contradictorio: heroico, imperialista, angélico. A ningún español se le podía ocurrir en aquel momento la idea de celebrar un Día de la Derrota. Y a ningún catalán se le ocurría pensar que una nacionalidad mágica es mejor que un Estado; mejor una cultura propia que una etnia. Más de una vez Ors recordó el ejemplo aleccionador y frustrante de algunos intelectuales americanos, orgullosos de su ejército, de las gestas de su patria, de su raza; pero que sólo pensaban en ser miembros correspondientes de la Real Academia Española.

Yo siempre he querido pertenecer a una nación mágica, de estirpe angélica, de patria celeste. Me gusta pasear por estas calles barcelonesas de mi infancia, pobladas de ángeles, desde el claustro de Santa Anna hasta el café de Els Quatre Gats. Es un recorrido que me obliga a llevar sombrero; porque así, al pasar por la esquina de la calle Comtal, me puedo descubrir delante de la casa donde nació Eugenio d'Ors. Hay una placa en la fachada, pero la casa no está censada con exactitud. Así es mejor: uno se descubre ante el ángel, sin rendir culto a sus materiales.

Nació en la última semana de septiembre, entre las festividades de San Miguel Arcángel y los Santos Ángeles Custodios. Firmaba *Xènius* porque creía que éste era el nombre oculto de su ángel de la guarda.

Tuvo la suerte de vivir en la época más creativa de la Barcelona moderna, entre las exposiciones universales de 1888 y 1929. Es, sin duda, el pensador más arbitrario y sugestivo de la España moderna. Piensa para sorprender, como hacía Sócrates, utilizando todos los recursos de la mayéutica. Cuando habla, subleva; cuando escribe, provoca el parto de sus lectores. Posee una cultura renacentista, más latina que la de Ortega y Gasset, más pagana y menos prisciliana que la de Unamuno. Utiliza descaradamente los catalanismos, forzando el idioma castellano más allá de los límites de Castilla, hasta convertirlo en español universal. Es capaz de escribir que ha nacido en la «yema de huevo [*el rovell de l'ou*] de Barcelona». A veces se inventa neologismos que sorprenden al oído castellano; pero que brillan en las armonías del español, lengua más moderna que el castellano y enriquecida por tantas modulaciones y cambios cromáticos que han aportado gallegos, andaluces, vascos, argentinos, cubanos... A menudo utiliza fórmulas pedantes de dudoso gusto y se atreve a llamar *pantarca* (de *pan-arjé*, «el que todo lo ordena») a un maestro. Le aconseja al botones del Ateneo que no se deje llamar *botones*, sino *paje,* que es más noble. Y se sorprende cuando el muchacho le dice:

—Me da lo mismo, don Eugenio. Aquí lo único que un servidor reivindica es el derecho a disfrutar «equis días de vacaciones».

Equis días de vacaciones. Eso ya no es castellano ni español, sino la nueva lengua del imperio divulgada por la prensa franquista sindical. *Equis* días de vacaciones. Puro disparate orsiano: un título glorioso para el *Glosari*.

Su café preferido en Madrid era el Lion d'Or. Era el compañero ideal de todas las tertulias. A Antonio Díaz Cañabate –personaje pintoresco y minoico de la tauromaquia española, que recuerdo siempre con capa o vestido de negro– le oí contar muchas historias divertidas de Eugenio d'Ors. Cuando no adoptaba un seco talante de maestro, Xènius era sencillo y encantador. Podía pasarse una hora hablando con ingenio de cualquier tema: de cocina o de teatro, de Fausto o de Tristán, de Cézanne o de Sorel, de Verhaeren o de Malebranche, recreándose en su acento parsimonioso de catalán criollo. Se había inventado su propia lengua, con sus ritmos y fonemas, con sus eses sonoras, que dejaba caer, inesperadamente, junto a un seseo caribeño. Apenas movía los labios cuando hablaba, tal vez porque se comunicaba como los ángeles de Llull.

Sólo él era capaz de comparar a Churriguera con Richard Strauss, a Zoroastro con los Xiquets de Valls. «Cuando vengo en invierno a Burgos –comentó a sus amigos un día brumoso, en Castilla–, comprendo por qué el Cid Campeador conquistó Valencia; para bañarse al sol y comer naranjas.»

Le gustaban las paradojas y las anécdotas. Y explicaba cómo un periódico de Marsella había publicado una caricatura suya con bigotes, dibujada por alguien que no le conocía de nada. O disfrutaba contando la historia de una señora que se sentó a su lado en una cena y presumía de su árbol «necrológico».

Sus recetas de cocina eran siempre sorprendentes. Comía huevos duros con azúcar o canela y pan pintado; pintado naturalmente por él mismo en colores *fauves* (tomate, espinaca, azafrán). Conocía recetarios eruditos, como el que había publicado un andaluz llamado Rey, que fue cocinero en Londres, y que explicaba cosas tan prácticas como «la manera de servir una comida en una jaula de leones» o «las características de un almuerzo para dos personas». Pero también sabía recetas magistrales, como aquella que encontró en un libro de doña Emilia Pardo Bazán y que comienza: «Se coge un cerdo y se le castra».

A veces se entretenía citando momentos antológicos de una obra teatral de Federico Urales –el padre de Federica Montseny– que acababa con una agonía interminable: un moribundo que se arrastra durante diez minutos, buscando unos papeles comprometedores, y se derrumba diciendo: «¡No puedo más! ¡Estoy haciendo un verdadero *tour de force*, como dicen los franceses!». Al llegar a este punto Ors detenía su narración, buscando un golpe de efecto, y concluía: «Urales no triunfó en el teatro. El padre firmaba Urales y la hija Montseny. Tiraban mucho para las montañas. Pero digamos que el final de esta obra es dramático, para despertar el entusiasmo... aunque no indescriptible».

En su tertulia madrileña del Lion d'Or (él se sentía el *lion d'Ors*), hablaba de las magníficas representaciones del actor Rambal. Y sabía imitarlo magistralmente, recordando un melodrama tremendo en el que Rambal acababa diciendo: «Muerta no. Electro-cu-ta-da por el procedimiento más moderno».

Había visto a Rambal representando la *Pasión de Cristo* en un pueblo de Castilla. Y tenía un recuerdo magnífico del actor, con su corona de espinas, la lanzada en el costado y un paño de castidad sobre las piernas, cubiertas pudorosamente con medias de seda rosa... fumándose un gigantesco habano entre bastidores.

Sin embargo, tenía también un arte especial para crearse enemigos. A Wenceslao Fernández Florez le oí hablar con crueldad de Ors. Y José María Pemán me explicó el motivo: «Wenceslao es gallego, y Ors ha dicho en la comida de la Real Academia que sólo existen dos cocinas: la del aceite de oliva, que es la del Mediterráneo clásico, y la de la manteca, que es la de los esquimales».

La casa madrileña de Ors, en la calle del Sacramento, estaba decorada con sencillez, pero tenía elegancia. Una mesa conventual, pero con mantelerías de encaje. Una librería de pino, pero con los libros bien encuadernados. No faltaba, naturalmente, el ángel de Ors, esculpido por Frederic Marés. Y algunos bustos clásicos para hacer contrapunto al vino, servido en jarras talaveranas. En este ambiente, invitaba incluso a los obispos a comer *crê-*

pes, a condición de que ellos mismos les diesen la vuelta en la sartén. Y luego les ofrecía su conversación docta, explicándoles que se sentía heredero de los antiguos paganos griegos; aunque aceptaba respetuosamente algunos progresos modernos como la bufanda, las gafas... y el sacramento de la confesión.

«Jo d'aquest mort no en sabria parlar sinó darrera d'un silenci molt pur», escribió el propio *Xènius* al comentar la muerte de Joan Maragall. No un silencio puro, sino bastante oportunista y cobarde, siguió a la muerte de Eugenio d'Ors. Sus más fieles amigos le dieron una sencilla sepultura en Vilafranca del Penedès. Creo que Ors, tan aparente y barroco, tan mediterráneo y excéntrico, no habría asistido a este modesto entierro, de no ser él mismo el muerto. Hoy sus restos reposan en un rincón romántico del cementerio de Vilafranca, que él amaba mucho porque tiene los cipreses más bellos del Mediterráneo: bajo un mausoleo misterioso que lleva la inscripción A MATILDE. No sé quién fue esta parienta lejana de Ors que murió solitaria y soltera. Alguien me dijo que Matilde no era nadie de su familia. Había comprado esta tumba porque la vendían barata; pero su nombre es romántico y barroco, como esas letras del alfabeto que se tocan la cabeza con una «tilde».

Nuestro clásico, el poeta Jorge Manrique, ha cantado en versos sonoros el terrible expolio de la muerte. Pero esa muerte severa y monástica, a la que siguen, como acólitos con velas encendidas, la ruina y el silencio, me parece una inquietante figura de la historia española. El mismo Manrique murió, desquijarado y malherido, frente al castillo de Garci Muñoz. Su muerte fue violenta, aunque más violento ha sido el olvido que fue arruinando sus recuerdos: manuscritos y retratos, las casas donde habitara, ¿qué fueron sino rocíos de los prados? Todavía discuten hoy los tratadistas sobre el lugar de su nacimiento. Y aún no se ha escrito una completa biografía de sus pasos en la tierra. Pero España no es país de biografías. De la mitad de nuestros poetas o artistas apenas si poseemos media docena de datos. Uno puede recorrer el país, de parte a parte, sin encontrar lápidas, ni monumentos, ni rastros de los grandes hombres que lo habitaron.

Eugenio d'Ors murió también de muerte muy española: víctima de las rencillas, la incuria, la propaganda y el olvido. Yo le leí por primera vez fuera de España, cuando siendo todavía estudiante cayó en mis manos una edición francesa de su obra *Du Baroque*. «Este Eugenio d'Ors —decía Maragall, aludiendo aceradamente al estilo hirsuto y difícil de su colega— acabará escribiendo en francés.» Yo comencé por leerlo en catalán y en francés, y me hubiera gustado leerlo también en latín: lengua que habría sido el vehículo perfecto de su cultura. Pocos pensadores más originales ha dado nuestro país al mundo. Las raíces de su pensamiento habría que buscarlas en Ramón Llull o en aquellos arquitectos humanistas que Ors conoció a través de la tradición mediterránea y catalana. La arquitectura de su obra, como la de Palladio o Piranese, es barroca; pero su pensamiento es ilustrado y renacentista. A veces se olvida que fue el primer intelectual español que defendió la unidad de Europa, redactando en 1914 un manifiesto en el Ateneo Barcelonés, que fue más tarde traducido del catalán al francés por Romain Rolland.

Y cuando toda Europa vivía la luna de miel de las revoluciones, fue uno de los primeros intelectuales que se atrevió a decir que Hitler era un *Wildermann* (un hombre salvaje) que traería sobre la cultura y sobre la vida de los pueblos un auténtico apocalipsis de confusión. Eso le permitió también comprender el pensamiento místico, sin caer en el abandono orgiástico de los románticos.

Nadie como Ors era capaz de encontrarle un parentesco a la ambición y a la fingida pureza de algunos políticos. Porque ya en Roma, para hacerse elegir en los cargos públicos, tenían que deambular (*ambire* tiene la misma raíz que ambición) y dejarse ver con una toga blanca y cándida, que los distinguía como *candidatos*. Nadie como él para recordarnos que no es bueno que los pueblos dejen a sus sabios solos, porque Fausto —cuando se encierra en su laboratorio— acaba vendiendo su alma al diablo.

Como buen catalán pensaba con los ojos, con aquella mirada que se le iba volviendo tan profunda, demasiado paciente para nuestra luz impaciente. Sabía que en cada bloque de mármol duerme escondida una estatua. Y, por eso, su voz se volvía más honda cuando hablaba de los oficios, de los artesanos, de las cosas más bellas de Cataluña. Y todavía me emociono cuando paseo por las Ramblas y escucho el canto, delicado y tierno, de algunos pájaros enjaulados que me recuerdan la imagen ya perdida de los últimos artesanos de mi tierra, cuando los veía en mi infancia, trabajando amorosamente en sus talleres: dorando ángeles, bordando telas, componiendo galeradas de imprenta, barnizando las maderas con goma laca.

Pero nadie le hacía caso cuando pedía que sembrasen cipreses en la Plaza de Cataluña. Ni cuando decía que el sentimiento de un país no se encuentra, desgraciadamente, en las crónicas que publican algunos intelectuales sectarios en la prensa, sino en los coros del Orfeó: canciones de nostalgia y de exilio, de primavera y de amor, de madres que hilan y novias que esperan, de montañas que son altares y de barcas que salen a pescar, villancicos ingenuos, ideales que comparten los pueblos que creen en la libertad.

Creo que Ors tenía algo de Erasmo y de Goethe. Pero tenía, además, un sentido del humor, irónico y mediterráneo, que le hacía parecerse a Sócrates. Se necesitaba este sentido del humor, irreverente y amargo, para sobrevivir en la terrible España de los años treinta, cimbreada por los fanatismos fascistas y comunistas:

> Todos los problemas que
> trae consigo la Falange,
> se resuelven con que tenga
> la Falange fe en el ángel.

Ors no es un político, sino un pensador arbitrario, fantástico e imaginativo. En política es fascista, imperialista y angélico. De la misma forma que Marx es comunista, materialista y dialéctico. Palabras. Ors es contradictorio. Si uno se queda en sus estupideces fascistas —a menudo veladas por una ironía caricaturesca que echo de menos en sus adversarios— pierde sus geniales videncias estéticas.

En Cataluña, su buen amigo Prat de la Riba le nombró director de Instrucción Pública. Y despúes de la guerra civil, el dictador Franco le nombró director de Bellas Artes. Ors era un creador de bibliotecas. No había nadie en España que tuviese más ingenio para merecer estos cargos. Y buena prueba de ello es el juramento que redactó para los miembros del Instituto de España que tomaban posesión de su cargo académico: «¿Juráis en Dios y en vuestro Ángel Custodio, servir perpetua y lealmente al de España bajo imperio y norma de su Tradición viva, en su catolicidad que encarna el Pontífice de Roma; en su continuidad representada por el Caudillo, Salvador de nuestro pueblo?».

El pobre Pío Baroja tuvo que declamar este bodrio para tomar posesión de su cargo. Me figuro a don Pío, en el momento solemne, leyendo el texto con su cara de puma y su empaque indignado de ácrata. A lo mejor le gustó, porque está escrito –como decía Unamuno, hablando de Baroja– en *estilo cuneiforme*. El juramento debía pronunciarse sobre unos Evangelios y «un *Don Quijote* con cubierta ornada con el blasón del Yugo y las Flechas». La mezcla del Quijote con el Yugo y las Flechas y el Ángel de la Guarda es digna del premio nacional de pastelería. No conozco una caricatura más intencionada y brutal de la estética fascista. Si algunos intelectuales pedantes hubiesen tenido este mismo sentido del humor con el fanatismo comunista, habrían presentado la sagrada momia de Lenin en la Plaza Roja, conduciendo una cosechadora.

«Cuando Luis XIV murió –ha escrito Voltaire– la naturaleza descansó.» Los intelectuales eran entonces más valientes.

Eugenio d'Ors fue probablemente el último heterodoxo romántico: contradictorio, volteriano, anarquista y autoritario. Cuando era director de Instrucción Pública, autorizó la edición de una obra que defendía el amor libre; provocando así la indignación y la protesta de algún cardenal español que no debía de saber nada del Ángel. Pretendía que todas las bibliotecas tuviesen, junto al *Arte de trabajar la tierra* o las *Vidas de santos*, las obras que entonces se consideraban perniciosas, como *Les liaisons dangereuses*. Es fácil comprender que durase muy poco en sus cargos. Tenía catadura moral erasmista de pensador sentado, pero era un provocador. Le habría gustado pintar como Leonardo y escribir como Boccaccio. Era un místico, capaz de hablar con los ángeles. Pero tenía una mezcla de sangre catalana y cubana que le hacía más barroco, como esos terribles angelitos que se rizan los pelos delante de un espejo en los retablos de los pintores criollos.

Eugenio d'Ors fue un hombre lleno de exageraciones. Y su intervención política en la España de la posguerra está llena de pretenciosos desplantes. Nicolau d'Olwer –un amigo fiel que no le volvió la cara en el momento de su caída– ha escrito, con muy justas palabras: «Nos ha propuesto la palabra Imperialismo, cuando era preciso predicarnos la modestia».

Pero también dijo: «Que cada uno revele y cultive aquello que en él hay de angélico, esto es: el ritmo puro y la suprema unidad de la vida; lo que declarado quiere decir: la elegancia».

Adoraba los fastos del Renacimiento. Y quizá, aunque nunca lo dijo, cuando hablaba del Ángel Miguel, pensaba en Miguel Ángel. Escribía sus cartas en papel japón que compraba en la casa Jordani i Font. Se volvía loco por los membretes altisonantes. Le gustaban las haches iniciales del castellano y las terminales que conservaba todavía el catalán. Amaba «todas estas cosas inútiles». Por eso se firmaba d'Ors cuando se llamaba Ors.

Prefirió siempre la excentricidad a la medida, lo original a lo humano; y hasta en ese defecto se nos ha mostrado vástago fiel de estas tierras del Greco, de Goya, de Churriguera, de Gaudí y de Domènech i Montaner.

Ors es un personaje desconcertante: un mediterráneo, esteta, suntuoso, barroco. Para comprenderle bien hay que haber leído a Benedetto Croce; o, mejor aún, ser florista en las Ramblas. Y conocer un poco más a fondo una Barcelona que no aparece citada en las guías oficiales, porque es sorprendente, heterodoxa, rebelde, aristocrática, decadente, dandi. No hay que olvidar que, hasta el Renacimento, Barcelona tuvo también un sólido estamento aristocrático. Y, aunque esa clase social se vio debilitada por la decadencia del poder de los condes de Barcelona, dejó también su refinada escuela en la vida ciudadana: desde las fundaciones monásticas de Pedralbes hasta la iglesia del Pi, desde el Palau Reial hasta el Born o hasta Sant Pere de les Puelles. No sé por qué algunos se extrañan al descubrir que hay también un Ors monárquico, escondido en el alma de un viejo republicano.

En esa aparente contradicción está el espíritu de Barcelona: republicana —como vieja ciudad burguesa que ama sus instituciones liberales— y, sin embargo, monárquica como antigua capital de un reino medieval. No cometáis la ingenuidad de reducir Barcelona a esa receta «a la financiera» que querrán serviros algunos aficionados a la política turística. Porque, bajo la fachada aparente de sus Bancos y de sus Bolsas, de su Passeig de Gràcia o de su Rambla de Catalunya, se oculta también la nostalgia romántica del señorío catalán, el sueño renacentista de los trovadores, la adoración pecaminosa del ocio, el regusto aristocrático de aquellos reyes que llevaban bellos motes humanistas —Martín el Humano, Pedro el Ceremonioso, Juan I el Amador de la Gentileza—, la ternura mediterránea de los juegos de amor.

Ésa es también la Barcelona de Eugenio d'Ors. En Italia le habrían edificado un *vittoriale* heroico, para que lo llenase de estatuas griegas y jugase a ser Gabriele d'Annunzio. En Alemania le habrían regalado un pabellón en Weimar para que entronizase a la Venus Ludovisi y jugase a ser Goethe. Pero en España apenas pudo pagarse un retiro de ermitaño en Vilanova i la Geltrú.

En realidad se llamaba Eugeni Ors Rovira. Le puso una *d* a su apellido por eufonía, y por ese sentimiento de dulce esnobismo que le llevó a enterrarse debajo de una *tilde*.

Cuando, a comienzos de su carrera, se presentó a un concurso literario convocado por la taberna de Els Quatre Gats, ganó un accésit que, por error, aparece otorgado a nombre de «*Eugenio Dos*» (¡llamarle *dos* a él que quiso ser siempre el primero!).

Al final de su vida volvió a Cataluña, intentó recuperar algunos antiguos amigos y se construyó una casa en Vilanova i la Geltrú. Esta luminosa villa mediterránea parece una página del *Glosari:* una mezcla provocativa de luz y humo, de chimeneas y velas, de cal y mar, de Cataluña y Grecia. En Vilanova, como en los balnearios románticos, se oye siempre el silbido del ferrocarril.

El estudio tenía las paredes pintadas de amarillo. Pero la marina azul que se veía por las ventanas le daba un color versallesco. Ors se sentaba en un sillón de madera y enea, frente a un pequeño escritorio, desordenado y lleno de libros. Prematuramente envejecido, tenía ya las alas cortadas y le costaba trabajo caminar.

Ya no tenía fuerzas para aceptar las invitaciones que le llegaban de Argentina y de Uruguay. Como la barca del pescador, se estaba muriendo en tierra cuando soñaba en los caminos lejanos del mar. Pero, encerrado en su cenobio, recibía en secreto la visita del Ángel.

González Ruano se sorprendió al observar que, a media tarde y a finales de julio, tenía encendido un quinqué con una luz espectral. Pero ya no era él quien leía ni escribía, sino la luz que le rodeaba. No tenía que inspirarse en nada, porque no era ya el escultor sino el modelo. El Ángel, sentado frente a él, iba esculpiendo su rostro con la frente amplia, los rasgos sensuales y barrocos, tan alejados ya del *noucentisme*, los ojos avizorantes y sentimentales, las cejas indómitas y leonardescas, las ojeras cansadas... Misteriosamente, el Ángel había descubierto también en su rostro dolorido delicados rasgos modernistas de piedad.

Luego, después de su muerte, unos discursos oficiales, algunos insultos de mal gusto y un silencio muy puro. Debe ser el réquiem de Barcelona al penúltimo de sus ángeles malditos.

Un olor de menta y melisa

ABBOTSFORD, EL CASTILLO DE WALTER SCOTT

Al sureste de Escocia, junto a la frontera inglesa, se extiende una suave comarca a la que llaman, por su situación geográfica, The Borders. El verano se apaga dulcemente en estas tierras, con una lluvia vaporosa, sutil y menuda, que barre el paisaje con su pincel de acuarela. Las ovejas pacen en las colinas. Andan tímidas y fugitivas, como si llevaran en su doliente mirada el reflejo de las abadías y castillos que yacen dispersos, como vajillas rotas, por la pradera.

Hace ya muchos años que llegué, por primera vez, a esta comarca escocesa, llevando en el corazón muchas lecturas de infancia. Había pasado unos días en Edimburgo y me refugié en estas tierras, buscando el castillo donde había vivido Walter Scott.

Cuando yo era pequeño, un amigo de mi padre, profesor de Historia, me contaba las aventuras de Ricardo Corazón de León. A veces me invitaba a su casa, porque se había casado con una muchacha joven que no tenía hijos y echaba de menos la compañía de un niño. Y, al acabar de comer, mientras él se refugiaba en su escritorio a preparar sus clases, ella se hacía calentar una taza humeante de melisa y menta, se sentaba a mi lado y me prestaba las obras de Walter Scott, encuadernadas en una piel mate, que tenía un tacto seco y tibio, como el de una mano. Tenían una casa oscura y misteriosa, llena de libros y manuscritos, de viejas armaduras y estatuas antiguas. Me llamaba la atención un escudo en el que los reyes de armas dibujaron, atravesado por una flecha, un pájaro muerto. Pero recuerdo, sobre todo, el dulce perfume de hierbabuena que invadía el salón, mientras me iba quedando dormido sobre el hombro de aquella muchacha, con el libro en las manos.

A orillas del Tweed se sentaba a leer el joven Walter Scott, a esa edad en que el futuro, el presente y el pasado corren en nuestros corazones como un río de aguas turbias. Muchas veces se encaramaba a las ramas de un árbol, mecido por la brisa de poniente, y en este castillo aéreo se imaginaba un porvenir sonante y caballeresco, como las vidas de los antiguos hidalgos que regresaban de Tierra Santa con armaduras de plata o hábitos encapuchados.

Creo que nadie ha igualado a Walter Scott, creando decorados dramáticos. Y, probablemente, habría sido también un gran dramaturgo o, mejor aún, genial director de cine; porque tenía un instinto excepcional para el movimiento escénico. Por eso *La novia de Lammermoor* alcanzó más éxito en la ópera de Donizetti, con un montaje teatral, que en la versión original de Scott. A veces sus personajes se pierden en el contexto de una complicada historia o de largas y prolijas descripciones.

Podría decirse que algunas novelas de Walter Scott se sostienen en una arquitectura heroica, épica y voluntariosa; pero, como ocurre con las iglesias góticas, yo las conocí ya en la ruina, cuando tenían el encanto de no estar de moda. Por eso disfruté tanto en mi infancia con aquellos personajes que se me aparecían en las brumas de los claustros caídos, en los jardines abandonados donde se siente el dulce olor de las flores de melisa, en el desván de mi casa, donde encontraba siempre cosas viejas (una mandolina sin cuerdas, una vieja espada y un turbante) para disfrazarme de caballero o de sultán. En mis memorias *(Llegar cuando las luces se apagan)* he dedicado algunos recuerdos a este maravilloso desván donde aprendí a soñar.

Mientras leía *Ivanhoe* y *El talismán*, me imaginaba ser uno de los caballeros de la corte de Ricardo I. Y, gracias al viejo profesor de Historia y a su mujer, llegué a conocer tantos pormenores de la vida de Corazón de León, que me sabía de memoria algunas de sus trovas en *llengua d'oc*, como aquella que comienza «Ja nuls hom pres» (ningún prisionero), a la que yo había puesto una música inventada.

Me subyugaba la idea de llegar a ser caballero y trovador, como el rey inglés. Y, siguiendo sus pasos, he recorrido toda la ruta de los cruzados, desde Vézélay hasta Tierra Santa. He visitado las reliquias de Ricardo I en Ruán, donde llevaron su corazón en una caja de oro y plata. Cruzando el Mediterráneo, pasando por Marsella, Corfú y Creta, navegué hasta Chipre, para conocer el castillo donde se casaron Corazón de León y Berenguela de Navarra. Y, en esta aleccionadora peregrinación por las ruinas, llegué también a Dürnstein, en el más bello rincón del Danubio, escalando los muros de la fortaleza donde mi héroe estuvo prisionero. Dicen que, a la vuelta de la Tercera Cruzada, andaba disfrazado de mendigo, para que no lo reconociesen sus enemigos. Pero Leopoldo de Austria, que era vengativo y le guardaba una deuda de honor, lo capturó y lo encerró en estas tierras.

Hoy los lienzos de las murallas están rotos y podridos. Pero todavía se divisa, desde las almenas y las grietas, el mismo campo de viñas que Ricardo vio florecer en la primavera de 1193. Más de una vez he probado los primeros vinos del Wachau en estas orillas del río, recordando que fue aquí donde el rey escuchó los cantos de su fiel trovador Blondel, que se había detenido a beber un trago en las viñas. Tomando su laúd, el rey respondió desde la torre con una canción doliente y ya casi olvidada: «Ja nuls hom pres non dira sa razon». Y así Blondel pudo reconocer la voz de su señor, reuniendo un rescate de treinta toneladas de plata, que pagó su madre, Leonor de Aquitania, para liberarlo.

Pero mis peregrinaciones siguiendo las huellas de Ricardo Corazón de León no se acabaron en Dürnstein, sino que me llevaron hasta un pequeño pueblo del Lemosín, llamado Chalus. Allí se levanta la vieja torre de una fortaleza que fue estratégica, ya que controlaba los caminos de Aquitania, de Occitania y de España. Y allí fue donde el valeroso Ricardo murió a los cuarenta y dos años, después de recibir una herida de ballesta en la espalda.

La extraña comitiva

El 28 de mayo de 1812 los campesinos de Ashestiel vieron salir del pueblo a una extraña comitiva. Al frente iba su querido «sherrie» *(sheriff)* Walter Scott. Le seguían su mujer, sus cuatro hijos, las criadas, el fiel Tom Purdie, los animales de la granja y algunos perros. Pero lo que más divertía a estos buenos escoceses eran «los carros de las basuras», pues así llamaban a las carretas donde sir Walter había amontonado su colección de corazas, lanzas y escudos medievales.

Después de casarse, Walter Scott había comprado una granja en la orilla derecha del río Tweed. La finca tenía cuarenta y cuatro hectáreas de bosque y prado, con una casa que se llamaba «Cartley-hole», aunque los campesinos del lugar la conocían por «Clarty [sucio]-hole».

La granja había pertenecido a los monjes de Melrose y, como estaba edificada sobre un vado *(ford),* los Scott decidieron bautizarla con el nombre de Abbotsford. En aquel mismo lugar se habían librado las últimas batallas del Border. De tanta historia sólo quedaban ya unos prados de hierba húmeda, un estanque para los patos y una casita con su granero. Pero Walter Scott no dudó a la hora de comprarla, pidiendo un préstamo a su hermano y empeñando los derechos de algunas de sus novelas.

Durante veinte años ésta sería la morada de Walter Scott. Y, de la misma forma que el poeta campesino fue evolucionando hacia el novelista heroico, la granja se convirtió en un castillo digno de aquellos personajes inolvidables de la corte de Ricardo Corazón de León.

Mientras las novelas de *Waverley, Ivanhoe, Rob Roy* y tantos otros personajes salían de su imaginación, la casa se fue convirtiendo en el edificio más novelesco que jamás se haya construido.

Como sus novelas, Abbotsford es una colección de fragmentos de historia, una galería de antigüedades, el refugio más perfecto que haya podido imaginar un hombre solitario y fantástico.

Cuando llegué por primera vez a este castillo mágico yo era apenas un muchacho. Y encontré en él todos mis sueños de infancia, como si estuviese removiendo los baúles del desván de mi casa: la espada de Rob Roy; una piedra de estelión que tiene poder contra los encantamientos de las hadas; las abejas doradas del capote de Napoleón, que los ingleses encontraron en su carruaje, abandonado tras la huida de Waterloo; las llaves del castillo de Lochleven, perdidas por María Estuardo, y una urna de plata que envió Lord Byron de Grecia...

Yo llevaba también una ofrenda: la primera edición de *Ivanhoe* en lengua española, que me había regalado aquel viejo profesor de Historia, después de la muerte de su joven esposa. El antiguo ejemplar, crujiente como un pastel horneado por el tiempo, todavía olía a melisa y menta.

Los Scott de Harden

Walter Scott descendía de los Scott de Harden, un clan escocés que sigue vistiendo todavía con orgullo su tartán verde y rojo, con un escudo de armas donde aparecen dos lunas y una estrella con la divisa «Amo».

En el fondo de su corazón, Walter Scott fue siempre un buen campesino escocés: duro de gestos, vitalista, orgulloso como un palurdo, tierno como un gaitero. Su única afición era recorrer las aldeas buscando antiguas baladas escocesas, pescando el salmón o cazando liebres. Y siempre celebrará las Navidades en casa del jefe de su clan, manteniendo así la tradición de vasallaje.

Tenía el pelo color de trigo, la cabeza sólida, la piel arrebolada y sanguínea. Y, comiendo –sopa, carne asada, cerveza negra y whisky–, tenía «los gustos sencillos de un granjero». Su único vicio era fumarse un par de cigarros «para ahuyentar el invierno frío y ahogar las fatigas del día». Se levantaba de madrugada, como el cazador furtivo, y salía con sus perros a espantar los fantasmas de la noche romántica.

Era, en muchos aspectos, un hombre de pasmosa vulgaridad. No se distinguió nunca por esos rasgos excéntricos que la psicología romántica busca en el genio. Aunque sufrió algunas crisis depresivas a lo largo de su vida, encontró siempre, en la naturaleza, un remedio para sus males.

Cuando no podía pasear por el campo se convertía en un burgués acobardado y ridículo; como lo había sido el viejo Walter, su padre, que «llevaba una lista completa de todos sus primos, para no olvidarse jamás de asistir a sus entierros». Y entonces surgían en su memoria los fantasmas depresivos de su infancia: oscuros recuerdos de un hogar triste y de aquellos domingos que transcurrían entre sermones, oraciones y lecturas religiosas.

Encerrado en su despacho de abogado, Walter Scott perdía toda su vitalidad. Y se dejaba llevar por los dolores, las palpitaciones, las angustias. La cojera que le dejó la poliomielitis en su infancia se apoderaba de todo su cuerpo. Y los amigos le veían andar solitario por las calles empinadas de Edimburgo, como una langosta arrastrada por el viento, en un desierto de bruma. Caminaba gruñendo, como si volviera de cometer un crimen a la luz de gas. Y en esas noches de la ciudad llovida, cuando las estrellas de sus ojos se apagaban detrás de los cristales de sus gafas, hablaba latín y sentía que «las patas de los perros se posaban en sus rodillas».

Al casarse, Walter Scott se estableció en el corazón del viejo Edimburgo, en el número 39 de Castle Street. Su mujer, Marguerite Charlotte Charpentier, era hija de un realista francés caído en la Revolución.

Pero ella se sentía tan británica que llegó a cambiar su apellido por el de Carpenter, aunque descubría su origen francés pronunciando la «th» con una fuerza explosiva, propia de un artillero napoleónico.

Walter y Charlotte se habían conocido en el verano de 1797 en Gilsland, un balneario de moda. Él la encontró simplemente «simpática». Pero el 24 de diciembre se casaron en Carlisle.

Charlotte no había sido el primer amor de Scott. Y en algunas de sus novelas encontramos la sombra de un capricho de juventud: Williamina Belches. En *Rob Roy*, en *Rokeby*, en *La novia de Lammermoor*, en *La balada del último trovador* y en el mejor de sus retratos femeninos, la Catherine de *El abad*, aparece el rastro de esta aventura.

Walter y Charlotte tuvieron dos hijos y dos hijas. Pero sólo las muchachas sobrevivieron a su padre, porque los varones murieron jóvenes, contribuyendo así a la leyenda romántica de los Scott:

el mayor, Walter, fue oficial de húsares en Bangalore y murió en la mar, cerca del cabo de Buena Esperanza; el pequeño, Charles, fue diplomático y creo que acabó sus días en Teherán.

Los felices días de Abbotsford

Los Scott vivieron en Edimburgo hasta 1826, cuando tuvieron que vender su vieja casa porque la economía familiar estaba en la bancarrota.

Era una oportunidad única para volver a las tierras sagradas de Borders. Desde su infancia, él había frecuentado estas praderas. Y ahora podía regresar, aprovechando su nombramiento como sheriff del Condado de Selkirk.

El castillo de Abbotsford se convirtió, desde entonces, en su obsesión y en su felicidad. A veces, se quejaba de las cien libras anuales que gastaba franqueando su correspondencia; pero, en medio de todos los problemas económicos, continuó siempre comprando tierras, almacenando antigüedades, criando perros, construyendo torres, muros y pabellones. Quizá por eso los editores se aprovechaban vorazmente de esta fiebre arquitectónica y le obligaban a adaptar sus novelas a los gustos más comerciales.

Las obras y las reformas provocaban, a menudo, un gran desorden en su casa. Los albañiles formaban parte de la familia. Y el día de la victoria de Wellington en Salamanca organizaron una fiesta escocesa alrededor de una hoguera. Pero él tampoco era un hombre ordenado y no podía soportar a las personas «que viven esclavos de la hora y vasallos de una campana». Era desordenado hasta el punto que le parecía completamente lógico el hecho de que Ahitophel «se ahorcara inmediatamente después de poner su casa en orden».

A veces, harto de arena y piedra, huía al campo con una torta de avena y un trozo de queso, acompañado por su perro *Camp*. Era un bello terrier, cruzado con bulldog, que tenía gran habilidad para saltar por los riscos. Pero no perdía de vista a su amo, que le seguía siempre cojeando, mientras el animal volvía una y otra vez atrás, para demostrarle con lametones y saltos cómo debía superar los pasos difíciles. Por eso Walter Scott lamentará toda su vida el instante maldito en que, haciendo una de estas demostraciones, la noble bestia se dislocó el espinazo, quedando convertido en melancólico perrillo de las alfombras.

Algunas noches Scott bajaba al río, para pescar el salmón a la luz de las antorchas. Y, cuando estaba nervioso, montaba en el pescante de su faetón y conducía a latigazos, temerariamente, como el fantasma de la niebla. A veces sentía también cierto rencor del gigantesco castillo que se iba comiendo los beneficios de su genio y de su trabajo: «Abbotsford —escribiría en un momento de cansancio— ha sido mi Dalila». Pero un minuto más tarde, hacha en mano, ya estaba inspeccionando la limpieza del bosque y plantando nuevos árboles. Al regreso, ya calmado, se hacía acompañar por Tom Purdie, que llevaba al brazo su manta y hablaba como Sancho Panza, llamando «nuestros libros» a las novelas de su amo.

Los campesinos sencillos, como Tom Purdie, serán siempre sus más fieles amigos. Uno de ellos, Will Straiton, conocía los mejores proverbios y canciones de Escocia. Era tan leal y tan fiel que no pudo soportar la ruina de su señor. Y cuando Walter Scott sufrió el peor revés económico de su vida, se metió en cama para no levantarse más.

Pero Abbotsford seguía creciendo. En 1822 ya no quedaba casi nada de la construcción primitiva. Y, un año más tarde, ya estaba instalada la magnífica biblioteca, con los espléndidos artesonados de su techo, copiados de la Rosslyn Chapel. Los veinte mil volúmenes, dispuestos en ordenadas estanterías de madera, estaban marcados en caracteres dorados con la inscripción «Clausus tutus ero» (anagrama de Gualterus Scotus). Hay también un busto de Shakespeare, el cartapacio que llevaba Napoleón en Waterloo, un arpa, retratos familiares, unos cabellos del príncipe Charlie, la bolsa de Rob Roy y la misteriosa piedra contra el maleficio de las hadas, que el propio Walter llevó de pequeño, montada en plata. El escritorio donde trabajaba estaba fabricado con trozos de madera de los barcos de la Armada Invencible.

Para celebrar la inauguración de la biblioteca, en 1823, organizó un baile que duró «hasta que se apagaron las luces de la luna, las estrellas y el gas». La instalación de gas, la primera que se creó en Escocia, fue realizada por el propio Scott. Sus descendientes mantuvieron esta iluminación hasta 1962. Pero el más ingenioso invento de sir Walter fue, probablemente, el sistema de timbres que funcionaban «por la sola acción del aire, según el verdadero principio de la cerbatana, sin la vulgar intervención del alambre».

En la armería guardaba Scott su trabuco de resortes, una fabulosa colección de pistolas, la espada y el puñal de Rob Roy, la carabina de Speck Bacher —el caudillo tirolés que luchó en 1809 contra bávaros y franceses— y las llaves del castillo de Loch Leven que se hallaron en el lago después de la muerte de María Estuardo.

Cuando se cierne la noche

Abbotsford es algo más que el sueño de un coleccionista de antigüedades: es la propia imaginación de Walter Scott, convertida en espacio amueblado.

Cuando en la noche ladra un perro, llora un niño y cruje una viga, los muebles de Abbotsford se comunican con un ruido quejumbroso de maderas en pena. Las viejas estatuas de la Abadía de Melrose contemplan entonces, con ojos asustados, el reflejo de la luna sobre los escudos, las armaduras y los sables.

El propio Scott vivió en 1818 una de estas noches embrujadas. Brillaba la luna de abril sobre las aguas del Tweed y en Londres acababa de fallecer George Bullock, uno de los amigos que habían contribuido más decisivamente a la decoración del castillo. A la hora puntual de la muerte, cuando le cerraban los ojos al cadáver, crujieron los muebles y se abrieron las puertas. Sir Walter, alarmado, se levantó blandiendo una espada a las dos de la madrugada. En la casa no había nadie. Pero las maderas crujían inquietas.

A pesar de estos sobresaltos, la vida de Walter Scott en Abbotsford transcurría con un ritmo tranquilo, apenas interrumpido por pequeños temblores, como el sueño de sus lebreles en la escalera de piedra. Scott trabajaba siempre con la ventana abierta para que sus perros pudieran entrar y salir de la habitación con toda libertad. A *Maida,* un precioso mixto de galgo y mastín con melena de león, lo inmortalizará dos veces en su obra literaria: el *Roswal* de *El talismán* y el *Bewis* de *Woodstock*. Y cuando sir Walter sufrió una grave crisis nefrítica, *Maida* aullaba junto a su amo, acompañando sus dolores con sus quejidos.

Pero al día sucede, como escribió Spencer, «la noche que se cierne sobre los cielos sin senderos». El 11 de mayo de 1826, Walter tenía que despachar unos asuntos en Edimburgo. Y, en el momento de ir a despedirse de su mujer, la encontró muy enferma; incapaz incluso de reaccionar cuando la besó para decirle adiós.

Cuatro días más tarde Charlotte abandonaría para siempre aquel castillo que, para ella, fue demasiado grande; más grande que una casa. Sucumbió al asma, a la hidropesía y al tiempo suave de la primavera que, a veces, llega con promesas vanas. La enterraron en la abadía de Dryburgh, en un hermoso día, entre «ruinas grises cubiertas y ocultas por nubes de follajes y de flores».

No he visto en Escocia un lugar más romántico que las ruinas de esta abadía, donde los monjes convirtieron el silencio en oración de quietud. Se cayeron ya las vidrieras, para despojar a la luz de colores superfluos. Se doblegaron los muros, se rompieron los claustros, se abrieron las puertas; pero, algún cazador místico, le quitó la vida al pájaro cuando iba a escapar al cielo. Y quedó, envuelto en un olor de menta y melisa, sólo el silencio...

Los perros de la melancolía

El viudo quedó solitario en su despacho de Abbotsford, trabajando con la ventana abierta para que pudiesen entrar y salir los perros de la melancolía. A veces repasaba las viejas cartas: «las cartas terribles de los que han muerto, dirigidas a los que todavía siguen sus andanzas en este valle de lágrimas».

Pero, a medida que se acercaba el invierno, reconciliado ya con el viento frío, se iba convirtiendo en monje místico: «Deberíamos dar gracias a Dios por la nieve, igual que por las flores del verano».

Cuatro años después de la muerte de su mujer, Walter sufrió un leve ataque de apoplejía. Las crisis se repitieron en los meses siguientes, hasta el punto que todos temían que se quedara paralítico o idiotizado.

En 1831 sus hijos lo llevaron a Italia para distraerle de sus amargos pensamientos. Pero desde Venecia regresó angustiado, convencido de que la muerte le esperaba ya con su guadaña en las brumas del otoño escocés. La noticia del fallecimiento de Goethe le afectó tan profundamente que, desde aquel momento, sólo quiso encerrarse entre sus recuerdos.

En julio de 1832 llegó nuevamente a Abbotsford, sentado en una silla de ruedas y envuelto en una bata acolchada. Todavía sonreía cuando le llevaban a pasear entre los macizos de rosas o cuando sus perros le lamían las manos. Se iba pareciendo, cada vez más, a los montañeses de su querida Escocia: hablaba ya de los muertos en presente, como si estuvieran vivos.

Convertido en roble viejo lloraba contemplando las riberas del Tweed, al evocar la memoria de aquel muchacho que se dejaba mecer en las ramas agitadas por el viento.

El 21 de septiembre de 1832, a la una, se entregó finalmente a la muerte, rodeado de sus hijos. Antes de cerrarse, sus ojos cansados se movieron lentamente, como si recorrieran cada uno de los rincones del comedor, donde habían instalado su cama: las finas porcelanas pintadas a mano, la mesa de encina del castillo de Drumlauvig, la urna de plata que le regaló Byron...

La abadía de Dryburg le esperaba en silencio, con su olor de menta y melisa. La comitiva atravesó los campos verdes del Border, donde pacen las ovejas bajo una lluvia menuda y sutil. Luego depositaron el féretro en las ruinas, en el mismo lugar donde él había escrito: «Hasta los árboles y las flores parecían decirme: somos tuyos de nuevo». Es la canción de todos los pájaros muertos.

Buscando un bastón en Weimar

IMPROMPTUS PARA FRANZ LISZT

Mis amigos piensan que no soy, precisamente, un genio de los negocios. Y es verdad que, a lo largo de mi vida, he convertido en literatura —en mala literatura— todo cuanto gané con mi trabajo de galeote y todo cuanto heredé de mis antepasados.

Los idiotas solemos consolarnos con el recurso de la honradez. Pero, si uno no hubiese sido educado en los principios de la honestidad, podría ser propietario de algo. Por ejemplo, de los bastones de Liszt.

Como Franz Liszt me atrajo siempre, antes incluso por su imagen de dandi que por su propia música, he seguido sus pasos por toda Europa, desde Madrid hasta Luxemburgo, desde París hasta Basilea y Roma. Y, hace ya muchos años, cuando existía aún la República Democrática Alemana, decidí pedir un permiso para visitar su casa de Weimar.

Es un pabellón romántico, donde había vivido el jardinero en jefe de la corte ducal. Y está situado frente a la Bauhaus, junto al parque del río Ilm.

Aún se conserva el salón y el gabinete de trabajo de Liszt en esta casa, decorada con cortinas verdes y rojas, como la tienda nómada de un *tzigane*. Componía generalmente en el gran piano de cola Bechstein; aunque también utilizaba el pequeño Ibach, de colores más vivos y timbre más agudo. Desde el parque podía contemplarse su cabellera blanca y su frente inclinada sobre el papel pautado, mientras escribía en el pequeño buró situado junto a la ventana.

Allí trabajé, escribiendo una pequeña biografía de Liszt, hasta que caducaron mi permiso y mi visado. Recogí mis papeles y mis cosas y, cuando ya iba a marcharme, una de las cuidadoras del museo —una de aquellas viejas campesinas que utilizaban los burócratas del régimen comunista para vigilar sus colecciones de arte— me miró con ojos maternales, humedecidos por un corazón de oro, y me dijo: «Llévese algún recuerdo, profesor. Aquí todas estas cosas no durarán mucho».

Me quedé estupefacto, porque no podía pensar que la propia celadora de un museo ofreciese las piezas más sagradas a sus visitantes. Rechacé naturalmente la oferta con una sonrisa, le di un abrazo y una propina y bajé las escaleras. Pero, antes de llegar a la puerta, la pobre mujer me llamó nuevamente y me alargó un bastón. Era uno de los bastones de Franz Liszt, con un puño de cristal de Bohemia verde. Lo reconocí enseguida, porque con él había enamorado a la condesa Hanska y despertado los celos de Balzac.

El cometa Halley

Dicen que los grandes vinos, como la mejor cosecha de Veuve Clicquot que conquistó la corte de los zares, nacen cuando pasan los cometas. Y, en la noche del 21 al 22 de octubre de 1811, los habitantes de la aldea de Raiding, situada en la frontera austro-húngara, vieron cruzar por los cielos un cometa: un punto luminoso, seguido de una cola errante de sombras y nubes blancas.

En aquel instante sólo existían Raiding y el universo. Los gansos gritaban inquietos a orillas del río. La torre de la iglesia arrojaba una sombra resignada y vetusta sobre el grupo de pobres casuchas. También había un muro largo que iba a perderse en el bosque. Y en la caja silenciosa del firmamento, como un genio de larga cabellera, extendía sus dedos el cometa vagabundo.

Bajo estos signos vino al mundo un niño frágil y enfermizo que se haría famoso como artista errante: de cuerpo afilado, cabeza luminosa, larga cabellera, temperamento inquieto y cierta melancolía de ángel bueno extraviado en la noche.

Nacido en tierra fronteriza, entre Austria y Hungría, se parecía un poco a esos gitanos que, en los días alegres, llegaban a la plaza de Raiding con sus violines temblorosos. Los alemanes y austríacos le llamarán siempre Franz Liszt. Los húngaros le nombrarán Liszt Férenc, anteponiendo el apellido como es costumbre en el país. Él se sentía húngaro, con esa devoción radical e ingenua que deja en el corazón de un hombre la tierra donde fue niño y aprendiz de todo: «Vengo de Hungría —escribe cuando ya es un pianista famoso— y he vuelto a ver este suelo robusto y generoso que produce nobles hijos: es mi país, porque yo también pertenezco a esta fuerte y antigua raza».

Pero los hombres no pertenecen sólo a la tierra donde nacen. «Franciscano y gitano», se llama a sí mismo Franz Liszt. Y, como buen franciscano, no posee una tierra: se nutre de alimentos líricos, de bocados de amor. Como el gitano, no es un propietario burgués, sino un fundador de reinos. Por eso cuando redacta su testamento pide que se le entierre en el cementerio más próximo, sin misa de réquiem, ni más trámite que una simple ceremonia en la parroquia. Y sus deseos se cumplen: el presidente del Consejo Húngaro, Coloman Tisza, no permite que el ataúd entre en su tierra natal. Y un periódico nacionalista de Bayreuth publica su necrología citándole, simplemente, como «el suegro de Wagner».

Adam Liszt, el padre del compositor, había sido franciscano —el hermano Mateo— antes de contraer matrimonio con Anna Lager, obrera de las fábricas de jabón de Nagymarten. En la casa de Raiding, junto a la vieja estufa de porcelana verde, se conserva todavía la imagen de san Francisco, que era el tótem sagrado de la familia Liszt. Por la ventana se divisa un pequeño jardín con un pozo donde Anna sufrió un accidente pocos días antes del nacimiento de su hijo. El niño, naturalmente, se llamaría Francisco.

Pero el hermano Mateo no estaba destinado a sembrar florecillas místicas. En vez de pastorear hombres tuvo que apacentar los rebaños de la familia Esterházy, poderosa dinastía de terratenientes que habían tenido, entre sus más fértiles propiedades, a Haydn y a Mozart. Para comprarle el primer piano a su hijo, el hermano Mateo tuvo que vender su reloj de oro y su hatillo de ganado. Pero el niño hacía maravillas con las octavas de su piano, agrupando los rebaños de notas como un pastor angélico separa las ovejitas blancas de las negras.

«Por el peso de las cosas terrenas no puede el hombre volar muy alto», decía Francisco de Asís. Su discípulo Franz Liszt escribirá más tarde: «¡Dichoso aquel que sabe romper con las cosas, antes de ser roto por ellas!».

La rosaleda de Weimar

En junio florecen las rosas en Weimar. Se abren silenciosamente, como si el canto de los estorninos las invitara al vuelo o al baile. Tienen una juventud clandestina y secreta; una vida carnosa y fugaz. Para los griegos eran hijas de la sangre de Venus y del amor de Adonis. Pero su candidez silenciosa se relacionaba también con los misterios de Harpócrates, dios de las horas calladas. Los romanos empleaban la expresión «hablar *sub rosa*» para referirse a los proyectos que se planean en secreto.

A Goethe le gustaba pasear por los caminos de Weimar cuando la primavera despuntaba en los prados. Aplicaba sus ojos inquietos a los capullos germinantes, observando cómo la naturaleza ilustraba a los hombres. «La creación —dirá Goethe, oponiéndose a la tempestad romántica— se hace por un proceso paciente y no revolucionario.» Como brotan las rosas de Weimar...

Como se abren las rosas va creciendo también el pequeño Liszt, hijo mirífico del hermano Mateo. Este último ha abandonado ya sus rebaños y, arrastrado por la fiebre lírica de los gitanos, ocupa en 1819 el cargo de director de orquesta de la Corte de Weimar. Pero su cargo lo debe, sin duda, a los precoces triunfos del pequeño Liszt, que ha conquistado, a los ocho años, a la aristocracia vienesa.

El ídolo popular vienés es, por entonces, un joven de tallo graso y espíritu melancólico. En las cervecerías le llaman Schwammerl (setita), aunque su verdadero nombre es Schubert.

En aquella Viena feliz triunfan los hombres orondos, como el gran Rossini, sibarita insaciable y exigente. Tiene una panza tan aparatosa que sus adversarios afirman que jamás ha conseguido verse los pies. Gautier, más perverso, escribe: «La orquesta del maestro Rossini abusa del metal y tiene siempre un no sé qué de cacerola o batería de cocina».

La mesa es uno de los pocos entretenimientos de aquella Europa de Metternich, amenazada por revoluciones hambrientas. Después de la derrota de Napoleón, la vida pública ha sufrido una involución medrosa, convirtiéndose en vida secreta. Stendhal se queja de que los salones están vacíos, porque la gente tiene miedo de las represalias políticas y se encierra en sus casas. El rey francés Luis XVIII come también con avidez, y sus enemigos escriben al pie de los decretos reales un dístico burlón: «Tout nous annonce que l'auteur, doit être un roi restaurateur...».

Marie d'Agoult, que será la amante de Liszt, describe así la vida rutinaria de la aristocracia francesa: «Seis meses de castillo, seis meses en París, baile de Carnaval, concierto y sermón en Cuaresma, matrimonios después de Pascua, muy poco teatro, ningún viaje y juegos de cartas a todas horas». La existencia europea anda tan maltrecha que hasta el campo se considera una aventura aburrida o peligrosa. Un autor de teatro de la época introduce esta acotación en su obra: «La acción transcurre en un lugar horrible: el campo».

En medio de esa Europa redondeada, otoñal y sedentaria, Franz Liszt aparece como un gitano de cabellera agitada y perfil vertical. Sólo hay dos hombres tan estrechos que puedan entrar por la misma puerta: Chopin y Paganini. Pero Chopin es nacionalista y utópico; Paganini, diabólico y romántico. «Cuando Liszt interpreta mis estudios —dice Chopin— me saca fuera de mis honestas ideas.»

Franz Liszt no tiene ideas honestas: es un ángel, un gitano, un franciscano enamorado de las rosas fugaces. Fuma más que come. No viaja nunca sin su arcón de puros habanos o largos cigarros de Virginia. A su discípulo Kellermann le dice un día: «¡Un músico debe fumar!». Y, para dar ejemplo, quema doce habanos, uno tras otro, mientras estudia la *Fantasía en do mayor* de Schumann.

La condesa Marie d'Agoult lo encuentra en 1832 y se enamora, nada más verlo: «alto de talla y delgado hasta el exceso, un rostro pálido con grandes ojos de un verde mar donde brillaban fugaces reflejos... un andar indeciso que parecía deslizarse más que apoyarse en el suelo, el aire distraído... Hablaba majestuosamente, de una forma abrupta».

Se apropia de las mujeres por asalto, igual que el gitano. Y no las lleva al matrimonio sino a la aventura, despertando en ellas caprichosas tormentas de deseo y arrepentimiento que son tan refrescantes en la vida de algunas mujeres. La condesa Plater afirma con toda franqueza que «gustosamente elegiría a Chopin como marido y a Liszt como amante». El polaco no le perdonará nunca estas traiciones. De la misma forma, Balzac comete el error de enviarle a Rusia con un recado de amor para la condesa Hanska. Ella, en cuanto lo ve, se enamora como un pajarito goloso de sus labios: «Lo que hay de mejor en él es el suave contorno de su boca; hay algo particularmente dulce, y yo diría incluso seráfico, en esta boca que cuando sonríe hace soñar el cielo». A Eve Hanska le gustan los dandis como Liszt, que tiene una bella colección de chalecos y bastones. Balzac, naturalmente, llega corriendo y se interpone entre ellos: «Guardaos de ese mono —le dice a su novia—, de este saltimbanqui... Es un horrible animal del desierto». Más tarde se vengará cumplidamente de Liszt en su novela *Beatrix o los amores forzados,* donde lo describe como un pobre artista, devorado por una mujer.

De todas formas, Balzac había descubierto el punto débil de Franz Liszt. Ya su padre, antes de morir, le había dicho: «Tienes un buen corazón, querido Franz, y no careces de inteligencia. Pero cuídate de las mujeres».

Su éxito con las mujeres estriba precisamente en que no tiene medida: es un hombre con un corazón de niño, caprichoso y voluble, apasionado y soñador; justo lo que se necesita para sacarle un *impromptus* a un piano. Un día se dirige al sabio Mignet y le dice: «Enséñeme, por favor, toda la literatura francesa». Cuando se hospeda en el Hotel d'Angleterre, frente a la casa de pianos Erard, en el viejo centro de París, se siente compositor *di bravure*. Pero le basta mudarse al Hotel de Strasbourg, cerca de Montmartre, para «desear morir lentamente de hambre en el cementerio». Y no necesita más que instalarse frente a la iglesia de San Vicente de Paul para abrir su corazón «a las dulces consolaciones cristianas».

En Weimar se siente, ya en los últimos años de su vida, franciscano y jardinero. La corte le reserva un parterre del jardín para que pueda cultivar sus rosas. «La locura de la Exaltación de la Cruz —escribe en su testamento— era mi verdadera vocación. La he sentido en lo más profundo de mi corazón desde la edad de diecisiete años, cuando pedí con lágrimas y súplicas que me dejasen ingresar en el seminario de París.»

Mientras cultiva las rosas de Weimar se va volviendo más vertical. Quizá tiene aún un recuerdo para Marie d'Agoult, la mujer que le dio tres hijos: Blandine, Cósima y Daniel. La condesa se describía a sí misma como una Lorelei de cabellos rubios y ojos azules. Pero ha sido también una mujer vertical... «Enseguida me di cuenta de que era muy fría», dirá George Sand. «Parecía que se había atrapado la cara con una puerta», escribe —cruel y vengativo— Balzac.

Los hijos de Liszt y Marie sufrirán, desde pequeños, este desarraigo familiar. Van naciendo en las etapas del camino, como los hijos de los nómadas. Blandine nace en Ginebra «hija natural de Franz Liszt, profesor de música, de veinticuatro años de edad y de Catherine-Adelaïde Méran, rentista, de veinticuatro años de edad». Ella no sólo utiliza un seudónimo al inscribir a su hija en el registro, sino que se quita seis años. La pobre Blandine se educa en casa de un pastor protestante y morirá joven, a consecuencias de un mal parto. La otra hija, Cósima, nacida en Como el 25 de diciembre de 1837, se casará con el director de orquesta Hans von Bülow, pero será la fiel amante de Wagner. Y el pequeño Daniel nace en Roma y se cría también con una nodriza, lejos de sus padres. «Mis hijos —escribe George Sand, con su habitual rabia y su gusto por las maledicencias— son míos y yo los alimento, los educo, les doy mi nombre, mi tiempo y mi vida; al contrario que *la otra*, que los abandona, los olvida, los hace criar en un tugurio, mientras ella vive en el terciopelo y el armiño, ni más ni menos como una entretenida y no se ocupa de su progenie, como si se tratase de un montón de gatos.»

Orfeo en Weimar

Marie d'Agoult, abandonada finalmente por su bello gitano, se consolará en París con Sainte-Beuve, a quien alguien llamó «el consolador de las pasiones extintas». No en vano el feroz crítico acababa de consolar también a Adela, la esposa de Víctor Hugo.

Quizá por eso Hugo y Liszt se comprenden. El aparatoso Hugo (a quien su nuevo y fiel amorcito llama Toto) escribe a Weimar una ampulosa misiva saludando a Franz Liszt: «El proscrito de Jersey estrecha la mano al Orfeo de Weimar».

Este juego de motes y seudónimos tiene más importancia de la que parece en la vida de un artista. Porque el arte es también la búsqueda de un nombre oculto: incita a los hombres a comunicarse con el misterioso tetragrama de la creación, dando presencia a las fuerzas misteriosas que animan al mundo. En el origen de todo está la palabra, o quizá sería mejor decir la voz.

De la misma forma que los iniciados egipcios adoptan un nombre secreto al elegir la vía de la iluminación, los patriarcas hebreos cambian su mote tribal al recibir la llamada de Jehová. También Jesús llama *piedra* a su discípulo Simón Bar Jona. ¿Y no cambian su nombre los cristianos en el momento del bautismo, poniéndose bajo la misteriosa envoltura nominal de un santo protector?

Mozart ha pasado por el mundo firmando sus cartas con un sinfín de motes cómicos: Mozartini, Gnagflow, Trazom, Sauschwanz. Hölderlin vive loco a orillas del Neckar golpeando un piano que tiene las cuerdas cortadas y firmando sus poemas con un mote diabólico: Scardanelli. Wagner firmó algunas de sus cartas como Licurgo (lejos de Esparta). Nietzsche firmará sus últimas cartas: Dionysos o El Crucificado. Franz Liszt es más optimista en la elección de sus nombres y, cuando viaja con Marie d'Agoult y sus hijos por Suiza, se inscribe en un hotel como «Franz, músico, filósofo, procedente de la Duda, nacido en el Parnaso, con destino a la Verdad». George Sand, que le acompaña, también rodeada de sus hijos y de un amante, registra su habitación a nombre de la familia Piffoëls.

–¿Quiénes son estos Piffoëls? –dice el pobre hostelero al ver a George Sand que fuma una pipa y viste pantalón y corbata.

–¿A quién se refiere usted –pregunta Liszt–, a él o a ella?

–Da lo mismo; no sé nunca quién es él y quién es ella...

Pero el nombre tiene, además, especial significado para un discípulo del iluminismo como Liszt. Los masones cambian su nombre al ingresar en la Observancia: Goethe será Abaris; Herder se llamará Damasus Pontifex; Mozart tuvo mil nombres.

Liszt se hace masón en 1841, adoptando la vía humanitaria que triunfa en las logias del sur de Alemania. En el mismo año, naturalmente, recibe la invitación de la gran duquesa de Weimar para que se haga cargo de la orquesta de la corte. Y ni siquiera cuando en 1865 recibe la tonsura, después de un corto noviciado en Roma, abandona a sus amigos.

Durante su primera estancia en Weimar se instala en el castillo de Altenburg, manteniendo la vida de dandi que le ha creado una leyenda en toda Europa. Marie d'Agoult, la condesa republicana que le ha guiado como una madre por los salones elegantes, se alarma al ver que se exhibe ya con un escudo heráldico. Viaja en berlina propia, arrastrado por ocho caballos blancos, fumando indolentemente sus habanos o acariciando a cualquier camelia romántica entre cojines de seda. En 1839 recibe en Hungría un sable de honor y se presenta en escena vestido con chaqueta de color cereza, chaleco de seda blanca, pantalón azul con franjas de oro y botas de cuero cordobés con espuelas. A Marie d'Agoult le propone todavía pasar quince días de amor «en una bella y dulce cámara de terciopelo de orejas de oso, en la que tú serás el terciopelo y yo el oso». Pero sigue corriendo aventuras con todas las bellezas del siglo: la morena

Lola Montes, que se considera descendiente de Lord Byron; la fresca Camille Pleyel, pianista de fuga fácil y pronta; Marie Duplessis, la Dama de las Camelias; la marquesa de Caraman (a quien llaman, sin exageración, la marquesa de los cuatro amantes); Valentine de Cessiat, sobrina de Lamartine, que se convertirá en esposa y tía a la vez... Conoce a los grandes hombres de su tiempo: discute de filosofía con Heine; da clases de piano a Víctor Hugo y a su hija Leopoldine; come con Rossini; interpreta un concierto con Mendelssohn; colabora con Schumann, y escapa corriendo de casa de Lammenais cuando el poeta le pregunta:

—¿Ha observado usted, amigo Liszt, que el gran paño negro sembrado de lágrimas que cubre los ataúdes es el símbolo de la vida?

Franz es un místico; pero es también un vitalista. «Mi vida de saltimbanqui empieza de nuevo —escribe en 1840—. Arrastro tras mis pasos a una muchedumbre: dos empresarios, una *prima donna assoluta*, es decir, absolutamente detestable, una cantante simpática y un tenor cualquiera.»

Aprovechando un viaje a Inglaterra se traslada a Newstead Abbey, donde Lord Byron dejó una leyenda de loco inmortal. Su lema —incluido en la primera edición de sus *Años de peregrinación*— podría ser el mismo que anima al romántico Childe Harold: «I live not in myself, but I become portion of that around me».

Cuando Heine le acusa de ser una veleta ideológica, Liszt responde: «Nuestro siglo está enfermo. ¿No debería recaer este reproche sobre toda nuestra generación?». Y, poco después, vuela ya en su berlina roja y amarilla hacia Madrid para recibir el homenaje de Isabel II, que le concede la cruz de Carlos III y le regala una joya de su colección particular. Luego, en un carro tirado por seis caballos, donde transporta su propio piano, atraviesa, como un gitano, los olivares de Andalucía llegando hasta Córdoba.

Se codea con todas las familias reinantes. Doña María de Portugal le condecora con la Orden de Cristo. Nicolás I de Rusia —el mismo que ha condenado a Dostoievski al exilio de Siberia— le recibe en Roma y le dice:

—Usted y yo, señor Liszt, somos un poco compatriotas.
—Majestad...
—¿No es usted húngaro?
—Sí, señor...
—Pues yo tengo un regimiento en Hungría.

Aunque a sus ojos superficiales pueda parecer mentira, toda esa aventura existencial le va convirtiendo en un místico. El torbellino le arrastra hacia las vías del amor de la *Divina Comedia*. «Tú eres Dante y yo soy tu Beatriz», dice en un último intento para retenerle la pobre Marie d'Agoult.

—Las verdaderas mueren muy jóvenes —responde él, brutalmente.

Balzac le detiene un día en la calle y le explica que un hombre necesita siete mujeres. Es el eterno problema de Balzac: añadir personajes a la *Comedia humana*. George Sand, mujer terriblemente superficial, hace una confesión más ingenua: «Cuando se ha amado a un hombre no puede amarse a Dios». Es el eterno problema de la rebelde alumna de las monjas: creer que el amor debe conducir a la mala conciencia. Pero Liszt llega más lejos y alcanza la octava completa: necesita a siete mujeres y a Dios.

«El amor no es la justicia —escribe, en la vía ya de los iluminados— ni puede confundirse con el deber o el placer (aunque tiene algo de todo eso).» Y añade más explícitamente: «Lo que llaman mi inmenso éxito apenas me consuela de mi tristeza interior».

Pabellón para la última cita de amor

A esta altura de su vida puede analizar, con frialdad de entomólogo, las costumbres eróticas de la mantis Sand: «Se tragaba una mariposa y la aprisionaba en su caja, alimentándola de hierbas y flores: era la fase del amor. Luego la pinchaba con un alfiler, mientras la veía debatirse: era la ruptura, que siempre venía de ella. Luego hacía la vivisección y la disecaba en su colección de héroes de novela».

Liszt ya no es una crisálida: «Ha llegado para mí el momento —declara en 1845— de romper mi crisálida de virtuoso y dar vuelo a mi pensamiento».

La pobre Marie d'Agoult, abandonada por su galán gitano, se siente repentinamente tan voraz como la Sand: cambia su nombre por el de Daniel Stern y escribe una novela, *Nélida*, en la que destroza a su antiguo amante.

George Sand, que no acepta competencias, la maltrata también a ella en *Horace*, describiéndola como «una mano de alabastro cargada de sortijas»: la mano que abandonó un gitano.

Antes de que Liszt se instale definitivamente en Weimar, ya la condesa ha presentido el final de su romántica aventura de amor: «Algo me dice —escribe Marie— que esta ciudad será la tumba de nuestro amor».

En realidad hay ya otra mujer en escena: la princesa Iwanowska, esposa de Nicolás de Sayn-Wittgenstein; polaca, erudita, cristiana y campestre.

Mientras estalla la revolución de 1848, ella abandona la estepa rusa y se reúne con Liszt en Weimar. Durante años intentará resolver el problema de su divorcio, instalándose en Roma junto al pianista. Pero, cuando todo parece ya en vías de solución, el terrible gitano prepara su última fuga: se convierte en canónigo.

A partir de 1869 le encontramos instalado en la casa del horticultor-jefe de la corte de Weimar, ocupando el primer piso de este pabellón romántico que se levanta en la Marienstrasse, a la entrada del Parque de Goethe. En los tibios veranos de Weimar va a convertirse en el renovador de la música y en padre de la armonía moderna.

Se levantaba a las cuatro y se encaminaba, en ayunas, a la iglesia, siempre vestido con su levita de abate. Luego, trabajaba y ordenaba la correspondencia. Almorzaba la comida que le traían de las cocinas de la corte, rematando el ágape con copa y puro. Le daba tanta importancia al café que se lo tostaba él mismo en su casa.

Por la tarde aparecían por el viejo pabellón sus ruidosos alumnos. Abundaban, naturalmente, las alumnas, que pasaban un verano en Weimar con el solo propósito de dejarse acariciar los dedos por el abate. Algunas de ellas guardaban en un frasquito misterioso el agua con que se afeitaba. La «banda» –pues éste era el nombre que los buenos burgueses de Weimar daban a aquella tribu de locos– hacía terribles destrozos en la vida del maestro. Pero él los aguantaba, pacientemente, con una ternura de franciscano viejo o de narciso marchito. Un día los jóvenes le robaron la partitura del *Christus* para venderla en los mercados de lance. Con mucha frecuencia desaparecían los manuscritos del escritorio. En otra ocasión encerraron a un gato en la estufa para acompañar la *Sinfonía del Dante*. Éste fue, como es lógico, el único pecado que el franciscano no les perdonó.

Otros discípulos, más valiosos pero no menos rebeldes, estaban más lejos. El mejor de ellos, Richard Wagner, no le robaba partituras: se llevó a su hija Cósima. Pero, a cambio, Wagner le proporcionó las mayores alegrías de su vida artística.

Liszt ayudaba a todo el mundo. Isaac Albéniz, que le visitó en esta casa de Weimar, quedó tan impresionado por su personalidad que quiso también ingresar en un convento.

«Nadie, excepto yo –suele repetir– cree hoy en el Absoluto.»

Y a Wagner le escribe: «¿Has leído a Dante? Es una buena compañía para ti... Déjate convertir a la fe, la única, la verdadera dicha...».

Pero en esta hora de creación y huerto, mientras elige los lirios entre las rosas, no le abandonan los divinos asaltos del amor. La condesa Janina, capitana de una horda de cosacos, llega a su casa, vestida de hombre. Liszt intenta huir: lo hace seguramente por salvar los tapices, por un temor muy gitano de que la cosaca vaya a estropearle sus preciosas colecciones de porcelanas, de bastones, o de vajillas de plata...

Es verdad que hay que romper con las cosas, antes de que ellas nos rompan... Marie d'Agoult es ya una sombra. La princesa Sayn-Wittgenstein se ha convertido en estatua en algún jardín de Roma. Wagner acaba de morir en Venecia. El viejo franciscano se va quedando solo en su casa de Weimar, junto a una cómoda, un ropero con espejo y una *toilette* de dandi empolvado.

También Daniel, su único hijo varón, se ha ido con las cosas rotas. Su música se va haciendo ya coral, inquietante y misteriosa. En julio de 1886 acude a Bayreuth, donde su nieta Daniela contrae matrimonio con el joven Thode, autor de... una famosa biografía de Francisco de Asís.

Aún da un último concierto en el Casino de Luxemburgo y vuelve a Bayreuth, a fines de julio, enfermo de pulmonía. El domingo 25 de julio de 1886 asiste a una representación del *Tristán* desde el palco de Wagner. Las sombras le acompañan. El pabellón de amor de Weimar debe estar florecido de lirios.

Cuando el 31 de julio muere en brazos de su hija Cósima deja una herencia de franciscano: una sotana, varias mudas de camisas y seis pañuelos...

Dejó también, en su casa de Weimar, algunos bastones. Yo no me atreví a llevarme aquel que me había ofrecido mi vieja amiga. Y la última vez que he visitado la casa, en el año 2003, pregunté por los bastones. «Estaban muy estropeados –me explicó la nueva encargada del museo–. Y los han retirado. Será difícil que vuelvan a arreglarlos.»

Si uno no fuera idiota podría tener en casa un bastón de Liszt, aunque sólo fuese para regalarlo a un músico pobre con ideales de dandi. Pero esas cosas van a parar siempre a otras manos: gente seria que no cree en las vanidades de los artistas...

Un extraño recuerdo de familia

LA MANO DE BRAHMS

Cuando escucho a Brahms siento el peso de su mano sobre mi hombro. Nunca he podido evitar esta impresión que, a veces, cuando suena el *Réquiem* se convierte en una sensación freudiana, patriarcal, bíblica, ominosa y casi amenazante.

En mi novela *El testamento de Nobel* hice interpretar el sobrecogedor *Wilderruf* del *Réquiem* de Brahms —con esa orquesta que suena como el último golpe que da el ataúd en el silencio vacío de una cripta— en la iglesia de los Agustinos de Viena. En este mismo templo ejecutó el escultor Canova un impresionante monumento funerario en memoria de la archiduquesa Cristina, esculpiendo unas mujeres samaritanas que desaparecen por la puerta entreabierta de una pirámide sepulcral, como las vidas se van —llevando todavía ofrendas de vino y fruta, de miel y especias— por los escalones de mármol del no volverás. Por eso quise reunir en el capítulo de la muerte de Anna Hofer las dos creaciones artísticas que —juntamente con *Die Welt von gestern*, de Stefan Zweig— más fuerte impresión me producen.

A veces he pensado que esta inquietante sensación tenía un origen extrañamente esotérico. Brahms había nacido en Hamburgo, la ciudad de mis antepasados. No creo que haya una ciudad en el mundo que se parezca más al *Réquiem alemán* de Brahms. Esas torres gigantescas, sólidas como la virtud protestante, pesan —todavía hoy, cuando han sido terriblemente decapitadas por la guerra— sobre mis hombros. Paseando por los canales de esta amada ciudad he recordado muchas veces a mi bisabuelo Gustav, compositor, violonchelista, bendecido con un ingenio agudo que ha quedado bien manifiesto en sus cartas. Fue amigo y compañero de Brahms; tan cercano a él que llevó su obra a América, dirigiendo allí algunos de sus conciertos.

A través de estos recuerdos familiares, sé que Brahms podía ser tremendamente amable y considerado con todo el mundo; pero también sabía ser —como su música— malhumorado y brutal, sarcástico, rudo y dotado de una capacidad de insulto proverbial. Sus amigos no siempre le perdonaban sus rústicos modales de soltero misógino y hormonal; hasta el punto de que le gastaban algunas bromas feroces. Mientras la Boston Symphony Orchestra interpretaba alguna de las más duras composiciones de Brahms, mi bisabuelo se dirigió a una de las puertas de emergencia y colocó un cartel: EXIT IN CASE OF BRAHMS (Salida, en caso de Brahms). Para justificar este arrebato, mi bisabuelo le escribió: «No es la peor de las críticas; porque estuve a punto de quedarme dormido en la sala, y el sueño sí que es una cruel opinión artística…».

Brahms era contradictorio, tierno y brutal, a ratos familiar y sociable, pero normalmente solitario y arisco, dotado de una inteligencia musical insuperable y de un temperamento tímido que se refugiaba en las formas artísticas más exigentes: la sinfonía, la sonata, y la reflexión intimista de la música de cámara. Pero, en medio de esa sumisión a las formas, es capaz de llevarnos desde los movimientos apasionados y sincopados de los *Ländler* hasta los galantes giros del vals, desde la desolada tristeza del *Sexteto en sol mayor*, hasta el prosaísmo brutal del *Trío con clarinete*; desde la alegría del *Cuarteto en sol menor*, hasta la maravillosa fabulación oriental del *Quinteto en si menor*.

Pero creo que mis recuerdos de Brahms no provienen de Hamburgo, sino de Viena. Ésta fue, a fin de cuentas, la ciudad que lo acogió y le hizo triunfar. Brahms necesitaba el hálito de esta ciudad del Sur. Sé bien que, para los latinos, Viena es una ciudad del Norte: ordenada, limpia, eficiente, trazada como las líneas de un pentagrama. Pero para los europeos del Norte, Viena es una capital del Sur: alegre, amante del café y de la tertulia, indolente y nostálgica, a veces malhumorada pero siempre seductora. No en vano el nombre de Austria hace referencia al Auster, el austro, el viento del Sur que expande el perfume de las uvas por las orillas del Danubio, que hace madurar las oscuras zarzamoras en los patios interiores de Viena y que hace florecer las rosas de Schönbrunn en noviembre.

Quizá Viena lo es todo: incluso una capital del Este, puerta de un antiguo imperio, el Österreich, que se abría hacia el Oriente. A veces la mariposa de la indolencia se posa elegantemente sobre la frente de los vieneses. Es un sentimiento muy sureño; quizás el mismo que lleva a los andaluces o a los napolitanos a sentirse sultanes de un país de fábula. Fue la enfermedad mortal del *Kavalier:* el viejo señorito vienés que creía que era posible vivir siempre entre el champán, las rosas, los valses, las mujeres y la música.

Aunque ya no queda nada del viejo café de la Ópera donde dormía su siesta el viejo Brahms, todavía se conservan algunos recuerdos del compositor en Viena. Los vieneses son muy aficionados a las antigüedades, y se sienten orgullosos de poseer una cómoda barroca que perteneció a un antepasado de la familia, o un escritorio Biedermeier como el que usaba el emperador Francisco José. Las antigüedades forman parte del recuerdo, de la nostalgia, de la tradición. Yo suelo frecuentar una librería del Kärntnerring para comprar autógrafos de personajes históricos o primeras ediciones de mis escritores vieneses favoritos: Stifter, Zweig, Hoffmannsthal... El mismo espíritu fetichista debía de tener mi abuelo, cuando conservaba unas reliquias —cuatro astillas— del viejo Burgtheater, construido por María Teresa. Una amiga vienesa de mi familia tenía un relicario en plata con un mechón de crines del caballo de Fanny Elssler, la famosa bailarina de la que no creo que ya nadie se acuerde. Mi padre quiso siempre cambiárselo por unos rizos de Strauss (mi padre estaba convencido de que todos los rizos que regalaba Strauss a sus admiradoras procedían de su enorme perro de Terranova). Pero así era el espíritu vienés: capaz de guardar, de generación en generación, un viejo programa del Bösendorfer; capaz de conservar durante dos siglos las lágrimas de un concierto de Chopin en una vieja sala que derrumbaron los ángeles negros de la piqueta.

Algo tiene Viena de las rosas del Sur. La locura del vals llegó a tal extremo en los primeros años del siglo XIX que las mujeres embarazadas no reprimían sus ganas de bailar, y las salas disponían de un dispensario para atender los partos inesperados... Las parejas bailaban y bailaban, revoloteando como nubes de tul entre las estatuas, multiplicándose en los espejos, perdiéndose entre las mesas cubiertas de plata y cristal. El salón de la archiduquesa Sophie tenía un estanque sobre el que se derramaba una lluvia de rosas. En el Casino dirigía la orquesta Joseph Lanner, el patriarca del vals, el hombre que había puesto de moda en 1820 esta deliciosa danza. En el Sperl dirigía Johann Strauss, un joven que había sido primer violín en la orquesta de Lanner.

Brahms y Johann Strauss fueron grandes amigos. En una tienda de antigüedades encontré un día un autógrafo de Brahms en el que aparecen los primeros compases de *El Danubio Azul*, con este texto: «Desgraciadamente, no fue escrito por Johannes Brahms».

En Viena comprendí, al fin, por qué la música de Brahms me pesa en los hombros como la bendición paterna le pesó a Esaú. Hijo privilegiado de una milenaria tradición europea, heredé algunas antigüedades misteriosas en el viejo testamento de mis antepasados: pequeños recuerdos del mundo de ayer y de aquellos tiempos en que los niños coleccionaban programas de ópera, tinteros vacíos, plumas rotas, cuadernos de baile, o sonetos de amor; como luego coleccionamos cromos de fútbol y pósters de las estrellas de la canción. Leyendo a Stefan Zweig descripté este misterio: «Cuando una vez, siendo niño, fui presentado a Johannes Brahms y éste me golpeó amablemente el hombro, estuve varios dias como embriagado por el grandioso acontecimiento».

Cuando, siendo un joven estudiante, leí en los cafés de Viena los primeros versos de Zweig, me llevé –junto a los recuerdos del mundo de ayer– esta inquietante, patriarcal y pesada sensación en el hombro...

El fantasma del monje negro

LORD BYRON

La abadía de Newstead se levanta en un valle apacible, a pocas leguas de Nottingham, en tierras nobles de bosque y de labor donde antaño levantaron sus horcas los secuaces del ladrón Robin Hood. Bajo sus elegantes ojivas vivieron, hasta la Reforma de 1539, los monjes negros de San Agustín.

En sus orígenes, cuando el esquilón de los frailes repicaba sobre el portal de la eternidad, estas santas fundaciones fueron conocidas con el nombre de priorato de Santa María de Newstead. A la luz de los cirios caminaban los monjes por la noche oscura del alma, escuchando las voces que se oyen en los conventos cuando los fantasmas vagan por las galerías de piedra.

Dicen que Ana Bolena tenía la boca grande y los pechos flácidos. Pero enamoró a Enrique VIII, provocando un cisma en la Iglesia romana. Después de la Reforma, la abadía de Newstead pasó como feudo al linaje señorial de los Byron: orgullosa dinastía de guerreros que habían combatido a las órdenes de Guillermo el Conquistador.

Newstead Abbey se alza en medio de un paisaje romántico, regado por arroyos y lagos, amenazado por sombras boscosas, envuelto en melancólicas brumazones que se agarran a las paredes ruinosas de un monasterio gótico.

Augustus Pugin, arquitecto romántico que dibujaba bosques góticos y villas medievales, confesó en los últimos accesos de su locura que sólo hay dos cosas por las que merezca la pena vivir: «una catedral gótica y un barco». El pobre Pugin se casó «con una mujer gótica de primer orden», y murió desvariado como un galeón al garete, con los mástiles de la inteligencia quebrados por la locura.

La verdad no interesaba demasiado a los románticos. Desde el siglo XVII la palabra «romántica» se utilizaba para designar cualquier creación libre de la fantasía. Y, en el frío invierno de 1712, Pope había acuñado el adjetivo «pintoresco», que se aplicaba a los efectos impresionistas y plásticos propios de la pintura. Para Pope y sus discípulos lo más pintoresco que podía imaginarse era la arquitectura gótica. Tampoco desdeñaban las refinadas labores del arte oriental –el pabellón, la porcelana china, la pasarela, el biombo japonés– que se popularizaron en Gran Bretaña con la expansión del imperio colonial. La palabra «solidez» no tenía curso entre los niños románticos, como tampoco lo tuvo entre sus secuaces modernistas que construían con chatarra y cartón piedra.

El medievalismo tenía larga tradición en la literatura inglesa. John Donne había evocado ya en sus sátiras el aullido del viento en las abadías ruinosas. Y John Webster imaginó un escenario de lúgubres ruinas para *La duquesa de Malfi;* claustros solitarios y muros triturados que despiertan en los personajes la sensación melancólica de la muerte.

El modernismo fue el heredero natural del romanticismo y de sus blandas pasiones, alimentadas por el aliento tropical de las palmeras. Pero los románticos eran todavía hijos de la naturaleza, mientras que los modernistas son ya diablos urbanizados y cerebrales. Constable buscaba el frescor del rocío en su paleta, y pintaba al aire libre. Blake y Oscar Wilde reniegan del mundo vegetal y trabajan envueltos en el humo de su cigarrillo. Sin embargo, unos y otros se dejan llevar por el anillo brumoso de las volutas; aman la línea curva, el rasgo carnoso y sensual, la superficie blanda. Y se dejan arrastrar por la estética de Oriente, porque se sienten sultanes de la rosa y del narciso, hijos del alba naciente, emperadores del loto, caudillos fugaces de un reino que irrumpe en la historia como la tormenta y el rayo.

Pintoresco y terrible

Pintoresco y terrible. Estas dos palabras, tan seductoras para el corazón de un artista, se infiltran como un veneno en el alma de un niño que viene al mundo el 22 de enero de 1788: hijo del capitán John Byron, hermoso cazador de dotes, y de Catherine Gordon, matrona rubicunda que desciende de los Estuardo y tiene el privilegio de transmitir a su primogénito su propio apellido. Por eso el recién nacido se llamará George Gordon Byron.

El noble árbol genealógico de los Gordon lleva en sus ramas algunos ahorcados. Uno de los miembros de la familia fue ajusticiado en 1592 por asesinar a un lord. Otro de los Gordon fue ejecutado por participar en el asesinato de Wallenstein. Y el padre de Catherine Gordon –abuelo del poeta– se arrojó de cabeza al canal de Bath.

Como todas las familias escocesas, los Gordon tienen unos colores distintivos en su tartán: cuadros verdes y azules con finas rayas amarillas. El tótem familiar es el ciervo. Su divisa reza: «Animo, non astutia». Y su planta es la generosa, posesiva, dionisíaca, agobiante y amarga hiedra.

El pequeño George ha heredado la belleza de su padre y el genio de su madre: *animo, non astutia*. Tiene los ojos azules y los bucles cobrizos. Pero ha nacido cojo. Pintoresco y terrible.

La debilidad de sus pies –no posaba correctamente el talón en el suelo– se debía, según los médicos, a un desarreglo circulatorio causado por un retraso respiratorio al nacer. A estas complicaciones se sumaron pronto otras manifestaciones morbosas, como la epilepsia. Pero la torpeza de sus andares será la obsesión del joven Byron: «A pesar de todos mis esfuerzos –escribe años más tarde–, nunca he podido remontar este sentimiento de vergüenza. Hubiera tenido que estar dotado de una gran bondad natural para borrar la corrosiva amargura que la deformidad provocó en mí, exasperando mis nervios y agriando mi carácter».

En *El deforme transformado*, Byron escribirá la historia de Arnold, un jorobado que vende su alma al diablo para conseguir la curación. Y durante toda su vida luchará contra su cojera y se distinguirá en todos los deportes que no exigen un esfuerzo especial de los pies. Fue un incansable jinete, tirador certero y un nadador legendario que cruzó en una hora y cinco minutos, contra corriente, los Dardanelos.

El 16 de febrero de 1791, el capitán John Byron –que se ha fugado de su casa después de dilapidar la fortuna de su mujer, incluyendo pesquerías de salmón, tierras y títulos bancarios– recibe una carta de Catherine Gordon que le envía noticias del pequeño. «Me alegro de que George se porte bien –confiesa el cínico galán a una amiga– pero no creo que ande, porque es cojo.» Pintoresco y terrible.

Los locos de la abadía de Newstead

La abadía de Newstead no es de cartón, como los muros de Fonthill –el templo blasfemo de Beckford– y de Strawberry Hill. Es un monumento auténtico, con siglos de antigüedad. Fue adquirido en 1540, después de la Reforma, por sir John Byron, y permaneció en poder de la familia hasta que el poeta tuvo que venderla en 1818 para pagar los gastos de su bohemia.

Los Burun –pues éste era el nombre originario de la familia– eran caballeros normandos que llegaron a las islas Británicas siguiendo a Guillermo el Conquistador. El arrojo de los Byron quedó consagrado en los campos de batalla, durante las Cruzadas y las guerras civiles. Y, entre tantos guerreros, se distinguió sir John Byron, que defendió en Bosworth Field los derechos del ambicioso Enrique VII frente al altivo Ricardo III, de infeliz memoria.

Sir John Byron profesaba leal amistad a su vecino sir Jervis Clifton, pese a que este caballero militaba en el bando contrario y había permanecido fiel a Ricardo III. Cuando Clifton cayó herido en la trágica jornada de Bosworth, Byron, sin hacer caso de sus diferencias políticas, se apresuró a socorrerle; caló su celada, empuñó las armas, cruzó al galope las líneas enemigas y, haciendo molinete con su espada, llegó al lugar donde agonizaba su amigo.

Después de la batalla, Byron se negó a percibir el botín que le correspondía, y entregó los feudos de Clifton a los herederos del difunto. Por eso Enrique VII, al conocer los pormenores de este lance honroso, concedió a sir John Byron la divisa que merecía: *Crede Byron* (Confía en Byron). Desde el siglo XV todos los Byron llevaron en sus armas esta proclama de hidalguía y de confianza.

George Gordon Byron, el poeta, supo hacer honor a este lema. Cuando estudiaba en el aristocrático colegio de Harrow se presentaba siempre voluntario para recibir los azotes que correspondían a sus compañeros. Con su amigo Sinclair estableció un pacto: éste hacía sus deberes, mientras que Byron se batía, en su nombre, en todas las disputas colegiales.

Las desgracias de la familia comenzaron después de la Reforma, cuando las posesiones de Newstead Abbey pasaron a manos de sir John Byron de Colwick. Los frailes habían abandonado el priorato; pero un misterioso monje negro se paseaba, al amparo de la noche, por las frías galerías góticas y las estancias arruinadas del oratorio. Augusta Byron, la hermanastra del poeta, que compartía su incestuoso lecho en Newstead, afirmaba que, en cierta ocasión, había visto aparecer «una sombra negra que fluía y se desvanecía a los pies de la cama». En la inquieta y cautelosa hora de ánimas, cuando los cirios expiran con un dulce perfume de santidad, se oye en Newstead el golpear de las cuentas de un rosario que alguien arrastra por las escaleras.

Casi todos los Byron de Newstead fueron hombres malditos e infortunados. El pequeño sir John «de la barba grande», primer heredero de la abadía, se transformó, de la mañana a la noche, en un loco derrochador que gastaba fortunas en fiestas extravagantes. En el viejo refectorio del priorato, convertido en salón, sonaban irrespetuosamente, en las horas vespertinas, las gallardas, entremeses y danzas paganas que se bailaban acompañadas por flautas, cornetas, cornamusas y violines.

El pequeño sir John murió arruinado, abrumado por las deudas, y durante muchos años anduvo errante por las tenebrosas estancias de Newstead. Su fantasma se aparecía en la biblioteca, y allí permanecía sentado, leyendo tranquilamente junto a su retrato, mientras las páginas del libro se removían como hojas sopladas por la ventisca de invierno. Aún puede verse su monumento en la cripta de Newstead, donde aparece, yacente y vestido con su lustrosa armadura, como un reformador calvinista con barbas de chivo. Se diría que está todavía semivivo, agitado por una lenta metamorfosis que va transformándole, con el paso laborioso del tiempo, en monje encapuchado, arrepentido y abstemio.

Los descendientes del barbudo sir John vivieron una existencia expoliada y monástica. Su hijo tuvo que vender las antiguas propiedades de la familia en el Lancashire. Su nieto murió en plena juventud, estableciendo así una de las más extravagantes costumbres de la familia; porque el árbol de los Byron está lleno de ramas efímeras, segadas en primavera por el hacha de la muerte temprana.

Un bisnieto de sir John, llamado como él, combatió en la guerra civil, junto a los partidarios de Carlos I. En Edgehill contribuyó decisivamente a la derrota de sus propias tropas, comprometiendo a su caballería en dos cargas suicidas que habría envidiado el mismísimo mariscal Ney. Pero el monarca, en premio a su leal estupidez, le concedió el título de lord.

Cuando Carlos I murió descabezado, el primer lord Byron siguió a Carlos II hasta el exilio. Y parece que el joven Estuardo apreció tanto sus servicios que, incluso, convirtió a lady Byron en su amante.

La abadía de Newstead, como el honor marital de los Byron, sufrió severos destrozos durante la guerra civil. Y por si fuera poco, los secuaces de Cromwell —los monjes negros del Parlamento— confiscaron extensas propiedades de la familia.

William Byron, el quinto lord, heredó Newstead en 1736. Dejó una leyenda malvada y terrible, y ha pasado a la historia con los motes de «Perverso Lord» o «El Diablo Byron». Después de hacer una corta carrera en la Marina, se retiró a la abadía, donde llevó una vida extravagante y huraña. En 1765 se enzarzó en una disputa con su primo William Chaworth y lo mató en duelo.

Estos Chaworth eran propietarios de los dominios de Annesley, colindantes con los predios abaciales de Newstead. Las dos haciendas estaban unidas por una elegante avenida de encinas a la que llamaban Avenida Nupcial, porque se abrió en el siglo XVII cuando el cuarto Lord Byron se unió en matrimonio a Elisabeth Chaworth.

A los quince años, el romántico George Gordon Byron se enamoraría también de Mary Ann Chaworth, descendiente de los propietarios de Annesley. Juntos paseaban por la Avenida Nupcial, jugaban en las orillas del riachuelo, escuchaban el canto del cuco en la fronda del bosque y galopaban por las verdes praderas donde pacía el rebaño. En el crepúsculo, cuando Mary Ann y George se despedían en la terraza de Annesley, una mano extraña parecía agitar con rabia las diademas de hiedra, mientras una ráfaga de viento apagaba las lámparas, y los retratos de los Chaworth se estremecían en las paredes. Más de una vez Byron tuvo que empuñar sus pistolas, al regresar a su casa de noche, porque se sentía perseguido por la sombra de un cazador errante. Pero las horas del amor imposible pasaron como el rumor fugaz de las últimas cuentas del rosario. Mary Ann no se tomó en serio «el amor del cojo».

Ella le llamará entonces «lame, bashful, boy lord» (lisiado y tímido señorito). No puede imaginar que, años más tarde, después de un matrimonio muy desgraciado, se arrepentirá de estas palabras y hará varios intentos por recuperarle. Pero, en las fechas de 1814, cuando le escribe y le comunica su deseo de ir a visitarle, él ya será famoso, habrá roto con su pasado y no prestará atención a esta mujer, que tendrá una vejez amarga, solitaria y loca.

El roble de las tres cruces

Cuando George hereda en 1798 las posesiones de Newstead y el título de sexto Lord Byron es casi un niño. Tiene ya, a sus espaldas, una infancia altanera y menesterosa, de hidalgo arruinado; tiene, como todos los soñadores, el gesto tímido y el corazón inquieto y arrojado.

Por las calles brumosas de Aberdeen, entre muros de piedra gris, el pequeño George arrastra su pintoresca y terrible cojera. Los muchachos le llaman «diablo cojuelo» y él, para vengarse, reparte palizas a diestro y siniestro. Aún no ha aprendido a permanecer inmóvil en las reuniones, petrificado como la estatua de sir John, el de la barba grande, mascando tabaco «con aire de inefable desdén».

La condesa Albrizzi, que lo trató más tarde en Venecia, aseguraba que nunca se dejaba ver en Piazza San Marco, a la luz del día, pero que lo había visto pasear, solitario, a la luz de la luna.

En la escuela repite todos los días la misma lección: «Dios creó al hombre, y por eso debemos amarle». Se sabe el texto de memoria, y hace el ridículo un día en que el maestro tiene la astuta ocurrencia de cambiarle la página.

Como hacen todos los niños, se esconde para escuchar las conversaciones de los mayores. Y así se entera de que su padre ha muerto arruinado en Francia.

Hasta el último momento Catherine Gordon intentó socorrer a su guapo Byron. Nunca pudo resistirse a sus caprichos. Mientras tuvo dinero costeó sus juergas, le compró un yate, y pagó sin rechistar los gastos de sus borracheras y las demandas de sus amiguitas.

El capitán murió en los días turbulentos de la Revolución. Sus penúltimas cartas eran cínicas y pintorescas: «He poseído a la tercera parte de las mujeres de Valenciennes, particularmente a una moza del Águila Roja, posada en la que almorcé un día de lluvia...». Sus últimas cartas eran angustiosas y terribles. Dicen que acabó suicidándose.

Cuando George llegó a Newstead, en 1798, las posesiones de sus antepasados se habían convertido en una ruina. El Perverso Lord había devastado los bosques para pagar sus deudas de juego. Había vivido una existencia tan descabellada que su propia esposa le abandonó, harta de soportar sus horrores. Desde entonces el viejo cohabitó con su ama de llaves, que se convirtió en dueña y señora de todas las posesiones de los Byron. Bajo su administración la abadía se transformó en un corral: los caballos ocuparon las salas góticas, las aves hicieron nido en la abandonada capilla y las bestias hollaron las melancólicas malvas del claustro.

Cuando su único hijo se casó con una de sus primas, contra la voluntad paterna, el viejo lord se volvió más irascible y brutal. Ordenó construir un fuerte en el estanque de la abadía, donde organizaba combates navales con su ayuda de cámara. Destrozó muebles y puertas para aparejar los barcos que, luego, cañoneaba ferozmente. Exterminó a los dos mil setecientos gamos de sus posesiones, y se empeñó en que su hijo no heredase más que una ruina.

El viejo lord vivió más que sus descendientes directos. Pasó sus últimos años en siniestra soledad, disparando los cañones de su locura sobre los campos yermos de Newstead. Cuentan que, para distraerse y amansar la fiebre de su rencor, organizaba carreras de grillos en las habitaciones. Y algunos afirman que estos repugnantes violinistas le acompañaron en caravana el día de su entierro, dedicándole un escalofriante réquiem.

Así se extinguió la línea directa de los herederos de Newstead. Pero el Perverso Lord tenía un hermano, llamado John, a quien se conocía en los círculos marineros con el mote de «Jack el de las Tormentas». Se había hecho famoso como navegante, dirigiendo arriscadas expediciones, aunque alcanzó también renombre por sus naufragios y por los épicos relatos de sus tempestades. En 1740 acompañó a lord Anson en su viaje de inspección por las provincias españolas de América, pero naufragó en las costas de Chile. En 1764, al mando del *Wager,* y llevando a sotavento la fragata *Tamar,* emprendió un viaje de circunnavegación en el que tomó posesión de las islas Malvinas y descubrió algunas tierras del Pacífico. Sus detractores afirman que su único descubrimiento fueron las islas del Disappointment o del Desengaño. Pero la verdad es que fue un notable navegante, digno precursor de Cook. Amaba, sin duda, los placeres de la buena mesa, y lo primero que nombra, en sus crónicas de viaje, al enumerar las riquezas de una tierra, son sus recursos gastronómicos: las mermeladas de cidra y de naranja en Madeira, los cocos del Pacífico, los vinos de Chile, las calabazas dulces de Java, los suculentos mirlos de pico rojo de Patagonia...

El almirante Byron contrajo matrimonio con su prima Sophia Trevanion, y de este matrimonio consanguíneo nacieron dos hijos:

John —el padre del poeta—, que, a causa de su violento carácter, mereció el sobrenombre de *Mad Jack*, «Jack el Loco», e Isabel. Esta última llevó una vida escandalosa en Francia. Amaba las acuarelas, escribía versos, adoraba las fuentes y los ruiseñores, y se presentaba siempre «in light dishabillé». Por eso la marquesa Du Deffand escribió: «Es importante que esta mujer deje este país».

John Byron fue soldado, combatió en las colonias de América, y alcanzó el grado de capitán. Tenía la mirada orgullosa de sus antepasados, la piel blanca de los monjes de Newstead, la barbilla partida de los guerreros de Guillermo el Conquistador, la nariz recta de los donjuanes de Rochdale, y el corazón arrebatado de todos los Byron; sobradas armas para triunfar en las rondas galantes y en las disputas de amor. En 1779 enamoró a una mujer casada, la marquesa de Carmarthen, con la que tuvo una hija. La marquesa murió en 1784, poco tiempo después de traer al mundo a la pequeña Augusta. Y parece que el capitán tuvo su parte de culpa en esta muerte, porque obligó a su mujer a montar a caballo, cuando aún no estaba repuesta del parto.

«Un clavo saca otro clavo», decía siempre John Byron para justificar sus devaneos amorosos. Un año más tarde ya estaba unido a otra rica heredera: Catherine Gordon de Gight.

Augusta y George, los hijos nacidos de estos dos matrimonios, debían unirse en una escandalosa pasión. Durante su infancia apenas convivieron bajo el mismo techo. Augusta se educó en la aristocrática mansión de su abuela materna, en el Derbyshire. George creció en Escocia, en la tierra de sus antepasados maternos.

Cuando George heredó la abadía de Newstead plantó un roble en el parque. Como era muy supersticioso, creyó siempre que su destino y el de aquel árbol iban unidos.

> Young Oak!, when I planted thee deep in the ground
> I hoped that thy days would be longer than mine...

Mientras el roble crecía, Augusta y George se criaban separados. Se enviaban, de tarde en tarde, cartas ansiosas que eran como el trino del mirlo ciego cuando le canta a la rama que nunca ha visto. Augusta, heredera de una modesta renta, se casó con uno de sus primos, el coronel Leigh. Y George, convertido en el sexto Lord Byron, se fue a vivir junto al roble de Newstead.

En el helado invierno de 1814 se encontraron entre las laceradas paredes de la abadía. Augusta era una joven guapa de ojos negros: esos «ojos de antílope» que tanto amaría George en las mujeres italianas, años más tarde.

Juntos grabaron sus nombres en el roble de Newstead, y sellaron su pacto de amor dibujando tres cruces en el tronco malherido. Se sentían agitados por una fuerza extraña, como ramas de un mismo árbol, unidas en la tormenta. Descorcharon las botellas más añejas de la cava del antiguo priorato y bebieron hasta embriagarse, mientras el viento del Norte, soplando por las ventanas ruinosas, apagaba las velas. Los murciélagos volaban en la capilla, y la vieja fuente del claustro goteaba con un ruido monótono, que sonaba como el golpear de un rosario en los peldaños mordidos de las escaleras.

En la inmensa abadía los dos hermanos se sentían acompañados y solos, enraizados como el roble en la vibrante, estremecida y misteriosa tierra.

Recuerdos de la tierra perdida

Hasta los diez años —edad en que tomó posesión de los feudos de Newstead— Byron fue un auténtico escocés. No sólo había heredado de su madre el apasionado temperamento de los montañeses, sino que además vivió su infancia en los deliciosos valles de Ballater e Invercould. En las frondosas riberas del Dee pasó los primeros años de su vida. En las calles grises de Aberdeen, construidas en piedra granítica, se fue fraguando su gesto orgulloso, de estatua inconmovible y desdeñosa. Los Gordon estaban emparentados con Jacobo I de Escocia y con las dinastías de los Innes, Duff y Urquhart, que poseían un castillo en cada lago. Y el «Little Geordie», pues así le llamaban sus paisanos, descendía de estas viejas familias de las tierras altas. Sus padrinos de bautismo fueron el duque de Gordon, gran patriarca de todos los ciervos del clan, y el coronel Duff de Fetteresso.

George conservó toda la vida el acento escocés de su infancia. Y en sus versos aparecen no pocas referencias a las húmedas tierras de Escocia:

> When I roved a young Highlander o'er the dark heath,
> And climbed thy steep summit, oh Morven, of snow!

Cuando era todavía un niño se recostaba en las faldas de su aya, May Gray, para escuchar las viejas leyendas escocesas que despertaban, en su ávida imaginación, el recuerdo de las luchas de los clanes en las montañas. Conocía la historia siniestra del castillo de Cawdor, donde Macbeth asesinó al rey Duncan. A veces se sentía prisionero, junto a los desgraciados Covenanters, en las mazmorras del castillo de Dunnotar, que se asoman a las aguas rugientes del mar del Norte. Y algunas tardes, a la hora del crepúsculo, creía oír en el viento las canciones de una tierra lejana donde florece el limonero. ¡Olvidadas canciones que compuso, en la torre del castillo de Duart, un capitán español que fue capturado por sir Lachlan Maclean después del desastre de la Invencible! El infortunado marino, que mandaba el galeón *Florencia,* arribó con su barco desmantelado a las costas occidentales de Escocia, y allí murió, cantando como el pájaro prisionero. Sus baladas de trovador prisionero se oyen todavía en las tardes de temporal cuando el aire se carga de un aroma amargo de limón y menta.

Pero el pequeño Byron amaba, sobre todo, las leyendas del castillo de Urquhart, cuyos propietarios estaban emparentados con su familia materna. Esta fortaleza, construida en el siglo XIII, fue en sus tiempos de esplendor una de las mansiones más poderosas de Escocia. Conserva parte de la torre y se mira orgullosamente en las aguas misteriosas del lago Ness, como una yegua derribada junto al escudo de un príncipe valiente, mal amado y altanero. Bajo sus solitarias ruinas –habitadas por recuerdos de guerra y de amor– se pasea, esquivo, jorobado y celoso, el monstruo del lago.

Catherine Gordon y su hijo habitaban en Queen's Street, en el provinciano y melancólico corazón de Aberdeen. Vivían en un piso pobretón y alquilado, porque las últimas propiedades de la familia habían sido enajenadas por «el loco Jack» en sus golfas aventuras. El capitán Byron, ya separado de su esposa, les hizo una fugaz visita antes de su dramática muerte; pero las disidencias matrimoniales habían llegado a tal extremo que los esposos no podían vivir juntos, y el capitán tuvo que establecerse por su cuenta en un barrio apartado. El olor a brea y a salmón de los puertos pesqueros no era el más adecuado para el delicado olfato de aquel galán que cantaba, como el gallo, en corral ajeno y dormía siempre en blanda pluma. Para un hombre que concedía tanto valor a las aptitudes del cuerpo, tampoco podía resultar muy sugestiva la idea de tener un hijo cojo. Y la verdad es que apenas hablaba del niño y, cuando lo hacía, le llamaba «el niño de Aberdeen».

Catherine, mujerota furibunda y apasionada, seguía amando a su infiel marido. Podría haber suscrito las palabras que la Goudar dedicaba a Fernando de Nápoles en sus billetes amorosos: «te espero con la misma impaciencia con que la vaca espera al toro». Pero el capitán Byron era así: despertaba simpatías en sus víctimas. Sus hijos George y Augusta defendieron mucho la memoria de aquel pintoresco padre: «Cualesquiera que hayan sido sus defectos –escribe el joven Byron– nadie podrá acusarle de grosero ni de duro».

Catherine Gordon era, en cierta medida, la artífice de esa noble imagen que los hijos conservaron de su padre. Pero «la pobre Kitty» –pues así la llamaba su propio hijo para encender su cólera– no supo adjudicarse a sí misma esa elegante imagen. Fue siempre temperamental y brusca, incapaz de educar a su hijo con un mínimo de paciencia y de equilibrio. Como todos los Gordon (*Animo, non astutia*) carecía de sutileza y de delicadeza. Amaba la exageración, la mantequilla, las tartas de nata, el escándalo. «Su conducta es tan extraña –escribe George en 1804 a su hermanastra Augusta–, sus caprichos tan imposibles de comprender, sus pasiones tan desenfrenadas, que sus malas cualidades sobrepasan en mucho a las buenas. Entre otras cosas he olvidado mencionar el más ingobernable apetito por el Escándalo, que no consigue nunca dominar; de forma que pasa la mayor parte de su tiempo en la calle, destapando las faltas y censurando los defectos de sus conocidos.»

Las batallas campales entre George y su madre se resolvían generalmente con insultos y gran estruendo de vajilla. Ella le llamaba «cojo». Él abría las puertas de la casa y gritaba, como un perfecto chambelán: «¡Miren, señores, miren cómo se comporta mistress Byron en pleno furor!».

Estas confusas y alborotadas relaciones con la madre marcaron a muchos jóvenes románticos. John Keats, por ejemplo, sentía una admiración desmedida por su madre, «mujer de pasiones ardientes». En cierta ocasión en que ella cayó enferma y el médico le recetó reposo, el joven Keats se plantó, con un viejo sable, delante de la habitación para que nadie la molestase. Frances Keats era, según todas las apariencias, una joven alegre que «enseñaba las piernas cuando levantaba sus faldas coquetamente para atravesar las calles enfangadas de Londres». Al poco tiempo de enviudar se fugó con un trotamundos, despertando un sonoro escándalo en la aburrida burguesía londinense. Keats, entonces, se sintió «traicionado». Al cabo de seis años, la pobre mujer «pálida y delgada como un esqueleto» regresó tuberculosa y arrepentida, para morir junto a sus hijos. Demasiado tarde para el joven Keats, que se había convertido ya en un filósofo escéptico y desencantado; en un ruiseñor entregado a la melancolía de la muerte: «Muchas veces me he sentido enamorado de la socorredora Muerte...». Todavía en Roma, en sus últimos momentos, soñará con el murmullo del agua.

George Byron tampoco se sentía amparado por la ternura materna. Buscaba asilo, como un golfillo, en los patios de las casas vecinas, donde jugaba como el perro solitario, hasta que alguien venía a expulsarle. Los niños se convierten en muñecos extraños cuando juegan en los patios. Y George, vestido como un hombrecito, con chaqueta roja y pantalón amarillo, era aún más inquietante, porque andaba siempre de puntillas para disimular su cojera. En su estatuaria soledad iba desarrollando un amargo sentimiento de destino. Un día en que paseaba a caballo, con un amigo, por uno de los puentes de Aberdeen desmontó, repentinamente, porque «estaba convencido de que el puente se hundiría si el hijo único de una viuda lo atravesaba montado en una bestia que fuera también la única cría de una yegua». Finalmente tuvo los arrestos de volver a la silla, y atravesó el puente sin sufrir ningún accidente: «¡El jamelgo –comentó, cínicamente– no es hijo único!».

En Aberdeen frecuentó siempre escuelas baratas, antes de ingresar en la Grammar School. Aprendió los rudimentos del latín en una gramática clásica. Y algunas páginas de la historia de Roma quedaron tan grabadas en su memoria que, años más tarde, se sintió profundamente emocionado cuando pudo contemplar, desde las alturas de Tusculum, el lago Regilo, donde se había librado la batalla que aseguró la existencia de la República frente a las pretensiones de Tarquinio el Soberbio. Sus esforzados maestros –el cura de la parroquia, el hijo del zapatero, el dómine del pueblo– pusieron más voluntad que arte al enseñarle las primeras letras; de forma que, a los diez años, todavía era incapaz de redactar una carta. La doncella de su madre tenía que escribirle las misivas que enviaba a su primita Mary Duff: «He estado enamorado cincuenta veces desde ese momento, y sin embargo recuerdo todo lo que nos decíamos, nuestras caricias, sus rasgos, mi agitación, mis insomnios; me pasaba el día atormentando a la doncella de mi madre para que le escribiese en mi nombre, cosa que la pobre mujer hacía para calmarme».

Descuidado y perezoso en sus estudios, era sin embargo el mejor jugador de canicas de Aberdeen. Y leía mucho: la *Biblia*, las *Mil y una noches*, la *Historia de los Turcos* de Rycourt, los *Viajes* de lady Montagu, que despertaron su afición por los países de Oriente...

Gracias a los desvelos del aya Mary Gray, que «metía en la casa a gente de la más dudosa calaña», el pequeño George fue un alumno aventajado en la escuela del sexo. May Gray no sólo le maltrataba, le llenaba la cabeza de historias truculentas y le daba malos ejemplos, sino que además despertaba sus instintos viriles con desvergonzado cinismo. Muchos años más tarde Byron confesó a su amigo Hobhouse que una «joven escocesa libertina se había introducido en su cama para someterle a todo tipo de experimentos corporales». Siempre guardó un mal recuerdo de estas maniobras salaces que fomentaron su temperamento melancólico «porque le hicieron conocer la vida antes de haberla vivido realmente».

En el verano de 1796 contrajo la escarlatina y, ya en plena convalecencia, se trasladó con su madre a las montañas de Escocia. Fue una aventura inolvidable para un aristócrata, como él, que poseía títulos sin tierras y estaba condenado al destino desheredado de los levitas. Durante unos meses vivió como los cervatillos de su antigua estirpe, entre bosques y torrentes, convertido en guerrero peludo de las viejas tribus celtas. En aquellas granjas de Invercould y de Ballatrech, se acostumbró a caminar con paso firme; sus pies se fortalecieron tanto que, años más tarde, pudo escalar en Suiza algunas cimas de los Alpes. Pero nunca consiguió aprender nada por vía de gracia, sin riesgo de su vida. Cuando paseaba con su madre por las riberas del Dee enfurecido, estuvo un día a punto de caer en un pozo.

Las montañas de Escocia no se borrarían jamás de su memoria. Aunque no fue nunca un panteísta convencido como Shelley, se inspiró a menudo en las fuerzas de la naturaleza. Sus grandes personajes, como Childe Harold o Manfredo, aman la montaña y escuchan la voz misteriosa de los bosques; pero son demasiado orgullosos para bajar la cabeza en la tempestad. Manfredo busca en la naturaleza el olvido. No es, como Fausto, un hombre cansado de estudiar, sino un hombre cansado de vivir.

Dominus Byron

El sentimiento de predestinación es siempre fuerte en los hombres que creen en el sentido de la historia, en la trascendencia de los hechos y de la herencia genética. Caín, Don Juan, Manfredo, casi todos los personajes de Byron se sienten víctimas del destino. El perverso Caín, por ejemplo, es incapaz de comprender a Dios porque lo identifica con un insaciable devorador de sacrificios. No concibe el sentimiento filial del amor y no puede practicar, por lo tanto, el sentimiento fraternal de la caridad. Se arrastra por el mundo con el cuerpo marcado y el alma colmada de heroicos y voluntariosos propósitos. «Yo fui engendrado muy poco después de la caída —se lamenta Caín—. Todavía mi madre recordaba la serpiente y mi padre añoraba el Edén. Lo que soy, soy.»

Byron había leído *La muerte de Abel* de Gesner cuando era un joven colegial en Aberdeen. Además, el aya Mary Gray le había llenado la cabeza con sus terribles creencias sobre la predestinación. Pero su libro preferido era el *Zelucco* de John Moore, que narra la historia de un huérfano, educado por una madre disparatada como Kitty Gordon. El infortunado Zelucco está predestinado a destruir todo cuanto ama. La vida de estos jóvenes románticos que habían descabezado al rey para refugiarse luego en la Edad Media, que habían matado a sus padres para echarse a los pies de sus abuelos, tenía algo en común con la historia del joven Zelucco, que cría y domestica a un pequeño gorrión para matarlo después.

No olvidemos que el ídolo de esta generación es Napoleón Bonaparte: un joven que se corona a sí mismo emperador. En los mismos días en que Napoleón se apodera de Egipto y levanta su espada delante de la esfinge de Gizeh, el «Perverso Lord» muere en Newstead.

En aquellos días de 1798 Byron asiste a su clase en la escuela de Aberdeen. Cuando entra en el aula, el maestro le saluda con la respetuosa fórmula tradicional que corresponde a un lord: «Dominus Byron». Pero el diablillo cojuelo, tocado por el destino, no tiene ánimos para responder, como manda la cortesía: «Adsum». Rompe a llorar, mientras sus compañeros celebran el acontecimiento.

La herencia nobiliaria le ha llegado, como la cojera, por vía de destino. Ni el mismísimo Caín podría recibirla con mayor cinismo: «Nada de esto me concierne —explica a sus amigos—.

Ayer, por cosas del azar, estuve a punto de recibir una paliza por una falta que no había cometido. Hoy, el mismo azar me convierte en lord porque otro ha dejado de vivir. En uno y otro caso no tengo por qué estar agradecido, ya que nada he pedido».

Catherine Gordon y el pequeño lord se dirigen a Newstead, dejando atrás el oscuro rastro de estos años de privaciones. Pero la abadía está medio destruida y se necesita una fortuna para restaurarla. Por consejo de sus abogados, mistress Byron y su hijo se establecen en una modesta vivienda de Nottingham y alquilan los históricos feudos de la familia a lord Grey de Ruthen.

Los abogados deciden también que el joven George –que anda ahora enamorado de su primita Margaret Parker– debe iniciar sus estudios en un colegio aristocrático: Harrow School.

La escuela de Harrow se levanta en una colina cercana a Londres, en un paisaje bucólico y señorial que se extiende hasta las faldas del castillo de Windsor. Fue fundada durante el reinado de Isabel I, y alcanzó merecido prestigio en los siglos XVIII y XIX. Aún en nuestros días ha contado entre sus alumnos a grandes personajes de la aristocracia y de la política, como Winston Churchill, Stanley Baldwin o el rey Hussein de los jordanos.

Cuando yo la conocí, en los años sesenta, se habían restaurado y modernizado algunos pabellones. Pero las clases se daban, en la época de Byron, en una vieja nave de madera ennegrecida, calentada en el invierno por tubos calefactores colocados bajo los bancos. Los alumnos de los diferentes cursos compartían la misma sala, agrupados según las edades. Todo era muy conservador y tradicional en Harrow, igual que lo sigue siendo en nuestros días. En las paredes del aula permanecen grabados los nombres de los antiguos alumnos del colegio; muchos de ellos, como Peel, Sinclair o Clare, compañeros de Byron.

En el colegio de Harrow, el adolescente Byron se manifiesta como un auténtico ángel de la confusión. «Descubrí enseguida –cuenta el doctor Drury, su maestro– que me habían confiado para que lo domesticara un potro salvaje, recién escapado de sus montañas. Pero tenía alma y fuego en los ojos.» Drury comprendió muy pronto que aquel potrillo debía ser conducido con «rienda de seda». Pero se equivocó al vaticinar que Byron sería un gran político y un caudillo de masas.

La verdad es que Byron se había convertido en el cabecilla de todos los motines que se organizaban en Harrow. Se unía a sus amigos —Peel, Sinclair, Wingfield, Clare— con una devoción apasionada. Cuando, muchos años después de dejar la escuela, en 1821, se encuentra con lord Clare en Italia experimenta una terrible emoción: «Apenas pasamos juntos en la carretera más de cinco minutos; pero apenas puedo evocar una hora de mi vida que pueda compararse a esos cinco minutos...».

Entre sus compañeros despertaba una gran admiración. Desde aquellas fechas los alumnos de Harrow no han tenido un jugador de críquet como Byron en los tradicionales partidos contra Eton.

En 1802 la joven Margaret Parker se rompió la espina dorsal en una caída de caballo. A los pocos días abandonó este mundo, dejando a George perdido en sus amargas cavilaciones sobre la predestinación de su estirpe.

A partir de esa fecha, Byron pasea cada tarde por el cementerio de Harrow. Se sienta junto a una tumba y contempla la campiña arrebolada, recorrida por la brisa misteriosa del crepúsculo que empuja a las nubes hacia cielos desconocidos. Cuando regresa a la escuela se detiene a observar la sombra alargada que camina adherida a sus pies torpes, como si arrastrase, en sus pasos, las hojas caídas del árbol enfermizo de la herencia.

El joven George no sabe todavía que, en la puerta de la iglesia de Harrow, se levantará mañana una lápida en memoria de una niña: Allegra, hija de Lord Byron, que murió en Bagnacavallo, Italia, el 20 de abril de 1822, a los cinco años y tres meses de edad.

LAS NOCHES DE NEWSTEAD

El «Perverso Lord» tenía, como los cruzados medievales, un poderoso instinto devastador. Incluso cuando construía dejaba en el barro fresco la ofensiva huella de sus guanteletes de acero. Y así, por ejemplo, llenó de estatuas paganas los santos jardines de Newstead. Los campesinos del lugar estaban convencidos de que estas figuras representaban a los demonios con los que el lord mantenía relaciones de magia negra.

La tempestad romántica se anunciaba con estos truenos: los dioses del siglo XVIII comenzaban a transformarse en los sátiros del siglo XIX. Los ventrudos filósofos, coronados de pámpanos, proclamaban el regreso del hombre asilvestrado a la naturaleza; y el corazón otoñal del mundo se embriagaba con los mostos de esta nueva vendimia.

Los románticos se criaban así, como niños consentidos. El joven Charles James Fox fue educado por su padre en todos los caprichos: destrozaba los relojes o los muebles de la casa bajo la sonriente mirada paterna. Un día en que el angelito quiso ver cómo se demolía un muro, su padre ordenó levantar una pared para que el pequeño Fox tuviese el placer de derribarla.

También Shelley se educó como un joven insurrecto. Volaba con pólvora la tapa de los pupitres de Eton, y fue expulsado de Oxford por escribir un panfleto titulado *The Necessity of Atheism*. Abandonado a su libre albedrío se fue convirtiendo en un paranoico sagaz que identificaba a todos sus adversarios con su padre: un rico propietario de Sussex que le ayudaba «a publicar sus monstruosidades» y cometió el «abuso» de expulsarle de casa porque predicaba el amor libre a su hermanita Elisabeth.

Con sus modales espiritados Shelley dejó embarazadas a muchas mujeres. A su propia esposa Harriet la abandonó con un hijo en el mundo y otro en el vientre. La desgraciada Harriet se arrojó al lago de Hyde Park en el invierno de 1817. Apareció muerta, como Ofelia, con las tiernas violetas de su vientre ahogadas.

Las utopías libertarias han sido siempre el alimento de los románticos; porque para estos enfáticos revolucionarios, lo que importa no son las obras sino los proyectos. Coleridge y Southey crearon una sociedad comunista, llamada Pantisocracia, que pretendía instaurar «la inocencia igualitaria de la época patriarcal».

Wordsworth, que se encamaba con su hermana Dorotea, convocaba cada noche a las lechuzas imitando su horrisonante grito. Coleridge describió los encantos de la libidinosa «mujer serpiente». Y Shelley —al que Byron llamaba «el hombre serpiente» porque se deslizaba «viscosamente» con su cuerpo escuálido— se desmayó al asistir a la lectura de este poema. Al volver en sí confesó que, mientras escuchaba los versos, había visto como a su amante Mary «le aparecían dos ojos en los pezones».

La ambición heroica de estos jóvenes románticos sólo se amansa cuando se retan con aventuras y tentaciones que superan sus propias fuerzas. George Gordon Byron sentía también esa aspiración decididamente demoníaca. Llevaba en su pálido rostro el *Weltschmerz,* el sufrimiento germánico del mundo que arrastra al superhombre por las vías heladas de la soberbia consentida y solitaria. «El principal objetivo de la vida —decía en los momentos de desesperación— es la sensación; sentir que existimos incluso en el dolor.» Un hermoso proyecto báquico que no produjo frutos; una filosofía devoradora que conduce al vacío. «Este vacío devorador —insiste Byron— nos arrastra a jugar, a combatir, a viajar y a beber.»

En 1805 ingresa en el Trinity College de Cambridge, pertrechado con un ingenuo y audaz ideario vitalista. «Ante mí se presenta la vía de la riqueza y de la grandeza. Puedo abrirme un camino en la vida y, si no lo consigo, moriré en la empresa... Conquistaré la grandeza, aunque nunca con deshonor.» El sabio y escarmentado Samuel Johnson le habría advertido: «lo grandioso no es siempre lo mejor».

Los años de Cambridge pasan por su cabeza entre vapores de vino. «Mi vida aquí —refiere a una amiga— ha sido una continua rutina de disipación... En este momento escribo con una botella de clarete en la cabeza y lágrimas en los ojos.» Los recuerdos de su infancia tampoco son muy agradables: rondas de perro golfo por las calles de Aberdeen, y muchas tardes de martirio en manos de un curandero que le retorcía los pies enfermos con un aparato ortopédico. Sin embargo, la infancia ha dejado un rastro en su corazón: «Una de las sensaciones más dolientes y penosas de mi vida fue sentir que había dejado de ser un niño».

En Cambridge vive en el claustro de Nevile's Court, rodeado de una corte extravagante de poetas, eruditos, boxeadores, jockeys y reverendos borrachos. «Nuestra ley es el desprecio de la ley», proclama como un filibustero sumido en los almendrados mares del sherry. Se siente manumiso «como un príncipe alemán que acuña su propia moneda, o como un jefe indio que no acuña nada pero disfruta del precioso don de la libertad». Se pasea entre los muros góticos de Cambridge y las orillas del Cam, vestido con un sombrero blanco y un sobretodo gris perla, jinete en un hermoso corcel de pelo corto y ceniciento que tiene la finura de un guante. Se une a sus secuaces con la pasión de siempre, y quiere fundar una orden caballeresca de locos cruzados. Pasa las noches jugando o se sumerge, como un abencerraje, en su caliente melancolía, mientras el joven Long le dedica sonatas de flauta y lamentos de violonchelo. Y, cuando marcha de vacaciones, fleta un carruaje blasonado con las armas y la noble divisa de los locos de Newstead: «Crede Byron».

Horas de ocio

Finalmente obtiene su diploma en Artes, y se presenta a la ceremonia de fin de curso acompañado por un oso al que «pretende inscribir como profesor de Cambridge». La pobre Kitty Gordon adivina, en todas estas excentricidades, la locura de los Byron. Cuando se entera de que su hijo, además de disponer de su herencia, se acuesta con una rufiana de los barrios bajos de Londres, monta en cólera. La pala y las tenazas de la chimenea vuelan sobre la cabeza del joven lord.

Sus primeros versos destinados al gran público se publican con el título de *The Hours of Idleness* (Horas de Ocio) y alcanzan notable éxito en los salones de la buena sociedad londinense. Los aristócratas quieren vivir tranquilos, ajenos a las malas noticias que llegan del continente, donde Napoleón va colocando a sus hermanos y amigos en todos los tronos. Y apenas nadie comenta la noticia de que Arthur Wellesley ha entrado en España con nueve mil hombres, para sostener una insurrección de los españoles contra los invasores franceses.

«Considero que soy un tipo encantador –escribe Byron, cínicamente– y la mayor parte de mis conocidos pueden afirmarlo. Nadie ríe tanto como yo...» Para no engordar monta mucho a caballo, boxea envuelto en una piel de oso y se alimenta de galletas remojadas en agua de Seltz; aunque las malas lenguas dicen que, después de dar este espectáculo, se va cada noche a un club de Saint James Street a cenar cumplidamente.

Durante el verano se refugia en Newstead, donde lleva una vida «tranquila pero viciosa». Como no dispone de dinero suficiente para emprender las reformas necesarias se contenta con amueblar el dormitorio, el comedor y un pequeño estudio, decorado con antiguas reliquias: una espada con empuñadura de oro que perteneció a su familia y un par de cráneos montados en forma de copa. Los dos cráneos pasan de boca en boca durante los festines nocturnos, oficiados por el mismo Byron en hábito de monje.

Sus únicos compañeros fieles son el viejo Murray, su ayuda de cámara, y dos perros: un bulldog llamado *Nelson* y un precioso terranova que responde al nombre de *Boatswain* y disfruta nadando junto a su dueño en los estanques of Newstead. Cuando Byron se hace el muerto, el pobre animal se lanza al agua y le arrastra hacia la orilla con un esfuerzo ingenuo, angustioso e inútil.

Boatswain tiene una muerte penosa, atacado por la rabia. Y Byron lo cuida hasta el último momento, enjugándole las babas con un pañuelo. Luego manda construir un mausoleo en los jardines de Newstead, y allí entierra a la desgraciada bestezuela: «En este lugar reposan los restos de un ser que poseyó la belleza sin vanidad, la fuerza sin insolencia, el valor sin crueldad, y todas las virtudes del hombre sin sus vicios».

Una de las revistas literarias más destacadas de la época, la *Edinburgh Review*, portavoz del partido *whig*, se ensaña con los versos del joven lord. En respuesta, Byron escribe una sátira brutal contra los ídolos de la literatura británica. Cuando está rabioso no hay quien pueda enjugarle la baba.

Y así, poseído de rabia, entra en la Cámara de los Lores, saluda fríamente al lord canciller y se sienta, sin más comentario... en los bancos de la oposición.

En Inglaterra no tiene, de momento, nada que hacer. Reta a duelo a todas las personas que le han injuriado, y a todos aquellos que han sufrido sus propias invectivas y, el 2 de julio de 1809, se embarca en el *Princess Elizabeth,* junto a su amigo Hobhouse, con destino a Lisboa.

El autor de Childe Harold

Durante dos años, hasta el verano de 1811, Byron se dedica a recorrer el mundo: Lisboa, Sintra –donde visita el fabuloso palacio del Monserrate, que guarda tantos recuerdos de Beckford–, Sevilla, Cádiz, Malta, Delfos, Atenas, Tebas, Troya, Constantinopla –donde cruza a nado el Helesponto– y Gibraltar. Este largo viaje le ha enseñado todo lo que no había aprendido en los libros. Y, fruto de esas experiencias, es un largo poema que ha escrito en el camino y que está a punto de dar a la imprenta.

Pero, en febrero de 1812, los trabajadores de la industria textil, se declaran en rebelión, queman los telares, destruyen las fábricas y amenazan a los empresarios de Nottingham. Miles de obreros en paro andan, hambrientos y cabizbajos, por las calles de Londres. En el White's Club y en el Brook's Club, conservadores y liberales comentan la grave situación económica del país. Se diría que nada funciona, ni las minas, ni la política colonial, ni la disciplina de las prisiones, ni los conflictos religiosos con los católicos. Los conservadores piensan que el control del gobierno sobre los precios mínimos del trigo perjudica gravemente a la industria, que no puede disfrutar de los servicios de una mano de obra barata y mal pagada. Los liberales, por su parte, no ven con buenos ojos el crecimiento disparado de la demografía, el aumento del volumen de producción en detrimento de la calidad, y los movimientos masivos de la población emigrante que trabaja sin contratos ni seguridad. El campo no da de comer, la industria sustituye a los hombres por las máquinas de vapor, y el «ejército de reserva» —en palabras de Marx— está condenado al paro, al abuso y a la emigración.

El 27 de febrero de 1812, un joven lord se levanta en la Cámara para asumir la defensa de los obreros de Nottingham que se han alzado en masa contra la implantación de telares mecánicos. «Estos hombres —dice el orador, acompañando sus palabras con gestos un poco teatrales— querían labrar la tierra, pero el azadón estaba en otras manos; no se avergonzaban de pedir, pero no hubo nadie que les ayudase; sus medios propios de subsistencia habían desaparecido, puesto que todos los demás empleos estaban ya ocupados; y sus excesos, aunque deben ser deplorados y condenados, difícilmente pueden sorprendernos.»

El lord canciller observa con curiosidad a este muchacho que se dirige a su escaño con gesto altivo, caminando de puntillas para disimular su imperceptible cojera. Es un joven delgado, pálido, combativo; de frente despejada, nariz altiva, barbilla hendida y sonrisa desdeñosa. No es fácil reconocer en él al muchacho tímido que cruzara, hace ya tres años, esta misma sala para sentarse, sin decir palabra, en los bancos de la oposición.

El discurso de Byron enciende los ánimos en el Parlamento. Lord Holland y lord Granville se apresuran a felicitarle calurosamente. Los periódicos reproducen fragmentos de su intervención. ¿Es éste el mismo lord que abandonó Inglaterra hace tres años después de protagonizar un escándalo y retar a duelo a todos sus enemigos?

George Gordon Byron no ha cambiado. Pero ahora blande en sus manos un arma terrible: ha aprendido a dominar sus sentimientos. En otro tiempo habría puesto su corazón y sus fuerzas en favor de la justicia. «Crede Byron.» Ahora, que conoce ya un poco a la sociedad, se conforma con pronunciar unas razonables protestas.

Este joven que amenaza y no ama, que exige y no da, que condena y no perdona, ha encontrado la fórmula del triunfo. Pronto será famoso.

Cuando los ecos del célebre discurso del 27 de febrero aún no se han extinguido, el editor Murray pone en circulación los dos primeros cantos del *Childe Harold's Pilgrimage*. El autor ya no firma, tímidamente, Lord Byron, «a minor», como hiciera en su primer libro. Ahora se considera un escritor maduro, digno de su significante y noble apellido.

La obra aparece en el momento oportuno, en un clima inestable de crisis social, cuando los vientos de la protesta comienzan a dejar paso a las inquietantes tormentas de la revolución. Para la aristocracia y las clases ilustradas había sido muy cómodo encabezar los manifestos liberales de los últimos años. Habían abdicado de su propia disciplina de clase, sin pensar que el poder sólo se mantiene por la fuerza de la costumbre y el apoyo de la ley. Y ahora se daban cuenta de que habían socavado los cimientos de su propio trono y de que estaban irremisiblemente condenados a perder sus privilegios y a sufrir las consecuencias de la revolución.

Childe Harold es el desgraciado arquetipo de esta generación, abandonada ya al declive de la decadencia y de la abdicación. Su propio nombre contiene una referencia a la vieja nobleza hereditaria, puesto que *Childe* es un arcaísmo que se utilizaba en los tiempos de la caballería para designar al infanzón; es decir, al joven demasiado tierno para desempeñar las responsabilidades del honor caballeresco. Aunque no se presenta como «a minor», el incorregible Byron se apoya otra vez, inconscientemente, en los privilegios de su edad. No en vano es el genio de una generación condenada a sufrir los excesos de la juventud; una generación abandonada por sus mayores y enamorada, como el pálido Narciso, de su tembloroso reflejo.

El público descubre enseguida, tras el rostro dolorido de Childe Harold, la imagen del propio Lord Byron. Aunque el autor ha pretendido disfrazar a su personaje con un atuendo ligeramente antañón y arcaico, Childe encarna perfectamente la melancolía de Byron y de su tiempo.

> This an old lesson; Time approves it true,
> And those who know it best, deplore it most;
> When all is won that all desire to woo,
> The paltry prize is hardly worth the cost.

Es una lección terrible: cuando se alcanza todo cuanto se desea, el precio que se paga es muy superior al beneficio que se obtiene. Quizás es una vieja lección aprendida en Harrow, porque el protagonista del poema se llamó en un principio Childe of Harrow. Más tarde, Byron le cambió el nombre.

Ahora que ha viajado por el imperio otomano y que ha sido el huésped honrado de todos los déspotas orientales, Byron cree más que nunca en la misteriosa noche del destino. «Me desperté una mañana y me encontré convertido en un hombre famoso», dice comentando el éxito de su poema. En tres días se habían vendido quinientos ejemplares.

Si uno piensa que en la misma época corre por París, convertido en un folletinista de baja categoría, el genio Balzac; si uno piensa que Stendhal —el hombre más inteligente del siglo, junto con Goethe— anda rodando con los ejércitos de Napoleón, sin poder darse a conocer como escritor; si uno piensa que Heine, el espíritu más lúcido de la Alemania romántica, ha tenido que abandonar su patria para vivir como un vagabundo en París; si uno piensa que Hölderlin, el poeta más creador del siglo XIX, se va a morir anónimo y loco a orillas del Neckar; y si consideramos el panorama literario del momento, no cabe duda que el triunfo del *Childe Harold* fue una jugada de suerte de Byron.

Sentado junto al fuego, en la vieja abadía, rememora los recuerdos de su viaje a través del Mediterráneo. Abre su libro de peregrinaciones y se abandona a la meditación, mientras los troncos arden con un quejido que parece el golpear de un rosario sobre las losas mordidas. Sobre una mesa brillan y desaparecen, acariciados por la luz de las llamas, los recuerdos de su viaje y las reliquias de su melancolía: el collar vacío del fiel Boatswain, los retratos de los amigos perdidos —Wingfield, Eddleston, Matthews—, la esencia de rosas que trajo como regalo para su madre, los cráneos que consiguió en el convento de los Capuchinos de Atenas, y un frasco de cicuta que compró en Grecia.

El invierno es frío, y el lobo aúlla en los jardines de Newstead. Tiene ahora un lobo, un oso y algunas tortugas. De vez en cuando un remoto olor a naranjas se esparce por la habitación: ¡qué lejos están ahora los jardines soleados de Sintra y las riberas del Tajo, florecidas!

El olor a naranjas despierta, en su memoria, agridulces recuerdos. Los tambores de las ejecuciones y de la guerra retumban en la península Ibérica. Las tropas napoleónicas, como rebaños sedientos, avanzan por las cañadas de la meseta castellana...

George acaricia en sus manos un mechón de pelo «de tres pies de largo» que le regaló en Sevilla una hermosa solterona de ojos negros. Y piensa también en Cádiz, que sigue apareciendo a sus ojos tal como lo vio en julio de 1809: como un castillo blanco en el mar, donde se vivía con una pasión desesperada y urgente; entre funerales, rosarios, fandangos, pendencias y enredados amores.

Recuerda sus primeras impresiones de Cádiz: las representaciones de ópera, las calles adoquinadas de la Viña y del Pópulo, y la fiesta de toros. Y en la madrugada de Newstead, poblada de monjes en pena, vuelve a sentirse en las calles gaditanas persiguiendo a las muchachas y a las palmeras, caliente como el viento de levante, perfumado como la caoba, enigmático y desocupado como esos patios de cal y mármol donde duerme el aljibe su sueño húmedo de altar antiguo o de virgen pálida, desconocida y prisionera.

Se mira al espejo y contempla su rostro. Los turcos le admiraban porque tenía «las orejas menudas, el pelo rizado y las manos pequeñas y blancas». Con sus piernas débiles ha sido capaz de cruzar a nado los Dardanelos; se ha enfrentado a los bandidos y ha luchado contra las tempestades. Ahora es ya un verdadero Byron: «muy serio y cínico, y dispuesto a moralizar».

Catherine Gordon no alcanzó a ver el triunfo social de su hijo. En su última carta él se había mostrado conciliador y cariñoso: «Acaban de cumplirse dos años desde que salí de Inglaterra, y regreso con los mismos sentimientos que tenía cuando me fui; es decir, indiferencia. Pero en esta apatía ciertamente no te incluyo, como probaré con todos los medios a mi alcance». La carta proseguía con algunas recomendaciones de orden personal y doméstico: «Debo decirte que desde hace mucho tiempo estoy sometido a una estricta dieta vegetariana, ni pescado ni carne entran en mi régimen; así que espero un montón enorme de patatas, verduras y galletas; tampoco bebo vino».

Como regalo de viaje, Byron obsequió a su madre un chal y un frasco de agua de rosas. Pero el frío invierno había marchitado ya las últimas rosas de Kitty Gordon: murió a consecuencia de una apoplejía que la fulminó cuando el tapicero le presentó una factura abusiva.

Mientras Lord Byron estuvo de viaje, ella administró los gastos de la abadía como si fuera el ángel custodio de aquellos locos que la habían arruinado y se habían arruinado a sí mismos. Cuidó al oso, dio de comer a los animales, y despidió a las criadas que amenizaban las bacanales de su hijo.

Los colonos la enterraron en la cercana iglesia de Hucknall. Su hijo, que tuvo siempre una forma extraña de reaccionar ante el dolor, se quedó boxeando en la abadía. «Contemplando el cuerpo inerte del ser que me trajo al mundo, me he preguntado si realmente existo y si ella ha dejado de existir.»

Byron también entrará un día, solemnemente, en la iglesia de Hucknall; pero entonces será ya un cadáver. De momento quiere ser enterrado en Newstead, en la misma tumba de su perro. Los abogados se oponen a esta cláusula de su testamento; pero él consigue imponerla.

Vestido de luto enamora a la loca Carolina Lamb, que cree ver en él a un tribuno revolucionario o a un héroe de las leyendas célticas. En su novela *Glenarvon*, ella le describe bajo los trazos de un semidiós: «Era una de esas personas que nadie puede olvidar cuando la ha visto una vez. Una expresión apasionada animaba todos sus rasgos. El fuego del genio resplandecía cuando levantaba sus ojos brillantes; el orgullo y un amargo desdén recorrían sus labios...».

Byron triunfa en los salones de Londres. Acude a las cenas de Lady Melbourne, que se prolongan hasta las últimas horas de la madrugada. Frecuenta el salón de la condesa de Cork, y permanece silencioso, con los brazos cruzados, en el jardín interior; junto a los pájaros y las mariposas disecadas que decoran el invernadero artificial; entre los nardos, los tulipanes y las begonias de tela encerada; con la mirada fija en los surtidores que vierten, en la penumbra, delicadas lágrimas de agua de rosas.

Lady Cork es la reina de la alta sociedad; sus *soirées* rosas reúnen a toda la aristocracia; a sus *soirées* azules acuden intelectuales y artistas; a sus *soirées* grises, o tés religiosos, asisten las damas más bellas de Londres.

Byron frecuenta también los salones de lady Charleville, señorona elegante que, a causa de su reumatismo, recibe sentada en una silla de ruedas. A veces se le encuentra también en los apartamentos de Lydia White que, como está inválida, permanece acostada en su lecho en medio de la fiesta.

Esta sociedad, desmayada y a la deriva, se siente bien reflejada en el melancólico espejo de los héroes byronianos. Y el joven poeta se convierte en el pintor de su decadencia. Sólo Byron es capaz de transformar su tristeza en poesía, sus vicios en obra de arte, su aburrimiento en una romántica sospecha de pecado bíblico o de maldición.

Byron los alimenta, igual que nutre a sus tortugas griegas en Newstead, igual que ofrece a sus amigos oscuros vinos tintos en cráneos atenienses. Sin respeto y sin primor extrae de su corazón todos los licores de la poesía maldita. Y así se suceden sus éxitos literarios: *The Giaour, The Bride of Abydos, The Corsair, Lara, The Siege of Corinth* y *Parisina*. Héroes desesperados que no dejan cruz ni tumba, personajes violentos que violan los secretos de las tinieblas, mujeres que «cuando se entregan al amor sienten en sus labios el frío de la muerte». En un solo día se venden diez mil ejemplares de *The Corsair:* escrito a un ritmo de doscientos versos diarios.

En junio de 1813 Augusta Byron se instala en Londres como dama de honor de la reina Carlota. Su matrimonio con el coronel Leigh está en quiebra económica y espiritual. Leigh, que es también un Byron por línea materna, despilfarra su hacienda en las carreras de caballos y en las aventuras de amor. Pero Augusta, que está siempre dispuesta y embarazada, vive su ruina con ejemplar optimismo. Es una muchacha fuerte, hermosa, espontánea. En medio de una sociedad atormentada y reprimida, Augusta no tiene conciencia del pecado; sexualmente es ingenua, pronta y burda como un ave de corral. Su hermano la llama cariñosamente *my Goose*, mi gansa.

Augusta tiene tres hijos –el segundo de ellos subnormal– y una existencia difícil, cuando encuentra a su hermano en el apogeo de la gloria. George se le ofrece enseguida como amigo, hermano, padre, hijo, maestro, confidente y protector: una mezcla explosiva muy propia de los Byron, que se enredan siempre en las ramas del árbol maldito de Newstead. A cambio de estos favores Augusta le ofrece la promesa fecunda del trigo y la oportunidad de introducirse en los juegos prohibidos de los gineceos de Londres.

Guiado por Augusta el tímido Byron se transforma en el sultán de las rosas de Saint James. Conoce, como un abate o una mujer, el flaco de los maridos y la debilidad de las esposas. Se muestra en público con aquellas mujeres que un galán debe tratar. Juega con lady Frances Annesley al amor platónico. Y a lady Oxford –casada con un zancajo sabihondo al que llaman Putifar– le enseña lenguas muertas, porque ella piensa que «el griego es un excitante de las pasiones». Pero casi siempre toma en el amor un papel contradictorio, ardiente y pasivo, para alimentar la vanidad de las mujeres que disfrutan jugando con fuego. Sabe despertar las pasiones: la ternura en las palomas, la ferocidad en las panteras, el rencor en las gatas, la envidia en las garzas, los celos en las lobas, la vanidad en las yeguas, el instinto maternal en las leonas. «Puedo afirmar –confiesa– que nunca he seducido a una mujer.» Eso es algo que puede afirmar cualquier hombre que no sea radicalmente un pavo estúpido.

Entre todas sus aventuras ninguna provoca tan rentable escándalo como sus amores con Carolina Lamb, que le persigue, desesperadamente, con la esperanza de seducirle. Esta mujer pequeña, fulminante, atropellada, que tiene movimientos de canario flauta; no despertará jamás el interés de Byron.

Carolina Lamb es un desdichado ejemplo de la locura romántica. Hasta los quince años no fue al colegio. Su familia quiso educarla en «la pura inocencia». Y durante toda su infancia estuvo convencida de que «los caballos comían carne» y de que en el mundo no había más que príncipes, duques y marqueses: «no se nos había ocurrido pensar que el que hacía el pan y la manteca fuese un ser humano». Así fue creciendo, cruelmente entregada a sus propias pasiones, como una diminuta reina de los pigmeos, sin que la realidad afinase las cuerdas estridentes de su corazón. A los cinco años hablaba italiano y francés; a los doce años leía a Voltaire, hacía faltas de ortografía, había viajado por toda Europa, estudiaba latín y griego, dibujaba con soltura y hablaba un lenguaje extraño de su propia invención. Los médicos llegaron a interesarse por su sensibilidad enfermiza y extraordinaria. Y sus amigas la llevaban a todas las reuniones musicales o literarias porque las hacía quedar muy bien, ya que Carolina rompía a llorar y se desmayaba enseguida, transportada por la emoción.

Ni el pequeño Mozart escribía a su primita cartas tan descabelladas como las que Carolina enviaba a su primo Hart: «My most sanitive elixir of Julep, my most precious cordial confection, my most dilutable sal polychrist & marsh mallow paste... God preserve you my dearest Tartar emetic your own Syrop of elderob». El día en que contrajo matrimonio con William Lamb sufrió un ataque de nervios y destrozó su vestido de novia, porque el clérigo que oficiaba era pesado y lento.

Con su sensibilidad histérica, Carolina intuyó enseguida cuál era el verdadero carácter de Byron. El mismo día en que lo conoció escribió en su diario: «loco, malo y peligroso». La infortunada muchacha no sabía entonces que esos adjetivos florecían abundantemente en el árbol genealógico de los Byron; al tío abuelo del poeta le llamaban Lord Malo; a su padre le conocían como Jack el Loco; peligrosos fueron siempre todos los Byron.

Durante algunos meses no se habla en Londres más que de los amores de Carolina y Byron. Ella, que es lectora apasionada de las soflamas feministas de Mary Wollstonecraft y que conoce muy bien la *Vindication of the Rights of Women*, se viste de hombre para visitar en secreto a su amante. Pero, a veces, se deja llevar por sus instintos y organiza espectáculos públicos. Algunos la han visto, en el curso de una cena, amenazar a su desdeñoso galán con un cuchillo. También se dice que el complaciente marido los ha sorprendido haciendo el amor en el domicilio conyugal y que Byron, para disimular, ha fingido ser un ladrón y ha saltado por la ventana con un cojín bajo el brazo.

El idilio tiene un final trágico y cruel. Byron, cansado ya de sus caprichos y de sus excentricidades, le escribe secamente: «He dejado de ser tu amante y, ya que me obligas a confesarlo con esa persecución tan impropia de tu sexo, date por enterada de que amo a otra...».

El verdadero amor de Byron tiene su mismo apellido: Augusta Byron, la mujer que le ha enseñado a amar a las mujeres. Juntos pasan temporadas en Newstead, en la penumbra perfumada del claustro maldito. Han grabado sus nombres en el roble, rubricado con tres cruces misteriosas. Byron confesará más tarde a un amigo que «la extraña aventura veraniega» ha sido «la historia más grave que he vivido en los últimos tiempos».

Antes de regresar con sus hijos y su marido, Augusta entrega a su hermano un mechón de sus cabellos, envueltos en un papel, con una leyenda en francés: «Partager tous vos sentiments, ne voir que par vos yeux, n'agir que par vos conseils, ne vivre que par vous...». Él escribe al margen de esta declaración: «Éstos son los cabellos de una de las mujeres que más he amado».

El 22 de junio de 1815, el *Times* publica media columna anunciando que Napoleón ha sido derrotado en Waterloo. Y Byron, siempre con los perdedores, acaba de escribir una *Ode to Napo-*

león Buonaparte. Las estrellas declinan. Pocos meses antes Byron ha contraído matrimonio con Anna-Isabella-Noel-Milbanke.

Los malos presagios

Augusta ha dejado en manos de Byron una fruta envenenada: una joven heredera que se llama Annabella, aunque él la llama «mi manzana». Y, el día en que va a visitarla por primera vez, tropieza en las escaleras de la casa: mal presagio.

Annabella quiere demostrarle al mundo, y sobre todo a su prima Carolina Lamb, que el guapo ángel de las sombras puede ser redimido. Arriesgada tesis para una disquisición teológica, y peor comienzo para un matrimonio. «Si se imagina —escribe Byron— que encuentro un placer especial en estudiar el credo de san Atanasio, me parece que se equivoca.»

Walter Scott le anima también a seguir la vía de la reconciliación y está convencido de que, tarde o temprano, Byron entregará al mundo el magnífico evangelio de una «religión imaginativa». Pero Byron no responde, por el momento, a la esperanzada profecía de su amigo. Se aleja, silencioso, hacia su lujosa morada de Piccadilly Terrace y se enfrasca en la preocupante lectura de *Hamlet.* Luego, toma la pluma y escribe un nuevo canto de su poema *Lara:* «Había en él un esencial desprecio de todas las cosas, como si ya hubiese sufrido lo peor. Parecía un extraño en el mundo de los vivos, un espíritu errante, desterrado y caído...». A la inflexible y celosa Annabella pretende convencerla de que él es «materialmente» un ángel arrojado del cielo. «Y tú eres —le dice, mirándola con sus ojos de loco— una de esas mujeres que, como cuenta la Biblia, cohabitaron con los ángeles malditos.»

Los malos presagios se suceden. El anillo de pedida de Annabella cae, por descuido, en el hogar de la chimenea. En plena «luna de melaza» el astro nocturno, que vuela como una cara de niño sobre el jardín nevado, desaparece detrás de las nubes sombrías. Un murciélago anida en el tejado, un espejo se rompe, alguien envía un paquete envuelto en hilo negro... Byron está convencido de que su destino es «volver a Oriente para morir allí». Y una gitana le anuncia que morirá a los treinta y seis años, lejos de su patria.

El matrimonio es un fracaso. «Todas las tragedias acaban con una muerte —escribe— y todas las comedias acaban con un matrimonio.» La pequeña dote de Annabella desaparece en unas semanas de vida alegre. Byron se cansa de las bromas familiares de *dad* Milbanke, y no soporta la tutela de una suegra que cada día se muestra más puritana, avara y autoritaria. Su indigesto régimen dietético, a base de gaseosa, acaba por destrozar su salud; para soportar los dolores ingiere volcánicas dosis de magnesia y se droga con olorosas libaciones de láudano. Vive en un diabólico estado de exaltación. Cuando no dispara sus pistolas, desgolleta las botellas de soda contra los muebles y se las bebe por docenas. En un ataque de cólera levanta un reloj sobre su cabeza y lo estrella en el suelo. Sigue además con su manía de vivir rodeado de animales. Su última adquisición es un loro antipático que se lanza como una fiera sobre la incauta Annabella.

Annabella se refugia en sus lecturas pedantes y en sus estudios científicos: «Princesa de los Paralelogramos», la llama Byron en sus raros momentos de buen humor. Pero Annabella no es inocente, sino malpensada y celosa. Desde hace tiempo su rigurosa mente ha concebido la sospecha de que las camas apolilladas de Newstead están manchadas por los amores prohibidos. Está convencida de que Augusta y su marido han sucumbido a la «infame tentación de las fieras». Y para llegar a una conclusión «científica» le tiende a Byron las más enrevesadas trampas. Tiene incluso la sangre fría de invitar a Augusta a Piccadilly Terrace para sonsacarle su secreto.

Sometido a este psicoanálisis vigilante y vengativo, Byron se defiende, en un estado próximo a la locura. Un día se atreve incluso a decir que Medora, la última hija de Augusta, es su propia hija.

Annabella se refugia en casa de sus padres. Acaba de traer al mundo a una niña que recibe en el bautismo el nombre de Augusta-Ada. Pero la venganza de los Milbanke es terrible. La recién nacida no llevará en adelante más nombre que el de Ada. Una cláusula de la separación matrimonial exige que Ada «no vea a su padre, ni en retrato, antes de los veintiún años».

Annabella llevará su rencor hasta el odio, contándole a Harriet Beecher Stowe –la autora de *La cabaña del tío Tom*– los pormenores de la relación de Byron con su hermana.

Ada Byron no conocerá nunca a su padre; pero guarda de él una imagen romántica. Cuando ya es una jovencita se presenta, en las fiestas, vestida a la oriental, como una heroína de Byron. Demuestra unas dotes excepcionales para la ciencia; pero como buena hija de Byron estudia la utilización de las primeras computadoras mecánicas... para ganar en las apuestas hípicas. Al final de su vida hace una visita a Newstead, que ya no pertenece a los terribles descendientes del Pequeño Sir John, y se emociona al evocar las glorias y las desdichas de su estirpe. Como último detalle de elegante byronismo, Ada abandona este mundo a los treinta y seis años, víctima del cáncer: la misma edad que tenía, al morir, su padre. La enterraron en la tumba familiar de la abadía de Hucknall, junto a aquel que había llegado a amar, sin haberlo conocido.

Las estrellas declinan

Las estrellas declinan, la luna mengua, el viento sacude las ramas del roble de Newstead. Byron no tiene más remedio que abandonar Inglaterra. Está desprestigiado políticamente, porque ha apoyado a Napoleón. Los procuradores le persiguen para embargar su hacienda. El escándalo de su vida privada se propaga en la alta sociedad.

Cuando el 25 de abril de 1816 se hace a la mar en Dover, con viento contrario, las damas que ayer le aplaudieron acuden al puerto, disfrazadas de campesinas o de criadas, para asistir a la «vergonzosa fuga del pecador».

El compañero de su primer viaje, el fiel Hobhouse, agita su gorra desde la escollera y le encomienda a Dios. «Es un valiente y tiene buen corazón», murmura para sus adentros.

Byron lleva una pluma blanca en el corazón: no volverá a Inglaterra sin honor. Y, una vez más, Hobhouse será, en 1824, quien reciba su cuerpo embalsamado para darle sepultura en la iglesia de Hucknall Torkard, muy cerca de la abadía de Newstead.

El fracaso de su matrimonio impulsa a Byron a abandonar su patria. Se detiene en Waterloo, donde su ídolo Napoleón ha sido derrotado. Le preocupa la idea de la muerte, pero aún comprende menos la inutilidad del esfuerzo humano. Recorre el campo de batalla, aún sembrado de huesos. Y, como un sepulturero más, acostumbrado a ver el mundo en esta penosa postura, canta a voz en grito una salmodia de la estepa turca. En estos momentos de decepción y rencor, comienza a convertirse en filósofo volteriano. Hasta el humor amargo y genial que lleva en su alma comienza ya, liberado de su lirismo, a impregnar su pensamiento. Es un náufrago y debe nadar para sobrevivir. El duque de Broglie, que conoció a Byron en esta época, lo encontró blasfemo y grosero. Su personalidad nunca tuvo nada que ver con aquel modelo de poeta dulzón que buscaban los burgueses en el romanticismo. Era amargo y cínico. Teresa Guiccioli, su última amante, fue la única mujer que creyó descubrir en él un temperamento tierno y sentimental. Hay que advertir, naturalmente, que Teresa Guiccioli no hablaba una palabra de inglés.

De Bélgica a Suiza sigue Byron las orillas del Rin: castillos y viñas, rocas y algunas viejas ciudades que parecen dibujadas en el cielo blanco por el punzón de Durero. En Suiza se hospeda en el palacio de Coppet, la mansión de Madame de Staël, un refugio melancólico y amarillento, que conserva todavía un aire de viejo balneario intelectual. En esa estación del año en que florecen los tilos sobre la pradera húmeda, cuando el lago Leman huele a madera cortada y ropa blanca, cualquier viajero se sentiría dispuesto a admitir aquí que la vida tiene también una cara tierna. Percy Shelley se vino a este rincón del mundo para llenarse los pulmones y el alma de filosofía optimista. Escribía al aire libre, bajo los árboles –sus libros, como él los llamaba– como uno de esos viejos poetas hindúes que meditan en mitad del bosque. Byron intimó en Suiza con aquel joven poeta cósmico, con aquel niño de ojos de carnero que intentaba convertirle a la religión panteísta. Con Shelley venía además su amiga Claire Clairmont, una muchacha que se había entregado a Byron «sin pedir nada a cambio» en los últimos y solitarios días de Londres. «No puedo hacerme el estoico –murmura Byron– con una mujer que ha corrido ochocientas millas para desfilosofarme.» Juntos recorren en peregrinación los lugares donde vivió Rousseau: graban sus nombres en una piedra, cortan algunas flores como recuerdo, botan una barca y se pasean por el lago. Un día les sorprende una tempestad. Byron está dispuesto a lanzarse al agua. Incluso él, que ha cruzado el Helesponto a nado, siente algo de miedo. Vuelve los ojos y ve a Shelley, que no sabe nadar, sentado tranquilamente en el fondo de la barca. Aquel poeta iluminado que defiende el ateísmo y canta la fe en el hombre se convierte desde entonces en su héroe y en su filósofo.

Los últimos cantos del *Childe Harold* acusan una fuerte influencia de Shelley, como si Byron hubiese comprendido al fin el sentido purificador de la naturaleza. Se diría que, en este momento de su vida busca, de manera absoluta, el supremo ideal romántico que consiste en fundirse con el infinito. Su maestro Shelley llevaría la teoría más lejos hundiéndose con su barca en la Spezia. A Byron no le depara su temperamento una muerte metafísicamente pura, una muerte confusa y marina.

Estos meses de aproximación al secreto de la naturaleza dieron sus frutos: el *Manfred*, poema dramático, y Allegra, una niña morenita que se parecía a su madre Claire Clairmont. Cuando Byron se entera del nacimiento de su hija ya está en Padua, bien instalado en la Villa Foscarini, uno de los palacios más bellos de las orillas del Brenta.

La Villa Foscarini –llamada también «dei leoni», por los animales que flanquean la entrada– alberga hoy un colegio y una pequeña fábrica de jabones. Pero había sido propiedad de los Foscarini, una familia noble veneciana que tuvo un destino byroniano y fatal, por conjuras de celos y pleitos de amor. No sabía entonces Byron que, pocos meses más tarde, el azar le llevaría a habitar el Palazzo Mocenigo en Venecia, que fue el lugar donde se forjó precisamente la desgracia de Antonio Foscarini.

Pero Byron, por el momento, se dedica a nadar y a aprender armenio. Cada día navega en su góndola hasta el convento de San Lázaro, en la islita del mismo nombre, que aparece en medio de la laguna con su bosquecillo de cipreses. Desde el siglo XII los monjes armenios instalaron aquí una leprosería.

Cuando llegué al convento, siguiendo las huellas de Byron, un monje me explicó que el poeta amaba especialmente la imprenta y me enseñó una fabulosa colección de caracteres, con los que pueden editarse libros en treinta y seis idiomas diferentes. Conocí también a un sabio que hablaba varias lenguas y que había traducido al armenio a muchos autores clásicos europeos. Por eso, cada vez que voy a Venecia, no olvido este oasis de paz, donde siguen viviendo los frailes estudiosos, en medio de jardines floridos y de los pavos reales más majestuosos que he visto en mi vida.

Finalmente, Byron decide trasladarse a Venecia, donde vive su nueva amante: Marianna Segati, casada con el dueño de una tienda de tejidos que se llama Il Corno; Il Corno Inglese puntualizan los venecianos con su feroz sentido de la heráldica.

A Byron le gusta Venecia, ciudad que ha idealizado desde su juventud, lugar donde pasará «los más felices momentos de su existencia». En aquel instante no puede encontrar un suelo tan propicio, tan inestable como el de Venecia: esa ciudad que, como su vida, siempre se está yendo a pique y no hace nada por evitarlo. También él está a punto de naufragar y sigue sin embargo allí vivo, escribiendo más que nunca, acostándose con Marianna Segati, con Margherita Cogni –alias la *Fornarina*–, con la condesa Guiccioli... Asiste a la ópera en el teatro de la Fenice, pasea en góndola, monta a caballo, nada hasta reventar en la playa del Lido, tiene la casa llena de animales. Ha alquilado uno de los tres palacios Mocenigo, a orillas del Gran Canal, en el lugar donde se contemplan las mejores puestas de sol de Venecia: el puente de l'Accademia, el Ponte de Rialto a la derecha, y, entre uno y otro, los campanarios de la ciudad y el ocre reflejo de los palacios en las aguas.

El Palazzo Mocenigo era la morada ideal para Byron, porque ocultaba un escandaloso pasado. Aquí había vivido la condesa Alethea de Arundel y Surrey, descendiente de una noble familia y ahijada de la reina Isabel. Estaba casada con un mariscal inglés, gran protector de la arqueología y de las artes, que la hizo retratar por los mejores pintores de su tiempo, como Rubens —que la pintó pálida y muy isabelina— y Anton Van Dyck, que inmortalizó sus delicadísimas manos, pero dibujó con extrema crueldad su inexpresivo rostro. El matrimonio fue feliz y la condesa trajo al mundo nueve hijos, hasta que comenzó a verse en secreto con un patricio veneciano, llamado Antonio Foscarini, a quien ella había conocido cuando él era embajador en Londres. Pero daba también la casualidad de que el palacio Mocenigo era entonces sede de muchas embajadas y albergaba las oficinas de España, de los Médici y del ministro imperial. Por eso arrestaron al pobre Foscarini, bajo sospecha de estar al servicio de las potencias extranjeras. Y, para no deshonrar a su amante, el acusado aceptó la condena sin dar más explicaciones. Los verdugos lo estrangularon y, luego, colgaron el cadáver, suspendido por un pie, delante de su propio palacio, en el Gran Canal.

La familia Mocenigo, que alquiló a Byron una de las plantas de su palacio, tampoco era ajena a los escándalos. Y Lucietta Mocenigo —que fue quien recibió personalmente al poeta para firmar el contrato, por doscientas libras esterlinas— vestía y se comportaba de forma tan provocativa que escandalizaba a los serios burgueses. El contrato de alquiler incluía los gastos de lavandería y los muebles.

En aquellos días de 1819, Byron comenzó a escribir el *Don Juan*: quizá la obra más profunda y volteriana salida de su mente. Por primera vez tuvo la audacia de reírse de la poesía, y por primera vez se atrevió a mirar al mundo con la cínica filosofía del burlador: el hombre que sabe robarle a las cosas su belleza y las abandona en cuanto comienza a descubrirles un sentido.

> Let us have wine and women, mirth and laughter,
> Sermons and soda water the day after.

Y llegó tan lejos en la interpetación de su personaje que redactó incluso una lista detallada de sus aventuras: Arpalice Tarruscelli, «la bacante más graciosa del mundo», la Damosti, que era una de las prostitutas más famosas de Venecia, y Eleonora, y Carlotta, y Giulietta, y la Santa... Don Juan ha descubierto una verdad: «Si no creyésemos que las cosas y las personas tienen alma, no nos ataríamos a ellas». Pero en febrero de 1818 contrae una infección venérea.

Isabella Albrizzi lo describe en sus *Ritratti* como un joven «de finísimos cabellos castaños y ojos color de cielo, con dientes como perlas... manos bellas como sólo el arte puede hacerlas... y con un ligero y lento bamboleo de su cuerpo, cuando entraba en una estancia».

En estos años de Venecia, convertido a la filosofía volteriana de la ironía, no echa en falta casi nada. Ha vendido su hacienda de Newstead y se encuentra en una posición económica desahogada. Desearía conocer a su hijita Allegra, que vive en Londres con el matrimonio Shelley. «Te agradecería —le escribe a un amigo— que le digas a Shelley que la embale con cuidado y me la mande junto con polvos dentífricos, magnesia, gaseosas, cepillos de dientes y algunas buenas novelas.» Para la pobre Claire Clairmont no tiene ni un mal pensamiento; aún más, le tiene prohibido acercarse a cualquier ciudad del mundo donde él habite.

Byron trabaja mucho. A pesar de su vida desordenada dedica muchas horas a su obra. Pero sigue siendo el aventurero de siempre, el pirata tentado por las grandes epopeyas de la historia.

Teresa Guiccioli

En los últimos meses de Venecia, Byron se enamora de Teresa Gamba Guiccioli, una niña de dieciocho años que está casada con un viejo conde. Ella le cuenta que su padre la ha obligado a casarse con este viudo, bajo la amenaza de encerrarla para siempre en un convento. Y ha aceptado, a pesar de que en ciertos ambientes se rumorea que el conde envenenó a su primera mujer.

Byron y Teresa se han conocido en uno de los bailes que organiza la condesa Isabella Albrizzi en su palacio del río de San Casiano: una lujosa mansión, decorada con deliciosa fantasía, con *amori* de mármol, con *putti* de estuco, con pórticos y salones dorados y policromados, con pinturas de Longhi y Pellegrini.

Manteniendo al principio una discreta distancia, Byron aprovecha los paseos en góndola de la joven Teresa Guiccioli para ordenar a su gondolero que se cruce con ella en algún canal.

El poeta lo tiene todo a su favor: su leyenda maldita, la historia de sus escándalos, los celos de la panadera que cada noche le espera, llorando bajo la lluvia, en las escalinatas del palazzo Mocenigo. Y Teresa se siente arrastrada por este diablo, nada más verlo. Se deja arrebatar por sus palabras encendidas, por sus proyectos locos, por sus empresas generosas. «Crede Byron.» Cuando se le conoce de cerca, bajo su apariencia cínica, sigue siendo aquel joven idealista que se ofrecía voluntario a recibir los golpes que el tutor debía dar a sus compañeros.

El pueblo italiano, sometido a la dominación de Austria y a la opresión del Papado, sueña con obtener una constitución liberal, al estilo de la proclamada por las Cortes de Cádiz. Y Byron se afilia inmediatamente al grupo de los carbonarios y se suma a la lucha por la libertad de Italia. Su generosidad —no su sentido práctico— le lleva a sentarse siempre en los bancos de la oposición. Esta vez convierte el palacio de los Guiccioli en un verdadero arsenal y le llena al conde la casa de pistolas igual que antes le había llenado la cabeza de cuernos. «Ponerle los cuernos a un conde del Papa me da cierto reparo», había escrito. Para llenarle la casa de bombas no tiene tantos prejuicios.

Teresa, mientras tanto, se las ha ingeniado —fingiendo estar enferma— para que su amante la siga hasta Ravenna. Y, aunque el conde organiza de tarde en tarde alguna escena de celos —abofeteando a su mujer—, Byron se instala en el último piso del palacio Osio, que es bastante espacioso para esta intensa vida de familia.

Cuando no monta a caballo o tira al blanco con sus pistolas, se pasea por Ravenna con una carroza negra, «igual que la de

Napoleón». Tiene un pequeño camastro, una librería, un cofre y un servicio para comer. Y en la portezuela lleva pintadas las armas de los Byron.

La policía austríaca le sigue los pasos. Y al viejo conde Guiccioli también le toca su parte; le persiguen por estar «strettamente legato con el detto Lord Byron». Pero «el llamado Lord Byron» entrega con gusto su dinero para subvencionar la revolución, a cambio de sentirse perseguido como un criminal peligroso. Como todos los románticos, como Espronceda al afiliarse a los Numantinos, como Víctor Hugo al escribir sus panfletos contra Napoleón III, Byron disfruta viviendo al margen de la ley. En el fondo, apoya la Revolución porque le permite vivir en la clandestinidad.

Desde su infancia le gusta la gente sencilla, porque encuentra en ellos una salvaje sinceridad. Y, a menudo, se detiene a hablar con los mendigos o con la gente del pueblo, consignando luego estas historias en su *Diario:* «Cuando regresaba, en el puente que hay cerca del molino, me he cruzado con una vieja. Le he preguntado la edad, y me ha respondido: "Tres cruces". He preguntado a mi cochero (aunque me las arreglo dignamente en italiano) qué diablo significaban esas tres cruces. "¡Noventa años –me ha dicho–, y aún puede sumar otros cinco!"».

Y, como la vieja campesina le parece una mujer animosa e interesante, le pide que vuelva otro día a verlo:

«29 de enero de 1821. Ayer vino a encontrarme la vieja de noventa y cinco años. Me ha contado que su hijo mayor, si vive todavía, debería tener setenta años. Es diminuta, pequeña, pero vivaracha... Le quedan varios dientes, todos en la mandíbula inferior, uno solo delante. Está muy arrugada... Le he dado un luis, le he encargado vestidos nuevos y le he asignado una pensión semanal. Hasta ahora ha trabajado recogiendo leña y piñones en el bosque. ¡No está mal para noventa y cinco años! Ha tenido doce hijos, algunos de los cuales viven todavía. Se llama Maria Montanari.»

En Pisa, en Ravenna, en Bolonia, Byron se suma a los conjurados. Comienza a moverse por Italia como un bandolero hostigado, aunque, en realidad, no hace sino seguirle los pasos a su amiga Teresa Guiccioli, que sabe tratarle con mano izquierda. Su comportamiento es ahora de lo más moral: se limita «al más estricto adulterio». Pero el invierno de Ravenna es menos movido que el de Venecia. Comienza otra vez a sentirse aburrido, identificado con el grotesco silencio de sus animales: «A los monos —escribe en su *Diario*— no los he visto desde que comenzó el frío... Los caballos deben de estar borrachos».

Cumple treinta y tres años. («¿Y qué me han dejado estos treinta y tres años? Nada más que treinta y tres años.») Los días, los meses, los años, pasan con una infinita monotonía, como unas manecillas de reloj girando en un bostezo. Sus últimas obras van saliendo incesantemente de su cansada mente. Pero la juventud inglesa, que prefiere el entusiasmo de Shelley o el misticismo de Wordsworth, no las mira con atención. Los jóvenes le encuentran demasiado cínico, excesivamente frívolo; se han acostumbrado a recibir con ciega veneración los mandamientos de sus maestros y no comprenden a este Moisés que rompe las tablas de la Ley para prevenirles de los peligros del entusiasmo. Necesitaron arrastrarle hasta una muerte trágica para comprender que hay una grandiosa honestidad en la decepción del hombre. «Desde el momento en que nos enteramos de su muerte —escribiría Bulwer Lytton—, nos sentimos unidos a él. Y ya no tuvo rival alguno.»

Byron se siente, otra vez, perdido en Italia. Y Teresa —que ha obtenido el divorcio del conde y una renta considerable— lo instala en Pisa, en el palacio Lanfranchi, convenciéndole de que es una ventaja vivir en esta ciudad que intenta mantenerse independiente del Papado y de Austria. La casa —una mansión del siglo XVI— es espaciosa y agradable, con una bella fachada sobre el Arno. Pero la vida sedentaria y burguesa no está hecha para Byron. Además, los amigos de Inglaterra —el pirata Edward Trelawny, la tribu de los Shelley, la familia numerosa de los Hunt— se instalan en todas las habitaciones libres del palacio, con sus niños y sus alborotadores criados, que se enzarzan a cuchilladas por cualquier motivo.

Los Shelley encuentran pronto una vivienda en Lerici y organizan su vida en esta pintoresca costa genovesa. Muchos poetas, desde Petrarca a Goethe, han cantado la belleza del impresionante golfo de La Spezia, con sus islas rocosas, sus pueblos amurallados y esas misteriosas grutas marinas donde uno tiene siempre la impresión de que va a aparecerse, entre espumas rugientes, la Afrodita de los navegantes antiguos.

No conozco lugar más sobrecogedor que los acantilados de Porto Venere, sobre todo en los días de tormenta de invierno y primavera. Y recuerdo que, no hace muchos años, se veían viejos pescadores, sesteando al lado de los botes, aparejados con grandes velas latinas. Llevaban el tabaco en el pliegue de su barretina y, después de cargar parsimoniosamente su pipa, volvían a esconderlo en el *berettin*, calándoselo en la frente y doblándolo hacia la espalda con gesto fiero, como si hubiesen cumplido un rito.

A Shelley le agrada la Casa Magni, una modesta vivienda de pescadores, situada en la misma orilla del mar. Tiene la ventaja de que puede utilizar los soportales de la planta baja, formados por varios arcos de medio punto, para guardar su bote y los aparejos.

Otro de los cofrades del grupo, Edward Trelawny, ha sido marino y ha servido al Almirantazgo. Pero desertó y tuvo que sobrevivir en «desperate enterprises», que es una manera elegante de decir que se dedicó a la piratería en Malaysia. Luego, en Pisa, trabaja como secretario para Byron. Los dos comparten su afición por la aventura y por el mar. Y, por eso, Trelawny se encarga de supervisar la contrucción de dos barcos para Shelley y para Byron, en La Spezia. El pequeño bote de Shelley se llamará *Don Juan* –el propio Shelley le cambiará luego el nombre por *Ariel*– y el yate de Byron, más grande y dotado de un puente, *Bolívar*.

Leigh Hunt, que vive también en la casa de Byron con su mujer y sus seis hijos, ha estado en prisión en Inglaterra, acusado de publicar algunos textos contra la monarquía. Pero Shelley tiene la idea de apoyarle para que edite un periódico revolucionario en Pisa, siempre a costa de Byron. Por eso se instalan en el primer piso del palacio Lanfranchi, aunque Byron puede comprobar enseguida que la mujer de Hunt es una harpía envidiosa y pedante. Muchos años antes ya había propagado por todos los salones de Londres la idea de que Byron era «un aficionado que se daba aires de literato».

Y, al margen de estos invitados, no hay que olvidar los animales: diez caballos, ocho perros enormes, tres burros, cinco gatos, un águila, un cuervo y un halcón. «And all of these, except for the horses, walk about in the house», comenta Shelley, aunque hace recuento y se da cuenta de que ha olvidado el zoo de la escalera: «cinco pavos, dos gallinas de guinea y una grulla egipcia».

Cuando los Byron y los Shelley —acompañados siempre de la tribu numerosa de los Hunt— salen a navegar en sus yates, el viejo corsario Trelawny se pone al frente de la flota, embarcándose en un bote con los animales.

Teresa Guiccioli lo encuentra todo muy divertido. Pero Byron piensa otra vez en la fuga, en resucitar al Childe Harold de los años desesperados. Medita la posibilidad de marcharse como colono a América del Sur. Y le gustaría unirse a Bolívar en su lucha por la libertad del continente.

El aburrimiento y la vejez prematura le arrojan otra vez sobre las cenizas de su pasado. En estos meses le llega además la noticia de que Polidori, su antiguo médico y compañero de viajes, se ha suicidado tomando un veneno.

Cuando quiere atravesar el golfo de Génova, recordando sus hazañas como nadador, agarra una terrible insolación. Ha engordado y se siente atormentado por pensamientos sombríos. Y, en *Sardanápalo*, escribe un pavoroso testamento: «¿Qué dirá de ti la historia, Sardanápalo?... Comió, bebió y amó...».

Fracasado en su empresa política —pues la conjura carbonaria ha sido desenmascarada por la policía—, insatisfecho de su propia obra, vive en Pisa consumiéndose en la amargura y la melancolía. El 23 de febrero de 1821, muere Keats en la «casina rosa» de Roma, sin que Byron haya podido aclarar con él algunos malentendidos de última hora. Su hija Allegra, que se educaba en un convento italiano —porque él, viejo puritano, quería convertirla al catolicismo— muere también de tifus en los primeros días de la primavera de 1822.

Shelley –el hombre más apasionado y más generoso que ha conocido– se ahoga en La Spezia unos meses más tarde. Los genoveses no recuerdan un año de temporales tan malo como 1822. El mismo Byron, cuando el mar arroja el cadáver a la playa, ayuda a incinerar su cuerpo. Y luego, «harto de horror», se tira al agua y nada hasta agotar sus fuerzas. Tiene una extraña forma de calmar su dolor: canta a grito pelado, boxea –como lo hizo el día en que enterraron a su madre–, nada hasta desmayarse... Quizás ha concebido el proyecto de volverse loco. ¡Cualquiera sabe! Seguramente está ya en el camino de aceptarse sin reservas, tal como es. «¡Fuera de aquí, jorobado!», le dice alguien a uno de sus personajes. «He nacido así, madre», contesta el jorobado.

Una muerte que merece la pena, o una pena que merece la muerte

Byron ha nacido así. Por las calles de Pisa arrastra su cojera y su melancolía, su aburrimiento y su loca suerte, todas esas cosas que le acompañan desde el día de su nacimiento. En Pisa conoce al príncipe Mavrocordato, el hombre que lucha por liberar Grecia del dominio turco. Y se entusiasma, una vez más, con la idea de contribuir a la liberación de un pueblo. Aquel niño, que se ha asomado al mundo con los primeros compases de *La Marsellesa,* vuelve a despertar en su imaginación. Lleva ya mucho tiempo buscando un sentido final para su vida, una muerte que merezca la pena, para esa pena suya que merece la muerte. No odia a los turcos. Pero sabe que los griegos sufren... y que el dolor merece siempre lealtad.

Organiza una suscripción en Inglaterra para contribuir a los gastos de la campaña. Sus amigos no le creen cuando anuncia que piensa ponerse al frente de las tropas. Algunos sospechan que juega una carta política para hacerse con el vacante trono de Grecia. Es posible. Porque en estos años finales se parece un poco a aquel Napoleón, vestido de romano, que acompañó las soledades de su juventud. Hasta se ha mandado fabricar un tremebundo casco homérico para parecer un héroe clásico.

La noche antes de partir, Byron cena a solas con Teresa Guiccioli y le hace un regalo: una pequeña teca de oro con dos anillos formados por sus cabellos entrelazados: los más oscuros de él y los rubios leonados de ella. Y Teresa le regala un relicario parecido: un collar hecho con sus propios cabellos, del que cuelga un medallón con sus iniciales: TGG.

Ella quiere seguirle, pero él le pide que aguarde su regreso. Y –acompañado por Trelawny, el doctor Francesco Bruno, su criado Fletcher, su gondolero Tita Falcieri y su cuñado Pietro Gamba– se embarca para Cefalonia, donde tiene que esperar, durante meses, a que la situación política se aclare un poco. Los caudillos de la revolución griega no se ponen de acuerdo. Y la naturaleza tampoco, porque en estos meses se suceden inundaciones y terremotos. Pero, al fin, el 28 de diciembre de 1823, festividad de los Santos Inocentes, parte para Missolonghi.

Veintiuna salvas le saludan en Missolonghi, mientras se dirige a la pequeña casa que le ha cedido Apostoli Capsali. En esa pequeña ciudad, aldea de pescadores, miserable Venecia del tifus, Byron planea el ataque contra Lepanto, mandando un grupo de tres mil hombres. Y en sus proyectos se manifiesta como un genio de la estrategia, como un soldado infinitamente más cerebral que los demás caudillos de la Revolución. Pero los *suliotas* no quieren ir a la guerra con aquel joven inglés, si no les pagan a precio de oro.

Conscientemente, de todo corazón, va dejando su fortuna en aquella causa desesperada: sostiene a las tropas de su bolsillo, compra armas y cohetes... «Yo no he venido aquí –dice– a vivir aventuras sino a ayudar a un pueblo tan abandonado y miserable que me honra al ofrecerme su amistad.» Ahora es Lordou Vyronos, como le llaman los griegos.

En febrero, sufre un ataque de epilepsia. Los médicos mediocres que le acompañan le hacen una sangría. Los caudillos de la revolución siguen dirimiendo sus diferencias políticas. Y Byron, el único soldado que hay entre ellos, se está muriendo de frío en mitad de las lagunas.

VIENTO Y LLUVIA EN LOS PANTANOS

Una mañana de primavera, Carolina Lamb pasea a caballo por los campos de Nottingham. Y, a lo lejos, distingue un cortejo fúnebre: abren la marcha los heraldos de armas, seguidos de un corcel con gualdrapa de negro terciopelo y guarniciones de oro, al que conducen por la brida dos pajes y monta un caballero con la corona de par sobre un cojín carmesí. Detrás viene el furgón con los restos de Byron.

Carolina reconoce las armas: ¡la divisa «Crede Byron» que acompañaba a sus cartas de amor! Desde entonces dicen que vivió recluida en su castillo de Brocket Hill, con la memoria recobrada y la razón perdida, como las princesas que cantaron los antiguos madrigales que se oían en las estancias sombrías de Newstead.

Los últimos años han pasado sobre la vida de Byron, calientes y húmedos, aullantes y devastadores, como el temporal que azota las lagunas de Missolonghi. Ya es tarde para luchar contra los sentimientos. Ayer, Domingo de Pascua, se ha emocionado cuando los griegos gritaban por las calles: ¡Cristo ha resucitado! Pero, ahora, no sabe por qué, se acuerda de Inglaterra: los panecillos benditos del Viernes Santo y las ocas del Michaelmas Day. Él también, cuando vivía en Italia, se había comprado una oca para festejar la comida de San Miguel; pero luego le dio pena matarla, le buscó una pareja, y tuvo así un corral completo.

El 9 de abril, al regresar de un viaje por la comarca en medio de una lluvia torrencial, cae en un estado febril. Los médicos no saben qué remedio aplicarle y, naturalmente, le sangran de nuevo. Su criado Fletcher llora al verle con las sanguijuelas en la frente, chorreando sangre como un héroe decapitado, convirtiéndose poco a poco en busto o en calavera. «No temo a la muerte», murmura con voz sorda. Y los médicos, tomándole al pie de la letra, continúan sangrándole.

El doctor Bruno escribe en su diario que los dolores de cabeza de Byron aparecen «a intervalos, en las cejas o en la frente, o bien en la nuca». Pero el 14 de abril comienza incluso a delirar.

La noche será lluviosa. Los truenos restallan en la laguna, delante de la casita donde tiemblan las luces inquietas cada vez que Fletcher se mueve para buscar algo. A estas horas la niebla debe de cubrir también las orillas del Canalazzo en Venecia. Y se confunden sus recuerdos del Palazzo Mocenigo, donde vivió rodeado de máscaras, de vergüenza y de gloria.

Recuerda algunas imágenes dispersas de estos últimos años: las navegaciones por el lago de Ginebra, los jardines melancólicos de la Villa Diodati, que se reflejan también en las aguas del Leman, los rizos oscuros de Claire Clairmont, la voz aguda y destemplada de Shelley, que recitaba sus poemas en las noches tempestuosas de invierno. Recuerda las cenas insoportables de Madame de Staël en el castillo de Coppet y sonríe al evocar el día en que la gruesa señora sufrió un accidente: se le rompió el corpiño y mostró a la concurrencia, sin quererlo, que Goethe se había equivocado cuando afirmó que Madame de Staël era «más hombre que él».

Byron se siente cada día más débil, devorado por las fiebres y las sangrías. No tiene fuerzas para abrir los ojos, ni interés en abrirlos; porque el mundo se acaba cuando el hombre se vuelve sobre su corazón. La fiebre le ahoga y, a veces, tiembla de escalofríos. Sólo bebe un poco de té verde con láudano. Las sanguijuelas que le han colocado en la frente le causan dolor. Recuerda el día en que incineraron el cuerpo de Shelley, arrojado por la tormenta en las playas de Viarreggio. ¿Llevaba a Sófocles o a Keats en el bolsillo? Da lo mismo; ahora comprende que no importa lo que un hombre lleva en el bolsillo.

Y recuerda, sobre todo, a la pequeña Allegra: la hija que le dio Claire Clairmont. ¿Por qué no la conservó a su lado? Era una niña pálida que adoraba los vestidos bonitos. A los cinco años murió consumida por la fiebre tifoidea. Nunca debió internarla en aquel convento de Bagnacavallo donde los niños morían debilitados por una alimentación vegetariana y ascética.

Él quiso que Allegra fuese enterrada en la iglesia de Harrow, donde habían transcurrido las horas místicas de su juventud. Recordaba de memoria las palabras escritas en el monumento que hay a la entrada de la capilla, porque las había leído mil veces, intentando entretener el aburrimiento de los oficios. Pero las autoridades eclesiásticas no quisieron que una «hija natural» –una niña de cinco años– fuese enterrada en la iglesia y la dejaron en la puerta, bajo un rosal, donde he ido muchas veces a llevarle mis violetas, envueltas en unos versos de Byron (me gusta romper los libros de los poetas para llevarles flores a sus muertos).

The sweetness of the violet's deep blue eyes,
Kissed by the breath of heaven, seems color'd by its skies.

Por la tarde del 19 de abril de 1824, una de esas tardes del umbral de la primavera, a la hora justa del crepúsculo en que rompe el sol contra los cristales del palacio Mocenigo, Byron abre un momento los ojos...

Venecia está muy lejos. Y ahora, mientras el sol desciende sobre la laguna, siente el temblor de las plumas blancas de su corazón. Se lleva la mano al cuello y acaricia el pequeño medallón de oro que lleva colgado, con unos cabellos y las iniciales TGG.

–Que se haga la voluntad de Dios y no la nuestra –murmura el abnegado Fletcher a su oído.

–Sí, la voluntad de Dios y no la mía –responde el abatido monje de Newstead. Y añade, con un estertor cansado–: I want to sleep now.

Sólo los humildes pescadores de Missolonghi asistieron a su funeral. Se habían reunido todos en la pequeña iglesia de las lagunas griegas. Se oía toser. Y había una vieja grasienta que lloraba. Hacía frío, «pero la pobreza –escribe uno de los presentes– le daba solemnidad al momento».

«Morimos como si no pasara nada –había escrito Byron– y la vida continúa.»

La noche resonaba, como un pellejo golpeado por musculosos y antiguos guerreros. Llovía a torrentes. Y el viento arrastraba en su grupa nombres confusos de mujer: Augusta, Medora, Ada, Allegra, Annabella, Carolina, Teresa...

Luego cesó el fuego, acallóse el viento, y las plumas blancas se fueron con la brisa.

Los retratos de la casa de mi abuelo

CALDERÓN DE LA BARCA

No sabría explicar mi afición por algunos genios barrocos del Siglo de Oro español, sin retroceder a los recuerdos de mi adolescencia. En la colección de pinturas de mi abuelo había un fascinante retrato de Isabel de Francia, la primera mujer de Felipe IV, que me atraía por su extraordinaria belleza. Debía tener la reina menos de veinte años, cuando Velázquez la retrató en elegante apostura, recreándose en sus mejillas y en sus labios enrojecidos por los primeros deseos de la juventud.

Esta muchacha francesa, que vino a malograrse en la corte de Felipe IV, era para mí la imagen más poética y delicada del Siglo de Oro español. En el oriente acerado de sus perlas yo veía reflejarse todas aquellas luminarias que resplandecían en el mundo mágico de nuestro siglo XVII: Cervantes, Lope de Vega, Góngora, Mateo Alemán, Juan Ruiz de Alarcón, Tirso de Molina, Mira de Amescua, Moreto, Vélez de Guevara, Gracián, Quevedo, Calderón...

En torno a aquella reina se movían los más extravagantes personajes, cuyos retratos conocemos gracias al pincel de Velázquez: un rey atormentado que había creado una corte frívola; el gordo Olivares que parecía un picador de toros; la delirante monja de Ágreda que tenía más poder que un confesor real y cuya sola lectura le producía ataques de hemorroides a Casanova; aquel infante Baltasar Carlos que fue, hasta su prematura muerte, la esperanza del reino; los bufones, los pícaros, las meninas, los monstruos más teatrales que un genio barroco pueda soñar... Isabel murió joven y vivió solamente los años más alegres y divertidos del reinado de Felipe IV. Entre su retrato y la amarga figura monjil de la reina Mariana —vestida, ya en su vejez, de negro— transcurre el esplendor y la decadencia de nuestro Siglo de Oro.

La propia vida de Calderón discurre entre estos extremos de luces y sombras, en contrastes e hipérboles característicos del barroco: una juventud rebelde y anárquica, de escándalos y burlas –aventurero irreverente, padre de un hijo natural, soldado en las guerras de Cataluña y Flandes– que culmina en una madurez serena, sacerdotal y solitaria. Y esa misma trayectoria vital se expresa en su teatro, comenzando por los dramas románticos de su juventud (*El purgatorio de San Patricio*, *Las tres justicias en una*) que escandalizaron a los censores; hasta arribar a las comedias (*La dama duende*, *Casa con dos puertas mala es de guardar*), los autos sacramentales y las obras senequistas y teológicas de su madurez (*El gran teatro del mundo*, *La vida es sueño*), no exentas de pesimismo.

El español de la Contrarreforma

Mi devoción por la reina Isabel y mi afición por el barroco me llevaron a aprender de memoria algunos versos de Calderón. Siendo estudiante en Suiza recuerdo que uno de mis viejos profesores de Literatura –severo protestante– me invitaba a menudo a recitar algún monólogo de *La vida es sueño*, fingiendo que escuchaba con aparente deleite. Pero luego me interrumpía, señalándome despectivamente con el dedo y diciendo: «Wiesenthal, fanatisch, Papist, für heute genug» (Por hoy basta, Wiesenthal, fanático, papista).

Voltaire, fino espíritu neoclásico, repudiaría el genio barroco de Calderón, declarando sus preferencias por el teatro académico francés. Cuando visito la casa de Voltaire en Ginebra, pienso que Calderón tampoco se hubiese encontrado a gusto en estos ambientes. Y hubiese profanado el clasicismo volteriano con la magnífica y barroca decoración de la casa que tuvo en la calle Mayor de Madrid, auténtico museo repleto de pinturas, relicarios y estatuas religiosas; colección tan notable que, a la muerte de nuestro autor dramático, se encargó de tasarlas el gran pintor barroco Claudio Coello.

No le fue fácil conquistar a la crítica literaria europea a un autor jesuítico y tridentino como Pedro Calderón de la Barca. Carece de la fuerza pasional de Shakespeare. Su genio no tiene tampoco la gracia seductora de Lope, pero es más profundo, más reflexivo, más sistemático y retórico, más cultivado, más manierista, más barrocamente español. Pocos dramaturgos han dominado como él los recursos teatrales, sabiendo aprovechar todas las técnicas escenográficas que ofrecía el barroco. En cierta manera tiene también algo del genio ibérico de Valdés Leal.

Algunos personajes de Calderón de la Barca encontrarán una ferviente acogida en la Europa romántica. Friedrich Schlegel lo pone de moda en Alemania. Shelley le admira en Inglaterra. Su huella la encontramos en Goethe y hasta en Nietzsche. El joven Grillparzer lo incorpora a las grandes creaciones escenográficas del Teatro Municipal de Viena, siguiéndolo incluso en su *Der Traum, ein Leben*. Sin olvidar a Hofmannsthal, el más perfecto poeta vienés, que escribe una réplica de *Der Grosse Weltheater* en 1922.

A través de Calderón llega a Europa la imagen de un español piadoso y severo, justiciero y discreto, trascendente y tridentino. Quizás el español sea el último superviviente de la Europa del Medioevo y del Renacimiento. Y como proclaman los versos del Alcalde de Zalamea: «Al rey la hacienda y la vida se han de dar; pero el honor es patrimonio del alma, y el alma sólo es de Dios».

El teatro clásico español está lleno de pleitos de honor: «Los casos de honra son los mejores —advierte Lope de Vega— porque mueven con fuerza a mucha gente».

En olor de una sentencia justa se desencadena toda la trama de *El mejor alcalde el rey*, de *Fuenteovejuna*, de *Peribáñez*, de *El alcalde de Zalamea*... Mientras los franceses dedican sus trovas al *amour courtois*, los españoles ya habían redactado en su romancero todo un tratado de derecho público donde la justicia «campa por sus fueros».

Y UNA BUENA MUERTE, SERENA Y SOSEGADA

No debe extrañarnos que el gran tema filosófico de la España del Siglo de Oro sea, precisamente, dilucidar las diferencias que separan la realidad de la quimera.

Mateo Alemán lamenta que la Verdad sea, en su tiempo, tan rara como los papagayos que guardaban en sus palacios las damas antiguas. Y el pobre Guzmán ve cómo el mundo se desmorona en sus fantasías: «Fueron castillos en la arena, fantásticas quimeras...».

Cuando Cervantes contrapone el prudente juicio de Sancho al de Don Quijote plantea el tema más espinoso de la vida española. También Lope de Vega ha plantado, junto al hidalgo idealista y quimérico, la sana simiente del lacayo rústico pero cuerdo. Y ha sido Calderón, al escribir *La vida es sueño*, quien ha llevado más lejos esta angustia hispánica por discernir entre la realidad y la quimera.

El espectáculo de la vida callejera está siempre presente en el arte de nuestro Siglo de Oro: desde la *Vieja friendo huevos* de Velázquez hasta *El alcalde de Zalamea*. Quizá la maestría escénica de nuestro barroco se origina ya espontáneamente en el teatro de la corte de Felipe IV. Vestido con el hábito de Santiago, inventa Calderón sus aparatosas escenografías, con naves gigantes que surcan las aguas del Buen Retiro, con los decorados barrocos que reproducen alegorías y altares, tan cargados que a veces se derrumban bajo el viento, produciendo alarma y accidentes.

Pero —soberbio claroscuro— en ese marco barroco y dorado se mueven los personajes austeros y zurbaranescos que caracterizan a la galería psicológica hispánica: el solitario Cipriano que vive en la naturaleza, sin más compañía que sus libros; el pesimista don César; o el orgulloso Crisanto («Yo, reino y rey de mí mesmo, habito solo conmigo, conmigo solo contento»).

El sosiego —ideal de la vida calderoniana— se manifiesta también en el trance decisivo de la muerte. Por eso el español admira, tanto como una vida honrada, una buena muerte. A la imagen del Cristo Crucificado se la llama, en muchas parroquias españolas, «de la buena muerte».

Quevedo rememora en su *Epístola al Conde Duque*: «aquella libertad esclarecida, que donde supo hallar honrada muerte, nunca quiso tener más larga vida».

El mismo rito fúnebre y dionisíaco se reproduce en la fiesta de los toros: el espectáculo más popular de la corte de Felipe IV. No es extraño que Velázquez haya retratado al Conde Duque cabalgando una jaca blanca en un gesto altivo de picador. El valido real era un buen alanceador de toros, como lo reconocen los textos de la época.

Los grandes dramaturgos, como los validos y los grandes toreros, tenían que ganarse al público por la altivez de sus gestas. Así, por ejemplo, Cervantes se presenta en público como «manco de Lepanto». Y Calderón exhibe una cumplida hoja de servicio como soldado en las guerras de Cataluña y de Flandes.

Pero al final, después de la *psicagogia* –la faena heroica y brillante, desafiando a la muerte–, llega el momento del sereno traspaso. Con este ánimo se conduce también Calderón en el trance lúcido de su muerte. Cinco días antes de morir redacta testamento en su «entero y cabal juicio», mandando se le vista el sayal de san Francisco, el escapulario del Carmen y la correa de san Agustín; y ordenando que se le entierre de caridad, transportando su cadáver descubierto por las calles, «por si mereciese satisfacer en parte las públicas vanidades de mi mal gastada vida con públicos desengaños de mi muerte». El escenario parece de Valdés Leal, pero la obra es de Calderón. Y así firma y así cumple, muriendo el 25 de mayo de 1681, día de Pentescostés: mágica festividad barroca de las lenguas de fuego.

Ópera en El Cairo

CELESTE *AÍDA*

Entre los recuerdos de mis veinte años, me viene a la memoria una amiga egipcia, abundosa y morena, que conocí en El Cairo. Pretendía triunfar en la ópera, aunque la sonata de estío de sus carnes se habría expresado mejor en la danza del vientre. Ella me enseñó a conocer El Cairo, a la luz de sus ojos misteriosos, calientes y oscuros como las aceitunas negras; el mismo color de su voz dramática, y el mismo calor de sus manos, que sólo se enfriaban en la madrugada. Quizá por eso he sido siempre sensible a la poesía de *Aída* y al encanto de estos cuadros orientales y arqueológicos al gusto romántico. Desde hace muchos años, cada vez que voy a El Cairo reservo unas horas para visitar los tres o cuatro rincones que me recuerdan aquella aventura que fuimos escribiendo con nuestro nombre en las arenas movedizas de las riberas del Nilo: en los camerinos del Teatro del Cairo, donde se había estrenado *Aída* en 1871 y donde Alfredo Kraus comenzó su carrera como tenor; en las mesas del Café Fichaoui, donde la esperé muchas veces fumando el narguilé, envuelto en los humos de las *Mil y una noches;* en la terraza –ya desaparecida– del viejo hotel Shepheard's, donde tomábamos el té en aquellas vajillas antiguas que parecían salidas del mundo de Guermantes o de un viaje en el *Orient Express;* en el restaurante Night and Day del Semiramis, un hotel fascinante del que conservo vivísima memoria, con sus inmensos armarios de caoba, sus grandes habitaciones y sus teatrales arañas que arrojaban una luz melancólica sobre un océano de majestuosas alfombras gastadas.

El viejo y romántico El Cairo donde se estrenó *Aída* en 1871 era más o menos igual al que yo viví en los años sesenta del siglo pasado: un delicioso laberinto. Nunca me he figurado a Verdi en Oriente, sobre todo conociendo sus exigencias en materia de silencio. Cuando componía en su casa de campo, no quería ser molestado por nadie; le bastaban sus perros, sus caballos y sus ovejas. En una de sus viviendas campestres trabajaba y dormía en la misma habitación, porque el resto de la casa estaba invadido por una sorprendente colección de organillos: noventa y cinco en total. «Estas pianolas —le explicó a un amigo— pertenecían a los vecinos de este pueblo. Todas ellas tocan arias de *Il Rigoletto*, *Il Trovatore* y *Aída*. ¡No podía trabajar en estas condiciones, y decidí comprarlas todas!»

Aída se estrenó en el nuevo Teatro del Cairo en la Nochebuena de 1871. En realidad, tenía que haberse presentado dos años antes, coincidiendo con la inauguración del teatro y con las celebraciones de la apertura del Canal de Suez. El jedive Ismail Pacha había propuesto a Verdi componer una ópera para el Teatro Italiano de El Cairo, sobre un libreto esbozado por el sabio egiptólogo Auguste Mariette. Ése es uno de los encantos de *Aída*, porque nadie podía resucitar como Mariette Bey la atmósfera de Memfis, Tebas y el templo de Ptah. Él mismo dibujó los vestidos y colaboró en los decorados.

Pero *Aída* también tuvo sus detractores. «Esta música —decía Richard Strauss— parece compuesta por pieles rojas.» Tampoco sir Thomas Beecham, que tantas veces dirigió *Aída*, era un entusiasta de la marcha triunfal. Muchos le recuerdan dirigiendo la orquesta en una representación en el Covent Garden, cuando un caballo se cayó en escena, formando gran estrépito. Su comentario fue muy significativo: «creo que este animal tenía sentido crítico». Todos los cantantes y directores han tenido que sufrir ese despliegue triunfal de animales en las representaciones de *Aída*. He visto a Mario del Mónaco salir corriendo del escenario, cruzando despavorido toda la escena, porque era alérgico a los caballos. «Si usted llena el escenario de camellos o de caballos —le dijo al director de escena, con rabia— debería haber previsto, como se hace en *Carmen*, que cada uno vaya seguido por un hombre con una pala.»

Bajo una apariencia sencilla, Verdi ha creado algunas de las páginas más maravillosas de la ópera. Además de un gran compositor, que fue evolucionando hasta convertirse en un maestro de la orquestación, Verdi fue un genio del teatro. Cada uno de sus personajes rebosa energía dramática. Nadie como él sabe pasar del triunfo a la desolación, del amor al odio, de la mística a la razón, de la esperanza a la muerte, del oboe sinuoso que subraya el lamento enamorado de *O patria mia* al escalofrío final de *O terra addio;* de los tormentos de *Pensa che un popolo vinto, strazziato* al sobrehumano sollozo de *Numi pietá*... Sólo un maestro de la armonía podía colorear, con una sencilla gama de semitonos, el canto y las danzas sagradas del templo de Memfis. Verdi es incluso capaz de renunciar a un aria de lucimiento, para no destruir un efecto dramático. Condena a Amneris, uno de los más intensos personajes de la ópera, a mantener un sobrio estilo declamatorio para que resalten los *legati* de Aída. Y, sin embargo, la vengativa y bella princesa debe llegar entera hasta el último acto, reservándose para un *si* bemol trágico, autoritario, definitivo y convincente. Más terrible es el papel de Amonasro, que –después de cantar en el tercer acto uno de los dúos más fascinantes de la ópera– no tienen ningún aria para lucirse en solitario. «Sólo tienes un acto y medio para darlo todo –decía, con buen humor, Sherrill Milnes–. Menos mal que necesitas un acto para ponerte el maquillaje y otro para quitártelo, con lo que ya estás ocupado durante los cuatro actos.»

Aída es, como las lunas de Egipto, un astro femenino. Ese misterio triangular se adivina ya desde las luces pálidas del preludio, desde que la flauta le va levantando las faldas al telón, hasta el aria de Aída en el tercer acto. El papel de Aída es, sin duda, el más complejo y difícil. A los recitativos más dramáticos siguen las arias más dulces y místicas; dominado todo por un fraseo difícil, una tesitura arriesgada, y unos *legati* inquietantes. La soprano que no falla en los do sobreagudos de *O patria mia*, endemoniadamente colocados, cae en los graves de *Ritorna Vincitor*. Los hombres de Aída sólo son el contrapunto de esta pasión de mujeres. Los bajos no son ya casi nada; hasta el punto de que uno no consigue creerse que el faraón ni el sacerdote Ramfis tengan poder frente a estas hembras en celo.

Pero, a fin de cuentas, la ópera depende de las voces y los artistas que la interpretan. Sir Thomas Beecham, que era implacable con la calidad de las voces, tenía la costumbre de subir el volumen de la orquesta en cuanto los coros o los intérpretes no le agradaban. Eso es terrible en *Aída*, donde los coros deben enfrentarse a muchos retos orquestales; sin olvidar que la propia Amneris entra en escena, duplicada por la orquesta, en un difícil fraseo de graves.

A tantos años de su estreno, *Aída* sigue siendo el más completo espectáculo que ha producido la ópera. A veces pienso que Verdi habría sido también genial con una cámara de cine en las manos. De haber vivido unos años más tarde, en vez de componer *Aída* habría podido dirigir algo así como *Atracción fatal:* una pieza cualquiera en la que la gente, llevada por el amor, fuera capaz de hacer cosas terribles.

La sombra de Pío Baroja

DON PÍO

Cuando paseo al amanecer por Nueva York y veo que algún panadero abre su establecimiento, esgrime en su mano un bote de spray y perfuma su tienda con el olor del pan recién hecho, me acuerdo de las panaderías de mi infancia. Despertar con el olor del pan tostado era un placer popular y barato. En aquellos tiempos, las panaderías olían a pan blanco, acaramelado y crujiente, sin tener que perfumarlas artificialmente.

Siempre he pensado que el olor de pan caliente convirtió en escritor a Pío Baroja. Durante varios años trabajó en la panadería que tenía en Madrid su tía, doña Juana Nessi. Y en ese despacho nacieron muchos personajes de sus novelas, a veces tan extravagantes como los aventureros que rodeaban a Silvestre Paradox.

Sin duda, los románticos caseríos del País Vasco, las hermosas luces de Cestona y las inquietantes leyendas de Zugarramundi han dejado huella en su obra. Tampoco hay que olvidar sus años de estudiante de medicina en el Hospital General de Madrid, que le enseñaron a observar la vida desde un prisma especial, emitiendo siempre un diagnóstico o intentando hallar un remedio. Incluso cuando elige sus autores preferidos no puede evitar acercarse a ellos con un sentimiento «médico», interesándose por la cojera de Byron, la homosexualidad de Wilde o el alcoholismo de Verlaine. Pero un médico novelista podía haberse parecido demasiado a Zola, de no haber contado con la ayuda de su panadería. Eso es lo que le aleja del naturalismo y le convierte —como él mismo se definía— en un «realista romántico».

Por mucho que los críticos intenten buscarle una estructura aprendida a sus técnicas de novelar, Baroja se escapará siempre de esos insufribles esquemas; porque su literatura nace, por generación natural, de la observación directa de la vida espontánea, contemplada desde la perspectiva de un médico, de un romántico, de un hombre extraordinariamente culto.

A Baroja le hubiesen comprendido enseguida en Francia, donde ser «escritor» es más importante que ser poeta, novelista o dramaturgo. Pero ese pequeño matiz hormonal que convierte a ciertos seres en «literarios», no es hoy muy apreciado en los círculos pedantes de la cultura, y apenas lo era ya en la ramplonería española de los años cincuenta. Tampoco era fácil darse cuenta de que, bajo su aparente sencillez, Baroja era un dandi. Creo que Baroja vivió siempre tan incomodado por los tópicos literarios de la crítica que así se fue convirtiendo en aquel viejo malhumorado que ha dejado tantas huellas de su amargura:

—Declare usted en este impreso cuál es su profesión —le pidió un burócrata.

—Escritor —dijo Baroja.

—Eso no es una profesión.

—Ponga usted fabricante de agrios, que es lo mismo...

Siempre he creído que Baroja se eligió a sí mismo para componer el mejor de sus personajes. Muchos de los héroes de sus novelas tienen algo de su personalidad: Fernando Ossorio en *Camino de Perfección*, Andrés Hurtado en *El árbol de la ciencia*, Iturrioz en *La ciudad de la niebla*... Pero, para mi gusto, lo mejor de su obra está precisamente en sus memorias, en sus remembranzas, en sus últimas vueltas del camino. Ahí es donde aparece, sin disimulo, el Baroja escritor, polémico, apasionado, injusto, romántico hasta la soledad, literario hasta la amargura, dandi hasta la boina.

A diferencia de Galdós, que es prosaico hasta el aburrimiento, Baroja es romántico. Se comprende que se llevasen muy mal. Baroja no soportaba el vacío espiritual de los personajes galdosianos.

No he conocido a nadie que fuese capaz de trazar un retrato literario, como lo hacía Baroja, en cuatro rasgos. Tenía un genio indiscutible para convertir a un comparsa en un personaje. «A

Albornoz —decía refiriéndose a un oscuro ministro de la República Española— lo he tratado; poco, pero lo he tratado. ¡Debe de ser un lírico! Recuerdo que en un viaje a Barcelona, al salir de Zaragoza, me dijo: "Oiga usted, Baroja, cuando aparezca el Mediterráneo, avíseme". Yo leía *La Vanguardia,* y al llegar a un pueblecillo de la costa, le dije: "Albornoz, ahí está el Mediterráneo". "Voy a hacerle una salutación", me dijo todo conmovido. Y eso es todo.»

Don Pío nunca quiso ser simpático, porque consideraba que la literatura es, fundamentalmente, un estado de indignación. «Yo no he visto reír nunca a Valle-Inclán, a Unamuno, a Maeztu. Y si alguno de ellos reía era contra algo, pero nunca por algo.» Por eso se enfrentaba igual al cubismo que al psicoanálisis y a la cuarta dimensión. «Son ganas de complicar la vida», decía comentando la Relatividad. Y disfrutaba explicando que había conocido a un moro que nunca había visto el ferrocarril. La primera vez que observó cómo la poderosa máquina tiraba de los vagones, jadeando y cuesta arriba, el pobre quedó asombrado. Pero aún le pareció más sorprendente ver cómo, en unas maniobras dentro de la estación, unos vagones rodaban cuesta abajo, ligeros y veloces, sin necesidad de ser arrastrados.

—*Machina* sin *machina*, mejor que con *machina* —comentó el moro, en un alarde de sentido común.

También don Pío se revelaba contra las complicaciones inútiles. Se consideraba distinto, como la «castaña vascónica». Pero tenía un delicioso y finísimo sentido del humor.

En su casa se vestía de mendigo, con un traje pardo, medio roto, y los pantalones —abatidos y desbotonados por la tristeza de la soltería— sostenidos con una cuerda. Sin embargo, la casa era señorial y estaba bien amueblada, con muchos recuerdos personales. Parecía un puma viejo con boina. La primera vez que le vi en mi vida, siendo yo un muchacho, pasó por mi lado envuelto en un abrigo largo, alejándose por las avenidas del Retiro como si viniese de escribir *La ciudad de la niebla.*

Probablemente, Baroja aprendió en sus años de médico rural la más desconcertante de sus técnicas literarias: justificar con argumentos reflexivos y aparentemente científicos las tesis más injustas y delirantes. Nunca quiso admitir esa debilidad científica, y por eso se defendía como una fiera cuando le dirigían un ataque sobre este flanco.

—Este cuadro lo he pintado con sangre —dijo un día, en su presencia, Solana.

—No sea usted burro, Solana, que con sangre sólo se hacen las morcillas.

Baroja escribía también con pasión y con sangre; pero sabía que, entre españoles, esta facultad se convierte a menudo en un don peligroso. Entre Solana y Baroja había una diferencia fundamental. Los dos se mostraban bajo la apariencia oscura del español cazurro, tocados por la boina, impasibles y hoscos, con una máscara malhumorada y aparentemente cruel. Los dos hablaban impersonalmente, con el «uno»: «uno» que conoce bien este país, «uno» que no es tonto, «uno» que escribe sin retórica... Pero, bajo ese disfraz, Baroja era un hombre extraordinariamente fino; mientras que Solana era un poco bestia.

—Es normal que a uno le guste más el Manzanares que el Sena, porque uno es madrileño —le comentó un día a Baroja.

A don Pío le faltó tiempo para decirle que no le hablase en ese tono, porque no le gustaban las «gracias de manicomio».

—Pues uno canta mejor y tiene más voz que los principales tenores del mundo —añadió Solana, para rematarlo.

Cuando se metió en tareas literarias y publicó *La España negra*, Solana solía decir que las novelas de Baroja sólo eran chismes de portera. Pero Baroja no habría soportado dos minutos una «fiesta» en casa del pintor, con una extraña criada que ofrecía un espectáculo al acabar la cena. Obedeciendo a una indicación de Solana, la mujer se recogía las faldas con una goma y comenzaba a dar volatines y saltos mortales, despertando los aplausos de la concurrencia.

Solana, que no hablaba ningún idioma, sentía un rencor amargo hacia los extranjeros, quizá porque pertenecía a esa casta irredenta de españoles que todavía creen que tienen que vengarse de la invasión napoleónica y del desastre de la Invencible. Y aprovechaba todas las ocasiones para ridiculizar a los europeos, como el día en que le dijo a unas estudiantes francesas en París: «A mí me dan asco las mujeres que se bañan a todas horas».

A Solana le habría gustado aquella anécdota que contaba el inolvidable Edgar Neville, cuando explicaba que había ido a los toros y le había tocado en la fila de al lado una señora con un niño llorón que no le dejaba ver tranquilo la corrida. Hasta que la madre se ocupó al fin de callar a su niño, y se lo sentó en la falda, diciéndole:

—Anda, hijo, monín, no llores y mira cómo el toro ataca al caballito...

Tuvo que ser difícil, para un hombre como Baroja, sobrevivir en aquel mundo solanesco, donde la sangre acabó confundiéndose con la morcilla; en un país donde la gente se quitó el sombrero y la boina, para saludarse con los puños o los brazos en alto. Don Pío le tuvo mucho aprecio al sabio Aranzadi, uno de los hombres más interesantes que ha dado el País Vasco. «Así, como ando yo —decía Aranzadi, cuando sus alumnos se mofaban de su cojera—, es como anda España.»

Pero ése es el mundo del Quijote, y así es el país que ha dado los hombres más finos y dolientes del mundo: a menudo amargos y solitarios, a veces mancos o cojos, vestidos de dandis con boina o de dandis con bastón y sombrero; pero siempre enfrentados a la hostilidad de un pueblo que los produce con una fertilidad increíble para ignorarlos, o segarlos y olvidarlos enseguida.

Muchas veces he recordado a estos españoles malditos que, tan a menudo, tenían que tomar las vías del exilio. Me gustaba evocar a Baroja en el Café de Flora, en aquella época de mi juventud en que sólo se rendía homenaje a Sartre. Allí, en este rincón del Boulevard Saint Germain, Baroja se reunía con Nicolás Estébanez, sentándose siempre junto a la mesa donde Marius André escribía sus historias de España, sus traducciones de Santa Teresa y sus ensayos sobre Bolívar.

—¿Y quién es este Baroja al que usted lee con tanta atención? —me preguntó un día uno de aquellos papas del 68.

—Digamos que una especie de Che Guevara, pero a lo bestia, con la cara más ácrata y con la boina más sobada.

Al día siguiente, los estudiantes de La Sorbonne montaban sus barricadas y gritaban «Richelieu, no, Guevara sí!». No era exactamente un homenaje a Baroja, pero lo parecía. Y me acordé de don Pío, cuando contaba cómo un médico, inexperto y recién graduado, le hizo una intervención en vivo, para curarle de una micosis.

—¿Duele?

—Un poco —gruñó Baroja.

—Le diré que es como un auto de fé, pero con cocaína —comentó el doctor, que debía ser un experto en la leyenda negra.

Hay gente que levanta monumentos, sólo para darse luego el gusto de derribarlos. Es una costumbre muy arraigada en los países latinos. A Nicolás Estébanez, republicano español en el exilio, ya no le recuerda nadie. A Baroja se le recuerda «a trozos», como a la Venus de Milo.

Sebastián Miranda hizo una estatua de Baroja y la llevó al café donde se reunía con sus contertulios. Al día siguiente, la escultura apareció algo descascarillada, porque se le había caído a la mujer de la limpieza.

—Esto es lo que pasaba ya en la antigüedad con las estatuas —murmuró un viejo gruñón que siempre parecía enfadado—: las destrozaban las limpiadoras de Milo.

Noche de brujas

LOS AMANTES DEL VAMPIRO

En mi colección de autógrafos, diezmada ya por los traslados y azares de la vida, guardo muchas piezas curiosas, algunas apócrifas y otras más serias.·

Durante muchos años perseguí, en subastas y en colecciones privadas, todos los autógrafos que habían pertenecido a Michel Chasles, académico francés, que fue víctima del más maravilloso fraude literario que pueda imaginarse. Michel Chasles fue un gran matemático, profesor de Geodesia, miembro de la Royal Society de Londres, de las academias de Roma, de Madrid, de Bruselas... Un día conoció a un tal Vrain-Lucas, genealogista, que le ofreció un autógrafo de Molière... Chasles lo compró, y así inició una gran afición por los autógrafos... Vrain-Lucas le fue vendiendo las mejores piezas: cartas de Carlomagno, de Juana de Arco a sus parientes... Pero Vrain-Lucas se animó, al ver la credulidad del sabio, y decidió superarse: cartas de Cleopatra a Julio César, cartas de Alejandro Magno a Aristóteles...

La carta de Cleopatra, escrita en un tono muy familiar, de revista del corazón, decía: «Nuestro hijito Cesarion está muy lindo... Espero que muy pronto será capaz de soportar el viaje hasta Marsella, para respirar aquellos sanos aires y aprender todas las cosas que allí pueden enseñarle...».

Siguieron una carta de Maria Magdalena a Lázaro, y una carta de Lázaro resucitado a san Pedro (escrita, naturalmente, en francés)... Lo malo es que, cuando murió en 1880, Chasles legó su enorme colección a la Biblioteca Nacional de París, que la recogió como un honor, y mandó esculpir el nombre del insigne erudito en el Panteón de Hombres Ilustres, donde los visitantes pueden admirarlo todavía.

No conseguí esas piezas tan deseadas. Pero logré reunir una modesta colección disparatada, en la que guardo también cosas más trascendentes, como un autógrafo de Lord Byron que me regaló, hace muchos años, una amiga inglesa. Es una larga carta en la que el poeta lamenta que los críticos se empeñen en atribuirle una lamentable novela de terror, titulada *The Vampire*.

El valle de la Bistriṭa

He recorrido el valle rumano de la Bistritta, atravesando las impresionantes montañas volcánicas de Tihuta, donde Bram Stoker sitúa el castillo de Drácula: «En las tinieblas, grandes nubes amenazantes rodaban sobre nuestras cabezas, en un horizonte que hacía prever la tempestad». Atravesando oscuros pastos y bosques de abetos, rodeado siempre por siniestros montes de lava, llegamos a la vieja ciudad medieval de Bistriṭa, en la que encontramos una fonda con el nombre de Coroana de Aur (Corona de Oro). En este lugar fue donde Jonathan Harker bebió «aquel vino dorado de Mediasch que pica la lengua de forma bastante agradable».

Recuerdo la vieja ciudad amurallada de Sighșoara, con sus altas torres rematadas por tejados rojos y sus casas pintadas de colores, donde vivieron los artesanos de los gremios medievales.

Yo tenía en 1970 una pequeña cantidad de dinero en Rumania, porque mi amigo Giorgio della Rocca me había buscado unas colaboraciones para la revista *Istoria*. Entonces no se podía sacar el dinero ganado en el país y, rápidamente, hice la conversión del *leu* rumano en mercaderías y calculé que, una vez pagados los hoteles, tenía para comprarme un chaleco, libros, la romántica *Balada* de Porumbescu que tocaban en los cafés y que todavía me parece oír cuando se derrama la lluvia sobre unas manos unidas, una entrada en la ópera, los gastos de la mala vida nocturna en Bucarest —porque la Pompa Dur había conquistado con este nombre genial lo poco que ya quedaba en mí del *grand siècle*—, un icono para mi madre, café, vino, comidas baratas de *ciorba y mămăligă* (sopa y polenta de maíz) y algunas salchichas. Mi Pompa Dur era una verdadera filóloga: hablaba francés en rumano y rumano en francés. Se peinaba en el *coafor*, para decir *coiffeur*, y cuando yo le alegraba con una palmada su espléndido trasero de Pompa Dur, de Pompa Cur (en rumano no se dice manicura, ni pedicuro, ni acabados en *cur*, por lo que ya puede pensarse), me increpaba, sin ninguna modestia por su parte: *grandomane*, megalómano. ¡Qué barbaridad!

Soplaba el *crivetz*, el viento que trae el frío, la muerte súbita de la efímera *primavara* rumana: brusca, espléndida, exaltada. Nevaba aquella tarde de abril cuando salí a dar un paseo por las calles adoquinadas que se convierten, de repente, en escaleras de piedra o en oscuros pasadizos de madera. Quería comprar unas velas, que me parecían un buen recuerdo de las tierras de Drácula. Y la recepcionista del hotel me preguntó si es que tenía en mi casa muertos, porque los difuntos deben ser velados cuarenta días, antes de que alcancen el descanso eterno.

Me vinieron a la memoria los versos más tristes de Paul Celan, que hablan de tulipanes caídos, cuando el amor que ayer era un sueño se convierte en llanto, cuando ya no es rosa lo que rosa era, pero el tiempo sigue siendo tiempo. Algo así debía pensar cuando, siendo un muchacho, se lo llevaron al campo de concentración.

Un día de abril de 1970, Paul Celan se arrojó al Sena. Estaba ya tan enfermo que eligió una muerte de nubes y agua, un suicidio femenino, un final de *madonna negra*, como Virginia Wolf y Alfonsina Storni. Hay años malos, y 1970, cuando se fueron Paul Celan y Yukio Mishima, fue un año especialmente maldito. Debía de ser en el mismo momento que yo salía a comprar velas, y me llegaron, en una fuga, los versos tristes de Celan. «Dice la verdad quien dice sombra».

Y me acordé de Celan cuando —en las tinieblas de su exilio— relataba que los vampiros de los campos de exterminio obligaban a los violinistas judíos a tocar la *Plegaria* argentina de Eduardo Bianco, que ellos llamaban el tango de la muerte. «Plegaria que es consuelo y calma para las almas desamparadas».

A pocas leguas de Bucarest se levanta el monasterio de Snagov, a orillas de un lago. Y en la cripta de la iglesia siguen enseñando una losa funeraria, cubierta de flores. ¿Es la tumba de Drácula? A pesar de que el ataúd se encontró vacío, algunos dicen que allí fue enterrado Vlad Tepe?, el Hijo del Diablo, héroe legendario que fundó Bucarest y se distinguió en las guerras contra los turcos, pero que fue también un tirano siniestro que mandaba empalar a sus siervos. En la evolución del personaje de Drácula, muchos estudiosos han querido ver la figura de este despótico príncipe, que reinó a mediados del siglo XV. Pero hay un detalle curioso: ¿cómo pudo surgir la idea de un vampiro hematófago en una época en la que Cortés no había descubierto todavía estos horribles mamíferos mordedores, nativos de América?

Probablemente, cuando Abraham Stoker imaginó la figura de Drácula se apoyó en una vieja leyenda que hace referencia a los animales sangradores, y la mezcló con las tradiciones folklóricas de ciertos pueblos balcánicos. Por eso creo que el personaje del Vampiro hay que buscarlo en la literatura romántica.

UNA GENERACIÓN DE LOCOS

Aunque Byron negaba haber escrito *The Vampire* y aparentaba ser víctima inocente de esta superchería, se sentía, sin duda, implicado en el suceso; ya que este cuento necrófilo había sido escrito por su médico y compañero de viajes, John Polidori.

Polidori era un petimetre escocés que había obtenido un título de medicina por un azar digno de una novela negra. Su única habilidad consistía —como la del vampiro— en sangrar a sus víctimas hasta extenuarlas. Hobhouse le llamaba, despectivamente, Polly Dolly.

Byron le tenía cariño, en cierta manera, y se divertía preparando con él venenos y hablando de los efectos del ácido prúsico. Por eso recibió con mucha amargura la noticia de que el pobre Polidori se había envenenado con una de sus recetas.

Pero, en la afición de Byron por la literatura gótica del género negro, influyó especialmente Matthew Gregory Lewis. Este autor frecuentó la Villa Diodati, la casa en la que Byron y Polidori convivían con Claire Clairmont, Percy y Mary Shelley. Heredero de una fortuna, Lewis había sido educado como un monstruo, mimado por una madre que le había criado como si fuese una niña. Su obra *The Monk* es una pieza antológica del despropósito: la violación, el robo, el matricidio y el incesto... todo ello aderezado por las apariciones de la «monja sangrante».

Desde Turner hasta John Martin, los románticos se desviven por conocer los paraísos de la extravagancia y el delirio, buscando siempre lo pintoresco en lo estético y lo terrible en lo ético: los dos principios cardinales del arte del siglo XIX. En los lienzos de Turner sopla siempre la ventisca del apocalipsis. En los cuadros de John Martin aparecen las muchedumbres clamando, con los brazos levantados al cielo. Después de haber triunfado como pintor, Martin fue condenado al exilio «por perversidad moral». Murió paralítico y extraviado, porque la locura era enfermedad hereditaria en su familia. Su hermano Jonathan, al que llamaban Martin *el Loco,* fue condenado en 1829 por prender fuego a la catedral de York.

Loco estaba también el surrealista Richard Dadd, hijo del infierno que pintaba cabezas cortadas. Se sentía poseído por «el Maligno» y, en un ataque de demencia, quiso agredir al Papa. Más tarde asesinó a su padre en un bosque y escapó a Francia, donde cometió innombrables atrocidades. Finalmente, fue detenido, juzgado y encerrado en el asilo de Broadmor.

Desgraciado y loco fue igualmente el delicado Benjamin Robert Haydon, que vivió como un ángel de la luz, hasta que cayó en las garras de una «belleza diabólica que se desmayaba con el perfume erótico de las flores». Haydon trabajó y amó por encima de sus fuerzas. El 22 de junio de 1846, abrumado por las deudas, se abrió la garganta con una navaja. Junto a su cuerpo encontraron un volumen del Nuevo Testamento y un diario donde había escrito estas palabras: «Dios. Perdóname. Amén. Fin de B. R. Haydon».

Auténtico precursor de Drácula fue el bellísimo William Beckford, poeta satánico que nació en cuna de oro y se fue convirtiendo en un monstruo de la depravación. Vástago de una dinastía de acaudalados plantadores de Jamaica, Beckford recibió una educación esmerada y tuvo como maestro de música al joven Mozart. A los dieciocho años, paseando por las orillas azules del Exe, se enamoró del pequeño William Courtenay, que vestía como una muñeca triste y corría entre los ciervos de su parque, asustándolos con sus ojos negros.

Buscando el Grial en Monserrate

En Sintra, la ciudad más bella de Portugal, Beckford habitó el fabuloso palacio de Monserrate y gastó ríos de dinero en transformar sus jardines. Llevaba un ritmo de vida tan desenfrenado que, en sus viajes, lo confundían a menudo con el emperador de Austria. Y así fue como escribió *The History of the Caliph Vathek*, imaginando todos los lujos y vicios que puedan pensarse. Y así también decoró su palacio de Sintra, en un lugar sagrado que —como el antiguo templo de Pessinonte en Frigia— estuvo dedicado a la Virgen Negra.

Han pasado muchos años desde estas fechas del siglo XVIII. Los bellísimos interiores del palacio, con sus adornos góticos y moriscos, con su antigua biblioteca y sus alfombras orientales, todo se fue perdiendo en un abandono vergonzoso que ahora ha debido redimirse en un costoso proyecto de reconstrucción. Pero, en medio de una vegetación selvática, se conservan las ruinas de una vieja iglesia, cuyas bóvedas cayeron hace siglos para dejar paso a las ramas de los árboles y cuyas vidrieras están hoy formadas por hojas y lianas. En el ábside se conservan los restos de un sarcófago etrusco, con la figura de una mujer acostada. Incluso las plantas acuáticas han tejido un tapiz verde en el fondo del pequeño lago. La naturaleza ha convertido la antigua iglesia de Monserrate en una pagoda, o quizás en un templo maya. Y estoy convencido de que en este lugar se conserva escondido el Santo Grial.

Quizá porque nací en Cataluña, me he sentido siempre muy interesado por el culto de las vírgenes negras, como nuestra Mare de Déu de Montserrat. También Cibeles era adorada en Frigia, bajo la imagen de un betilo –una piedra negra o meteorito–, que tenía forma de huevo.

Más tarde, los cretenses y los griegos prestaron también el mismo culto a las vírgenes negras, representadas por Afrodita Melania: la Venus Nigra de los romanos.

He venido muchas veces a rezar en estas ruinas. Tenía la costumbre de arrodillarme, porque, en tiempos pasados, nadie visitaba las sombras de Monserrate. Pero, una noche, al volver la vista atrás, vi un caballo blanco a la luz de la luna. Y así se me ocurrió representar en este escenario una ópera mística y caballeresca; aunque nunca he tenido que escribirla, porque me la dieron ya hecha los diablos, en medio de una terrible tormenta. Volaban las nubes negras sobre las ruinas, arrastradas por un viento que hacía cantar las ramas de los árboles, en una orquesta de relámpagos y truenos. En las columnas rotas se agarraban las ramas desgajadas por la tempestad, formando extraños capiteles corintios que dejaban caer canalillos de agua fresca que corrían por los fustes, tamborileando sobre las viejas piedras, ya ensombrecidas por el olvido, mordidas por el tiempo. Olía a maderas exóticas y a misteriosas especias dulces, como si debajo de la tierra hubiesen derramado un vino antiguo o se ocultasen las cavas de Dios. Dicen que aquí se veneró a la Virgen Negra de Montserrat, hace ya muchos siglos, cuando un monje llamado Gaspar Preto (¡un nombre predestinado!), trajo su imagen desde Cataluña. Creo que Beckford fue, sin saberlo, el último diablo que tuvo a su cargo la custodia del vaso sagrado, probablemente robado por Judas después de la Última Cena.

Pero el joven Beckford no tuvo bastante con Monserrate. Y, al regresar a Inglaterra, gastó toda su fortuna en la construcción de la Abadía de Fonthill, concebida como templo del vicio. Nunca llegó a ver completamente acabada la gigantesca obra, soñada por su megalomanía, pero creó una mansión gótica como jamás ha existido otra igual en la tierra. Como un príncipe de las noches de Arabia levantó a latigazos un inmenso castillo, dominado por una torre octogonal. Quinientos obreros trabajaron, día y noche, para construir aquella morada de diablos. A la luz de las antorchas, las gárgolas y los ángeles de las torres subían entre los andamios, como seres infernales surgidos del fondo de la tierra. «Lo que más me emocionaba —escribió Beckford— era oír el eco de las voces en el silencio de la noche, bajo las numerosas arcadas ya construidas de las galerías, cuando los ángeles de yeso subían como seres surgidos de las entrañas de una mina, acompañados por los gritos que los obreros proferían en las profundidades, como blasfemias lanzadas en el Infierno...»

En el mobiliario gastó todas las rentas que le producían sus esclavos de Jamaica. Nunca una mansión fue decorada con tanto lujo: porcelanas de Sèvres, piezas de orfebrería de Cellini, cristales de Murano, muebles de Riesener, cuadros de Bellini y las más costosas maravillas creadas por el ingenio humano.

En la vieja mansión de Fonthill, el imponente Beckford vivió también perversos amores con su prima Luisa. «William, mi hermoso diablo —escribía ella—, nadie es capaz de hablar del vicio con tanta exaltación como tú.»

En *The History of the Caliph Vathek*, una de las obras más letales creadas por la imaginación romántica, el joven Beckford explica las costumbres licenciosas de un personaje que había construido un palacio con cinco pabellones «destinados a la función específica de cada uno de los sentidos». En las fiestas de Fonthill triunfaba siempre el exceso. Los suelos se espolvoreaban de purpurina y de especias excitantes cuyo olor se mezclaba en el aire con la humareda sacramental que ardía en los pebeteros. Los cultos satánicos eran oficiados por la prima Luisa, que andaba ya consumida por la tuberculosis, con una mirada de espectro alimentado de azufre.

James Wyatt, el arquitecto que trazó los planos de Fonthill, no era hombre riguroso en sus cálculos. Las falsas mansiones góticas del romanticismo duraban poco. Strawberry Hill, el palacio gótico que se hizo construir Horace Walpole, se fue cayendo a pedazos. Walpole, sin embargo, resistió dentro, en aquella arquitectura visionaria creada por su fantasía, entre bóvedas de yeso, almenas de pasta de cartón, y falsas galerías que había mandado pintar en el papel que recubría las paredes.

También los techos de la abadía de Fonthill se derrumbaron en una noche de tormenta, y Beckford, «el hombre más rico de Inglaterra», murió arruinado. «¡Estoy harto ya de llevar esta máscara sobre mi rostro!», decía en los últimos declives de su existencia. Había perdido sus blondos rizos, y la cara de príncipe aburrido se le convirtió en cara de cuervo. Murió agrietado y solo, polvoriento y consumido, como el retrato de Dorian Gray.

Pero la obra más característica del romanticismo es, probablemente, *Melmoth the Wanderer*, escrita en 1820 por Charles Robert Maturin. Auténtico discípulo del marqués de Sade, el terrible Maturin era pastor de la iglesia irlandesa. Sus sermones en San Pedro de Dublín apasionaban a las masas. Vestía como un dandi, bailaba como un diablo, y trabajaba siempre rodeado de su familia porque se inspiraba en medio de las discusiones y del escándalo. Dicen que para concentrarse en su trabajo y no ceder a la tentación de participar en las disputas, se tapaba la boca con un engrudo hecho con miga de pan y agua.

Los precursores de Drácula

Melmoth the Wanderer narra la historia de un hombre que vendió su alma al diablo para librarse de la vejez y de la muerte. El pacto diabólico quedará, sin embargo, roto el día en que Melmoth consiga vencer a la «inocencia invencible» y rescate su maldita existencia uniéndose a una virgen pura. Parece mentira que Balzac, Víctor Hugo, Dostoievski, Walter Scott y Baudelaire proclamen su admiración por este pobre demente. Pero la verdad es que su fama se consolidó con su muerte, y los modernistas lo convirtieron en su ídolo. Oscar Wilde presumía de descender de Maturin, a través de su madre: la excéntrica Speranza.

Al satánico pintor Füssli, nacido en las montañas suizas, le llamaban en los círculos artísticos británicos «primer duende y pintor del diablo». Era un diantre hedonista y lascivo que pintaba bestialidades fornicarias. Como era aficionado a la entomología dibujaba mujeres con cabeza de insecto: auténticas mantis religiosa entregadas al festín caníbal del coito. Sus cuadros presentan una galería infernal de caballos diabólicos, niñas lesbianas, esqueletos viciosos, vientres blandos y serpientes ansiosas. Cenaba cada noche un kilo de carne cruda para estimular las pesadillas de su inspiración.

Füssli enamoró a Mary Wollstonecraft –la madre de Mary Shelley–, que tuvo el perverso gusto de ofrecerse como «concubina espiritual» a la insaciable glotonería de este brujo antropófago. La nómina de *mantis religiosae* que dio el romanticismo es igualmente inacabable... George Sand devoraba músicos, médicos y escritores. Bettina Brentano cortaba cabezas. Y Mary Shelley, que heredó de su madre el gusto de las orgías satánicas, fue la creadora del siniestro personaje de *Frankenstein*.

Todo el círculo que rodeó a Byron en el lago Leman escribía historias de este género: Shelley escribió dos novelas extravagantes, *Zastrozzi* y *Saint Irvyne;* Polidori creó *The Vampire,* y Mary Shelley imaginó la obra más interesante, *Frankenstein*. Pero el mismo Byron les dedicó a los vampiros unas líneas en *The Giaour*. Y Theophile Gautier trató el tema en *La morte amoureuse*, al igual que Hoffmann, en *The Serapion Brethren*.

La historia del Vampiro nació en este ambiente, mucho antes de que Abraham Stoker le diese su forma definitiva en 1897. Pero Bram tuvo la habilidad literaria de rescatarlo de la muerte y darle su última ración de sangre. Probablemente, a la vista de lo que escriben sus continuadores y epígonos, le puso también –definitivamente– la estaca en el pecho.

Lacrimosa dies illa

RÉQUIEM POR MOZART

Tuba mirum sparget sonum... En la capilla del conde Franz von Walsegg se interpreta, el 14 de diciembre de 1793, una misa de réquiem en memoria de la condesa difunta. El conde dirige la orquesta y, de vez en cuando, vuelve la cabeza y mira de reojo a sus amigos para ver el efecto que «su música» causa en el auditorio. Se diría que las damas escotadas son de porcelana, si no fuera porque, con disimulo, se enjugan las lágrimas y esconden, luego, en el palomar de sus senos, los pañuelos húmedos. Sólo el lugarteniente Leutgeb, envuelto en su capa de cuervo, permanece impasible y observa, con una sonrisa cínica, una nota escrita al margen de la partitura: «Compuesto por el conde Walsegg».

Tuba mirum sparget sonum. Ya resopla, se oye la jauría impaciente de los trombones. Las manos de los músicos corren sobre las llaves frías, sobre las cuerdas tensas, sobre los clarinetes bajos, sobre los arcos levantados como rabos inquietos, a la caza de las notas que huyen entre los setos del pentagrama. Ya babea, ya se acerca la jauría inquieta de los trombones. Y las notas resuenan en la nave helada que huele a colorete dulce, a cera amarga y a jacintos mustios. Se presiente, se adivina, se ve el ciervo: los remos levantados, los jarretes tensos, el hocico vaporoso...

El conde Walsegg ha sido siempre un buen aficionado a la caza y a la música. Pero en esta ocasión el auditorio se siente impresionado al escuchar su majestuoso réquiem. Y sus amigos piensan que maneja ya la orquesta con tanta maestría como ayer mostrara disparando contra los ciervos de sus posesiones.

Sólo el lugarteniente Leutgeb permanece emboscado en misterioso silencio, con la mirada torva, fija en sus manos: una de ellas blanca, casi femenina, iluminada por la luz eucarística que se filtra por las ventanas; la otra temblorosa y sombría, lamida por la lengua de los cirios que arden en el altar.

Tuba mirum sparget sonum. Soplan los trombones, vibra la orquesta, se levantan los arcos, humean y se consumen los cirios. Sólo Leutgeb sabe que el conde es un impostor: nunca ha derribado un ciervo, ni ha compuesto ese réquiem que aparece firmado, fraudulentamente, con su nombre.

Y mientras contempla sus manos –la blanca, de Leonardo; la mortecina, que parece pintada por El Greco– el hombre de la capa recuerda la historia oculta de esta misa de difuntos.

Rauhensteingasse, 970

¿Fue en junio...? No; hacía calor. Por las calles de Viena, casi desiertas, rondaban los perros y algunos buhoneros con sus cestas al hombro. Debía de ser a fines de julio cuando los lacayos le ayudaron a descender del carruaje en la Rauhensteingasse, frente a una casa de dos pisos: una vivienda pretenciosa y notable para un músico oscuro que, al decir de la gente, se alimentaba de la caridad de sus amigos. Este maestro Mozart había sido famoso en su infancia cuando daba conciertos para los príncipes y tocaba el clavicémbalo con los ojos tapados.

Sí, es a finales de julio. Y, cuando Leutgeb atraviesa el gran arco de entrada en la casa, cruza el oscuro zaguán y sube al primer piso, escucha unas notas del *Ave Verum* que Mozart acaba de componer para la orquesta de San Esteban. Y esa melodía se mezcla, de repente, con un andante delicado y una voz que canta: «Amad el orden, la medida, la armonía. Amad a vuestros hermanos como a vosotros mismos... desgarrad los velos de los prejuicios y despojaos de los disfraces sectarios que reviste la humanidad». Mozart compone esta cantata para un masón, discípulo de Rousseau. Y, mientras deja correr sus dedos sobre el piano, sonríe al pensar que él fue criado con agua; porque, en aquellos años, Rousseau aún no había puesto de moda la leche materna.

Leutgeb entrega a Mozart una carta, solicitándole una misa de difuntos. Pero se niega a revelar el nombre de la persona que hace el encargo, y que no es otro que el conde Walsegg. A sus perspicaces ojos de administrador no se oculta el detalle de que Mozart no tiene sirvienta. Y la verdad es que el músico ha tenido que despedir a la fiel Leonor para pagar los gastos del último embarazo de Constanza, su mujer. El pequeño Franz Xaver, el segundo hijo del matrimonio, está a punto de nacer. Tres veces ha acompañado ya al cementerio los féretros blancos de otros tantos hijos malogrados. Debe una fortuna a su amigo Puchberg y ha pedido también anticipos a los padres de sus alumnas. Si no consigue este contrato tendrá que volver a recorrer el camino de las cajas blancas.

Leutgeb hace brillar unas monedas en su mano oscura y se las ofrece con la otra mano, casi femenina. Ha conseguido un precio barato. Y un mes más tarde, cuando Mozart está a punto de salir hacia Praga para estrenar la *Clemenza di Tito*, se presenta nuevamente en la Rauhensteingasse. Su mano oscura atrapa a Constanza en el momento en que ésta dispone el equipaje en el coche. Constanza grita asustada y su marido baja corriendo. Leutgeb exige la entrega de la misa de difuntos y se expresa con insolencia. Pero, finalmente, acepta las excusas de Mozart, que se compromete a acabar el trabajo cuando regrese del viaje, y se marcha después de tenderle amistosamente su mano blanca.

Tuba mirum sparget sonum

Tuba mirum sparget sonum. Éstas son las palabras que se oyen el 14 de diciembre de 1793 en la capilla del conde Walsegg. Hace dos años que Wolfgang Amadeus Mozart fue entregado a la tierra en un lugar desconocido del cementerio de Sankt Marx. Depositaron su cuerpo en una tumba comunal. Se ha ido sin dejar despojos, como vivió: siempre en busca de morada.

El 20 de noviembre de 1791, su amigo Deiner le encuentra acostado, envuelto en un cobertor blanco. Hace frío en la casa de la Rauhensteingasse, y la octava de Santa Cecilia se acerca con mano blanca. En la fría mañana del 4 de diciembre, Wolfgang empeora. Su cuñada Sofía, que vive en las afueras de Viena, tiene un mal presagio cuando ve cómo la lámpara de aceite que arde en su casa se apaga de repente. Corre hacia la Rauhensteingasse, y encuentra al enfermo: estremecido por la fiebre, con las extremidades hinchadas, debilitado por las sangrías y los vomitivos. Los médicos han diagnosticado una «violenta fiebre miliar». Pero el coma urémico parece más bien el desenlace fatal de una nefroesclerosis.

La pobre Sofía acude presurosa a la parroquia de San Pedro. Pero los «inhumanos religiosos» *(geistlichen Unmenschen),* como les llama ella en sus memorias, se niegan a trasponer el umbral de la casa de Mozart, porque conocen sus relaciones con la masonería y desconocen, al parecer, sus relaciones con Dios.

El doctor Thomas Franz Closset, médico del teatro, no cree que la situación sea tan alarmante. Asiste tranquilamente a la función y, ya de madrugada, visita al moribundo. Las compresas frías que receta el galeno aceleran el fin. Y Mozart expira, con los labios entreabiertos, «como si quisiera imitar con la boca —escribe Sofía— los timbales del *Réquiem*».

En los últimos meses ha vivido muy impresionado con esa misa de difuntos que compone para el misterioso mensajero.

Pero los músicos que interpretan el *Réquiem* en la capilla del conde Walsegg no conocen la historia. Las notas corren, los cirios arden, los arcos se levantan, los trombones alientan impacientes, las voces humanas se mezclan en la majestuosa fuga del *Recordare*, y los timbales vibran tensos, enérgicos, como odres vacíos que le preguntan al mundo dónde florecen las perfumadas violetas.

Leutgeb, arropado en su capa y cabizcaído, contempla sus manos: la blanca y la oscura.

La familia Mozart

Augsburgo, gótica joya de la corona de Suabia, fue en tiempos ya remotos una de las capitales de la historia europea. En sus calles medievales se percibe todavía el aroma oleoso de los talleres donde laboraban, inclinados sobre el banco, los jóvenes artesanos de bucles de oro que querían parecerse a Alberto Durero. Las añosas buhardas abren al amanecer sus postigos sobre las plazas, mojadas por el reguerillo de las fuentes. Se diría que es una ciudad habitada por hombrecillos medievales, siempre atareados en sus menesteres: acarrear el heno, orear la ropa, herrar los caballos, amontonar la leña, labrar la piedra...

En Augsburgo vivieron los Fugger, ricos banqueros que prestaban dinero a Carlos V y a Felipe II. Aquí nació Philippine Welser, esposa del archiduque Fernando. Y aquí se discutieron, en sucesivas dietas, las tesis reformistas de Martín Lutero y Felipe Melanchton.

Algunos de los palacios de Augsburgo fueron construidos por una modesta familia de albañiles que llevaban el apellido Mozart. El nombre no aparece en los libros históricos del viejo burgo; su rastro vital se reduce a un acta de nacimiento y otra de defunción. Pero uno de estos Mozart, llamado Johann Georg, se convirtió, a mediados del siglo XVIII, en librero encuadernador y casó con una tejedora, entroncando así con un gremio que tenía honda raigambre en la villa, ya que los Fugger habían sido tejedores antes de multiplicar su fortuna. De este matrimonio nació, en 1719, Leopold Mozart.

Gracias a la protección de un canónigo y a su despierta inteligencia, Leopold estudia Teología, Filosofía y Derecho; se da buenas mañas para grabar en cobre y se convierte en buen violinista, compositor discreto y genial pedagogo. En 1743 entra al servicio del príncipe arzobispo de Salzburgo y, cuatro años más tarde, contrae matrimonio en esta ciudad con Anna María Pertl, hija de un funcionario que ha sido también profesor de canto. De los siete hijos del matrimonio sólo sobrevivieron dos: María Anna, llamada familiarmente Nannerl, y el pequeño Wolfgang.

En carta a su editor de Augsburgo, Leopold anuncia así el nacimiento de su hijo: «Os comunico que el 27 de enero, a las ocho de la tarde, mi mujer ha dado a luz felizmente un varón.

Ha sido necesario extraer la placenta...». El niño se llama Johannes Chrysostomus Wolfgang Gottlieb.

Este hijo de los hombres pasará por el mundo, extraño y dolorido, enamorado y alegre, como los personajes misteriosos de la leyenda. Para los místicos es una estrella fugaz que ilumina los oscuros confines del universo. «Huésped pasajero de la tierra», le llama Alfred Einstein. «Enviado del más allá», afirma categóricamente Karl Barth. «Sólo él hubiera podido ponerle música al *Fausto*», comenta Goethe.

Una macabra estadística revela que los moribundos solicitan muchas veces, con los últimos sacramentos, una pieza de Mozart. Y el doctor Erich Bloch, ginecólogo sueco, afirma que las maniobras del parto se facilitan cuando las madres escuchan el *Concierto para Piano (K. 467)*, como si un andante en *fa* mayor, con un fondo de bajo *ostinato*, tuviera los efectos prácticos del fórceps.

Por un raro destino los hombres universales desaparecen sin dejar rastro. Muchos de los retratos de Mozart que corren por el mundo son apócrifos. Uno de los más famosos, pintado por Helbling, representa a un niño pálido de ojos castaños, que se sienta delante de un piano. El jovencito inmortalizado en esta pintura no tiene nada del pequeño Mozart... ni siquiera sus inquietos ojos de un gris azulado.

Desde 1789, fecha en la que Doris Stock realizó el último retrato de Mozart, nadie se ocupó de inmortalizar los rasgos de ese músico oscuro que no interesaba en los círculos de moda. Antes de enterrarlo le hicieron una mascarilla. Pero Constanza, su mujer, tuvo la desgracia de romperla, algunos años más tarde, cuando procedía a una limpieza general de la casa. Barrió los fragmentos y los arrojó a la basura...

Por algunos testimonios podemos deducir que era un hombre de apariencia discreta, ojos claros y penetrantes, orejas mal modeladas —aunque solía ocultarlas bajo la peluca—, labio inferior prominente, y una nariz carnosa que hubiera hecho las delicias de Quevedo (*enorm benasten Mozart*, le llamó un gacetillero de la época). Tenía la piel amarillenta, marcada por algunas cicatrices de viruela. Y a pesar de sus gestos inquietos, se adivinaba en su frente despejada el temblor de los pensamientos profundos.

El milagro de Salzburgo

El 27 de enero de 1756, cuando Wolfgang viene al mundo, Leopold Mozart y su mujer Anna María viven en la católica ciudad de Salzburgo, sede del arzobispo primado de Germania. El pequeño burgo eclesiástico, edificado al pie de los Alpes y a orillas del Salzach, se enriqueció en la Edad Media gracias al oro que se extraía de unas minas cercanas. Los benedictinos contribuyeron a su esplendor, levantando sus templos barrocos y fundando una universidad. Al visitar el viejo cementerio de San Pedro podemos hacernos una idea de lo que era esta ciudad en los siglos XVII y XVIII: una isla acariciada por las brisas ondulantes del barroco, que vivía feliz en la época en que los europeos se enzarzaban en la sangrienta guerra de los Siete Años. En este diminuto osario están enterrados algunos contemporáneos de Mozart: Lorenzo Hagenauer, el propietario de la casa donde nació y fiel amigo de la familia; Siegmund Haffner, burgomaestre de la ciudad, al que Mozart dedicó una *Sinfonía (K. 385)*, y Michael Haydn, compositor dionisíaco al que Leopold consideraba un peligroso mentor para su hijo, pero *homo humanus* de alma deliciosa. En una casa del Kapuzinerberg, a la que se llega por una empinada Vía Dolorosa, vivió Stefan Zweig, que reunió, entre otros manuscritos, una preciosa colección de partituras y cartas infantiles de Mozart.

Cuando Wolfgang viene al mundo, Salzburgo es una ciudad independiente. Sus habitantes se consideran, sin embargo, bávaros. Y el propio Mozart, cuando entierra a su madre en París, declara en el acta que «proviene de Salzburgo, en Baviera».

Los Mozart ocupan el tercer piso de una vivienda burguesa en la Getreidegasse, en el centro comercial de Salzburgo. El pequeño Wolfgang disfruta descifrando los rótulos medievales de hierro forjado que se asoman sobre las fachadas, como cisnes de oro, y llevan en su pico los símbolos de los viejos oficios: la bota del zapatero, la bacía del barbero, las tenazas del soplador de vidrios... Disfruta también cuando su padre le lleva a comprar el jarabe de ruibarbo en la farmacia de la corte, que parece el laboratorio de un alquimista. Y, ya en su juventud, frecuenta el viejo café de Tomaselli y observa, silencioso, cómo los albañiles construyen el grandioso portal del Monte de Piedad.

Aunque no está mal dotado como compositor, Leopold es, por encima de todo, un gran maestro. Su *Ensayo de un método para perfeccionar el violín* ha alcanzado renombre en Europa. Por ciertos comentarios de su correspondencia sospechamos que era un buen burgués, aficionado a los placeres de la mesa y no exento de humor. Cuando insta a su editor para que publique su *Escuela de violín* le amenaza con persuadir a su mujer de que le prohíba «los ejercicios de arco nocturnos» hasta que no acabe la impresión. A veces, cuando da rienda suelta a sus aficiones hipocráticas, muestra su debilidad más pedante y es capaz de llenar varios folios hablando de los remedios idóneos para curar un catarro intestinal, o firma una misiva dirigida a su propio hijo como «Ita Clarissimus Dominus Doctor Leopoldus Mozartus». Wolfgang heredará también su afición a la medicina interna, especialmente por las funciones corporales escatológicas, y disfruta jugando con las desinencias de su nombre o de sus apellidos. Con frecuencia bromea firmándose «Wolfgang en Alemania, Amadeo en Italia, de Mozartini». Pero cuando se siente más inspirado escribe su nombre al revés y firma así las cartas a su hermana: «Oidda, Gnagflow Trazom» (Addio, Wolfgang Mozart).

Leopold intenta educar a su hijo en los rectos principios de la burguesía. «Depende solamente de tu sabiduría y de tu comportamiento —le escribe con magnífica ingenuidad— que acabes siendo un músico vulgar, olvidado de todo el mundo, o que llegues a ser un célebre *kapellmeister* cuyo nombre quedará inscrito en el libro de la posteridad.» Para alcanzar estos fines, recomienda incluso a su hijo que se sirva de la adulación: «En Mannheim te has comportado muy bien introduciéndote en casa de los Cannabich por medio de la adulación». Pero Leopold, aunque no conoce el camino de la inmortalidad, tiene sobrada experiencia en los manejos sociales. Ha sido el primer Mozart que ha alcanzado un puesto en el estamento de la burguesía y quiere que su hijo aprenda a defender esa difícil posición. Igual que cuenta religiosamente los beneficios materiales de sus conciertos (llama «mis conciertos» a las exhibiciones de sus hijos), calcula el alcance de sus palabras y sus acciones. Desconfía del incrédulo Voltaire, enemigo de los obispos, y siente un profundo respeto por las jerarquías. Insistentemente predica a su hijo que no se aleje del público, aunque tenga que «acariciar sus largas orejas de burro» con concesiones a la vulgaridad. Pero en el fondo sabe que el joven Wolgangerl no ha heredado su paciente sentido práctico, y comenta resignado: «Ya conozco tu estilo...».

Leopold ejerce una decisiva influencia en la formación de su hijo. Los amigos de la familia recuerdan las palabras con que el pequeño Wolfgang expresaba su apasionada devoción filial: «Después de Dios, mi papá». Y el propio Leopold evoca, en carta a su hijo, aquella relación de amor que durante años los uniera: «Cuando eras pequeño, no te acostabas jamás sin haber cantado, de pie sobre tu silla, *oragnia figata fa,* abrazándome una y otra vez, y besándome hasta la punta de la nariz. Y entonces me decías: "Cuando seas viejo te pondré a resguardo del aire, en un estuche, para conservarte siempre a mi lado y venerarte continuamente"».

Wolfgang conoce perfectamente los sentimientos y gustos de su padre. Porque Leopold es, ante todo, compositor de sonoras piezas de circunstancia: música litúrgica, militar y turca. Con esta orquesta de jenízaros se presenta a sí mismo en las páginas del *Diccionario* de Marpurg. Pero además compone, como honrado *galantuomo*, pantomimas, oratorios, minuetos, serenatas y *morceaux de nuit.*

Así se comprende que Wolfgang le escriba siempre unas cartas ceremoniosas, adaptadas a su estilo, llenas de rodeos y de quiebros prudentes. Y cuando, en 1778, le comunica la noticia de la muerte del «archibribón Voltaire» utiliza un tono despectivo y demoníaco: el «re menor» que le servirá para condenar a Don Juan. Aunque su padre le ha dado cartas de recomendación para visitar a Diderot y a d'Alembert, el joven Mozart pasará por París sin conocer a esos «maestros impíos». No sabe que el viejo Voltaire le ha tratado con más respeto y que, algunos años antes, ha confesado a una amiga: «Lamento no haber oído al pequeño Mazar *(sic)*... el fenómeno que surgió en el sombrío horizonte de Ginebra».

Leopold sabe pellizcar, de una forma instintiva, las cuerdas del genio. «Cada instante que se desaprovecha –dice sentenciosamente– se ha perdido para siempre.» Con esta volcánica llamarada prende la zarza del joven Mozart. Sus primeros juguetes serán las teclas de piano y las cuerdas de violín. Mientras su hermana Nannerl recibe las enseñanzas de «papá Leopold», el niño juega con los enanitos cabezudos del pentagrama. «Wolfgang ha aprendido su primer minueto a los cuatro años», escribe Leopold en su cuaderno de música.

El pequeño prodigio tiene fuego en el alma. Su natural entusiasmo le lleva a interesarse por todo, de forma ávida y apasionada. Cuando aprende los primeros números coge una tiza y llena la casa, paredes, muebles y puertas, de garabatos y guarismos. «Era puro fuego –dice uno de los amigos íntimos de la casa– y se exaltaba fácilmente. Sin disciplina y sin educación podía haberse convertido en un bribón o en un golfo, ya que se impresionaba con todo lo que le interesaba, aunque no supiese distinguir los aspectos útiles de los nocivos.»

En cuanto considera que los niños están preparados para exhibirse en público, Leopold organiza una pequeña *tournée* por Múnich y Viena. Al final de su corta vida, Mozart habrá permanecido un total de quince años fuera de su casa. La emperatriz María Teresa, después de oír a los pequeños virtuosos, les hace algunos regalos que irán a parar, algún día, no lejano, a las casas de empeño. Desde esa fecha Wolfgang se presentará en público con un vestido principesco que había pertenecido a Maximiliano Francisco, el que será más tarde príncipe arzobispo de Bonn y protector de Beethoven.

Todo el mundo le encuentra «inteligente, vivo y extraordinariamente simpático». Hasta los aduaneros le oyen embobados cuando desenfunda su clavecín portátil o su pequeño violín y, en contrapartida, no registran el equipaje de los Mozart. Pero los ajetreos del viaje minan su salud, y cae enfermo de escarlatina en 1762. «La enfermedad del niño —escribe severamente Leopold— nos ha hecho perder cuatro semanas.»

El 5 de enero de 1763 la estrella prodigiosa vuelve a la casa de Salzburgo. Leopold espera obtener el cargo de *kapellmeister*. Sin embargo, nunca alcanzará ese rango, y esta amarga experiencia se refleja en la frase que escribe, años más tarde, comentando los fracasos y las desgracias de su hijo: «Así hay que luchar para abrirse camino en el mundo. El que no tiene talento ya soporta suficiente desdicha. Y el que lo tiene vive perseguido por la envidia».

Wolfgang aprende el clavecín y el violín convirtiéndose en un magistral *altista*. Habla todavía un lenguaje infantil y llama «violín de mantequilla» al instrumento de un amigo que suena dulcemente a sus oídos. No soporta, sin embargo, la trompeta y palidece cuando escucha su timbre de metal.

El pequeño milagro compone, toca algunos instrumentos, chapurrea varios idiomas, canta con voz débil y recita de memoria a Wieland y a Gottsched. Apenas tiene ocho años y sorprende con sus habilidades a los doctores de la corte. «Debo mostrarle al mundo —escribe Leopold— este milagro nacido en Salzburgo, ya que hoy la gente ridiculiza y niega todos los milagros.»

El circo Mozart un Söhne

Cuando María Teresa llama a los Mozart «vagabundos inútiles» expresa la opinión que esta familia debió merecer a muchos de sus contemporáneos. Durante años vagan por Europa, de corte en corte, de palacio en palacio, ofreciendo exhibiciones en todas las capitales. Tienen que hacer cola en las cancillerías, esperando pacientemente una audiencia o un regalo. A veces deben dar largos rodeos para perseguir a un príncipe que ama más la caza que la música.

Wolfgang se educa en esa perspectiva vitalista del peregrino, descubre las «aporías» del tiro al blanco, y se acostumbra a vivir al galope, recostado en el asiento de una calesa, escribiendo sus mejores obras en el camino. Cuando se ve obligado a permanecer en casa camina silencioso de un lado a otro, y se lleva con frecuencia un dedo a los labios para acallar los ruidos. Cuando compone la *Serenata en re mayor (K. 320)*, en una época gris y sedentaria de su existencia, hace sonar el *corno* de las diligencias en el penúltimo movimiento, como si quisiera evocar la aventura de los viajes. Y no es extraño que la mujer que mejor le comprendió —su prima María Anna Thekla— acabase viviendo con un director de postas.

Su música, como su vida, es fundamentalmente dinámica. Y, cuando ya en los últimos años de su existencia no viaja tan a menudo, cambia continuamente de domicilio. «Las incomodidades de los traslados —escribe Einstein— son para él un sucedáneo de las incomodidades de la diligencia.»

El circo de los Mozart debuta en junio de 1763, ante la corte de Maximiliano en Múnich. En Augsburgo, la ciudad natal de Leopold, adquieren un clavecín en casa del famoso fabricante Andreas Stein. Y Leopold Mozart, convertido ya en activo empresario, no pierde la ocasión de redactar una nota de sociedad, que firma en el *Diario Europeo* de Salzburgo, como corresponsal: «Anteayer ha salido de esta ciudad hacia Stuttgart el *kapellmeister* (un pequeño ascenso que se concede él mismo) de Salzburgo L. Mozart, con sus dos maravillosos hijitos...».

Leopold, acostumbrado al esplendor barroco de Baviera, describe con tonos quejumbrosos la melancolía gótica de los burgos medievales. Sin embargo, Wolfgang se reanima con el aire suculento del camino y se siente príncipe de aquellos reinos. «Cuando pasaba de una ciudad a otra imaginaba salir de un reino al que llamaba Reino de Atrás *(Rücken).*» Su criado tuvo que dibujarle una carta de estos países donde vivían los niños felices bajo el imperio de Wolferl. Y él mismo dictaba los nombres de esas ciudades mágicas.

La troupe alcanza, el 9 de julio de 1763, la residencia del duque Karl Eugen en Ludwigsburg. Pero este altivo recluta que vive en pie de guerra no se digna recibir a la familia. Bajo su férrea mano se educará el joven Schiller, que será, en consecuencia, un romántico defensor de los bandidos.

Mientras perfecciona sus habilidades mecánicas en el violín y en el clave, Wolfgang entra en contacto con las primeras figuras de la música: Nardini, Jomelli y los maestros de la orquesta de Mannheim. Su hermana Nannerl, que es una virtuosa genial, se ve relegada por las hazañas del niño.

En Frankfurt la prensa inserta ya un reclamo circense que arrastra a los buenos burgueses hacia la taquilla: «La admiración que despierta en las almas de todos los auditorios la habilidad —jamás vista ni oída en tal grado— de los dos niños del *kapellmeister*...».

Y la propaganda continúa explicando minuciosamente los diferentes números que los niños interpretarán en la Sala Scharf: «En este concierto actuarán la niñita que acaba de cumplir los doce años y el pequeño que tiene siete. No sólo tocarán el clavecín y el piano —y la niña ofrecerá incluso los fragmentos más difíciles de los grandes maestros—, sino que el niño ejecutará, además, un concierto de violín; acompañará al piano las sinfonías; tocará, como si pudiera ver las teclas, un piano recubierto con un paño; reconocerá también a distancia, sin el menor error, todos los sonidos que se emitan, solos o en acordes, en un piano o en cualquier instrumento imaginable, incluyendo campanas, cajas de música, etcétera. Y por último, improvisará libremente (tanto tiempo como el público lo desee, y en todos los tonos que le propongan por difíciles que sean), no sólo al piano sino también al órgano... Las entradas se venden en el Albergue del León de Oro».

A la función asiste un joven, llamado Johann Wolfgang Goethe, que cree en el teatro y en el milagro. «Yo tenía entonces alrededor de catorce años —escribe el autor del *Fausto*— y me acuerdo perfectamente de este hombrecito con su peluca y su espada.»

Mozart será siempre un «hombrecito» atildado. Se presenta en público con suntuosas casacas y una peluca primorosamente empolvada. Detesta el mal gusto y mantiene un gesto elegante frente a las chabacanerías de su tiempo.

Su sentido de la estética rechaza esas soluciones goyescas y expresionistas que son tan afines a los románticos. Y, para escribir el aria de Osmin en el *Rapto del Serrallo*, busca primorosamente los tonos precisos que pueden expresar la cólera del moro: «Pero como las pasiones, violentas o no, jamás deben ser expresadas en forma que provoquen disgusto, y como la música, incluso en la situación más horrible, no debe ofender nunca al oído... no he elegido un tono muy lejano del *fa* (que es el tono del aria), sino uno próximo: no el más inmediato (*re* menor), sino el siguiente (*la* menor)».

Estos remilgos estéticos tienen decisiva importancia en su obra. Su paleta tonal encuentra siempre el color adecuado para el efecto artístico que persigue, sin hacer concesiones al fauvismo, ni al impresionismo, ni a la expresividad deforme. Reserva el *fa* sostenido menor para la serena alegría del *adagio* de su *Concierto para piano (K. 488)*, propia de un alma iniciada en las vías de la contemplación. Y no vuelve a tocar este tono en toda su obra, aunque utiliza otras tonalidades menores en los movimientos rápidos de concierto, quintetos, sinfonías y en la obertura del *Don Giovanni*. El olímpico y brillante *do* mayor aparece en las piezas litúrgicas de Salzburgo y en la *Sinfonía Júpiter*. La tensión trágica del *do* menor, como el Kyrie de la *Gran Misa (K. 427)* o la *Serenata (K. 388)*, expresa la angustia de los meses que precedieron a su matrimonio. Pero esa inquietud interrogante suele resolverse en el *mi* bemol mayor de la esperanza, o en el *fa* mayor del encuentro entre Tamino y Pamina.

Para los vuelos del espíritu es un poeta, pero ante la prosa sabe también desenfundar, como Molière, el agudo espadín del humor. Sus biógrafos suelen retroceder escandalizados ante ese difícil movimiento de *scherzo* que le lleva a bromear sobre temas escatológicos de dudoso gusto. Pero el lenguaje aseado no era una característica de su tiempo. La aristocracia de Versalles practicaba un juego angelical llamado *pet-en-gueule* cuyo reglamento aparece en los textos de la época, ilustrado por dos barrocos querubines que se olfatean las nalgas. Las preciosas del Palais Royal se *iban de copas* a todo viento, en el personalísimo *sol* menor de los soliloquios, y perfumaban sus plumas al jazmín o a la violeta, con píldoras de olor. El pueblo llano se contentaba con resolver sus urgencias en las esquinas o en los portales de los palacios del Marais.

No debe extrañarnos, por lo tanto, que Mozart confiese a sus amigos que compone frecuentemente en el *petit coin*. Con su afición a las bromas escatológicas se atreve a jugar con las escalas en *re* mayor —el tono dorado y glorioso de las grandes oberturas— que compone para instrumento de flato. Y como su inspiración, cuando se desboca, no tiene freno, escribe también dos endiabladas obritas tituladas: *Leck mir den Arsch fein recht schön sauber (K.382 d.)* y *Leck mir den Arsch (K.382)* que pueden traducirse como «Lámeme el culo limpiamente» y «Lámeme el culo»; aunque los editores, considerando más estético el escepticismo, las titulan como «No me gustas nada» y «Seamos felices»...

Así es el niño que, en diciembre de 1763, llega a París con la troupe de los Mozart. Uno de los protectores de la familia, el enciclopedista Friedrich Melchior Grimm, escribe en *Correspondance Littéraire*: «Este niño no sólo ejecuta con toda precisión los fragmentos más difíciles, aunque sus manitas apenas alcanzan la sexta; es aún más increíble ver cómo toca de memoria durante una hora, abandonándose luego a la inspiración de su genio y a un sinfín de ideas encantadoras que va ligando con gusto y sin confusión. El maestro más consumado no le ganaría en profundidad armónica».

En aquel París sucio y empobrecido, que se acerca a la hora de la Revolución, los Mozart cosechan algunos triunfos. Pero lo más importante es que Wolfgang entra en contacto con los mejores intérpretes y compositores de la capital francesa. Conoce a Schubert, que influirá decisivamente en su obra. Vive también la polémica entre músicos franceses e italianos, que será tan violenta durante su segunda estancia en París, en 1778, y consigue imprimir sus primeras *Sonatas*. «En pocas palabras —concluye Leopold, entusiasmado—, lo que sabía cuando salimos de Salzburgo es una sombra en comparación con lo que sabe ahora; sobrepasa a toda imaginación.»

En Calais, Nannerl y Wolfgang ven por primera vez el mar. Y la jovencita escribe asombrada en su diario: «El mar avanza y retrocede». Luego llegan a Londres, donde Wolfgang va a descubrir dos maestros excepcionales: Händel, ya fallecido, cuyas obras suenan todavía en los medios musicales ingleses; y Johann Christian Bach, el hijo del cantor, que es un magistral conocedor del contrapunto y de la ópera italiana. Pero este «Master Wolfgang», que entusiasma a los londineneses y compone su primer aria *(Val del furor portata),* sigue siendo un niño que se asombra al ver en el zoo una cebra («un asno cubierto de rayas blancas y marrones», puntualiza Nannerl en su diario) y se asusta al escuchar el rugido de un león en la Torre de Londres.

La taquilla del circo no va tan bien como desearía Leopold. La aristocracia no suelta un céntimo y, en compensación, el pobre vice-*kapellmeister* se ve colmado de regalos inútiles: relojes, tabaqueras, encajes, cajitas de música... El propio Wolfgang se enfrentará, años más tarde, con mejor humor, a esta costumbre. Y decidirá presentarse en público con la casaca y el pantalón repletos de relojes de oro, para que no le regalen más cronómetros.

Johann Lorenz Hagenauer, buen amigo de Salzburgo que es, además, el propietario de la casa de la Getreidegasse y generoso mecenas de la empresa artística, recibe puntualmente las cuentas de Leopold: «Me veo obligado a ir vaciando mi bolsa; desde julio he gastado 170 guineas...». «No tengo más remedio que copiar de mi puño y letra las sinfonías de Wolfgang para no tener que pagar un chelín por hoja...»

Un *amateur éclairé* del barroco, como Leopold, no podía sentirse muy a gusto en aquella Inglaterra del siglo XVIII, lanzada ya a la fiebre oscurantista del romanticismo. «Tenemos grandes resfriados, como todo el mundo en Londres, pues la ciudad es húmeda y brumosa», escribe desengañado. En el aire ahumado percibe el tufo del romanticismo y, con su natural sagacidad, decide pronto que sus hijos abandonen ese vivero decadente donde se cultivan las hortensias de Beckford, las rosas diabólicas de Byron y las flores blasfemas de Shelley. «Por lo demás —sentencia sin rodeos—, no quiero en absoluto criar a mis hijos en un lugar tan peligroso donde la mayoría de la gente no tiene ninguna religión, y donde no pueden encontrar más que malos ejemplos.»

Con esta brusca maniobra, Leopold rescata a su hijo de la moda romántica, lo aparta de los secuaces de Moore, y lo pone definitivamente en el rumbo de su obra: como sus viejos antepasados de Augsburgo tendrá que defender la gloria del gremio de albañiles sin concesiones al *trompe-l'oeil*. Y todo eso en una época en que los jóvenes construyen castillos y abadías de cartón.

En marzo de 1765, Wolfgang y Nannerl tienen que tocar a cuatro manos, diariamente, en el Hickford's Great Room de Londres: el mismo albergue donde Glück dio en 1746 sus primeros conciertos. Trabajan sin descanso desde el mediodía hasta las tres de la tarde. Y, después de esta sesión de circo, el pequeño dedica sus ratos libres a componer su primera sonata para cuatro manos. «Hasta hoy nadie lo había hecho», escribe su padre con orgullo y asombro.

Pero el siglo XVIII cree que la ciencia es un camino de iniciación a la sabiduría. Por eso el fenómeno humano de Mozart interesa también a los científicos. Y así, Daines Barrington inicia una investigación sobre las aptitudes del joven Wolfgang.

Barrington es un humanista crédulo; pero, como buen discípulo de Bacon, emprende su investigación con toda honestidad científica y comienza escribiendo una carta a Salzburgo para comprobar las señas de identidad de Wolfgang. Convencido finalmente de que Wolfgang es un ejemplar insólito de la especie *genius*, eleva un memorial a la Royal Society dando fe de su descubrimiento: «Le suplico que tenga a bien hacer llegar al conocimiento de la sabia sociedad un suceso que me parece lleno de interés y que concierne a un talento musical absolutamente extraordinario...». Barrington explica en su informe cómo el niño improvisa, canta y compone. Al parecer, se permite incluso corregir a su padre cuando éste, interpretando el bajo de un dúo, desentona.

En agosto de 1765 los Mozart salen de Londres. Pero esta vez el pequeño príncipe deja en el «reino de atrás» toda una leyenda. El British Museum solicita el retrato de la familia, pintado por Carmontelle, y unas partituras autógrafas de Wolfgang.

Sin embargo, el esfuerzo desmedido de estos últimos meses presenta su factura: Nannerl contrae una grave bronquitis que está a punto de acabar con su vida; Leopold enferma en Dille y, finalmente, también Wolfgang sucumbe a una misteriosa enfermedad que los especialistas llaman «fiebre cerebral». Permanece ocho días en coma, y despierta luego, hablando sin parar, en un delirio verbal digno del Pentecostés. La enfermedad le deja casi irreconocible, con «la piel pegada a los huesos». Y, cuando Grimm vuelve a encontrarle en París, queda tan impresionado que expresa el temor de que esta privilegiada inteligencia se malogre. Pero ya Wolfgang, recobrando sus fuerzas, compone como antes y lanza al vuelo los cascabeles de su alegría. «Su alegría –dice finalmente Grimm– es lo único que puede garantizarnos que un fruto tan precoz no caiga antes de alcanzar la madurez.»

En el camino de regreso se detiene nuevamente en Augsburgo, donde un médico famoso, el doctor Simon Tissot, escribe el primer diagnóstico serio de los dones de Mozart y descubre «ese carácter lleno de fuerza que es el sello distintivo del genio, esa variedad que anuncia el ardor de la imaginación, esa seguridad en el gusto...».

En Biberach, el pequeño Wolfgang tiene que competir en público con uno de los mejores organistas de su tiempo, Sixtus Bachman, dos años mayor que él. La exhibición acaba en empate; pero, pocos días después, sufre una nueva crisis febril.

Cuando llegan a la Getreidegasse, después de un viaje de tres años, nada ha cambiado en Salzburgo. Y, sin embargo, los niños se han transformado. Nannerl, que tiene quince años, va alcanzando los límites de su virtuosismo. Wolfgang ha despertado a la conciencia dolorosa de su genio y se siente a disgusto cuando los críticos le observan con impertinencia analítica, como él contemplaba las cebras en el parque zoológico. Durante toda su vida sentirá como un martirio esa estúpida curiosidad psicológica de cierta gente que no le acepta como artista y, sin embargo, le exige las pruebas ofensivas del milagro: «En el próximo concierto, para mi mayor prostitución, me haré presentar un tema para atacar a golpe de espiocha; quizá podré machacarlo a *prima vista*, puesto que soy un aporreador nato y no sirvo más que para aporrear un poco el teclado».

Los primeros triunfos han sido fáciles. Pero el prodigio es sólo el reclamo de la verdad; y, a veces —aunque esto no conviene discutirlo con Leopold—, de la impostura y de la superchería. El viejo Voltaire no ha vivido en vano en una época en que los farsantes se multiplican en los caminos de Europa.

REX TREMENDAE MAJESTATIS

La jauría de los trombones se aleja y se acalla. Apenas se oyen ya los ladridos en la lejanía. Los caballos, detenidos bruscamente, se encorvetan. Y, en ese instante, cruza el venado, majestuoso, por el bosque sombrío. Una brisa temblorosa le sigue por las ondulantes colinas: se oculta en los alces, vadea el río, tropieza en la orilla, se levanta con un torpor angustiado y las cuatro muletas de sus patas se apoyan en la hierba húmeda mientras sus ojos nobles, dolientes, se vuelven hacia los cielos.

Rex tremendae majestatis... El misterioso Leutgeb contempla sus manos —la blanca y la oscura— mientras escucha el *Réquiem*. Y recuerda aquella casa de la Rauhensteingasse donde recogió, finalmente, la partitura que ahora se estrena como obra del conde Walsegg. Los cirios tiemblan. Cuando Mozart murió no había en su casa más que un piano, un billar, un violín, algunos libros y tres cucharas de plata: el resto de la vajilla tuvo que venderla para pagar de su bolsillo el viaje a Frankfurt, puesto que nadie se dignó invitarle a la coronación del emperador Leopoldo.

Rex tremendae majestatis... Ya corre otra vez el ciervo. La brisa temblorosa vuelve a soplar cuando salta sobre los troncos caídos. Ya huelen las flores rojas, se estremecen las zarzas, sangran las bayas. Se oyen los clarines bajos y la testuz de la presa se levanta, como el árbol vacío de invierno, con las ramas despojadas.

La escuela de Salzburgo

Al regresar a la Getreidegasse, en noviembre de 1766, Leopold Mozart cierra el balance de los primeros años de su peregrinación. Económicamente el circo ha proporcionado un capital de siete mil florines y abundantes regalos: una miseria, si se descuentan los gastos de la empresa. En lo artístico los resultados son más esperanzadores, aunque el arzobispo de Salzburgo no se muestra muy generoso con sus músicos. Sigismond von Schrattenbach acoge calurosamente a los Mozart, se siente orgulloso de sus éxitos... y le ordena a Leopold que se vista nuevamente su uniforme de lacayo para ocupar su cargo en la orquesta.

Leopold vuelve a utilizar en sus cartas el dolorido lenguaje de los maestros medievales que construyeron la catedral de Augsburgo. «Tengo miedo de que el edificio que he levantado acabe derrumbándose», le confiesa a su casero y amigo Hagenauer. En el angosto patio de la Getreidegasse resuenan las monótonas campanadas de la iglesia de la universidad. «La costumbre –escribe el maestro Leopold– es un corsé de hierro.»

Es evidente que Wolfgang, abandonado a la rutina de su virtuosismo, corre el peligro de malograrse. Hay que estimularle y hacerle trabajar, porque tiene el carácter pasivo de todos los soñadores. Friedrich Grimm ha trazado, en un brutal retrato, este perfil psicológico del joven Mozart: «Es demasiado cándido, poco activo, muy influenciable, demasiado indiferente a los medios que pueden conducir a la fortuna». Si era realmente así, Grimm se comportará de forma mezquina abandonando en París a este pequeño idiota.

Leopold desenfunda su palmeta y se pasea como un severo maestro por la casa de la Getreidegasse. En el cuaderno de Wolfgang se amontonan los ejercicios: intervalos, gamas, estudios de contrapunto a tres voces (nota contra nota, dos notas contra una, cuatro notas contra una, con ligaduras, y en estilo florido).

Wolfgang inventa su propio sistema para memorizar estas lecciones de *cantus firmus*. Designa las tres voces con los nombres de

Signor d'Alto, Marchese Tenore y Ducca di Basso. ¿Acabará siendo compositor de ópera?

En la Getreidegasse se estudia también la música alemana, especialmente Emmanuel Bach, Hasse, Händel y Eberlin. Y, estimulado por estas lecciones, Wolfgang compone sonatas, comedias y piezas litúrgicas para el arzobispo. Escribe además un oratorio en colaboración con Adlegasser, organista de la corte, y con Michael Haydn.

Para escapar de la «costumbre», Leopold organiza repentinamente un viaje a Viena, con motivo de las nupcias de la archiduquesa María Josefa con el rey Fernando de Nápoles. Pero los Mozart se enfrentan en la capital a un acontecimiento digno de unos aventureros que odian la rutina: una epidemia de viruela. María Josefa, la prometida del rey de Nápoles, se encuentra con un cirio en la mano, amortajada, antes de probarse las galas nupciales. En la ciudad redoblan las campanas y, en los aires cargados de humo y miasmas, se escucha el *Defunctos ploro:* el *fa* sostenido de San Esteban, el *mi* solemne de la iglesia de los Dominicos, los bronces redoblados de la iglesia de San Pedro que no sonarán el día de la muerte de Mozart.

Alejándose de la ciudad enlutada, los Mozart se dirigen a Moravia. Pero ya es tarde: nada más llegar a Olmütz, Wolfgang acusa los primeros síntomas de la enfermedad. Esta crisis, que dejará algunas huellas en su rostro, tiene otra trascendencia en su biografía. El doctor Wolff, que le atiende en la enfermedad, es masón; y, en agradecimiento a sus servicios, Mozart dedica a su hija la *Arietta An die Freude (K. 53)*, compuesta sobre un texto masónico. Esta canción típicamente alemana (*mässig*, y no *moderato*, escribe en las acotaciones dinámicas de la partitura) es su primer contacto con el gremio de la albañilería.

Al volver a Viena los Mozart no encuentran una acogida tan favorable como esperaban. El niño prodigio ya no interesa en los salones. Por razones de higiene muchos nobles no quieren recibir en su palacio a un joven que lleva todavía en la cara las marcas de la viruela; especialmente el príncipe Kaunitz, hombre tan supersticioso que jamás traspasó el umbral de la habitación de un enfermo. Pero aunque Kaunitz dirige la vida cultural de Viena, también es verdad que en el firmamento musical austríaco lucen ahora estrellas de gran magnitud, como Haydn y Glück.

Wolfgang, para medirse con los grandes, compone la ópera *La Finta Semplice*, que nunca llegará a estrenarse en la corte de José II. De nada sirven las protestas de Leopold. De promesa en promesa, de decepción en decepción, los Mozart van a caer en manos de un aventurero llamado Giuseppe Afflisio (alias Conde Afflisio, alias Don Beppe il Cadetto, alias Moratti o Mercati) que se ha convertido en empresario de los mejores teatros vieneses. Este tahúr napolitano, amigo de Casanova, es un bribón que recorre las cortes europeas haciendo fortuna y conquista cargos honorables en las empobrecidas monarquías del siglo XVIII.

La historia de Beppe il Cadetto es digna de la pluma de un pícaro. Para proveer su bolsa era capaz de fingir miserias, vestir hábitos, anudar voluntades, sabía ejercer todos los primores de las artes griegas y, como la becerra mansa, mamaba de su madre y de la ajena. Hizo fortuna en los casinos, pleiteó en las cortes y compró a huevo las vanidades de la honra. De esta guisa consiguió los galones de capitán en un regimiento austríaco, se convirtió en ayudante de campo del duque Federico en Múnich, administró los teatros imperiales de Viena y acabó, guarnecido con los camisones del presidiario, barriendo el patio de la cárcel de Pisa.

Las ilusiones del pobre Leopold van a estrellarse contra los turbios manejos de Afflisio, que se burla de la ópera que ha compuesto el pequeño Wolfgang. En el colmo de la desesperación, el honesto servidor de los obispos dirige al emperador una memoria que titula *Species facti,* donde lamenta que unos sinvergüenzas puedan jugar con la ilusión de un niño que ha escrito una partitura de 558 páginas. El bribón de Afflisio se mofa de «este padre rabioso que intenta promocionar a su hijito». Un año más tarde huirá de Viena con doscientos mil florines en la bolsa.

Pero no hay que ser un *illuminatus* para saber que cada nota tiene, también en la historia, su contrapunto. Y, mientras ciertos aventureros combaten bajo los cadavéricos pendones de la Unión Jack, otros luchan más noblemente. Éste es el caso del abate Metastasio, libretista napolitano que ha triunfado en Viena y protege a los Mozart.

Otro misterioso personaje le tiende una mano al pequeño Wolfgang; se trata del médico Anton Mesmer, descubridor del «magnetismo animal» y sospechoso taumaturgo que ensalma a sus enfermos con el *planetarum influxu*. El joven Mozart le dedica una opereta, *Bastien et Bastienne*, que se representa en el versallesco jardín de la Landstrasse, a orillas del Danubio, donde vive Mesmer. El escenario es digno de este idilio bucólico; las estatuas reverberan vestidas por el oro de la tarde, las palomas grises zurean en sus prisiones de amor, y las nubes se bañan en el estanque de mármol: brillantes, húmedas, escurridizas como carpas.

SE OYE OTRA VEZ EL GALOPE DE LOS CABALLOS

Cuando regresa a Salzburgo, el 5 de enero de 1769 —otra vez la víspera de la festividad de los Reyes Magos—, Wolfgang tiene ya un profundo conocimiento de la vida musical vienesa. Pero aún debe conocer Italia, el país de la ópera.

Desde que Durero cruzara los Alpes para recoger en su mano la herencia del Renacimiento italiano, este país fue la meta soñada de todos los artistas alemanes. El viaje a Italia había transformado, sin duda, al maestro de Núremberg. En su primer autorretrato, trazado a la punta de plata, vemos todavía a un joven alemán de pelo lacio y frente iluminada; pero, después de su estancia en Venecia, el vientecillo del Renacimiento le riza los bucles y se transforma en ese ángel leonardesco que todavía mira de reojo a las mujeres en el Museo del Prado.

En el siglo XVIII Winckelmann pone de moda el estudio de la arqueología, estimulando así a los ilustrados alemanes, que se trasladan a Italia armados de un cartapacio, una mina de grafito y una curiosidad pedante de cazadores de antiguallas.

Los Mozart viajan con ánimo más vivaz. Llevan en su equipaje la guía erudita de Keyssler, pero su atención se centra, sobre todo, en la vida italiana, en sus teatros, en sus escuelas de música, en los maestros que han contribuido decisivamente a la formación de Hasse, Händel, Glück y Johann Christian Bach. Este último fue llamado en un tiempo «el Bach de Italia», aunque la historia le conocerá como «el Bach de Londres», debido a que fue en esta última capital donde alcanzó el triunfo. Hasse, por su parte, ha escrito una generosa carta de presentación para Mozart: «Además de guapo, vivo y amable, se comporta tan encantadoramente que roba el corazón a cualquiera. Una cosa es cierta: si se desarrolla, llegará con los años a ser un prodigio».

Nannerl, que ha alcanzado ya los límites de su talento, se queda en la Getreidegasse con su madre. En cierta forma ella será la verdadera víctima del genio de Wolfgang. En primer lugar, porque nadie hace caso de una intérprete virtuosa en una familia donde hay un niño prodigio. Pero, sobre todo, porque la economía familiar no permite arriesgar dos apuestas al mismo número.

Los caballos galopan hacia Verona por las riberas del Adige. El joven Mozart, que se siente «completamente arrebatado», anima al cochero para que fustigue a las bestias. Los italianos le aplauden en Mantua, en Cremona, en Milán, en Nápoles. Un sol tibio lustra su piel con un tinte amarillento –*gelb welsche,* amarillo güelfo, lo llamará, horrorizada, Nannerl– que a él le parece propio de gente mediterránea y morena. Como el viaje ha comenzado en enero, debemos reconocer que ese tinte no proviene tanto del sol como del humo de las chimeneas, y quizá también de sus padecimientos renales, que comienzan a manifestarse insidiosamente.

Los espectáculos de Carnaval dejan una huella imborrable en la memoria de Wolfgang. Padre e hijo se disfrazan para los festejos. Y el joven toma contacto con la ópera bufa y alegre de la vida italiana: «Aquí no se llama a nadie por su nombre –escribe–, sino que se dice siempre: *servitore umilissimo, giora mascara...*». Él mismo juega con su apellido, costumbre que no abandonará jamás, y se firma: Wolfgang de Mozart, señor de Hohenthal y de Zahlausens (señor de Altovalle y de la Liga del Número).

Su afición a los misterios pitagóricos del número ya se ha manifestado en los tiempos en que, armado con una tiza, garabateaba cifras en todos los rincones de la casa. Ahora escribe a su primita Maria Anna Thekla: «Para tus padres 12345678987654321 saludos, y a todos los buenos amigos 624 de mi parte, 100 de parte de mi padre, y 150 de mi hermana: en conjunto 1774, y "summa summarum" 12345678987656095 saludos». Como las cuentas no salen justas, hay que pensar que el joven Wolfgang tenía también una versión muy personal de la aritmética.

En estas cartas a la primita de Augsburgo, Mozart utiliza nuevamente su lenguaje escatológico más espeso, su erotismo más ingenuo y unos juegos verbales extravagantes que serían muy reprobables en un escritor, pero que a él se le pueden aceptar como músico: «"Primita-conejita" (Bäsle-Häsle), he recibido puntualmente su digna carta y he comprobado que mi pariente "que-salva-a-la-gente" (Vetter-Retter) y mi "tía-coneja" (Bass-Hass) y usted, están todos bien. Usted me escribe, me atestigua, descubre, significa, me hace saber, declara, revela, desea, ansía, anhela, quiere, sostiene, ordena, insinúa, advierte, me notifica que, por mi parte, os envío también un retrato...». Y en el colmo de la logorrea/algorítmica más incontenible se despide enviando 10.000 besos, 333 corazones (dibujados en el papel, con el símbolo internacional que utilizan los reclutas para declararse) y fecha la carta en «Miehnnam, ned 5 rebotco 1771» (Mannheim, 5 October 1771, aunque estamos en el 5 «November» por el calendario gregoriano y de los burgueses no exaltados).

Pero Mozart es así: tan serio y melancólico que asusta a los críticos que temen que se malogre; tan ingenuo que es capaz de inventar ripios mientras compone la *Sonata para Piano en re mayor (K. 311)*; tan arrebatado que se deja llevar, como cualquier escritorzuelo, por la percusión de las palabras, que agrupa en series de contrapunto simple; tan irresponsable que se atreve a incluir una de estas bromas pesadas en una carta que escribe a su padre en plena disputa familiar: «Tu incorregible cochinito W. A. Mozartin».

Desde Milán escribe a su madre una carta que comienza: «Hablando del cerdo, por la puerta asoma». Y se firma Hanswurst, grosero personaje de la farsa popular alemana, que aparece como un diablillo bajo las plumas de su alegría. Andando los años convertirá a este bufón ingenuo en el inmmortal Papageno de *La flauta mágica*.

Pero tampoco la señora Mozart, *bonne femme* que no ha perdido en la corte arzobispal el pelo de la dehesa, puede extrañarse de estas licencias epistolares. Ella misma hace faltas de ortografía, escribe «Misoererre» por «Miserere», y se complica la vida escribiendo «Harpfe» en vez de «Harfe» (el pellizco de la «p» debe parecerle muy propio del arpa).

Leopold, por su parte, no pierde ocasión de iniciar a su hijo en los secretos de la ópera italiana. En Bolonia tienen la oportunidad de conocer al padre Martini, el mejor teórico del contrapunto del siglo XVIII. «Hemos visitado dos veces al padre Martini —escribe Leopold— y en las dos ocasiones Wolfgang ha compuesto una fuga a partir de unas pocas notas que el padre le había proporcionado como *dux* y *guida*.»

Wolfgang encuentra en Italia a un amigo de su misma edad: el joven Thomas Lindley, violinista prodigio, que asombra con su arte a la aristocracia florentina. Lindley morirá, ahogado, pocos años más tarde. Y Mozart recordará siempre el día en que se encontraron en casa de la poetisa Corilla y se despidieron, llorando como dos niños, después de haber tocado juntos un delicioso concierto. La romántica Corilla escribe un soneto para inmortalizar esta despedida trágica: «Desde que el destino te separó de mi lado, mi pensamiento te sigue sin cansancio...».

Pero las lágrimas de Mozart no duran tanto como los melindres de la Corilla. El 14 de abril de 1770 ya le encontramos en Roma, paseándose por los santos lugares de la mano de su padre y de la guía Keyssler: «Acabo de dibujar a san Pedro con sus llaves, a san Pablo con su espada, y a san Lucas con mi hermana». No sabemos si Nannerl andaba entonces endevotada de algún Lucas; pero «el niño crecía y se fortalecía, lleno de sabiduría».

En Roma realiza Wolfgang una de las hazañas que formarán parte de su leyenda. Asiste a la audición del *Miserere* de Allegri en la Capilla Sixtina, y lo transcribe de memoria, robando así el tesoro musical más celosamente guardado de la cristiandad. Aunque este delito está severamente penado, Mozart se hace famoso en la corte pontificia con su bribonada. Y el mismo Papa le concede la Cruz de Caballero de la Espuela de Oro, nombramiento que le acarreará algunas envidias y disgustos.

En Milán estrena finalmente su ópera *Mitrídate Re di Ponto*, que alcanza un sonadísimo éxito. *«Evviva, il maestrino!»* grita el público entusiasmado. Pero no todos se han rendido ante «el niño que juega en el agujero del áspid». «Creo haber escrito –dice el abate Galiani a mademoiselle Épinay– que el pequeño Mozar [el ídolo de Nietzsche no es muy respetuoso con la ortografía] está aquí y que es menos milagro, aunque siga siendo el mismo milagro de siempre; pero no será nunca nada más que un milagro, y eso es todo.»

En las garras de Colloredo

El viaje a Italia se ha saldado con un éxito: Caballero de la Espuela de Oro, miembro de las academias filarmónicas de Bolonia y Verona... El joven Wolfgang comienza a tener un currículum más propio de un ministro que de un artista. Pero el futuro del pequeño prodigio aparece todavía sombrío, como las aguas heladas del Salzach en el invierno tormentoso. Y Leopold, asomado al angosto patinejo de la Getreidegasse, se pregunta por qué vuela el cuervo entre los copos blancos, como si el ángel del destino tuviera el vientre blanco y el ala oscura. ¡Qué lejana parece la primavera italiana en estas paredes de la Getreidegasse, sombreadas por el movimiento atareado de las siluetas domésticas!

Leopold no conocerá nunca el nombre de la persona que se interpone en la carrera de Wolfgang: nada menos que la enlutada emperatriz María Teresa. Pero cuando los Mozart intentan ganarse las simpatías del archiduque Fernando para establecerse en Milán, la emperatriz escribe a su hijo: «Me consultas si debes tomar a tu servicio al joven salzburgués. No veo la razón, ni creo que necesites contratar a un compositor ni a cualquier otro inútil...».

Madre de once hijos, María Teresa habla con espanto de «la familia numerosa de los Mozart». Al parecer hacen más ruido que bulto; pero la corte comienza a estar cansada de esta troupe de virtuosos. El prodigio se va convirtiendo en hombre y sus composiciones no interesan a casi nadie. «La gente se equivoca —confiesa Mozart— cuando afirma que mi arte me ha sido fácil de adquirir. Os aseguro que nadie ha estudiado la composición con tanto esfuerzo como yo.» Trabaja primorosamente y madura con laboriosa paciencia. «Soy de aquellos que se proponen hacer hasta que no haya forma de hacer más», dice resumiendo su lema de trabajo. Por eso la leyenda de su precocidad será para él una penosa carga, y nunca podrá apoyarse en el milagro de su infancia, como lo hicieron Scarlatti o Rossini.

El 16 de diciembre de 1771 muere en Salzburgo el buen obispo Schrattenbach, que ha sido el más fiel protector de los Mozart. El nuevo arzobispo pertenece a una familia aristocrática, muy unida a la dinastía de los Habsburgo. Y esta dependencia incomoda bastante a los salzburgueses, que se ven así entregados a las ambiciones políticas de la casa de Austria.

Hieronymus Colloredo tiene el porte orgulloso, el corazón frío, de caballo los rasgos, la nariz de filósofo escéptico, y los labios desdeñosos y viciados. Como pedante ilustrado exhibe en su despacho los retratos de Voltaire y de Rousseau. Y, animado por el emperador José II, será un campeón de la causa liberal contra el oscurantismo.

Colloredo, como tantos políticos, es un propagador de bellas teorías, un árbol sin frutos, una voluntad sin fe, un busto sin corazón. Habla siempre en términos genéricos y confunde los plurales con el singular: «Pensamos, creemos, sentimos...». La historia colectivista le considerará un reformador. Sus súbditos saben que es un déspota, de aquellos que dicen: *ordenamos*.

Colloredo es, además, un esnob que se atreve a emitir juicios estéticos. Siguiendo la moda cree que no hay nada tan excelso como la música italiana, y ofrece los mejores puestos de su orquesta a cualquier rascatripas venido de Milán. El viajero inglés Burney retrata perfectamente el ambiente hostil a Mozart que reina en la corte de Colloredo: «Su caso sirve para demostrar, una vez más, que el fruto precoz es cosa más insólita que excelente».

Mientras tanto, Wolfgang prepara una nueva ópera y se enamora de todas las señoras de Salzburgo. «Si tuviera que casarme con todas las mujeres que he cortejado —escribe en 1781—, tendría más de doscientas esposas.»

El 26 de diciembre de 1772 se estrena la ópera *Lucio Silla* en Milán, y el acontecimiento transcurre sin pena ni gloria. Los Mozart han perdido su última carta: no tienen otra solución que volver a Salzburgo y entregarse, sin resistencia, a las garras de Colloredo.

Wolfgang entra a formar parte de la orquesta episcopal y, como la familia disfruta ya de dos sueldos —además del dinero que aporta Nannerl con sus clases de clavecín—, los Mozart deciden cambiar de casa. Se trasladan a una bonita vivienda de la Hannibalplatz, con cinco ventanas a la calle, situada a pocos metros del teatro donde Mozart asiste a todas las representaciones de ópera que se dan en Salzburgo.

La vivienda de la Hannibalplatz tiene cierta tradición musical, y en sus salones se celebraron las bodas de Michael Haydn. Pero a Wolfgang le gusta, sobre todo, porque es una casa burguesa, silenciosa y tranquila, que le hace olvidar momentáneamente el ajetreo de los viajes y de esas fondas italianas donde trabajaba martirizado por el ruido.

Como las mudanzas domésticas influyen en las mudanzas de su ánimo, Wolfgang se encierra ahora en las misteriosas cámaras de su espíritu para componer una música intimista que abre nuevas dimensiones a su arte. Nacen así los primeros *Quatuors (K. 155 a 160),* vibrantes, patéticos, tan despojados que ni siquiera lucen la coda sinfónica.

Pero los Mozart no han olvidado los viajes. Y como el arzobispo tiene la sana costumbre *d'aller aux eaux,* escapan a Viena en los meses veraniegos, mientras el purpurado se salazona las carnes.

El ambiente musical vienés ha cambiado ya en este verano de 1773. La vieja escuela italiana de Hasse y Metastasio deja paso a la escuela vienesa, capitaneada por Glück, Salieri, Wanhal y, sobre todo, Joseph Haydn, que acaba de ofrecer al público los primeros frutos suculentos de su genio y se dispone a crear las nuevas formas del cuarteto y la sonata. Los ecos de la revolución estética dirigida por Lessing llegan también a la corte austríaca. Y Mozart establece en estas fechas sus primeros contactos literarios con el Sturm und Drang, abandonando las lecturas pedagógicas de Fénélon y las picardías ingenuas de Harum al Raschid.

Lessing pertenece a la masonería, igual que Mesmer. Pero Wolfgang se muestra ahora más apartado de la masonería esotérica de Mesmer, y más próximo al racionalismo de Lessing. Por eso cultiva la amistad de Tobias von Gebler, uno de los máximos representantes de la línea masónica ilustrada, que le ofrece un tema para llevar a la escena: el drama heroico *Thamos, rey de Egipto*, en el que Mozart comienza a esbozar los misterios iniciáticos de su mágica flauta.

En este ambiente de fraternidad universal compone su primer *Quinteto para cuerda (K. 174)*, el primer *Concerto para piano (K. 175)* y tres sinfonías *(K. 200, 183 y 201)*. Y, por si fuera poco, en el otoño de 1774 ya trabaja en la composición de una ópera bufa, *La Finta Giardiniera*, que se estrenará en el Carnaval de Múnich.

Su trabajo sólo se interrumpe a causa de sus frecuentes dolores de muelas. Pero, a pesar de todo, conserva su buen humor y, en una de estas crisis, escribe desde Múnich a su familia: «¡Me duelen las muelas! Johannes Chrysostomus Wolfgangus Amadeus Sigismondus Mozartus; Mariae Annae Mozartae, matri et sorori, ac amicis omnibus, praesertimque pulchris virginibus, gratiosisque freilibus». (Hay que pensar que Julio César, prosista de verbo estricto, no habría incluido jamás este *freillibus*, derivado de *Fräulein* en sus crónicas.)

El 13 de enero de 1775 se estrena *La Finta Giardiniera* en Múnich, con acompañamiento triunfal de vivas y bravos. «Me es imposible describirle a mamá todo el triunfo», afirma el compositor. «La música, en general, fue aplaudida», dice un crítico menos expresivo.

Mozart conoce la receta del éxito, pero comienza también a vislumbrar los misterios más hondos del arte. Poco a poco se aleja de los efectos superficiales para penetrar en los secretos de la belleza.

Y comprende que el espíritu sólo se somete a las formas mesuradas del arte cuando se le guía con delicadeza y amor. Toma entonces la pluma y escribe a su viejo *padrone* Martini de Bologna: «Vivimos en este mundo para esforzarnos siempre en el aprendizaje». Su música suena ahora con doloridos ecos humanos, porque presiente ya que el espíritu ha hecho presa en su cuerpo y vislumbra las ansias de una vida entregada. El viejo franciscano, que afortunadamente no es un psicólogo, le propone una receta inocua: «Conviene que prosigáis vuestro aprendizaje infatigablemente: pues la naturaleza de la música exige un ejercicio continuado y una continua profundización, a lo largo de toda la vida...». La naturaleza de la música es, para Mozart, su propia naturaleza.

Padre e hijo intentan liberarse del yugo del arzobispo. Pero el soberbio y revolucionario Colloredo no siente el menor aprecio por estos humildes artistas. A fin de cuentas un impostor del espíritu es siempre el peor enemigo del arte, y sus manos enguantadas contemplan con envidia los dedos desnudos de Mozart, ungidos por el óleo de la creación.

«Yo no quisiera importunar a su excelencia con la descripción detallada de la triste situación en la que nos hallamos», escribe Wolfgang Amadé (pues así suele firmarse en los momentos serios de su existencia), implorando siempre permisos para viajar y conocer a nuevos maestros. Pero el obispo se muestra inflexible y considera que los Mozart deben permanecer prisioneros en la corte, practicando la sana filosofía del estoicismo.

En la casa de la Hannibalplatz se vive ahora una existencia desahogada y burguesa. Wolfgang compone sinfonías, serenatas y música religiosa; tira al blanco, corteja a Bárbara Mölk, que tiene una graciosa nariz respingona, y frecuenta los palacios de la aristocracia salzburguesa. En cierta forma es más afortunado que Haydn, el prisionero de los Esterházy. Pero Wolfgang sueña en la ópera, y ese género teatral necesita un difícil aprendizaje. Para hablarle a los hombres y a sus pasiones hay que entregarse, sin trampas, a la escuela de la vida. Leopold contempla con preocupación a su hijo y adivina, en su mirada melancólica, los ideales que germinan en su corazón.

Así pasan los meses hasta que Colloredo lanza su guante, toma la pluma y, deslizando sobre el papel la sombría amatista de su dedo, firma el decreto del «28 augusti 1777» que concede permiso a los Mozart para que, «según el Evangelio, vayan a buscar la fortuna donde quieran». Esta excedencia, que se parece mucho a un despido, significa la ruina para un hombre de cincuenta años como Leopold. Pero, afortunadamente, el arzobispo acepta las disculpas del viejo maestro y concede su indulgencia para que Wolfgang abandone la corte y viaje con su madre.

El día de la fiesta de la Natividad de la Virgen, Mozart se afilia a una sociedad mariana de Salzburgo y, como un bravo paladín antiguo, se consagra a Nuestra Señora componiendo un *Gradual (K. 273)*: «Desde ahora —canta el caballero andante— ni vuestro honor ni vuestro culto se borrarán de mi corazón».

Una mujer, sencilla, alegre, piadosa y callada le abre las puertas de la libertad: su propia madre. Los caballos esperan, Wolfgang sueña, Nannerl no sabe disimular su llanto, Leopold y Anna María se abrazan por última vez.

Bajo la estrella de Venus: el signo de la mujer

Y, en el momento de la Pietà, aparece la madre. Por el camino de Wasserburg el hijo melancólico descansa sobre las faldas de Anna Maria Pertl. Es la hora femenina y rosada del alba, cuando brilla Venus en el firmamento. La diligencia corre por los campos verdes de Baviera que apuntan ya, como Anna María Pertl, hacia los melancólicos colores del otoño.

El viejo Leopold, asomado a la ventana de la Hannibalplatz, ve partir a los viajeros y oculta sus lágrimas «haciendo todo lo posible para no aumentar el dolor de esta despedida». Pero en la urgencia madrugadora de los adioses, el patriarca se olvida de dar su bendición. «Corrí a la ventana —escribe entre sollozos— y os la envié a los dos, pero no distinguí el carruaje en las puertas de la ciudad.» ¡Qué horrible presagio!

Nannerl sufre un ataque de nervios y tiene que acostarse. El perrillo *Pimperl* se duerme junto a la muchacha. Y Leopold se queda solo en la ventana, con la mano en el aire, convertido para siempre en *Der Verlassene Vater*, el padre abandonado que firma sus cartas con un grito de dolor: «El viejo-ermitaño-abandonado-con-su-gobernanta».

Wolfgang, sin embargo, recobra sus ánimos en el camino. «Viviamo come i principi», escribe ya en la primera etapa. Como no quiere que le confundan con un niño, bebe un vaso de vino en las comidas y calma sus nervios tomando unos pellizcos de tabaco. «Mi corazón se siente tan ligero como una pluma», confiesa a la mañana siguiente.

Aconsejado por su padre, Wolfgang se presenta en Augsburgo luciendo su condecoración papal. Y esta pequeña concesión a la vanidad y al *Lebensart* de Leopold está a punto de costarle un serio disgusto, ya que los nobles se burlan de su hidalguía.

Sólo la madre sufre en silencio las amargas humillaciones, mientras Wolfgang se divierte con su primita María Anna Thekla. Y como el joven violinista conserva aún virtuosa mano para los trémolos, la primita se convierte muy pronto en el instrumento preferido de sus *impromptus*. Un día la viste a la francesa, con las mamilas al aire, y la encuentra «favorecida en un veinticinco por ciento». Pero generalmente prefieren jugar al «Spuni Cuni», un atrevido *pizzicato* que hubiera hecho también las delicias de Casanova.

En octubre de 1777, cuando ya se encuentra en Mannheim, Wolfgang evoca todavía en sus cartas los deliciosos juegos de la primita. Trasnocha y se divierte con los amigos de Mannheim, a la vez que toma contacto con la escuela musical más importante de Alemania, y con esa gran orquesta fundada por Johann Stamitz que no se parece a aquel grupo de Salzburgo que «provoca un cólico a quien se atreve a escuchar sus interpretaciones».

En estos días aparece el poeta Wieland en el horizonte agitado de Mannheim, y Mozart se interesa seriamente por la literatura alemana, a la vez que va descubriendo su propio carácter. «No puedo escribir un poema –declara en una de sus cartas–. No soy poeta y no puedo disponer las frases de una forma tan artística que expresen la luz y las sombras alternativamente: no soy pintor. Tampoco puedo expresar con gestos y pantomimas mis pensamientos y sentimientos: no soy bailarín. Pero puedo hacerlo con los sonidos: soy músico.» Así traza en un *andante* muy descriptivo el retrato de Rosa Cannabich, su alumna de Mannheim. Y en otras ocasiones, al igual que en esta *Sonata para piano (K.319)*, utilizará la música para dibujar un carácter. ¿No es éste un rasgo propio de un compositor de ópera?

Pero Wolfgang miente, hasta cierto punto, cuando confiesa no estar dotado para la pantomima. Sus dotes dramáticas son tan palpables que causan sensación en el círculo de sus amistades. Un testigo de sus momentos íntimos confesará, más tarde, que le ha visto maullar y saltar mientras buscaba un tema para un recitativo. Compone siempre en voz alta, incluso cuando garabatea sus pentagramas en el asiento de la diligencia. Y, cuando dirige la orquesta, marca el ritmo con tanta fuerza que se rompe la suela de los zapatos y provoca la indignación de los músicos.

En los días de Mannheim sigue siendo el incorregible «Hanswurst» de siempre: «No puedo escribir hoy nada sensato –consigna– porque estoy completamente arrebatado» (¿sería mejor decir «desabrochado», empleando un adjetivo que Beethoven utilizará muy a menudo?). Aunque Leopold le recomienda que se divierta, no puede estar de acuerdo con el estilo de vida que lleva ahora su hijo. Mientras su padre le aconseja una conducta razonable, Wolfgang se atreve a entonar un *Confiteor* volteriano que escandaliza al viejo maestro de capilla: «Yo, Johannes-Chrysostomus-Amadeus-Wolfgangus-Sigismondus Mozart, me acuso de haber regresado a casa, anteayer, ayer (y muchas otras veces) a medianoche, y de haber compuesto deliberadamente un montón de ripios groseros...». Los Mozart se hospedan en la casa del consejero Serrarius, pero los fríos del invierno, que maduran lentamente los vinos del Rin en sus cavas, se dejan sentir en esta ciudad geométrica, trazada a cordel. Anna María se aburre tanto que «teme perder el uso de la palabra». Con las manos heladas escribe a su marido unas cartas tristes y nostálgicas en las que evoca los felices tiempos de Salzburgo. No se olvida nunca de preguntar por los amigos lejanos, por la fiel sirvienta Threzel y por la perrita *Pimperl*.

Atormentado por los lamentos de su mujer, Leopold sermonea a su hijo: «Un viaje no es una broma. Todavía no has comprendido que hay que tener en la cabeza algo más serio que esas farsas de loco». Y, utilizando un lenguaje que Wolfgang parece comprender mejor, concluye expresivamente: «Sin dinero acaba uno yéndose a la mierda...».

A partir de este momento las relaciones entre padre e hijo se convierten en una perenne disputa. Y las cosas empeoran cuando Wolfgang se enamora de Aloysia Weber, una jovencita de pelo lacio que canta como los ángeles.

Pero ¿quiénes son en realidad estos Weber? El cabeza de familia se dedica en Mannheim a copiar en limpio las partituras de los compositores: «un tal señor Weber», que dice Mozart en enero de 1778. Pero dos semanas más tarde este señor Weber aparece ya citado en sus cartas como «un alemán respetable» que educa a una familia numerosa con el sudor de su frente. Y, poco a poco, el joven Mozart va dibujando el retrato de una familia ejemplar con la que el viejo Leopold no puede menos que desear contraer lazos de parentesco. A juzgar por sus cartas se diría que Wolfgang ha leído ya el *Vicario de Wakefield*, ese beatísimo retrato de familia que arrancó del alma de Goethe un amor temprano por Federica Brion. Pero Leopold no cae en la trampa y desconfía de esta encantadora tribu de artistas «que tienen un pariente entregado a la cura de almas en Worms».

Anna María actúa desde la sombra contra la pasión de su hijo, y descubre enseguida las maniobras casamenteras de la señora Weber. «Es absolutamente verdad que ella canta maravillosamente —escribe en secreto a su marido—, pero también es necesario que él no descuide sus propios intereses.» Y, sin embargo, los Weber podrían mostrar un árbol genealógico más florido que los Mozart o los Pertl. El abuelo de Aloysia ha servido como intendente de la nobleza. Su tío se dedica también a la música, y será el padre de Karl Maria von Weber.

Por su parte, Wolfgang se sume de pies a cabeza en su nueva pasión, y cae en las redes de Frau Weber, que le prepara albóndigas de hígado y asados de liebre. Su espíritu rebosa ideas: arde en deseos de componer una ópera italiana para su *prima donna* Aloysia, una muchacha de dieciocho años, espigada y brillante. Pero Aloysia tiene, sobre todo, una voz incomparable, detalle éste que juega un papel decisivo en el erotismo de Mozart. Recordemos que todas las mujeres que, de una u otra forma, despertarán su pasión poseen una hermosa voz: Josepha Duschek, Marianna Gottlieb, Nancy Storace...

Finalmente Wolfgang abandona Mannheim, separándose —él cree que temporalmente— de su gran amor. En sus románticos proyectos figura la idea de regresar muy pronto, convertido ya en triunfador, para rescatar a su dama... y a toda su familia política. Pero antes es necesario que su genio sea reconocido en París.

La capital francesa, castigada por la miseria social y por los primeros temblores revolucionarios, no es la meta más adecuada para un hombre de la honestidad de Mozart. La aristocracia, empobrecida por el naciente capitalismo industrial y por el bandidaje de los funcionarios urbanos, se encierra en sus palacios. Los intelectuales oportunistas estimulan la chabacanería revolucionaria. Como muy acertadamente escribe Grimm al viejo Leopold: «Para progresar aquí hay que ser retorcido, escalador, audaz». Y esas artes brumarias no han caído jamás en la herencia espiritual de Wolfgang, que es sincero, generoso, alegre. Evita mezclarse en la polémica entre música francesa o italiana que conmueve a los círculos pedantes de París. Adapta, escribe, interpreta... En unos meses inunda su casa de partituras. Y, sin embargo, el éxito no llega. «Vivo rodeado de brutos y bestias», se lamenta. Y su padre vuelve a sermonearle: «En cuestiones de ópera puedes imitar cualquier cosa. No te apresures a escribir, investiga el gusto de la nación... Voltaire lee sus poemas a sus amigos, considera sus opiniones y corrige.» Pero Wolfgang no es capaz de «fabricar» música de partido, y sus fracasos se suceden. Cuando estrena el ballet *Les Petits Riens* ni siquiera aparece su nombre en los carteles. Y, sin embargo, en estas piezas, amaneradas e insignificantes, suena por primera vez la flauta de Tamino.

En la primavera de 1778 compone la optimista *Sinfonía Concertante*, con un «adagio en mi bemol» de una incomparable majestad poética. Pero un sinvergüenza, llamado Le Gros, le compra la partitura para no editarla jamás. Compone también el delicioso *Concierto para flauta y arpa (K.299)*. Pero el duque de Guisnes, que le ha encargado esta pieza, se marcha al campo y tarda cuatro meses en pagarle. Necesitado de dinero, vuelve a componer para Le Gros una *Sinfonía en re mayor (K.297)*, adaptada al gusto francés; y aun así tiene que rehacer el *andante* para servir a su editor. Ni siquiera Gossec puede ayudarle, aunque le encarga algunos trabajos para una asociación musical que se llamará, más tarde, Concerts de la Loge Olympique.

Este viaje, que se inició bajo el signo de la Madonna de Salzburgo, va a tener un final de Mater Dolorosa. El ingenuo Parsifal no ha olvidado sus promesas caballerescas y festeja el éxito de una sinfonía rezando el rosario y tomando un helado en las galerías del Palais Royal.

Mozart se reúne en el Café du Caveau con sus colegas y les oye discutir sobre música francesa o italiana. A veces alquila una silla de paja y se sienta en los jardines del Palais Royal para contemplar ese mundo abigarrado y leer las gacetas. Por las arboladas avenidas y las galerías de la plaza, pasean los vendedores de bisutería, perfumes y cepillos de dientes. En los casinos se habla todavía de un tal Giacomo Casanova que despertó grandes escándalos de faldas y finanzas hace veinte años. Todos los provincianos, incluyendo al joven teniente Bonaparte, frecuentan los lupanares del Palais Royal. «Atención –dice un reclamo–. En el Palais Égalité *il y a des filles et des filous*.» Las tarifas de la ilustre corporación han sido establecidas por las señoras Rosni y Sainte Foix. Y los entendidos conocen las casas donde se practica el masaje egipcio, mientras el cliente permanece sumergido en una bañera de vino.

De vez en cuando, ve pasar por los jardines a un embajador americano, llamado Benjamin Franklin, que anda muy interesado con el tamaño de los pechos de las francesas. «Tienen los pechos más grandes que las americanas –dice el genial inventor del pararrayos– porque amamantan a sus propios hijos.»

Mientras tanto, en el oscuro alojamiento de la rue du Gros Chenet, la madre paciente cose junto a la ventana, contemplando los carros cargados de verdura que se dirigen hacia Les Halles. Las viejas rúas medievales huelen a fruta podrida y azaleas húmedas. Pero Anna María siente la nostalgia de la primavera en las colinas de Salzburgo: «¡Cuán a menudo hablamos de Salzburgo por las noches, cuando cenamos juntos!», escribe a su marido. A veces pasea por la calle Saint-Denis, hacia Saint-Honoré, y observa con curiosidad las últimas modas para informar a su hija Nannerl de las servidumbres de la elegancia. Pero la antigua Voie Royal ya no es lo que fuera: se ha convertido en un zacatín arruinado y provinciano donde deambulan, como fantasmas amenazantes, los obreros en paro. En la iglesia de San Eustaquio, donde fue bautizado Jean Baptiste Poquelin –que se haría famoso con el nombre de Molière– suenan los lamentos de un órgano que toca el *Parce Domine*. Un ladrón, atado a la picota, implora misericordia entre los gritos de las vendedoras de Les Halles que se mofan de él. Y, junto a la puerta del templo, un grupo de abates enciclopedistas sonríen evocando el sermón que pronunció, en el siglo XVI, un curita de la parroquia: «Esta iglesia es un ídolo grande y vano como la estatua que mandó levantar Nabucodonosor. Pero aquella era de oro macizo... ¡Quisiera Dios que nuestro san Eustaquio se le pareciera!».

A mediados de junio, Anna María comienza a sufrir fuertes dolores intestinales, y los médicos recetan una sangría y un tratamiento de ruibarbo. Pero la enferma no mejora. Sus manos no tienen fuerzas para deslizarse sobre el tembloroso hilo de sus labores. La jauría inquieta de la vida se aleja en los últimos estertores de su vientre. Se va, se escapa entre los gritos extraños de la ciudad hostil y desconocida: como el ruido de los carros que conducen las manzanas pálidas hacia el mercado, como el relincho de los caballos, como el soplo de flauta de los pájaros asustados.

–¿Y si su vida quedara segada en la flor de los años? –pregunta en *La flauta mágica* el sacerdote a Sarastro.

–Entregado a Isis y Osiris –responde el sabio– experimentará, antes que nosotros, la alegría de los dioses.

El tres de julio Anna María cae en estado de coma. Y, a su lado, el hijo dolorido va descubriendo los misterios de la muerte. «Le estreché la mano y permanecí a su lado hablándole, aunque no oía ni decía nada», dice Wolfgang, resumiendo las ansias de las últimas horas.

En la Hannibalplatz de Salzburgo, Leopold escribe en este momento una carta felicitando a su mujer en la fecha de su santo. Pero esa carta, que comienza con un *allegro* esperanzado («quizá podamos abrazarnos muy pronto»), se trunca cuando recibe la noticia terrible. Nota enseguida que Wolfgang ha intentado prepararle para el velatorio. La carta prudente de su hijo huele a lirios podridos y a cera. «Ahora sé bien –concluye el pobre viejo– que mi querida mujer está en el cielo.»

Rex tremendae majestatis... Wolfgang y un amigo entierran a Anna Maria en las fosas de uno de los cementerios de San Eustaquio, donde fue enterrado Jean Baptiste Poquelin, llamado Molière.

«La muerte no es una cruel enemiga –escribirá Wolfgang en sus últimos años–, sino una compañera que el hombre lleva siempre consigo.» Y, mientras comienza a descubrir los femeninos misterios de la Reina de la Noche, escribe nuevamente a su familia: «Llorad, llorad hasta hartaros. Pero, finalmente, consolaos y pensad que Dios Todopoderoso lo ha querido».

Rex tremendae majestatis. Apenas se oyen ya los ladridos en la lejanía. La brisa sopla, y el venado caído levanta los ojos al cielo. «Si no quieres matarme a disgustos —responde Leopold a vuelta de correo—, regresa inmediatamente.»

A sus veintidós años, el niño prodigio puede presumir también de un precoz fracaso. Grimm le regala un billete de ida —sin vuelta— para Salzburgo. Bajo el signo de Venus salió a conquistar el mundo. Y ahora regresa derrotado, en una diligencia económica que no cambia de tiro, acompañado de dos extraños personajes: un comerciante alemán, y un tipo malvestido y sucio que presume de haber contraído las *franzosen* (la sífilis). ¡Qué trágico aspecto de Venus!

Rex tremendae majestatis. Los caballos cansados jadean. Huelen las flores rojas, se estremecen las zarzas, sangran las bayas. Y el ciervo alza su cornamenta, sacudiendo entre las ramas de su cabeza el humillado polvo de su derrota. Ya corre, ya se esconde otra vez en el bosque sombrío, moviendo los mástiles de sus patas como un bergantín azotado por la tormenta.

Camino de iniciación

Lacrimosa dies illa. Los dedos corren hacia los registros bajos de los instrumentos: vibran las cuerdas, tiemblan los clarinetes, galopan los timbales, vuelan las voces. De repente, en el paisaje brumoso, todo queda en suspenso. Los perros de rastro levantan la cabeza y emiten un feroz latido. ¡Ahí está el ciervo!: salta el arroyo, traspasa el zarzal, irrumpe en el claro.

En la capilla del conde Walsegg flamean los cirios y suenan los majestuosos compases del *Lacrimosa*. El lugarteniente Leutgeb, envuelto en su capa negra, contempla sus manos: la blanca y la mortecina. Y a su memoria acuden los recuerdos del pasado: la casa de la Rauhensteingasse, los perros vagabundos en las calles desiertas de Viena, los olores podridos de la canícula, y los gestos nerviosos del maestro Mozart... Sí; fue a finales de julio de 1791.

«Un joven bien nacido que quiera viajar, conocer el mundo y lo que suele llamarse el gran mundo —escribe Giacomo Casanova–, si no quiere ser considerado inferior a sus iguales, ni ser excluido de la participación en todos sus placeres, debe hacerse iniciar en la masonería.»

Desde Gran Bretaña, la masonería se ha extendido a Francia y a Baviera. Y la mayor parte de los personajes influyentes que Mozart ha conocido en París pertenecen a esta confraternidad. Masones son, o han sido, Montesquieu, Diderot, Voltaire, Laplace, Talleyrand, La Fayette... Ese embajador americano, llamado Franklin, que pasea por los jardines del Palais Royal, pertenece a la logia de Filadelfia. Y hasta el venerable Procope –dueño del café donde se reúnen los enciclopedistas– está afiliado a la masonería.

Mozart frecuentaba también este antiguo Café Procope, situado en la rue de l'Ancienne Comedie. Sus helados de frutas y pétalos de flores eran deliciosos. Sus limonadas perfumadas al ámbar rivalizaban con sus frutas confitadas, sus licores teñidos con cochinilla, sus hidromieles, sus aceites de clavel y anís, o sus aguas de canela. Y sus sorbetes de ámbar y almizcle olían como viejos chardonnays de Borgoña. Pero, además, servía los mejores cafés de París. Necesitaba una hora para obtener una taza, utilizando granos tostados en una sartén, bien molidos y pasados por un tamiz, en una proporción de dos cucharadas de café por una pinta de agua.

En el Procope no se podía fumar. Los parroquianos leían, filosofaban, o jugaban a las cartas, a las damas, al ajedrez y al tric trac. A pesar de que los primeros clientes le llamaban «el antro», era bastante lujoso: mesas de mármol sobre caballetes de madera, tapices orientales y naranjos en maceta. Los licores que preparaba el viejo Procope se hicieron famosos en el París del siglo XVII. Era un diablo inventando nuevos licores y brebajes, a los que bautizaba con nombres tan poéticos como «rocío del sol» (hinojo, coriandro, anís, aguardiente). Y, para acompañar los licores y los vinos dulces españoles, Procope también servía aceitunas, mazapanes, galletas y... hasta macarrones.

Cuando Voltaire estrena *Semiramis* en la Comedie Française, acude al Procope para escuchar las opiniones de los críticos. Para no ser reconocido —todavía no andaba con gorro de dormir— se disfraza de cura, con sotana, medias negras, una gran peluca y un sombrero de tres picos. Así camuflado, se esconde hasta medianoche en un rincón, detrás de un periódico, remojando un trozo de pan en una *bavaroise*.

En 1751 aparece el primer volumen de una obra compuesta por dos clientes habituales del Procope: la *Encyclopédie*, dirigida por Diderot y d'Alembert. No todos los contertulios del café están de acuerdo con estas ideas liberales y democráticas. En el Teatro de la Comedia estrenan, en esos días, una obra en la que Jean Jacob Rousseau aparece caricaturizado como una bestezuela, andando a cuatro patas, comiendo lechugas y proclamando el retorno a la naturaleza virgen.

Por un extraño azar, los personajes predestinados a escribir y hacer la historia del siglo de las luces vivieron todos en los alrededores del Procope: Marat, Desmoulins, Cambacères, el carnicero Legendre, el periodista Hébert... Este barrio fue, entre 1790 y 1804, el corazón del París revolucionario.

Danton vive con su mujer Gabrielle en el mismo passage du Comerce y Saint André, detrás del Procope. Aquí es donde le detendrán, en 1794, los perros de presa de Robespierre. Lucille y Camille Desmoulins viven al lado. En la Cour du Commerce, a dos pasos, edita Marat su periódico *L'Ami du Peuple*, financiado por su querida Simone.

También muy cerca vive un sabio, el doctor Guillotin, que inventará en 1789 una nueva máquina, destinada a evitar la fantasía creadora de los verdugos. Muchos clientes del Procope tendrán que agradecerle esta piadosa concesión a la sobriedad mecánica.

El café comenzaba a mostrar una ventaja sobre los salones literarios: era un lugar público, libre, donde no había que entrar bajo recomendación de una marquesa. El café permitía la mezcla de las clases sociales. Eso, a su vez, favorecía la comunicación entre los parroquianos, que podían comentar los chismes de la corte, los estrenos del teatro, las novedades filosóficas y literarias. Quizá no era una casualidad que el Procope estuviese decorado con espejos, como si fuese una versión burguesa —caricaturesca y profana— de la galería más famosa de Versalles. Sólo quedaba ya un paso para que la política entrara también en el café, cortando las cabezas pensantes y sustituyéndolas por bonetes revolucionarios...

Las logias masónicas, que desempeñaron un papel tan importante en la Revolución, encontraron ambiente propicio en los alrededores del Procope. En la actual rue de Nesle, en el número 18, se encontraba la logia más importante de París: la logia de las Neuf Soeurs, donde Franklin sería recibido a su llegada a París como primer embajador estadounidense. Helvétius, Chamfort, Marmontel, Danton y los hermanos Montgolfier eran miembros de esta sociedad masónica. El Club de los Cordeliers se encontraba también a la vuelta de la esquina. No es extraño que los revolucionarios del bonete frigio organizaran aquí, en las mesas del Procope, su ataque a Las Tullerías del 10 de agosto de 1792.

Mozart acabará también afiliado a la masonería, eligiendo una logia de tradición germánica, inspirada en los ideales de la alquimia egipcia y de los caballeros templarios. Y de estas liturgias saldrán, probablemente, algunos de los temas de *La flauta mágica* y el *Thamos, rey de Egipto*.

Pero Mozart no es un hombre de partido. Y, mientras algunos miembros de la masonería levantan fortunas políticas, el honrado descendiente de los albañiles de Augsburgo levanta un templo: «Ni una privilegiada inteligencia, ni la imaginación —escribe en sus últimos días— hacen al genio. ¡Amor! ¡Amor! ¡Amor! Ése es el secreto del alma del genio».

En enero de 1779, mientras se acerca a las puertas de Salzburgo, el joven Wolfgang hace el último balance de su viaje: «Te aseguro, mi querido padre, que me alegro muchísimo de volver a verte (aunque no en Salzburgo)... Y no me siento culpable de nada que me haga temer tu reproche. No he cometido ninguna falta (pues entiendo por falta todo aquello que no debe hacer un cristiano ni un hombre honesto)».

Por el camino nevado vuelan las brujas de enero. Y el trote de los caballos —*Hexen, Fexen, Hexen, Fexen*— sugiere a la imaginación del músico misteriosas onomatopeyas que se derraman en sus últimas cartas: «Ya no hay *Hexen* [brujas] en Salzburgo, sino *Fexen* [cretinos]».

Viste luto francés: casaca roja con botonadura negra. Su madre yace en el lejano cementerio de San Eustaquio. En las horas silenciosas del crepúsculo se oye, desde su tumba, la música de la iglesia. Y un día, aún lejano, se escucharán en San Eustaquio las melodías que arrancarán al órgano Liszt y Berlioz. Pero, ahora, todo parece borroso y distante. Aloysia Weber, que triunfa en Múnich como cantante, le ha olvidado completamente.

En la casa de la Hannibalplatz ya no se vive el ambiente alegre de otros tiempos. Pero Threzel, la cocinera, festeja la llegada de Wolfgang cocinando varios capones: un plato que él adora tanto como las albóndigas de hígado. Y, a fines de enero, pocos días antes de su cumpleaños, vuelve a vestir la odiada librea con los colores del arzobispo.

Por suerte ya no tiene que tocar el violín, porque ha sido promovido al empleo de organista. Compone letanías, misas y sonatas religiosas. Misas breves, naturalmente, porque Colloredo –el príncipe volteriano– opina que no hay cristiano «capaz de soportar una misa que dure más de cuarenta y cinco minutos».

Su única diversión en estos años amargos es asistir a las representaciones que se organizan en el Teatro Municipal, situado al otro lado de los jardines de la Hannibalplatz. Y así establece amistosas relaciones con los mejores actores que pasan por Salzburgo. Emmanuel Schikaneder, también afiliado a la masonería, magistral intérprete de *Hamlet*, se convierte en su mejor amigo. Juntos trabajarán, más tarde, en la creación de *La flauta mágica*.

Pero ni las sinfonías, ni las misas, ni los *divertimenti* que Mozart compone en Salzburgo encuentran buena acogida en el público: «Trabajo exactamente como si las mesas y las sillas fuesen mis únicos auditorios», escribe desengañado. Una vez más se siente prisionero y sueña con un cambio de ambiente: «Un hombre de talento mediocre –afirma– será siempre mediocre, por mucho que viaje; pero un hombre de talento superior (debo reconocerme esta virtud si no quiero mostrarme impío)... no debe permanecer siempre en el mismo sitio». Para consolarse reanuda la correspondencia infantil con la primita de Augsburgo, mezclando la dulzura *(Sanftheit)* con la mostaza *(Senf)*.

Se diría que los capones de Threzel despiertan en su alma la memoria del tiempo perdido. Y, como hacía en las horas fugaces de la infancia, vuelve a llenar sus cartas de cifras, dibuja ideogramas surrealistas, y se firma: Wolfgang Amadi Mozart.

El elector Karl Theodor le encarga finalmente, en 1780, una ópera seria que debe representarse en el Carnaval de Múnich. Es una oportunidad para escapar de las garras de Colloredo y, el 5 de noviembre, Mozart se pone en camino hacia la capital de Baviera. «Cada minuto es precioso para mí», declara mientras se somete a una rigurosa disciplina de trabajo.

Aunque muy a menudo compone por encargo, nunca recurre a trucos de oficio. Se sumerge de tal forma en la creación que su propia naturaleza se transforma en sustancia espiritual. Y en esos momentos, de sagrada humanidad, cuando el artista emprende la consagración corporal que es como la yema vegetativa de la obra inspirada, escribe: «Mi cabeza y mis manos están entregadas de tal forma a la composición del tercer acto que no me parecería milagroso si yo mismo me convirtiese en un tercer acto».

Leopold y Nannerl asisten en Múnich al estreno de *Idomeneo*. Pero Leopold no puede disfrutar, como el rey de Creta, del triunfo de su hijo. La obra pasa casi desapercibida, y un crítico elogia los magníficos decorados de Quaglio, sin dedicar una sola palabra al compositor.

Como Colloredo le reclama desde Viena, Mozart emprende nuevamente el viaje, y se somete a las vejaciones del arzobispo. Come en la mesa de los sirvientes y acata las órdenes del mayordomo. Pero en este trato hay una discriminación intencionada: el castrato del obispo recibe más atenciones, a pesar de que sus dones artísticos no proceden precisamente de la mano de Dios.

Para vengarse de Colloredo, el joven Mozart se relaciona con la mejor sociedad vienesa, y se imagina, por un momento, que

Viena puede ser la Jerusalén de su gloria. Faltan ya pocos años para que pueda enviar a su mujer un dibujo autógrafo que representa a un Ecce Homo.

El arzobispo considera inadmisibles las veleidades aristocráticas de Mozart. Como buen enciclopedista, comprende las proclamas de los humillados, pero no está dispuesto a aceptar aspiraciones aristocráticas por parte de esa gente que nace en los pesebres de la Getreidegasse. Y, para evitar peores complicaciones, le prohíbe a su organista que trabaje como músico libre; ni siquiera para la Caja de Viudas y Huérfanos. Por razones menores —concretamente «porque quiso tomar sus vacaciones por la fuerza»—, el bueno de Bach fue arrestado y encarcelado en la corte de Weimar. Pero Mozart se enfrenta a Colloredo, demandando con agrias palabras su finiquito.

El joven iniciado sabe que, en esos momentos decisivos de la vida, un hombre se juega su destino. Si renuncia a la seguridad tendrá que soportar duros sacrificios, pero si elige el camino más fácil traicionará a su propio corazón. «Os echarán de la sinagoga —dijo el Maestro de Sabiduría—, pues llega la hora en que todo el que os quite la vida creerá prestar un servicio a Dios.»

Y, de repente, el sumiso organista de Salzburgo comienza a hablar en un tono escandaloso: declara en público que el arzobispo sólo patrocina una música de mierda *(Scheissmusik)* y que no está dispuesto a dejarse tomar el pelo (traduzcamos así el vulgarísimo *Kuionieren*) por cuatrocientos miserables florines. El arzobispo, por su parte, le llama cretino. Y el conde de Arco —su amigo de infancia, y hoy fiel lacayo de Colloredo— cierra la disputa poniéndole en la puerta de los carros con un puntapié en el trasero.

Nunca olvidará Mozart esta vejación. Y, alzando los espolones de su honra con un gesto que hubiera inmortalizado en octosílabos Calderón, se justifica así ante su padre: «Por complacerte, mi excelente padre, sacrificaría de buen grado mi felicidad, mi salud y mi vida, pero mi honor es patrimonio mío y está por encima de todo».

Esa misma tarde cae enfermo, con una fiebre que agita todo su cuerpo. Y, sin embargo, el 9 de mayo de 1781, cuando acaba de romper para siempre con Colloredo, puede afirmar: «Hoy comienza mi felicidad».

Al ojo de Dios: comidas, camas y matrimonios de urgencia

Las luces del espíritu se adelantan siempre a los propósitos de la voluntad. Y por eso puede decirse que el alma mística, como toda voluntad enamorada, vive en perenne estado de anticipación, vislumbrando las cosas antes de que sucedan o antes de que se manifiesten a los ojos de aquellos que viven esclavos del tiempo. La verdadera creación artística es siempre un don profético.

Antes de romper definitivamente con el arzobispo, Mozart ha comenzado inconscientemente a buscar sus nuevos hogares y ha encontrado un domicilio en Viena. A lo largo de toda su vida los viajes y las mudanzas acompañan a las metamorfosis de su espíritu, como las fundaciones acompañan a santa Teresa.

Como Wolfgang quiere asumir ya seriamente su propio destino, sin depender de ninguna tutela, no recurre a los amigos que tiene su padre en Viena. Y se hospeda en una casa de huéspedes que regenta la señora Cecilia Weber, madre de Aloysia: una pensión que lleva un rótulo muy apropiado para un novicio del iluminismo, Al Ojo de Dios.

Aloysia acaba de contraer matrimonio, y ya no hay que temer, por lo tanto, a las habladurías. Pero la señora Weber es una comadre de cuidado y está dispuesta a casar a sus hijas al precio que sea. Ahora que ha colocado a Aloysia en manos de Joseph Lange, un hombre bien facultado de genio, sueña sólo con casar a Sophie y Constanza. Haciendo acopio de todas sus artes la señora Weber consigue enredar a Wolfgang y a Constanza, hasta que los sorprende en una situación comprometida.

La anécdota, más o menos deformada, corre por todos los mentideros vieneses. Y Wolfgang cae en una trama novelesca digna de Balzac: su suegra le obliga a firmar un compromiso matrimonial que sólo puede romperse con una fuerte indemnización económica.

El matrimonio se celebra en 1782, en la catedral de San Esteban. Pero el viejo Leopold tardará en aceptar esta nuera que le dará dos nietos, aunque él sólo llegue a conocer al primero.

Constanza («la buena, la amada, la mártir de esta casa y, quizá por eso, la más dulce») es una joven alegre que queda mejor en silueta que en retrato. «Toda su belleza –dice Wolfgang– radica en sus ojillos negros y en su buen porte.» Aunque no tiene dotes musicales posee una notable sensibilidad y se entusiasma con las fugas de Bach. Se parece a su madre, la intrigante patrona de Al Ojo de Dios; es enérgica, impulsiva, atolondrada, influenciable y mala administradora. Su sentido de la economía doméstica es tan desastroso que el propio Wolfgang decide encargarse de las cuentas de la casa. A partir del 9 de enero de 1784 estrena dos cuadernillos: en uno lleva el registro de todas sus composiciones, con el título y los dos primeros compases; en el otro consigna los gastos del hogar. Con los años va pareciéndose al viejo Leopold, y detalla incluso los gastos más insignificantes: «dos ramos de muguetes, 7 kreutzers; un estornino, 34 kreutzers...».

Se parece a Leopold también cuando se preocupa por la educación de sus hijos y se lamenta de que Karl, el mayor, crezca como un salvaje, sin disciplina ni control. Es difícil educar a los hijos en un hogar desordenado, entre viajes y mudanzas. Y, sin embargo, Karl Thomas Mozart morirá millonario en Milán, en 1858, a los setenta y cuatro años; tres representaciones de *Las bodas de Fígaro* en París le bastaron para comprar una soberbia hacienda. El otro vástago del genio, Franz Xaver, murió en 1844 en Karlsbad, también soltero y sin descendencia; quiso dedicarse a la música, firmó algunas obras con el nombre de su padre y dio varios recitales de piano.

A pesar de todo, el matrimonio de Wolfgang y Constanza no fue desgraciado. «¡Dios te bendiga Stanzerl!», repite él en los días sufrientes de su ruina. Y por amor le perdona todas las liviandades, incluso que juegue a las prendas y se deje medir las pantorrillas por un desconocido. «Tienes un marido que te ama –le escribe apasionadamente– y que hace por ti todo cuanto puede.» Cuando ella se marcha, con frecuencia, a los baños de Baden o de

Bad Gastein, le envía cartas arrebatadas. Constanza es la compañera que le sostiene en sus graves crisis de melancolía, cuando navega por los últimos bancos arenosos de su vida: «Gozo como un niño con el pensamiento de volver a verte. Si la gente pudiera mirar mi corazón, casi me avergonzaría. Todo es frío para mí, de un frío que hiela. ¡Ah, si tú estuvieras a mi lado!...».

Nannerl nunca llegará a entenderse con Constanza Weber. Las dos cuñadas vivirán en Salzburgo, muchos años después de la muerte de Mozart, sin dirigirse la palabra. Y, por una curiosa coincidencia, sus destinos no serán tan dispares. Nannerl contrae matrimonio con un viudo de noble linaje que aportará al nuevo hogar varios hijos. Constanza —que se parece tanto a su madre— acepta inquilinos en su casa después de enviudar y, «por azar», contrae matrimonio con uno de ellos: el diplomático danés Georg Nikolaus von Nissen. Desde 1812 hasta 1820 vivirá en Copenhague con este marido, en una casa que todavía se alza en pie, cerca del Ayuntamiento. Cuando los Novello se trasladaron en 1829 a Salzburgo para escribir la biografía de Mozart, encontraron a Constanza, nuevamente viuda, convertida en una dama bien educada *(a well bred lady)*, de atractiva conversación *(peculiarly attractive)*, aposentada en una encantadora casa *(delightful residence)*.

En los primeros tiempos de su matrimonio, Wolfgang sueña todavía con las delicias de la cocina casera: las sabrosas lenguas en salsa, las truchas azules ahumadas, los capones de Estiria, las albóndigas tirolesas... Pero los placeres de la gastronomía no duran demasiado y, cuando Leopold visita la casa, califica de «económicas» las comidas de Constanza. Por eso Wolfgang comienza a frecuentar las logias masónicas, donde se come y se bebe bien, o almuerza en las tabernas de la Kärntnerstrasse. Y uno de sus mejores amigos es Joseph Deiner, cocinero de La Serpiente de Plata, que le prepara suculentos asados de liebre, regados con esos vinos dorados del Burgenland que tienen el sabor goloso de la podredumbre noble.

Su naturaleza se inclina siempre hacia las cosas exquisitas. «Quisiera poseer todo lo que es bueno, puro y bello», afirma en sus mejores momentos. Cuando ayuna perfuma su cabeza y sus vestidos, y jamás muestra en público los remiendos de su honrada pobreza. «Pierde la cabeza» cuando su sastre le ofrece una preciosa casaca roja que «le roe cruelmente el corazón». Y, ya en el colmo del buen gusto, se traslada a un apartamento lujoso, con un alquiler que no puede pagar ni en sus mejores momentos económicos.

La casa de la Schulerstrasse, una de sus primeras residencias vienesas, era «principesca». Y aun en 1789, en plena miseria, vive en una morada espaciosa que le permite dar conciertos, a los que asisten Haydn y sus amigos.

En los momentos buenos compra una cubertería de plata. Y en los momentos malos empeña todas estas posesiones o las vende, al igual que hipoteca muchos de sus manuscritos.

Sus aficiones son también aristocráticas: fuma «deliciosas pipas», aprende esgrima, frecuenta los jardines de Mesmer o de la condesa Thun, y se compra un billar «con tapete verde, cinco bolas, doce tacos, una linterna y cuatro candelabros». El billar y el piano son los objetos preferidos de su mobiliario. Pero además, desde 1787, por prescripción del doctor Barisani da diariamente un paseo a caballo y se compra una magnífica bestia que tiene que vender «por catorce ducados», dos meses antes de morir.

Los vaivenes de su fortuna acaban endeudándole. Y las cartas dramáticas pidiendo auxilio a su hermano de logia Puchberg se suceden en el intervalo de horas. Entre 1788 y 1791 Puchberg le presta casi diez mil euros al cambio actual, cantidad considerable para un hombre que no era millonario y que murió arruinado.

En las artes de su iniciación, Mozart ha aprendido también a capear los temporales de la desventura. Y su cuñado Joseph Lange, el marido de Aloysia, ha trazado en certeros rasgos su retrato psicológico: «O bien, bajo una apariencia frívola, disimulaba adrede su angustia íntima..., o bien se complacía provocando brutales contrastes entre las ideas divinas de su música y las vulgaridades de la vida cotidiana».

Posee sin duda esas dotes espirituales que le permiten al artista clásico distanciarse, con una desdeñosa sonrisa, de las modas chabacanas. Tiene la linajuda conciencia de su honrado oficio, el aplomo de su ingenio y la ironía punzante del hombre que conoce a fondo los disfraces de la vida. Se presenta en público, como Velázquez en la Isla de los Faisanes, con el aplomo y la majestad de un gran señor. Y, acosado por las deudas, corre de casa en casa, mudando de domicilio igual que cambia de tono en sus composiciones: sereno en el *fa* mayor, inquietante en el *re* menor, sensual y dulce en el *la* mayor. Cuando la desgracia se cierne sobre su vida, recurre a los ensalmos de la música. Así evoca las delicias de un festín en el final en *re* mayor de *Don Giovanni;* y en los años del hambre, cuando las buenas comidas sólo rondan ya, frías y amojamadas, por su voraz imaginación, prepara una magnífica mesa para Tamino y Papageno en *La flauta mágica.* ¿No es el ágape la fiesta mística por excelencia?

Las últimas mudanzas

En Viena trabaja sin descanso, consumiendo las últimas fuerzas de su cuerpo y de su ingenio: «A las seis estoy siempre peinado —dice relatando las actividades se su jornada—, a las siete, completamente vestido. Luego, escribo hasta las nueve. De nueve a una doy lecciones. Entonces, si no estoy invitado, voy a comer en alguno de esos lugares donde todavía sirven a las dos o a las tres. Antes de las cinco o las seis no puedo trabajar y, muchas veces, los ejercicios musicales me impiden escribir. En caso contrario escribo hasta las nueve...».

El ritmo de su vida es clásico, medido, laborioso. Y no abundan en su personalidad los rasgos felinos de la bohemia. Los manuscritos de sus partituras son un prodigio de pulcritud, sin arrepentimientos ni enmiendas: el trazo firme, la decisión clara, la emoción sometida al espíritu. Sólo en las acotaciones destinadas al intérprete se permite, a veces, algún pronto informal. Y así escribe mordazmente en los comentarios del *Rondó (K. 412)*: «Adagio a lei signor Asino... animo... presto, coraggio... ah, seccatura di coglioni... avanti, avanti... grazie al ciel!... ¡Basta!».

El éxito del *Rapto del serrallo* parece abrirle momentáneamente las puertas de Viena. Pero pronto comienzan las conjuras, las sediciones, las mudanzas. Cuatro veces cambia de casa en 1782. Y, para ganarse la vida, da clases particulares, actúa en los conciertos dominicales del doctor Van Swieten, y organiza también conciertos por suscripción, vendiendo las entradas por anticipado a sus amigos y protectores.

Después de su muerte muchos jóvenes se presentaron internacionalmente como «discípulos de Mozart». El primero en beneficiarse de esta publicidad fue el irlandés Michael Kelly, que se estableció en Londres como compositor. Kelly regentaba además una bodega cuyo rótulo proclamaba: «Michael Kelly importador de vinos y compositor de música». Para sus enemigos sería simplemente «compositor de vinos e importador de música».

Aunque Kelly tuvo siempre la honradez de alabar a su maestro, debemos también aceptar el testimonio menos favorable de otros discípulos que discuten la vocación pedagógica de Mozart. La verdad es que sólo prestaba atención a los alumnos dotados de genio. Todo el orden que ponía en sus composiciones se convertía en desorden cuando daba clases. Era impuntual y, a veces, perdía sus propias composiciones –o se las robaban– y tenía que recopiarlas enteras, fiándose de su memoria. Buen hijo de Leopold, heredó de su padre los desplantes de mal genio. Y, en los ensayos, llevaba la medida con el pie, a zapatazo limpio, y gritaba... *Saperloti!*

Una prueba más de su indiferencia pedagógica es la fría acogida que dispensó a Beethoven cuando «El Gran Mogol» llegó a Viena, en mayo de 1787, cargado de ilusiones y esperanzas. Mozart capeaba entonces uno de los peores temporales de su existencia y acababa de perder a su padre. Pero mostraba en general poca paciencia con los principiantes y era muy exigente con sus alumnos. Cualquier aficionado al piano reconocerá que la *Sonata en do mayor, para el principiante desconocido* tiene un *allegro* implacable. ¿Y qué decir de la *Sonata para piano (K. 576)* que dedicó a la princesa Federica de Prusia, con un *allegretto* de semicorcheas para la mano izquierda? Sonata «fácil», la llama en carta a su amigo Puchberg.

Su amigo más fiel, entre los músicos de su tiempo, es Joseph Haydn, a quien dedica seis cuartetos de cuerda «frutto di una lunga e laboriosa fatica». Durante toda su vida Haydn proclamó en público la admiración que sentía por Mozart: «Me sorprende —comenta dolorido— que este ser único no haya sido contratado aún por una corte imperial o real. Perdonadme si me propaso: ¡Amo demasiado a este hombre!».

Los éxitos de Mozart en Viena son insignificantes y fugaces. Sus envidiosos competidores le acusan de ser demasiado oscuro, complejo y profundo. «Demasiadas notas», dice el emperador, influido por la opinión de los críticos. «No deja respirar al auditorio —escribe Dittersdorf—; apenas intenta uno reflexionar en cualquiera de sus bellos pensamientos, cuando ya surge otro más noble que ensombrece al anterior.» Los amigos de Salieri temen que Mozart acabe convirtiendo en un oficio solitario y ruinoso el rentable negocio de compositor. Y Sarti le larga una puñalada digna de un mozo de mulas: «Hay bárbaros que, desprovistos de todo oído, se empeñan en componer música».

Tampoco en los círculos familiares encuentra mayor comprensión. Nannerl vivirá convencida de que el joven prodigio se ha malogrado con el matrimonio y con la vida profana de Viena. Sólo al fin de sus días, ya ciega y anciana, declara que «nunca sospechó que su hermano pudiera haber sufrido tanto». Y ni siquiera Constanza, su mujer, parece haberle comprendido mejor. «A causa de su vida errabunda y de su dedicación exclusiva al arte, nunca llegó a conocer verdaderamente el corazón humano», escribe disparatadamente uno de los biógrafos más unidos al círculo de Constanza.

El carro de las mudanzas rueda por las calles de Viena, transportando un billar, un piano y algunos muebles. Todavía no están colocadas las cortinas en una casa cuando ya los Mozart se trasladan a otra. Como esas pinturas ingenuas que decoran las vajillas de la Pascua judía, caminan en busca de los hogares perdidos: él, vestido con una casaca carmesí y un sombrero con galones dorados; ella, protegiendo entre sus brazos a un niño recién nacido. Un amigo judío, el barón Wezlar, los hospeda en su casa. Unos meses más tarde se instalan en el Kohlmarkt y, poco después, el éxodo acaba en la Judenplatz 244.

A fines de 1784 se mudan al Graben, en el tercer piso de una casa que pertenece al editor Trattner. Y es en este apartamento donde se inicia la amistad de Mozart y Theresa von Trattner, la segunda esposa del editor, que es muy aficionada a la música. A ella le dedica la apasionada *Sonata para piano (K.547)*, y con su nombre bautiza a su primera hija. Pero la pequeña Theresa muere antes de emprender el duro camino de las moradas y de las fundaciones.

En cuanto la economía doméstica mejora un poco se traslada a un lujoso apartamento de la Schulerstrasse, que le cuesta cuatrocientos sesenta florines. La morada es magnífica, muy bien situada, cerca de la catedral. Y Leopold se sorprende al ver que su hijo no sólo vive como un príncipe, sino que además tiene mil florines en la bolsa.

El 1 de mayo de 1786 se estrena en el Burgtheater *Las Bodas de Fígaro*. Y aunque Bernucci arranca algunos bravos con el aria final del primer acto, el acontecimiento se archiva sin pena ni gloria en la historia musical vienesa. «A las siete en la ópera *Las Bodas de Fígaro* —anota el conde Zinzendorf en su diario—. El libreto es de Da Ponte. La música de Mozhardt —el conde tenía sin duda el oído duro—. La ópera me ha aburrido.»

Unos años después *Fígaro* alcanza un éxito inesperado en Praga, aunque se trata naturalmente de un malentendido. Los masones han patrocinado el estreno, y ciertos sectores del público asisten a la ópera con ánimo revolucionario y jacobino. Algunos ilustrados de la capital bohemia se miran de reojo cuando Fígaro recita sus impertinencias o cuando utiliza el diminutivo *contino* para dirigirse al conde; pero nadie sospecha que Mozart y Da Ponte han limado muchas asperezas en la comedia de Beaumarchais.

Mozart disfruta de su triunfo en Praga y se pasea por las tabernas, escuchando a los acordeonistas que interpretan las arias más populares de su ópera. Pero en Viena no sólo ha dejado a su familia, sino también a Nancy Storace —la primera Suzanna del Fígaro— que le ha subyugado con su voz alegre y delicada.

Y, AL FIN, SE OYE LA FLAUTA

Mientras el carruaje avanza por los caminos nevados de Bohemia, entre hayas, abetos y bojes, Mozart rememora su éxito. Delgadas cintas de humo, rizadas como serpentinas, se levantan sobre las chimeneas de piedra.

Nancy Storace se marcha definitivamente a Inglaterra. Y él le dedica como despedida una preciosa declaración de amor: la *Escena dramática (K.505)* que comienza «Ch'io mi scordi di te?».

En la Cuaresma de 1787 se siente solo y piensa en la muerte. La ruina vuelve a batir en las puertas y ventanas de su casa y, en medio de esas tempestades, surge, en el coral de su corazón, el patético *Rondó (K.511)*.

A comienzos de abril, Leopold, el hombre que quiso anunciar milagros, agoniza en Salzburgo. «Como la muerte es el verdadero fin de nuestra vida —escribe el hijo al padre moribundo— me he habituado, desde hace algunos años, a contemplar a esta verdadera y excelente amiga del hombre, de tal forma que su rostro no tiene nada de terrible para mí, sino que, al contrario, me resulta serenante y consolador.»

Wolfgang habla ya el lenguaje misterioso de los iniciados. Y en los últimos carnavales se ha presentado en público con un disfraz de Zaratustra. Lee también a Moses Mendelssohn, y por eso habla con la bíblica ternura del viejo Nathan. «Nunca me acuesto sin reflexionar que, quizá, a la mañana siguiente ya no existiré, y sin embargo ninguno de los que me conocen puede afirmar que sea un hombre apocado o triste. Agradezco cada día a mi Creador esta felicidad y la deseo cordialmente a cada uno de mis semejantes.»

En su nuevo piso de la Landstrasse compone unos *Quintetos* doloridos y serenos. La casa está situada en las riberas deliciosas del Danubio, donde el doctor Mesmer hacía sus milagrosas curaciones. Pero el médico ya no vive en Viena, y Mozart contempla desde su ventana las sombras escurridizas que desfilan por los jardines desiertos, entre estatuas decapitadas que parecen sonámbulas y espectrales; hipnotizadas y, después, perdidas en ese oscuro hemisferio que Mesmer llamaba «el lado noctívago de la Naturaleza».

El 28 de mayo Nannerl acompaña al cementerio los restos mortales de su padre. Wolfgang no está presente, pero en su recuerdo se funden las sombras del cementerio de San Eustaquio, donde suenan —majestuosos— los tubos del órgano, y las luces de Salzburgo. Los planetas y las estrellas de fuego se lanzan en los cielos guirnaldas imantadas que atraen a los hombres hacia los misterios del «lado noctívago de la Naturaleza».

Primavera sombría de 1787. Los ecos de la muerte se perciben en la canción *Abendempfindung an Laura (K.523)*. El doctor Barisani, su médico de cabecera, muere también en estos días crepusculares. Y por último entierra en el jardín de la Landstrasse a su pequeño estornino. «Aquí reposa un simpático locuelo —escribe en su epitafio—. No era malo, sólo un poco vivo y, a veces, algo travieso... Pienso que ya está en el Cielo...».

Definitivamente ha enterrado al niño prodigio que cantaba asomado a la ventana de la Getreidegasse. Y compone ahora esa *Serenata nocturna (K.525)* que, en su femenina dulzura, tiene un fondo misterioso y continuo de contrabajo. Un ramo de violetas se vende por tres kreutzers y medio. Un estornino cuesta treinta y cuatro kreutzers. Por diez ramos de violetas podría comprarse la vida de un pajarillo.

La muerte y el pájaro anuncian ya los temas fundamentales de sus últimas obras: *Don Giovanni* y *La flauta mágica*. El burlador de las mujeres interesa a Mozart porque es también el burlador de la muerte. Y además acaba de conocer en Praga al viejo Giacomo Casanova, cuyas aventuras galantes y políticas fueron, en otro tiempo, famosas en Europa. El libertino colabora en el libreto, ayudando a Da Ponte, que escribe a vuelapluma, animando su inspiración con botellas de Tokay, tabletas de chocolate y tabaco de la Fábrica de Sevilla. Como la influencia de Casanova no puede menos que dejarse notar, Da Ponte tiene en su mesilla una campanilla con la que llama, de vez en cuando, a la criada: una adolescente de dieciséis años «a la que hubiese deseado querer sólo como si fuera mi hija».

Pero Mozart no se deja arrastrar por la frivolidad, renunciando a convertir el Don Juan en una fiesta de campanillas, y pone en su partitura el velo misterioso de la muerte que se va descorriendo hacia el *dramma giocoso*. Una vez más ha volado demasiado alto, renunciando al éxito. «El *Don Giovanni* —confiesa Da Ponte después del estreno en Viena— no causó ningún placer. Todo el mundo, excepto Mozart, pensó que le faltaba algo.» Y, sin embargo, el prudente Goethe deja oír su voz desde los parques lejanos de Weimar: «Es una obra única en su género».

El *Don Giovanni* tiene también más éxito en Praga que en Viena. Pero el espíritu de la obra ha sido nuevamente traicionado por la letra. Y los que creen que el alegre Mozart ha tomado partido por las ménades histéricas se equivocan completamente. Al día siguiente del estreno del *Don Juan* escribe a un amigo: «El placer de un amor ligero y divertido está a una distancia astronómica de la felicidad que procura un amor sincero y discreto».

La joven Constanza, que morirá añeja y respetable, no siente todavía esa proximidad del «lado noctívago de la Naturaleza». Para reponerse de sus sucesivos embarazos hace frecuentes escapadas a los baños. El sueldo de Mozart, que ha sido nombrado «compositor de cámara de la Corona», no cubre los gastos domésticos, y la familia se endeuda. Las mudanzas se hacen más inseguras, más perentorias. Y cada vez se siente más extraño en una ciudad que le ha ido dejando solo con sus pájaros, su caballo, sus pipas, los niños que se le mueren y los niños que continuamente le trae Constanza.

En 1789 viaja a Dresde, Praga, Leipzig y Berlín. En la Thomasschule de Leipzig tiene ocasión de conocer a un discípulo de Bach, e interpreta la coral *Jesu meine Zuversicht* en el órgano de la iglesia. Por su corazón desfilan otra vez las lejanas imágenes de una calle de París que olía a frutas maduras. «Hay que educarse desde la infancia en estos sentimientos fervorosos —exclama frente al órgano de Bach– para sentirse transportado por ellos, liberado y animado por la alabanza...»

Las últimas lecciones están aprendidas. Ya sólo vive para su creación. Estrena, con cierto éxito, el *Così fan tutte*; compone los últimos *Quatuors;* y se adentra, como las olorosas violetas, en los cálices de su otoño, convencido de que se halla en «el umbral de la felicidad».

Joseph Haydn, el amigo fiel, se marcha a Londres. Pero Mozart no tiene fuerzas para seguirle. «No puedo explicarte mis sensaciones –escribe a Constanza–. Siento como una especie de vacío que me hace sufrir... una aspiración jamás satisfecha que no llega a calmarse...»

En las mismas fechas un crítico afirma que Mozart no puede ser considerado un artista serio, aunque sea ingenioso y hábil. Otros le acusan, por el contrario, de un exceso de grandiosidad. Y todos coinciden en atribuirle mucha fantasía y poco corazón.

Los árboles de junio se han llenado ya de amoratadas ciruelas, de carnosos melocotones, de pálidas cerezas de piel de geisha, cuando Mozart sale de Viena y se refugia en el último huerto de sus oraciones: una casita en la Währingerstrasse que los lugareños llaman «La Casa de las Tres Estrellas».

A partir de esa fecha vive ya como los pájaros: escribiendo al vuelo, buscando siempre nuevos nidos, dirigiéndole a Constanza promesas de amor eterno: palomas con pies de pluma que llegan surcando mieses, violando espumas. «Te escribo estas palabras con los ojos llenos de lágrimas.» «Adiós. Te abrazo millones de veces con toda la ternura del mundo, y soy para siempre y fielmente hasta la muerte tu *Stu-Stu* Mozart.» «Hace seis días que estoy lejos de ti, y Dios sabe bien que me parece un año.»

A la muerte del emperador José II su situación empeora, aumentan sus deudas y su salud se debilita. Con voz angustiada se dirige una y otra vez, en busca de préstamos, a su buen amigo Puchberg.

En el otoño de 1790 viaja a Frankfurt para asistir a la coronación de Leopoldo II y, como nadie le ha invitado, tiene que pagarse el viaje de su propio bolsillo. Para ganar unos ducados tiene que componer un *Adagio para relojes mecánicos (K.594)* que le ha sido encargado por el conde Deym, propietario de un museo de cera.

Vive como un monje, y cada una de sus cartas comienza: «Llevo una vida completamente retirada». Pero su ascetismo no es seco y voluntarioso como el de los inquisidores, sino una consagración a sus propios ideales. «Es bueno dejarse llevar por la gracia de Dios», recomienda a Constanza. Y cuando el editor André le aconseja que se aproxime a los gustos del público, exclama con un relámpago de fe: «Prefiero morir de hambre antes que trabajar contra mis ideales».

Doris Stock ha dibujado el retrato de sus treinta y tres años, cuando andaba ya por el mundo con la barbilla carnosa y retraída, la boca recta, la frente despejada: un perfil más propio del renacimiento que del gótico, con una sonrisa misteriosa. Es tan desconocido para sus contemporáneos que un músico de la orquesta de Mannheim le prohíbe la entrada en los ensayos del *Fígaro*.

En mayo de 1791 se le concede, «a título gratuito», el cargo de adjunto en la capilla de San Esteban. Constanza se refugia con sus hijos, en casa de unos amigos, y él permanece en su nuevo apartamento de la Rahuensteingasse «conversando con los ratones que le dan compañía». Así nace *La flauta mágica*.

Poco a poco recobra los ánimos. Su viejo amigo Schikaneder viene a buscarle a menudo y, juntos, trabajan en la ópera. Para estar más tranquilos se refugian en un pequeño pabellón de madera que se levanta en los jardines del Freihaustheater, y allí se olvidan de los maullidos de la bohemia y de los tejados resbaladizos de pizarra y luna. En la orquesta domina la madera, como una semilla latente caída en sedientos caminos. Y se escucha la voz humana, como una brisa que recorre el cenáculo: temblorosa en la noche, juguetona en las rosas del alba, vibrante en los altares donde se venera al sol.

Pero Mozart no asistirá al triunfo final de esta canción de amor y de fe. El 30 de septiembre de 1791, dirige personalmente el estreno en un teatro de barriada, repleto de simpáticos menestrales que aplauden los trucos escénicos. El compositor, arrastrado a la fuerza por sus amigos, saluda discretamente al final de la representación. Su nombre aparece escrito en el programa con letra pequeña.

Los amigos se preocupan por su salud y por el estado de indigencia en que vive. Cuando firma el contrato para componer *La clemenza di Tito* vigilan que las cláusulas le sean favorables. Pero esta ópera, improvisada y compuesta en condiciones difíciles, fracasa lamentablemente en Praga.

Los tordos golosos vuelan sobre los higos y las uvas. Y Mozart entra en Viena, a mediados de septiembre, con sus fuerzas al límite. Los amigos le ven llorar cuando atraviesa las puertas de la ciudad.

Luego se dirige a la casa de la Rahuensteingasse. El verano ha sido caluroso; sólo los perros rondaban por la ciudad. Los perros... y un misterioso mensajero que vino a verle en el mes de julio.

Su larga sombra, afilada por el crepúsculo, se detiene cerrándole el paso delante de la casa. Y al fin, pisando las sombras, cruza el zaguán, sube las escaleras, enciende un cirio y se pone a escribir la *Misa de los muertos*.

Sus últimas palabras musicales serán dos cantatas masónicas: *El elogio de la amistad* y *Unamos nuestras manos:* «Unamos nuestras manos, hermanos, finalizando este trabajo con el estallido sonoro de nuestra alegría... Cantemos alegres al Creador».

Una tumba vacía

El 6 de diciembre de 1791, es conducido a la fosa común del cementerio de Sankt Marx en un féretro de tres florines. El cortejo de tercera clase es recibido, sin misa y sin música, en una capilla lateral de San Esteban. Cuando la comitiva traspasa la Stubentor comienza a nevar. Un grupo de amigos y discípulos, y tres mujeres —cuyos nombres no ha conservado la historia— siguen al muerto. En el cortejo va también el envidioso Salieri, que ha aparecido de repente, cuando nadie le esperaba. Sus ojos rapaces calculan el precio del entierro: once florines y treinta y seis kreutzers. La ventisca arrecia y el carromato de las últimas mudanzas sigue solo su camino.

Diecisiete años más tarde, en 1808, antes de contraer segundas nupcias, Constanza decide llevar unas flores al cementerio. Pero las tumbas comunales de 1791 han sido vaciadas. El muerto ha desaparecido.

Requiem aeternam dona eis, Domine. Los timbales se acallan, los músicos se levantan, cierran sus partituras y enfundan sus clarinetes. La capilla del conde Walsegg se queda desierta, mientras la nieve cae pesadamente en el bosque, borrando las huellas del ciervo. Sólo el misterioso Leutgeb, envuelto en su capa, permanece medio traspuesto ante los cirios perfumados, contemplando sus manos: la blanca y la oscura.

El último romántico

LAS PALOMAS DE TONI PASCUAL

A Toni Pascual le conocí en Barcelona, en una noche de verano. Me esperaba sentado en un banco de la plaza Real, probablemente desde antes de que se inclinaran las palmeras y mucho antes de que Gaudí diseñara las farolas de hierro forjado. Y debía de ser una noche propicia a nuestros astros. Los dos teníamos alrededor de treinta años, pero veníamos de las catacumbas, o incluso de tiempos más antiguos.

Nos presentó un amigo que estaba convencido de que teníamos algo en común. El destino nos unió de esta forma. A él le gustaban las cábalas y los algoritmos. Por eso hablamos enseguida de las citas secretas de Rilke y de los números mágicos de Nietzsche. Frente a nosotros se sentó un vagabundo con una gran bolsa de viajes en la que se leían las siglas TAP (Transportes Aéreos Portugueses). Suspiró mirando a las estrellas, se secó los ojos empañados de lágrimas y me explicó que aquéllas eran las iniciales de la mujer que amaba: Teresa A. P...

Las palomas nos rodearon enseguida, y sonreímos pensando que el «espíritu» es, en hebreo, una voz femenina. Yahvé se presenta con truenos, pero no es el trueno. Declama en las zarzas ardientes, pero no es el fuego. El diluvio y los terremotos le acompañan, pero no es un temblor de tierra. Cuando os llegue el soplo suave del aura, como un vuelo de palomas, tened cuidado porque allí está el espíritu. «Pensamientos que caminan con pie de paloma gobiernan el mundo», dijo Nietzsche. Y ésta era la frase preferida de Antonio Pascual.

Era delgado, nervioso, moreno, agresivo y enérgico; pero tenía una voz suave que se convertía, frecuentemente, en un suspiro emocionado. Se reía de sí mismo con la misma espontaneidad con que se reía de muchas cosas trascendentes. Pero cuando encontraba una estrella se lanzaba al caos, como un halcón tras su presa, y no regresaba hasta haberle hincado su pico y haber probado el licor del infinito. Cuando estaba hambriento y no tenía para comer más que un trozo de pan, lo bendecía diciendo: «Maestro, tú me enseñaste a comer cordero». Pienso que tenía algo de Juan el Bautista y, a veces, me lo figuraba envuelto en pieles de cabra, predicando en el desierto.

Con su charla escandalizaba a todo el mundo y, sin embargo, hablaba como un profeta puro. Durante su infancia y buena parte de su juventud había sido rehén de los jesuitas. Y aprendió con ellos la severa y clara disciplina de Ignacio de Loyola. Nos complementábamos bien, porque yo oponía a sus construcciones metódicas mis impaciencias y mis apasionamientos. Él tenía temple de fundador, mientras que yo, en tiempos heroicos, sólo habría llegado a construir misiones en Goa. «Si no perseveramos —decía a menudo—, no llegaremos a la cumbre de la montaña.»

Las palabras *perseverar* y *severo* tienen la misma raíz latina: *seu, sevis*, que significa «cruel»... En el Valle de Arán recorríamos los caminos de otoño, tapizados de hojas caídas, buscando siempre los senderos difíciles. Se dejaba llevar por mi entusiasmo y, en las ascensiones, buscábamos las vías más elegantes, más expuestas, más bellas. Como él venía del mundo piadoso, yo procuraba enseñarle las otras vías sagradas, apartándole de la flagelación de la carne y llevándole hacia las luces del paganismo. Le hablaba de Delfos y de las piedras de Grecia, de Goethe y las brujas del Harz, de otros mundos creados por los dioses que bebían vino.

También Toni bebía vino, como el rabí Jesús de Nazaret. Pero le costaba trabajo admitir mi teoría de que Dionysos era tan importante como Juan Bautista; a pesar de que yo le mostraba cómo el Bautista que pintó Leonardo no era más que un Baco con su tirso y su piel de cabra.

Nos gustaba hablar de ciertas cosas que no interesan ya a nadie y podíamos pasar muchas horas comparando a los discípulos de Cibeles con los nazareos. O buscando el origen de la mitra episcopal en la cabeza de pescado con la que representaban los antiguos filisteos al dios Dagon. Fue un dios muy importante que presidía los cultos de Astarté, la Ishtar de los sumerios, la estrella del Mediterráneo, la Venus de los navegantes fenicios, la diosa de los viernes... Y, por eso, los cristianos celebraban el día de Venus, el viernes, comiendo sólo pescado.

Le gustaba que yo le hablase de la Magna Mater y se quedaba pensativo cuando evocábamos juntos la historia de la piedra negra de Pessinonte, porque él había sido educado en la devoción a la Virgen. Y, a cambio de eso, me llevaba a Montserrat para venerar a la Madre Negra.

Como buen psiquiatra, se interesaba por todos los temas de la Antropología. Y así íbamos pasando revista a los símbolos secretos de la Inciación, recorriendo el «laberinto» de la madeja, en los dos sentidos mágicos: de izquierda a derecha, como el hilo de la muerte, y de derecha a izquierda, como el hilo de resurrección.

Leyendo a Edgar Allan Poe descubrimos las cuatro condiciones de la felicidad: la vida al aire libre, el amor hacia un ser, el desapego de toda ambición y el ideal de crear. Animados por una botella de vino, redactamos un manifiesto contra la hipocresía y nos fuimos a proclamarlo al claustro de la catedral, dejando el manuscrito —cuidadosamente enrollado— entre dos piedras venerables. No recuerdo ahora el texto completo del manifiesto, pero era apasionado como los de Papini: «Conscientes de que nadie es imparcial cuando habla de sus intereses, llamamos infames y mentirosos a los que pretenden ser justos y objetivos. Y proclamamos nuestra desconfianza hacia todo aquel que no reconozca, cuando juzga a otro, su parcialidad subjetiva».

A menudo nos íbamos lejos de la ciudad, porque necesitábamos la paz de la montaña. Y echábamos de menos a Nietzsche, porque nadie mejor que él podía acompañarnos en esta «huida a la montaña», que él habría llamado *oreibasía*, como los secuaces de Dionysos.

Como los peregrinos que acudían al templo de Epidauro, nos curábamos las enfermedades y las tristezas devorando paisajes. Amábamos los lagos, los estanques, los ríos, los bosques, la humedad y las mujeres. Toni tenía mucho éxito con ellas, porque lo consideraban un mago.

A veces nos acercábamos al sanatorio de Puig d'Olena, donde había estado internado Màrius Torres, su poeta preferido. Los dos tenían una letra pequeña y sensible. Y, quizá de tanto leerlo, Toni utilizaba las mismas palabras de Màrius: «ara que em torna el foc de viure» (ahora que me vuelve el fuego de vivir) o «l'aire del teu silenci passa en mi, com per un prat un vent d'ales d'àngel, o lliris» (el aire de tu silencio pasa en mí, como un viento de alas de ángel o de lirios por un prado». Y recitaba, como nadie, «L'Àngel del Vespre»:

> Àngel silenciós, amb la teva ombra casta
> torna'ns a la puresa matinal.
> Esventa, amb la tenebra vibrant com una espasa,
> la cendra d'aquest jorn que fou tan breu.
> Fes, un instant només, pura com una brasa
> La minúscula mort que creix dins meu.

(«Ángel silencioso, con tu casta sombra devuélvenos a la pureza matinal. Avienta, con la tiniebla vibrante como una espada, la ceniza de este día que fue tan breve. Haz, un instante sólo, pura como una brasa, la minúscula muerte que crece en mi interior.»)

El enorme caserón blanco del sanatorio se levantaba, rodeado de árboles, en las montañas cercanas a Barcelona. Siempre nos deteníamos en una calle en cuesta de Sant Quirze de Safaja, cuyo nombre he olvidado, pero que nosotros llamábamos la «Pujada de Màrius Torres». Con los años, la han llamado así. Casualidades...

Cuando no podíamos llegar tan lejos subíamos a buen paso las calles de Barcelona, de mar a montaña, hablando de Rilke y de Juan de la Cruz. Jadeando por el cansancio recitábamos a nuestros poetas, esperando que la noche se iluminase con el ritmo entrecortado de nuestro mantra: «En una noche oscura, con ansias, con ansias, con ansias...». Y no teníamos más luz ni guía que nuestros corazones.

Nos gustaba sentir en los labios el licor de las palabras, buscando su significado. Él encontraba siempre los acordes hebreos y yo le daba los latinos y los griegos. Pero tenía, sobre todo, una habilidad especial para relacionar los números y los símbolos. Y, una madrugada de invierno, al pasar por delante de un bar llamado Torino (fundado en 1889, se leía claramente sobre la puerta), me dijo: «¿Te has fijado?: 1889, y estamos a 3 de enero... ¿qué hora es?».

–Son las cuatro de la mañana –respondí, apretando el paso para escapar de la lluvia.

–Las cuatro de la mañana –suspiró–. El mundo se ha transfigurado y El Crucificado nos espera aquí, en Torino.

Había que entender nuestro idioma. El Crucificado era Nietzsche, puesto que así firmaba su última carta. Fue precisamente el 3 de enero de 1889 a las cuatro de la mañana cuando perdió la razón en una calle de Torino.

Nos deteníamos un momento en aquel lugar sagrado y recitábamos *La Canción de la Noche,* derramando lágrimas de emoción. «Oh Mensch! Gieb acht! Was spricht die tiefe Mitternacht?» (Oh, hombre, escucha, ¿qué dice la profunda medianoche?)

Otras veces, al pasar junto al Palau Robert, yo comentaba que aquí había vivido un personaje extraño que, de tanto leer a Dumas, se enamoró de María Antonieta. Todo su palacio estaba decorado con muebles, alfombras y lámparas versallescas. Y aprovechábamos entonces para evocar a Hans Fersen, el noble sueco que se había enamorado de María Antonieta, durante un baile de disfraces en la ópera. Fue este Fersen quien, el 20 de junio de 1791, organizó la arriesgada huida real desde las Tullerías, en un desesperado intento por salvar a su amada. Pero no consiguió evitar la muerte dramática de María Antonieta, y vivió, desde entonces, con un rencor amargo en el corazón, pensando que no debía haber obedecido a Luis XVI cuando el rey le obligó a dejar sola a la reina. Durante muchos años Fersen fue un hombre desgraciado, hasta que el misterioso destino le ofreció el desquite. Todo ocurrió al estallar un motín callejero en Estocolmo, cuando los revolucionarios le detuvieron en la calle y le lapidaron, ofreciéndole la muerte que había soñado. Habían pasado dieciocho años desde que abandonara a la reina en su carroza, pero día por día...

—Justamente un 20 de junio. El mismo día de la huida de Versalles...

Toni Pascual se educó en el círculo severo y cerrado de las familias burguesas barcelonesas de 1950. Pero Toni era un disidente y había preferido siempre los libros a las películas, la generosidad al dinero, la libertad a las conveniencias. En mi época le llamábamos a esto ser de «izquierdas», aunque no me gusta la palabra, porque los políticos más vulgares secuestraron también las palabras, vaciando y viciando su significado.

Como ocurría con los segundones de las viejas sagas, la familia había destinado a Antonio Pascual a la vida eclesiástica. Los discípulos de san Ignacio le dieron una educación extraordinaria, porque descubrieron enseguida sus dotes excepcionales. Viajó por el mundo, aprendió idiomas, se convirtió en un profundo conocedor de las religiones orientales y de las tinieblas del alma, porque era un psicólogo de grandes vuelos.

Le he visto salvar a un suicida —el milagro más difícil que puede realizar un santo— con una sola mirada. Digámoslo así, aunque se pasó una noche en vela, intentando comprender a la persona que le había elegido para hacerle caer en el pecado de las palomas: la caridad ingenua. Era en la época en que visitaba los manicomios y las prisiones, ayudando a gente necesitada. Eso le daba siempre placer y nunca lo hacía por obligación ni por mérito. En una celda encontró a un pobre diablo que le pidió unas cuchillas para afeitarse. Y, al día siguiente, Toni acudió a verle con una maquinilla eléctrica.

—Eres astuto —murmuró el preso, aferrándole las manos.

—Aunque me veas vestido de cura, no creas que soy una paloma. Puedo ser también una serpiente.

«Pensamientos que caminan con pie de paloma gobiernan el mundo.» Pero no hay que olvidar que la serpiente es el animal de Zaratustra: el símbolo de la curación y de la caridad astuta.

Él me enseñó estas cosas, para que yo no cayese en la filantropía, ni en el pacifismo pasivo, ni en el delirio floral de los hippies. Ya estaba yo entonces escribiendo mi *Chandala*, un libro que me tomaría muchos años y me acompañaría toda la vida. Probablemente le debo a él muchas correcciones, muchas meditaciones, muchas noches sin dormir.

En realidad, lo cambiábamos todo, como los muchachos hacen con sus cromos. Él me llevó a Cluny, a Poblet y a las fuentes del Guadalquivir en Cazorla. Yo le llevé a los cementerios de París, donde caminábamos como gatos entre las hojas muertas. Y le enseñé el cementerio de Picpus, donde está enterrado Andrea Chenier. Y le llevé a Sils María tras las huellas de Nietzsche, y a Weimar persiguiendo a Goethe, y a Alsacia, donde bebimos vinos de moscatel y rosa en casa de Federica Brion. Él me llevó a Soria, siguiendo un camino de álamos heridos, y yo le llevé a un café delante del Moulin Rouge, en el que Antonio Machado se sentaba con su hermano, con Pío Baroja y con Enrique Gómez Carrillo. Era un lugar importante, porque desde allí vieron pasar un día a Oscar Wilde, cuando ya nadie quería verle.

«Oscar Wilde era alto, demasiado alto, con un cuerpo de hombre grande y un tanto destartalado —escribió Baroja, con su acritud habitual contra los homosexuales—. Iba vestido de gris; llevaba un sombrero blando, una indumentaria vulgar. Tenía la cara larga, pálida, y un poco caballuda; las manos enormes, así como fláccidas y muertas, y los pies, por el estilo.»

Enrique Gómez Carrillo se levantó a saludar al maestro. Y Antonio Machado permaneció callado, con aquel silencio que en él era ternura. O quizá, con aquella mirada que escribía versos no escritos, dejó un epitafio, en la tarde vieja, para el rey de la luna y la violeta:

> ¡Luna amoratada
> de una tarde vieja,
> en un campo frío,
> más luna que tierra!

Enrique Gómez Carrillo, que era muy afectado, se despidió ceremoniosamente de Wilde y llamó al camarero, lanzando un beso al aire. Y les explicó a sus amigos que Wilde estaba obsesionado porque tenía una sortija con un ópalo que consideraba de mal augurio. Y había intentado dejarla perdida en los lavabos de los cafés, pero se la devolvían siempre.

Baroja gruñó como una pantera y se levantó enfadado. Y Manuel Machado –a veces don Manuel, a veces Manolo– entornó sus ojos pequeños, se caló el sombrero negro de andaluz fatalista, miró a su hermano y se bebió el resto del coñac.

A Toni Pascual le regalé el libro sobre Enrique Gómez Carrillo que publicó César González Ruano en 1928 y que no creo que ya nadie recuerde. Estaba fechado un año después de la muerte del escritor en París. Llevaba una dedicatoria de César, en la que explicaba cómo había conocido a Gómez Carrillo en el Café Napolitain y confesaba que había escrito el libro en una sola noche.

La Ciudadela

Creo que Toni Pascual tenía miedo de que yo me perdiese en la vida bohemia, trabajando siempre en mil oficios diferentes para ganar lo que gastaba, y por eso me regaló *Citadelle* de Saint-Exupéry.

«La experiencia nos demuestra que amar no es mirarse uno a otro –escribió Saint-Exupéry–, sino mirar juntos en una misma dirección.»

Encontré muchas bellas enseñanzas en *Citadelle*. El hombre tiene necesidad de una morada, de una ciudadela, de un país que amar. Siempre me costó aceptar que un hombre pueda atarse a nada. Y el viejo príncipe del desierto, que había sido también nómada en su juventud, me recordaba que: «Los ritos son, en el tiempo, lo que la morada es en el espacio».

Pero yo era incorregible y me gustaba más el Saint-Exupéry de los vuelos nocturnos, el piloto de Aeroposta que sobrevolaba las selvas y los Andes, el loco que tenía el cuerpo roto en mil pedazos por otros accidentes. Me habría gustado escribir un libro, titulado *Treinta segundos en África*, que es el tiempo que permanecía Saint-Exupéry en un aeropuerto, entre dos vuelos.

Cuando conocí a Toni Pascual ya había abandonado la Compañía de Jesús, después de un proceso que fue, en aquel tiempo, doloroso y escandaloso. Se ganaba la vida traduciendo a Saint-Exupéry, comentando a Víctor Hugo, a Nietzsche y a Rilke, editando a Antonio Machado.

Siendo todavía jesuita había conocido a una muchacha. Ella era la novia de su alumno preferido: un joven inteligente e inmaduro, tan indeciso que le pedía incluso ayuda para vivir su amor. Y Toni fue su Cirano, el fantasma que le escribía los versos de amor, que le cortaba las flores en el jardín del convento, que le dictaba las cartas y las promesas, las citas y los deseos. Hasta el punto que se enamoró locamente de ella, llegando a sentir celos de su propio corazón, que había creado esta historia enloquecida de amor.

Llegó el día de la boda y tuvo que casar a la mujer que amaba. Y aquel día lo perdió todo: el apetito y el sueño, la capacidad de rezar y la paciencia de confesar. Cuando celebraba la misa, el pan se le convertía en pan y el vino en vino, como si estuviese celebrando las Bodas de Caná, en vez de la Última Cena.

Pero Toni había sido un hombre puro y era incapaz de engañar a nadie. Por eso se dirigió a sus superiores, pidiendo la dispensa de sus votos. Fue entonces cuando yo le conocí, con el alma destrozada por su sueño de amor. Fui su confidente y su confesor.

A veces nos daban las últimas horas de la madrugada, hablando de Nietzsche y de Rilke o escuchándole recitar a Màrius Torres. A menudo veíamos amanecer. Y yo le acompañaba a casa, antes de dirigirme al trabajo. Algunos días sólo hablábamos de su locura, de su amor.

Al cabo de unos años consiguió vivir en paz con una joven que se llamaba Luz. ¡Qué nombre tan bello para un filósofo desesperado, que vivía, en la oscuridad, una pasión romática! Se habían conocido en mayo, cuando las rosas se asoman sobre los muros de los jardines y «la llum, sobre totes les coses, ve tèbia com una pau» (la luz, sobre todas las cosas, llega templada como una paz).

Nunca he conocido una muchacha más abnegada ni más entregada que ella. Era profesora y aportaba una ayuda importante a sus inseguras ganancias como traductor. Pienso que no siempre comprendía sus delirios, ni sus sueños, ni sus locuras, porque ella era estudiosa y callada, melancólica y tímida. Pero tenía tanta fe en él que le seguía a todas partes.

Venían a menudo a nuestra casa y mi mujer les preparaba cenas suculentas, porque no les sobraba el dinero. También nuestro fiel amigo Jordi Playà, que entonces vivía en la más absoluta bohemia, se sumaba a estos ágapes, iluminados con velas y sueños románticos.

En casa habíamos instalado la mesa de comedor en la biblioteca, porque teníamos más libros que compromisos sociales. Y me di cuenta de que, por una extraña casualidad, Toni se sentaba siempre frente a los estantes donde estaban los libros de Santa Teresa. A veces, me miraba y se le humedecían los ojos. Sólo yo sabía entenderle. Cambiábamos de asiento y era yo quien cenaba siempre mirando al Castillo Interior...

Pero cuando dejé el trabajo editorial y tuve que ganarme la vida escribiendo, tampoco nosotros nadábamos en la abundancia. Más de una vez, estando Toni y Jordi en casa, vinieron a cortarnos el teléfono, la luz o el agua por falta de pago.

—No estás al corriente de pago —me decía entonces—. Pero estás en estado de gracia.

Se iba a la calle y volvía con un poco de pan y vino. Mi mujer ponía la mesa, encendíamos una vela y comíamos lo poco que hubiese, hablando de nuestros poetas, recitando a San Juan de la Cruz, intercambiando nuestros propios versos... No teníamos la necesidad de citar a Romeo y Julieta para recitarle un poema al Amor, hablando sólo del ruiseñor y la alondra. Yo creo que bendecía el pan y el vino, porque nunca tan poco nos ha dado tanta alegría.

Un día llegó corriendo a nuestra casa, porque Luz se moría. Una mala leucemia se la llevó de nuestro lado. No quiso que la viésemos en sus últimos días, porque teníamos entonces estas manías goethianas y místicas de ocultarnos los sufrimientos inútiles.

Cuando la enterramos, me di cuenta enseguida de que era ella misma la que se había ido. Fue feliz un tiempo, pero no podía detener los pensamientos que caminan con pie de paloma. Teresa se había separado de su marido. Ahora estaba libre. Y le esperaba una vida junto al último romántico.

Con mi mujer, Maria Rosa, sólo fuimos a verlos una vez a la montaña, donde se habían ido a vivir. Teresa estaba bellísima, radiante, convertida en madre de su primer hijo. No quise romper con mis recuerdos de los días difíciles un amor tan puro.

A veces me llegaban misteriosos mensajes de las estrellas: un juego de números al abrir las páginas de un libro, una paloma que escribía un nombre en la arena, unos libros que la muchacha de casa movía aleatoriamente en la estantería y llevaban su Víctor Hugo junto a mi novela *El testamento de Nobel*.

Les nacieron tres hijos y Toni me envió tres cartas que, para mí, fueron como hacerme padrino de sus *tres siux* (les llamaba, cariñosamente, de esta manera). Con cada hijo me llegaba una carta, en que recordaba los tiempos heroicos de nuestra vieja amistad: mis conciertos de flauta –cuando, antes de cenar, me pedía que tocase algo de Mozart– o citaba alguna frase de mis libros (no sé cómo conseguía todo cuanto yo iba escribiendo), porque ya he dicho que los místicos llenamos nuestro camino de migas de pan.

La vida de creador, escribiendo biografías y dando cursos, no es fácil para un padre de familia. Luchaba. Luchábamos. Y nos separaba una promesa: como dos buenos amigos, nos habíamos prometido no lamentar las derrotas ni las caídas en aquel camino que habíamos emprendido hasta el final, hasta sus últimas consecuencias, hasta la hora de la muerte. Como todos los ingenuos idealistas, habíamos sembrado muy lejos...

Me escribió y no tuve fuerzas para responderle. Un día le vi aparecer en un programa de televisión, angustiado, nervioso, tenso. No sé por qué, me pasé un año rodeado de misteriosos mensajes suyos: caminos que habíamos recorrido juntos y que, ahora, aparecían envueltos en nubes de tormenta, libros perdidos en trenes que no volví a encontrar, hasta palomas muertas delante de la puerta de mi casa.

Más tarde encontré en una librería una edición de las *Cartas a un joven poeta,* precedidas de un estudio suyo sobre Rilke. Fue siempre un romántico. Y ese mismo día, me dijeron que Toni ya no bajaría más de la montaña del Montnegre.

> Déu, al primer batec de cada cor que neix,
> sembra dues llavors en una sola argila:
> la vida remorosa que cada instant s'esfila,
> la mort silenciosa, que cada instant s'acreix.

No son versos de Rilke, sino de Màrius Torres. También Toni pensaba que Dios sembró dos simientes en la misma arcilla. Y, mientras la vida rumorosa canta, despreocupadamente, el árbol de la muerte, laborioso y callado, crece en la estancia más oculta de nuestra existencia. No nos habíamos dado cuenta. Pero, mientras caminábamos por el mundo, algo crecía en nosotros, más rápido en su semilla viva que en la mía. Toni había muerto, después de una cruel enfermedad. No puedo olvidarle: era mi amigo, sigue siendo mi amigo. Ahora ya no hay razón ninguna para no encontrarnos

Corona de flores

OFRENDA

La brisa ligera me trae el perfume de las mujeres, de los cabellos de las mujeres. Quizás he perdido ya muchas horas en este libro, buscando memorias y rostros humanos.

Recuerdo una frase que me dijo Conchita Cañameras, revelando el secreto de sus retratos geniales: «cada vez que el pintor intenta descifrar el rostro de un hombre se encuentra con el de Dios». Los escritores también llevamos en el corazón un ardiente secreto: si conociésemos de verdad los más bellos sueños de nuestros semejantes —a menudo ahogados por nuestro silencio—, podríamos escribir una biografía de Dios.

Era una mañana de primavera en Capri y olía a limón, a verbena, a romero limpio. Las campanas nos llevaban hacia la casa de Axel Munthe, por un camino de estatuas rotas. Hablábamos de la belleza antigua, cuando las religiones modernas no habían suplantado la estética con la moral filistea. Me hubiese gustado mancharme de vino mi impecable traje blanco para parecer un cardenal. Y, en el calor del ángelus, sentí el impulso de quitarme el sombrero al pasar delante de una estatua de Baco.

Buscando rostros humanos, siento que en este libro me estoy acercando a Dios. Por eso regreso a la tierra: busco las viejas viñas de mi país mediterráneo, que parecen hombres antiguos que ya no se acuerdan de nada; escribo con el laurel en la boca; bebo el vino y dejo gotear el resto de mi copa en la tumba de mis santos; huelo el perfume dulce de la higuera que me ofrecen, agradecidos, los muertos, y voy a tejerles una corona de flores.

No creo que un *Libro de réquiems* deba acabar sin una corona de flores. Los muertos deben llevar siempre una corona de plantas y flores, para atraer la protección divina. Júpiter ama la encina, Apolo el laurel, Afrodita el mirto, Dionysos la viña, Ceres las espigas; la Macarena prefiere las flores blancas...

Aprendí a amar este lenguaje pasional de las flores en la Semana Santa andaluza. Viví parte de mis años universitarios en Sevilla, en una edad en que las primaveras imparten carácter. Porque la Semana Santa andaluza es, sobre todo, una fiesta trágica donde triunfa la sensibilidad femenina. De verde y blanco, como los secuaces de Alí y de Fátima, visten los cofrades de la Macarena. En la noche perfumada de la primavera sevillana siguen a su Señora como fieles guerreros del desierto, embozados en sus albornoces con los colores de su dama.

Prisioneras de lujo, las hermosas Vírgenes andaluzas duermen como princesas en sus misteriosos templos. Pero, al llegar la noche primaveral, el pueblo entero las llama desde la calle gritando: «¡Que salga, que salga!». Y por esa vía misteriosa del sentimiento femenino, la tragedia de la Semana Santa se convierte casi en una fiesta galante. «¡Que baile, que baile!», grita la muchedumbre, trocando repentinamente en alegría el eco desgarrado de la saeta. Y la Virgen se mece a hombros de sus costaleros, llenando la noche de un perfume de amor y de esperanza.

La belleza tiene una ventaja sobre la especulación filosófica: es irrefutable. Por eso este pueblo, por tantas razones dolorido, recurre al arte con una pasión sublime y trémula.

La vida del pobre necesita de este revestimiento de cal y flores. Y, como un volatín suicida sobre un alambre de espinos, surge la frase ingeniosa o el gesto aristocrático. Ahí tenemos, por ejemplo, a Diego de Susán, que se dirige condenado a la hoguera del Santo Oficio, y pide a los alguaciles que le recojan el sambenito para andar más cómodo: «¡Levantadme, señores, esta toca tunecí!...».

Muchas veces el gesto estético, deformado por el dolor, adquiere esta fuerza dramática y expresionista, inquietante y barroca. Otras veces, como en las mujeres de Romero de Torres, se diría que la memoria de una vida arrastrada no ha podido vencer al esplendor de la carne, aunque la haya convertido en frágil porcelana de muñeca o en oscuro bronce de pasión. Vírgenes que quisieron convertirse, por amor, en mujeres y sólo conservan ya la mirada melancólica del claustro.

«¡Trágicas muñecas españolas de madera, vestidas de terciopelo, enjoyadas de rubíes!», exclama Barrès emocionado frente a este espectáculo expresionista. Con el recuerdo de una muñeca, que utilizaba su aya para asustarle, escribió Rider Haggard su novela *She:* la historia de una reina salvaje e inmortal, animada por un amor apasionado. Quizá por eso Conchita Cañameras pinta muñecas y flores cuando se acerca demasiado a Dios.

Recuerdo también a una amiga de infancia que venía a verme con una muñeca rota. No era una niña rica, porque su madre –viuda de un republicano, muerto en la cárcel– se ganaba la vida como limpiadora. Ahora se me ocurre que aquella niña solitaria y poética, que amaba tanto a su muñeca, debía de ser hermana de Albert Camus. Era delgada y pálida, alta y desgarbada, como si estuviese encerrada en la jaula blanca de su adolescencia. Y un día me trajeron su muñeca, nuestra muñeca, y me dijeron que no vendría más a verme. Desde entonces pienso que algunas muñecas han recibido más amor que las niñas que las cuidaban. «Igual que el artista que se realiza más en su obra que en su vida», me dijo Anna Freud cuando le expliqué que Lou había temido siempre que a Rilke le destruyese su propio Ángel. Y por eso las muñecas son, como las obras de arte, los fetiches de la infancia, el psicoanálisis de este *Libro de réquiems:* lo que queda de las almas que las crearon, de las niñas que las amaron, de las vidas que se fueron dejándonos un regalo que no merecemos.

Al tejer esta corona de flores y poner fin a este *Libro de réquiems* pienso en Oscar Wilde. Se dice que paseaba por Pall Mall, en sus años de gloria, con un lirio blanco en las manos. Era un arcángel prerrafaelita y, aunque estuviese algo bebido, pienso que iba a visitar respetuosamente a la Virgen, ya anciana.

En una de sus obras más bellas, *Ecce Ancilla Domine,* Dante Gabriel Rossetti ha pintado a María en el lecho, alzándose tímidamente para recoger el lirio que le ofrece el arcángel.

Conocí a un viejo librero en Londres que me contó que había asistido al juicio de Wilde. Y cuando le vio salir de la sala, contrito y condenado, sólo pudo bajar la cabeza y quitarse el sombrero.

Recojo mis materiales y doy por acabada mi tarea. Camino en el crepúsculo, entre las estatuas rotas, entre los escombros, entre los fragmentos de las vidas humanas derribadas que fui reuniendo y restaurando durante medio siglo. Y rezo, porque en el cuenco de las manos llevo al altar mi ofrenda, convertida en ceniza.

> Com una ofrena dolorosa
> Vespre, a l'hora del teu retorn
> et porto, en una almosta, fosa
> tota la cendra del meu jorn.

No hagamos preguntas. Pero escribí estas páginas para quitarme el sombrero delante de los condenados y para dejar coronas de flores a los pies de los muertos. Ellos no me necesitan, pero yo a ellos sí. *Requiem aeternam dona eis*.

ÍNDICE

Oración 9

Una pluma perdida en San Petersburgo
Cita con un condenado a muerte. 17
   Sepultado en vida 26

Una mujer como Coco Chanel
El bar del Ritz. 33

Ofrenda en el golfo de Nápoles
Surriento … Na sera e'maggio 39

Pidiendo la fundación del Estado del Dolor
Réquiem por Stefan Zweig 49
   Una vida de artista 50
   Los amigos de Zweig 55
   Alien Enemy 57
   Un país tropical y una tristeza europea 61
   Una piedra negra en Petrópolis 62

Poema de amor en Rusia
Dos manos unidas en Iásnaia Poliana 65
   Los osos que nacen en el diván negro 67
   Los Hermanos Hormigas 70
   La guerra y la paz 74
   Reunidos en torno al samovar humeante 81
   Un túmulo de tierra y hojas caídas en Iásnaia Poliana 90
   Ahora el mundo insomne arde 92

Sonata ampulosa para un libertino
Giacomo Casanova 95
   Un palacio en Venecia 96
   La infancia de Casanova 100
   El siglo de los aventureros 103
   Un decorado perfecto 105

Una verdad que parece mentira	107
Un hombre con buena nariz	113
Tú olvidarás también	116
La prisión de los plomos	119
Libertad, juego y azar	126
Una porcelana rota	129

Una mujer que se ahogó en el camino de España
ALFONSINA STORNI 131

Un loco surrealista en Huasteca
LA CASA DE SIR EDWARD JAMES 137
    En busca de la anaconda perdida 139

Solo de guitarra
SOLEÁ DE LOLA, Y UN INGLÉS 143

Ante la tumba de Niko Kazantzakis
CREPÚSCULO EN CRETA 147
    La muerte es un mulo 149

Luces en las sombras
VELÁZQUEZ: RETRATO DE UN ESPAÑOL DISTANTE 151
    La corte de Felipe IV 152
    Un descendiente de conversos 154
    Un retrato en las sombras 156

Rondó de sombras en París
MI VIEJO BARRIO DEL MARAIS 161
    La Plaza de los Vosgos 166
    La rue des Rosiers 168

Memorias de Cádiz
RECUERDOS DE MANUEL DE FALLA 171

Plegaria de atardecer en Estambul
LA BARONESA VALENTINE 179
    Buscando a la baronesa Valentine 181
    El bar del Park Hotel 184

Encuentro con Dionysos
LOS ESCENARIOS DE ZARAZUSTRA 189

El primer asalto de Zarazustra	190
La peregrinación a la montaña	198
Y, en la luz, aparece Zarazustra	200
La huida de Dionysos	201

Un collar de margaritas

| DOLLY, SARAH Y ELLAS | 203 |
| La cadena de las margaritas | 209 |

Un actor en su último acto

OSCAR WILDE, THE KING OF LIFE	215
La escuela esteticista	217
Las andanzas de Sebastian Melmoth	220
La estación de la Napoule	222
Una máscara expresionista en París	224

Versos para el primer amor

EL ÁNGEL DE RILKE	231
En busca de una muerte propia	232
La hija de un amor, en otro amor	235
Mi niño querido	237
La colonia de artistas de Worpswede	243
La senda de los peregrinos	245
El camino arduo	248
Una cita en el Tajo	249
Una llave y una capilla	252
Querido Rainer: ¿Te gustan las rosas?	253

Álbum de recuerdos

LAS SILUETAS DE GOETHE	259
Siluetas de ciudades	262
Un ducado de juguete	263
Sombras de mujer	266
Una silueta de Weimar	267
El museo de las sombras	269
Las sombras se van, las siluetas vuelan	272

De París a Valldemossa

SCHERZO PARA FEDERICO CHOPIN	275
Chopin en las Ramblas	276
La Cartuja de Valldemossa	278

Unos viñedos en el Mosela
LAS PROPIEDADES DE KARL MARX 281
   El hijo de la Tierra Prometida 283
   Días de miseria y vino 286

Un palacio alquilado en Roma
PRIMAVERA EN PIAZZA NAVONA 291
   En casa de una amiga de Wagner 293
   Spleen en Roma 295

Un espejo dorado para la *Comedia Humana*
BALZAC, EN UNA SALA DE SUBASTAS 297
   Mamá Sallambier y mamá Berny 300
   Un barrio lleno de leyendas 305
   La gente de la *Comedia Humana* 311
   Una imprenta ruinosa 314
   El hombre de los apellidos falsos 317
   El Hôtel des Haricots 320
   Una casa en Passy 322
   Un sueño de veinte mil hectáreas 326
   Las ilusiones perdidas 328

Ángeles de todos los colores, y uno azul
LADY MELBOURNE EN TAORMINA 333
   Un aburrido Tedeum 338
   Una orilla del paraíso en la Tierra 341
   Primavera en el Hotel Timeo 345
   Un parque temático del escándalo 348
   Juegos eróticos, bajo la lluvia 351
   El Ángel Azul 355
   La Colombe d'Or y un pájaro muerto 357

La bohemia es un cristal
RECORDANDO A MIMÍ 361

Y, también, aparece el sepulturero
SHAKESPEARE EN UN TEATRILLO DE MARIONETAS 367
   El país de William Shakespeare 369
   La cuna de la seguridad 371
   Sententiae pueriles 373
   Años errantes 377
   Londres: tabernas y teatros 381

Una flor en un incendio 384
Días de otoño en New Place 387

Memento en Venecia

POETAS EN GÓNDOLA 391
    La puerta de Oriente 392
    Poetas en góndola 394
    Violines negros 396
    La herencia del Arentino 398
    El motín de las alegres Hermanas 400
    Góndolas y muñecas de trapo 403
    El «corno» veneciano 405
    El primer café de redacción 408
    Se acaba, se acaba... 412
    Y las palomas regresan a Oriente 414

Una carta que no espera respuesta

BEETHOVEN, MÚSICO DEL SILENCIO 417
    Componiendo en el silencio 419
    Una familia de músicos sin diapasón 421
    Los años de aprendizaje 426
    La conquista de Viena 431
    La oda a la alegría 436
    El Claro de Luna 438
    La nueva vía 441
    La Amada Inmortal 446
    La cabeza de oro 449
    La Novena sinfonía 454

Los libros, como fetiches

RECUERDOS DE UN BIBLIÓFILO 459

Un caballero andante de la literatura

CAMUS: HOMENAJE A UN HOMBRE MANCHADO 467
    Volando con Saint-Exupéry 468
    Mis noches de Argel 471
    Las tardes del Flora 475
    Un silencio que habla como el mar 477

Retrato modernista de mujer con cisnes

DELMIRA AGUSTINI 479

Un muerto sin réquiem
EGENIO D'ORS, EL PENSADOR ARBITRARIO 487

Un olor de menta y melisa
ABBOTSFORD, EL CASTILLO DE WALTER SCOTT 503
    La extraña comitiva 505
    Los Scott de Harden 507
    Los felices días de Abbotsford 509
    Cuando se cierne la noche 511
    Los perros de la melancolía 512

Buscando un bastón en Weimar
IMPROMPTUS PARA FRANZ LISZT 515
    El cometa Halley 516
    La rosaleda de Weimar 518
    Orfeo en Weimar 522
    Pabellón para la última cita de amor 525

Un extraño recuerdo de familia
LA MANO DE BRAHMS 529

El fantasma del monje negro
LORD BYRON 533
    Pintoresco y terrible 534
    Los locos de la abadía de Newstead 536
    El roble de las tres cruces 539
    Recuerdos de la tierra perdida 543
    Dominus Byron 548
    Las noches de Newstead 551
    Horas de ocio 554
    El autor de *Childe Harold* 556
    El año de Waterloo 561
    Los malos presagios 566
    Las estrellas declinan 568
    Teresa Guiccioli 573
    Una muerte que merece la pena, o una pena
        que merece la muerte 579
    Viento y lluvia en los pantanos 581

Los retratos de la casa de mi abuelo
CALDERÓN DE LA BARCA 585
    El español de la Contrarreforma 586
    Y una buena muerte serena y sosegada 588

Ópera en El Cairo
CELESTE *AÍDA* 591

La sombra de Pío Baroja
DON PÍO 595

Noche de brujas
LOS AMANTES DEL VAMPIRO 601
    El valle de la Bistrița 602
    Una generación de locos 604
    Buscando el Grial en Monserrate 606
    Los precursores de Drácula 609

Lacrimosa dies illa
RÉQUIEM POR MOZART 611
    Rauhensteingasse, 970 612
    Tuba mirum sparget sonum 613
    La familia Mozart 614
    El milagro de Salzburgo 617
    El circo Mozart en Söhne 621
    Rex tremendae majestatis 629
    La escuela de Salzburgo 630
    Se oye otra vez el galope de los caballos 633
    En las garras de Colloredo 637
    Bajo las estrellas de Venus: el signo de la mujer 642
    Camino de iniciación 650
    Al ojo de Dios: comidas, camas y matrimonios
        de urgencia 657
    Las últimas mudanzas 661
    Y, al fin, se oye la flauta 665
    Una tumba vacía 670

El último romántico
LAS PALOMAS DE TONI PASCUAL 673
    La Ciudadela 680

Corona de flores
OFRENDA 685

Eric AMBLER
LA MÁSCARA DE DIMITRIOS

Antonin ARTAUD
EL TEATRO Y SU DOBLE

Herbert ASBURY
GANGS DE NUEVA YORK

Isaac ASIMOV
YO, ROBOT (GL)

Frank BAER
EL PUENTE DE ALCÁNTARA

John BANVILLE
KEPLER
COPÉRNICO

Simone de BEAUVOIR
CUANDO PREDOMINA LO ESPIRITUAL
LA INVITADA
LA MUJER ROTA
LAS BELLAS IMÁGENES
MEMORIAS DE UNA JOVEN FORMAL
UNA MUERTE MUY DULCE
LA CEREMONIA DEL ADIÓS

Mario BENEDETTI
PRIMAVERA CON UNA ESQUINA ROTA (GL)

Ambrose BIERCE
CUENTOS DE SOLDADOS Y CIVILES

Adolfo BIOY CASARES
PLAN DE EVASIÓN

Adolfo BIOY CASARES y **J. L. BORGES**
LIBRO DEL CIELO Y DEL INFIERNO

A. BIOY CASARES, J. L. BORGES
y **S. OCAMPO** (EDS.)
ANTOLOGÍA DE LA LITERATURA FANTÁSTICA

Albert CAMUS
EL VERANO/BODAS
LA PESTE (GL)

Geneviève CHAUVEL
SALADINO

Antón CHEJOV
EL BESO

José Luis CORRAL
EL SALÓN DORADO (GL)
EL CID

Julio CORTÁZAR
HISTORIAS DE CRONOPIOS Y DE FAMAS (GL)
TODOS LOS FUEGOS EL FUEGO

Roald DAHL
LA VENGANZA ES MÍA, S.A.

Lindsey DAVIS
LA PLATA DE BRITANIA (GL)
LA ESTATUA DE BRONCE
LA VENUS DE COBRE
LA MANO DE HIERRO DE MARTE
EL ORO DE POSEIDÓN
ÚLTIMO ACTO EN PALMIRA
TIEMPO PARA ESCAPAR
UNA CONJURA EN HISPANIA
TRES MANOS EN LA FUENTE
¡A LOS LEONES!
UNA VIRGEN DE MÁS
ODA A UN BANQUERO

Philip K. DICK
BLADE RUNNER (GL)

J. P. DONLEAVY
CUENTO DE HADAS EN NUEVA YORK

Lawrence DURRELL
JUSTINE
BALTHAZAR
MOUNTOLIVE
CLEA
EL LABERINTO OSCURO
EL CUARTETO DE ALEJANDRÍA

**Lawrence DURRELL
y Emmanuel ROYIDIS**
LA PAPISA JUANA

Shusaku ENDO
EL SAMURÁI

Ramón DE ESPAÑA
NADIE ES INOCENTE
SOL, AMOR Y MAR

William FAULKNER
LAS PALMERAS SALVAJES

Robert GRAVES
EL CONDE BELISARIO
EL SELLO DE ANTIGUA
EL VELLOCINO DE ORO
REY JESÚS
LAS AVENTURAS DEL SARGENTO LAMB
ÚLTIMAS AVENTURAS DEL SARGENTO LAMB
LAS ISLAS DE LA IMPRUDENCIA
LA HISTORIA DE MARY POWELL

Graham GREENE y otros
EL LIBRO DE CABECERA DEL ESPÍA

Hella S. HAASSE
EL BOSQUE DE LA LARGA ESPERA
LA CIUDAD ESCARLATA

Gisbert HAEFS
ANÍBAL
ALEJANDRO MAGNO

Ernest HEMINGWAY
TENER Y NO TENER

Hermann HESSE
NARCISO Y GOLDMUNDO (GL)
CUENTOS MARAVILLOSOS

Alfred HITCHCOCK (ed.)
LA MUERTE ACECHA
HISTORIAS PARA MORIRSE
NO APTO PARA CARDIACOS

Aldous HUXLEY
CONTRAPUNTO
EMINENCIA GRIS
LA FILOSOFÍA PERENNE
LA ISLA (GL)
LAS PUERTAS DE LA PERCEPCIÓN

P. D. JAMES
MORTAJA PARA UN RUISEÑOR
CUBRIDLE EL ROSTRO

Herman KESTEN
YO, LA MUERTE

Harold LAMB
CARLOMAGNO

Richard LEWELLYN
QUÉ VERDE ERA MI VALLE

Bernard LEWIS
LOS ÁRABES EN LA HISTORIA

Ford MADOX FORD
LA QUINTA REINA

Naguib MAHFUZ
CUENTOS CIERTOS E INCIERTOS
AKHENATÓN
LA BATALLA DE TEBAS
RHADOPIS
LA MALDICIÓN DE RA

André MALRAUX
LA CONDICIÓN HUMANA
LA ESPERANZA

Heinrich MANN
LA JUVENTUD DE ENRIQUE IV
LA MADUREZ DE ENRIQUE IV

Thomas MANN
DOKTOR FAUSTUS
LA ENGAÑADA
LA MUERTE EN VENECIA (GL)
CONFESIONES DEL ESTAFADOR FÉLIX KRULL
SEÑOR Y PERRO. TONIO KRÖGER. TRISTÁN
LA MONTAÑA MÁGICA
LOS BUDDENBROOK
EL ELEGIDO

Groucho MARX
MEMORIAS DE UN AMANTE SARNOSO

Dmitri MEREZKHOVSKI
EL ROMANCE DE LEONARDO

Rosa MONTERO
AMADO AMO

Patrick O'BRIAN
CAPITÁN DE MAR Y GUERRA
CAPITÁN DE NAVÍO
LA FRAGATA *SURPRISE*
OPERACIÓN MAURICIO
ISLA DESOLACIÓN
EPISODIOS DE UNA GUERRA
EL AYUDANTE DE CIRUJANO
MISIÓN EN JONIA
EL PUERTO DE LA TRAICIÓN
LA COSTA MÁS LEJANA DEL MUNDO
EL REVERSO DE LA MEDALLA
LA PATENTE DE CORSO
TRECE SALVAS DE HONOR
LA GOLETA *NUTMEG*
CLARISSA OAKES, POLIZÓN A BORDO
UN MAR OSCURO COMO EL OPORTO
EL COMODORO
ALMIRANTE EN TIERRA
LOS CIEN DÍAS
AZUL EN LA MESANA

Kate O'BRIEN
ESA DAMA (GL)
PASIONES ROTAS

Juan Carlos ONETTI
LA VIDA BREVE

Orhan PAMUK
EL ASTRÓLOGO Y EL SULTÁN

Sylvia PLATH
LA CAMPANA DE CRISTAL

Mary RENAULT
ALEJANDRO MAGNO

Erich Maria REMARQUE
SIN NOVEDAD EN EL FRENTE (GL)

Mercè RODOREDA
LA CALLE DE LAS CAMELIAS
LA PLAZA DEL DIAMANTE (GL)
CUÁNTA, CUÁNTA GUERRA
JARDÍN JUNTO AL MAR

Joseph ROTH
LA MARCHA RADETZKY

José Luis SAMPEDRO
EL CABALLO DESNUDO

Jean-Paul SARTRE
LA IMAGINACIÓN

John STEINBECK
DE RATONES Y HOMBRES
LOS HECHOS DEL REY ARTURO Y SUS NOBLES CABALLEROS (GL)
LA PERLA (GL)
LA LUNA SE HA PUESTO

Boris VIAN
TODOS LOS MUERTOS TIENEN LA MISMA PIEL
ESCUPIRÉ SOBRE VUESTRA TUMBA

Gore VIDAL
RICARDO CORAZÓN DE LEÓN
CREACIÓN
JULIANO EL APÓSTATA

Mika WALTARI
EL ETRUSCO
SPQR SENADOR DE ROMA
MARCO EL ROMANO

Rex WARNER
EL JOVEN CÉSAR

CÉSAR IMPERIAL
PERICLES EL ATENIENSE

Alan W. WATTS
EL CAMINO DEL ZEN

Virginia WOOLF
AL FARO
ORLANDO (GL)
LA OLAS

Marguerite YOURCENAR
MEMORIAS DE ADRIANO (GL)

Lin YUTANG
LA IMPORTANCIA DE VIVIR

(GL) Con guía de lectura

Esta edición de *Libro de réquiems*,
de Mauricio Wiesenthal,
se terminó de imprimir en Liberdúplex,
el 23 de mayo de 2016